思想的·睿智的·獨見的

經典名著文庫

學術評議

丘為君　吳惠林　宋鎮照　林玉体　邱燮友
洪漢鼎　孫效智　秦夢群　高明士　高宣揚
張光宇　張炳陽　陳秀蓉　陳思賢　陳清秀
陳鼓應　曾永義　黃光國　黃光雄　黃昆輝
黃政傑　楊維哲　葉海煙　葉國良　廖達琪
劉滄龍　黎建球　盧美貴　薛化元　謝宗林
簡成熙　顏厥安（以姓氏筆畫排序）

策劃　楊榮川

五南圖書出版公司 印行

經典名著文庫

學術評議者簡介（依姓氏筆畫排序）

經典名著文庫108

制度經濟學（下）
Institutional Economics

約翰・羅傑斯・康芒斯 著
（John Rogers Commons）

趙秋巖 譯

李華夏 審定

經 典 永 恆 · 名 著 常 在

五十週年的獻禮 ·「經典名著文庫」出版緣起

總策劃 楊榮川

　　五南，五十年了。半個世紀，人生旅程的一大半，我們走過來了。不敢說有多大成就，至少沒有凋零。

　　五南忝為學術出版的一員，在大專教材、學術專著、知識讀本出版已逾壹萬參仟種之後，面對著當今圖書界媚俗的追逐、淺碟化的內容以及碎片化的資訊圖景當中，我們思索著：邁向百年的未來歷程裡，我們能為知識界、文化學術界做些什麼？在速食文化的生態下，有什麼值得讓人雋永品味的？

　　歷代經典·當今名著，經過時間的洗禮，千錘百鍊，流傳至今，光芒耀人；不僅使我們能領悟前人的智慧，同時也增深加廣我們思考的深度與視野。十九世紀唯意志論開創者叔本華，在其〈論閱讀和書籍〉文中指出：「對任何時代所謂的暢銷書要持謹慎的態度。」他覺得讀書應該精挑細選，把時間用來閱讀那些「古今中外的偉大人物的著作」，閱讀那些「站在人類之巔的著作及享受不朽聲譽的人們的作品」。閱讀就要「讀原著」，是他的體悟。他甚至認為，閱讀經典原著，勝過於親炙教誨。他說：

　　　　「一個人的著作是這個人的思想菁華。所以，儘管

一個人具有偉大的思想能力，但閱讀這個人的著作總會比與這個人的交往獲得更多的內容。就最重要的方面而言，閱讀這些著作的確可以取代，甚至遠遠超過與這個人的近身交往。」

為什麼？原因正在於這些著作正是他思想的完整呈現，是他所有的思考、研究和學習的結果；而與這個人的交往卻是片斷的、支離的、隨機的。何況，想與之交談，如今時空，只能徒呼負負，空留神往而已。

　　三十歲就當芝加哥大學校長、四十六歲榮任名譽校長的赫欽斯（Robert M. Hutchins, 1899-1977），是力倡人文教育的大師。「教育要教真理」，是其名言，強調「經典就是人文教育最佳的方式」。他認為：

　　「西方學術思想傳遞下來的永恆學識，即那些不因時代變遷而有所減損其價值的古代經典及現代名著，乃是真正的文化菁華所在。」

這些經典在一定程度上代表西方文明發展的軌跡，故而他為大學擬訂了從柏拉圖的《理想國》，以至愛因斯坦的《相對論》，構成著名的「大學百本經典名著課程」。成為大學通識教育課程的典範。

　　歷代經典・當今名著，超越了時空，價值永恆。五南跟業界一樣，過去已偶有引進，但都未系統化的完整鋪陳。我們決心投入巨資，有計畫的系統梳選，成立「經典名著文庫」，希

望收入古今中外思想性的、充滿睿智與獨見的經典、名著，包括：

- 歷經千百年的時間洗禮，依然耀明的著作。遠溯二千三百年前，亞里斯多德的《尼各馬科倫理學》、柏拉圖的《理想國》，還有奧古斯丁的《懺悔錄》。
- 聲震寰宇、澤流遐裔的著作。西方哲學不用說，東方哲學中，我國的孔孟、老莊哲學，古印度毗耶娑（Vyāsa）的《薄伽梵歌》、日本鈴木大拙的《禪與心理分析》，都不缺漏。
- 成就一家之言，獨領風騷之名著。諸如伽森狄（Pierre Gassendi）與笛卡兒論戰的《對笛卡兒沉思錄的詰難》、達爾文（Darwin）的《物種起源》、米塞斯（Mises）的《人的行為》，以至當今印度獲得諾貝爾經濟學獎阿馬蒂亞·森（Amartya Sen）的《貧困與饑荒》，及法國當代的哲學家及漢學家余蓮（François Jullien）的《功效論》。

梳選的書目已超過七百種，初期計劃首為三百種。先從思想性的經典開始，漸次及於專業性的論著。「江山代有才人出，各領風騷數百年」，這是一項理想性的、永續性的巨大出版工程。不在意讀者的眾寡，只考慮它的學術價值，力求完整展現先哲思想的軌跡。雖然不符合商業經營模式的考量，但只要能為知識界開啟一片智慧之窗，營造一座百花綻放的世界文明公園，任君遨遊、取菁吸蜜、嘉惠學子，於願足矣！

最後，要感謝學界的支持與熱心參與。擔任「學術評議」的專家，義務的提供建言；各書「導讀」的撰寫者，不計代價地導引讀者進入堂奧；而著譯者日以繼夜，伏案疾書，更是辛苦，感謝你們。也期待熱心文化傳承的智者參與耕耘，共同經營這座「世界文明公園」。如能得到廣大讀者的共鳴與滋潤，那麼經典永恆，名著常在。就不是夢想了！

二〇一七年八月一日　於

五南圖書出版公司

目錄

第九章

未來性

第一節　債務的可流動性

壹、債務與商品

政治經濟這門科學在十八世紀開始出現之初，便和當時最卓越的一個理論並駕齊驅，這個理論是認為自由與理性是人類實有的原始狀態。盧梭在他著名的《民約論》（*The Social Contract*，1762年）這部書裡將此理論廣肆傳播。一個人原本是自由的，但政府偏要使其成為奴隸。一個人原本是一個具有理性的生物，只須他能得自由，他會按照他的理性行事。這也就是**獨立宣言**與**法國革命**所持的理論。所有古典派、樂觀派與心理學派始終以此為基本的假設。他們的理論立基在一個人的絕對自由，這個人知道他自身的利益，如果聽任其自由行動，則其行動的總和必然是利益的調和。

這種自由與理性的理論成就了非常的功業，推翻了專制君主、廢止了奴隸制度、建立了普及教育。不過，之所以能有此等成就的原因並非由於這種理論是屬歷史上的真理，而是由於這種理論構成了未來的理想。就歷史而論，比較正確的說法是：大多數的人都在難以解除的債務狀況之下過生活，而自由的到來則是逐漸的替代了可能解除的債務。馬爾薩斯曾經說過，人類原本是一種激情的、笨拙的生物，之所以能獲得自由與理性，是由於道德的品格與政府強迫實施的紀律緩緩地進化而致。

由於現代歷史研究的進步，特別是由於現代社會學、人類學與歷史法理學等科學的助力，所以，我們可能糾正十八世紀一般認為有原始狀態的自由與理性的這種錯覺，我們可能說明

歷史上實際經過的，但卻受到阻撓的步驟，按照下層階級的例規與目的，使可以解除的債務成為現代資本主義的基礎。政治經濟不再是個人自由的科學，而是債務創造、流動、解除與稀少性的科學。

我們目前稱之為商業階級的這班人經常的買進及賣出，僱用及解僱、借款及放款，且因為他們對於工業享有合法的管控權而成為其餘各階級的「發薪人」，在當初，他們都是一些奴隸、農奴或小販，他們沒有市民權利，但依賴封建貴族與君主的自願性與能力，許給他們並強制實施的特權。他們所最渴望的特權是自治，意即，對他們這一階級的成員施以集體的管控，免受封建貴族專橫的暴虐。伴隨著這種集體的免除，他們可以設立自己的法庭、訂定自己的規則，以解決他們自身相互之間的爭端。

於是創設了**商人行會**（Merchant Guilds），訂定了《**商人法**》（*Law Merchant*），隨後又創設了**手工業行會**（Craft Guilds），藉此發展成為適合於營業、製造與國外貿易的契約與習俗，統歸其所自設的法庭予以強制實施，和我們今日所見商務仲裁與勞務仲裁頗相類似。

然而，商人與製造業者們所需要的並不僅是免受侵略，他們還需要君主所設置的法院協助，以強制實施他們的契約與習俗，正如現代商務仲裁的一項運動，要求立法機構使法院強制實施他們自己的仲裁法庭所作裁定。後述的這一項運動可以說是四百年前英國法院最先遭遇的情事奇特的重演，美國法院所採行的普通法方法就是發源於英國法院。

十六世紀以前，買與賣比較罕見。這種買賣局限於定期

市集與商業區。只有地主和富裕人士才能締結普通法的法院可
執行的契約。這些人士之所以異於其他民眾，在於他們每人
都有一枚圖章，可以用來蓋在長幅文件的蠟上，作為他允諾給
付的證明。這就是所謂「蓋印契約」（specialty）。交易必須
有相當的時間與嚴謹的程序。時至今日，在不動產出售與抵
押時仍然需要這樣的證書，只是在澳洲所創始的**陶倫斯**制度
（Torrens system）之下已經廢除了這種程序，而代之以一種
簡單的登記制度，和汽車擁有權的登記差不多。

但是，從事買賣商品的商人們卻沒有閒暇時間、財富與政
治力量。他們的「口頭」契約不能常由法院予以強制執行。不
過，在十六世紀，這些商人逐漸成為必要而有影響力的人物。
這時，法院必得要設計出一種方法來實施他們數以千百計的契
約。經過一些年的實驗之後，法律學家的機敏才能發明了一種
簡單的假設，而把這種假設用來解釋交易當事人的心智。這種
假設是說，商人們並非有意搶劫、偷盜或誣賴，他們是有意做
正正當當的事。換言之，假如一個商人把一件商品實質交付給
另一個人，使其成為這件商品的擁有者，則此另一個人必然是
有意為這件商品而給付。即便是沒有談到價格，他也必然是有
意給付一個恰當的數額。他已經負起給付的義務。

這就是所謂「口頭」契約，或是更恰當些可以稱之為行
為契約。自從《**詐欺法**》（*Statute of Frauds*）頒行以後，這
種契約僅限於微小的金額。然而在證券交易所的規則裡，這種
契約仍然存在，雖是數以百萬計金元的財產也可能單憑那些瘋
狂的經紀人相互之間所作手勢，而在少數幾秒鐘之內移轉，這
種契約是由**證券交易所**的本身予以強制執行，倘使沒有作成書

面，則法院不能予以實施。在工頭接受了一個勞工的產品，或是接受了一個供應商的物料時，這間公司便是有意予以給付。我們*此刻*把這種意圖視爲理所當然，好比一條大自然法則，但是實際上，這卻是四百年前法律學家所發明。只要是接受了商品，這就是創造了一筆合法的債務，縱然是在心理上並無給付的意圖，也不能免除此項債務。

　　但是商人們並不以此爲滿足。他們還需要合法的權力可以買賣債務。法律學家們又花費了整個十七世紀的長久時間才完成債務流動性的發明。商人們所需要的是把他們貸放出去的債務變爲貨幣。在早年歷史上，貨幣僅是一種記帳貨幣，例如：古希臘人所用的牛，到後來，貨幣變爲金屬的商品；再到後來，各國國王把金屬加以印鑄，而使其成爲納稅與償付私人債務的合法手段。這時，鑄幣不再是一種商品。這已經變成一種制度，就是所謂**法償**（Legal Tender），這是償付公私債務的一種集體手段。

　　所以，要使鑄幣與商品之間有所區別，必須使鑄幣具有兩種屬性，這又是法律學家們的發明。一種屬性是可以流動，另一種屬性是解除債務。

　　假如一個誠實無欺的商人接受了一個竊賊盜取得來以償付財貨的錢幣，這錢幣便成爲這個商人的財產，可以對抗世界上的任何人，雖是被盜取的本主也不例外。這個竊賊獲得了驚人的合法權力，能使非其所有的事物具有完好無暇的權益。這就是可流動性的意義。這種屬性必須和可讓與性（assignability）分別清楚，一個人絕不能把其所擁有以外的權利轉讓給另一個人。他所能讓與的只是他自己的「產權」

（equity）——買主對財產上的任何扣押權仍須負責，這是可讓與性。但是，鑄幣這種商品的「買主」，也就是財貨的賣主，卻能取得這種貨幣的全部權益，並且可以免除為他的權利提出證明的任何責任。這是可流動性。因此之故，鑄幣與金銀塊有別，甚至和外國所鑄而在輸入國並非法償的錢幣也有區別，金銀塊與外國錢幣也許會被人盜取而出售，但其合法擁有者仍能將其收回。貨幣也可能被人盜取，假如一個誠實無欺的賣主「有代價」的將其收受，則此貨幣便不可能再由原主收回。合法擁有者只能對他人追訴損害賠償。

所以，如果要把商人們的債務變得和貨幣一樣，那就必須使其可流動。在這裡另有一種困難成為阻礙——凡是一項承諾自應視為負有履行此項承諾的義務，但此僅是對於被承諾人所負的義務。這是對人的問題。有關工作的承諾、[1]婚姻的承諾絕不能出售給第三方，否則的話，那便成為奴役、勞力償債或納妾之類的制度偽裝而成的契約自由。不過，在特定的期日按照特定的數額給付法償的貨幣——即使在當時這貨幣尚未存在——這種承諾為什麼不可以出售給第三方，以換取財貨呢？把這一類的承諾變為可流動，不但花費了整個十七世紀，並且花費了隨後各個世紀的悠久時間才發明出相當的方法來。到最後，「流動票據法」形成為具體的合法措施，這把預期的貨幣轉為貨幣的本身。[2]

---

1 除了*不可替換*的勞動以外，例如：戲劇演員以及棒球選手。
2 參閱康芒斯的《資本主義之法律基礎》，第235-261頁。

　　在發展債務可流動性的這一段漫長時期中，與之平行的是發展了私有財產的自然權利觀念。在英國這種權利成為有效是遲至1689年**革命**把**統治權**和財產分開以後的事。在統治者（國王）對其臣民的生命及財產可主張專制威權的時期，不可能存在不容侵犯的財產權利，無論其如何號稱「大自然」的或「神聖」的權利，這一點在費爾穆與洛克的爭辯之中可以見到。

　　但是，在其後的150年以內，這種財產權利的本身卻具有商品的兩種矛盾意義——既是實質的事物，又是物資的擁有權。古典派經濟學者們的輝煌成就之所以能保持始終一貫的理由，是因為他們自身就有一種看不出來的不一致性。這種不一致性一直等到1840-1860這二十年之間才暴露出來，在這時期有四位異端派的經濟學者由正統學派的基本矛盾之中嶄露其頭角。普魯東把這種矛盾轉為無政府主義，馬克思將其轉為共產主義，凱蕾與巴斯夏將其轉為樂觀主義，而麥克勞德則是採納了商品的擁有權意義，至於物質意義則聽其歸於生產與消費。

　　商品的這種雙重意義不但是通俗人士，並且也是經濟學者們所採取的意義。商品是可以買進賣出的有用事物，但在其供生產或消費之用時，卻又不是商品。這時，商品僅是一些物資——包括土地、設備、生產過程中尚未完成的物料或是落入終極消費者之手而不再出售的消費物資。只有在市場上的才是商品。

　　麥克勞德的辦法是創造一種可以在市場上出售的「經濟數量」概念，用來替代古典派經濟學者的實質物資。他把這種經濟數量稱之為**債務**，在經濟方面相當於法律上的**義務**。在一般

經濟學者們看來，這種「經濟數量」概念實屬過分離奇，使他們無法了解，不過，我們卻認為這是相當於現代**資本**的意義。這種現代意義實質上是一個法律概念，因為這是單獨以擁有權為其基礎的概念。古典派經濟學者之所以認為離奇，是因為其中含有**未來性**，成為其維度之一，此外並含有往昔各學派的使用價值與稀少價值。然而，未來性的確是商品擁有權的本質，這是他們認為理所當然的。

在麥克勞德這位法律學家看來，凡是按照讓與及取得的合法程序而買賣的並非物資的本體，而是物資的擁有權。所以，「商品」是擁有權，不是所擁有的物資。有一種擁有權是對實質事物的擁有權——這是有形財產；另一種擁有權是對債務的擁有權——這是無形財產。這兩種擁有權都是「商品」，因為兩者皆可能讓與或取得，前者是在商品市場上，後者是在債務市場上。

所以，麥克勞德這第一位法理經濟學者是在1856年首先發展債務市場這個觀念的第一人。他把商品市場上擁有權的交換和債務市場上擁有權的交換歸納在一起。因此，他使「可交換性」成為經濟學所必須加以處理的唯一原則。他的主張很正確，這種可交換性在實際上的確是古典派經濟學者們的主要原則。

然而，據麥克勞德自稱，他是構想了兩種類別的經濟數量，在擁有權的雙重移轉之中相互交換，我們認為大家也都知道這種雙重移轉就是「交易」的意義，與「交換」有別。事實上，每一種經濟數量都是交易所創造的債務。一種是賣主交付實質物資的債務，比方說，在不久的將來交出1,000噸的鋼

鐵，我們稱之為*履行*的義務。另一種是買主支付鋼鐵價格的債務，比方說，以60天為期，我們稱之為*給付*的義務。這兩種債務在經濟上相當於法律上的兩種義務。這兩種義務沒有一種是實體的事物，但在交換之中卻各自有其價值。麥克勞德的「經濟數量」概念便是由此而生，這是一種債務，相當於他的法律義務概念，當然，這種法律義務並非一個物質數量，但卻是一個可以出售的數量，所以也是一個經濟數量。

貳、債務市場與債務金字塔

我們之所以能建構一個**債務市場**和一個**債務金字塔**的公式，是基於麥克勞德在債務市場與商品市場之間所作的區別，我們用他的理論來符合1924年6月29日的**聯邦儲備制度**。債務市場通常被稱為「貨幣市場」，不過，之所以能存在只是由於債務的可流動性。這個市場的每日記錄是**聯邦儲備制度**的貸方與借方，從有利可圖的業務之中4,800萬個買主與賣主，到會員銀行甚至非會員銀行，這許多買主與賣主把他們由交易所產生的債務擁有權移轉給這些銀行，然後，遇有必要再移轉給12家儲備銀行，這12家儲備銀行的本身則是由**聯邦儲備局**與**美國國庫**予以協調。

非會員銀行，甚至其他國家的**中央**銀行，基於「黃金交換」制度，都和**儲備**銀行有所接觸，將其商業債務出售給會員銀行，所以，債務的可流動性可以說是已經把整個的世界約束在一起。本書下文還有好多地方可以見到這樣的情況。

這種制度所創造的**巍峨上層建築**，由於黃金集中到中央銀行，已經很恰當的被人稱為「**債務金字塔**」，其錯綜複雜的情

況由下面的附圖六及七予以描繪。這個龐大的債務市場基於最低限額的黃金所發生的交互作用，在別處往往要用大本的卷帙為之記述，不過，我們必須轉向麥克勞德所奠定的基礎，而加以批判性的檢驗。

麥克勞德的推理有幾個缺點，一部分是法律上的，一部分

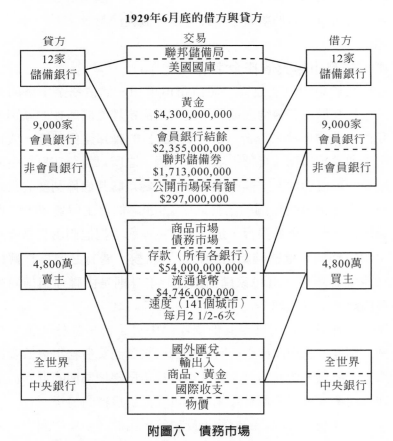

1929年6月底的借方與貸方

附圖六　債務市場

（此圖一部分是根據於1929年7月及同年12月聯邦儲備會報編製）

是經濟上的，主要是發源於環繞在他四周的古典派經濟學者們的唯物論概念，並且是由於他在努力構成「經濟數量」這個新奇概念時所感到的種種困難，這種數量不該是唯物論的。這些困難的解決我們可以回溯到麥克勞德的債務可流動性（1856年），其後並經過了習季威克（Sidgwick）的貨幣市場與資本市場之劃分；韋克塞爾的世界債務償付之社會（1898年）；迦塞爾的等待之稀少性（1903年）；克納普的債務之解除（1905年）；海特雷的債務之創造（1919）年；以及費雪的

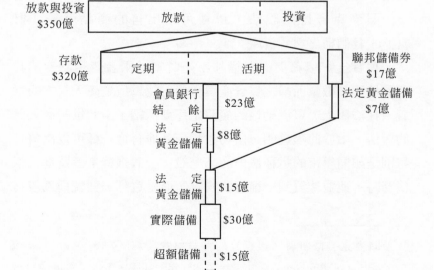

附圖七　債務金字塔

（採自1929年6月及12月*聯邦儲備會報*。「自由黃金」數字是由**聯邦儲備局**特准提供。）

負債過度與不景氣（1932年）。凡此皆是由麥克勞德1856年
的著作開始。

參、財產與財產權利

麥克勞德說：「假如有人要問，哪一項發現影響到人類的
命運最為深切？這也許可以很確當的答覆他——**發現債務是一
種可以出售的商品**。……韋伯斯特（Daniel Webster）曾經說
過，**信用**足以使國家富裕，勝於全世界的礦產何止千倍，這句
話的意思是說，**債務是一種可以出售的商品或動產**，這可以像
貨幣一樣的使用，及產生**貨幣**所有的效果」。[3]

照麥克勞德的說法，這種可以出售的商品就是「**財
富**」！我們稱之為「**資產**」。

事實上，債務與擁有權都不是財富。兩者皆是制度。我
們是按照其數量而稱之為資產與負債，認為這是商人資本的意
義。在法律上，可流動性的發明是逐漸採納了十七世紀商人們
的習俗，由於此項發明，債務也和商品擁有權一樣可以出售，
特別是如同鑄幣的這種法償商品一般。一個銀行業者買進一筆
債務時，他並非買到一種實質物資，而是買到一種號稱為債務

---

3 參閱麥克勞德所著《銀行業的理論與實務》（*The Theory and
Practice of Banking*），共二卷（1856年）初版，本書是引述1923年
的第六版），第一卷，第220頁；《經濟學大綱》（*The Elements of
Economics*），共二卷（1867年刊行，本書是引述1881年所刊的版
本）。他的《經濟學初階》（*Economics for Beginners*）（1889年刊
行，本書是引述1900年的第六版）也有簡潔的陳述。

的制度。一個製造業者買進一種實質物資時，他也不是買到物資，而是買到這物資的擁有權。

麥克勞德曾經受到別人的指謫，認爲他是把同一事物計算兩次，一次作爲實質事物計算，另一次作爲財產權利計算。因此，他的大名始終未能在權威經濟學者的名單上出現，[4]其實，他確實是有過偉大的發現，發現了銀行貼現業務的原則，足以管制黃金的流入與流出，到後來，此項原則爲**英格蘭銀行**（The Bank of England）所採納。

麥克勞德確有把同一事物計算兩次，但他沒有說一件*事物*和這件事物的*權利*，因爲他在經濟學裡早已把實質事物完全消除，他所計算的僅是債務與商品擁有權可移轉的權利。然而，他卻把幾種其他「事物」計算了兩次——他計算了兩種財產權利——有形的與無形的，認其爲在一年的時期中有兩次的存在。他把隱形財產作爲債務計算，而實際上這卻是債務的相反。

因爲他是第一位，而且在實際上還是僅有的這麼一位經濟學者，本著一個法律學家對法律的淵博知識來分析合法權利的經濟學，[5]且因爲他的錯誤以及他的批評者的誤解，導致令一般經濟學者深信邊沁用苦與樂替代布萊克斯東的法律與習俗是

---

4 他的名字原先並未列入柏爾格瑞夫的《政治經濟辭典》，其列入是在1923年版本以後的事。

5 麥克勞德接受**皇家委員會**（Royal Commission）的推選，撰輯一部有關票據、證券之類的法令彙編，他將其轉載於他所著《銀行業的理論與實務》及《經濟學大綱》之中。

對的，所以我們該探究麥克勞德的錯誤所在，並研求如何予以糾正。在我們的想像之中，假如能把他的物理隱喻與雙重計算消除掉，可以很清晰的發現一種方法，將經濟理論建立在**財產權利**的基礎之上，這正是他所企圖做到的一件事。

麥克勞德所據以建立其體系的基本觀念，雖是因物理隱喻而變爲混雜不清，但卻是**權利及義務**的意義裡面所含有的**未來性**這個原則。照麥克勞德的說法，**未來性**是客觀的包含於現時「經濟數量」，即**信用**，之中，與債務等同。

博姆-巴維克的評論最先給予麥克勞德一個最恰當的地位，博姆-巴維克本人也是把**未來性**引入主觀經濟學的範圍中，在所有的經濟學者中，他對此事所出的力量最多。博姆-巴維克也是把主觀的**未來性**與技術的**效率概念**重疊了，和麥克勞德將法律的**未來性**與物理的隱喻重疊不相上下。他把麥克勞德的**權利及關係**排除於經濟理論之外，猶如麥克勞德把後面博姆-巴維克的心理學排除掉一樣。照麥克勞德的看法，心理上的渴望雖屬基本，但因其無法衡量，所以也就不能提供科學的基礎。然而博姆-巴維克卻認爲權利是社會的關係，其中含有雙重的計算。

據博姆-巴維克的觀察，[6]經濟學者們是把四種獨立概念輪流交替著，這四種概念都是由一個簡單實質對象所引申——比

---

6 參閱博姆-巴維克所著《權利與關係》（*Rechte und verhälinisse*，1881年）。他的「關係」就是我們稱之爲隱形財產的商譽、商標之類。除非是參考博姆-巴維克在1881年所設定的這種早期基礎，否則就無法了解他後來的著作。

方說，這對象是新鮮而可供飲用的水。第一種概念是實質的事物──水；第二種概念是水所固有的客觀質性──有用性或效用；第三種概念是水對人的有用服務；第四種概念是對水的權利。

　　博姆-巴維克很恰當的排除了第一種，實質事物的本身，而不計其質性若何，因為這種事物絕不能成為經濟學者們研討的主題，除非是將其作為有用質性的載體看待。經濟學者們所做的是在水的各種質性之中選取某些質性。麥克勞德所選取的質性是可交換性，他認為這和「財富」相同，並且是博姆-巴維克的四種概念所共同具有的特性。

　　假如我們檢驗一下「財富」這個字詞所混合的幾種意義，也就是博姆-巴維克區分為第二、第三、第四種的概念，我們發現這些意義是三種不同科學的出發點，每一種都是統屬於「**經濟學**」這個名稱之下，但在現代的研究與指引方面卻有所差別。博姆-巴維克「固有的客觀質性」──有用性或效用，我們稱之為技術上的使用價值──是**工程與家庭經濟學**的主題。這就是使用價值的生產，與麥克勞德的可交換性測驗或「進入商場」無關。博姆-巴維克「對人的有用服務」是財富的生產與消費，在這方面具有支配力的是想望之滿足，這已成**家庭經濟學**的主題，[7]博姆-巴維克「對水的權利」是人類經由權利、義務、自由與曝險而予以合法管控的主題，也就是制度

7　「農場經濟學者」們原本都是家庭經濟學者；近年以來，他們接收了市場，而自稱為農業經濟學者。

經濟學，其創始者即麥克勞德。

重農派經濟學者和李嘉圖都是農業與工程經濟學者；享樂派的經濟學者們，包括博姆-巴維克本人在內，都是家庭經濟學者；制度派經濟學者則是所有權經濟學者。由於字詞的雙重與三重意義，由於類比、隱喻與具體化，所以這些學科在歷史上變為混雜不清且互相重疊。這是無可避免的，因為每一種「質性」產生作用的「範圍」之內皆含有其他質性，而任何一種質性的選取又都是心理上分析、實驗、判斷與決意的運用。

麥克勞德的前輩，重農派與古典派的經濟學者們所選取的是第二種質性，這就是說，選取了使用價值，但卻和其他質性混雜在一起，他們的「正統」後裔是工程與農業經濟學。心理派的經濟學者們和博姆-巴維克本人一樣，選取了第三種質性，對人的有用服務，他們的後裔就是家庭經濟學。不過，我們稱之為制度派的經濟學者則是選取了第四種質性——財產權利。

麥克勞德的誤解一部分是起因於「財產」的雙重意義。麥克勞德雖曾加以澄清，但卻未能獲得別人的了解。

他說，「大多數人在講到或聽到**財產**時，總是想起物資的事物，例如：土地、房屋、牲畜、貨幣等」。但這並非**財產**的真正意義。這個字詞「**財產**，如果按照其真實及原始的意義解釋，並不是指一件物資事物而言；而是使用並處置某一事物的絕對權利。……**財產**……的真實意義只是一項**權利**、**利益**或**擁有權**；因此之故，倘使把物資財貨稱之為**財產**，其為荒謬絕不

亞於稱之為**權利、利益，擁有權**。」[8]

　　接下去他又說，經濟學所處理的並非「土地、房屋、牲畜、穀物」，而是在土地、房屋、牲畜、穀物以及「其他種種物資事物之上所設定的財產」。財產與財產權利是二而一的；就經濟學而論，物資事物絕不會有價值，除非是這種事物可以合法的為人所擁有，而其擁有權可以合法的予以移轉。任何其他方式的持有或移轉都是侵占、強割、盜竊。別種科學所處理的是事物 —— 經濟學所處理的是對事物的法定權利。這麼一來，他是把物資事物轉到未來，而代之以他的「經濟數量」，這就是現時享有對事物未來使用的權利。

　　因為麥克勞德是用此方法把他前輩們傳留下來的物資事物與事物擁有權這種雙重意義消除了，所以他所處理的僅以作為對未來事物的權利解釋的財產為限，凡是對他的理論有所批評的人們不該反對他所提的把*事物*與*權利*作雙重計算，而只可反對他把*權利*的本身作雙重計算。其所以作此雙重計算的原因，一則是由於他的**信用**這個字詞含有雙重意義，再則是由於他未能完全脫離從前法律學家與經濟學者們所作的物理類比。把財產與事物作雙重計算的實際上並非麥克勞德，反而是那些批評麥克勞德的人們，他們忽略了他曾經講過，他根本不把物資事物作為經濟學的主題看待。

　　不過，麥克勞德之所以受到別人的誤解卻是因為他用了他

8　見於麥克勞德的《經濟學初階》，第23-24頁。

們的物質概念來表達他的意義，他把同一事物僅是計算一次，作為可以交換的財產權利計算，這種財產權利他稱之為「財產」，及對所有的財產權利皆給予一種他的所謂經濟數量，即「信用」的意義。經濟學者們認為商品即財產是理所當然。所以，這是一種恆常質性，他們可以專心一志的從事於物質的生產、運輸、交換、分配以及物資的消費，而毋須顧慮到那假設為相等的質性，財產權利，所發生的任何變化。不過，麥克勞德則認為物資事物屬於其他科學的研究範圍而予以消除，他所專心研討的是這些事物的權利之可交換性。事實上有一類的財產權利，「可以出售的債務」，在其本身的債務市場上是可以獨立變化的，在他看來，這就是他那體系的出發點。但是，在這方面可以出售的債務並無異於一般財產權利——他爭執著說，所有的財產都是貸方與借方，因為這些都是預期接受別人的有價值事物，只是這種預期可以買進及賣出。

肆、有形、無形與隱形財產

(一) 時間與時間的衡量

麥克勞德要把現在和過去與未來劃分清楚，卻遇到了嚴重的困難。在某處他說，現在是時間的*零點*，這一點伸展到未來的一年以內，[9]這是他在「有形」財產與「無形」財產之間所作的區別。有形財產伸展到未來的一年。無形財產則是伸展到有形財產終止以後的未來。在一處地方，他說無形財產是從現

9　參閱麥克勞德的《經濟學大綱》，第一卷，第154-159頁。

在的時間零點開始，而在另一處地方，他又說這是從未來的一
年以後開始。

首先，關於他的時間零點，

他說，「財產和**兩面神**（Janus）相似，有背對背的兩張
臉。既要顧到**過去**，又要顧到**未來**」，所以「具有兩種相反的
質性。……在目前，凡是關於數理與物理的科學都有一個謹守
不渝的習慣，用**相反**符號來表示數量**相同**而質性**相反**。因此之
故，為求方便起見及沿襲物理科學的不渝習慣，假如我們表明
某一種財產是**正數**，我們也可以表明另一種財產是**負數**，作為
區別的符號。……如果我們表明**過去**已取得的一件事物上所設
定的**財產**是**正數**，我們也可以表明要到**未來**時日**才**能取得的一
件事物上所設定的**財產是負數**。」[10]

他說，「數學家都知道，無論是正號或負號，我們都可
能施以同樣的運算」。麥克勞德把「過去產品的財產」稱之為
有形財產，用正數符號**加**（+）來表示，而把「未來產品的財
產」稱之為無形財產，用負數符號**減**（-）來表示，如附表一
所示：

10 同前書，第一卷，第154-155頁。

附表一　可移轉財產的總計[11]

過去產品財產	現在	未來產品財產
有形財產	0	無形財產
正量（＋）		負量（－）
土地，房屋等 …………………		永久每年收益
一個商人已賺得的貨幣 …………		這商人的信用
一個店鋪的房產，存貨 …………		商譽
一個專業人員已賺得的貨幣 ……		業務
已印好的書籍等 …………………		版權
製造完成的機器 …………………		專利權
商業公司的資本 …………………		股份、各種年金、基金通行稅徵收權、擺渡權、基地租金等

　　附表一所列示的有形財產是在已產出的物資上所設定的財產權利。但是，在這方面他又說有形財產是存在於未來的一年之內。

　　「……土地的每年產品雖是要到未來的時段才會存在，然而這種產品實際存在時，其**權利**或**財產**卻是屬於**現在**，這種產品也和任何物資動產，像是桌、椅或穀物一樣，可以買進賣出。換句話說，這些永久的每年產品之中每一件都有其**現時價值**；土地的買價就是未來永久的逐年產品**現時價值**之總和。而且，這種未來逐年產品雖是永無窮盡，但卻有一個簡單代數公式，可以顯示這種產品有一定的限度，主要是看平均**利率**而定。假如通常的**利率**是百分之三，則**土地**的總價值是略相等於

11 同前書，第一卷，第159頁。

其每年產品價值的33倍；所以，**土地財產總額的32/33是無形**的；只有其餘的一份是**有形的**」。[12]

　　在這裡，*有形*財產是一年的預期，而*無形*財產則是要那第一年終了之後才開始。這和他所列示的附表一發生了矛盾，在附表一中，無形財產是從現在的時間零點開始，而在這裡，他的有形財產又似乎沒有未來性，甚至沒有一年的未來性。當然，實際上他的有形財產，其*價值*是包括未來「每年價值33倍的全部」，倘若果真如是，那麼，他的有形財產，其本身也就是「無形」的財產，也該列在附表一的負方。[13]

　　有形的或正數的這一方，無論將其作為*財產*或作為*價值*看待，都完全消失了。在過去，這*可能*是財產，也*可能*有價值，不過，這是因為*過去是當時的現在*，而在其前面還有未來的緣故。但是到了此刻，過去的已經過去了，在現時的零點，所有的財產權利以及這種權利的價值也伴隨著過去了。

　　實際上，有形財產的意義是雙重的，而每一種意義都是指向未來。這可能是說，為供個人自己未來使用而*持有*，及把別人所需而非其所擁有的事物扣住。前者是當麥克勞德講現在享有對永久每年產品的權利時所表示的意義。然而這卻不僅是*每年產品*。這是一項權利，可以在即時或遙遠的未來把*所有*的未來產品供個人自己使用。

---

12 同前書，第一卷，第156-157頁。
13 在下文我們要稱之為「隱形」，而不稱之為「無形」。

　　第二種意義是「可交換性」，這就是對別人扣住以達成約定價格的權利。他說得很對，這種權利並不需要等待一年。這是從現在的時間零點立即開始的一種權利。不過，他的這種可交換性權利卻是指無形與有形財產的可流動性或可轉讓性而言。

　　他之所以會把未來時間作兩次計算是因為他太過魯莽，以致混淆**時間**與時間的衡量，這就是說，把一年或「每年」的收益搞混淆了。他說：

　　「**債務**或**債權**都是**商品**，也和任何物資動產一樣，可以買進賣出；為便於**出售**起見，必須將其分成某種單位：煤的出售以噸計；穀物以夸特計；糖以磅計；其他物品以盎司計。*債務的單位是在一年之後要求給付£100的權利*。為購入這個**債務單位**而付出的貨幣數額就是這個債務的**價格**；當然，買進一定**債務單位**所付出的**價格**愈少，則**貨幣的價值**愈大」。[14]

　　所以，假如一筆債務是在一年終了時給付$100，而銀行買進這筆債務所付出的價格是$95，則此銀行業者的貨幣價值便是每年$5有多。不過，倘使這個銀行業者所付出的價格減低為$90，則他的貨幣價值就是略微超過了$10。

　　他當然也很清楚，這僅是*每年的比例*，不過，按照貨幣市場上通用的術語，每逢講到貨幣的「價值」或「價格」，總是

---

[14] 見於麥克勞德所著《銀行業的理論與實務》，第一卷，第57頁。

說成每年的利率。但是，如果在一個債務市場上將其作為「貼現」（discount）看待，這種貼現的確是在現時的這一點就開始發生的，只是未來時日的間隔可能是1天或90天，為便利起見，故而將其轉為一種衡量單位——一年。然而麥克勞德「債務的價格」概念卻使他獲得一個重大發現，發現了**英格蘭銀行**的適當貼現政策，以管控黃金的流出與流入。[15]

所以，麥克勞德的「現在」概念在附表一裡原先是說明其為過去與未來之間的時間零點，而到此刻又轉為兩個時點——一年的開始與終止——之間的間隔。正因其在未來的一年以內有這種奇特的重疊，所以才會被人批評為把物資事物和對這事物的權利作雙重計算。其實，他根本就沒有計算過物資事物——他所計算的僅是這事物的擁有權。他的雙重計算在於重複計算了未來的時間，他把僅供個人自己使用的有形財產在未來的一年之中重複計算了兩次。

在麥克勞德這個不幸的未來第一年之中所有時間的重疊應該被視為商品經濟學者們的唯物論所帶來的一片浮雲，而他又未能把他們有形*事物*和他本人有形*財產*予以始終一貫的分清，他們的有形事物是得之於過去，而他的有形財產則是期待於未來，這和他的無形財產完全一致。

實際上，誠如上文所述，他在他的經濟理論體系裡並沒有用到這種雙重意義，因為他的中心觀念在於可交換性。他說，經濟學所處理的只是交換價值，而不是使用價值，他認為使用

---

15 參閱本節(六)**貼現與利潤**。

價值是屬於心理學上的，唯有交換價值才能用貨幣加以衡量。所以，他的真正用意是說，有形財產的權利並非*使用*這件事物的權利，而是有權把這件事物的*擁有權轉讓*出去，使其買主獲得這件事物完整無缺的權利。

他本人曾經說過，這種轉讓的權利毋須等待一年，而且與時間的重疊或有形無形的權利也不相干。假如這擁有者在現時享有合法的擁有權，則他在*現時*就可能將完整的權利交出。他在*現時*也就可能取得他所有土地或別種「有形」財產權利的交換價值，而毋須等待一年，不過，如果要想取得這塊土地上所產出的收穫物，他卻必須等待一年。麥克勞德所處理的僅限於*轉讓*的權利，這是從現在這個時點就開始享有的權利，正因其如是，所以才有權可能在現時取得這塊土地的交換價值，可能取得這塊土地的未來產品或任何別的事物等。他的「可轉移財產之整體」是他較為正確的描述，在這裡，現時是時間的零點，不是未來時間的一年。

他的有形財產，其意義之中的確已消除了未來的一年，從下文所述可以得知。

他說，我們可能有「一種**財產**或**權利**，與任何特定的資本或占有物完全分離、完全隔開。這種財產甚至在現時尚未存在。比方說，那些擁有土地、果樹、牲畜之類的人們對於此等事物的未來產品享有**財產權**。產品的本身雖是必須等到未來時日才能存在，但其**財產**或對其**權利**的存在卻在**現時**，並且和任何物資動產一樣，可以買進賣出。再不然，這事物也許是已經存在，不過，在現時還是別人的**財產**；必得要等到未來的某一

時日才會歸我們占有。例如，我們也許有權在未來的某一時日向某人討取一筆金額。毫無疑義的，這筆金額可能已經存在，但非我們所占有；甚至尚未屬有償付義務的這個人所占有。這筆金額也許先要經過若干人之手，然後付給我們。然而，我們要求償付的**權利**則是存在於現時，並且我們還可以將此項權利如同物資動產一樣予以出售或處理。所以，這就是**財產**；不過，在羅馬與英國的法律上則是稱之為*無形財產*，因為這僅是一種抽象的**權利**，和任何一件特定的實體事物完全分離而隔開。[16]

如此說來，有形與無形財產都是從現在的這個時點開始，都是期待取得於未來的現時估值。

古典派商品經濟學者們忽視了經濟理論之中的**時間**因素，在他們看來，時間僅是一種心理上的抽象，所以並無經濟價值，站在他們的立場上來說，他們是對的，因為他們所調研的單位是物資事物（假設有形財產與物資為同一事物），而他們的調研方法又是以牛頓的物體移動定律作為類比。

這些物理科學的主題之中沒有時間存在。時間是由人類的經驗所設定。凡是物資的事物，甚至連獸類的生命，都沒有時間觀念。這些物資與獸類繼續的生存下去，從來就不會想到時間。然而，既是一個人，他透過語言的社會活動、製造種種工具以供未來之用，他建構未來時間的連續，這是由他自己所造

---

16 見於麥克勞德的《經濟學大綱》，第一卷，第152-156頁，茲經重排。

成，用來解釋環繞在他四周的世界。到最後，由於他自身的活動，他建構了時間的這個抽象觀念。

最先發生的困難是**時間**與**時間的衡量**混淆不清。因此，在過去，現時與未來之間無法加以明確的劃分。麥克勞德是企圖把時間引入經濟理論之中的第一人，他的「現在」觀念在一個時點和一年的時間之間搖擺不定。經濟學者也和歷史學者一樣，都是把現在看做當前的事件，並沒有確切的延續期間。

這需要經過整個的十九世紀，一直等到二十世紀數理統計學問世，然後經濟學者們才為**時間**與其**衡量**在經濟理論之中找到了相當的地位。其結果，我們也求得了時點與時期之間的區別，求得了物資與擁有權之間的區別。

假如我們定義「現在」為將臨的未來與已往的過去之間一個移動的時間零*點*（麥克勞德、數學），或定義為時間移動的一個*瞬間*，其維度無法加以衡量（皮爾司、柏格森〔Bergson〕），那就不會把物資和擁有權作重複計算，物資是從過去開始到現在時點為止的實質積累。除非是從現在的這個時點開始，把未來性歸屬於這種物資，否則就不能做為人類實有的*擁有權*或*價值*而存在。因為擁有權（有形與無形財產）總是對物資在未來時日即時或遠期予以使用或出售的現時權利。如果把物資僅作為物質存在看待，則必然是屬於過去。其本身並沒有未來性。但是這種物資的擁有權與估價卻得要期待於未來。兩者之間的間隔在於一個移動的時點，就是現在，物資到此而終止，因為其本身並無所期待；但其擁有權與價值則是從這個移動中時點開始，因為這種擁有權與價值都是人類對物資的預期。

　　這個移動中的時點使物資轉為擁有權與價值，過去四十年來一般人總是把這個時點描述為時間的「流動」。在物理科學裡，時間的流動便是事件的連續發生。但是，在人類預期的這門經濟科學裡，「時間的流動」則是*預期*事件的連續發生。

　　不過，此外另有一種完全不同的未來時間概念，就是在現在這個時點與未來的一個時點之間的*間隔*。這種間隔通常稱之為時間的「推移」，但經濟學者們在人類事務之中把這種間隔的定義下得更確切，認為這是在現在這個時點與未來的一個時點之間所*預期*的間隔，博姆-巴維克於1889年首先把這種未來時間的間隔加以分析。但其實際的應用則是在於移轉擁有權利的交易之中。交易發生於現在的一個時點，比方說，發生於1932年10月1日的正午12時。這筆交易創造了兩個債務（無形財產），一個債務是未來的*履行*，或是說，交出物資或服務，這些物資或服務的擁有權已經由這筆交易予以轉讓，另一個債務是未來的*給付*，這是因這筆交易而取得擁有權的這個人所負的債務。換言之，每一筆交易必然是發生於某一個時點，在這個時點上，擁有權就被轉讓與取得。但是，這筆交易僅與未來有關，唯有未來才能使這擁有權具有*價值*。

　　在預期的時間「流動」之中陸續的發生了交易，在預期的時間「推移」之中發生了等待，兩者之間的差異到了最後便成為利潤與利息之間的區別，在從前一向是將其混為一談的。損益的發生在於連續的各個時點所作的重複交易，而利息的增殖

則在於兩個時點之間的間隔。[17]

(二) 合理化與經濟學

假如把經濟學視為有關人類天性的一門科學看待，其所處理的只限於未來，唯有未來才能使現時的擁有權具有價值，然則*過去*的物資、*過去*的擁有權以及*過去*的估價又是如何呢？這些皆是合理化，是個人在現時所做的和在未來所打算做的合理化。

我們必須把我們自身嚴格的放在人類的立場上，依照皮爾司的觀念，人類在時間的每一連續刹那皆各有其記憶、活動與預期。在時間的這一刹那，過去的已經成為過去，但是記憶卻能由雙重方向使其回復：直至現時為止所已經增殖的物資，以及現時對未來擁有權要求的合理化。前者是過去勞動的增殖，後者是基於過去活動所能要求的權利。洛克的「自然」權利與麥克勞德的「財產」就是指後者而言。

假如我們所注意的是在於過去，則到現在這個時點為止所累積起來的有用物資都是馬克思社會勞動力在過去活動所產生的社會使用價值。這些有用物資的*擁有權*在歷史上已經分成公共的與私人的財產。不過，這些財產隨著時間的逝去而繼續不斷的逐漸消失，到了此刻已經不復具有價值，但是，在行將來臨的未來又將重新以財產的形態而出現，唯有未來才能使其具有現時價值。這些物在重行出現時形成為種種價值、資產、負

---

[17] 未能分別時間「流動」與時間「推移」，可以參閱本書第十章，第一節**韋伯倫**。

債、擁有權、交易與債務，以供未來的生產與消費和未來的轉讓與取得之用。在移動中的現時，這些物資並沒有如同李嘉圖與馬克思的理論歸屬於其上由過去所累積的價值，因為價值只是未來收益與開支的預期。

實際上，這些物資確有馬克思的*使用價值*，這是他對財富的用詞，不過，這是一種社會概念，他合理化未來公共擁有權便是以這種概念為基礎。假如繼續的予以生產與補充，則此種價值亦必繼續的存在，不過，這卻不是對個人的價值，除非這個人在此刻已能預期分享到社會的財富以供其私人使用。這預期的份額就是私人財產。

財產或擁有權也和價值一樣。如果說，這些物資是過去的財產或價值，這無非是因為在連續的各個時點上，過去就是*當時*的現在，正在期待著*當時*的未來而已。

所以，現在的擁有者對過去所能發掘出來的只是為他要求目前擁有權找到一些合理化、論證或訴訟的理由。倘使引起疑問或爭議，他可以在法庭上的論證之中合理化他現時擁有權的要求，這種擁有權或是要把一個完整無缺的權益轉交給別人，或是由他自己使用這些物資。他向法庭陳述他合理化的理由必然要採取一種他預期這個法庭能接受的方式。這種合理化也許是基於一般流行的習俗，再加一些他在過去所曾合法做到的特殊理由，例如他在*過去*的勞動與業務；或是他在*過去*運用他的擁有權而無人抗爭；或是他在*過去*因繼承而合法取得其擁有權；或是他在*過去*的合法交易，因他合法轉讓權益而取得此項擁有權；再或是基於過去所曾發生的事故作為有效的訴訟理由。這是擁有權的合理化，而不是擁有權的本身，這是現時與

企圖進行的經濟活動之合理化，而這些經濟活動正是經濟這門科學的主題。

合理化與經濟學之間的這種混淆幾乎可以普遍的見之於通俗、經濟與法律的語言之中，成爲經濟科學初入門時所遭遇的主要困難。如果由經濟分析求得了難以同意的結論，這個不肯同意的人往往要從經濟學立刻轉向合理化或告發。他要訴諸「自然權利」、訴諸已往依據法律與習俗可獲得的既得權利。不過，這只是合理化，而不是經濟學。經濟學所要問的是，依照一個人目前或今後所愛好的去做，這種權利是什麼？這種權利的現時*價值*爲何？假如考量到此種權利的運用可能和別人的權利發生衝突，或是對社會可能產生某種後果，則此種權利*應該*是什麼，其價值*應該*是幾何？

因此我們可以下一個結論說，麥克勞德爲了表示過去，用的*正*號就是合理化，他爲了表示未來，用的*負*號就是有形的、無形的與隱形的財產。他爲了表示移動的現在，用的零號就是交易、估價與未來的貼現。這個時間零點隔開了合理化與經濟學。

不過，麥克勞德對**未來性**所作的分析還有兩個缺點，一個缺點是未能證明信用與債務爲同一事物，另一個缺點是令信用具有債務與銷售的雙重意義。

(三) **義務與債務、權利與信用**

麥克勞德使過去與未來的時間互相重疊固然是錯誤，但是較此更爲嚴重的是他未能把未來的兩個相反方面作爲現時並存而加以計算。

由於英國普通法裡所發生的一項奇特偶然情事在美國法律

裡又重行出現，但在歐洲大陸各國法律裡卻從未見過，這使得債務的流通性把信用的存在和同一數額債務的存在分開了，認為*信用*是從交易之日起即已開始存在，而*債務*的存在則較後，要到*私人給付的義務*到期之日才會存在。「*信用*」在償債的義務尚未存在以前是可以買進賣出的。

　　這就是未能把法律上的義務和麥克勞德本人稱之為「經濟數量」的債務等同。當然，法律上的權利與義務和經濟上的信用與債務都是同時存在、同時消滅的。債權人在60天以後收取$1,000的權利相等於債務人在60天以後償付$1,000的義務。然而在法律上一個地方法院法官強制執行償付義務的責任並不存在，而且也不會存在，除非是債權人已經請得法院發布命令給這個地方法院法官。不過，一間商行的「資產」方所存在的貸方必然和另一間商行的「負債」方為同一數額。站在預期的立場上看來，現時**服從**狀態中所存在的義務必然相等於現時**保障**狀態中所存在的權利。[18]

　　麥克勞德很公正的面對這個問題，而做了錯誤的抉擇。實際上，他是引述卓越經濟學者的話來反對他自己。[19]塞爾納齊（Cernuschi）曾經說過：「每個人的資產負債表上總有三種帳戶：現存財貨、**貸方**與**借方**。但是，倘使把全世界每個人的資產負債表收攏而合併為一，則**貸方**與**借方**必然相互抵消，其所餘留下來的只有單獨一種帳戶——現存財貨」。

---

18 參閱本書第二章，第二節〔貳〕，(六)**經濟與社會關係公式**。

19 見於麥克勞德的《經濟學大綱》，第一卷，第303頁。

　　然而麥克勞德這位普通法的法律學家對此所作的答覆則是把「義務」和「債務」劃分開來。「一筆債務並不是**債務人**所欠的貨幣，而是私人償付貨幣的義務」。他說，羅馬法律學家們主張，一個商人在購進財貨而允諾於三個月後給付貨幣時，他就負有「債務，但其補償的日期卻要延緩」。不過，英國法律「似乎」採取了一個迥然不同的觀點。

　　「假如在**信用**尚未期滿以前訴請給付，英國法律上有一句格言，未到期的信用可以按照一般的爭議予以答辯，這就是說，被告可以答稱，他根本沒有負欠債務」。在麥克勞德看來，這似乎就是「正確的觀念。一個商人在交換財貨時既然同意並接受了一張爲期三個月的票據，那麼，他已經因交付這財貨而受到了給付。……所以，在這張票據尚未到期以前，無所謂**債務**、無所謂給付貨幣的**義務**。……這財貨已成爲買主的實際財產，而他在三個月以後的給付**義務**並不能減少他的現有財產。這時，他可以把這財產作絕對處置，**債權**人對這財產的任何一部分皆不能享有**權利**；他不能阻止買主的任意處置。因此，**行動權**（Right of Action）與財貨或貨幣同時在商場上流通」。[20]

　　在這裡，麥克勞德顯然是信賴著法律上的一項偶發錯誤，認爲信用和行動權是現時存在的，而債務與順從行動權的義務則是現時所不存在的。但在實際上兩者皆是現時存在的，

20 同前書，第一卷，第290，291頁。

其所以存在的理由也相同，意即，由於預期與狀況。

　　這種謬誤見解似乎是導致通俗與美國法院在法律上錯誤的主因，把土地與抵押權視爲同時獨立存在的兩個經濟數量而加以雙重課稅，對土地的價值與債務的價值分別課稅。兩者確是存在於兩個不同的市場上，不過，地主的給付義務並未存在。如果這塊土地在不動產市場上值到$10,000，而其抵押單據在貨幣市場上值到$5,000，那麼，同時就有「行動權」的$5,000與「財貨或貨幣」的$10,000在商場上流通，而課稅總額將爲$15,000，到後來，只是由於行政處理上的困難，而不是由於認識其在經濟上的錯誤，消除了對抵押權的課稅。

　　爲糾正麥克勞德的錯覺起見，我們在這裡要引進由交易所造成的*兩種義務*，和由交易條件發生法律效力以後當事方所擁有的「經濟狀況」。每一筆交換擁有權的交易總能創造兩種法律義務，一種是賣主的履行義務，另一種是買主的給付義務。履行義務是要這個賣主交出的義務，比方說，在特定的時間與地點交出1,000噸指定品質、形式與尺寸的鋼鐵。他負有交貨的義務，倘使他所交出的不能符合規格，則買主就有麥克勞德的所謂「行動權」，可以強迫作約定的交貨，否則就要獲得損害賠償。轉移這許多噸鋼鐵權利的契約可能是在紐約簽訂，而鋼鐵的交付是在中國，這麼一來，便造成了麥克勞德的所謂「經濟數量」，這就是賣主在未來時日交貨的義務，和買主方面取得交付的等值權利或「信用」，權利的轉移是在紐約，但其交付要遲至較後時日在上海履行。[21]

---

21 這是**匹茲堡附加**一案有關基價與交貨價的一部分議題。參閱本書第二

在此期間，這個買主即便是在海上航行之中也可把他要求
賣主履行的權利出售給第三者，因爲這是在未來時日取得鋼鐵
的權利，在這個買主或別人看來，鋼鐵在中國或世界別處地方
交貨時，其價值可能是比他在紐約所給付或允諾給付的數額要
高些。

買主在紐約因權利移轉而給付的是一項給付的義務，
比方說，要在60天以後每噸給付$20，或總額$20,000。在
身爲債權人的賣主看來，這又是另一個經濟數量，其價值爲
$19,800，他可能在貨幣市場上將這數額相等的經濟數量出售
給另一個買主，銀行業者，以交換這銀行業者的即期債務或
存款。這一類信用工具的種種形態與我們此刻所要研討的無
關——我們所關心的只是一種普遍的事實，這就是說，每一筆
交易實際上總能創造兩個債務與兩個信用，在經濟上相等於兩
種權利與兩種義務，履行的權利和義務與給付的權利和義務。

不過，這些權利和義務、信用與債務僅是預期。這些都
是「經濟數量」，與物資數量有別，因爲這些數量的存在皆在
於未來的時日。然而這些權利和義務卻又不是僅存在於意念之
中。現時的活動與計畫的調整之中皆有其存在。調整行爲以配
合社會的預期在歷史上稱之爲「狀況」（status）。[22]狀況就
是工作規則的預期，每個人都在這預期調整他現時的行爲。債
權人的狀況是保障的預期；債務人的狀況是順從債權人所保障

章，第二節，壹、**由公司轉爲運營中的業務團體**。
[22] 參閱本書第二章，第二節〔貳〕，(六)**經濟與社會關係公式**。

的預期。站在法律的立場上來說，這些就是權利與義務；站在經濟數量的立場上來說，這些就是資產與負債；站在管理行為規則的行為主義立場上來說，這些就是保障與順從。

　　為糾正麥克勞德的錯覺起見，我們要引進「經濟狀況」觀念，以及麥克勞德本人的經濟數量觀念。

　　狀況是預期個人調節其現時的行為。債權人的狀況是預期的安障，而債務人的狀況則是預期順從債權人的保障，這就是資產與負債兩面的經濟狀況。

　　經濟學之所以成為擁有權的與制度的經濟學就是由於其用這兩面的狀況替代實質商品與個人主義。然而麥克勞德卻要接受英美兩國法院的辦法，把法律和經濟學分開，使交易的貸方成為一個獨立的經濟數量，可以在貨幣市場上買進賣出，直至強制執行償付債務的義務而使這經濟數量歸於消滅為止。

　　由此而導致別人對麥克勞德的誤解，認為他是把同一事物計算兩次，一次是將其作為實質商品計算，另一次是將其作為償付債務的預期計算，此項債務即係以實質商品為抵押來保證。但他並沒算實質事務。他的謬誤在於少算做為和資產方同時存在的負債方。

　　因有此項失誤，導致麥克勞德喪失信譽，使他的名字不見於經濟文獻，使他的重大發現被歸功給別人。博姆-巴維克說得很中肯，麥克勞德是古典派經濟學者的合法子嗣，但卻未能獲得族中人的承認，[23]我們應該說，這是因為法律上流通性

---

23 參閱博姆-巴維克所著《權利與關係》，第5頁以次。並參閱肯尼斯所著《貨幣與信用》（Geld u. Credit）（1895年）。

的發明把債務的狀況轉變爲麥克勞德的所謂商品之故。實際上債務一——信用只是一種可以流通的制度、一種保障與順從的狀況，一種經濟數量，其維度之一就是未來性，也和商品一樣可以出售；因此之故，這種信用愚弄了許多經濟學者們，從亞當·史密斯到小彌爾（J. S. Mill），到後來，麥克勞德把他們的話當眞，反使他們變爲可笑。

麥克勞德說，例如亞當·史密斯，他就是「明明白白把**銀行鈔票**、匯票以及其他票據，連同鞋子與穀物，一併包括在流動資本這個項目之下」。「所有的現代作者都把**銀行鈔票**稱之爲**資本**」。但是，麥克勞德說，「這些都僅是**權利**或**信用**而已」。

而且，「如果把僅是**權利**或**信用**的銀行鈔票也一併承認其爲**資本**，則**定義爲財富生產、分配與消費的這門科學**勢必成爲**難以理解**。因爲，誰能了解**債務**或**信用**的**生產、分配與消費**是什麼意義呢？然而，每個人都知道各式各樣的**債務**也和物資財產一樣，可以買進賣出。現代商業之中的一個最龐大門類——信用制度——就是專門從事於買賣**債務**，而**債務**的可以交換也和物資商品的可以交換一樣，都是由同一普遍性的**價值法則**所管制」。[24]

然而麥克勞德的可流通債務卻是現代資本的意義。他說，經濟學者們「從未企圖把**信用**與**銀行業務**的論題引進這門科學中；實際上，他們是對於**銀行業務**整個的論題感到失望而

[24] 見於麥克勞德的《經濟學初階》，第13頁。

予以放棄」。[25]麥克勞德化解了此項困難，他把實質事物轉移到未來，而代之以產生財產權利的心理作用與法律運作。假如財產權利的本身就是信用，則銀行業務只是信用買賣的一般原則之中的特例而已。

(四) 可交換性

麥克勞德說，亞當・史密斯所用的**財富**這個用詞具有雙重意義。在他那部著作的前一半，他把財富定義為「土地與勞動的年產出」；而在其後一半，財富則是任何可以交換的事物。李嘉圖追隨著亞當・史密斯，但是他的意義僅以供出售之用的勞動產品為限。小彌爾把財富定義為「有購買力的事物」。在這方面，他是效法亞當・史密斯，把銀行鈔票、匯票以及其他證券包括在財富之內。麥克勞德說，這些都是行動權或信用，無異於（除非是有關其所由產生的來源）基金、股份、商譽、專業人士的業務等，凡此皆是「可以交換的權利」。[26]因此之故，麥克勞德也仿效他們，將此等事物包括在財富的意義之內，而把可交換性視為財富與價值的要素。不過，我們業已指出，這是財富與資產的混淆。

並且麥克勞德和其他物理經濟學者都把可交換性視為經濟學的唯一主題，照他們的說法，要想發展成為一門嚴格的科學必須像物理科學那樣是可以化約為數學方程式的才行。

---

25 見小彌爾所寫，論**信用**，足以令人欽佩的那一章，不過，這和他以生產成本作為解釋價值的理論基礎並無關係。他的信用理論是基於心理學，和他的李嘉圖派價值與成本理論似乎有點格格不入。

26 見於麥克勞德的《經濟學大綱》，第一卷，第75-89頁。

　　麥克勞德說，「凡是一門物理的科學必須有一些明確的現象實體，完全以單獨一種最具普遍性的觀念或質性爲基礎。……在任何一個數量之中，只要是可能找到此種質性，則無論其是否摻雜其他質性，在這門科學裡必成爲一項元素或成分。……動力學是力的科學；力的定義是足以導致或趨向導致移動或變更其移動方向的任何事物」。在經濟學裡，這種力便是需求。[27]

　　不過，即便如此，一個經濟學者仍要繼續的前進，他並不去調研需求，因爲假使那樣，「就得把整個的心理學引進經濟學中」。

　　實際上，價值，「如果按照其原始的意義來說，就是心智的質性或渴望，指尊重或估價而言，就像說，一個價值極高的朋友。不過，這樣的價值並非一種經濟現象。如果要把價值引進經濟學中，必須用某種具有實質的形態將其顯示，例如：一個人要顯示他對某一事物的尊重、估計或價值，他就必須拿出另一事物以相交換，而取得這件事物。……交換的發生必須兩個心智的併發。……所以，顯然的價值是一個比例或等式。好比是距離一樣，……一件事物的價值總是在其本身以外的另一件事物。……單獨一個物體不可能有價值。我們不能說一個絕對的或直覺的距離，或均等。……任何一個經濟數量總須按照

別的經濟數量講，然後才會有**價值**」。²⁸

　　如此一來，麥克勞德把經濟學化約爲當時的物理科學概念，將其化約爲交換的比例，而**價值**就是指這種比例而言。他指出往古與現代的經濟學者們都是企圖研討這門有關交換比例的科學。在重農派經濟學者和亞當・史密斯及李嘉圖看來，「財富生產」這個用詞的意思就是說，由大地或勞動取得一些事物而將其「*帶到商場之中*」。這才是「具生產性的勞動」；凡是其產品不送到市場上來的都是「不具生產性的勞動」。「消費」就是從市場上取去一些事物，這些學者都沒有把消費的法則包括在經濟學的範圍之內。麥克勞德指出他們的不一致性，他說明，只須拋棄生產、分配與消費等等意義模糊的用詞，而把這門科學的範圍縮小，僅以他們實際上所企圖研討的──交換價值法則──爲限，則此種不一致性就可避免。

　　不過，用來交換的究竟是什麼呢？這是實質*事物*抑或是事物的*權利*嗎？這是無形財產的債務抑或是債務*擁有權*的權利嗎？這是有權買賣的隱形財產，或是此種隱形財產的*擁有權*嗎？

　　按照麥克勞德的說法，經濟學者們大都認爲所交換的是實質事物，但這位法律學家卻知道所交換的是存在於事物或債務之中的財產權利。麥克勞德化解了此項困難，他把信用這個經濟數量用來替代實質事物。這個經濟數量可爲人所有、可買

---

28 同前書，第53-55頁。

進、可賣出。於是他開啓了**資本**的現代意義。

(五) 信用的雙重意義

但是，麥克勞德的信用卻含有矛盾的意義。這可指由債務的未來償付所獲得的貨幣收益而言，也可指由產品的未來銷售所獲得的貨幣收益而言，總之，這種信用既指債務收益，又指銷售收益。對前者，我們跟他一樣，名之爲無形財產，但對後者則給予一個較爲晚近的名稱——隱形財產。

他之所以會有這種矛盾意義似乎是由於銀行業者債務或存款的創造，這種債務或存款具有一般的購買力。一個製造業者把他產品的擁有權出讓給別人，而接受一筆60天期商業債務的擁有權，作爲全部給付。他把這筆債務按照貼現出售給商業票據的經銷商或銀行，而接受銀行業者的即期債務，作爲全部償付，因爲這種債務是通知即付的，所以不再需要貼現。

這兩種債務都有購買力。商業債務是一種「特定債務」，在此刻已經和一個銀行業者的即期債務相交換。不過，這個銀行業者的即期債務或存款也是「特定」債務，這是銀行欠存款人的債務。然而後者具有一般的購買力，那60天期的商業債務雖也有購買力，但卻要按面值貼現。所以，第三當事人在出售其商品時可以毋須貼現而接受銀行業者的這種即期債務，實際上，這種債務和金屬貨幣相同。麥克勞德說，就連金屬貨幣也是一種一般的信用，他這句話的意思是指一般的購買力而言。

在貨幣和信用這兩方面，其所謂債務人就是「整個世界」的人，這些人根本不是債務人，而是任何事物的賣主，他們出售他們的事物，毋須貼現就可以接受此種貨幣或信用的給

付。貨幣與信用的性質相仿，因為二者皆能流通、皆沒有足以
減低其面值的留置權。銀行業者與商人把他們的存款叫做金錢
或現金，而實際上這些存款只是可以轉讓的過期債務，因其已
過償付期，所以毋須貼現，麥克勞德只是採用了銀行業者與商
人的語言而已。

　　所以，他必須把「一般」信用和「特定」信用分清，一般
信用是任何一個買主在購買商品時所可能承擔的未來債務。特
定信用是在全世界的買主之中挑選出來的個別買主實際上所承
擔的一筆債務。然而麥克勞德卻認為只有「特定」信用才是唯
一的債務，而「一般」信用則是一般的購買力！

　　在他把經濟學由實體事物轉為事物的可轉讓擁有權時，
何以求得信用的這種矛盾意義，其原因可由他說明貨幣與信用
的起源而知：他說，在我買進一匹馬或一塊土地時，我所買到
的並非實體事物，而是買到這匹馬或這塊土地未來使用的全部
權利，「足以對抗整個世界的人」。他說，這些權利就是「信
用」。因為買進了一匹馬或一塊土地的這些「信用」，所以我
成為賣主的債務人。倘使我在當時立刻給付一批牛與豬，猶
如在物物交易的經濟裡一樣，那麼，我所賣給他的也不是這些
動物，而是這些動物的未來使用與銷售權利。照麥克勞德的說
法，這是另一種相似的信用，以這一種信用交換另一種信用。

　　在物物交易的經濟裡，假如所交換的「信用」*相等*，這筆
交易便已完結。假如*不相等*，則必有一方仍然負欠著差額，這
個差額可能是用貨幣馬上付清，也可能是要延緩一段時期，這
便是貨幣與信用的起源。

　　接受貨幣或「一般」信用的這個人可能將其用來轉向世界

上其他的人購買別種產品或服務而「收回他的債務」。世界上
這些其他的人也就成為他的「債務人」。再不然，倘使這筆交
易裡的特定債務人並沒有馬上用貨幣付清差額，則他的給付就
要轉移到較後時日，這又是一種信用。不過，因為這種信用是
可以出售的，所以世界上其餘的人又將成為他的「債務人」。
貨幣與信用都是「一般性」的信用，可以對抗全世界的人而並
無差別。

　　但是，債務的創造牽涉到兩種完全相反的經濟關係。一
種是債權人對債務人的關係，另一種是賣主對買主的關係，麥
克勞德所最關心的是賣主對買主的關係，這就是說，債務的流
通性或可交換性，他把他所用字詞的意義配合著他由經濟學者
們接受得來的基本事實。我們曾經說過，他在債權人對債務人
的關係這方面是異常之脆弱而無力的，因為他接受了英國法院
的錯誤。不過，用擁有權的可交換性來替代實體事物的可交換
性，作為他的學說體系之中心，這的確是一種新穎的洞見。然
而他把債務與債務的可交換性統稱為信用，這卻和一般的經濟
學者們犯了同樣的錯誤，這些學者們認為具生產性的勞動是其
產品專供交換之用的勞動，而不具生產性的勞動則是其產品專
供家庭消費之用的勞動，但在實際上，兩者皆是具生產性的勞
動。所以，麥克勞德也把允諾給個人的特定信用視為二人之間
的私人事務，而其流通性則為具生產性事務，由於其能增高交
易的速度，足以增加「進入商場」的財富數量。

　　這和亞當‧史密斯把勞動作為價值衡量的矛盾意義極相類
似，既是在交換之中所能支配的勞動數量，又是增加商品數量
的勞動力數量。前者是指稀少性而言，後者則是指效率而言。

到後來，李嘉圖才把兩者分清，他採納了勞動力作爲價值之衡量，而把支配勞動讓給馬爾薩斯以及亞當‧史密斯的其他追隨者研討。所以，麥克勞德也未能將兩個人之間的交易所創造的債權人對債務人的關係，和流通性這個由策略所創造用以對抗「全世界」人的交換價值分清。

麥克勞德所用的「支配」（command），這個語詞也含有雙重意義，一個經濟的和一個法律的意義，前者是在交換之中向生產者提供貨幣或信用而支配這生產者的服務或商品，後者是國家對債務人發布命令，促其履行或給付，兩者之間的區別未能分清。一個是議價的經濟力量，另一個是強迫履行義務的法律力量。

而且，他又把兩種不同的義務混淆了，這兩種義務是由他在法律上慣用的用詞，「行爲」（act）與「不作爲」（omission）所導出的。履行與給付的義務所創造的是債權人對債務人關係的義務，而免除義務所創造的則是一種完全相反的關係，那就是自由、無義務。買主沒有必須購進的義務，而賣主也沒有必須出售的義務。但是履行或給付的義務卻不能自由的承擔與維持，除非是使「全世界」的人都負起免除干預的義務。他沒有用到免除的義務，因爲這僅是一種不作爲或「不行爲」的義務，實際上，免除就是不行爲，但是，在他所謂交換這種積極行爲的經濟體系卻用不著這一種義務，這些行爲之所以成爲可能是由於債務的流通性。

爲確保債務人行將給付，債權人享有*兩種*權利，這和*兩種*義務有關連。他對他的債務人享有使其給付的積極權利，他對「全世界」享有使其免除干預的消極權利。履行或給付的義務

就是債務。但免除的義務則是所有其他人對這個債務人履行或給付的義務不加干預的義務。麥克勞德所謂可以對抗全世界的「一般信用」並非履行的義務，而是免除的義務。這種免除的義務也就是「全世界」對賣主接近他的買主不加干預的義務。

正因為信用有這種相反的意義，既是因償付債務而產生的未來收益，又是因銷售而產生的未來收益，再加他的有形財產，其意義是重疊的，所以他的批評者無法了解麥克勞德的主要論點。例如博姆-巴維克，就是他的一位最不辭勞苦的批評者，[29]其本人在所有的經濟學者之中出力也最多，把「未來性」引進了*主觀*經濟學，他也不能了解在他之前三十年就已經把「未來性」引進了*客觀*經濟學的麥克勞德。假如經濟學僅是處理財產，僅是處理財產權利，那麼，其所處理的顯然僅是**收益的預期**。再假如這種預期有其現時的存在，並成為一種可以衡量的經濟數量，而不是只能舉例的心理感受，則麥克勞德很可能毫不費力的由信用與貨幣的流通性之中發現這種經濟數量的客觀存在。他只須將其伸展到所有的商品、貨幣或信用等財產權就行了。

信用這個用詞，其所以能別出心裁地延伸到購買力是因為麥克勞德的信用觀念裡有一個正確的原則——**未來性**，這可以把所有的商品、貨幣、信用以及特定債務等的擁有權特別全部集合在同一項目之下。當應用在實體物資時，這是博姆-巴維克所不能了解的客觀**未來性**，他所能了解的是物資的主觀未來性。在具體表現於銀行業務與投資時，這是極為明顯，但

---

29 參閱博姆-巴維克的前述作品。

何以實體財貨的財產也僅是財產所客觀表現的**未來性**呢？他說
得對，他把麥克勞德當時有影響力的理論稱之爲合法而未被承
認的子嗣。之所以未被承認是由於他把債務作爲他這門科學的
經濟數量，用來替代實體事物與勞動，因此而使他的批評者產
生了錯誤的印象，認爲他是把事物和債務一*併*作爲「事物」計
算。

　　因爲債務是可以數量計算的，在市場上是用交換比例爲之
衡量，所以，假如經濟學這門科學是建立在債務之上，則我們
就有一個普遍的經濟數量可以作爲建立的基礎。在債務的現時
價值是用金元與分幣爲衡量時，這和可數量計算實體事物的小
麥以蒲式耳計、水以夸爾計一樣。

　　所以，麥克勞德就說，相互交換的是財產權利，而不是事
物，這句話的意思是說，在經濟上凡是相互交換的皆是以金元
衡量的債務。在他看來，所有的財產權利都是債務的擁有權。
按照信用的雙重意義來說，既是債務，又是購買力，不但期票
之類的特定債務，就連一切財產權利，包括有形財產、銀行鈔
票以及銀行信用在內，全部都是債務。所有相互交換的皆非實
體物資──而是出售這些物資所可能取得的未來貨幣或信用收
益之全部或一部權利。這些權利就是特定或一般債務的擁有
權。

　　一直等到現代有了「隱形」財產的概念之後，這才和麥克
勞德的「無形」財產有所區別，在法律上也才能把可交換性的
意義與無形財產分開，可交換性的意義就是可以買進賣出的權
利，其中包括接近市場而不受旁人干預的權利，無形財產則是
在未來強迫實施債務的履行或償付。在這裡，由銷售而產生的

未來收益——這就是隱形財產，和由債務償付而產生的未來收益——這就是無形財產，兩者之間有了區別。

由於近年來有了隱形財產的這個概念，再經何飛爾教授所作分析的助力，我們此刻可以指責麥克勞德把**權利**這個用詞用成了雙重意義，既是**權利**，又是「無權利」或**自由**。再不然，也可以指責他，在所有的經濟用詞之中，他把**信用**這個詞用成了雙重意義，既是要求債務人償付債務的權利，又是要求買主償付商品價款的權利。前者我們稱之為債權人與債務人之間的權利與義務關係，而後者我們稱之為賣主與買主之間的自由與曝險關係。

如果把麥克勞德怎麼會使這兩種相反的社會關係陷於混淆的原因加以說明，就可顯示一般人對法律與經濟字詞的意義所犯的普遍錯誤，這種錯誤產生了社會的不幸後果。此項說明可引向重要的區別，要想把交易與在運營中的業務團體在法律上與經濟上作適當分析，必須先能分清這種區別。

麥克勞德在最初出發時的命題是說，政治經濟體這門科學所研究的是「財產的法則」，不是實體事物或心理感受的法則。到後來，他把這個主題的範圍縮小為財產**權利**的**交換價值**，因為如其不然，則不能成為一門勢必研討數量與衡量單位的「科學」。不過，假如他除掉由過去得來的實體事物，而僅處理預期其未來存在的數量，則現時存在於市場上的未來數量其性質為何？這必然是預期別人所將為這位擁有者去做的事物，別人必然要把「未來產品」提供給他。麥克勞德說，要想表示這種現時存在於當下市場的預期最一般的用詞莫過於**信用**。

信用有三種形態：(一)一切有形財產權利的**現時價值**，這就是他的「商品信用」；(二)未來金屬貨幣的**現時價值**，他稱之為「金屬信用」；(三)對特定債務人特定信用的「現時價值」。最後這種形態就是信用的唯一真正意義，我們將其區別為無形財產，也就是債務。前述的兩種形態都是隱形財產——免除的權利，這是在未來的議價交易之中得以自由的一種權利。

假如我們沿著麥克勞德的推理路線，那就是把信用作為一切財產權利數量維度看待的普遍概念，我們可看出他是如何的企圖顛覆古典派經濟學者與**重農派經濟學者**的**時間**因素。在這門科學的全部主題之中他都是用**未來時間**替代**過去時間**（只有對有形財產的一年時間這件事他所犯的錯誤是例外），他把**未來時間**看做商品，使其退回到現時的市場，而那些經濟學者們則是把**過去時間**向前推送到現時的市場。因此，他的理論乃成為當時有影響力理論的合法卻不被承認的子嗣。之所以合法是因為對未來收益的權利也和商品一樣是可以交換的，其所以不被承認是因為有影響力的理論沒有把擁有權和擁有的物資分開。

(六) 隱形財產

如果檢驗一下麥克勞德「可移轉財產總額」，[30]可顯示他那號稱為「無形財產」的所有項目之中只有兩個項目是以債務的意義為依據，就是「年金」與「基金」。其餘的各個項目都

---

30 參閱本節〔肆〕，(一)**可移轉財產總額**。

是未來產品的現時擁有權，再不然就是由於未來服務或產品的*出售*所獲得的未來貨幣。

由他的現時有形財產得來的「永久每年收益」，有些是供自己使用的預期產品，有些是產品的未來銷售所獲得的貨幣收益或未來的「基地租金」。他的「信用」並非對某個債務人的特定信用，而是一個商人的一般「良好信用」，意即，投資者與銀行業者們的善意，他們預期購買他的允諾給付而願意借款給他。他在事業上的「商譽」是預期與顧客作有利潤的交易。一個律師或醫師的「業務」也是委託人或病人們的善意，甘願償付他的服務。版權與專利權是優惠或壟斷銷售收益的預期。一間商業公司的「股份」是預期的股利或超過一切開支的其他獲利機會在現時的價值。「通行費」與「擺渡費」也和專利權相仿，是預期由特許而來的優惠價格。

按照現代的判斷，這許多項目都應該稱之爲「隱形財產」。所有的無形財產，或是按照經濟意義可以解釋爲債務人償付義務的信用，只有「年金」與「基金」兩項，後者是預期償付債務的現時價值。

這種區別不僅僅是學院之中的詭辯，在社會上這種區別具有高度的重要性。我們也曾在別處地方指出，因爲未能把工人的「勤勞商譽」和「工作義務」分清──意即，未能區別隱形財產與無形財產──其結果使美國最高法院所授權的《黃狗契約》（yellow dog contracts，譯者按：此爲一種以不加入工會爲條件的契約）引起了一般人的憤恨。[31]諸如此類的問題都可

---

31 參閱希託曼煤業公司對米切爾（Hitohman Coal Co, v. Mitchell）訟案，

以回溯到這位法律經濟學家麥克勞德的信用雙重意義。他把信用視為經濟數量的這種意義只是預期收益的現時價值，無視乎這些收益究竟是債務的償付，抑或是價格的給付。

　　然而這種雙重意義卻正是現代運營中的業務團體所具有的混合意義，不但期盼債務人償付其債務，並且還期盼「全世界」給付有利的價格，以換取這業務團體所提供的物資或服務。假如我取得一個事業實物設備的權利而未能取得這個事業運營的權利，那麼我所取得的權利僅是殘餘物資的價值，我可以拆卸這個工廠，而將其各個部分按照當時殘破的狀況在市場上出售。但，假如我買到一個運營中的業務團體，則我所取得的權利就不僅是拆卸下來的物料，而是整個製造實體物料的工廠，有權可以收受別人對這個業務團體所欠的一切債務、有權可以接近市場。我有權可以享受預期於未來的無限總收益，而將其分配給我的雇員、我的債權人、我的地主以及我自身。

　　不過，我並不是單獨的一個人，我是各個股份持有人與債券持有人聯合起來的一分子，不但如此，我還是所有雇員、代理商以及物料供應者聯合起來的一分子，我們全體都期望由這個業務團體的總收益之中獲得我們的報償，報償我們預期對這個業務團體所做的貢獻；所以，由購買我們聯合產品的顧客以及由這個業務團體所有債務人得來的總收益就是我們的聯合收益。這種收益經由各式各樣的交易分配於各個人，每一筆交易

　　檔號225 U. S. 229（1917年）；及康芒斯的《資本主義之法律基礎》，第294頁以次。

在當時都能創造無形財產債權人對債務人的關係，然而這些交易的繼續與重複卻要看所有參與者的自願性而定。這種預期的參與就是隱形財產。

這個整體便是運營中的業務團體。這是所有參與者的聯合自願性；雇員與經理維持並運轉這個工廠的自願性；顧客們購買的自願性，投資者與銀行業者貸放款項、物料供應商銷售物料以及其他人等參與的自願性。每個人都可以參與並取得其參與的報償，這種「權利」就是自由與曝險的隱形財產。但，每個人個別的因其以往服務而要求報償的權利則是屬於債務一類的無形財產，在這裡的債務人就是這個業務團體。麥克勞德稱之為信用——實際上，這是運營中業務團體的價值。他把這種價值視為某一個時點的固定經濟數量。事實上也的確如此，這是一個運營中業務團體在某一時點的橫斷面，這時，一個會計人員要編製他的年度報告，不過，這個業務團體則是在預期的時間流中繼續的經營著。

就專門術語而論，此運營中業務團體的價值在立法與管理方面是指股票與債券在某一時點的現時市場價值而言；或是在這些證券沒有報價的場合所採取的一種方法。這些都是表示減去稅捐以後的預期淨營業收益。不過，在經濟方面，運營中業務團體的價值卻是所有參與者的全部預期收益，其中包括徵稅機關，所有的參與者皆與銷售的總收益有關。[32]

有三種道德的與法律的義務足以保持自願性的態度，並維護業務團體的繼續運營。所有的參與者皆應各自承擔履行與給

---

[32] 參閱康芒斯的《資本主義之法律基礎》，第182-213頁。

付的義務。這些義務就是債務一類的無形財產。取消或不干預的義務則是由那些包括國家在內的外界人士所承擔。在無法避免外界人士干預的場合，特別是在壟斷、公用事業或工會規章的情況之下，必得要負起放棄執行權利的義務。把一切契約都在這些範圍以內訂立的期望就是隱形財產。構成為隱形財產的正是這些履行、取消與放棄執行權利的預期權利和義務，如果參與者的參與或不參與可以自由決定，則他們的自願性與否便成為自由與曝險這種隱形財產在道德上與法律上的意義。

如此說來，一個運營中的業務團體就是無形與隱形財產的連續，重複的把這些財產創造出來，持續而推移。麥克勞德稱這些財產為特定信用與一般信用。特定信用是履行與給付的義務。一般信用是取消與放棄執行權利的義務──這根本就不是信用與債務，而是在預期議價交易之中的自由與曝險。他的特定信用就是無形財產。他的一般信用就是隱形財產。就**時間**的**流動**與**推移**兩者之間的區別而論，無形財產是預期的時間推移，而隱形財產則是預期的時間流動。

(七) **由有形財產轉為隱形財產**

制度的建立使我們產生一種運營中業務團體的觀念，業務團體的營運在於引導各個參與者從事於預定的工作，等待與冒險，其所遵從的規則限制他們議價、管理與分派交易的範圍。但是，工藝的組織則使我們產生一種運營工廠的觀念，在工程師的指揮之下產出財貨與服務的產品，以供終極消費者之用，其所遵從的規則就是工藝效率。兩者雖是不可分開，但卻使我們產生兩種不同的社會概念，其結果成為兩種不同的社會哲學與治理概念。前者是參與者資產負債的變動，後者是在國家財

富創造過程中投入對產出的比例變動。前者是權利與自由移轉的所有權經濟學；後者是投入與產出的工程經濟學。前者是一種策略，不但分配了各人所應得的份額，並且更重要的是保持業務團體的繼續運營。後者的結果是創造了可以分享的產品。

　　往昔物理派與享樂派經濟理論所感受的困難是把所有權經濟學從後門引進來，而在前門卻堅拒不納。這些學者們爲財富所下的定義是物資及其擁有權，不過，他們的概念是靜止的，沒有因交易而變更擁有權的活動面向。正確的研究方法應該先把經濟學裡的這兩個因素加以劃分，各有各的本身權利，然後再將其合併起來，成爲一個集體活動的概念，按照習慣說法，這似乎就是運營中業務團體的觀念。

　　這並非說必須引進新的概念，而是說要把舊的概念所具雙重意義劃分開來。例如商品與財富這兩個用詞原先就有一個擁有權的財產權意義和一個物資事務的工藝意義。「成本」這個用詞原先也有財產權的意義和工藝的意義，前者是開支，而後者則是投入；價值這個用詞原先也有指收取收益而言的財產權意義與指供應產出而言的工藝意義。

　　在過去的少數幾十年間經濟理論的改造往往只需把基本概念稍稍變更就可以由前一代靜止的物理與享樂概念轉爲二十世紀活動的制度概念。費特爾於1907年由奧國學派的效用概念轉爲選擇的意願概念，這雖是很明顯的一個極小變動，因爲效用原本就有愉悅與在一些愉悅之間作選擇的雙重意義，然而他竟因此而能引進活動的這個概念，把博姆-巴維克的愉悅經濟轉爲現代制度主義的活動，不過，他卻自稱爲堅守著他的心理學。實際上，他的確是引進了活動心理學，這就是隱形財產

的活動概念。[33]費雪這位美國數理經濟學者領袖亦復如是。他在1907年依照歷史的傳統定義財富為屬於人類擁有的實質事物，[34]其結果，在轉為活動概念時產生了財富的衝突意義，既是增加產出，又是限制產出。

我們在上文已曾講過，由於這種自相矛盾的意義，導致財產制度無法和生產工藝分清。這種迷惑實在是不必要的，只須把制度經濟學與工程經濟學分開就行了。兩者皆是活動經濟學，制度經濟學是交易的活動，是人對人的關係；而工程經濟學則是增加產出的活動，是人對自然的關係。一個國家的總人力就是積極投入的總額，而對自然力的總管控也就是由這種活動所產生的總產出。不過，在制度面向分享與預估該產出的活動足以決定這個業務團體本身是否繼續運營或停止。

所以，社會的制度組織就是個人與業務團體時刻在變動的資產負債，這些資產負債在經濟方面誘導著未來的工作、等待與冒險。這套議價、分派、管理與預估的制度足以擴大、限制、停止或轉移投入與產出，朝不同的方向進行，或是在近期或遠期的未來進行。在未有生產之前，先有議價、分派與管理交易的建立，這不但決定了利益與負擔的份額，並且還誘導著社會業務團體持續經營或不持續經營。社會的工程結構則是物理、生物、心理等科學的列隊前進，使人類得以支配自然，依照這個世界的集體行動，來求取幸福或毀滅。這兩種組織絕

33 參閱費特爾最近著作《壟斷的偽裝》（*The Masquerade of Monopoly*，1931年）。

34 參閱本書第八章稀少性與效率。

非相同，像財產的意義僅是指靜止不動的有形財產而言時一樣。因此之故，我們要用物資的*產出*與勞動的*投入*來替代「物資」[35]這個字詞；用隱形財產的預期物質*產出*與貨幣*收益*來替代有形財產與無形財產這些字詞。

(八) 商品市場與債務市場

費特爾於二十年前所寫的一篇重要論文「**價格的定義**」（The Definition of Price），[36]曾經指出，在170位經濟學者之中，赫德烈（Hadley, A. T.）是僅有的一位把價格定義為「權利」的價格。據費特爾的引述，赫德烈說過：「按照這個字詞的最廣意義來說，價格是一件事物用來交換另一件事物的數量。倘使按照這個字詞的商業意義來說，價格可以定義為交換一件物品或一項服務的*權利*所需貨幣的數量」。[37]

費特爾所檢驗的只是一些物理派與享樂派的經濟學者，他沒有檢驗過像赫德烈這樣的制度經濟學者，費特爾是為價格求得一個這些學者們所可能同意的定義，無論他們的價值理論是主觀的或客觀的，無論他們的理論是貨幣的或非貨幣的，皆能同意。他所求得的定義是：「**價格**是在交換另一種財貨時所交付或收受的財貨數量」。

不過，麥克勞德的價格定義顯然也和赫德烈相同。價格是

---

35 包括「服務」在內。

36 載在費特爾的《美國經濟評論》，第二卷（1912年），第783-813頁。

37 見於赫德烈的《經濟學，論私人財產與公眾福利的關係》（*Economics, an Account of the Relations between Private Property and Public Welfare*，1896年），第70-72頁。裡面的斜體字樣是我添加上的。

換取一項擁有權的權利所給付的價格。這個定義既適用於商品市場，又適用於債務市場。

在商品市場上，假如我交給你一本書，而你付給我一金元。這是雙重的實質行動，其意義無異於動物的互相協助，但是，在人類社會裡，假如這本書並非我所擁有，我就不能合法的將其交給你，而接受你的給付。而且即便是在那種情形，我也不能使你成為這本書的擁有者，以對抗所有的人們，使其免除干預，除非是法律上把我的實質行動解釋為另一種行動──一種心理的「意志行動」，認為我有使你成為這本書的擁有者之意圖。並且解釋為另一種心理行動──認為你也有成為其擁有者的意圖。這時，法律就得要強制實施，或是預期其必將強制實施此種雙重的意志行動。經濟這門科學所處理的究竟是這種雙重的實質行動呢？抑或是這種雙重的意志行動？顯而易見的，實質行動是屬於技術的行動，是手工勞動者在擁有者的命令之下所做的行動。但心理行動則是屬於所有權的行動，實際上，這是由法律的運行而作擁有權的移轉。

再假如我交給你一本書，而你也取得並保有這本書，但卻不付給我金元。這時，法律上仍然是把這本書的移轉解釋為兩個意志同時併發的心理行動──我有使你擁有這本書的意圖，你也擁有這本書的意圖。不過，法律上還得要把這種實質移轉解釋為另一種的實質移轉──這一次是解釋為你把金元付給我的*預期*實質移轉，解釋為我預期取得這金元並將其歸我擁有的預期意圖。經濟學者又將如何處理對這一雙重實質行動呢？這兩個行動還是和上述例證之中的實質移轉一樣，但卻多了一個時間的間隔。

　　麥克勞德說，經濟學者們對此感到失望而予以放棄，並且陷入無可救藥的混淆之中。[38]

　　混淆之所以發生是由於事實上有了兩個市場，一個「商品」市場和一個「債務」市場，而「貨幣」這個字詞又把商品的物質意義帶到債務市場上來，使這個市場因類比也成為一種「商品」市場。然而鑄造的貨幣，照我們上文曾講過和下文再要講到的看來，實在並不是一種商品。這是一種償付債務的制度。[39]麥克勞德本人實際上並未把商品市場和債務市場有效分別清楚，原因是他的信用具有雙重意義。在這方面，他是順著當時普遍流行的唯物論錯覺：一個銀行業者只要接受了他的顧客或其他銀行所欠債務的供給有所增加，他就說他的「貨幣供給量」業已增加，可貸放給他的顧客。顧客與投機者往往要問「貨幣所值幾何」，而他們的真實意思則是要問，債務所值幾何？

　　假如改用現實的債務市場來替代隱喻的「貨幣市場」，則麥克勞德等輩也許不至於著了唯物論的魔。麥克勞德描述得不錯，「商品市場」並非交換商品的市場，而是交換商品擁有權的市場。照麥克勞德的說法，「貨幣市場」也不是交換貨幣的市場，而是交換債務擁有權的市場。

　　在上述的每一種情況之下，價格都是作為某種形態的合法管控權轉讓的「對價」而給付的價格。這是提供服務的報酬，

---

[38] 到後來，肯尼斯將其作為一種附有間隔時間的交換看待。參閱肯尼斯的前述著作。

[39] 參閱本節(二)；及第二節**債務的解除**。

或是即時報酬，或是延期報酬。這是讓渡權利和義務的制度意
義，不是交換的實質意義。

　　假如麥克勞德把債務視為「可出售商品」的這種想法貫徹
到底，不是使債務擁有權與商品擁有權互相同化，而是使債務
市場與商品市場始終分清，那麼，他必然可以恰當的描述現代
商業，而避免作雙重計算。果真那樣，必然很簡單的有兩個市
場，而不會在同一個市場重複作兩次的計算。

　　證券交易所與貨幣市場是**債務市場**的兩個車輪，大車輪
的股票與債券眺望著未來的若干年，小車輪的銀行貸款與存款
眺望著未來的若干時與日。就法律而論，股票雖不是如同債券
一樣的債務，但在經濟上甚至在法律上，股票終將成為債務，
所以也和麥克勞德所描述的「可出售債務」相仿。股票是一個
商業對股東的「負債」，即便是股利，也逐漸被視為負欠股東
的常例債務，在依法設立的公用事業方面，這已經獲得法律上
的認可，把股票與債券的總值以及利息與利潤的現行比率用來
計算作為預期債務人的*群眾*所必須給付的費用，以便使債券持
有人可能獲得利息，而股東也可能獲得股利。「群眾」就是債
務人，而股票持有人與債券持有人則為債權人，在特殊情況之
下，公司支付股利給股票持有人已經逐漸成為一種法律上的義
務，和支付利息給債券持有人的法律義務相同。[40]債券持有人
只是優先債權人，而股票持有人則是延付債權人。此外，又創

---

40 參閱道奇（Dodge）等對福特汽車公司（Ford Motor Co.）等的訟案，
　　檔號204Mich. 459及170N. W. 668（1919年）。

設了一些中間階段，例如各種「優先股票」，介於持有債券的
債權人與持有普通股票的準債權人之間。

　　對於普通股票必須給付股利，這雖沒有法律上的認許，
但卻有經濟上的認可，其性質相當於投資者的善意。在美國資
本主義週期性的通貨膨脹時期，各個公司的董事會都不承認負
有給付股利與維持股票市價的道德或經濟義務，更不承認負有
此種法律義務。然而，由於數以千計、甚至以百萬計而散處於
各地的投資者蜂擁而來，由於公司的銀行業者時代之來臨，只
須有擁有權總額的一個小部分，就可以把管理權集中於少數人
之手，[41]所以在經濟方面有維持投資者的善意之必要，迫使形
同傀儡的董事會不得不採取常例股利的政策。顯然，這就需要
負起某種法律上的義務——創始於所謂《藍天法》（*Blue sky
laws*，審者按：禁止無信用證券交易法），其主旨在於保護一
般股東與債券投資者。

　　證券交易所是法律與經濟所認可買賣分等級長期債務的市
場，從必須法律認可的債券起，其次是較少需要法律認可的優
先股票以及許多種「權利」，一直到最不需要法律認可而主要
是需要經濟認可，在歷史上稱之爲普通股票的道德債務爲止。

---

41 參閱黎帕萊的《梅音街與華爾街》（*Main Street and Wall Street*，1927
　　年）；布魯金斯（Brookings, R. S.）所著《工業擁有權的經濟與社會
　　意義》（*Industrial Ownership, Its Economic and Social Significance*，
　　1925年）；蓬布萊脫（Bonbright, J. C.）與米音斯（Means, G. C.）合
　　著的《控股公司對公眾的意義及其規定》（*The Holding Company, Its
　　public Significance and Its Regulation*）（1932年）。

　　在這個有限的範圍之內，麥克勞德對少數幾種特殊而並非普遍的情事好像預言似的說得很對，他把*所有的*財產權利一概描述為「債務」或「信用」，而把經濟學化約為一套債權人對債務人的關係。果真如他所說，則在經濟上與道德上對給付股利的認可就必須轉為法院所強制實施的法律認可。然而實際上卻不會如此。資本主義制度不僅是需要債務一類的無形財產，並且還需要股票一類的隱形財產，其價值要看**利潤差價**而定。[42]

　　但是，絕不能因此而把債務稱之為商品。倘使這樣的加以描述，我們也只能說，麥克勞德是在隱喻，而不是在談科學。他把債務和購買力混淆了。前者是無形財產，而後者則是隱形財產。

　　然而在商品市場上所發生的情事卻和債務市場上所發生的大致相同。每個市場都是求取未來的貨幣收益，麥克勞德把這種收益稱之為「信用」。與實體貨幣相交換的並非實體事物——而是未來貨幣收益擁有權的權利，這是由出售現有商品以換取未來貨幣收益權利而得來的。按照麥克勞德的說法，每一項預期都是信用，因換取貨幣信用而售出商品信用。實則兩者並不相同，因為一個是債務，而另一個卻是購買力。不過，每一個都是對未來貨幣收益的預期。

　　這很正確的解釋**資本主義**。一個商人購買一件商品時，他並非買進實體事物——其所買進的是對一項未來貨幣收益的

---

42 參閱本章第七節**利潤差價**。

預期，由於這件商品的出售就可能獲得此項收益。[43]一個銀行業者購買這個商人的債務，他也是買進了一項未來貨幣收益的預期，在這個債務人售出商品而償付債務時，這個銀行業者就能獲得此項收益。照麥克勞德的說法，每個人所買進的都是信用。

所以，商品市場也能產生債務市場的作用。在這裡的兩個車輪是產出物品的擁有權與短期債務的擁有權。在商品市場上創造了短期債務，而立即在債務市場上將其出售，以換取銀行業者的即期債務或存款。商業債務是為銷售而創造的，因為這些債務可以賣給銀行業者。職是之故，商品與債務之間所僅有的差別在於擁有並出售給銀行業者以換取其即期債務的標的物。假如是債務，則此標的物就是對未來貨幣收益的未來合法管控，這種收益在未來的時日必將由債務人在債務市場上償付。如果是商品，則此標的物就是對實體事物的未來合法管控，這種事物在未來的時日可以出售，以換取未來貨幣。商品與債務市場皆是期盼著貨幣收益。兩者都是對未來貨幣收益的權利，一個是信用──無形財產；而另一個則是未來的利潤──隱形財產。

兩者之間的差別在於兩種價格的互異。一個是在債務市場上*使用*貨幣的短期價格。另一個是在商品市場上為取得擁有權而給付的交換價格。此項區別在於麥克勞德所混淆的利息與利潤，我們要在講到他把貼現與利潤視為等同時再予考量。

---

43 參閱本章第七節〔肆〕，(二)**供需的投機法則**。

(九) 貼現與利潤
1. 兩種價格

麥克勞德說，「**債務的單位是在**一年以後給付￡100的權利。為購買這個債務單位而給付的**貨幣**就是這個單位的**價格**：當然，購買這個固定**債務**單位所需付出的價格逾少，則**貨幣的價值**亦愈高。不過，在**債務**這一行業裡通常都不用為換取**債務**而付出的價格來估計**貨幣價值**。因為**貨幣**天然可以產生**利潤**，所以很明顯的，為換取一年以後償還的債務而付出的**價格**必然要比這債務為少。在**債務**與**價格**之間的**差額**就是購買這債務所獲得的利潤。這個**差額**或**利潤**就叫做**貼現**。顯而易見的，在**債務的價格**降低或升高時，**貼現**或**利潤**必然增多或減少。在**債務**的這一行業裡，通常總是用**貨幣**所產生的貼現或利潤來估計其**價值**。因此，在**債務**的這一行業裡──*貨幣價值是直接隨著貼現而變動*。此項規則可以適用於這兩種行業──*貨幣價值的變動與價格成反比，而與貼現則成正比……*在**商品**的**行業**裡，**貨幣價值**，是指其所能買到的**商品數量**而言：在**債務**的行業裡，則是指購買**債務**所獲得的*利潤或貼現而言。……利息或貼現的比率就是一定的時間以內，例如一年，所獲得的利潤數額*」。[44]

我們把這兩種價格分別稱之為短期價格或貼現，但非利潤；以及交換價格，或購買力。

44 見於麥克勞德所著《銀行業的理論與實務》，第一卷，第57-59頁。

2.兩種製造

麥克勞德說，「一個銀行業者購進一張**票據**並非立即付以**現金**。他買到這張在未來時日付款的票據之後，是在他的帳簿上給他的顧客一個**信用**，其數額相當於**債務**減去貼現；意即這位顧客在需要貨幣時可以行使的權利。換句話說，他是買進了一種在未來時日給付的行使**權利**，而創造或發行一種通知即付的行使**權利**」。[45]

由此推論，則照麥克勞德的說法，一個銀行業者，「並非需要放款者與需要借款者之間的媒介。實際上，這個銀行業者就是一個貿易商，他的業務是創造別的**債務**以購進**貨幣**與**債務**」。

因此，銀行業者的利潤並不在於「借入**貨幣**所給付的利息與放出貨幣所討取的利息兩者之間的**差額**。實際上，一個銀行業者的利潤是獨專在他所創造並發行的信用超過了他手頭留存的信用所獲得的利潤。一家只為了交換貨幣而發行信用從未，且不可能會，取得利潤。一間銀行只有在創造並發行**信用**以交換未來期日償付的**債務**時才能開始獲得利潤。……一間銀行和一個銀行業者的基本和區別性特點就是**創造並發行通知即付的信用**；這種**信用**的用意是在於使其流通，充作貨幣的各種用途。所以，一間銀行並非一個**借入**與**貸出**貨幣的營業處所，而是一個**信用製造廠**」。[46]

---

45 同前書，第一卷，第325頁。

46 同前書，第一卷，第326-327，字句已經移動。

3. 商品價格與短期價格

未來償付的債務打過折扣的價值就是因換取這筆債務而給付的價格，而這折扣的本身則是因使用銀行業者的貨幣而付給他的短期價格。這個銀行業者「毋須成本而製造」了他自己的即期債務或存款──這是一種「已到期」的債務──充作貨幣之用；他把這種債務用來購買顧客的定期債務，收取他的顧客因使用他的過期債務而付給他的短期價格。這筆定期債務到後來價值增高，同時短期價格亦因接近到期日而減低其數額。這種價值的增高就是麥克勞德的所謂「利潤」。

他說，「一個貿易商之所以能獲得利潤是由於他向某一個人以低價買進財貨而以高價賣給另一個人。同樣的，一個銀行業者也是向某一個人──這個人就是他自己的顧客，低價買進商業債務，而將其以高價賣給另一個人──這個人就是承兌人或債務人。銀行業者所買進的**債務**，其**價值**一天天的增高，從他買進的一天到這筆債務清償。因此之故，這筆債務產生了**利潤**，所以也就成為**流動資本**這和普通財貨在一個貿易商的店鋪裡是同樣的情形，同樣的理由」[47]。

當然，在這裡一種價值的增高是由於債務接近到期，而另一種價值的增高則是由於在低價市場買進與在高價市場賣出，兩者之間的區別未能分清。後者是利潤，是由*兩筆*交易得來

---

47 同前書，第一卷，第358-359頁。

的；前者是貼現，是由一筆交易得來的。在*兩筆*交易的情況之下，*價格*這個用詞是指*買*價與*賣*價而言。在一筆交易的情況之下，則是指這同一筆交易始期與終期之間的貼現率而言。爲顯示其對照性質起見，我們要把這種貼現稱之爲「短期價格」。

麥克勞德之所以會把利潤和貼現搞得混淆不清，實在是起因於債務的流通性。一筆債務原本是從債權人──銀行的顧客買來的，而到了到期日又似乎是賣給這個顧客的債務人──承兌人。表面上看來，這個銀行業者好像是商談了兩筆交易，而其實只是一筆。

此項錯誤的關鍵在於前文所述的另一項錯誤，那是說，信用在*現時*即已存在，而債務則要等到償付義務到期的未來時日才會存在。實際上，兩者是同時並存，銀行業者所買進的就是債務人未來償付的*義務*。銀行業者這時毋須再與債務人商談償付，他只是行使他的權利而已。

在此種情況之下，我們必須把我們的議價交易概念構想得更確切些，必須將「交易的終止」與「商談的終止」分別清楚。商談的終止是在一筆交易移轉了擁有權的這個時點。但是這筆交易的本身必須等到未來時日履行與給付皆已完成之後才會終止。

一筆現款交易裡的商談與交易都是同時終止。在商品方面，不僅是商品的權利業已移轉，並且這件商品的本身也已經交割，在貨幣方面，不僅是權利因商談終止而移轉，並且貨幣也已經付清。

所以，一筆交易創造了兩項義務：履行的義務與給付的義務。假如這兩項義務都是立時做到，則商談與交易皆已終止，

不過，交易的終止必須是在這兩項*義務*皆已做到之後。倘使兩者之中間隔著一段時間的推移，那就非要等到這兩項義務的*最後*一項做到之後，這筆交易才會終止。假如這最後的一項是給付的義務，這筆交易要終止就必須等到債務人償清其債務以後。假如這最後的一項是履行的義務，這筆交易若要終止就必須等到服務已完畢或物資已交付並被接受以後。

因此，如果是有關土地或勞動償債的長期債務，則一筆交易往往要延續一些年之久，不過，如果是貨幣市場上的短期債務，則一筆交易只需延續幾天。所以，一筆交易確實是一種創造的過程。其所創造的並非商品，而是一種經濟數量與一種經濟狀況，必須等到履行與給付的兩項債務皆已解除，交易於焉終止之後，其經濟狀況才會由債務轉為自由。

在麥克勞德那表面上的第二次商談之中，把債務賣給債務人以換取這個債務人的現款，其實這並不是一次商談——這是法律義務的實踐，因債務的解除而使交易終止。銀行業者僅是「收取」到期之款，把債務人的債務擁有權歸還給債務人，以證明其全部清償。

由於未能注意到交易始期與終期之間的間隔，所以麥克勞德才會把貼現與利潤認為同一事物。實際上，貼現是一種「短期價格」，因為在一筆交易始期與終期這一段間隔的時間之內必須*等待*的這種預期服務而收取的價格；但利潤（或損失）則是在一處地方買進與在另一處地方賣出的*兩筆交易*之間的差額。

然而*買賣債務*的兩筆交易也和*買賣商品*的兩筆交易一樣，未嘗不能產生利潤（或損失）。商業銀行把顧客的票據按

照6%的零售價格貼現進來，然後按照4%的躉售價格再貼現出去。這時，實際上有了*兩個*市場與*兩次*商談，一個零售市場和一個躉售市場，所以也就有了*兩筆*交易。這個銀行業者在零售市場上按照6%賣出，而在躉售市場上再按照4%買進。[48]

麥克勞德當年寫作的那個時代，商品經濟學者們尚未能將利息與利潤分清。我們在上文也曾講過，這種區別是隱蔽在「時間流動」的雙重意義之中。利潤的獲得是在時間流動的不同之點進行買賣，而利息的孳生則是在兩個時點之間的間隔，或是說，「時間的推移」，在這兩個時點之間，未經報償的等待逐漸的增殖。

當然，麥克勞德也曾在利息與貼現之間按照通常的方法加以區別。兩者皆指同一事物而言，其差別僅在於計算的時日不同，遞增的利息相當於遞減的貼現。由於預付了總金額並等待一年的終了而獲得的「利潤」就是利息。由於在預付的當時將這利潤先行扣留下來而獲得的「利潤」則是貼現。[49]

不過，貼現與利息雖僅是數學上計算同一利率的兩種方法，但卻有一點區別，麥克勞德本人也曾注意及此，這是由於貼現與再貼現的實務所引起的差別。假如因使用一個銀行業者的貨幣而付給他的價格是在事先給付的，這就是說，預先扣除利息，那麼，這和麥克勞德給付商品價格的觀念就更接近。一個銀行業者因為別人使用「他」的信用而收取較高的價格，

---

48 此項區別要到後來習季威克才劃分清楚，參閱下文，(十一)。
49 參閱麥克勞德所著《銀行業的理論與實務》，第一卷，第372頁。

然後將其轉向一間銀行再貼現，由於他給付較低的價格來使用
「這間銀行」的信用。

嚴格的講，這並不是一種「價格」——這是一種*比率*，伸
展到一段未來時期的比率。未來的增值或「租金」，或是說，
使用貨幣的預期利息，已折合為現時「資本化」的價格，這就
是貼現的數額。我們可以把商品價格和短期價格分開，而保持
麥克勞德所作區別。商品價格是購買商品或證券而給付的交換
價格，短期價格或貼現是使用貨幣而預先扣除利息所給付的價
格。

麥克勞德曾經說過，兩者的變動是相反的，並且有較為廣
泛的習慣用法。比方說，債券價格的變動就是和購買債券的貨
幣所生利息的變動相反，而債券的收益則和市場上貨幣的長期
價格變動相同。貨幣的短期價格亦復如是。短期商業票據的價
格，其變動與貼現率相反，而貼現率則是銀行因顧客使用了購
買這種票據的貨幣而索取的短期價格。

所以，債務或證券的價格和商品的價格相仿。這是換取債
務所給付的貨幣。不過，貼現則是因為他*使用*其買來的貨幣或
信用而討取的價格。兩者的變動相反。麥克勞德之所以能發現
貼現率的適當運用，以管控**英格蘭銀行**的黃金輸出與輸入，就
是藉助於短期價格的這種意義。

4. **英格蘭銀行**

安格爾（Angell, James W.）曾經說過，「麥克勞德
是……第一位作者，首先看到貼現率為國外匯率的主要一個決
定因素，他並且看到貼現率可用相當的方法加以操縱而糾正國
際匯率。此項觀察的榮譽通常總是歸於戈申（Goschen），不

過，這要等到六年以後，他才把他的研究結果發表出來」。[50]

　　戈申寫作的時期是在**英格蘭銀行**已經把麥克勞德的理論付諸實施以後，而「並非有意的創新立異」。但是，麥克勞德已說過，現金的外流有三個主要原因：國家的負債、紙幣通貨的貶值，以及兩國之間*貼現率相差太大*，足以支付金銀塊的輸出成本而有餘。麥克勞德也曾「非常近於」用銀行準備金與貼現率來解釋貨幣與物價之間的短期關係，到後來習季威克於1883年才將其「全部及明確的形態」加以說明，馬歇爾於1888年講述的更為詳盡。[51]

　　麥克勞德講述他操縱貼現率以管制鑄幣外流與國內物價水準的理論，是從**英格蘭銀行**「製造債務」與為公眾目的，而非為私人利潤的理論說起。私人的利潤可能由債務的「製造」而獲得；但當其足以招致黃金外流時，**英格蘭銀行**負有為公眾消除此種私人利潤的義務。

　　麥克勞德必須首先清除把銀行鈔票視為與銀行存款有別的混淆觀念。這種混淆形成為1844年所頒**銀行條例**的基礎，這條例使**英格蘭銀行**分為兩個部門，一個是銀行鈔票的**發行部**，另一個是銀行存款的**業務部**。按照這條例的規定，**發行部**絕不可以（超出法律所授權的原始數量之外）發行銀行鈔票，除非

---

50 見於安格爾的《國際價格理論》（*Theory of International prices*，1926年），第138頁。

51 同前書，第117-118、138等頁。一直等到韋克塞爾（於1898年）才把貼現與物價之間的關係完全解釋清楚。參閱本章第四節末尾，講到韋克塞爾的一段。

是顧客們有同等數額的黃金存款。銀行鈔票被認為與公眾有重大關係的問題，而這條例則是把銀行存款視為**銀行**與其顧客之間純屬私人，甚至是屬機密的事務，政府對這一類的事務不應加以干預。

但是，麥克勞德力爭著說，就經濟與法律兩方面而論，銀行鈔票與銀行存款皆是完全屬於同一性質。就法律而論，兩者皆為銀行所創造的即期債務，充作貨幣之用。銀行存款和銀行鈔票一樣，同是貨幣的「發行」，因為兩者都是「製造」了一種債務，在通知時，立即給付黃金。就經濟而論，兩者的效果相等，因為每一種都可以在通知時提取黃金，以供輸出之用。

麥克勞德說，存款「只是超多銀行鈔票的偽裝。這種存款無非是**信用**的龐大上層建築，矗立在較少的金銀塊基礎之上，和**鈔票的發行**完全一樣。……這些外表上的**存款代替**如許之多的現金，卻只是**信用**或**行使權**，銀行把這些信用創造出來，作為購買**現金與票據的價格**，而這些現金與票據則是形成為帳簿上另一方的**資產**，實際上，**銀行存款**的驟然增加只是**信用**的膨脹：和銀行鈔票的驟然增多完全相等。……因此，**存款的減少**也不是**現金存款的減少**，而是信用的緊縮」。[52]

1844年實施**銀行條例**的結果和麥克勞德所預料的完全相同。按照銀行條例的規定，倘使由**發行部**提取黃金以供輸出

52 見於麥克勞德所著《銀行業的理論與實務》，第一卷，329-330頁。

之用，則**銀行**必須減少其鈔票的發行，而減少的數額應與提出黃金的數額相等。在理論上，這就是說，鈔票的減少足以抑低國內商品的價格，使輸出商品較之輸出金銀塊更爲有利，並由此而遏止黃金的外流。[53]但是，大家請看，**銀行條例**在銀行業務部方面卻留下一個「缺口」。黃金可能從業務部提取出來以供輸出，只須提示支票及要求黃金就行，而且即使黃金離開本國，銀行鈔票的總額也並不會減少。[54]麥克勞德說，「實際上，這隻船有*兩個*漏洞。制訂銀行條例的人們僅見其中之一；所以也僅防止其中之一，當他們看到這隻船因*另一個*被遺忘的漏洞而迅速趨於沉沒時，他們都極爲驚訝」。[55]到了1847年發生危機的時期，**銀行條例**不得不「暫停施行」，而准許**英格蘭銀行**鈔票發行額超出由發行部提撥業務部的黃金數額，非如此不足以拯救商人與其他銀行業者，免於「整個毀滅」。[56]

麥克勞德認爲困難的起因在於當時所流行的一種理論，那是說「黃金只是爲了償付銷售所生差額而輸送出去，所以在作此等償付時，必須能使其自動停止。然而，這卻是一種完全謬誤的見解」。

「……假如在倫敦的貼現率是3%，而在巴黎則是6%，其簡單的意義是說，在倫敦可以花3%買到黃金，而在巴黎按照

53 同前書，第一卷，第412頁。
54 同前書，第二卷，第342-343頁。
55 同前書，第二卷，第343頁。
56 同前書，第二卷，第170頁。

6%賣出。但是把黃金由此地輸送到彼地所需的費用卻不會超過0.5%，所以此項操作留有2.25%或2.5%的利潤。……在**貼現率**如此懸殊時，……住在倫敦的人必然要對他們住在巴黎的往來客戶捏造一些票據，其明顯的理由是要把這些票據在倫敦出售，以換取現金，然後將其匯往巴黎，再行按照6%出售。顯而易見的，在**貼現率**的差額保持不變的期間以內，黃金的外流絕不會停止。不但如此，住在巴黎的商人們必然也要把他們的票據發送到倫敦來貼現，而將現金匯給他們，……唯一阻止黃金外流的方法就是使兩地的**貼現率**趨於均衡」。[57]

於是他發表了這個一般性的原則，而從此以後獲得普遍的接受：「兩地的貼現率相差的程度，假如超過了由甲地把**金銀塊**輸送到乙地所費成本時，則**金銀塊**必然從**貼現**低的地方流向高的地方。[58]

他說，此項原則「雖是在商業人士之間也許已經耳熟能詳，然而根據我們所見到的來說，卻還沒有明顯記載於任何商業書籍，[59]更沒有在**通貨討論**之中作為逆勢**匯兌**的原因向公眾

---

57 同前書，第一卷，第418頁。

58 同前書，第二卷，第344頁。

59 關於「商業人士」的早已知悉，參閱梅奇（Magee, James D.）的「匯兌矯正法」（The Correctives of Exchange），刊在《美國經濟評論》，第XXII期（1932年），第429-434頁。

突顯出來，這和國家的負債或**紙幣通貨的國家**完全無涉。[60]

　　然則在黃金去離本國時要如何才能提高**貼現率**，而在黃金來到本國時又將如何才能抑低貼現率呢？這可以聽任銀行業者私人之間互相競爭，讓他們各自與他們的顧客訂立契約以求取各人的利潤嗎？**英格蘭銀行**的董事們曾經力爭著說，貼現率是他們自身和他們的營業，或是在業務上把準備金保存在銀行裡而各自為其本身利益追求利潤的顧客們之間的私人事務。但是，麥克勞德則表示，競爭足以使銀行業者的人數「激增」，並導致貼現率的低落，而在其時，此項貼現率卻應予提高，以阻止黃金的輸出，[61]而且，「為商人們的利益起見，必得要儘量取得低廉貸款」。[62]在此刻，由於歷年養成的習俗，**英格蘭銀行業**已成為鄉村銀行黃金準備的貯藏所，其貼現政策在黃金流出國外的時期必須能管控其他各銀行的政策。因此之故，他說，要想保持本國的黃金準備完整無缺，則**英格蘭銀行**董事們的義務應該在*發生危機*之先不但要不顧他們自身當前的利益，並且要違反商業群眾以及其他各銀行的即時利益。**英格蘭銀行**的私人利益必須隸屬於對公眾的義務之下。麥克勞德說，「**英格蘭銀行**無可推諉的義務就是要對鄰近各國的**貼現率**保持時刻不停的監視，並隨著其變動以防止此等比率變為有利於本國金

60 見於麥克勞德的前述著作，第二卷，第344頁。

61 同前書，第二卷，第139頁。

62 同前書，第二卷，第366頁。

銀塊的輸出」。[63]

　　到後來1857年的不景氣期間，這**銀行**董事們才初次遵照麥克勞德前所提示的公眾義務原則行事，而預先提高貼現率以制止黃金外流。事後，小彌爾（John Stuart Mill）講述這一次演變經過時說，在1847年以前，這銀行所遵行的原則是：他們身為銀行，所要考量的只是他們自身的利益，1844年所頒條例的制訂人皮爾爵士（Sir Robert Peel）也向這銀行保證說：「他們以銀行業者的身分因處理他們的存款而做的一切事務皆與公眾無關，有所關涉的僅及於他們自身」，但是，到了1847年以後，他們也知道，

　　像**英格蘭銀行**這樣的一個機構與其他銀行業者不同，其他銀行業者可以隨心所欲的認為他們的個別交易不會普遍影響整個商業世界，認為他們所需考量的只限於他們自身的地位。該**銀行**的交易必然要影響到全國，他們的義務在於盡這銀行的全力以防止或緩和商業危機。此乃該**銀行**所處的地位使然，自從1847年以後，該**銀行**較之往昔更能知道其本身的處境，他們不再完全依照從前的原則，認為他們所要考量的僅以他們自身的安全為限。[64]

　　所以，**英格蘭銀行**是最先採取私商在現代資本主義之下經

63 同前書，第一卷，第418頁。

64 這是貝克哈特（Beckhart, B.H.）在他所著《聯邦儲備制度之貼現政策》（*The Discount Policy of the Federal Reserve System*，1924年）一書中，第29頁所引述。這本書對於英國有關銀行貼現率的討論以及基於1797-1850年的經驗制訂貼現政策的公式有極優越的歷史敘述。

營商業的偉大協力行動，並未經過立法而自動的承認他們負有
對公眾的責任——這種責任起因於事實上他們自身爲整個國家
福利之所繫，他們的協力行動形成爲**發行與貼現的中央銀行**，
這和政府所頒條例完全無關，條例上明文規定著，他們可以自
由按照他們自己的方法追求他們自己的利益。實際上，這是由
於公眾意見的強力壓迫，促使**英格蘭銀行**的執事人員甘願接受
麥克勞德這些經濟學者們的理論，不過，麥克勞德在他論述銀
行業務的這部著作後來刊行的版本裡卻說：「使1844年的**條
例**有通過之必要，這是這銀行**董事**們的恥辱。這是宣告他們沒
有能力處理他們自身的業務。然而到了此刻，他們已經表現出
他們具有充分的能力，而這條例的頒行不再成爲必要」。[65]

　　中央銀行負有穩定物價及調節黃金流入與流出的義務，這
一點始終未有詳盡的說明，一直等到1898年才由韋克塞爾開
始作此項嘗試。[66]

（十）由心理經濟學轉爲制度經濟學

　　交易的公式也可能用心理學予以說明，這一點具有深長
的意味。一個生產者出售1,000個單位鋼鐵的效用，按照邊際
效用每個單位20計算，其總效用或價值爲20,000個單位，減去
200個單位的未來貼現或*貼水*（*agio*），其現時效用爲19,800
個單位。如果要將其轉爲制度經濟學，只須引進財產權利；

65 見於麥克勞德所著《銀行業的理論與實務》（第四版），第二卷，第
　　367頁。參閱英國近年來所提出的建議，那是認爲**銀行條例**有修正的必
　　要，應使其與**聯邦儲備條例**一樣，具有彈性及較大的自由決定權。
66 參閱本章第八節**世界給付的社會**。

合法衡量單位；債務的創造、流通與解除；交貨與付款兩項義務，由國家、貿易局、商務部或其他類似團體的集體行動予以強制實施，這些團體建立一個司法裁判組織或商務仲裁會。這時的公式就變為1,000噸的使用價值——鋼鐵；每噸$20的邊際效用或價格；$20,000的未來總效用或未來價值；$200的未來貼現；$19,800的現時總效用或價值。

把所有的心理經濟學者，從傑文斯到費特爾，做一研究，可以顯示他們已逐漸的使他們的心理學最後發展成為與此完全相同，在此刻，他們不但是心理經濟學者，並且也可自稱為制度經濟學者。費特爾在他的《壟斷之偽裝》這部書裡就已經由心理經濟學轉為制度經濟學。

未來貼現如何產生，各家的說法互不相同。博姆-巴維克的「貼水」是由於增加未來產量必須更多的*勞動*所以將其*加上*的。但費特爾的貼現則是由於減少現時勞動而聽任未來產量無所增益所以將其*減去*的。博姆-巴維克所處理的雖是主要在於*貼水*，但是因為他將其描述為「增加迂迴程序」，所以如果*減少*「迂迴程序」則現時與未來之間必將產生相同的關係。他的「迂迴程序增加」往往令人感到迷惑，因為現代發明的趨勢通常是*減縮*迂迴的程序，並因此而減少生產較高效率的機器所必須的勞動數量。不過，我們對博姆-巴維克的悍然不顧此種事實也可求得我們的結論。我們的結論是說，如果不以勞動成本少而效率高的新機器來替代同等勞動成本與同等效率的舊機器，則博姆-巴維克迂迴程序的意義是對的。

毫無疑問的，這種心理上的估價在某種情況之下必然發生，比方說，在一個農人把他的勞動專門從事於生產未來的使

用價值，以供他本人和他的家屬使用而*並非求售*時就是這樣。這句話也可以適用於魯濱遜，可以適用於非為求售而生產的消費經濟學範圍以內。一個農人，由於體驗到經濟學者們「遞減效用」的原則，他也知道，假如他生產得太多，則他那專供家庭使用的產品，其價值必然等比例的減低。他也知道，*現時*工作得太多是一種無益的犧牲，其結果將使他所生產的多於未來時日他在家庭以內所能使用的；他也知道，假如他在現時工作得太少，不足以生產他在家庭以內未來時日所想要的那麼多，則勢必犧牲他的家屬未來的想望。

博姆-巴維克所完善的這種心理經濟學極其普遍。這種經濟學存在於人類實有的基本天性之中。這在所有的各種經濟學裡必然可以取得相當的地位，只須這些經濟學的生產並非以求售為目的就行。正因其如是，所以這種心理經濟學雖屬普遍，但卻不能適合當前的商業世界。這種經濟學所處理的只限於勞動、物料與預期，這是排斥顯屬私人所有的財產，排斥與未來產品擁有權有關的權利義務，並且排斥移轉實體事物擁有權與創造可以轉讓的債務而將其擁有權一併移轉的交易。

之所以忽視擁有權的基本理由在於以*個人*心理學為出發點，而不以商談與交易的社會心理學為出發點，前者不會發生社會的利益衝突，而後者則是由利益衝突而產生的心理。社會經濟學所需要的不僅是可以強制實施的權利義務，並且還需要客觀的衡量單位，使參與者得知其可能預期於未來時日的究為何物，使裁判機關可以用數量用詞界劃其決斷。

在通俗的與經濟的語言裡往往用數量的*衡量*來替代其所衡量的*數量*。我們時常講到重量，講到溫度計上熱或冷的度數，

不過，這些都是對看不見的物質力量所作衡量，這種力量在數量上所起的作用呈現於我們面前。經濟數量亦復如是。這並不是實體事物的數量，這是「權能」或「勢力」的數量。這是一種強勁而看不見的力量在看不見的未來預期其發生的作用，個人在現時交易之中對這種力量的衡量就是貨幣價值。因此，麥克勞德所謂「經濟數量」概念在表面上雖是空幻的、想像的，但在實際上卻並非如此，因為這是一種看不見的社會壓力在看不見的未來自動表現而成為現時交易之中的一種貨幣衡量。

用貨幣來衡量的這種系統既經引進以後，經濟數量便成為資本的現代意義。貨幣*價值*是一種看不見的經濟數量 —— 資本 —— 之衡量。在「貨幣市場」與「資本市場」之間，在「現貨」與「期貨」之間，以及在其他種種之間，皆有所區別，手頭的現金或銀行裡的存款構成了「貨幣市場」，而債券與股票都是尚未到期的債務或尚未實現的銷售，則構成了資本市場。

這許多經濟數量就是現代的資本，其擁有權皆由交易予以移轉。把這些數量輸送到世界各地去便成為銀行業者與貿易商們帳簿上的貸方與借方，以電報、海底電信、無線電、電話、或郵件來形成或抵消。**紐約的聯邦儲備銀行**經常保持一張貸借報表，報告**紐約**貨幣市場上每小時「貨幣」的進出。不過，這張報表僅是在這市場上貸方與借方的記錄而已。直到最近這個**儲備制度**才發表「專項保管」（ear-marked）的黃金項目，在*物體上*雖是存於銀行，但實際上則是屬於其他國家所擁有，而*並非*美國所擁有。擁有權是經濟數量，而不是物資。

現代意義的資本便是以貨幣為衡量的經濟數量，這不但極其強勁，並且極其敏感。資本只有一種法律上的基礎，倘使這

基礎被推翻，則資本可能完全消失。資本的數值足以反映出世界經濟的變動，或是反映出對這種變動的恐懼。然而這種經濟數量的力量卻比政府更爲強勁，這可指使勞動從事工作或停止工作，這能償付債務與稅捐也能製造戰爭。

不過，這種存在於未來的經濟數量，資本，又極其敏感。我們上文所舉的例證之中，$200的時間貼現可能因不確定性風險貼現而增加。假如這種風險貼現升高到100%，則資本的現時價值完全消失，而在風險尚未達到如此程度以前，工業也許早已停頓。但在繁榮時期，這種風險貼現就小，並且還可以用兩種方法予以抵消，或是提高出售價格，或是提高利率或貼現率。

假如這種風險不能因提高價格而轉嫁於買主，則賣主也許以接受較高貼現率而將其吸收。如果沒有任何風險，利率可能跌落到3%或以下，假設這利率在我們所舉例證之中爲3%，則現時價值必爲$19,900，而不是$19,800。我們可以推定這例證之中的普通風險貼現已爲6%的利率所吸收，所以鋼鐵的現時價值包括利息與風險貼現在內，共爲上述的$19,800。

在這裡必須注意一種模糊不清的含義，這是由於往昔「交換」這個字詞所傳下來的意義。古典派的經濟理論通常推定每個當事人皆可能因交換而有所利得。每個當事人總是把對他自己價值較少的事物轉讓給別人，而從別人收取對他自己價值較多的事物。站在個人立場上看來，這確是毫無疑義的事實。這個當事人必然是在呈現於他面前的另類選擇間選取其較爲優良或「較爲不劣」的一種。無論拒絕或取消這另類選擇是多麼的令人煩惱，他*總是獲得了利益*。不過，這卻是把個人心

理學和客觀的經濟數量搞混淆了。[67]在一筆交易之中所售出的與所購進的經濟數量是屬同一數量，實際上並且是同一事物。一個經濟數量，假設為一匹馬的擁有權——說得更確切些，就是一匹馬的預期有效服務——已經由於交換現金或銀行存款，假設為$100的擁有權而移轉。事實上，這個當事人把馬的*評價*高於貨幣，或是另一當事人把貨幣的評價高於馬匹，這是屬於主觀的或個人的問題。這不是一筆交易所發生的客觀而可以衡量的事實，在這筆交易裡所移轉的是一個確定經濟數量的擁有權，只是與其有關的人可能有不同評價而已。

貸方與借方的均等亦復如是。依照主觀的、個人的看法，當事人可能估計貸借兩方的價值大不相同，債權人是為他自己的目的而估計，債務人也是為他自己的目的而估計。但是，如果依照客觀的看法，則$19,800的貸方與$19,800的借方是完全相等的兩個經濟數量。兩者都是同樣的因接近到期日而增殖，在任何一個時點，兩者都是同一經濟數量。

我們在前文所說**自由**與**曝險**的均等亦復如是。就主觀方面講，一個雇主可能覺得他的勞動者離職時他所受的損失多於這個勞動者的利得。或是換句話說，這個勞動者可能認為他離職所獲得的利益多於這個雇主因他離職所受的損失。再不然，這個勞動者可能認為他離職的利得多於留職工作，而這個雇主也可能認為辭退這個勞動者比挽留他的利得多些。

---

67 例如奧國學派的名詞，「主觀交換價值」。參閱本書第八章，第六節，機會。

　　但是，就客觀方面來說，在一個勞動者離職或是雇主將其辭退時，這個雇主失去了一個預期的經濟數量，假定為預期這個勞動者一天的工作——這和這個勞動者所取得而在別處出售的是同一個經濟數量。二人之中的一個可能比另一個更懂得如何利用這一天的預期工作，不過，這是個人問題，在客觀上並不能變更這個經濟數量，這個數量的本身對於每個當事人還是相同。由於一個普通勞動者可以任意離職，所以，「經濟數量」常因風險而減低。不過，假如這是「契約勞動」（contract labor），或是演員、棒球選手之類的專業契約，則風險貼現必可大為減低。

　　再不然，我們還可以談談「商譽」或商標的意義——這是自由與曝險的另一種關係，我們將其分類為現代資本主義的最大資產之一，隱形財產。「商譽」的未來收益雖可能是高度投機性的，然而在一筆交易裡將其作為一個現時的經濟數量擁有權看待，也可以按照金錢估價而移轉，這就關涉到預期的銷售、價格、利息和風險的高度，所以，這也需要高風險貼現率。這種商譽在某一個當事人看來也許比另一個當事人所估價值要高得多，然而，客觀而言，這還是同一個經濟數量，也就是把資本作為資產看待的現代意義。

　　即便是「運營中的業務團體」，其意義也同樣的是一個經濟數量，其現時價值可能就是股票與債券的變動中價值，這可用來衡量預期的金錢淨收益。

　　法院或仲裁人所考量的就是這種同等經濟數量擁有權的移轉——並非考量個人們自以為獲得或失去的利得或損失、痛苦或愉悅。後者相當於價值在心理學上的意義，但是我們僅將其

作爲協商心理學上的「話題」看待，以一筆交易的完成爲其終
點。[68]

　　經濟學者們往往用到「財貨」這個用詞，其意義包括如
此不同的概念，例如：實體財貨、債務、股票、債券、商業的
商譽，運營中的業務團體等，而我們則是要效法麥克勞德用到
「經濟數量」這個用詞，這是買進、賣出或是爲未來而保有的
各種不同維度。這種分析和克拉克把「資本」與「資本財貨」
加以劃分時所要做的分析相似。[69]他的「資本」是一筆「價值
的貯蓄」，他的「資本財貨」則是實體的物料。在這裡，「生
產財貨」與「消費財貨」兩個用詞都很方便，我們在下文也要
用到，因爲這兩個用詞顯然是限於生產與消費實體物料的技
術。不過，假如把「財貨」這個用詞加以引申，使其包括股
票、債券、銀行存款、貸方、借方或其他形態的有形、無形與
隱形財產在內，那便是使生產與消費和信用與債務混淆不清
（麥克勞德就是這樣很正確的評論亞當‧史密斯與彌爾）。[70]
爲保持此項區別起見，我們要把物料財貨稱之爲古典派經濟學
者的工藝資本，而擁有權則是現代意義的資本。擁有權就是克
拉克的「價值的貯蓄」，也就是麥克勞德的「經濟數量」，也

---

68 參閱本書第二章，第二節，〔貳〕、(一)**協商結束與交易結束**。

69 參閱克拉克的《財富分配論》（*The Distribution of Wealth*，1890
　　年）。

70 參閱前文，本節(三)。

就是公司理財的資產與負債。[71]

(十一)債務市場的劃分

1.*貨幣與資本*

習季威克是第一位經濟學者，首先於1883年[72]應用麥克勞
德在擁有權與物料之間所作的區別，不過，同時他又糾正了麥
克勞德，他指出**財富**與**資本**之間的差別，而麥克勞德則是將兩
者等同，習季威克的**財富**是勞動所產生的「社會效用」，而
資本則是私人財富的擁有權。[73]**財富**就是財富，而**資本**卻是資
產。其區別的關鍵在於利息的意義。

習季威克說：「利息是產出之中落入**資本**擁有者之手的份
額；**資本**的意義就是把財富加以運用，而為其擁有者產生盈餘
的新財富。從個人的觀點看來，縱使財富已消耗而並未留下實
物結果，這筆資本仍然可以合理的認其為仍然存在，只須其運
用的目的在於使擁有者有一個合理的期望就行，期望這資本可
能產生等值物並連同利息歸還給他，甚至僅是期望永恆的收取
利息」。[74]

但是，習季威克又把資本分成三種：股本、債券與土地價
值。

---

[71] 參閱本章第四節，(二)**資本與資本財貨**。

[72] 參閱習季威克所著《政治經濟原理》（*The Principles of Political
Economy*，1883年）。本書的引述文是從1887年的第二版得來，他
說，凡是具有基本重要性的論點這一版都沒有刪改。

[73] 同前書，第83頁以次。

[74] 同前書，第256頁。

「……這一類公司的股利應視爲僅是股東所擁**資本**的利息，和按年付給債券持有人的貨幣無異，……而且土地的產出也屬一種利息」。[75]

這三種資本在原始投資以後都可能有很大的波動。這要看利率的變動而定（假設貨幣的購買力是穩定的）。

「如果一塊土地的地租仍然和平常一樣，而當時的利率已由3%跌落到2%，那麼，假定其他條件不變，土地的價格必然要升高50%」。[76]

顯然的，這句話也可以適用於別種形態的資本，這就是說，適用於股本與債券。假如其他因素不變，則利率倘使跌落33%，勢必至於使資本的數值增高50%。

不過，這一類的資本數額增加「從社會的觀點看來」，卻並非資本的增加。

這種價值的增高「顯然不能構成財富的實質增加，廣泛的說，社會對生活必需品與便利品的支配力量並沒有加大，因爲生產工具的交換價值已經由於利率的下跌而升高了。但是，從個人的觀點看來，則按照某種意義來説，財富之增加卻是眞實

---

[75] 同前書，第258頁。

[76] 同前書，第259頁。

的，而不僅是名義的；資本擁有者的真實收益雖未因變動而增加，但是他對消費商品的購買力則確已增高，不過，他必得花費他的資本才能運用這種力量」。[77]

　　但是，究竟要如何花費這資本才能變為可供消費的商品呢？這要將其轉變為具有一般購買力的銀行存款。

　　習季威克要給貨幣構想一個定義，這個定義必須能符合麥克勞德流通債務的定義，但卻必須避免作商品的物理類比。他面對給這樣一個「波動無定」貨幣的用詞下定義的困難，他駁斥傑文斯所提出的反對，即反對下任何定義的企圖。習季威克說，傑文斯曾經講過：這是一個「邏輯上的大錯」，以為「決定了單獨一個字詞（貨幣或資本）的意義，我們就可以避免許多事物的繁複差別與種種不同的情況，而這些事物皆各自需要其本身的定義」，傑文斯曾經講到一些相互矛盾的事物，這些事物都是，或可稱之為貨幣，例如：金銀塊、本位鑄幣、輔幣、可轉讓與不可轉讓的票據、法償幣與非法償幣、各種支票、商業票據、國庫券、股份證書等，其中的每一項都「需要其本身的定義」。然而習季威克的答覆則是認為傑文斯的立場近於「似非而是」，居然主張「給許多種事物下定義在邏輯上是對的，而獨獨為這些事物所共同具有的特質下定義卻是邏輯上的大錯」。[78] 對於這許多事物的本身，「也和『貨幣』這個

77 同前書，第259頁。

78 同前書，第217頁。

較爲廣泛的觀念一樣，如果一個人要想予以確切決定，也會遇到相同的困難」。

於是習季維克就設定了「貨幣的一項主要而基本的功能」，他認爲這是凡屬貨幣全都有的一般功能。此項功能使貨幣有別於「財貨」、「商品」或「財富」，但卻容許各類貨幣相互之間的差別有詳細的界限。貨幣的一般功能就是「使用於交換及其他財富的移轉，其目的不在於移轉特定商品，而在於移轉對一般商品的支配，由於其爲財富移轉的媒介，所以貨幣才有資格擔負其另一項重要功能，爲價值之衡量」。[79]

習季威克根據各種形態貨幣所共同具有的此項功能來解釋，何以商人與銀行業者們，甚至像白芝浩（Bagehot）這樣卓越的一位經濟學者，在最初都把貨幣定義爲金屬貨幣或銀行鈔票，而在推理講到貨幣又大都認其爲「銀行業者見票即付貨幣的義務，甚至不以銀行鈔票形式出現」。他的解釋是說，「在平常時期」一個重視實際的人總知道「他可以任意把銀行業者負欠他債務之任何部分轉爲黃金或鈔票，[80]他也知道他之所以聽其成爲無形體狀態只是爲方便起見。……所以，他自然要把「**他存在銀行裡的貨幣**」想成並說成「**現金**」。白芝浩也認爲英國比別的國家擁有「**更多的現金**」，而實際上英國所擁有的卻是更多見票即付的銀行債務。

直到發生危機或信用崩潰的時期，「銀行業者們的負債與

---

[79] 同前書，第225-226頁。

[80] 主要的是**英格蘭銀行**鈔票。

他們支付這些負債的手段之間的差距變爲異常之顯著；他（白芝浩）剛才稱之爲「**現金**」的同一事物，在他看來，又變成性質相反的「**信用**」；而他也就把英國的「**手存現金**」估計得「**異常之少，使一個旁觀者見到這筆現金，在和建立於其上的巨大信用對比之下是如何的渺小，而爲之震驚戰慄**」。[81]

在觀念之中既經有了貨幣的這種雙重意義，習季威克便決計效法麥克勞德，採取貨幣市場上流行的用詞，以貨幣來表示普通交換媒介的「全部」。他批評彌爾，彌爾「蔑視」麥克勞德「信用的延伸，講起來……似乎信用就是眞實的資本」，而在彌爾看來，信用只是「許可使用別人的資本」。照習季威克的觀察，如果就某種意義而論，金幣也未嘗不是如此。

「……其所僅有的功能在於『**容許**』，或使其擁有者能獲得並使用其他財富；只有照這種意義解釋，彌爾所陳述的話才對，一個銀行業者把信用或負債貸放給他的顧客，或是以鈔票的形態，或是在『**存款**』這個令人發生誤解的名目之下。這種信用毫無疑義的是一種比較脆弱而易於毀滅的財富移轉工具；但卻不能因此而忽視這樣一個事實，在一個現代的工業社會裡，這種工具主要是用以達到此項重要目的」。[82]

這麼一來，習季威克就變更沃克（Walker, Francis A.）的

---

81 見於習季威克的前述著作，第223頁。參閱前文，本節〔貳〕、**債務金字塔**。

82 同前書，第224-225頁註。

貨幣定義，使其與麥克勞德的定義相符。沃克給貨幣所下的定義是：「在整個社會裡可以自由的從甲手移轉到乙手，作為債務最後解除與商品全部給付的一種事物」。[83]習季威克把「從甲手移轉到乙手」這句話改為「從甲擁有者移轉到乙擁有者」，以便使銀行存款一併包括在貨幣以內，這是沃克所排除於其貨幣定義之外的，雖然，沃克是把銀行鈔票包括在內。

「表面上看來，似乎是由於這兩句短語之間的差別，所以沃克先生不願承認銀行存款也是貨幣；因為這些存款不能像鈔票一樣「從甲手移轉到乙手」。不過，在用鈔票（不屬法償幣）為支付手段時，實際上重要的並非僅在於這幾張紙的實物移轉，而是在於對銀行業者的要求權移轉，這種功能在用支票為給付時同樣可以有效完成」。[84]

習季威克對沃克作如此批評，足見習季威克已經拋棄物理經濟學者們把「交換」與「流通」視為商品「從甲手移轉到乙手」所作實物交付的這種觀念，而代之以麥克勞德「從甲擁有者移轉到乙擁有者」的制度移轉。

他說，「無可置疑的，收取支票的這個人**可能**要求給付鈔票：不過，收取鈔票的這個人也同樣的可能將這金額存進他

---

83 參閱沃克所著《貨幣對貿易與工業的關係》（*Money in Its Relation to Trade and Industry*）（1879年初版）。

84 見於習季威克的前述著作，第226-227頁註。

銀行的帳戶。前者固然可能要求給付黃金；但後者也未嘗不可能作同樣的要求。從任何一個觀點看來，兩者之間都沒有基本上的區別。我說這句話並非漠視實務上存在於給付鈔票與給付支票之間的重大差別。支票不能像鈔票一樣的流通：支票的接受人通常是毫不延遲的將其脫手，他要選擇一個銀行業者，他認同這個銀行業者的負債作為貨幣看待，同時，鈔票的接受人則通常不需作此項選擇；所以，在前者的情況之下移轉銀行業者的負債要比在後者的情況之下繁複得多；因為……這不僅是銀行業者的顧客有了變更，並且銀行業者也有了變更。然而這筆交易的本質總還是一樣，移轉銀行業者的負債『**以作債務的最後解除與商品的全部給付**』。因此之故，我認為貨幣的定義如果把一般的銀行鈔票包括在內，而將銀行業者的其他負債除外，這是一種極不可能接受的定義」。[85]

習季威克在構想貨幣定義時要為「貨幣代用品」覓取一個恰當的定義，這是他所感到的主要困難。一個作者的「貨幣代用品」意義必然是他的「貨幣」意義所包括不盡的殘餘。倘使貨幣僅指金幣而言，則移轉擁有權利的其他每一種給付與購買手段必然都是貨幣的代用品。

習季威克是在各種貨幣對債務解除與商品全部給付的「終極性」（finality）這個標題之下來應付上述困難。他的結論是說，終極性是一個程度問題，「最高程度」的終極性屬

---

85 同前書，第227頁註。

於現代政府作為國內交換媒介之用的不兌現鈔票，這是起因於法律上的兩種設計，一種設計是政府予以接受，可以按照其面值繳納稅捐或償付所欠公庫的債務，另一種設計是承認其為給付私人債務的法償。這一類貨幣的「終極性」甚至比黃金有過之而無不及。假如黃金不是法償，再假如在想像之中以金銀塊而不以法償為給付的契約，法院不能予以強制執行，[86]則以黃金償付債務的終極性，其程度必然低於法償的鈔票。

習季威克說，銀行鈔票「不是」法償，其終極性程度低於不兌現紙幣，但在實質上則與銀行存款無異。其終極性之所以低於法償，是因為事實上可以要求銀行以法償解除其自身的債務。不過，此項義務可能因相反的交易而抵消，一個銀行業者可能在這種交易裡收取黃金或鈔票以交換他本身的負債。所以，「在平常時期，銀行業者的負債可能為人所接受，作為普通債務的最後解除」。[87]

但是，我們卻要主張，除了流通性以外，還必須另有一種質性。要想使債務成為交換的媒介，則在給付或購買時提出這種債務，絕不可以再加*時間貼現*。倘若加上時間貼現，這就不成其為貨幣，而是──資本。習季威克似乎未能認清此項區別。他是基於「流通性」以求得他的貨幣定義，他並沒有同時把時間貼現的存在與否作為劃分貨幣與資本的依據。他說：

---

86 為遵從憲法上的禁令而避免「損害契約的義務」起見，又有一種現代設計，在抵押契約之中可以約定債務的償付必須用「美國金幣，按現時法律所規定的標準重量與成色，並依紐約的現行匯兌率」為之。
87 見於習季威克的前述著作，第227頁。

「……有幾種廣泛為人所接受的證券——某些政府及鐵道等所發行的債券——比金銀塊更便於傳遞，所以這些證券常常被用來償付國際債務，作為金銀塊的代用品。在這一類的證券被人買進賣出以滿足此項功能時，再要否認其具有某一程度貨幣的基本特質，那便是使我們自陷為語言的奴隸」。[88]

我們必須承認，這些證券確是如同貨幣一樣的可以流通，並且也有某種程度的「終極性」。不過，這一類的證券卻不可以包括在貨幣的定義之內，因為這些證券的價值在接近到期日時必然要因時間貼現的期間縮短而增高。但是，嚴格來說，貨幣的本身卻沒有時間貼現，這也就是銀行存款之所以能包括在貨幣定義之內的理由。銀行存款可以歸類為貨幣，因為這種存款是銀行業者*已到期*的債務，但是「證券」，無論其為短期的商業債務或長期的債券之類，都是*尚未到期*的債務，所以只能歸入「資本」這個項目之內。[89]

這和三種的市場相適合，一種是「貨幣市場」，其中包括*已到期*的銀行業者債務擁有權移轉；一種是「短期資本市場」，這是*尚未到期*但不久即將到期的債務擁有權移轉；再一種是「長期資本市場」，這是*尚未到期*而需等到較久的未來始屆期的債務擁有權移轉，此等債務應每年或每半年作一次利息給付。簡而言之，貨幣市場是已到期的債務市場，毋須作時間

---

88 同前書，第230頁。

89 此等證券可能因無力償付或沒保障而按照「風險貼現」予以接受。不過，我們的「時間貼現」則是指預期的時間*間隔*等待期中生息。

貼現；資本市場是未到期的債務市場，所以必須作時間貼現。如此說來，成為貨幣代用品的就是「資本」，貨幣是*已到期*的債務，而資本則是*尚未到期*的債務。

上文所述並不是說，作為「購買力」解釋的「貨幣價值」不會變動。那是另一問題。上文所述只是說，貨幣的價值不會因未來時間的推移而變動。*已到期*的債務*無未來性*，所以*不是*資本，而是「現金」，也就是在銀行裡的一個「存款」帳戶。同樣的，短期或長期證券的購買力可能會變動，不過，這也是另一回事。*尚未到期*的債務都是把*未來性*作為其維度之一，所以*是*資本，而可以作為「現金」的代用品。其所以是「資本」是因為這些證券未來價值之上升並非由於購買力的提高，而是由於未來時間因推移而縮短，直到給付期日屆滿為止。[90]

貨幣與資本（作為貨幣代用品）之間雖有此種區別，但習季威克卻是第一位經濟學者，首先利用麥克勞德的流通性或債務擁有權之移轉，而消除「流通」的物體隱喻以及麥克勞德把債務作為「商品」看待的物體隱喻。現代的銀行支票根本就難以流通。這種支票通常是創造出來，加以背書，然後存入銀行而予以註銷，或是償付先前協商的債務，或是償付新的債務，這些債務都是由於商品擁有權的移轉而按照現行價格創造出來的。在美國直到最近才有實際發生的現實情事提供科學的

---

[90] 在這裡，我們並不考量另一種形態的現代資本，那就是「隱形財產」。我們所考量的僅是「無形財產」的流通性。

衡量，在目前的統計之中才登錄並公布「記入個人帳戶的借方」。[91]這些借方是商人們大部分的進貨記錄，所以也就是銀行業者的即期債務由這銀行的一個債權人移轉給另一個債權人的記錄。「流通」這個用詞並不適用於此項程序。在此刻也和在從前一樣，這是金屬貨幣時代留傳下來，引用血液循環的一種隱喻。但現實卻並不是隱喻，這是起因於擁有權的移轉，銀行業者帳簿上的借方與商人帳簿上的貸方。因此之故，我們可以依照使這種貨幣產生效力的法令，稱之為**借方貨幣**（Debit Money），而把「流通貨幣」（money in circulation）這個普通使用的名稱保留起來，專供數額較少的紙幣與鑄幣之用。

麥克勞德講到**信用**，認其為「**具生產性資本**」，在他的心智之中，這句話顯然是指帳戶的借方足以節省貨幣的使用而言。他的意思並不是說信用和勞動一樣，也能生產商品，而是說信用可以增加交易的*速度*，而財富的生產則有賴於交易。他的這種觀念頗近似李嘉圖，李嘉圖是把機器與資本分開──機器足以增強勞動的生產力，但機器卻不是資本。[92]麥克勞德亦復如是，信用具生產性，並不是因為信用*產出*某種事物，而是因為信用提高了生產事物的*速度*。換言之，麥克勞德把生產的意義由「生產」轉變為「生產速度」，實際上這就是把生產轉為效率，由「流通」轉為重複的速率。

麥克勞德的意思是說，信用足以提高商品買賣的週轉速

91 參閱本書第八章，第五節，**由流通轉為重複**。

92 參閱本書前文，第八章，第七節，**李嘉圖**。

度，超出單用金屬貨幣所可能達到的速度，所以大大增加的，不是生產，而是財富生產的*速率*。他的用意必然是如此，從他認為金屬貨幣的使用比物物交換的方法更具「生產力」，可以得知。金屬貨幣在和物物交換比較之下的技術用途，以及銀行信用在和金屬貨幣比較之下的技術用途，皆在於大大的提高商品週轉的銷售速度，也就是國家的生產力大為提升。麥克勞德的說明是適切的。他說，在營業的正常流程，財貨或商品從產出者或進口者傳給製造業者，接著到躉售商，再到零售商，才傳到顧客或消費者。如果產出者或進口者從躉售商取得現成貨幣就能立即更加生產或進口那些已置放在他房間裡商品的供給。依同樣方式，如果躉售商從零售商取得現成貨幣就可能立即進一步向製造業者購買，從而立即供給他已售出財貨的地方。零售商和消費者也如似的操作。

「要是每個人一直都有現成貨幣聽候支配，流通或**生產**的川流或可不受阻撓的繼續著，只要**消費**或**需求**允許……然而，這可不是實情，很少或沒有人都有現成貨幣聽候支配來取得其所需之物……如果**流通**或**生產**的川流得待**待消費**者已用貨幣支付財貨則會停滯，這將會大量的遞減……但假設商人對躉售商的人格及尊嚴有信心，他會以**信用**售出財貨給躉售商……也就是說，他售出財貨以**信用**或一項**債務**替代貨幣來交易……因此我們看到信用已造成如同貨幣那樣完全**流通**或**生產**。」所以，下一步是「使債務本身成為可銷售的商品；售出債務以取得現成貨幣或以更方便數額取得其他債務，然後立即兌換**即期**的貨幣，也就等同貨幣。」不然的話，大量的商人債務是「如此多

的積壓存貨」正是銀行業者買這些商人的「**積壓存貨**」且賦予「其活動力和流通……將其從積壓存貨轉成更具**生產性力量**」及後「大量的商業債務轉成**生產性資本。**」

很明顯的，金屬貨幣也有此作用。它改變農業和工業從以物易物的緩慢過程轉到行銷的快速過程。麥克勞德說：「**信用是生產性資本**完全和貨幣所發揮的作用和意義一樣。」

這就提供生產的雙重意義，並指出麥克勞德的批評者了解麥克勞德與當時「生產」意義有別的「生產力」確切意義之錯誤。生產力是生產的*比率*。「生產」對古典經濟學者來說，指的是，使用價值的生產，不牽涉到生產的*比率*。但機械、貨幣及信用都一樣都被他們指為增加生產的*速度*，從而增加全國生產力，或生產的*比率*，這這們稱之為效率。

2.*資本收益及銀行利率*

在前面的討論中，我們只考慮短期和長期債務的「無形」財產相當於短期和長期資本的等值物。但現代資本包括隱形財產和無形財產。隱形財產是從*未來銷售*預期淨收益的現值；而無形財產是預期*債務支付*的現值。這兩者構成現代資本。一如我們所知，該兩者既非麥克勞德也不是習季威克所分辨的。習季威克是將債券的現值（無形財產）及股東股票和土地的現值（隱形財產）結合成「儲蓄」的簡單概念。習季威克沿襲麥克勞德的錯誤，將它們全視為債務。習季威克因此並未分辨更現代「債券收益」和「股票收益」之別，或類似於股票收益，從土地目前資本化後價值所取得的收益之別。我們將稱這些和類似收益——從目前資本化後價值所收取——為資本

收益。

　　習季威克將其區分爲兩種利息：資本收益和銀行利率。

　　習季威克之前的經濟學者通常滿足於稱爲「平均」利率。但習季威克將其分辨爲短期貸款的利率和長期貸款的利率，這比主要考慮商業銀行短期利率的麥克勞德先進得多，習季威克則更進一步，他說。

　　「專業的貨幣貸放者所作短期放款，不但爲他們自身產生了嚴格的利息，並且還產生了『管理工資』；所以，基於此一理由我們可以預期匯票的貼現率必然較高於資本所生的一般利率。相反的，我們必須考量一個銀行業者大都皆能產生他所貸放出去的貨幣，這就是說，產生他自己的債務，在他業務繁榮的期間，實際上他並沒有清償這些債務的必要；他足以輕而易舉的把這種商品的使用按照遠較資本所生一般利率爲低的價格出售。因此，只要是他能增進他的業務範圍與保障，特別是能把他的貨幣短期貸放給貿易商，那麼，他爲競爭所迫必然要努力作成這種放款，其利率非但不超過——甚至還不及——普通的資本利息，這種資本的投放雖不甚安全，但卻較爲恆久。事實上似乎確實如此，其原因也許有一部分是由於貿易商是銀行的特殊重要顧客；而主要的則是由於銀行業者們可以很方便的貸放出貨幣，借款人在經過一定的短暫時期以後負有償還義務，所以在這些銀行業者需要大宗給付時，他們可以隨時減低他們貸放的金額。正因如此，我們沒有理由事前說，銀行業者對於商業票據所收取的貼現率——雖然是平均數，並且是在扣除風險的差額之後——一定要相當於資本所生的一般利率，沒

有一種經濟上的理由足以使其不能多於此數，因爲一個銀行業者的煩勞必須予以報酬；相反的，假如上述利益的價值相當之高，也沒有理由足以使其不能大爲減少，因爲這個銀行業者本人不費分毫而生產出來的交易媒介，其較低的利率已經足夠使他在他的銀行業務資本上獲得正常的利潤」。[96]

習季威克把銀行業者所收取的利率分別稱之爲「*使用貨幣的價值*」，而那些非「以貨幣爲專業」的人們所收取的利率則是「因*使用儲蓄款*而給付的價格」，換句話說，就是「由於資本的使用，而這資本的擁有者取得的價格」。

所以，習季威克所作貨幣與資本之間的區別，其關鍵在於兩種利率的殊異，一種是由於使用銀行業者的非儲蓄款而付給的利率，另一種是由於使用非銀行業者的儲蓄款而付給的利率。他認爲儲蓄款是三種形態的「資本」，即按照現時價格計算的土地價值、股票價值與債券價值。如果是「專業的貨幣商」，則其所收取的利息就是銀行利率，這不是因使用儲蓄款而給付的。如果是其他的放款人，則其所收取的利息就是因使用儲蓄款而給付的資本生息。

然而實際上兩者之間並無差別。資本生息固然是因使用儲蓄款而給付的利率，但銀行利率也未嘗不是因使用儲蓄款而給付的利率。習季威克所犯的錯誤，其關鍵在於兩個錯覺，一個是以麥克勞德的信用*製造*來替代*信用交易*，另一個是以儲蓄的

---

96 見習季威克的前述著作，第245-246頁。

*實體*來替代儲蓄的「市場價值」。

　　1. **「製造業者」乎，抑「商人」乎？**──習季威克追隨麥克勞德，把銀行業者描述爲「信用的製造業者」，他雖*不花成本*，但他對這種信用的使用卻要收取價格（貼現）。

　　然而這個銀行業者卻並不是一個製造業者。他買進了顧客們的短期或長期債務，而在他的帳簿上把這種所謂別人的儲蓄移轉給這些顧客，對於這種儲蓄他原先已經發出他本人的到期債務（存款），負有於要求時立即償付的責任。

　　比方說，假如爲了一筆60天期的債務$20,000，他以存款帳戶的方式給付$19,800，那麼，他所給付的金額就是把他原先對其他一般的人所欠的負債作一次移轉，對於這些人他曾經應允在他們要求時可以立即取得他們的「儲蓄款」。因爲他負有這種責任，所以他要收取價格，貼現率，在這個事例之中的價格便是$200，這也就是按年6%或每兩個月1%的利率。

　　再不然，還可以倒過來講，這個銀行業者是把他的*一般*「良好信用」出賣了一部分（$19,800）給他的顧客，這種信用的後盾在於他的聲譽、在於他的合法準備，並在於他強化信用的其他合法條件，由於這種一般信用的使用，所以他可以收取$200。不過，這種「良好信用」僅是由他即期償付存款人的能力所構成。同時，按照流通的法律意義來說，他也*買進了*他這顧客的*特殊良好信用*（$20,000），所以他在這筆交易裡的利潤差價是$200。

　　假如這$20,000是長期債務或債券，同樣的關係仍然存在。不過，這時必須計算每年或每半年的利息給付，以便求得其價格，這個銀行業者由於把他對所有其餘存款人的負債移轉

給這個特殊賣主，作為這個賣主的存款，所以他要收取此項價格，而他對所有其餘存款人的負債則是要在他們要求時立即以「現金」或一般購買力償付他們的活期儲蓄。

由此觀之，這個銀行業者並非一個「信用製造業者」。他是一個商人或仲介人，他買賣別人的「儲蓄」，其方式為以他本人的*已到期*債務換取這些人的*尚未到期*債務。在這樣的議價交易裡，決定價格的並非如麥克勞德所隱含的，在於製造業者的「生產成本」。這是商人們對機會的選擇，我們在上文已經將其分析為機會成本或負機會價值。[97]

所以，麥克勞德在這方面是把製造業者和商人互相混淆了。一個*不費成本*的製造業者實際上就是一個商人，此成本是指古典派的「積極」生產成本而言。我們在分析凱蕾、巴斯夏與博姆-巴維克的理論時已曾講過，這是一個買賣社會「儲蓄」的商人。商人的成本是「消極」的避免成本，選取較大的收益而避免較小的收益，他的「價值」實際上就是避免較大開支而選取較小開支的「消極」價值。按照製造業者生產成本的積極意義來說，這些都是「不費成本」的。然而銀行業者的償付能力、流動性或破產卻要看他對這些不費成本的另類選擇如何取決而定。

2. **儲蓄與儲蓄的市場價值** —— 這使我們產生另一個錯覺 —— 有關儲蓄的錯覺。古典的教條認為儲蓄與資本相等，有

---

97 參閱本書第八章，第四節，壹、**服務成本**，與貳、**服務價值**。

一種「積極」的生產成本——禁欲。[98]遏止消費的禁欲，其強度是以利率爲之衡量。假如利率高，則禁欲的痛苦或儲蓄的的「生產成本」相當的嚴重；假如利率低微，則禁欲的痛苦不甚劇烈。

但是，儲蓄不僅有個利率，並且還有個**資本價值**。習季威克看到儲蓄與資本相等，這只是在把儲蓄按照當時股票，債券或土地的市價用來購買「資本」時才是相等，過此，倘使利率有了變動則兩者的價值就得要各自分開。

然而，兩者根本不是「分開」。儲蓄的本身就如此不見了，重新顯現的是另一事物，資本。假如利率下降，則「資本」的價值上升，或是說，假如利率上升，則資本的價值下降。這時，「資本」已經不是儲蓄，而是儲蓄增高或減低的市價。

不過，我們注意，這種儲蓄的市價並非僅依賴於利率。這還得要依賴於繁榮、投機、蕭條、銀行的流動性、信心、局中人對價值的操縱、貨幣購買力的波動等綜合的情況。儲蓄的價值可能因股票、債券、土地等價值的下跌或銀行的破產而歸於消失；反之，這也可能因資本價值的上升而增加。

往昔古典派有關實體資本（物料）的生產勞動成本教條，其情形正也相似。在生產時期勞動所產出的原始使用價值後來可能因折舊或報廢而減低，反之，其使用價值也可能因原始生產後的新用途與風尙而增高。

---

98 參閱本章第四節，參、**等待的稀少性**。

　　在理論上如果把儲蓄視爲與資本相同，其情形亦復如是。儲蓄是過去所發生，而資本則是按貼現折減的預期未來收益。兩者並無相同之處。實際上，亞當・史密斯的節省與吝嗇觀念或西尼爾的禁欲觀念之中的儲蓄，和早年經濟學者們的勞動學理論一樣到了現代資本主義的制度之下已完全歸於消失。這種變動是由儲蓄變成儲蓄的市場價值，也就是說，由儲蓄變成資本，我們說銀行業者是買賣「儲蓄」的中間人，我們的意思並*非*指儲蓄而言，我們是指現時對未來收益的要求權而言。這是現代資本的意義，和那過時的儲蓄意義完全分離。「儲蓄」的這個語詞已經變成一種我們可以稱之爲宣傳者的標語。[99]

　　照這樣把儲蓄消除而代之以資本價值似乎頗能適合現代絲毫不帶色彩的用詞，債券息與股票息及其聯合用詞，資本生息。[100]這些用詞只是表示資本價值與資本擁有者所要求的收益之間的*比例*，所有的因果關係皆已併入這個比例的數值之中，然而，無論怎麼說，比例總是預測的標準，而不是過去儲蓄的數值。

　　在資本主的日常語言之中，當他們把他們所投資本的估價和任何一種或一切短期或長期債務、公司股票或土地價值相比較時，總是表示這種比例概念。其衡量單位是每年收益的金元數。獲得此項收益所需資本的市場價值數額和利息的比例成反比，而和預期的淨收益成正比。比方說，在我們的舉例裡面，

---

99 參閱本書第十章，第六節，貳、**宣傳的理想典型**。

100 參閱本章第八節，參、**由邊際生產力轉爲資本生息**。

假如利率是每年6%，則獲得此種利息所需資本數額相當於17
比1，再假如利率是3%，則所需資本數額略等於33比1；各種
不同的利率或貼現率皆可依此類推。

　　講到這裡，我們可以把麥克勞德的「經濟數量」加以衡
量。這是一個相乘之積，和每年銷售所獲得的預期貨幣淨收益
或利息給付成*正比*，而和利率成*反比*。很早以前，在歐洲就
開始有這種觀念，把土地的價值按照若干年預期每年收益的買
價計算。[101]在習季威克所舉例證之中，假如利率由6%跌落到
3%，則按照年數計算的買價將由17上升為33。換句話說，加
上一倍的*不是*儲蓄，而是收益的「資本化」。銀行業者們所買
賣，以交換他們自身已到期債務的，就是這種預期收益的資本
化。他們的即期負債也並不是允諾恢復即期儲蓄，而是允諾以
「現金」或綜合購買力恢復即期資本。

　　3. 由單因果關係轉為複因果關係 —— 習季威克聲明他的分
析是「靜態的」，而不是「動態的」。靜態，他的意思是說，
在調研的期間以內假定利率保持不變，並且貨幣的購買力也沒
有可以感知的變動。[102]動態，他的意思是說，所有的貨幣、
制度以及生產皆有變動。兩者就是我們的單因果關係與複因果
關係。舉凡科學皆必須將其分清，作為調研工具。基礎必須建

101　參閱本章第四節，〔貳〕，講到杜爾哥的一段。

102　參閱習季威克的前述著作，第259頁及其他各處。到後來，克拉克在
　　　他的《財富分配論》（1899年）裡曾經應用過較為擴大的靜態分析，
　　　他的「資本基金」就是習季威克的制度性資本價值在心理學上的等值
　　　物。

立在單因果關係的分析之上。每一項因素皆可以陸續的加以推論，似乎任何其他因素均無變動發生。然而，實際上所有的各項因素總是一起變動。我們在限制與補充因素的這個經濟概念之中所求得的將是複因果關係的理論。[103]在目前，我們還是要把各種因素，債務的創造、稀少性、流通性與解除逐項的加以論述。

我們已經考量過麥克勞德的債務流通性。此刻，我們要再考量克納普的債務之解除、海特雷的債務之創造與迦塞爾的等待之稀少性。

第二節　債務的解除

克納普在他的「給付社會」（a pay community）這個概念之中開始作動態分析。一個給付社會是債權人與債務人共同設定解除債務程序所做的協力行動。克納普可說是德國的麥克勞德。麥克勞德是基於不列顛人的經驗以建立他的普通法理論，同樣的，克納普是基於日爾曼人與奧地利人的經驗以建立他的「國家貨幣理論」。[104]但有一點和麥克勞德不同，克納普的貨幣與債務都不是商品。他的貨幣與債務是兩種制度，其中有雙重意義的可轉讓債務，也有給付社會的協力行動，以購

---

103 參閱本章第九節，參、**策略的與例行的交易**。

104 參閱克納普所著《國家貨幣論》（*The State Theory of Money*，1924年的譯本是根據於1923年的德文本第四版迻譯並刪節而成；德文本的第一版是1905年刊行）。本書的引述文是得之於譯本。

買債務與債務人的解脫。他的「債務解除」就是我們的「交易終結」。

在他的貨幣理論裡，貨幣的「基本」屬性就是支付手段，至於其為金屬或紙張所製則是「偶然」的屬性。實際上，克納普為了避免隱喻而用「基於政治科學」的制度觀念來「替代金屬觀念」起見，他發明一種希臘語文的專門術語，如同生物學者把一隻猿猴叫做長臂猿屬一樣。於是他把金屬貨幣稱之為「原生抒情體」（hylogenic lytric）──權衡物質的重量以解除債務的手段，而把紙幣稱之為「自生抒情體」（autogenic lytric）──憑藉命令、立法或法院判決以解除債務的手段。

支付手段的「本質」究竟是什麼呢？這必須把貶值紙幣，例如1866年奧地利的國家鈔票（Austrian State Note），和金屬貨幣綜合起來，然後才能發現此種本質。克納普說：「因為在縝密的考量之下，要想求得貨幣的本質，其線索似乎就在於這種形態可疑的「**變質**」貨幣，這句話乍聽之下或許矛盾，但事實上的確如此。通貨的靈魂並非在於貨幣的材質，而是在於規定其效用的法令」。[105]克納普又說，一個「金屬論者」或「古錢學者」所處理的只是貨幣的「死體」。他不能解釋通貨、流通或紙幣。紙幣「也許是一種可疑的、甚至是危險的貨幣，然而縱令其為最惡劣的一種，也必須包括在理論之

---

105 同前書，第2頁。

中。必須是貨幣，然後才能成爲不良的貨幣」。[106]克納普很
愼重的說，他並非舉薦單純的紙幣。「我不知道在正常的環境
之下我們有什麼理由要脫離黃金本位」。

　　克納普支付手段的「本質」必須依賴於可能解除與不能
解除的債務兩者之間的區別，依賴於商品與支付手段之間的區
別。我們可以這樣說，一個奴隸是受到不能解除的債務之約
束，這是他服侍主人的終生義務，把這種債務加在他身上來抑
制他的並不是他的主人，而是社會的行政力量，在這個社會
裡，主人是成員之一，而奴隸則是一個非甘願的參與者。一
個自由人──主人本身，主要是受到可能解除的債務（lytric
debts）之約束，不過，他可以提供某種事物（lytron）而使他
自身獲得自由，這個社會認爲此等事物是可以作爲一項贖金、
解放或給付而予以接受的。

　　克納普沒有講到由不能解除的債務轉爲可能解除的債務
在歷史上的發展，此項發展就是文明的整部歷史。因此他對於
履行的債務也沒有加以處理。他所處理的僅止於可能解除的給
付債務。照麥克勞德的說法，一筆債務是一個經濟數量，其義
務是私人的責任。解除債務便是解除義務，無論其爲履行的義
務或給付的義務總是一樣。在歷史上，各個階段都是逐漸的到
來，原先是強迫實施正式的與常例的履行或給付契約，不論這
種契約是多麼的令人難堪也得要付諸實施，到後來逐漸轉爲解
除方法的陸續擴大。解除的手段與方法伸展的範圍極廣，由奴

---

106 同前書，第1頁。

隸制度與欠債入獄的廢除及破產法與工資免除法的頒行開始，一直到愛爾蘭的廢除地租契約、美國的廢除公用事業契約、逐漸廢除定期或終生勞動契約而代之以「自願」契約、廢止實物工資給付而代之以貨幣給付、以及其他種種，不勝枚舉。在大多數場合用來替代常例債務與契約債務的是公眾權威所決定的「合理」履行或合理給付。由於解除債務的方法與手段逐漸的擴增，所以債務與義務已經大為減少。資本主義就是可能解除的債務之現狀，克納普為支付手段所下的定義也就是在手段與方法變更的一般原則之中特例，這些手段與方法之所以變更是由於解除債務的文明工作規章有了變動。

　　克納普認為這就是貨幣的「本質」。實際上，紙幣並非一個國家的「債務」，儘管，由於歷史上的原因，紙幣上附帶國家具有給付的允諾。紙幣和金屬貨幣相同，也是一種解除債務的手段。

　　「這可以解除我們的債務，一個人只要是能夠擺脫他的債務，他毋須花費時間考慮他的支付手段是不是物質。首先且最重要的是，這可以解除我們對國家的債務，因為國家在發行時就承認必將接受此種支付手段。稅捐擔負愈是巨大，則紙幣可以納稅的這種事實對一個納稅人也就更形重要。……非物質貨幣的給付在發行這種貨幣的國家看來，其真實性與任何其他貨幣給付無異。這可以適應國內貿易之需，實際上國內貿易之所以可能進行也就是因為有了這種貨幣。誠然，這不能滿足其他

的某些需求，然而這種現象的本身卻並非異乎尋常」。[107]

克納普所作其次一個區別，商品與支付手段之間的不同，是根據最先的一個區別，可能解除的債務與不能解除的債務之間的不同。他把商品定義為「交換的商品」，這是以他視為「充分的基本觀念」作其出發點。在這定義之中，他把所有經濟學者與法律學者們用「商品」這個語詞所隱含的意義很清晰的直說出來。這是指擁有權的可移轉性而言，「交換」這個字詞並非外加的意義。一件交換的商品就是一件商品。

不過，商品就是支付手段嗎？假如僅著重在「一筆交易」，我們還是不能作答。

「然而，在任何一個社會裡，比方說，在一個「國家」裡，倘使這是法律所逐漸承認的習俗，一切財貨皆必須和一定數量的某種商品，例如白銀，相交換，那麼，在這時候的白銀」便成為一種普遍性的交換商品，「也就是社會交際的一種制度，在這個社會裡，白銀已經變做具有特殊用途的一種商品，最初是由於習俗，然後是由於法律」。[108]

凡是社會所承認的這種普遍性交換商品常成為一種「支付手段」。

---

107 同前書，第52頁。
108 同前書，第3頁。

　　「如果說每一種支付手段總是社會所承認的交換商品，這句話並不正確。……要想成爲一種商品，必須於法律所規定的使用方式之外，還能在藝術與工業的世界裡加以使用。……工匠們的目光在紙幣之中所見到的是紙張，這是沒有其他工業用途的物件例證之一。所以，這些紙張雖是交換手段，但卻不是交換商品」。「一個人雖是可能運用他由手藝得來的交換商品，他並不能使其流通而轉手，他擁有一種商品，而不是一種支付手段」。[109]

　　一種金屬在用作支付手段時取得一個名稱，「鎊」或「元」，過了一段時日之後，如果就其原始重量而言，已經變爲「名目的」。這個名稱甚至可以轉用於紙貨幣，所以，站在原始重量的立場上看來，這並不合乎事實——其意義已移轉到另一用途，償付債務的「有效單位」。這時所下的定義並非出於事實，而是歷史。

　　因此，克納普把作爲支付手段的貨幣和「鑄幣」與紙幣劃分清楚，在他看來，鑄幣與紙幣只是一些「圓片」、「記號」、「表徵」、「票券」。「票券（ticket）這個字詞在當時是一種極爲確當的表示，早已適用於某種可以移動而有一定形式與標識的物品，其效用是法令所賦予，脫離其物質而獨立……這種意義並非由於閱讀其標識而得知，這必須參考有關

---

[109] 同前書，第4、6頁。

的法令」。[110]在從前，在法令產生效力以前，要作給付必須權衡其重量（強制性pensatory）；而在此刻，要作給付只須宣告其價值（憲政性chartality）。

這種法律意義最初是由習俗所產生，然後爲法律所採納而使其普遍適用於這個國家的司法管轄區。在任何情況之下，這種意義都可以由克納普的「給付社會」爲之闡釋。一間銀行和這銀行的顧客「構成爲一個私人給付的社會；而公共給付的社會則是**國家**」。[111]在這種「給付社會」裡所發生的情事是，所有成員們相互之間的給付都用「有效單位」，相當於「價值單位」。之所以「有效」是因爲被這個社會接受，這就是說，整個社會的人使其有效而解除債務人再作給付的義務。

支付手段有別於交換手段，後者一般是商品財產，這些商品皆各有其交換價值，而前者則是社會所公認的一種贖金或責任之解除，假如沒有這種贖金，這個社會就要把此項責任加在某一個人的身上，而這個人也就是這社會的一名成員或參與者。一個是以交換價值單位爲衡量，而另一個則是以償付債務的有效單位爲衡量。一個是經濟的，而另一個是法律的。這種有效單位如果具有交換價值也就成爲一種價值單位，不過，我們從歷史上可以得知，這種單位只有效力，而沒有交換價值。

顯而易見的，這種「支付手段」或解脫債務的概念是一項普遍原則，可以適用於所有的團體，從草昧初開的時代到最近

---

[110] 同前書，第32-33頁。

[111] 同前書，第134頁；並參閱本章第八節**世界給付社會**。

的現代，只要這些團體是一種運營中的業務團體就行，不過，
這些團體對解脫債務的工具與履行卻訂有迥不相同的規則，在
這方面，克納普比麥克勞德更爲前進，因爲他有一個「給付社
會」的普遍化概念。

　　我們必須更進一步追問。克納普的「給付團體」強迫參
與者接受並使用這種解除工具，其拘束究爲何物。這不僅是物
質力量的「法律拘束」，純粹的「國家理論」是以法律拘束爲
限，這並且還是他「私人給付社會」的道德與經濟拘束。法律
拘束可以稱之爲法償或合法履行──其餘的拘束都是「法律以
外」的，因爲這種拘束是常例的給付或常例的履行。就克納普
所舉一間銀行與其顧客的例證而論，究竟是一種什麼力量強迫
顧客們接受一間有償付能力的銀行所提供的即期債務──這種
即期債務是以像存款人支票這樣的「票券」爲之證明──作爲
這銀行所欠他們的債務之全部償付呢？這種銀行債務並非成文
法或普通法所規定而以物質力量強迫實施的法償──這僅是常
例的償付。債權人在常例的範圍之內接受這一類的債務是受到
經濟方面的強迫，而不是受到法律方面的強迫，因爲任何人，
要想在這個社會裡經營事業或繼續運營，他就必須接受這種支
票。倘使他固執的拒絕接受這種支票而一直要求法償，那麼，
這個社會裡就沒有人跟他做正常商業的交易。他是被迫而不得
不接受「良好」銀行支票的常例給付，作爲別人欠他債務的清
償。正如他被迫而不得不接受法償一樣。這不僅是對他便利與
否的問題，不僅是在另類選擇之間作自願的取捨，不僅是預期
他自身爲債務人時也可以用相似或相等的銀行支票償付他本人
的債務，也不僅是預期對方以法償將其贖回──這是一個經濟

強迫的問題。這是競爭的經濟拘束強迫他接受銀行支票的常例給付，其結果是利潤或損失、成功或破產。因此，到了最後，美國境內有十分之九的債務償付都不是由法償，而是由常例償付所完成的。

　　歷史上其他的「給付團體」亦復如是。各種支付手段在其初起時都是常例償付，而到後來可能、也可能不成為法償。比方說——把克納普的德國歷史轉為英美兩國的給付社會——在1300年的**聖埃武市集法庭**（Fair Court of St. Ives）上，[112]理查梅（Richard May）控告約翰史坦格朗（John Stanground）非法破壞了契約，因為他不用正幣，而用「克洛卡與帕拉」（crockards and pollards；譯者按：兩者皆為十三世紀流行於英國的劣質貨幣）償還他所欠一頭牛和一隻豬的債務。在訂立契約的當時，「一個」克洛卡或帕拉慣例是按正幣一*個*便士估值，但在這筆交易的開始與終結期間，國王已經頒發明令禁止克洛卡與帕拉在整個英國國境之內行使，「所以，除非是按照*兩個*克洛卡或帕拉折合正幣一個便士計算，便沒有人肯予以接受」。於是**市集法庭**的陪審官就判決，國王的訓令應該替代他們自己的習俗，責令約翰補償其所欠，每一個便士額外加付一個克洛卡，並因其「不法延滯」而責令作損害賠償，到後來，經濟學者們把這種賠償稱之為利息的託辭」。

　　克納普對此種情事所作解釋，其關鍵在於其所用「價值單

---

[112] 參閱《耶穌紀元1270-1638年有關商人法訟案選錄》（*Select Cases Concerning the Law Merchant*, A. D. 1270～1638，1908年），第80-81頁。

位」與「有效單位」這兩個用詞的意義。他把這兩個用詞視爲同一，而使用「價值單位」這個用詞，不耐煩區分法律效力與經濟價值之間的差別。他的用詞缺乏經濟的或物質的意義，都是些純法律的用詞，只有一種「名目」的意義。這種「名目」的意義就是說，一個償付債務有效的單位，是這個給付社會所公認、指定並強制施行的單位，至於這個社會究竟是**聖坎武市集**上買主與賣主的社會，抑或是在**聯邦儲準備制度**之下銀行與其營業上顧客的社會，再或是由中古時代的國王、現代的立法或現代的獨裁者所統治的社會，皆在所不計。在交易之中某些人可能受到巨大經濟價值的損失，而其他人可能獲得巨大經濟價值的利益，就好比「正幣」或「克洛卡」這兩個字詞的物質或經濟意義變更時理查的利得與約翰的損失一樣。然而這卻不是支付手段的「本質」。支付手段的本質是在以常例償付或法償作爲給付以後，這個給付社會就解除了債務人再作任何給付的責任。

　　此種本質似乎極其平凡，也許可以認爲理所當然而毋須再加詮釋，物理派與享樂派的經濟學者們便是如此想法。不過，在以紙幣、銀行鈔票或銀行存款替代金屬貨幣、在戰事緊急之秋、黃金不復見於流通或是將其扣押而強迫國家社會行使紙幣時，這種本質的重要性就顯露出來了。

　　在維持支付手段的拘束之中，克納普認爲最重要的是償付負欠國家的強迫債務，例如稅捐之類；次要的是償付市民相互之間或國家與市民之間可用法償爲給付的自願債務。前者我們稱之爲**稅捐**，這是負欠政府的強迫債務之典型，後者我們稱之爲**債務**，這是自願債務之典型，其中包括負欠政府的債

務，不過，在這種時候，政府是以私人的身分在市場作買賣。稅捐是強迫的債務，例如：規費、手續費、分攤款、關稅等皆是，這些都是市民所負欠，但卻不是由於議價交易，而是由於國家按照有無給付能力的觀念所指派。比較正確些可以稱之為*命令的債務*（authoritative debts），因為這種債務是以命令所強派，而不是以說服相邀約。但自願債務則是眞正的債務，因為這種債務都是起因於說服，按照習俗、普通法或成文法所設定的規則而產生，所以，比較正確些可以稱之為*授權的債務*（authorized debts）。命令的債務就是稅捐，而授權的債務則是債務。[113]

此種區別也可以適用於私人社團，諸如工會、卡特爾、俱樂部、商會之類。社員所應付給私人社團的規費、什費、分攤款皆為命令債務，在這個業務團體的範圍以內屬於稅捐性質，而社員們相互間按照社團的規章所作交易，其所產生的是

---

[113] 美國最高法院在解釋「法償條例」時，實指「按照1862年與1863年使美國鈔票成爲償付公私債務之法償的這個條例，如果加以健全的解釋，則國家法律所課徵的稅捐以及對於給付或交付鑄幣或金銀塊的契約所收規費，皆不包括在『公私債務』這句語詞的立法意圖之內」。參閱 Lane County對Oregon訟案，檔號7 Wall. 71；Bronson對Rodes訟案，檔號7 Wall 229；Butler對Horwitz訟案，檔號7wall, 258。這種「立法意圖」的見解可適用於國會的特殊條例，這和強迫或命令債務與自願或授權債務之間較爲一般性的區別並無矛盾之處。關於「命令的」與「授權的」這兩個用詞，可參閱康芒斯的《資本主義之法律基礎》第83-121頁。

授權債務。每一種債務同樣的是由這個「給付社會」予以強制實施，每一種給付皆有同等的強迫力，不過，其中的一種是*不經*議價所產生，而另一種則是*經由*議價所產生。塞烈格曼（Seligman E. R. A.）曾經指出，[114]這種區別漸趨於淡薄而模糊不清，不過，根據此種區別已足爲往後提供一個基礎。

　　克納普所提出的問題是說，其所以要採用解除個人對別人所欠債務的手段，何者是較爲重要的原因？這是稅捐嗎，抑或是市民之間的授權債務？克納普對此問題所作答覆是前者。

　　他說，「因爲在國家把某種貨幣（假設爲國家鈔票）的地位提高，使其成爲（國家應收及應付的）通貨幣交換價值（valuta）時，這個國家絕不能憑其司法權力迫令私人債務者必須用某種方式抒解其債務（可能解除的債務）的責任，而這個國家的本身如果成爲債務者就可以用別種方式。所以，倘使由於政治上的必要，這個國家宣布從今以後將以國家鈔票爲給付，則根據法律的源頭也就必須同樣的准許這種鈔票作其他給付之用。……萬一發生了爭執，這個國家必須以法官的身分作判決，只須用國家鈔票給付就已經足夠。倘或這個國家不這樣做，那便是以法官的身分而判決其行爲屬非法，這就等於自相

---

114 參閱塞烈格曼的「財政科學的社會理論」（Social Theory of Fiscal Science），載於《政治科學季刊》，第XLI期（1926年），第193頁以次及第354頁以次。

矛盾」。[115]

他辯論著說，這句話在邏輯上雖是沒錯，但在歷史上我們卻應該考量到現行制度與國家急務這兩種因素的比較重要性。在一個社會裡，或是由於習俗（如上文所說的商業銀行），或是由於法律（**國庫券、國家銀行鈔票**）使信用制度比舊日的金屬貨幣更居優勢時，則支付手段必然是多半由償付債務而不是由繳納稅捐所指定。同時，假如國家的需要或政策比償付私人債務更占優勢，則此種公眾的特殊需要必然可以指定私人交易所應使用的支付手段。

所以，繳納稅捐的手段與償付債務的手段這兩種用途通常是合併在一起而產生作用，不過，在歷史上此兩者往往分開。1300年以前，英格蘭國王命令償付一切強迫債務或稅捐時，除以實物繳納外，只能接受正幣，這些都是欠於國王的債務，一直等到國王實際禁止克洛卡與帕拉在私人交易中行使，然後聖埃武的「給付社會」才消除以克洛卡的給付。償付私人債務的手段和繳納稅捐的手段分開。國家宣告的繳納稅捐手段，雖在「邏輯上」來說，也不一定就是宣告其為償付私人債務的手段。聖埃武的商人法庭就是繼續使用其固有的常例給付手段，一直等到國家明令禁止為止。

因此，較為重要的區別並非在於稅捐與債務之間，何者居於優勢，足以指定當時的支付手段，而是在於公眾目的與私人

---

[115] 見於克納普的前述著作，第110頁。

目的之間，何者應占優勢，並由其指定繳納稅捐與償付債務的手段。應占優勢的是具有私人目的的商業習俗嗎？抑或是具有公眾目的的政府立法、行政或司法政策？此等公眾目的之關鍵不僅在於稅捐的課徵，實際上，此等目的並非與稅捐的減低互不相容，而貶損其指定私人給付手段的重要性。

聖埃武法庭上進行的程序，又在**美國南北戰爭**的初期重行演出。**美國國會**發出「即期票據」以收購戰爭物資。這些票據可以作爲繳納稅捐的手段，但卻不是私人給付的法償。這些票據在償付債務時不能爲群眾所接受，由於必須貼水始能繳納關稅規費，所以絕跡於一般的流通之中。因此之故，在戰事緊急之際採取了第二個步驟，發行**美國鈔票**（綠背紙幣）而強迫流通，使其具有法償性質，可以償付公私債務。但不能作爲繳納關稅規費的法償。到後來又授權國庫，再度發行這種鈔票，以供政府在商品市場上採購的給付之用，但不能用以償付公家債務的利息。

美國最高法院在解釋憲法時，最初是否認議會有權把法償的質性賦予這種紙幣，但是到後來又自行撤消，而使法償的綠背紙幣成爲償付公私債務的永久手段。之所以自行撤消的理由首先是在戰爭時期維持**聯和**，而到後來又改爲在和平時期國會有最高權力可以宣布其公共政策，這麼一來，大家都承認，在決定償付私人債務的手段方面，公眾目的優於私人目的。[116]

---

116 參閱Hepburn對Griswold訟案，檔號8 Wall. 603（1869年）；Knox對Lee訟案，檔號12 Wall. 457（1870年）；及Juillard對Greenman訟案，檔號110 U. S. 421（1884年）。

在1873年由複本位制改爲金本位制時，把從前債務人可以用較廉的白銀作爲給付的選擇權又剝奪了，但公眾目的占得優勢，想建立一個相等於英國與德國的金本位，以期推動對外貿易。

在1910年菲律賓決計建立金匯兌本位時，這個島國政府禁止白銀的輸出。有一個商人向**聯邦法院**對菲律賓政府提出控訴，理由是他的私人財產「未經法律正當程序」而被剝奪，這種剝奪不但是**美國憲法**所禁止，並且也是建立菲律賓政府的權能授與條例所不許。這個商人的銀幣在香港的所值高於在馬尼拉，每一金元可能多值8個分幣，所以，他被剝奪的並非他的鑄幣，而是這些鑄幣的價值。大家都把這種稀少價值認爲私人財產，但是美國最高法院堅持說，在這種情況之下的「正當法律程序」應該是指建立與金本位等值的匯兌制這個公共目的而言。菲律賓政府的措施也許是不智之舉，然而其行動卻是有關位居優勢的公共政策，所以這個商人的財產被剝奪，並非*未經*，而是*有經*法律正當程序。[117]

英美兩國歷史上的這一類事例可以說明克納普所主張的一般原則，認爲國家做爲最高的「給付社會」，僅憑官方命令就建立支付手段。不過，這些事例也可以說明這種一般原則不可以求之於繳納稅捐的情事，而必須求之於各種的情事，在這些情事之中，政府當局認爲公共目的優於私人目的。在所有的這種情事之中，私人財產——這是指私人財產的稀少價值而言，

117 參閱lin Su Fan對U. S. 訟案，檔號218 U. S. 302（1910年）。

只須政府用一紙命令就可以取之於某一階級的民眾，無論是債權人或債務人、買主或賣主，而將其移轉於另一階級，無論是債權人或債務人、買主或賣主，只須宣布何者應爲合法支付手段就行了。

這種事例還可以更清晰的說明克納普「價值單位」這個用詞的意義。實際上，這就是法律效力的單位，而不是經濟價值的單位。他說：「各種需要積極*貼水*的附屬貨幣（例如綠背紙幣事例之中的黃金與白銀，菲律賓事例之中的白銀），假如以其平圓形的金屬片作爲商品使用，則其所值的抒情單位（償付債務的能力）較多於作爲支付手段的估價；**具有價值**」（在交換之中）是屬於商品一類的財產；具有效力則是屬於**圖表式**（命令式）貨幣一類的財產」。[118]法律效力可以使債務人免受債權人的合法管控。假如在經濟用詞之中將其描述爲價值單位，則此「價值」就是一種新的使用價值——這是集體行動的「使用」，我們稱之爲一種制度。一個蒲式耳的小麥或一個金元的實物黃金在藝術與工業裡具有技術上的物質使用價值。這小麥與黃金可以製成麵粉與金飾。[119]而一種人類所訂制度的使用價值——在此特例之中——則是對於債權人與債務人的效用——對於債權人的效用是這個給付社會免除了他迫令債務人償付的負擔，對於債務人的效用是在既經償付之後可以免除再作償付的義務。實際上，這種償付債務的效用是一種最重要的

---

118 見於克納普的前述著作，第164頁。

119 同前書，第4頁。

「社會使用價值」，因爲**資本主義**就是以此爲基礎而建立的。

然而在這裡又出現了每一項給付義務的對應方。不僅是有給付的義務——在其對應的一方還有交付商品或服務的義務，我們稱之爲履行的義務。

履行的義務是以使用價值的單位爲衡量。在契約上交付一個蒲式耳小麥的義務是和給付這小麥代價的義務相對應的。在這裡的效力單位是*蒲式耳*，不過，其經濟價值單位則是這個蒲式耳小麥的*價格*。由於交付了衡量商品數量用的蒲式耳數額，他就可以免除再履行的義務。由於交付了金元的數額，他就可以免除再給付的義務。

因此，克納普的給付社會同時也是一個履行社會，在「給付」方面所衡量的是合法或常例給付。在商品或勞動方面所衡量的是合法或常例履行。一個是合法給付或常例給付，而另一個則是合法履行或常例履行。一種衡量是解除買主給付的義務；而另一種衡量則是解除賣主交付商品或提供服務的義務，在每一方面所衡量的事物或是作爲合法或常例履行的手段，或是作爲合法或常例給付的手段。

在這裡我們求得了克納普所謂「價值單位」的全部意義，這是*衡量*合法或常例履行手段或給付手段的單位。如果將其作爲效力單位，這僅是重量與尺度的單位，由其所權衡及衡量的事物之中抽象提取出來的單位。因此而產生了他所謂價值單位的「名目性」（nominality）與「命令性」（chartality）（法定），實際上這只是一種效力單位。一個「蒲式耳」既是「名目的」與「圖表式」（命令的），因爲我們這個履行社會是用以衡量實踐履行義務所必須的履行數額，這是社會所強迫

實施的合法履行單位，和別種衡量單位一樣，可以強迫實施履行的義務。金元也是「名目的」，因爲這個給付社會是用以衡量實踐給付義務所必須的給付數額，至於這金元究竟是由黃金、白銀、紙張或銀行信用等支付手段所構成則非所問。

　　這是可能歸屬於克納普所謂「價值單位」的唯一意義，由於其爲「效力單位」，所以這僅是一種衡量單位。這僅是合法的或常例的重量或尺度制度，由其所衡量的事物之中抽取出來，而法院用之於表示給付或履行數額的語言。這是強迫實施給付或履行並進而解除訴訟當事人的給付或履行義務所用到的衡量單位。實際上，各種衡量單位的定義皆由歷史造成，而非邏輯的，因爲這些單位都是由習俗或法律發展而成的歷史制度，其目的在於使司法行政得以正確。一切衡量單位都是「名目的」，和語言是名目的完全相同。然而這些單位皆各有其眞實性。其眞實性在於集體的行動，因爲這些單位可能使工作規則趨於嚴謹，以決定個人或公司所應給付或履行的究爲多少。

　　我們由此而求得了效力單位的經濟意義。此等單位的制度意義在於衡量、實施與解除義務。這些都是法院所用到的單位。所以，凡是到法院裡來請求裁決的私人交易之中也都用來衡量、實施並解除個人們對應的履行與給付義務，這種義務是按照當時的公共政策而決定的。此等單位的經濟意義在於每一筆交易商談時所預期的履行手段與支付手段之相對稀少性。

　　這又成爲價值的交易意義，具有三種可以衡量的維度，使用價值、稀少價值與未來的貼現價值。第一種維度是以標準的實物單位爲之衡量，例如蒲式耳或金元的物質重量。第二種維度是以標準的稀少性單位——金元，爲之衡量。第三種維度是

以標準的時間單位——年，爲之衡量。第一類的單位是衡量合法的履行手段；第二類的單位是衡量合法的給付手段；而第三類的單位則是衡量等待與冒險的服務。

我們由此得知克納普「票券」的雙重意義——委託票券所要求的是商品的*使用價值*，債務票券所要求的則是商品的*價值*。他說，「票券」是一種「符號」，其意義必須求之於法律典籍。普通法發展了一些合法工具或「票券」，相當於價值的這兩種意義，一種是使用價值，而另一種則是價值。[120]

向一個人要求商品，假如僅注意於這商品的使用價值，而不問其稀少價值或貼現價值有何變動，這就是委託法所創造的「票券」，可予以區別稱之爲「商品票券」。受託人的義務（爲之證明的是倉庫收據、提貨單、安全保管的金庫存單、黃金或白銀證券等）在於交出商品，當然，這商品的使用價值必須未受損害，但其價格或預期時間的間隔則非所問，不過，把商品票券或合法要求提供出來，以交換另一種的合法要求則是有關稀少與貼現價值的議價問題；在法律上與經濟上這就是票券的價值。黃金或白銀證券本是原始銀行業務之中的商品票券或委託，但是在這個金匠超過其手存金銀而發行這種證券時，這在法律上已經成爲銀行業者的債務，而不是委託，這些證券已經不再是商品票券，而變做了價值票券。如果作爲價值票券或債務看待，這些證券就變爲一種符號，具有使用價值、稀少

---

[120] 參閱康芒斯的《資本主義之法律基礎》，第254頁。

價值與貼現價值這三重維度的意義。[121]但如作爲商品票券或委託看待，這些證券只是商品使用價值的符號而已。

在合法管控的使用價值與稀少及貼現價值之間作此項區別，並非僅是爲了好奇與隱喻，這是歷史上一切紙幣的錯誤與災害所由產生的根源，從羅約翰（John Law）到普魯東以及凱洛格（Kellogg）的美國綠背紙幣制度。他們的錯誤在於未能分清作爲委託或使用價值符號的紙幣與作爲稀少價值及貼現價值符號的紙幣兩者之間的差別。所以，他們要求足數的紙幣以「代表」所有的商品，而對於通貨膨脹的物價卻沒有作事先的防範。他們把要求*商品*而作爲委託的票券意義，和要求商品*價值*而作爲債務的票券意義搞混淆了。

在「行銷」這個字詞的雙重意義裡面也往往可能見到同樣的混淆。這個字詞或是指行銷機制而言，又或是指市場上的議價而言。在行銷機制裡，像倉庫收據般的一張票券所要求的是財貨的「實物交付」；但在市場議價時，像商業債務或銀行存款般的一張票券所要求的是財貨的*價值*給付。假如委託是可以轉讓的，則其所要求的是商品；假如債務是可以轉讓的，則其所要求的是商品價值。

所以，克納普的支付手段也就成爲購買手段。假如我在實物上從另一個人收取一件商品，而成爲這件商品的擁有者，我絕不是一個竊賊、夜盜或攔劫者，法律上是推定我已經同意因這件商品的取得而按照當時的價格並以當時的法償或原先擁有

---

121 參閱下文，本章第六節「貨幣與價值交易制度」。

者所能接受的等值物作為給付，同時，原先擁有者也被推定為一個賣主，而不是一個受害人。

所謂商品或服務的「購買」在法律上是一種義務，這是號稱為購買者的這個人因取得商品或服務而承受的債務，在信用售賣與現款售賣之間所僅有的差別在於時間的推移，在於商品實物交付的時點與債務解除的時點兩者之間的時間推移。在「現款」購買之中，債務的償付立即發生，沒有值得衡量的時間推移，但在債務的償付之中，如果按照通俗債務的意義來說，則在商品的交付與債務的清償之間必然有一段時間的推移。售賣與購買和放款與借款同樣的都是債權與債務，在法律上，照麥克勞德的說法，放款與借款也是可轉讓工具的售賣與購買。不過，在售賣之中，債務的償付沒有可以衡量的時間推移，而在信用之中，債務的償付則是在一段可以衡量的時間推移之後。由於時間的不同，可以區別為債務的現款償付、短期償付與長期償付三類。

因此，克納普也和麥克勞德一樣的正確，他也認為一切的商品擁有權轉移都是債務的創造，所以，他在「支付手段」與「購買手段」之間不作區別也並沒有錯。在實務上、習俗上或法律上兩者之間皆無差別，只要是以「給付社會」替代物物交換，各種事物不再是僅作實物交換而不計及其擁有權就行了，實物交換為物理經濟學者在實際上所推定，但事物*擁有權*的轉移總必須考量到償付債務的手段，這種手段是給付社會所建立並予以強迫實施的手段。

有一點須當注意，克納普處理他的問題，其關鍵在於立法與行政之間的區別，立法是國家所*准許*做的事，而行政是國家

所*做*的事，在講到1866年奧地利國家鈔票（顯然也可以適用於1862年美國的綠背紙幣）時，他問道，「在法律的目光之下，這些貨幣是如何存在的」。

「……在這些貨幣的表面上也許是自認爲債務，但在實際上卻不是這麼一回事，如果這種債務不是意味準備清償。在紙幣的這種情況之下，國家並沒有提供其他的支付手段；所以，縱然是如此公開說明，但卻並非承認其爲國家的負欠。這種說明僅是政治的一種美意，而實際上這個國家絕不會將其轉變爲別種支付手段，決定的因素並不是這個國家在其能力範圍以內所想做的，而是這個國家在實際上所做到的。因此，若在不兌現紙幣的給付之中看不到眞實的給付，這完全是錯誤。這雖不是物質的給付，但卻是眞實的給付……用這種貨幣對國家機關作給付必可獲得接受，倘使以此爲檢測，我們更可能接近於事實。……據此而論，則有決定力的不在於發行，而在於我們*接受*」。[122]

除此以外，我們還要增加一項上文所述私人與國家官吏的強迫接受。

正因爲有立法與行政之間的這種區別，所以克納普把支付手段分爲「創生的」與「功能的」二類。創生的一類可以說明其起源，這是雙重的：權衡重量的給付（pensatory）與法令

---

122 見於克納普的前述著作，第50-51頁。

宣告的給付（exclamatory）因爲有了這種區別，所以才有他「名目性」的觀念，同是一個字詞，金元、法郎或馬克，既可以用於權重，又可以用於宣告。[123]

不過，功能的一類則是屬於行政的，由此而產生了「通貨交換價值」（valuta）與「輔助」（accessory）之間的差別。交換價值貨幣（valuta money）的本身具有效力，因爲行政機關與法院將其作爲支付手段之用。這可能是正幣，也可能是紙幣，其基本質性在於其爲實際上的法償，可以償付債務與繳納稅捐，輔助貨幣（accessory money）的效力是對全額法償（通貨交換價值）而生，這也可能是正幣或紙幣。交換價值貨幣（法償）的功能並非如同商品一樣，也不會有人要購買。這僅是行政機關與法院在或進或出的給付之中所憑藉的最後手段。但輔助貨幣是一種商品，因爲這是最後用法償貨幣所購買的。[124]

如此一來，克納普是由貨幣的通俗觀念之底部深入了更爲基本的社會觀念。他把可轉讓制度用來替代實物商品。他說，普通的人是天生的「金屬論者」。例如一個銀行業者就可能這樣說，他得到「貨幣」供給量的增加，所以貨幣是易於取得的，而究其實，他所得到的僅是債務數量的增加，這種債務是他對存款人的負欠。這些債務是他的支付手段，易於取得的並非貨幣，而是已到期的債務。大家都說「**華爾街**」是「**貨幣**

---

[123] 參閱坎能所著《1797-1821年的金鎊紙幣》（*The Paper Pound of 1779-1821*，1919年）。

[124] 參閱克納普的前述著作，第158頁。

市場」的中心，這卻是債務市場的中心。經濟學者們往往講到
「貨幣數量」或「貨幣數量的理論」，而這並不是貨幣的數
量，而是債務的數量，對於這個債務數量，在別處地方必然有
其等量的信用。貨幣數量就是債務數量，而債務數量也就是信
用數量。「真實事物」或「現實」並非貨幣——這是現時的與
預期其重複的債務交易，在這種交易之中所謂貨幣的「量體」
實在是債務的「量體」，貨幣的量體並不是事物的量體，而是
債權人與債務人重複交易的量體。貨幣在制度方面的現實是義
務與債務、自由與債務解除；其在實物方面的現實是商品；而
其在經濟方面的現實則是稀少性、有效用性與貼現。

　　克納普特別避開經濟方面的現實及其對於他的法律問題所
發生的「經濟反映」，足以配合克納普法律效力理論的經濟價
值反映，我們必須求之於海特雷。

第三節　債務的創造

　　麥克勞德與克納普都沒有把債務和商品聯繫起來，其原因
在於克納普是由於他故意避免所有的「經濟反映」，而在麥克
勞德則是由於他誤認債務是一種商品。直到後來，海特雷才於
1919年把債務和商品分清，而將其併合在一筆交易之中。

　　海特雷認為凡是人類所創造的人為事物，例如：錢幣、
茶匙、雨傘等，在下定義時得說明這些事物所提供的用途或目
的，這和地震、金鳳花之類的自然事物不同，自然事物的*目的*

通常不包括在其定義中。[125]商品經濟學者們的教條總是把價值的貯藏、交換的媒介、價值的衡量以及延期給付的標準列為貨幣的四項主要目的。但是海特雷也與麥克勞德與克納普一樣，認為貨幣的主要目的在於債務的解除，這種債務是起因於不相等的交易；而其次要目的則為交換的媒介與價值的衡量，至於「價值的貯藏」，只是別人所欠債務的市場價值而已。

商品經濟學者們所稱述的貨幣四大功能是根據他們所假定的貨幣歷史發展，認為貨幣是由物物交換演變而成。但海特雷則是把他所謂貨幣的「邏輯」起源與「歷史」起源分開，貨幣的邏輯起源是作為「記帳貨幣」（money of account）之用，用以結清貿易商相互之間的差額，其本身可以列入此一項目中或記載於帳簿上，而毋須有實物的存在。

不但如此，債務與給付的允諾之間也有區別。債務「主要的是交出*財富*而不是交出貨幣的責任」。其起因在於生產過程的本身，在此項過程之中「所提供的服務創造了債務，這是產品所應歸屬的一個人對提供服務的另一個人所負欠的債務」。「在法律上貨幣的使用可能使債務人結束這一筆交易」，或是照克納普的說法，可能解除債務人對他的債務所負責任。不過，在*經濟*上，必須是債權人進入市場，而由這個市場上取得「他接收的購買力所能代表的如此多財富之後，這筆債務的本

---

125 參閱海特雷的《通貨與信用》（*Currency and Credit*，1919年），本書的引述文係由其第二版（1923年）的第1-16頁得來。並參閱海特雷所著《中央銀行業務的藝術》（*The Art of Central Banking*，1922年）。

身才算償清。如此說來，債務是所欠別人的「財富」，而貨幣則是爲償付債務而提供財富的手段。

這是「記帳貨幣」的所由來。「假如他（債權人）不向債務人收取貨幣，而把他對這筆債務的權利轉讓給另一個人，以換取適當數額的財富，他就是採取了到達同一目的地的一條捷徑」。這種債務轉讓的意思就是，他向某一階級的人購買商品，而以另一階級的人所欠他的債務作爲手段。然而他絕不能持續的這樣做，除非是所有他相與交往的人們也把別人欠他們的債務轉讓給一個居間人。這個居間人便是銀行業者。他們由這個銀行業者所換取而收受的銀行信用也僅是一種債務，「這種債務和其他債務相異之處只在於這個銀行業者允許將這種債務轉移給另一個債權人的便利」。他們到銀行業者這裡，並不是爲了取得「貨幣」，而是爲了取得「記帳貨幣」，因爲銀行業者是一個居間人，他代社會大眾記載負欠的帳目，而用他自己的債務結清大眾相互之間的債務並償付其差額。這就是克納普的給付社會。

所以，我們的經濟理論出發點並非在於亞當・史密斯所假設個人生產與取得財富的自由，而是在於海特雷所假設生產與交付財富的義務。雖然海特雷認爲不必把他作爲出發點的邏輯與歷史義涵詳細說明，然而因爲他的理論和古典派及享樂派經濟學的理論有極大的差別，所以我們必須設法把我們想像之中兩者相反的對比加以闡述。

在亞當・史密斯看來，個人自由不但是「自然的」，他的自然就是指邏輯而言，並且是歷史上所想像的個人原始狀態。但在海特雷看來，邏輯的卻與歷史的有差別。個人的基本邏輯

狀態是得之於他在社會的成員身分，這就是說，要把財富交付給生產者的義務，這些生產者曾經提供服務而生產財富並將其交付給他。此項交付財富的義務就是債務，債務是經濟上的等值物，猶如義務是法律上的等值物。亞當・史密斯認爲財富是可以*自由*生產以供別人使用的商品，預期別人也可能自由生產別種商品以相交換。但海特雷則認爲財富是*必須*生產出來以供別人使用的商品，此別人就是已經提供服務而尚未收取報償的人。前者是個人的自由，而後者是個人對社會的責任。在前者的情況之下，個人沒有生產財富的義務，其經濟狀態是個人的自由與曝險。在後者的情況之下，個人有生產財富的義務，而其經濟狀態則爲債務制度。在亞當・史密斯看來，信用理論和生產理論完全脫離，因爲生產所創造的只是交換價值，而信用必須以一種不同的理論爲其出發點。但在海特雷看來，生產理論同時也是信用理論，因爲生產在取得其產品的一方面是創造了債務，而在交付產品的一方面則是創造了等值的信用。

　　海特雷沒有從事歷史的探討，以期發現他所作「邏輯」分析之中的「基本」是否也是歷史上的基本（亞當・史密斯則是推定凡是認爲邏輯的必然也是歷史的），然而歷史的調研──取代虛構歷史──卻是以顯示海特雷所認爲邏輯基本的這種「債務」在歷史上也就是經濟史的基本出發點，而並非虛構。在原始社會裡，人們往往有一種「天賦」（gift）的制度，那就是他們創造債務的方法，甚至有人說，他們建立了一種記帳貨幣。只須有了克納普在可能解除的債務與不可能解除的債務之間所作區別，再對法律上的顯著發明，例如：違約求償、可流通性與法償之類，考量一下，必然可以完成一種經濟理論，

不但使生產與信用合一，並且使邏輯與歷史趨於一致。

　　要想實現這種理論，必須注意海特雷在邏輯是如何把他的幾個主要概念：記帳貨幣、交換媒介與價值標準聯繫起來，並觀察這種邏輯是如何和歷史進程關連。他那貨幣的邏輯起源最先是假設一個「有完善組織與文明的社會，具有一切工商業的現代發展」，然後檢驗，「假如沒有貨幣的使用，這個社會能不能如同今日一般的存在」。他以一個社會的橫斷面爲出發點。他發現這樣的一個社會如果沒有一種堪充貨幣之用的商品，要採取一種「記帳貨幣」。足以令人興奮的是，現代的人類學者居然發現原始社會裡果然有這種記帳貨幣，以供其成員們相互交易之用，[126]不過，在和其他社會從事「對外」貿易時卻是使用一種商品貨幣。換言之，這個社會創造了一種與克納普的給付社會及海特雷的記帳貨幣在經濟上相等的事物，以供國內貿易之用，所以，海特雷從現代信用社會抽像導出的邏輯，在實質上竟是原始社會的歷史中所出現的事物之素描。海特雷把記帳貨幣陳述如下：

　　「財貨被帶到市場上來交換。縱然沒有交換的媒介，但其

---

[126] 參閱屠納爾（Turoer, G.）的《寓居玻里尼亞十九年》（*Nineteen Years in Polynesia*，1861年）；戈登客敏（Gordon-Cummning, C. F.）的《在家鄉裴濟》（*At Home in Fiji*，1885年）；及荷埃恃（Hoyt, E. E.）的《原始貿易；經濟學的心理學》（*Primitive Trode, the Psychology of Economics*，1926年）。在希臘，這種記帳貨幣就是牛。

結果並不一定是相互之間作直接的物物交換。假如一個人把一噸煤賣給另一個人，這就是創造了買主對賣主的一筆債務。不過，這個買主本人很可能成為另一個人的賣主，而這個賣主本人也可能成為別人的買主。市場上的貿易商們可以集合起來而結清他們的債權與債務。要想達到這個目的，所有代表著不同財貨買賣的債權債務必須化約為某種共同的衡量。實際上，衡量債務的單位是必不可缺的。在把某一種商品作為貨幣使用的場合，這種商品便自然而然的成為債務衡量的單位。在沒有貨幣時，此種單位必然完全是慣例的與任意的。這就是專門術語之中的所謂「記帳貨幣」。即便是使用了貨幣，計算債務的單位也有時候可能和流通的貨幣不盡相同。在這種情況之下，貨幣與記帳貨幣之間的殊異立即成為現實的差別。本位鑄幣的報價必須按照……記帳貨幣，償付特定債務所需的本位鑄幣必然是一個不同的數額。如此說來，這就和我們所假設的情況更相接近了」。[127]

然則在沒有商品也沒有法償作為貨幣之用時，究竟是一種什麼機制使記帳貨幣的價值穩定而持續成為一般衡量日常債務的制式單位呢？這種機制必須能取代商品的地位，這是由習俗或銀行予以穩定的。我們已經講過，在原始社會裡，在這個社會的成員們相互之間，記帳貨幣的價值是由習俗予以穩定，而在部落與部落之間則是使用商品貨幣，其價值由議價能力

---

[127] 參閱海特雷的《通貨與信用》，第2頁。

決定。

　　不過，在一個現代社會裡，假如沒有商品貨幣，也沒有法償，則穩定記帳貨幣單位價值的重任就得要落到銀行業者們的肩膀上。海特雷所描述的機制並非幻想，他說，在1717到1812這十五年之間，這個機制就是**英格蘭銀行**，這時，「英國所普遍行使的支付手段是**英格蘭銀行**的鈔票，這種鈔票並非法償，而僅是這間銀行所欠債務的證明，然而這卻是一種不用黃金或其他媒介物來償付的債務」。[128]這僅是銀行鈔票，在經濟上與銀行存款並無分別，所以，在這一段時期以內所有商業債務的償付都不是用貨幣，甚至也不是用給付貨幣的允諾，而是用**英格蘭銀行**所經管的記帳貨幣。由此可知海特雷的「記帳貨幣」就是不兌現的紙幣，而這種記帳貨幣的單位也就是「紙鎊」（paper pound），[129]英國於1931年和美國於1933年停止給付正幣以後的情形也與此相同。

　　如果沒有貨幣或法償，則此機制必與克納普的給付社會相同。海特雷說：

　　「整個社會裡的債務都可以結清，或是在銀行業者的帳簿上轉記，或是交付一些證明文件，例如：代表著銀行業者債務的銀行鈔票。只要是銀行業者們能保持他們的償付能力，則他們的債務就可以透過提供一種完全恰當的手段，用來解除

---

[128] 同前書，第13、14頁。

[129] 參閱坎能所著《1797-1821年的紙鎊》（1919年），第XVII-XXIX頁。

債務，因爲（誠如麥克勞德所說），一筆債務可能與另一筆債務相抵消，如同因貨幣的給付而消滅一樣。當然，假如說，這個銀行業者的本身被別人向法院提起控訴，也無法令其給付何種法償，這句話固然不錯。不過，倘使他具有償付能力，他就可能由另一個銀行業者取得信用。實際上，測驗一個私人貿易商的償付能力有一種極其自然的方法，那就是看他有沒有能力取得銀行信用以應付他的負債，而檢測一個銀行業者的償付能力也只是看他能不能隨時把他的債務轉變爲別個銀行業者的債務」。[130]

但，在這裡馬上又發生一個問題，如果我們假設一個既沒有黃金又沒有法償的無貨幣社會，然後發現有償付能力的銀行所發出的銀行信用可以達到與貨幣相同的目的，那麼，我們是不是和我們的假設自相矛盾，又把貨幣另換一個名稱帶到這個社會裡呢？絕對不是，因爲我們所帶來的這種事物，就法律與經濟而論，都和貨幣有別。

海特雷說，「……我們習慣把銀行信用視同貨幣。不過，這僅是因爲銀行信用與貨幣之間的區別對日常的實際事務不甚重要的緣故。……銀行信用僅是一種債務，其與別種債務相異之處僅在於銀行業者許可將這種債務轉讓給別個債權人的便利而已。即便一筆商業債務或和銀行信用同等的良好，總不

---

[130] 參閱海特雷的前述著作，第4頁。

會有人把這種債務幻想爲貨幣」。[131]

　　所以，我們要折回到海特雷原先的假設，假設這個社會沒有商品貨幣，也沒有法償，而只有自願的記帳貨幣，我們要折回到海特雷原先的問題，那是問銀行業的這種機制，倘使沒有貨幣或法償，能不能穩定記帳貨幣的單位價值，以供債務的衡量與償付之用。

　　討論到最後我們可以知道債務與價格實際上是同一數量，或是說得更確切些，價格的功能即在於「決定債務的數值」。所以衡量債務所用的單位和衡量決定債務數值的價格所用的單位必然相同。這是因爲海特雷並非站在商品的觀點上，把價格看做交換商品所獲得的其他財貨之數量，這些財貨之一就是商品貨幣，他是站在交易的觀點上，把價格視爲交易當事人所創造、而爲法律所承認的義務。這是普通法上*違約求償*教條所產生的結果，成爲創始於十六世紀的現代契約教條之中的一項要素。「……當一種商品的價格在市場上報價時，這就構成爲一項出價，這項出價的接受足以創造商品的買主對賣主的一筆債務。價格的功能即在於決定這筆債務的數值」。[132]

　　因此，海特雷所假設的社會既沒有商品貨幣，又沒有法償，而只有結清債務差額的記帳貨幣，這不但是一種邏輯的設計，用來說明信用與貨幣之間的區別，並且也是歷史情勢的

---

131 同前書，第5頁。

132 同前書，第5頁。當然，海特雷在這裡僅是指債務數值之中的一種維度而言，其他的維度就是**價值**的其他維度。

「邏輯」，所以，法院在解釋並實施契約時，除了不穩定的記帳貨幣之外，還必須一種事物，以期獲得與法律保障有別的經濟保障。對於此項必須是邏輯上而不是在歷史上的發展，海特雷作如下的解釋。

因為衡量債務的單位就是衡量價格的單位，所以「無可避免的，這也是衡量價值的單位。所有商品的相對價值（按照價值的經濟意義解釋）皆以其相對價格為衡量。每一種商品的價格各自衡量其相對於這個單位的價值」。

在這裡所用到的價值這個用詞是指其經濟意義的交換價值而言。商品的價格就是與貨幣相交換的價值，換句話說，就是一個單位的商品在市場上所可能換取的記帳貨幣數額。

「價值既係指交換價值而言、則任何事物，無論其為商品或記帳貨幣單位，其價值必然是一個**比例**——按照另一種事物計算的價值。正如同每一種商品皆各有其按照單位計算的價值一樣，記帳單位也有按照每一種商品計算的價值。比方說，其價值可能相等於一件褲子或一噸煤」。[133]

所以，一件褲子或一噸煤的「價格」，按照慣例的貨幣單位計算，也就是這件褲子或這噸煤的「價值」。

在這裡可以看到價值的雙重意義，一種意義是每一單位的價值，也就是價格，另一種意義是某數量的商品按照其價格計

---

133 同前書，第5-6頁。

算的價值。我們把這兩種意義作為價格與作為數量及價值來區別。這兩種意義必須和價值的第三種意義分清，即是說，商品的平均價格。這第三種意義的起因於事實上「一個價值單位的主要條件就是穩定性」。所以，價值的第三種意義便是所有價格的平均數，海特雷將其作如下的詮釋。「我們可以這樣講，單位價值必須是不變的，但是單位價值的詮釋卻不只一種。煤的單位價值也許是穩定的，而褲子的單位價值卻可能上升或下降」。這句話可以適用於一種商品，黃金，也可以同樣適用於假設的記帳單位。「我們只要這樣講就行了，假如我們能夠指出*所有的*商品價格按照單位計算皆有一併上升的**趨勢**，則此單位的價值便是下降；如果所有的價格有一併下降的**趨勢**，則此單位的價值便是上升」。[134]這就是說，假如所有價格的平均數上升，則貨幣的單位價值便是下降，反之，假如價格平均數下降，則單位價值便是上升。這句話可以適用於沒有貨幣的記帳單位，如同其可以適用於貨幣單位一樣。

如此說來，假使沒有貨幣而僅有記帳單位，以供償付債務餘額之用，「則此單位的本身雖不限定和任何商品相等，是不是單憑逐日繼續使用的這個事實，就足以阻止其按照商品計算的價值有不適當的變動呢」？

要想答覆這個問題，必須觀察一下信用機制是如何的產生其作用。「在一個銀行業者貸放款項時，我們總是說，他讓授或創造了信用或『**一個貸方**』。這是用一種不甚精確的方

---

134 同前書，第8頁。

式來描述一筆雙重的交易」。實際發生的情事是「創造了兩個
貸方或債務」。其中之一是這個銀行業者的債務或「銀行信
用」，在受到要求時就必須給付，這是顧客的財產，作為一筆
「存款」而歸他擁有，這個顧客使用此項財產的方式是對這個
銀行業者發出命令，使其將一筆債務的金額償付給另一個人，
這是該顧客因換取商品而欠第三當事人的債務。其中的另一債
務是這個顧客欠銀行業者的債務，「因為這筆債務在未到期前
的一段期間以內產生利息或貼現，所以提供這個銀行業者利
潤」。[135]

　　一個顧客創造了他自己必須償還銀行業者的債務，而將其
用來向這個銀行業者購買一筆銀行業者欠他的債務，其所買到
的究竟是多少呢？這時指導他的，假如他是財貨的買主，就是
「當時流行的市場價格」，如果他是一個製造業者，就是他所
必須給付的原料與人工在當時流行的價格。他創造他自己的債
務來購買銀行債務的多寡，要看他償付先前生產者所必需的數
額而定，從這些生產者產出這種財貨的時日起，到他在市場上
由這種商品的購買者收取給付的時日止，在這一段期間以內他
所必需的數額。不過，這個商品購買者以及在躉售與零售之中
所有的後繼購買者也都必須創造他們自己的債務，以購買銀行
業者的債務，然後才能作此項給付，餘可類推，直到最後的一
個消費者完成其給付為止。

　　但在另一方面，這個終極消費者則是由銀行顧客們向銀行
借入的同一信用之中收取他的購買力。他們所供給的購買力是

---

[135] 同前書，第10頁。

由這種銀行信用的數額為之管制；實際上這種購買力是在他們的產品尚未售出之前預付給他們的，由銀行業者對商人與製造業者的信用墊款之中預付給他們。終極的消費者，例如：工資勞動者，雖是未向銀行借款，然而他們的雇主卻代他們做了這件事，因此才能給付他們的工作酬金。在他們成為終極消費者為取得製成品而作給付之前的幾個月、甚至幾年，就預先付給他們。

因此之故，要想按照當時流行的市場價格供應消費者的購買力，其所必需的僅在於由銀行逐日的繼續創造新信用以替代舊信用，銀行顧客們每天把舊信用陸續的償還給銀行，而其所用以償付的也就是這些銀行每天所創造的新信用。此項過程的進行方式形成為一個循環，一個無窮無盡的循環，銀行業者們創造了他們自己的銀行存款債務，以購買他們顧客的商業債務，使這些顧客到後來創造相等數額的新銀行債務，以償付他們的商業債務而將其解除，按照這種循環的方式週而復始的以在貨幣市場上創造並解除債務，來在商品市場上償付財貨的價格。

如果這件事能逐日的做到，而不致使所有的價格發生共同下降或上升的趨勢，則此種持續性的原則即足以維持記帳貨幣單位的穩定價值。「這一部信用機器的例行工作……全靠新的借款在大體上足夠替代業已償還的墊款，而無所多餘。……若真如此，則整個機器的其餘各部分也必可能穩定。」[136]

---

136 同前書，第11頁。

不過，在我們一開始時這種記帳單位又是如何取得穩定性的呢？

假設此項例行工作中斷了：「倘使我們要證明這種貨幣單位是穩定的價值標準，我們必須能顯示，在受到任何原因干擾時，這種單位有退回到原先價值的趨勢，或是無論如何，至少也要達到一個新的、比較穩定的價值，和舊的價值相差不大」。[137]

關於這一點，首先要考量因削減新借款所受到的干擾，然後再考量因擴大新借款所受到的干擾。

假如商人們向製造業者的訂貨比往常少，或是假如借款人要減少他們的負債而不把他們所獲得的信用花費於購買商品與勞動，那就可能發生削減借款的情事。在後述的情況之下，消費者必然購買較少的商品，而在上述的任何一種情況之下，「新信用的創造緩慢必然要減少向製造業者的訂貨」。[138]這種情況必然要普遍展開，形成為擴大的循環，使「信用的原始限制再行重複而增強」。

但是，在不久之後必然有一種矯正的趨勢開始產生其作用。

---

137 同前書，第11頁。

138 同前書，第11頁。

　　「限制信用意味要限制銀行業者的業務。銀行業者們絕不甘心聽任他們的利潤因此而萎縮，他們必然試圖誘引他們的顧客前來借款。實際上，他們必然要減低他們所收取的利息」。[139]

　　然而利率的壓低並非僅是由於銀行業者的自願。這也是由於經濟的強迫。

　　「信用的削減勢必導致商品需要的萎靡不振。其結果將使價格低落。商人們必然會看到他們的存貨在他們持有的期間以內價值減損，價值既經減損，則利潤亦必降低，而他們爲保有這些存貨所融通得來的貸款，其利息卻要由利潤之中撥付。所以，價格下跌足以減少借款的吸引力，並降低借款人所願給付的利率。於是銀行業者們也必須把他們所收取的利息減低，然後才能誘引他們的顧客降低借款額度以符合其財貨的周轉，而且，如果要誘引這些顧客增高其借款數額，則利率必須降低到這種低水準以下」。[140]

　　假如採用了這種策略還是不能鼓勵借款，那麼，價格將會跌落到何種程度呢？信用的業務絕不會萎縮到等於沒有，因爲這些失意的商人們必將受到逼迫，不惜任何條件爭取借款，「以保持他的業務繼續運營」。因此，往日的例行工作仍將復

---

[139] 同前書，第12頁。
[140] 同前書，第12頁。

活，但卻是按照一個較低的價格水準進行——這就是說，較高的單位價值——並且不會有「自動退回到原先價值的趨勢」。如果因新的干擾而削減新的借款，還可能繼續的更趨於低落。

　　此刻再講到相反的一種干擾——這就是使信用擴大的干擾。

　　「……這方面的變動範圍更無限制。自利心既驅使富有企業精神的貿易商借款愈益增多，也驅使富有企業精神的銀行業者放款愈益增多，因為，對每於個人來講，只要是增加他的信用操作，意味增進他的業務。……在既定的財貨產出下，價格的普遍上升必然使借款等比例地增加，遠比應付產量增高所必需的資金來得更多。……這種過程進行到何處為止呢？在削減信用的情況之下，銀行業者的自利心與商人們的窘困聯合起來創造信用，但卻不能達到原先的水準。在擴大信用的情況之下，卻沒有此種矯正的影響力發生作用。無限制的擴大信用，或信用膨脹似乎是商人與銀行業者的立即利益[141]。

　　這時，記帳貨幣的價值標準又完全消失。貨幣的本身在這裡出現了。第一是作為銀行業者與其顧客共同解除債務的合法手段。這是貨幣的原始用途。「銀行業者的債務必須以貨幣償付」，因為這種債務的本身並非解除債務的合法手段。

　　第二是作為交換之媒介，「因為購買足以創造債務，而貨

---

141 同前書，第12、13頁。

幣可以作爲償付債務的手段。在以現款償付時，意即債務立**即解除**」。所以，「交換之媒介」，無論在法律上或經濟上，都是債務的創造與即時解除。假如這種媒介是銀行的信用，這就是因自願接受而解除，假如這種媒介是貨幣，這就是因強迫接受而解除。

第三是作爲價值之標準。「即時到期的債務，其價值自必相等於可以合法償付此項債務手段的價值。所以，穩定信用問題與穩定貨幣價值問題完全相同」。[142]

於是海特雷完成了法律問題的經濟學，這種經濟學的創始者不獨是麥克勞德與克納普，並且還有馬克思與普魯東。這種經濟學的關鍵在於**財產**與**價格**這兩個用詞的意義。照馬克思與普魯東的說法，財產的意義和古典派與享樂派經濟學者們的說法一樣，這就是說，獨占的持有實體事物以供個人自己使用而對抗全世界的人，麥克勞德添上了「無形財產」的法律意義，這就是說，一個人負欠另一個人的債務，不過，麥克勞德是把債務作爲一種商品看待，因爲法律發明了可流通性，所以債務也像商品一樣，可以買進賣出。因此之故，他迷惑於英國普通法在技術方面的一項偶發事件，竟然把債務視爲商品的複製，在實物商品之外，還添加這種實物商品的保障或出售創造了債務，他沒有注意到商品市場與債務市場只是同一市場的兩面。

然後是克納普，由於他的給付社會概念，他發展了債務市場的原則，但不是商品市場的原則。直到最後，海特雷追蹤

---

142 同前書，第16頁。

著商品市場與債務市場上現代商業交易的每一個步驟，把兩者聯繫起來，成為他的**價格**之兩個面向，商品市場上的價格決定貨幣市場上債務的數值。在法律方面，麥克勞德只是引進了可流通性的法律設計，適合債務擁有權的移轉，海特雷又增加了早年*違約求償*的法律教條，適合債務本身的創造。此項教條的現代發展已經成為各個市場上一切交易的基礎，實際上，這就是推定僅在商品市場上價格的提出與接受就創造一筆按照這價格計算的債務，這種債務在貨幣市場上的可流通性引起了麥克勞德的注意，這種債務在一間銀行辦公室裡因帳簿的記載而解除，激發了克納普的興趣。

如此一來，成為這門科學之主題的便是債務，而不是商品，這樣可以把財富的生產、財產與貨幣的相對稀少性以及財產法三者之間的相互依賴性聯合起來，成為一種功能上的關係。因為海特雷的銀行業者債務，或是作為貨幣使用的「存款通貨」，實際上就是銀行業者帳簿上貸方與借方的流水記錄，所以我們可以根據使其生效的法律而稱之為**借方貨幣**（debit money），因此之故，貨幣的三種類別就是金屬貨幣、紙幣與借方貨幣。

海特雷於1919年所處理的是生產者的短期債務與銀行業者的已到期債務，他把貨幣的概念變為「帳戶借方」的概念。關於歷史上的變遷，我們要回溯到休謨與杜爾哥，他們是金屬貨幣時期的經濟學者，然後依次講到迦塞爾、韋克塞爾、米塞斯（Mises）、海耶克（Hyak）、凱因斯與費雪，他們是借方貨幣與中央銀行記帳貨幣時期的經濟學者。

第四節　債務的稀少性

壹、金屬貨幣的稀少性

勞動經濟學倡始於洛克，而後傳到亞當・史密斯與李嘉圖，再傳到馬克思與普魯東，心理經濟學倡始於邊沁，而後傳到孟格爾與博姆-巴維克，其終點為「效率」與「稀少性」概念；和這兩種經濟學相平行又發展了一種貨幣經濟學，這是倡始於休謨，而後傳到杜爾哥，麥克勞德、習季威克、傑文斯、迦塞爾、韋克塞爾、克納普、海特雷與費雪等輩，其終點為「債務」的未來性概念。

1752年，休謨攻擊重商主義時，他引進了三個觀念，使後繼的經濟學者分成商品理論家與貨幣理論家兩派。第一個觀念是「變動」與「穩定性」之間的區別；第二個觀念是「稀少性」與「習俗」之間的區別；第三個觀念是貨幣所生利息與資本所生利息相等。

休謨在貨幣供給量的*變動*與貨幣供給量對於商品及勞動數量的*穩定性*兩者之間所作區別，導致了一些數學修養不足而未能處理變動相對性的後繼物理經濟學者們在若干年代以來用勞動替代貨幣，作為價值的不變衡量，並因此而使效率與稀少性互相混淆。到後來，小彌爾又緘默無言的將金屬貨幣用來替代勞動，作為價值之衡量，此時的貨幣已由金屬貨幣轉為借方貨幣，不過，在他看來，總覺得這樣的一種貨幣終究是屬於心理學上的產物，而與他經濟學的一般理論無關。休謨所處理的僅以金屬貨幣為限。

　　他說，「……在每個王國裡，如果流入的貨幣比往常更加富饒，則一切事物俱將呈現一副新的面目：勞動與工業更加生氣蓬勃；商人更富於企業心；製造業者更勤奮而技巧熟練，就連農人也將以更敏捷而注意的心情從事耕作。……商品價格高昂雖是黃金或白銀增多的必然後果，但卻不是緊隨著金銀的增多而立即上漲；要使貨幣流通遍及全國，而其影響力爲各個階級的民眾所能感知，這必須經過一些時日。在一開始通常看不到物價逐步上升的變動，先是某一種商品的價格，再是另一種商品的價格，直到最後才是全部物價和國內現金的新數額達到相當的比例。我認爲只有在貨幣的取得與物價的上升這一段間隔的時期之內，或是在此種居間的情況之下，金銀數量的增加才會有利於工業」。休謨又反過來說：「這一段間隔的時期在金銀減少的情況之下爲害於工業，正如其在這些金屬增多的情況之下有利於工業。一個勞動者在市場上購買每種事物，其所給付的價格雖是仍然和從前相同，但是他卻不能從製造業者與商人方面獲得相同於從前的僱用。一個農人也無法出脫他的穀物和牲畜，但是他卻不得不把相同的地租償付他的地主。其必然的後果，貧窮、乞丐與怠惰，是很容易預見得到的」。[143]

　　貨幣稀少性的這些變動，其影響所及盡在於商品與勞動

[143] 參閱《休謨的哲學著作》（*The Philosophical Works of David Hume*）（格林與格羅斯所刊行，1808年新印），第三卷，第313、315頁（《道德、政治與文學論文集》〔*Essays, Moral, and Literary*〕，1752年初刊，「論貨幣」、「論利息」、「論貿易收支」）。

的價格之中。民眾的「態度與習俗」決定了商品*蓄積*的數量以及相因而至的利率。「在一個只有土地利益的國家裡，由於不節儉的結果，借款者的人數必然很多，而利率亦必隨之比例俱增」。他把這種情況和一個商務與製造業繁盛的國家作對比。

「所有的勤勉職業，其必然的後果是帶來節儉，使愛好利得之心勝過愛好愉悅之念。……要想有很多放款的人……單是有極富饒的貴金屬仍然不夠，而且也無此必要。唯一必要的是，國內的財產或其支配權，無論多寡，總要集中於某些人之手，使其形成爲巨大數額，或是構成爲一個廣大的金融界，必須這樣才能產生眾多的放款人，而抑低高利貸的利率；並且……這也毋須依賴現金的數量，而是要依賴特殊的態度與習俗，足以使現金集合，成爲價值可觀的分散金額或團塊。……有一些人堅持說，貨幣富饒是利息低廉的起因，他們似乎是誤把附帶發生的結果當做了原因；因爲凡是壓低利息的工業通常總需要大量的貴金屬。許多精巧的製造業，配合那些警覺而富於冒險心的商人，必然要很快的把世界各地所能覓得的貨幣吸引到國內來。……豐富的貨幣與低廉的利息雖是工商業所產生的兩種自然效果，但卻完全是各自獨立的」。貨幣數量的多寡「對於利息並無影響，但是勞動與商品儲存量的多寡卻能產生極大的影響；因爲我們憑藉利息以取得貨幣，而在實際上與實質上所借入的就是這些勞動與商品」。[144]

---

144 同前書，第三卷，第325-328頁。

　　由此而引起休謨的第三個觀念，那就是，貨幣不但和儲存的實物財貨相等，並且也和儲存財貨所生利息的實物財貨相等。

　　「假如你貸給我如許的勞動與如許的商品；由於收取百分之五的利息，你總可能獲得相對比例的勞動與商品，無論為之代表的是黃色或白色鑄幣，抑或是一磅或一盎司」。[145]

　　換句話說，假如因作為資本使用的商品與勞動，給付了較高或較低的價格，那麼，因作為這資本所生*利息*而給付的價格也必然是同樣的較高或較低。因此，貨幣稀少或富饒的變動雖足以導致商品與勞動價格的升降，但卻不能導致利率的高低。利率的高低是起因於生活標準的變動。休謨的分析，其用意在於指陳重商主義的謬誤，以及緩解後者對外貿的逆差所發生的恐懼。如果一個國家輸入的商品數量超過了輸出的商品數量，這個國家也不必恐懼將因此而失去其在世界所有的黃金與白銀之中應得的一份。國內的物價必將因現金的輸出入而作相當的升降以為矯正，直至，所有「鄰近的各國保持與其本國的工業及藝術呈適當比例的貨幣」為止。倘使**大不列顛**國內的貨幣數量因給付商品輸入所作貨幣輸出而減少，則勞動與商品的價格必將下跌；而別的國家必然要「把我們所失去的貨幣重行奉還」，而使**不列顛國**內的物價升高到國際水準。物價也絕不能

---

[145] 同前書，第三卷，第322頁。

長久升高到國際水準以上，因為「那就不會有鄰近國家向我們購買；另一方面，他們的商品比較起來反而如此之低廉，無論在法律上作何種規定，這些商品還是要趨向我們的面前來，使我們的貨幣因之而流出」。[146]

　　休謨的論證雖是僅以對重商主義在國際爭取貴金屬的關係為限，然而他的三個新觀念卻促使後來的經濟思維分為商品理論家與貨幣理論家兩個學派將近兩百年。在商品方面，假如貨幣僅是實物資本與實物利息的可變反射鏡，那麼，貨幣就是名目的，應該全部予以消除，而只注意實物本性，注意於勞動及商品。這個學派由魁奈、亞當・史密斯，李嘉圖與馬克思開始，一直展延到近代的管理經濟學者。

　　但在貨幣方面，假如貨幣數量的*變動*能產生刺激或抑制工業的效果，那麼，貨幣就不是名目的，而成為一切交易的導致因素，這些交易決定了生產、積累、行銷與消費。貨幣理論家的這個學派可能是從杜爾哥修正魁奈的說法開始，一直到中央銀行沒收黃金而使金屬貨幣消失不見為止。這兩種理論的演變，其特徵在於由休謨的金屬貨幣轉為麥克勞德的可流通債務，由臨時變動的觀念變為永久變動的觀念。

貳、資本與資本財貨（Capital and Capitals）

　　杜爾哥是一位最有智慧的重農派經濟學者，他之於**法國革命**，猶如洛克之於**英國革命**。他是伏爾泰（Voltaire）、休謨

---

146 同前書，第三卷，第333頁。

與魁奈的知交與追隨者，亞當‧史密斯旅居法國的時期也曾來
拜訪過他，他做過法國一個窮省分的地方長官與改革者，也做
過財政部長，但因爲他把公共開支的負擔轉嫁給貴族地主而遭
受罷黜，他的改革計畫十五年後由革命政府再度制定爲法律，
這種法律把他原本可能赦免的一些人送上了斷頭臺。

杜爾哥是他自己理論的執行者。在法國革命前二十五
年，他還是一個地方上的監查官，他已經爲他的改革計畫、爲
繼承古典派與享樂派商品經濟學者的現代貨幣理論草擬了若干
理論基礎。[147]在商業銀行的時期以前，在證券交易所與商業
公司的時期以前，當時的貨幣是白銀，當時的地產是「大生
意」，當時的**封建主義**正在轉爲**資本主義**，他已經解開貨幣、
價值、資本、利息、商品市場與貨幣市場的纏結。

他說，「在商品市場上（au marché），某一數量的小麥
是以一定重量的白銀來估價，但在貸放市場上（commerce du
prêt），加以估價的標的物則是一定*數量*的*價值*在一定期間以
內的*使用*。在前一種情況之下是**一堆白銀和一堆小麥**相互比
較；在後一種情況之下則是**一堆價值和其本身**的固定比例相互
比較，後者成爲這一堆價值在一定期間以內*使用*的價格。」這
種時間價格就是**利息**。[148]

---

147 參閱杜爾哥的《論財富之形成與分配》（*Reflections on the Formation
and Distribution of Wealth*，1898年譯本）。本書所引述的是譯本，但
因我對1788年的法文原本譯法不同，故稍有改動。

148 同前書，第78頁。

迦塞爾在講到這一段論述的時候說，由於拒絕以利息作為「貨幣的價格」這個舊觀念，而把利息定義為「因在一定時間以內使用一定數量的價值而給付的價格」，杜爾哥已經形塑「一個後來永遠無法超越的清晰與確切公式」，[149]然則杜爾哥稱之為「一堆價值」的「標的物」，因其使用而必須給付利息作為價格的，究竟是什麼呢？這個標的物有兩個面向，麥克勞德將其區別為無形財產的債務與有形財產的地產。前者是因使用白銀的價值而給付白銀的合法承諾。後者是取得土地收成的權利。

「每年產出六隻綿羊淨收益（un revenu）的一塊土地可以賣得一定的價值，這個價值總可以用與之相等的綿羊隻數來表示。……這時，地產（un fonds）的價格只是每年收益的一定倍數；假如價格為120隻綿羊，那就是20倍，假如價格為180隻綿羊，那就是30倍，所以，土地（des terres）的現時價格可以按照這財產（fonds）的價值對其每年收益的比例而自行調節，這財產的價格含有收益的倍數就叫做買價的年數（le denier du prix des terres）。假如人們所給付的是土地每年收益的20、30或40倍，則此等土地便是按照二十年買價（le denier vingt）、三十年買價或四十年買價而出售」。[150]

---

[149] 參閱迦塞爾所著《利息之性質與必要》（*The Nature and Necessity of Interest*，1903年），第20頁。

[150] 見於杜爾哥的前述著作，第57節。

　　杜爾哥把地產（fonds）的這種購買價格也稱之爲「一堆價值」，而把每年六隻綿羊稱之爲擁有者所收取的這一堆價值之中的一定比例。在構成爲預期每年收益的綿羊隻數與構成爲「一堆價值」而作爲地價給付的綿羊隻數，兩者之間的比例就是「每年的價格」，因爲使用了原先購買這地產所需的綿羊隻數而由擁有者收取的價格。

　　決定利息與資本之間這個比例的又是什麼呢？這就是需求與供給。這個比例「必然要按照希望賣出或買進土地的人數多寡而變動，這和其他商業物品價格按照供需之間比例的變動而漲落完全相同。比方說，假如地產的買主因購買這塊土地而給付的「一堆價值」是120隻綿羊，再假如他每年所獲得的收益是6隻綿羊，則此買主因使用其所購買的土地而收取的價格就是每年5%隻綿羊，其比例爲1:20。不過，倘使土地的一些買主因相互競爭而把這「一堆價值」抬高到180隻綿羊，其所預期的每年收益仍然是6隻綿羊，則其所收取的價格就是每年3%隻綿羊。如果買主爲這種期望而給付的「一堆價值」相等於120隻綿羊，則此土地的賣主就是捨棄了每年5%隻綿羊的預期；再不然，如果買主因受到競爭的強迫不得不爲這種預期而給付的「一堆價值」相等於180隻綿羊，則此同一賣主所捨棄的預期就是每年3%隻綿羊。

　　到了最後，杜爾哥也和休謨一樣，把貸款、土地與每年收成轉爲等值的白銀。

　　「20,000盎司的白銀在商品市場上，不論是和20,000個蒲式耳的小麥等值，抑或是僅相等於10,000個蒲式耳的小麥，但

在貸款市場上,如果利息是按照二十年的買價計算(au denier vingt),則在一年之中這20,000盎司白銀的使用,其所值絕不會少於本金的二十分之一,或是說,少於1,000盎司白銀」。[151]

　　換句話講,一個蒲式耳小麥或一頭羊的價格,無論是一盎司白銀或二盎司白銀,其利率並無差別,因為這是*使用*白銀而以白銀給付的價格,是借款人使用這白銀購買商品或土地而給付的價格。縱使商品價值增高一倍,但利息仍然如故,因為利息是貨幣的兩個數量之間的比例,而價格的變動則是一個貨幣數量與一個非貨幣事物數量之間的比例。前者是貸款市場上資本與利息之間的關係,而後者是商品市場上買進與賣出之間的關係。

　　此項原則同時可以適用於各式各樣的製造業,也可以適用於各門各類的商業,這就是杜爾哥在「資本」與「資本財貨」之間所作的區別。「資本」是企業者與放款人所預付的「一堆價值」,而「資本財貨」則是他們所預付的「一堆累積財富」。這種區別和克拉克所作的相仿,克拉克在杜爾哥之後的125年,把「資本基金」(fund of capital)和「資本財貨的流量」(flow of capital goods)劃分開來。照杜爾哥的說法,"capital"就是資本基金(fonds),而"capitals"則是資本財貨。克拉克所衡量的效用就是杜爾哥所衡量的綿羊或白銀。在

---

151 同前書,第78節。

杜爾哥看來，兩者皆是相同的一堆價值，不過，資本是購買財貨的貨幣價值，而資本財貨則是用貨幣買來財貨的同等價值。

正因為有了這種區別，所以杜爾哥對魁奈「貨幣的流通」才能有「真實觀念」，也才能把儲蓄與投資分清。

他說，貨幣的流通產生了「一堆的資本財貨，或是一堆可以移動的積累財富，由於最初是企業者們在各種勞動之中所預付的，所以每年必須帶回來一筆穩定的利潤，作為他們的報償；不過，這種資本還得要重行投放、重行預付出去，以便繼續經營同樣的企業，而利潤則是供應企業者多多少少較為舒適的生計。*我們必須稱之為貨幣流通的*，就是指資本財貨這樣的預付出去而又繼續的回轉而言；像這般有功用、有效果的流通能使社會上所有的勞動都生氣勃勃地來維持這個政治團體的活動與生命，這有充分的理由可以比擬為動物軀體之中的血液循環」。[152]

這也就是儲蓄與投資之間的區別。儲蓄是蓄積貨幣。但投資則是花費貨幣。前者是資本的積累，而後者是*資本財貨*的「形成」。杜爾哥說：

「貨幣在現有的資本財貨總額之中並不甚重要，然而在資本財貨的*形成*之中卻是極其重要。實際上，差不多所有的儲蓄

---

[152] 同前書，第87節。

都是用貨幣造成的；歸屬於所有者的收入是貨幣，每一個門類的企業者所收回的預付款與利潤也是貨幣；所以，他們所儲蓄的都是貨幣，而資本財貨每年所增加的也都是貨幣；但是絕不會有一個企業者把貨幣供作別用，而只是將其*立即*轉變為他的企業所依賴的各式各樣財產；因此之故，貨幣終必流通，而資本財貨的大部分皆存在於各式各樣財產之中。[153]……任何一個人，或是由於他的土地收入，或是由於他本人勞動或勤奮的工資，假如他每年所收取的價值多於他所必需花費的，他就可能把這多餘的部分予以保留而積累起來：這些積累起來的價值便叫做*資本*」。[154]

　　杜爾哥把運用「資本財貨」的種種不同方法總括起來，這些都是利用貨幣手段將「資本」投放出去與收回來的方法。

　　「第一種方法是購買地產，這地產帶來確定的淨收益（revenu）。

　　第二種方法是租貸土地而把貨幣投放於農耕事業之中——這些土地所收成的產出必須能超過租賃的價格、預付款所生利息以及這個人將其財富與勞力專供土地耕作之用的勞動價格。

　　第三種方法是把一個人的資本投放於工業的或製造的事業。

---

153 同前書，第100節。
154 同前書，第58節。

第四種方法是將其投放於商務的事業。

第五種方法是將其貸放給需要貨幣的人們，而收取年利息作爲報償」。[155]

這許多都是投資。投資是花費貨幣的積極議價交易。不過；儲蓄也是積極的——這是一種等待的服務。

「凡是見過製革廠的人都知道，一個窮人，或是甚至幾個窮人，絕對不可能自備皮革、石灰、皮硝、用具……建築物……並且過幾個月的生活，以等待製成皮革的脫售」。然則是什麼人來墊付這些開銷呢？這必然是一個『資本財貨』或可移動積累價值的占有者。……只有他才能等待皮革的脫售，不但是歸還他所墊之款，並且帶來額外的利潤，足夠補償他的貨幣倘使用其來購買地產所值的數額，不僅此也，還能補償他的勞動、他的管理、他的風險，甚至他的技藝所應得的工資。[156]

這麼一來，杜爾哥把許多概念都視爲一堆價值——這些概念就是：資本與資本財貨、資本基金與資本財貨、貨幣價值與資本財貨價值、儲蓄的消極行爲、等待的積極服務、花費蓄積貨幣的議價交易，以及將儲積的資本財貨作爲投資。利息成爲因等待的服務而給付的價格。

---

155 同前書，第8節。
156 同前書，第60節。

　　既經把這許多概念視爲同一之後，杜爾哥就開始揭發聖多馬（St.Thomas）的謬誤。

　　他說，「繁瑣神學家因爲貨幣的本身實際上並沒有產出任何事物，所以就斷定在貸放的貨幣上要求利息是不公正的行爲。[157]……如果把貨幣看做實質的物體，看做一堆的金屬，這貨幣的確是沒有產出任何事物，然而如果把貨幣用爲**農業**、**製造業**與**商業**的墊款，卻能獲得確定的利潤。一個人可以用貨幣購買地產，而由這地產業獲得收入。所以，貸放貨幣的這個人並非僅是放棄無利可圖的貨幣占有權，他還剝奪了他自己由這貨幣原本可能取得的利潤或收入；作爲此項剝奪之補償的利息絕不可以認其爲不公正」。[158]

　　所以，杜爾哥的利息或利潤並非由積極成本所決定，而是決定於另類選擇機會，到後來，格林與達文波特把這種另類選擇機會稱之爲「機會成本」。

　　杜爾哥沒有首尾一貫的保持利息與利潤之間的區別，所以他也未能始終如一的分清債務與購買力，或是分清儲蓄與投資，這是近年以來無形財產與隱形財產之間的區別。在麥克勞德用到「債務」這個字詞的地方，他所用的字詞總是「擔保」（gage），他和麥克勞德一樣，也是把特種擔保與

---

157 同前書，第73節。
158 同前書，第73節。

一般擔保分開，前者就是債務，而後者則是購買力。他說，
「每種商品都是所有商業標的的一個代表性擔保」（un gage
representif）。[159]由這許多特種擔保裡面產生出貨幣這種普遍
性的擔保。之所以是擔保的意思就是說，商業「能使每一種商
品對於其餘各種商品具有一個當時的價值，所以，每一種商
品都和某一數量的另一種商品相等，可以視為其所代表的擔
保」。[160]

如此說來，杜爾哥適用於貨幣與一切商品的「擔保」實在
就是經濟的預期購買力，相當於法律的「隱形財產」。這不是
債務——這是在議價交易之中協議商品價格的預期力量。其所
以成為一種財產，是因為這是一個人接近市場的自由及用議價
方式商定事物價格與價值的自由，不受別人干預的一種權利。
預期有形收益的綿羊或小麥，如果將其出售以換取貨幣，便成
為預期可能獲得的價格，這時，他的地產或有形財產也就成為
隱形財產。

杜爾哥最輝煌的一項創見就是他的邊際生產力這個概
念，過了160年以後，這便成為韋克塞爾的「自然利息」概
念，但在當時卻無人加以重視，因為那時正流行著李嘉圖的邊
際生產力概念。李嘉圖的概念是勞動的生產力；而杜爾哥的概
念則是「資本財貨」的生產力。杜爾哥之所以能求得這個概念
是由於他努力的說明增加儲蓄的供給以減少等待的補償對社會

---

[159] 同前書，第28節。
[160] 同前書，第32節。

的貢獻。他說：

「貸出貨幣在當時所產生的利息可以視爲一個國家資本財貨富饒或稀少的溫度計，並且可以用來檢測這些貸款所經營的各種事業發展到何種程度。利息的價格又可以看做一個水準，假如到了這個水準以下，則所有的勞動、所有的農業、所有的工業與商業全部終止。這就好比一個遍布於廣大地區的海洋，凡是高出於水面的山峰便形成爲肥沃而可供耕作的島嶼。如果海水退落，則與其退落的程度成正比，先是山坡，然後是平原與溪谷逐一的顯現出來，滿布著各式各樣的產物。只要是海水上漲或下降一個英尺，就足以淹沒廣大的地域或將其開放以供農耕。能使各種事業蓬勃而有生氣的是資本財貨的富饒，其立即表現的效果就是低廉的貨幣利息，這表示資本財貨的充裕」。[161]

　　杜爾哥把此項例證加以引申，由整個的農工業開始，一直引申到特殊事業。倘使因資本財貨的*稀少性*，而利息升高爲5％，則工業與農業必將限止於較高水準，其產品必須能按照爲資本生息5％的價格出售，這時，凡是能收成5萬個利弗（1ivres，法國古銀幣名）的地產，其價值必爲100萬，不過，如果由於資本財貨的*富饒*，而利息降落到2.5％，則工業與農業必將擴展到較低水準，而同一地產的價值升高爲200

---

161 同前書（Ashley版），第29、30節。

萬。

　　所以，*資本財貨*的「邊際生產力」既是粗放的又是密集的
資本「邊際收益」，這是同一富饒或稀少的*資本財貨*之兩面。
在產出方面是「各種產品」，而在收益方面則是這些產出在商
品市場上所換得的白銀。兩者的維度相等，因為換得的白銀就
是該產出的交換價值。一方面是*物質*的生產力，而另一方面是
「*價值的生產力*」，這種區別往往因「生產力」這個用詞的雙
重意義而湮滅不彰。然而，價值的生產力實在是收益，而不是
產出。最初，這是一筆總收益。必須有一筆白銀淨收益爲資本
而餘留下來，以供償付利息之用，利息是使用了墊付的一堆
價值所給付的價格。因此之故，同一富饒或稀少的*資本財貨*必
然有兩個維度——一個未來維度和一個現時維度。未來維度是
預期在商品市場上獲得白銀的淨收益；現時維度是在資本市場
上因換取此項預期而給付的年購買價格數。例如，他曾經這樣
講：

　　「一個有5萬利弗租金收入的人，假如地產是按照二十分
之一個便士（二十年買價）出賣的話，他的地產只能值到100
萬，不過，假如地產是按照四十分之一個便士（四十年買價）
出賣，他的地產就可以值到200萬。如果利息是5%，則所有尚
未開墾的土地，倘使其產出物不能超出墊付款的償還與**耕作者**
操勞的報酬5%以上，必然不能施以耕種。沒有一種製造業或
商業可以維持下去，如果其收入不能超出業主努力的工資與風
險5%以上。假如有一個鄰近國家，其貨幣利息僅爲2%，則不
但可以經營利息爲5%的國家所不能經營的各種商業，並且因

爲這個鄰國的製造業者與商人只須有較低利潤就能感到滿足，所以他們可以按照更低廉的價格把他們的商品發送到所有的市場上」。[162]

所以，*資本財貨*的富饒與稀少，對於構成爲資本的一堆價值，可能產生多重的作用。這可能使商品的產出數量隨著這些產品所能賣得的白銀數量而增多或減少；並且相反的，這也可能提高或壓低地產的現時*價值*，這種價值就是*資本*。

由此可知，*資本財貨*的折舊與利息也和勞動工資以及耕種土地的佃戶所得報償一樣，都是強迫性的給付。凡是磨損與耗用的*資本財貨*皆必須重置，然後才能保持資本的一堆原始價值不受損傷；利息也必須按照*資本財貨*富饒或稀少的現況而給付。所有的這些給付皆是「不可免」，這就是說，一個國家如果受到經濟的壓迫而在實物上勉強的「將其一部分撥充公共之用，則其結果必將反使公眾蒙受損害。……除了土地的淨產品以外，一個國家不會有眞正可以任意使用的歲收」。[163]

因此，不獨製造業者與商人必須免除其稅捐的負擔，就連農業以及貨幣的貸放也該免除此項負擔，稅捐絕不可加在農業上——杜爾哥的批評者推定他是這樣講——而應該加在地產擁有者與貴族之身，因爲製造業者、商人與務農者把地租付給了這些人。

---

162 同前書，第89節。

163 同前書（法文本），第95節。

　　他說：誠然，一個資本主是「可移動**資本**的占有者，他可以選擇或運用他的資本以取得地產，或是將其作農工事業的有利使用」。但是，在他「成為農業或工業的企業者之後，他所能選擇的僅是做一個工業的工人或是做一個耕種土地的農民，除此之外，別無另類的選擇。縱然他把他的資本貸放給「一個業主或企業者」，他雖不是與當時的工人及耕作者相同，而可以「自由處置他本人」，然而對於他的資本，他已經不再能作更進一步的選擇，因為他的資本「深陷於這個企業的墊付之中，絕不可能提取出來而無損於這個企業，除非是另有一筆同等價值的資本為之替代。」[164]一個放款人是「屬於可以自由處置的階級，這是單就他本身而論，因為他沒有從事於任何業務，（不過）如果就他的財富性質而論，他卻並非屬於此一階級」。[165]

　　在另外一面，一個放款人或資本主從他的貨幣上取得的利息是「可以自由處置」，因為他個人可以任意的加以使用，但是，就農、工、商業這方面而論，利息並不可以自由處置，因為這些事業絕不會把利息毫無代價的付給他。利息是決定於資本財貨普遍富饒或稀少的情況，所以，這是「墊付款的價格與條件，如果沒有此項墊付款，企業就無法經營。倘使減低這種報酬，則資本主必然要收回他的貨幣，而這個事業勢必至於停頓」。利息的數額既是決定於*資本財貨*普遍富饒或稀少的情況，「就應該成為不可侵犯而享受完全免稅的權利，因為這

---

164 同前書（Ashley）版，第94節。

165 同前書，第96節。

是對貸放給企業的墊付款所應給付的價格，倘使缺乏此項墊付
款，企業便無法繼續經營。假若觸及了利息，那就得要增高一
切企業因墊付而給付的價格，其結果是削減了企業的本身，這
就是說，減少了農業、工業與商業」。

　　地主們的地租則與此迥不相同，因爲他們既沒有在土地上
作工以求工資或利潤，也沒有墊付資本以求利息。

　　「這個**社會**的其他各階級所收取的只是一個業主由他的收
入（淨收益，例如：地租）之中付給的工資與利潤，再不然就
是生產階級的代理人們從滿足他們需要的一部分收入所付給，
因爲他們必得要把這一部分收入向工業階級購進商品。無論這
種利潤是作爲工資而分配給工人，或是作爲利潤而分配於（企
業者），再或是作爲利息而分配給墊款，但終不變更其性質，
也絕不會增加（淨）收入的總額，這一筆收入是生產階級所產
生，超出於其勞動的價格之外——工業階級在此總額中所參與
的僅以其勞動的價格爲限。

　　所以，這一命題絕不會動搖，就是說，除了土地的淨產出
以外，別無收入（地主所得的淨收益、或地租），所有其他的
年利潤或是由這筆收入給付，或是構成爲生產這筆收入的費用
之一部分」。[166]

　　其所以然的理由，杜爾哥也曾加以解釋，他不是基於魁奈

---

166 同前書，第99節。

的「自然權利」這個教條，而是基於歷史的分析，這是對歷史所作經濟與制度的解釋。[167]第一是由於地域的分工，與土地的原始耕作者相互之間的產品交換。

第二是由於勞工們受雇於耕作者，或是說，工匠們的產品接受耕作者的給付，只要是「後者的勞動能使土地產出物多於他們自身所要時」。

第三是由於一個只有勞力可以出售的勞動者，其工資「通常是明訂於契約，這契約是他與耕作者所締結，而耕作者總是儘量的付給他最低工資；這耕作者可以在眾多的工人之間做選擇，專愛選取工資最低廉的工人。所以這些工人在相互競爭的情況之下不得不降低其工作的價格。在每一種工作裡勢必致使工人所得工資僅足以維持生存，並且事實上也的確如此」。

第四是由於耕作者地位與眾不同。

「他的勞動價格由土地直接予以給付，脫離任何其他的人或任何勞動契約而獨立。自然並不是跟他議價，強迫他以取得他所絕對必需的為滿足。大自然所許給他的既不和他所要的成比例，也不和他的勞動日數在契約上所估定的價格成比例。這是土壤肥沃與人類智慧的物理效果，比他的勤懇以及他所用來使土地變為肥沃的手段多得多。這個耕作者的勞動所產出的如果是多於他所要的，他就可以把大自然許給他的純粹恩賜超出

他努力工資的剩餘部分，用來購買社會其他成員的勞動。後述
的這些成員們把他們的勞動賣給他時，所獲得的只是他們的生
活用度，而這個耕作者卻能在他的生計之外積聚起一筆獨立而
可以自由處置的財富，這筆財富並非他購買得來的，但是他卻
可以將其出售。所以，他便成為財富的唯一泉源，這種財富的
流通足以活化社會的全部勞動；因為他是僅有的一個人，他的
勞動所生產的超出他的勞動工資以上」。

最後是由於人口增多而土地逐漸稀少時，這個耕作者的
本人也成為佃戶，最初僅是一個小農，而到後來變為一個資本
主。

「土地逐漸的為人所占有，已經開墾的土地愈來愈多。所
有最好的土地盡數被人割據。留給後來者的都是先來者所遺棄
的貧瘠土壤。到了最後，所有的土地皆已找到了主人。……擁
有權可以和耕作的勞動分開，並且實際上很快的分開了。（這
時）地產變成商業的標的物而買進賣出。許多業主所占的土地
多於他們本人所能耕作的。……他們不再把整個時間花費於辛
勤的勞動，而……寧願將多餘的一部分土地分給那些願意代其
工作的人們。……（這時）耕作者與業主有了區別。在新的安
排之下，土地的產出也分成兩部分。一部分包括著耕作者的
生計與利潤，以及他的資本所生利息。餘下來的是可以聽耕作
者單獨自由處置的那部分，這是土地所贈送給他的純粹恩賜，
超出於他的墊付款與辛勞工資之外；這也就是歸屬於業主的部
分，或是說，一筆淨收益，他可以用這筆淨收益過生活而毋須

勞動，他可以隨心所欲的將其帶到任何地方去。因此，社會就
分成三個階級：一個是耕作者的階級，我們可以把**生產階級**這
個名稱爲之保留：另一個是工匠及其他人等的階級，他們都是
從土地產出之中**取得僅足以維持他們生活的用度**。（這兩個階
級所取得的只是補償他們的勞動，不能多於此數）。第三個是
業主的階級，這是唯一階級，可以不需爲生計而受到某種特定
勞動的約束，只有這個階級才能用來滿足社會的一般需要，例
如：戰爭以及正義的管理，或是由他們的親身服務，或是給付
他們的一部分收入，使這個國家或社會可以僱用別人代盡這些
功能。所以，最適合於這個階級的名稱莫過於**可以自由處置的
階級**」。[168]

　　除了經濟上不得不付給勤勞階級的數額和付給資本主墊
款的利息以外，通常總有一筆淨產出歸屬於地主們這個可以自
由處置的階級。這並非由地主們的儲蓄得來。「業主們雖有
較多的餘裕，但是他們所節省的卻比別人少，因爲他們既有更
多的閒暇，也就有更多的渴望、更多的情慾，他們對自己的財
富有更大的自信，他們的思想偏向於如何欣然享受財富，多於
想到如何使財富增加；奢華就是他們的遺產」。然而其他階級
的收取工資者與企業者，假如有「超出生計的富餘，……總是
埋頭從事於他們的企業，專心致志於增加他們的財富，他們的
勞動使他們與浪費的娛樂及情慾相隔絕；他們把他們的富餘

---

168 同前書，第10-15節。

節省下來，重行投資於他們的事業，而使他們的富餘愈益增多」。[169]所以這些其他階級增進了資本財貨的富饒，減低了利率，使耕作擴展到更低的邊際收益點，並增高了歸屬於地主的價值總額。[170]如此說來，地產業主們的地租既不是得之於他們自身的勞動，又不是得之於他們的企業或儲蓄所生利息，而是得之於別人的勞動、企業與儲蓄所增加的產品，這些地租一部分是天然資源擁有權所產生的免費恩賜，而另一部分則是壓低受雇勞動與缺乏土地的小農耕作者所應得的報償而強迫得來的收益。

因此，所有一切稅捐皆應由地主繳納，這不該由資本主負擔，而該由地主負擔。

「假如對公共費用的捐獻單獨歸由土地負擔，則在此項捐獻既經規定之後，一個購買土地的資本主在他的貨幣所生利息之中，便毋須把為此項捐獻而分別提撥的一部分收益合併計算；這就好比一個人買到一塊土地，他並沒有把**教區牧師**所收取的什一稅（tithe，譯者按：此為以農作物年收成額十分之一繳納於教區的什一稅），或甚至凡是知道的各種稅捐一併買進，他所買到的只是減去什一稅及其他稅捐以後所餘的收益。[171]

---

169 同前書，第100節。

170 同前書，第78，81節。

171 同前書Ashley版，第98節。

　　無怪乎那些貴族們在杜爾哥實施他的理論時要將他免職，到後來激發農民、勞工與資本主起來對他們發動革命。**法國革命**沒收了貴族們的土地，然而杜爾哥的原意只是要提高他們的稅捐。

　　杜爾哥所描述的邊際生產力必須和五十年以後李嘉圖所描述的對比一下。杜爾哥所描述的是貨幣理論，而李嘉圖所描述的則是勞動理論。關於地主、資本主與勞動者，他們兩人所求得的結論頗相近似。他們都是把地產的價值視爲一種財產權利，地主僅是一個擁有者，並沒有爲取得此項權利而對社會有所貢獻，但資本財貨的價值卻能代表對社會做過同等數值的商品或服務之生產。他們兩人都認爲無財產的勞動者僅能獲得維持生存的最低數額，不過，他們各自求得他們有關地租起因的結論卻是經由相反的途徑，而地產的資本價值則是依賴於地租。李嘉圖的「地租」是自然對邊際耕作的較大吝嗇與對優良農地的較小吝嗇兩者之間的差別，這種差別的起因在於土壤「原始而不能磨滅」的質性。杜爾哥的地租是起因於大自然給地主的免費恩賜，超出了李嘉圖所述資本主在同一邊際耕作地上所獲得的收益。不過，他們兩人都認爲地租也要看工資的水準而定，工資低廉則地租提高，工資高昂則地租減少。

　　李嘉圖只是在農業之中發現報酬遞減與邊際生產力的原則，而杜爾哥則是在所有製造業、商業與工業之中皆有此項發現。所以，李嘉圖是使勞動的邊際生產力在農業裡成爲起因，足以管制一切商品的價值；而杜爾哥則是使資本財貨的富饒或稀少在所有的行業裡皆成爲起因，足以決定這些行業邊際生產力的高低。

他們兩人是經由貨幣的與非貨幣的兩個途徑而求得一個相似的結論。李嘉圖消除貨幣代之以勞動者的維生物資作為「資本」，所以資本便成為「具體勞動」的數額。杜爾哥保留著資本財貨是由流通貨幣所給付的價格而形成，所以他的資本便成為「具體的貨幣」。

李嘉圖的*資本財貨*是以工時衡量的勞動力所產出的產品，而杜爾哥的*資本財貨*則是以金元衡量的投資所給付的開支。

反過來講，杜爾哥的資本是未來淨收益的現時價值，而李嘉圖的資本則是過去在總產品中所分得的一份，這是資本主用來專供勞動者維生物資之需的一份。

杜爾哥與李嘉圖雖是很明顯的分別由貨幣的與非貨幣的兩個不同前提求得了近似的結論，然而他們兩人的推理都是在金屬貨幣時期，而不是在銀行信用時期；都是在個人企業的時期，而不是在協力行動運營中業務團體的時期；都是在機械工具的時期，而不是在大隊人馬持續運營大規模工廠的時期；都是在**資本主義脫離封建主義**或**半封建主義**，而剛開始或半開始的時期，但是他們卻奠定了後來建築的基礎。

假如我們把杜爾哥的分析轉為後來的經濟學者所用的相等用詞，則他的「一堆價值」仍然還是**資本**，不是作為一堆價值，而是作為現時估價，或是照他的說法，預期淨收益的「估計數」。這個「估計數」有好多的名稱，例如：資本、資本價值、資本化、投放資本、投資、墊款、債務、信用等。這個估計數並非按照綿羊的隻數或小麥的蒲式耳數估計，並非按照白銀或黃金估計，而是按照銀行債務估計。這不是流通白銀

的流量，而是商品市場上現時與預期交易的重複，是把交易所帶來的債務，賣給銀行以換取其存款信用。這種債務構成為基金，為購買力、為交換價值的衡量，相當於杜爾哥流通白銀的價值。這種信用交易的重複是由運營中業務團體的經理人員所操作，而繼承杜爾哥地產的就是這些運營中的業務團體。這些業務團體的擁有權，或更確切些說，這些業務團體預期淨收益（revenu）的擁有權，包括預期利息及預期利潤在內，是由債券與公司股票，或是由債券與地產請求權（equity of landed property）為之代表。證券交易所成為杜爾哥「一堆價值」的市場；商業銀行成為債務市場，頂替了他的白銀市場；而在商品市場上，他「資本財貨」的價格與數量成為個人帳戶上借方的重複。他*資本財貨*的邊際生產力以及其資本的相等邊際收益成為運營中業務團體的「債息」與「股息」，商業的利率隨之而波動。他一堆價值的利率便成為債券與股票價格的漲落，這和債息與股息的升降恰成反比。

參、等待的稀少性

　　迦塞爾於1903年又回到杜爾哥的理論，確認「一堆價值」與「等待數量」，而把利息視為因等待的服務而給付的價格。[172]

　　杜爾哥曾經把「資本」和「資本財貨」加以劃分。資本財貨是以貨幣計算的財貨價值。資本是以財貨計算的貨幣價值。

---

[172] 參閱迦塞爾的《利息之性質與必要性》（1903年），第20頁。

作爲利息而給付的貨幣是因「資本的使用」而給付。迦塞爾說，如果將其化約爲「算術上的數量」，則「資本的使用是具有兩種維度的數量，其衡量爲一特定數額的價值乘以使用的時間」。

但是他又接下去說，這「和等待的衡量相同，所以我們可以把**等待**與**資本的使用**推定爲*同一事物*。實際上，兩者都是表示同一生產服務；**等待**是表示提供服務的這個人所做的，而**資本的使用**則是表示購買服務的這個人所獲得的」。[173]

如此說來，等待就是人類供應生產手段的一項積極服務，與工作的服務同等的基本、同等的重要、同等的具有生產力。迦塞爾是這樣講：「毫無疑義的，煤炭是一項生產因素，但卻不是一項獨立的因素：這是由其他因素所產生，主要的是由勞動。然而，等待卻不能用這個方式化約爲更基本的因素；這是人類的一種努力，其性質迥然不同而特殊」。[174]

所以，生產的基本因素是工作與等待。由此衍生的因素則是實物財貨，例如：煤炭、小麥、金屬、建築物、甚至土地，而最後爲消費財貨。此等財貨皆係工作與等待這兩種人類的基本服務進行過程中所產生的結果。

西尼爾（於1834年）曾經合理化利息是對禁欲所作的給付，[175]而禁欲則是使用消費財貨的延期。不過，西尼爾的概

---

173 同前書，第48頁。

174 同前書，第89頁。

175 參閱西尼爾的《政治經濟學》（*Political Economy*，1834年，本書的引述是得之於1872年第六版），第58頁。

念僅是在倫理方面合理化利息，而不是認定其爲一種經濟數
量。到後來（1876年）塞爾內斯（Cairnes, J. E.）要使禁欲具
有數量的意義，他說，禁欲的衡量「應該是……撙節的財貨數
量……乘以禁欲的持續期間」。[176]但是，麥克萬（Macvane,
S. M.）（於1887年）批評塞爾內斯說，「禁欲的本身並非
工業上的主要事實」。這僅是一種消極因素，任何事都「不
做」。較爲基本的事實是「在勞力的支出與完成產品的取得之
間所必需經過的時間長度」。[177]於是麥克萬就提出杜爾哥的
「等待」這個用詞來替代禁欲。

　　迦塞爾基於等待的數量與等待的標的物這兩個理由來批評
麥克萬。他說：

　　麥克萬的「『等待』這個用詞，其所含有的只得一個因
素——這是『一種維度的數量』、時間的維度。當然，這是不
能容許的；假如不說明予以延期的爲何物，則『等待某一段時
間』成爲毫無意義。麥克萬的意圖也許是要用『等待』表明某
種具體事物或享樂的延期。不過，果眞如此的話，我們就不得
不放棄以等待作爲一個算術數量的特質，而使等待變爲一個毫
無用處的概念。除此以外，還有一個更嚴重的理由可以反對這
個等待的定義。具體事物的延期是極爲罕見的事；一個人倘使

---

176 見於塞爾內斯所著《政治經濟的若干主要原則新解》（*Some Leading
　　Principles of Political Eoconomy Newiy Explainded*）

177 參閱麥克萬的《生產成本分析》（*Analysis of Cost of Production*），
　　載在《經濟季刊》（1887年），第一卷，第481、483頁。

沒有把貨幣省下來，他是照例不會知道他要用他的貨幣去做什麼；他僅是把某一數額的*價值*延期消費而已。因此之故，***實際上衡量『等待』***的是某一價值總額與等待時間相乘之積。這樣的衡量使等待具有了終極定義；按照這種意義解釋的等待才是構成爲具體生產成本的一項服務」。[178]

迦塞爾對於傑文斯所發明的兩個概念，貨幣的「投資數量、與心理的「禁欲數量」，也是同樣的看法。[179]傑文斯發現「投資數額」是兩個可變數量所起的作用，一個是M，這是貨幣投放的數額，另一個是T，這是投資的延續時間，所以投資的維度是MT。

不過，傑文斯又由他最初發現的主觀效用構成了一種「禁欲」數量的維度，他把主觀效用視爲愉悅的遞減強度，按照最後效用而使其均等化。所以他的禁欲數值是UT，U的這個符號是最後效用數量，而T的這個符號則是時間的延續長度。

在迦塞爾看來，UT或禁欲數值，和MT或投資數值實際上是同一數值。所以，何以不稱之爲M或貨幣，以代替U或效用呢？迦塞作如下的說明。

他說，「用這樣一個用詞（像效用）似乎不甚正確。這完

---

[178] 參閱迦塞爾的前述著作，第41、42頁。

[179] 參閱傑文斯的《政治經濟理論》（*The Thcory of Political Economy*）（1886年，第三版），第232、233頁。

全是虛構，因為我們尚未能建立一種方法，可以直接衡量感受
的強度。經濟學者對效用所可能有的唯一衡量似乎就是為一件
商品而提出的價格；並且，假如我們接受了這種衡量，我們就
必須用M來替代U，作為傑文斯的禁欲維度。這種維度和資本
投放的維度完全相同」。[180]

　　如此說來，迦塞爾是根據杜爾哥，把以後的理論化約為一
個算術數量，相當於杜爾哥的「一堆價值」。我們不僅是節制
自己，我們還得要投資以參與生產，我們並非等待消費財貨，
我們是等待「消費一定數額的價值」。
　　然而，此類等待「價值的消費」實在是得之於杜爾哥的
一項錯誤。價值既不是消費掉，也不是節省下來，也不是所
要等待的。到後來，迦塞爾提議改用「資本管控」（Capital
control）或「資本處置」（Capital disposal），他認為這些用
詞與杜爾哥的「一堆價值」以及他的「價值總額」相等。這些
用詞所暗示的更接近於債務及商品市場上的議價交易。這些用
詞都是指合法管控而言，都是與無形財產的債務相當的用詞。
在1918年，他這樣講。

　　「所謂『等待』，意思就是說，一個人在某一段時間以
內放棄其對某一數額的價值之處置權。這樣他就可以讓另一個
人在這時間來作資本的處置。如果就算術上加以考量，則『等

────────────

180 見於迦塞爾的前述著作，第49頁註。

待』的數值與資本管控相等，並且也和資本管控一樣，是以資本與時間的乘積爲衡量。所以，在理論上毋須把這兩種表示方法同時並用。我們下文所用資本處置的字詞也可以表示儲蓄者對於資本市場所提供的服務。

照這樣爲『等待』下定義，我們同時也界定了給付利息的這種服務也是一個算術數量」。[181]

照這樣來說，被推定爲相等的這些用詞，其意義就清楚了。放棄一定數額價值的這個人是放棄了另類選擇的一般購買力，這種購買力原本可以由他在任何一個現有市場上隨心所欲的運用。他放棄了消費財貨與資本財貨的購買，這就是說，他放棄了消費與投資。由於他的放棄，使另一個人可以購買消費財貨或資本財貨，這也就是說，使這個人可以消費或投資。

不過，倘使我們設身處地的想一想，假設我們正在協商，而有所期待於未來，則兩者並不相等。

實際上，在等待著的有兩個人——一個是儲蓄者，另一個是投資者。這是無形財產與隱形財產在制度上的區別。當我們儲蓄時，我們所儲蓄的是貨幣，而我們所等待的是債務人的償付，當我們把貨幣投放出去時，我們是購買商品或勞動，並等待顧客前來購買產品。在每種情況之下都有一項意願因素，爲

---

[181] 參閱迦塞爾的《社會經濟理論》（*The Theory of Social Economy*）（1918年及1924年。本書是引述1924年版），第184-185頁；及《社會經濟原理》（*Theoretische Sozialokonomie*，1926年），第171頁以次。

未來計畫而承擔並移轉風險。在受到請求來判決交易所生爭議時，法院裡創造了種種不同的財產權利與自由，以符合參與交易而相互衝突的意志。這時，如果我們也像法院一樣，假設我們自身處於協商的這一點，而由這一點盼望參與交易者的意圖與預期，我們可把一切交易之中所要計算到的經濟考量分析為等待、冒險、預測與計畫。迦塞爾也和其他的人一樣，把未來性的這項原則區別為「自願性」——「人們等待的自願性」和他們「冒險的自願性」。兩者雖是分割不開，「但在現代社會的多數交易之中，風險已經減低到最小限度，實際上已經可以不必計算了」。[182]

這就是說，現代社會已經把保障與債務的無形財產和自由與曝險的隱形財產加以區別，兩者皆起因於交易。

每種財產都是由決定交易的同一協商所產生，兩者雖是分不開，但卻可以區別。在現代經濟運營中的業務團體之中，把這兩種財產區別為提供這個業務團體的服務，而這個業務團體對此項服務負有報償之責。利息是等待的自願性所創造的義務，工資是工作的自願性所創造，而利潤則是冒險的自願性所創造。在實際的履行與明示或默示的自願性之間，其相互一致的程度到後來難免要發生爭議，不過，在特定的個人之間創造其法律關係的總還是這些意欲，如果沒有爭議，則此等法律關係便是緘默的生效；倘使有了爭議，則此等法律關係便是由於法律的判決而清楚的生效。這種「法律運作」，無論其為默示

---

182 參閱迦塞爾的《利息之性質與必要》，第135頁。

或明示，就是給付或履行義務的解除。其經濟效果則是給付與履行債務的相應維度。

這種貨幣的、法律的與意願的概念，把資本視爲「資本處置」的數量，我們稱之爲合法管控，就時間而論，這和古典派經濟學者的資本概念正相背反。古典派經濟學者是把資本概念視爲實物財貨的積累，在過去儲存起來，以供未來生產之用。迦塞爾對於由過去轉到未來的演變，曾作如下的說明：

「從事於儲蓄的人毫無疑義的是禁制了某些商品或服務的消費。由於這個事實，便產生一種最奇特的資本概念，並引起政治經濟這門科學裡不少的糾紛。資本被認爲僅是未曾消費掉的商品加總，照亞當·史密斯的說法，僅是『貯存在某處而種類不齊的一批財貨』；所以，資本的功能據說是在於作爲養活勞動者以等待他們的勞動果實漸次成熟的儲存基金。對此一問題的這種觀念完全是錯誤。事實上，有『節制』下來的商品或服務決非由生產得來，整個的、廣泛的來說，凡是由生產得來的都是消費者之所需，假如說，消費者決定把他們的貨幣節省下來而投資於生產企業，這就意味著社會工業在某種程度上已經從生產可以立即使用的事物，分流到資本的生產。因此，儲蓄的意思就是把生產的力量轉向未來的目標」。[183]

由此觀之，自願性的協商心理學所產生的經濟效果並不是

---

[183] 同前書，第134頁。

禁欲的痛苦成本，甚至也不是等待的痛苦「成本」。其所花費的只是放棄現成另類選擇的意願成本，或是因為這個另類買主提供給賣主的收益較低，或是因為這個另類賣主強派給買主的開支較高。[184]不過，使生產轉向的正是對另類選擇的取捨。

在人類的預測與計畫方面亦復如是。無論其為預期利息、預期利潤或預期工資等等都是一樣，因為在現有的另類選擇之間做取捨，總能產生這樣的社會效果，使生產轉向於近期或遠期的未來。

不過，另類選擇的取捨只是一種經濟狀況的名稱，這種經濟狀況限制著選擇的範圍，這無非是稀少性的原則而已，因為稀少，所以要想得到服務，就必須給付相當的價格。

要想獲得等待的服務，必須付出等待的價格，這並非由於倫理上的原因，而是由於稀少性。

迦塞爾說，「利息是等待的價格，或使用資本的價格。……不過，因為收取給付的這種服務，其本身是以一年之內使用的貨幣金額為衡量，所以要想決定這種服務的價格，就得將其作為這筆金額的一個分數。因此之故，等待或使用資本的價格，其報價方式通常是作為一個「**比率**」，或是作為「**百分比**」。然而，基本事實絕不可因此而變為幽晦不明，基本事實是，利息乃是一種實際價格，其立足點與所有其他的價格完

184 參閱本書前文，第八章，第六節〔參〕，有關**機會成本**與**負機會價值**的部分。

全相同」。[185]

　　所有價格的「共同立足點」就是迦塞爾的公共政策這個
觀念。古典學派所發展出來的理想價格制度是作爲他們的自由
貿易政策，以反抗重商主義的差別待遇，在這種制度之下，
價格的社會功能或公共目的，就是必得要有統一的價格以給付
任何一類商品的同一項目。其所以要有統一價格的原因，在於
供給量的稀少性，價格足以阻止不甚重要的想望之滿足，而減
低其需求量。不過，一個較高的價格也可能「使社會的生產
服務大部分用於這種商品的生產，所以價格制度可以作爲一
種調節器，不但足以調節消費，並且足以調節整個社會的生
產」。[186]

　　利息的這種價格亦復如是。利息必須相當的高，以便產生
適當的等待供給量，但卻不可以高到限制等待的需求量最終使
其供給量過剩。

　　因爲等待的需求與資本處置的需求是同義語，所以需求
的數量是「以一定的貨幣金額與一定的時間相乘之積爲其衡
量」。資本$1,000,000的一家公司「每年所使用的等待數量爲
一百萬個單位」。因使用這些單位而給付的價格，或是說，其
利率，就是其稀少性的衡量。

　　由於迦塞爾的洞察力，各學派的經濟學者，從休謨那個
時代起，所提出的許多概念皆已化約爲同一貨幣數量乘以未來

185 同前書，第92、93頁。

186 同前書，第73、77頁。

時間的推移，化約為普遍的稀少性原則。有些概念顯然是主觀的，例如禁欲、不耐煩、時間偏好、儲蓄本能之類。也有些概念是客觀的，例如貨幣、資本、資本財貨、資本財、實物資本。所有這許多概念合併起來，成為「未來性」與「稀少性」的意願概念，例如等待與投資，我們是以活動的用詞稱之為議價交易，並且以制度的用詞稱之為無形與隱形財產。

迦塞爾又在長期等待與短期等待之間加以區別。

「……長期等待是等待的真實與主要形態。短期等待在對比之下成為次要的形態。這種等待所做的服務僅能和生產程序的一小部分相應，並且大都是和特別情勢的分配相應，只有用人為的手段，特別是用匯票之類的精巧機制才能使這種形態的等待成為可行」[187]。

韋克塞爾於1898年建構了長期等待與短期等待之間功能關係的這個觀念[188]。

第五節　利息與利潤貼現

利息與貼現通常被人作為對比，認為兩者是相同的給付，只是站在未來與現時的兩個不同立場上來看而已，不過，因為所有的協商與交易都是發生於現時，所以能成為一切交易

---

187 同前書，第135頁。
188 參閱下文，本章第八節，**世界給付的社會**。

之中普遍事實的總是現時的貼現，而不是未來的利息。在數學上，我們知道，凡是同一經濟數量，比方說按年6%，如果作為貼現計算必然是較大於作為利息計算。而且在心理上貼現的原則也是統治著所有的交易，因為未來的利息總不及現時的貼現來得確定。博姆-巴維克的理論是以未來利息為基礎，所以必須把消費財貨的未來*貼水*（agio）加在現時估價上，然後才能使現時價值與未來價值相等，然而這是假設未來的時日在*此刻*已經知道的說法，實際上這個未來時日在此刻還僅是揣想。要想把事做得穩妥，必須用較大的現時貼現來進行交易，並且，由於對風險的恐懼，這種貼現可能上升到極高的比例。因此之故，假如我們以現時的立場作為出發點，則在一切交易之中統治著協商的不僅是利息的貼現，此外還有風險的貼現。這就是博姆巴維克的愉悅經濟與麥克勞德的貼現經濟之間的差別，愉悅經濟是寄望於未來的較大富饒，而貼現經濟則是著眼於現時有限資源的較大犧牲與疑慮未來較大富饒。

　　在一個勞動者工作時，他並沒有受到事先的給付，他必得要等待發餉日。在此刻，他是這個業務的投資者，每一次他把他在雇主的原材料上所增加的使用價值交付給雇主總能創造他這方的一筆貸方與雇主方的一筆借方。這是重複提供與接受的法律過程。領班工頭代表雇主接受的使用價值如果有一次增殖，則雇主所負欠於雇員的債務也就同時有一次增殖。這種債務的清償是在發餉日，不過，使用價值則是併入聯合的產品之中，雇主期望這種產品可能提供他在商品市場或債務市場上對另一個債務人的一筆貸方。在這裡所適用的原則和一個物料供應商必須等待30天或60天才能取得物料價款給付的原則

相同。

　　勞動債務是一種短期債務，按照勞動市場上的習俗，一個勞動者所作等待服務的報償並非分開計算，而是折算在他的工作報償裡。他所承擔的風險亦復如是。照亞當‧史密斯的說法，[189]這個勞動者所預測的風險在他開始工作之前就已經進入他的協商心理之中，而這種風險也是同樣的折算在他的工作報償裡。和其他的交易一樣，所有習俗、法律、另類選擇機會以及議價能力等皆各產生其作用，在這個勞動者開始工作，他在同一交易之中已經把工作、等待與冒險的未來報償加以貼現，作爲貸方。這種貼現的折算過程可以稱之爲**預測**。由此而產生對於未來工作、等待與冒險報償的現時貼現估價。

　　在進入雇主市場時，凡是在勞動市場上所隱示的，到了商品與債務市場皆變爲明示。假設一個製造業者預計在60天

---

189 參閱本書前文，第五章「亞當‧史密斯」。我（著者自稱）把勞動者的*等待*添加在亞當‧史密斯的*冒險*上。勞動者的等待往往比他們的工作或冒險還更難承擔，從觀察某些情事可以得知，在這一類的情事之中，他們甘願以非常高的利率付給那些「貸款鯊魚」（loan-sharks，意即高利貸者）與「小額貸款」公司，利率高到按年30%或40%，甚至200%。勞動者往往寧願爲*較少*的工資而工作，只須這工資是每天給付或每星期給付而不是每半月或每月給付就行，由此也可以看到「等待」的折算。我在南方曾經見過許多黑人，他們把工資的每天給付看得比工資率還更重要，他們偏好選擇每天給付的雇主，而不願受雇於每星期給付的雇主。並請參閱本書前文，第八章，第六節，參、**機會成本**與**負機會價值**。

以後可能售出一批產品，而在那個時日，這批產品可能值到
$60,000。他向銀行借取一筆貸款而簽發一張60天後由他償付
的期票。銀行把這張期票按照年利率百分之六或是每60天百
分之一貼現。這就是說，銀行在存款帳戶上成為這個製造業者
的債務人，其金額為$59,400，隨時可以提取使用。有了這一
筆金額，這個製造業者就可以購買物料，他簽發他的支票而付
給他的物料供應商，這些支票是由銀行即期付款。再不然，假
如他要給付現金，例如：工資與薪水，他也可以簽發一張支
票，支取「現款」，向銀行提出這個數額的通貨，然後將其作
為薪餉，分別封入薪餉袋而給付出去。

　　在這兩種情況之下所實際發生的事件是，製造業者因使用
銀行信用60天而以$600給付銀行業者，使這個製造業者得以
購買物料與給付薪餉，時間點是在他的產品受到給付之前60
天。

　　這$600必須由某一個人償還，實際上償還的方式是：製
造業者在現時所願意給付的物料價格與勞動工資必然比他預期
在60天後因他的產品而收取的價格少$600。換句話說，物料
與工資的*現時價值*就是60天後產品的*貼現預測價值*。

　　不過，這個商人還必須為他自己取得利潤並收回他付給
銀行業者的利息$600。假如他所預期的利潤差價是相當於銷
售額平均按年6%，則此項利潤差價將是每60天1%。他要想取
得這一筆利潤將經由同一過程，一如為物料與工資所作的給
付*減少*$600。換言之，要想同時收回利息與獲得利潤差價，
則他為物料與工資所作給付必須比他預期由完成產品所將收
取的數額少$1,200，假如他預期這產品在60天後所將收取的

給付為$60,000，則對於物料與工資的給付必然是$58,800。這$58,800就是商品的現時貼現價值或現值，但這批商品的預測價值則是$60,000。

所以，現時價值是預測價值經過雙重貼現之後的結果，一種是利息貼現，而另一種是利潤貼現。在我們的上述計算之中，利息貼現是$600，利潤貼現也是$600。利息與利潤貼現合計為$1,200。雙重貼現的準確與否要看預測是否準確而定。倘使在預期價值轉為現時價值時，實際上不足$60,000，這便是*損失*，相反的，如果超出了$60,000，這便是*利潤*。

在商業循環的動態分析之中，我們對這一類的不確定性極為關切，因為在變動的情況下，利息貼現與利潤貼現的作用是相反的。假如由於預期價格上漲與銷售暢旺而使利潤貼現減低，則利息貼現可能趨高，這便是1919-1920年的情況。不過，倘使像1932年那樣，由於價格下跌與銷售呆滯的巨大風險，使利潤貼現增高，則利息貼現必因借款的停止而減低或完全消失。

在我們此刻的靜態分析之中，這一類的變動與我們無關。假如利息與利潤貼現共為$2,000，而不是$1,200，則現時價值或購買力僅為$58,000，而不是$58,800。預測貼現可以依此類推或增高或降低。

我們在上文已講過，長期證券亦復如是。假如所發行的股票與債券，其面值為$1,000,000，而按照$900,000的價格出售，再假如股息與債息為每年$100,000，或11%，則其可供現時建設之用的為$900,000。如把這些股票與債券按照$1,100,000的價格出售，則其現時的購買力即得此數，就資本

主方面來說，其資本生息僅爲9%。

費特爾教授曾經很美妙的歸納這些貼現與價格原則，成爲時間貼現與資本化的一般原則。他由此而認清了博姆-巴維克的貼水與實際上的貼現過程之間的差別。他把所有的未來租金、利潤、利息給付，甚至商品的未來價格通通化約爲單獨一個*預期淨收益*概念，他也像博姆-巴維克一樣，稱之爲「租金」，不過，他是把這些租金歸屬於未來，不像博姆-巴維克將其保留爲現時的租金。然後他再把這些未來「租金」一概由時間貼現化約爲現時的估價。這種按照貼現折計的估價就是資本化的一般原則，也就是現代**資本**的意義。[190]

不過，費特爾的時間貼現其實也是一種利潤貼現。前者是一段時間的等待貼現。後者是在預期的時間推移中，發生有利或不利事件的貼現。對於等待的報償是預期的利息給付；對於冒險的報償則是利潤或損失。風險貼現就是損益貼現。

利潤與利息往往同時變動。倘使由於風險較少而預期的利潤有望，則借款人可能給付較高的利率，1919年就是這種情

---

190 參閱費特爾的文章「近年來對資本概念的討論」（Recent Discussion of the Capital Corcept），載在《經濟雜誌季刊》，第xv期（1900-1911年），第1-45頁；及「往昔地租概念的消逝」（The Passing of the Old Rent Concept），同前刊，第416-455頁；其所著《經濟原理》（*Principles of Economics*，1904年），第8、10、15、17章；及另一篇論文「利息理論與價格波動」（Interest Theory and Price Movements），載在1927年三月的《美國經濟協會會報》，第62-122頁。

形。倘使預測的利潤轉爲預測的損失，則絕不會作新的約定，償付貸款的利息或甚至本金，1932年就是這種情形。簡而言之，企業必將弛緩或停頓，因爲風險貼現極大減低或甚至消除現時的資本價值。

第六節　貨幣與價值的交易制度

我們在議價交易的週轉公式之中，並沒有把銀行業者包括進去。然而所有的現代交易皆需要銀行業者參與。雖是通常稱之爲「貨幣流通」的「現金」給付也得要從銀行裡把現金提取出來，而不是在銀行裡移轉即期債務。這些現金還是要「流回」到銀行裡去，以便償付所欠銀行的債務。這些銀行的本身如果缺乏「流通貨幣」，也得要爲「貨幣」求之於**儲備銀行**而減低其存在**儲備銀行**裡的餘額。反過來講，假如貨幣流通已久，這些銀行要把「現金」退還給**儲備銀行**，以償付其所欠**儲備銀行**的債務，而增高其**準備金**的餘額。

所以，在一筆交易之中作全部債務償付的兩個買主與兩個賣主，不但每人必須在他所往來的銀行裡開立帳戶，並且對於他所能預期取得的支付手段數額也必須和這個銀行業者有相互的了解，這種支付手段是這個銀行業者所創造，作爲存款，以供實施交易之用。

如此說來，我們的議價交易全部公式之中還必須有四個銀行業者，一筆交易的兩個買主與兩個賣主每人各有一個。至於這四個銀行業者實際上可能僅是一*個*銀行業者，那是無關重要的，因爲銀行絕不會把某一個顧客帳戶上的情況通知另一個顧

客。縱然這四個不同的銀行業者因有票據交換所與**聯邦儲備制**而協力行動，但是他們的協力行動並不包括他們對於顧客的帳戶狀況互通消息在內，只是銀行查驗人員在宣誓保密下可能獲得此等消息而已。因此之故，就其與這四個參與交易者有關的而論，每個參與人都在他所往來的銀行分別開立私人帳戶，並與這銀行有私人間的了解。

所以，每一筆商業交易皆可能產生各種形態的短期商業債務，無論其為個人具名的票據、貿易票據、銀行承兌票據或其他。所有的這些債務實際上都有一個共同之點，那就是商品的銷售創造了商業債務，銀行業者把這種債務買進，而把他自己的存款債務出賣給這個商人。商業債務的延續期間1到90天不等，但這筆交易則必須等到約定的期間屆滿，而債務也已償清之後才算終結。銀行業者們在交換過程，也創造了他們「已到期」要求即付的債務，其數額以商業債務的未來貼現價值為限，這種存款大都是支票存戶；在這個顧客購買物料與勞動時，他可以立即開立支票，以償付他所約定的債務。

如此說來，每一筆貸款交易皆能創造其本身所需的貨幣。並沒有「流通」的貨幣基金，而只有短期債務的重複創造、出售與償付，其數額相當於割讓擁有權的貼現價值。所以，基於商品價格的預測，產生了兩種價值的隨後增加：一種是產出的使用價值因勞動的陸續投入而增加；另一種是貼現債務的價值因逐漸接近到期日而增加。

第一種價值的增加出現於各個商品市場上，例如：由鐵礦價格變成生鐵價格，再變成輾鋼價格、農業機器價格，以及終極消費者所購買的刀叉價格。第二種價值的增加發生於貨幣或

債務市場上。在這裡，每一筆短期債務的價值皆因時間的逐漸推移、逐漸減短而增高，直至債務的清償爲止。

每筆貸款交易就是這樣的創造其本身所用貨幣，因爲銀行業者是一個主動的參與者。早年對於貨幣的數量理論與商品理論所發生的論爭，其關鍵在於實質的因果關係理論，這種理論認爲時序在前的事件總必然是後來事件的起因，而統計的證明或反證，其關鍵則在於顯示貨幣數量的變動究竟是在價格變動之前或之後。不過，貨幣與價格的交易或預測理論卻是一種移轉的理論，這並非財貨的移轉，而是預期財貨擁有權管控的移轉，因爲財貨是隨後才到來的。約定價值是取得其擁有權的價格，這種價格是對近期或遠期的未來所作預測。這樣的因果關係在於未來，而不在於過去或現時。米切爾所作調研顯示價格的變動通常是最先出現，然後才是交割，然後才是給付，[191]此項順序和一個原則相符，意即，價格的「起因」在於對未來的共同預測，這個未來的時日甚至可能延伸到給付義務的預期來臨以後。所以，這種因果關係的確切教條可能見之於數以十億計的交易之中，在這許多交易裡，創造貨幣的銀行業者作爲指導交易來參與。工程師是效率專家，商人是稀少性專家，而銀行業者則是未來性專家。

往昔的貨幣數量或商品數量理論難以適用於交易過程中的估價程序，這些交易移轉了經濟數量的擁有權，移轉了作爲貨幣之用的銀行債務，創造銀行債務來交換償清商業債務。實際

---

191 參閱米切爾的《商業循環、問題及其背景》（*Business Cycles, the Problem and Its setting*，1927年），第137頁。

上，這些都是一些「數值」，何嘗有貨幣的實質數量呢？此等
數值是在算術上陳述議價交易重複之中所約定的價格或價值。
我們並沒有貨幣數量，我們所有的只是銀行債務變動無定的
「週轉」，銀行債務的總量通常要經過協商、創造、解除，而
每隔30天左右更新一次，但其數值則是隨著商品、服務與債
務的預期價格與數量而變動，這種價格與數量的估測決定更進
一步的擁有權移轉所將創造的債務數值。在此種情況之下絕不
能適用物質類比——所能適用的只是對於週轉率、遲滯期以及
預測等的統計檢驗與實驗。貨幣的交易與預測制度開始於擁有
權的估價，每個銀行業者的估價創造了其本身的貨幣，以供擁
有權的移轉之用。

　　這種貨幣交易理論似乎足以包括並且勝過柯普蘭對於貨
幣數量理論的反駁，柯普蘭證明了價格與貿易數量（PT）通
常是在貨幣的數量與速度（MV）之前，[192]在他的「交換方程
式」計算之中，他證明「商品」僅占給付的三分之二，其餘的
三分之一則是包括著「隱形財產」的給付，例如：利息、股
利、稅捐、債券、股份之類。由於把這些「隱形財產」包括在
內，所以他求得一個結論：「在大多數場合，PT的因果關係
總是先於MV」。

　　不過，假如我們把商品的雙重意義——物料與擁有權，劃
分開來，則擁有權的移轉總是先於物料的生產。這種擁有權也

---

[192] 參閱柯普蘭的《貨幣、貿易與價格——測驗其因果關係的先後》
　　（*Money, Trade and price—A Test of Causal Primacy*），載在《經濟
　　雜誌季刊》，第XLIII期（1920年），第648頁。

和他所列舉的其他隱形財產一樣，同是屬於「隱形」，因為他所稱述的各種隱形財產都是期待於未來的有形物料，而這些有形物料也都是由現時的擁有權移轉所生產與取得。在現時交易之中所移轉的並非物料，而是對於未來物料擁有權的現時要求權。商品的擁有權固然是如此，股利、利息、稅捐、股份與債券的擁有權也未嘗不是如此。凡此種種都是期待於未來的物料擁有權，無論其為生產財貨或消費財貨，莫不皆然。如果我們把「交換方程式」適用於現在這個時點的交易之中，必然成為一個擁有權的交換方程式。造成價格的是交易的協商，其所以要給付價格為的是擁有權，而不是為的物料。

柯普蘭的「隱形財產」大都是期待於較遠距離的未來，或是期待於取得最後物料以前的中間交易，而商品擁有權則是期待於生產或消費物料以前的近期未來。因此，要想衡量擁有權移轉與物料出現之間的時間距離更感困難，但仍然是同等的必要。未來時間的*長度*並非區別商品擁有權與其他隱形財產擁有權的良好依據。兩者皆屬於未來，交換方程式總必然是期待於未來的擁有權交換，而不是現在這個時點或是中期或遠期的未來所作物料交換。所以，我們預料，PT常在MV之前。

以上是要說明現代意義的貨幣乃是創造、流通與解除債務的一種社會制度，這些債務都是交易所產生。假如給付的完成並未經過值得衡量的時間推移，我們便稱之為購買或販賣，其與短期及長期債務相異之點僅在於省略了債務流通的這個間隔階段。所以，貨幣的次要功能在於作為交換的媒介，而其主要功能則在於作為創造、轉移並解除債務的社會手段。

但是，如果將其視為一種社會制度，每一筆貸款交易皆能

創造其本身的貨幣，而每隔30天，其總額就要創造並消失一次，則貨幣的定義必須由靜態的數量觀念轉變為動態的過程觀念。此項過程便是數以十億計的議價交易，而銀行業者則為其參與者。

我們認為用動詞而不用名詞來說明一項過程較為確切，名詞極容易令人誤解，因為這些名詞所產生的印象是靜態的數量，而動名詞（verbal noun）卻能適合於議價交易，這種交易無非是訂定價格、估計價值與發生負債的過程，由此而創造、移轉、消除並重行創造經濟數量與貨幣以衡量其本身的價值。所謂價格、價值與債務，雖不是名實相符的創造出來，但必然是連帶決定的，決定的時刻就在於約定移轉經濟數量擁有權的同時，並且此後所有的變動，整個的說來，都是用交易在連續時間裡訂定價格、估計價值與發生負債的過程。

我們已經說過，貨幣可以衡量稀少性的維度，而這種維度如果用一種孤立的經濟數量單位來加以衡量，便是稀少性的價格。價格是任何事物的稀少性維度，無論這事物是商品、股票、債券、服務，甚或是等待與冒險。

不過，稀少性僅是價值的幾種維度之一，這幾種維度在功能上通常是合併在一起，每一種維度皆必須分別加以衡量，確定其變動的程度，並進而確定所估價的整個經濟數量其可變數值。這個價值的數值以及與其等值的債務，在無形財產的情況下，並非如同我們對海特雷的不恰當批評所推定，僅是單獨一個變數，即價格的數值，這個數值實際上是和交易之中所約定的總價值相等。這個價值的數值與債務就是現代短期與長期「資本」的數值，我們必須加以分析。我們可以將其化約為

九個、十個或是更多的獨立可變數值，每個可變數值都可能化約並隱匿於一筆交易與債務的貨幣衡量總額中。因爲，費雪也曾講過：「貨幣的重要功能之一在於使多種不同的衡量統歸一致」。[193]這些可變數值的大部分我們可以列舉出來，經銷商品或證券的稀少性、給付手段的稀少性、等待的稀少性、預期的時間推移、冒險、商品的數量、商品的種類與品質、財產權利以及議價能力。我們已經把這許多簡化爲使用、稀少性與未來性的三個變數。

所以，我們必得要給這幾個獨立變數所組成的價值構想出一個交易定義，這樣建構的價值必須是相等於債務的本身，必須是由擁有權的移轉按照這幾種估價所創造。

古典派經濟學者們認爲「使用價值」是無法比較的，故而予以消除，他們所處理的僅是交換價值，簡稱爲「價值」。不過，假如我們的「使用價值」也和他們要說的可能一樣，是指被認爲有用的財貨所具有的客觀物理質性而言，那麼，這種使用價值就很容易衡量，並且實際上已經用許多不同的物理衡量制度來加以衡量，例如：鋼鐵的噸數、蔗糖的磅數、麵包的個數以及電的度數等。並且這也可以用日益精密的「分等」制度來衡量，使各種不同的品質分門別類而標準化。

此等物理衡量的意義是說，*每一單位*的使用價值永恆固定不變（減去折舊或報廢），不論其稀少性有何變動。這種物理維度就是使用價值的產出量，*直接*隨著同一品質的物理單位數字而變動，比方說十億個蒲式耳的小麥，其使用價值必然相等

---

193 參閱費雪所著《資本與收益之性質》（1906年），第15頁。

於一個蒲式耳的小麥所具有的十億倍。所以，在議價交易之中
所必須考量到的三種價值維度就是以物理單位衡量的種類、等
級、數量、折舊以及報廢。

但是，稀少價值的變動，其方向與此相反，其變動與數量
成*反比*。孟格爾曾經講過，如果消除貨幣與財產，則稀少性就
是想要的數量與可得的數量兩者之間的社會關係，[194]當然，
這也是社會供需關係的一種說法。所以，稀少價值是兩個可變
數值之間的關係，然而這兩個可變數值之中卻沒有一個是能加
以客觀衡量的，古典派的經濟學者們從前用來衡量這種關係的
單位是大自然對人類的抗拒，享樂派經濟學者們所用的單位
則是大自然所給予人類的遞減愉悅。不過，兩者都是具體化。
實際上，稀少性的所有權衡量是價格。我有一個學生曾經提議
說，價格是「稀少性標籤」。在這裡我們所衡量的 —— 不是直
接衡量需求或供給，也不是衡量孟格爾的想要數值與可得的數
值 —— 我們是衡量兩者之間變動關係的*效果*，這種效果是表現
於每筆議價交易所約定的價格之中。我們衡量熱度數值所採取
的方式與此相類似，不是直接的，而是間接的，用水銀的膨脹
與收縮來衡量。溫度計是一種人為的設計，用以衡量特定熱力
的效果，就如同貨幣一樣，貨幣也是一種人為的設計，用以衡
量特定稀少性的效果。前者是一種機器，而後者是一種制度。
機器是衡量物理的數值，而制度則是衡量所有權的數值。

不過，這也和所有的衡量制度一樣，無論我們是直接衡
量一個數值，抑或僅是衡量其效果，我們所用的衡量工具必須

---

194 參閱本書前文，第八章，第九節「孟格爾」。

與被衡量的數值有相互類似的維度。碼尺是直接衡量長度，磅秤是間接衡量重量而比較其相同的效果。無論如何，總得要先建立一個任意單位，然後才能用數字來計算並比較其差數與變動。稀少性亦復如是。這種人為的數值便是支付手段，其稀少性也就是想要的數量與可得的數量兩者之間的社會關係。想要的數量是因給付而想要，可得的數量是由政府、銀行業與商人業務團體所聯合提供。並且，我們既不能直接衡量想要的數量，也不能直接衡量可得的數量。我們只能衡量兩者之間變動的關係在議價、貸款與「資本」這幾種交易之中所產生的效果。價值是兩種稀少性之間的關係，其中之一的貨幣在衡量另一種稀少性時逐一的計點而標明。

在我們衡量各個數值相對變動時，我們可以很恰當的使用，並且實際上也確實用到原因與結果的意願用詞，因為我們所關心的並非整個宇宙之間的無限繁複情事，我們所要衡量的只是特種因素的特殊變動，我們是基於限制與補充因素的原則把此等因素由整個宇宙的繁複情事之中擷取出來，作為人類行為的直接指導與管控。

實際上，價格是稀少性的效果、起因與衡量，這可以見之於議價過程之中。在這裡，意願的過程是人所共知而認為理所當然的。我們要用到兩種衡量制度，一種是稀少性的衡量，一種是數量的衡量。前者所衡量的是稀少價值，而後者所衡量的是使用價值。小麥的價格是每蒲式耳一個金元，為衡量稀少性起見，我們就自動把一個蒲式耳小麥的使用價值數量推定為永恆不變。這時，小麥的稀少性，與用以購買小麥所可動用的貨幣作對比，必然是按照金元的數目與分數而變動，這個數目也

就是小麥的價格。不過，為衡量使用價值的數量起見，我們又得要自動推定價格為永恆不變而將稀少性消除，這時，使用價值便是按照蒲式耳的數目與分數而變動。我們把兩者合併為一個數值，這就是**價值**，其中含有兩個變數，一個是稀少性價值或價格，另一個是使用價值或物料數量。

上文所說價值的這一種意義，相等於費雪把**價值**與**價格**劃分開的原則。[195]關於「單位」的意義，費特爾對費雪所作批評是衡量的理論本身中所固有。如果所要加以衡量的這件事物具有兩種以上的可變維度，則其唯一的方法就是將其中之一劃分開來單獨衡量，而推定其餘的維度為永恆不變。這時，其餘的可變維度並未消失──這些變數仍然存在，只是其可變性已被消除而已。在議價過程中通常是本能的、明顯的做到了這一點。先是約定價格，然後約定按照這個價格所將取得的數量。價格是一個單位數量的價格，而價值則是按照此種價格取得的單位數量加總數。所以，就一個單位數量而言，價值與價格顯然是同一數值。

不過，就「單位加總數」而言，假如說加總數的*價值*就是這個加總數的*價格*，這就和一般慣例相背了。一部汽車的「價格」是$1,000。這也就是約定的汽車「價值」。但是，假如有兩部汽車，那就有了兩個價格，而這兩個價格的加總數就是這兩部汽車的*價值*。此項用法也可以適用於一座農莊或整個運營中的業務團體，而將其作為一個單位計算。這座農莊或整個業務團體的「價格」也是這農莊或業務團體的「價值」，但是，

---

195 參閱本書前文，第八章，第九節「費雪與費特爾」。

假如這是幾座農莊或幾個業務團體的加總數，則此加總數便是「價值」，而不是「價格」。

價值與價格之間之所以有這樣的區別，並不僅是因為市場價值與市場價格的差異，是在於數量上的不同。這是因為**價值**是兩種維度的概念（略去未來性不計）—— 具有兩種不同的因果關係，一種是稀少價值或價格，這是由供給與需求所決定，另一種是使用價值的產出大小，這是由交易以後的勞動過程所創造。

凡是單位完全一致的可代替財貨，都可以適用與此相同的推論。小麥的「價格」是把每個蒲式耳的使用價值數量推定為永恆不變而約定的供需或稀少性維度之價值。然而這只是單獨對一個蒲式耳而言，其價格與價值才是相同。假如是對不只一個蒲式耳，甚至是對整個一批的收穫量而言，則其另一種維度 —— 使用價值，這是一種實物維度 —— 卻是可變的，對這種單位加總數適當的用詞是價值。

因此，我們可以說，在議價過程中所有價格的訂定與價值的估計，雙方當事人都是明顯的，或是由於習慣而自動衡量價值的這兩種維度：一種是稀少性維度的價格，基於假設使用價值的一個例行或合法單位；另一種是這些實物單位的實物維度，基於假設著每一單位的約定價格。兩者合併起來便是價值的估計，其結果，包括未來性貼現在內，就成為價值、「資本」以及與其等值的債務。

這是貨幣之所以不與商品同屬一類的原因之一。貨幣是衡量的標準。每一筆交易總得要涉及兩種合法衡量單位 —— 給付單位與履行單位。履行單位是用以衡量商品的數量，在這筆

交易之中所約定而必須交割的商品數量，給付單位是用以衡量
每個商品單位所必須給付的價格。兩者相乘之積便是價值，其
數額相等於這筆交易所創造的兩個債務。倘使沒有這些合法衡
量單位，則現代的商業便無法經營；自從國王可以任意變更單
位的時代起，經濟學者如果在詮釋商業時用到合法衡量單位以
外的用詞，這是不能容許的。在家庭經濟學裡這也許可能做得
到，但在商業經濟學裡卻是不可能。在有工作規則的「制度」
經濟學替代了心理與勞動經濟學的情況下，這也是特點之一，
因爲衡量單位是一種強迫性的制度，不是心理或浪漫歷史的想
像。

　　費雪在分析「數量、價格與價值」時，他用一個蒲式耳的
小麥作爲例證，我們認爲這只是證明價值的衡量必須有一個共
同單位而已，因爲所有他的衡量實際上都是用的貨幣[196]。

　　就連維塞爾在他的心理學領域裡也是如此。費雪大可以
爲他的「新奇建議」引述維塞爾作爲「先例」，以答覆費特爾
的挑戰。維塞爾講述**價值弔詭**那著名的一章[197]和費雪的概念
完全相同，不過，他的用詞則是隨著財貨數量增多而遞減的邊
際效用。但是，因爲他的「邊際效用」只是價格的具體化，所
以他的「價值弔詭」實際上也只是人所熟知的價值概念，依賴
於價格與數量這兩個變數而定。由於價格或「邊際效用」是隨
著數量的增多而遞減，其結果必然是：假如數量的增加超過了

---

196 參閱費雪的前述作品，第14頁。

197 參閱本書前文，第八章，第九節「維塞爾」。

價格的下跌，則其加總的*價值*上升，假如價格的下跌較速於數量的增加，則其加總的價值下降。這就是「價值弔詭」，是格列高里金在兩個世紀以前基於貨幣所擬定的公式，[198]也就是在商業裡、在統計學裡人所共知的價格、數量與價值之間的關係。這是從老格列高里金的營業意識留傳下來的一項錯誤，在當時，由於十九世紀的勞動與心理學說，使經濟學者們轉向於想像與幻覺，迫令後來的費雪於1907年也不得不說他的公式「似乎脫離了經濟的習慣用法」。實際上，這並沒有脫離商業與法律的習慣用法，也沒有脫離常識，沒有脫離格列高里金。

但是，除此以外價值還有其他的意義。有一種意義是經濟學者們和習慣用法上所需要的，因為貨幣的一般購買力極不穩定。貨幣並非衡量稀少性的穩定單位，並非如同碼尺或蒲式耳可以衡量數量。貨幣就好比一個氣壓計，其氣壓指數必須按照高出海面的變動而加以校正。貨幣方面的校正方法是人所熟知的，這是要設定一個基點，比方說，以1860或1913年為基點，把所有的現時價格都轉變為這個基點的水準，然後計算出貨幣綜合購買力的不穩定而將其消除。這種綜合購買力的反比可以很方便的稱之為「貨幣價值」，常因平均價格的上升而下降，因平均價格的下降而上升。

不過，價值的這一種意義並非彌爾「綜合購買力」的意義，那是把貨幣包括在「可購買商品」之內，只要是占有了某

---

198 參閱格列高里金在他的《自然與政治觀察》（*Natural and political observations*，1802年重刊本）裡面所發表的「不列顛商人」（The British Merchant）。

種事物就可以支配這些商品。這也不是在「價值可以用任何一種財富、財產或服務來表示，而任何事物的價格則是用貨幣來表示」這句話裡所隱含的意義。[199]在這裡，「財富、財產或服務」等用辭可以推定為包括貨幣在內，價格並非屬於不同種類，而只是財富或財產價值的一個特例。照這樣來說，價值的意義就和彌爾的價值意義相同，貨幣也包括在可購買的商品之內。相反的，「貨幣價值」這個用詞只是一個簡稱，代表著貨幣價格加總數的反比，這指出作為衡量單位之用的貨幣離開了穩定的程度。我們可稱之為價值的購買力意義。

有一種區別和價值的交易意義及購買力意義密切的聯繫著，但卻互不相同，這就是通常在**名目價值**與**實際價值**之間所作的區別，例如我們時常講到實際收益或實際工資與名目收益或名目工資相對照。這種實際價值的意義最相近於彌爾以價值作為交換價值解釋的意義，相近於以「財富、財產或服務」計算價值的意義。不過，在本質上兩者都是互不相同，因為這些意義都是把貨幣的本身包括在內，認其為一種可以購買的商品。「實際價值」則是把貨幣看做不同種類的事物完全予以剔除，所以是屬於「名目」的，但是如果按照交易意義與購買力意義講，這卻不是名目——這和購買、銷售、債務以及現代意義的資本一樣的「真實」。一個農人或工資勞動者想知道他所出售的小麥或勞動究竟能買到多少商品。他必須把貨幣價格消

199 參閱費爾查德（Fairchild, F. R.）、弗尼斯（Furniss, E. S.）與巴克（Buck, N. S.）合著的《基本經濟學》（*Elementary Economics*，1926年），第一卷，第24頁。

除掉，然後才能計算出這個數額。「名目價值」的意義就是古典派與效用派經濟學者們所致力消除貨幣而代之以勞動或愉悅的一種意義。現代的統計學是在實質上而不是在實際上予以消除，之所以要予以消除的理由並非因為貨幣是名目的，而是因為其別有所圖——目的在於衡量財富分配的變動，而貨幣則是其所用到的工具。

價值與價格的其他意義之中含有「尊重價值」（esteem value）一類的倫理或心理元素，這是屬於我們所謂協商心理學的範圍之內，因為在任何協商中如果將其化約為可以衡量的維度，這種元素總是貨幣的估價。總而言之，我們有了三種不同的價值意義，每一種意義都是承認貨幣與其他事物有別，這些事物的擁有權可以用貨幣買進賣出。一種是價值的交易意義，這是價格、數量與來未來性貼現相乘之積，所以也與債務及「資本」等值。另一種是價值的購買力意義，這就是價格的加總數。第三種是價值的分配意義，這就是實際價值，以貨幣與價格作為財富分配的工具。貫通於這三種意義之中的兩項原則是以價格衡量的稀少性與以實物單位衡量的使用價值數量，而價格與數量「相乘」的加總數就是價值。

此外，價值還另有一種可變的維度，暗示著何者居先，經濟學把這第三種維度作為**時間**的衡量。不過，在交易的估價過程中，時間常是**未來時間**。未來性在等待與求取利潤（冒險）這兩種維度方面發生作用。兩者都是貼現的維度，由於貼現，所以未來數量的現時所值，其貨幣數值較小於，倘若在交易產生其法律效力的現時時點與期待其產生效果的未來時點之間沒有時間的間隔之數值。我們在上文已經把未來性效果區分為利

潤貼現與利息貼現。每種貼現的變動都很大。假如其中之一達到了100%，則現時價值必將消失，而工業亦將爲之停頓。1929年七月以後，幾乎所有工業悉皆減縮，其導因在於利潤貼現，而不在於利息貼現。

　　冒險與等待是因時間的兩種不同意義而發生作用，商品經濟學者對於這兩種意義不作區別，這可以由他們的未能分清利潤與利息而得知。前者是預期事件發生的時點之重複，後者是兩個時點之間利息增殖的時間之間隔。這就是時間「流量」與時間「推移」的區別，但卻往往未能予以分清。預測是預期的風險，而等待則是預期的延展，兩者併合起來創造了銀行。「未來性」的這兩種維度實際上是分不開的，因爲銀行業者同時也就是預測者，不過，在衡量之中，甚至在銀行業者與其他商人的分工之中，兩者卻可能分清。

　　實際上，凡是具有價值的商品在空間方面都有大小不等的距離，而在時間方面也都有長短不齊的未來，這可以由「想望」或「渴望」這兩個字詞來表示。在不再渴望時，商品已經由現時的這個時點進入過去，這可以由「滿足」爲之表示。

　　價值的未來性維度之中顯然有「某種距離的行動」，這也就是價值的心理學理論所根據的理由。不過，在經濟學者認清「效用」與「負效用」爲稀少性的具體化之後，他們所需於心理學的僅在於未來性的維度。所以，價值的制度定義是一種意味深長的定義，因爲其中牽涉到未來性。顯而易見的，整個價值概念實際上都是意願的，而不是機械的，價值是對於預期未來事物的現時測算，不論這未來是立刻、短期或長期的未來。這種心理功能是意志的統一原則把所有的可變因素集合在一

起，並且，由於意志的本身也是極其可變的，所以可稱之爲價值的另一種變數。然而這卻是多餘而不必要的，因爲心理的變動無法加以衡量，而其所產生的影響又已經包括在協商之內，並且輔之以各種不同的未來性衡量。

事實上，未來性是不是必須憑藉於主觀的心理呢？有沒有客觀的心理可資憑藉呢？倘使不依賴哲學的或理性主義的客觀理論，是不是另有一種既屬心理又屬客觀的經濟標的物而又並非商品可以依賴呢？這樣的一種標的物必須能把未來和現時聯繫起來，而毋須依賴估價者個人的感受或意志。假如有一種標的物既可以把未來和現時聯繫起來，又可以在每一筆交易之中脫離個人的意志而獨立，那麼，這種標的物就是屬於客觀性的正確意義範圍之內。一件事物要想成爲「客觀的」，並不必須是實體的事物。這事物只須是脫離任何個人的意志而獨立就可以。有了這樣的了解，則集體行動便成爲這種標的物，這也可能成爲政治經濟研討的主題。

麥克勞德是第一位學者，最先主張這主題不是實體事物，而是財產。他是用律師們職業上的語言講的這句話，他覺得在他的專業方面只須能證明財產與財產權利爲同一事物就行了。然而，財產這個用詞如果爲配合經濟學而加以分析，卻含有三種分立的概念，就是稀少性、未來性以及集體行動所創造的權利、義務、自由與曝險。大凡不是預期其稀少的事物絕不能成爲財產，而凡是預期其稀少的事物，集體行動必然很快的將其納入財產權利的意義範圍之內。當預期波長的稀少性引起使用權利的相互衝突時，即使空中也能配給個人專用。

我們在上文已講過，財產的稀少性與未來性維度在美國人

對公用事業的估價中獲得了其本身專用的名稱，那就是「隱形財產」或「隱形價值」。隱形財產是取得預期經濟數量的一種權利，這些經濟數量是作爲價值而加以衡量，這是得之於商品或服務的預期銷售；立法機關的一項法案對公用事業公司爲未來所訂的價格加以「不合理」的削減，被法院認爲這是沒收了這些公司的財產。其所沒收的是預期稀少價值。

這種「隱形財產」與麥克勞德所謂「無形財產」截然不同。在此刻，必須把無形財產區別爲債務——這是一個債權人的權利，包括徵收稅捐的**政府**在內，可以強迫一個債務人償付特定的貨幣數額。但隱形財產則是全然有別的一種預期，例如：商譽、專利權、鐵道估價、繼續經營權，進入勞動市場的權利等，其現時估價要看預期的數量與價格而定，這些數量與價格是得之於集體行動管控之下的未來交易。所以，由於可流動性的這種設計，雖是無形財產也變成了隱形財產，因爲這時，債務有了市場價值，這就是債務的「價格」，按照長期、短期與即期債務相對稀少性的變動而上升或下降。債務的市場價值就是債務的稀少價值或價格，債務市場上的「隱形財產」正是指這種市場價格而言，這就如同商品、服務或勞動在別的市場上成爲其他銷售者的隱形財產與隱形價值完全一樣。這些財產之所以具隱形性是由於其稀少性與未來性，其預期爲財產，其衡量爲價格，而其「客觀性」則爲現代資本，與脫離個人意志而獨立的集體行動之意義，這種行動創造了財產的權利。

如此說來，財產的意義，無論其爲有形財產、無形財產或隱形財產，總是有用性、稀少性、未來性以及權利、義務、自

由與曝險的集體法律關係這四重的意義。這是指持有、扣留、
讓與、取得與免受別人干預的權利而言。這也就是議價交易的
定義，在買進財產的同時，這些所有權關係的全部或一部已經
移轉。互相交換的並非實體事物——那是勞動過程——而是權
利、義務、自由與曝險的移轉；就心理學而論，這些都是未來
預期的移轉，不過，這種預期在現時議價交易中卻有一個貼現
的價值。

　　麥克勞德所犯的錯誤是把無形財產稱之為商品，認為其
可以脫離未來商品與這些權利所能要求的貨幣而獨立存在。他
和現時的一般法律學者們一樣，未能分清隱形財產的商譽及
專利與無形財產的債務，因為兩者皆可以出售。由於隱形財產
也可以讓渡，所以也是一種商品。麥克勞德的雙重錯誤是起因
於他那不正確的**時間**概念。不過，假如財產權利，如同麥克勞
德這位法律學家以及所有法律學家都知道的那樣，僅是制度上
的一項設計，其目的在於使未來的預期變為確定，並由此而使
未來的商品、未來的服務以及未來的貨幣都和現時發生聯繫，
強迫別人在未來期日交出商品、給付貨幣或避免干預市場與價
格——則財產權利就如同商品本身一樣的客觀，因為後者雖僅
是指未來的商品而言，但前者則是指別人交出商品與給付價格
的行動而言。按照這種意義來解釋，則此等未來行動也是客觀
的，這並非由於其為實物的商品，而是由於其能脫離任何個人
的意志而獨立。不但如此，財產權利如果照這樣下定義，並沒
有把同一商品計算兩次——一次作為商品計算，另一次作為對
這商品的權利計算，而僅是計算了同一商品擁有權的未來與現
時。

　　時間的功能與客觀性的意義既經這樣的加以修正之後，則麥克勞德的基本主張便成爲正確的。制度經濟與工程經濟及家庭經濟有別，其主題並非商品，也非勞動，亦非任何實體事物——這是爲所有權的權利、義務、自由與曝險設定其工作規則的集體行動；凡此種種皆是議價者的現時預期，預期社會大眾努力把有關商品、勞動、貨幣或預期其具有未來有用性與稀少性的任何事物在議價時的估價，由他們自身和別人在未來時日使之實現。

　　這是價值的另一種可變維度——預期集體行動按照習俗、法律、權利與自由所將做的事，這種行動通常要受到法院、行政官、董事會、委員會以及中央發行銀行的管制。價值的這一種可變維度往往被誤認爲永恆不變，因爲價值是名詞而不是估價的過程。不過，實際上不但在俄國可能顯示其爲可變，就連美國的法律史上也顯示這是高度的可變。我們不是直接加以衡量——我們是按照其在現時交易之中所帶來金錢估價的效果而加以衡量。

　　所以，我們並非買賣商品——我們所買賣的是商品的價值，這種價值是經濟數量的金錢衡量，但卻不是實體事物的經濟數量，而是預期對未來事物的法律管控。此項法律管控便是預期的集體行動。

　　一個經濟學者自然而然要反對價值與價格的這一種法律定義而斥之爲膚淺。他所要求的是在於底下的實情。不過，有一種實情也是人類所渴望的——那就是「財貨」的未來實情。這種預期的實情是議價估值的結果。此外還必須經過兩個步驟，一個是給付、履行與不干預的法律過程，另一個是商品在擁有

者的命令之下製造、運輸與交割的技術過程。商品的估價成爲人所共知的協商心理學，這種心理學此刻在估價過程中做成了買賣，這是現時交易所構成，參與交易者都期望未來在政府、工業與銀行業的穩定情況之下取得堅實的實體。

把合法管控按照約定價值買賣，這是一種高度的心理過程，只有用心理學的語言才能加以說明，因爲其本質在於**未來性**，不過，其所需要的心理學是說服、威逼、命令、服從，辯護與論證的協商心理學，而不是商品的愉悅與痛苦。每一個交易當事人不但是面對他本人的競爭者，並且還面對對方當事人的競爭者，他是被他所需與另類選擇驅使。這是指事先的協商而言，法律的分析可以把此項協商化約爲說服或威逼、公平或不公平競爭、平等或不平等機會、合理或不合理價格，凡此種種皆要受到稀少性、預期以及當時當地慣例與法律規定的主宰。假如這些說服，公平性、平等與合理性情事沒有發生，或是被忽略了，則代表這個集體性的法院必然要按照歷史上違約求償的教條來解讀協商，認其爲創造債務的提供與接受，由上述各種價值維度爲之衡量。

所以，價值的經濟概念，連同現代的**資本**概念，也和其他科學裡的種種概念一樣，都是經過幾個歷史階段，而到最後成爲一種以數字表示的純相對論教條。在其出發之初本是一種實體客觀事物的通俗原始概念；然後轉爲一種極其主觀的事物；然後又加上未來的時間維度；以及接收了財產概念，這是一種客觀的等值物，相當於稀少性、未來性以及權利、義務、自由與曝險，後述的這些都是稀少性的集體效果與起因。這時，隨著數學的來臨，並基於過去所接受的衡量單位，這些可變維度

直接或間接的由於因果關係而逐漸併合，成為數字的衡量，用以衡量人與自然之間，乃至人與人之間經濟關係的變動數值。在此項過程之中所用到的衡量制度可以分為三種：一種是使用價值的實物衡量；一種是稀少性的金錢衡量；再有一種是預期等待與冒險的金錢衡量。由於這種預期而作成了聯合的估價。

　　估價的九種或十種因素以及與之等值的債務可以簡化為三種，稀少性是由三面向表現出來：商品的稀少性，支付手段的稀少性與等待服務的稀少性；數量是以使用價值的種類、質性與數量來呈現；而未來時間則是以等待與冒險的貼現來呈現，後述的冒險又可細分為自然的、個人的與集體行動的風險。

　　所以，我們為價值、為與之等值的債務、甚至為現代的資本下了一個交易的定義，這是由稀少性、使用與貼現三種可變維度所構成，這三種可變性併在一起合計為貸款與帳戶的借方。

　　這麼一來，我們已經由心理學方面轉到有形、無形與隱形的財產，這也就是現代的**資本**與**資本主義**。在美國法院構建隱形財產這個概念的同時，經濟心理學者們也構建一種與之平行的心理學。費特爾達到了這種心理學的巔峰。他的心理經濟學具備隱形財產的許多特徵，不過，因其屬於個人主義的一類，所以這種經濟學裡不會有均等機會、公平競爭、平等議價能力或正當法律程序等制度性概念。這些概念皆涉及貨幣的交易制度、價值的貨幣意義以及社會的集體行動。

第七節　利潤差價

　　關於利潤在國民經濟或世界經濟裡所扮演的角色有兩個
不同的問題。一個是動態問題：促使業務團體繼續經營的究爲
何物？另一個是靜態問題：謀取利潤者因繼續經營業務占**國民
所得**的份額爲何？前者我們稱之爲**利潤差價**（profit-margin，
亦可譯作利潤厚度），後者我們稱之爲「利潤份額」（profit-
share）。

　　有兩種衍生的、附帶的利潤關係我們分別稱之爲*利潤率*
與*利潤收益*。利潤率是對於所發股票面值的比例；利潤收益
則是股東的收益，或股利對股票市場價值的比例。假如利潤
率是股票面值的6%，則在股票按照200出售時，利潤收益對股
票市價的比例便是3%，而在股票按照50出售時，這比例便是
12%。[200]

　　站在投機者與投資者的私人立場上，這些附帶的問題極能
引起興趣，但是，如果站在社會的立場上，則此問題卻是雙面
的——利潤差價是如何的使國家繼續前進或停止呢？社會對此
項服務所給予的報償太多或太少嗎？一個是有關過程的問題，
而另一個則是對這種過程認爲適當或加以譴責的問題。這兩個
問題通常是分不開的。每一個問題對於社會都很重要，因爲求

---

200 關於投資收益，可參閱埃普斯坦（Epstein, Ralph C.）《美國工業利
　　潤》（*Industrial Profit in the United States*，1934年），這部著作是**國
　　立經濟研究局**（The National Bureau of Economic Research）審定後所
　　發表的。

取利潤者是其他各個階級的發款人。在保持業務團體繼續經營
與公平分配產品兩者之間何者較為重要呢？

　　在十九與二十兩個世紀以內，自從李嘉圖與馬爾薩斯對此
一議題有所分歧開始，關於繁榮與衰落交替更迭的原因就分成
兩種基本的、相反的理論。一種我們稱之為*利潤份額*的理論，
另一種我們稱之為*利潤差價*的理論。每一種理論都是以一項終
極事實為依據，那就是，商人們對於工業有合法管控權，由於
這種管控權，他們可以決定生產與僱用應否繼續、擴大或停
止。足以左右他們的唯一動機即在於**利潤**。時至今日，製造業
的生產總額之中差不多有90%是由公司所管控，[201]實際上，除
了農業以外，所有其他生產都是在這些公司的管控之下，法律
之所以要創設這些公司只是為了適應此項利潤動機。個人們也
許有其他的動機，不過，在他們加入了公司之後，所有其他的
動機完全消失。公司是為求利潤而設立，猶如教堂是為禮拜而
設立，家庭是為愛情而設立，毫無二致。

　　基於合法管控的這件終極事實，**利潤份額**的理論家們提
出其論證說，國民所得之中歸於所有權收益的太多，例如：地
租、利息與利潤皆是，而歸於消費者收益的則太少，特別是工
資與薪金。因此之故，消費者不能把他們身為勞動者時所生產
的產出全數買回。由此而發生了生產過剩，隨之而來的是商業
衰落與失業。這就是馬爾薩斯的理論。

201 參閱全國工業會議（National Industrial Conference Board）所發表
　　的《聯邦公司所得稅之轉嫁與效果》（*The Shifting and Effects of the
　　Federal Corporation Income Tax*，1928年），第1、24頁。

　　利潤差價的理論家們所提出的論證則是說，商業衰落與失業的起因在於商人們未能獲得充分的收益，超出於一切費用之上，使他們有所盈餘，以繼續運營而免致損失與破產。這就是李嘉圖的理論。

　　馬爾薩斯所提**利潤份額**的理論可以分爲四個階段，我們分別稱之爲**消費階段、儲蓄階段、分紅遲滯階段，與銷售遲滯階段**。

　　反之，**利潤差價**的理論則是經過兩個主要階段。第一個階段是推定利潤差價只有削減工資才能保持，而到後來的論證則是說，在工資增高的情況之下，如果價格仍然穩定而不跌，則利潤亦可保持，否則就是價格水準的提高較速於工資。前者是李嘉圖的理論，後者是由韋克塞爾的理論推演而得。

　　利潤差價就是因各項開支而引發的負債總額與銷售產品得來的收益總額兩者之差。這種邊際通常被稱爲「銷售利潤」或「利潤淨額」，其因銷售而引發的負債總額則通常被稱爲「銷售成本」或生產成本。不過，由於損益是資產負債在變動中的差額，所以我們要用「所引發的負債」這個制度派的名詞來替代古典派的名詞「成本」。

　　然而在這方面我們必須把營運的差價和損益的差價分別清楚。營運差價是營業淨收益，所有的稅捐、利息與利潤都是得之於這種淨收益，但損益差價則是在營業費、稅捐與利息皆已付清以後所餘純損益的淨收益。因此，我們必須考量到幾種附屬的利潤差價，其中的三種我們稱之爲**可課稅差價**（在利息業經給付以後）、**財務差價**（在稅捐業經繳納以後）與**價格差**

價，或是說，價格的變動對利潤差價的影響。[202]

　　下面所列是一張典型的收益計算書百分表，這可以顯示我們此刻所論述的這幾種差價之間的交互關係，並且還可以作為研討**利潤差價**的摘要看待。這些可變的利潤差價應與**利潤份額**互作比較。

典型收益計算書（百分比）

總收益			100
銷售總額	98		
其他收益（利潤襯墊）	2	100	
生產成本			90
營業費	85		
折舊與報廢	5	90	
營業淨收益（98-90）			8
稅捐			1
可課稅差價			
（稅捐與利潤）8－1＝7			
利息費用			1
財務差價（利息與利潤）			
8－1＝7			
損益差價			6
（銷售利潤）8－1－1＝6			
利潤襯墊（其他收益）			2

---

[202] 其餘的利潤差價且等下文再予考量，本章第八節，捌、**自動的與管理的復興**；及第十章，第八節，陸、**意外與失業**；又本章第九節，參、**策略的與例行的交易**。

壹、利潤份額

要問**利潤份額**必須先問我們的**利潤**究何所指。共產主義者以及早年的經濟學者皆未能把利潤和利息分別清楚。但是我們此刻卻要將其分清。利息是法律所強制而為契約所訂明的給付。法律保證一個人只要是有此資力必然給付。否則的話，法律就要宣告他破產。利息是債權人與債務人之間的法律關係。不過，利潤卻不是法律所保證的。利潤是買主與賣主之間的關係、借款人與放款人之間的關係、雇主與工資勞動者之間的關係，其中的每一個人都有交易或不交易的自由，每一個人的利得或損失皆得要曝險於另一個人交易或不交易的自由。這是法律所允許和強制的自由與曝險關係。利潤的獲得是由於物料、工資與利息或地租以低價買進而以高價賣出的交易。假如反其道而行之，則其結果必然是**損失**。

凡是對公司，對業務有合法管控權的人們通常總是追求利潤而畏懼損失。他們的業務是雙重的：**預測**與**計畫**，而那些收取純利息的人們則僅是**儲蓄**與**等待**，[203]利潤是預測與計畫的結果，這是在私有財產制度之下能獲得利潤的人們就可以享有產業的合法管控權，而不能獲得利潤的人們就要經由破產喪失其合法管控權的理由。所以，倘使我們要問利潤的*份額*為何，這就是問國家對**預測**與**計畫**所給予的報償為何。不過，倘使我

---

[203] 前文已經講過，股票持有人不但冒險，並且等待，猶如債券持有人不但等待，並且冒險一樣。假如統計數字更加準確，我們就可能作較為細密的區別，不過，在此刻我們只須推定股利是純利潤的一部分，而貸款利息則是純利息就行了。

們要問利潤的*差價*多少，這就是問在償清債務以後個別商人與公司的所得爲何。

　　柯普蘭採取了金氏（King, W. I.）的計算數字，估計1925年商品與服務的國民所得其價值共爲820億金元。不過，這個數字之中包括「非現金」的項目在內，沒有進入金錢體系，例如：住宅的出租價值，估計而未以貨幣給付的利息以及供家庭消費之用的產品等等。這些非現金項目的估值爲80億金元，所以，估計的貨幣所得只是餘下的740億金元。此項貨幣所得的分配如下。[204]

貨幣所得份額（1925年）

項目	億金元	百分比
1.工資	30.8	42
2.薪金	14.9	20
3.年金、利益、補償	1.1	1
4.雇員份額	46.8	63
5.租金、特許權	5.8	8
6.利息	3.9	5
7.股利	4.1	6
8.財產所得	13.8	19
9.提取企業利潤	13.7	18
10.合計	74.3	100

---

204 參閱**國立經濟研究局**所發表的柯普蘭著作，《最近的經濟變動》（*Recent Economic Changes*，1929年），第二卷，第767頁。

　　由這些計算數字可以看到雇員所得的薪金與工資略相近於國民貨幣所得額的三分之二（63%），作為租金與持許權而收取的為8%，作為利息而收取的為5%，歸於利潤份額的約相當於國民所得的四分之一（股利6%，利潤18%）。

　　但是，國民所得的這個四分之一裡面還包括一些擁有者的估計數在內，這些擁有者並非公司的股東，例如：農人與未組成公司的業務團體，如他們是雇員，他們*就得*要以薪金與工資的名義而收取。照金氏的估計，假如把這些人的利潤歸類為「純利潤」，以便與「勞動所得」相對立，這種勞動所得就是他們如果身為工資勞動者、律師、醫師或股票經紀人所將收取的，那麼，這種純利潤可能僅有40億金元，而他們的勞動所得將是95億金元。依此計算，則純利潤包括股利在內將約計11%（股利6%，利潤5%），而收取利潤者的勞動所得略相當於國民所得總額的13%（24 － 11 ＝ 13）。

　　然而，如果把利潤和工資與薪金的比較數字略而不計也並沒有錯誤。一個營利業務的擁有者絕不會為他本人所應得的工資或薪金而對他自己負債。他冒著得不到工資與薪金的風險，正如他冒著得不到利潤的風險一般。實際上，他以利潤的形態所獲得的收益數額也許並不大於、甚至可能遠小於他給付別人的薪金或工資。不過，這是把數字先編造完成然後再回頭觀察的說法，並不是運行營利業務的一般方法。營利業務的擁有者總是要向前看，他把原本可能獲得而稱之為工資或薪金的收益併入了預期利潤差價之內，這是在所有債務全數償清以後所餘留的利潤差價。換句話說，為求取利潤而運行他的營利業務起見，他對別人負欠了工資、薪金、地租、特許權與利息，然後

運用他的預測與計畫在未來時日趁機會取得他自己的工資或薪金，並非以工資或薪金的名義，而是以利潤的名義取得。利潤差價不僅是純利潤——並且也是這個商人在利潤的偽裝之下歸於他自己的工資與薪金差價。

所以，我們不妨回過頭來觀察一下金氏的計算數字，我們不求太過準確，我們或可估計在1925這一年之中勞動所收取的工資與薪金占國民所得的60%，而財產擁有者與企業者所收取的占40%。再把這個40%加以細分，付給租金的約計9%，付給利息的占6%，付給利潤的占25%。換言之，假如按貨幣衡量的國民所得總額為750億金元，則勞動的份額為450億金元，財產擁有者的份額為300億金元，其中又可以細分為租金70億金元，利息40億金元與利潤190億金元。

顯而易見的，勞動所收取的既僅為產出的60%，則以貨幣形態歸於工資與薪金的*份額*絕不能買回產出的全部。

美國勞工聯合會（American Federation of Labor）的發言人伍爾（Matthew Wall）根據此項顯著事實作了如下的推論。

「自從大量生產來臨以後，生產的數量不斷升高。……但工資的總量卻降低了。……由於此種趨向的結果，購買力的量體逐步遞減，愈來愈不能滿足其所需，或是說，愈來愈不能以購買來使產量增高的川流繼續移動。勞工政策只須用少數幾個字就可以表明：大量消費必須能和大量生產並駕齊驅。……一個國家的第一要務是使大多數民眾的生活水準提高，不但要能提供充分而逐漸增多的就業機會，並且應以促進社會的進步為

國策」。[205]

　　這一類的論證是洛貝爾圖斯（Rodbertus）於1837年後所始創，我們要稱之為**馬爾薩斯派理論系列的社會主義階段**與工會主義階段。兩者之間的差別在於社會主義者——追隨著洛貝爾圖斯，而並非追隨馬克思——是要用政府的行動來增強購買力，而工會主義者則是要用勞工的自願組織來達成此項目的。

　　馬爾薩斯是把他的理論提出來作為1815年以後不景氣與失業的*恢復手段*，而洛貝爾圖斯以及隨後的霍布森等人則是把這理論提出來作為不景氣與失業的*起因*，[206]照洛貝爾圖斯的說法，地主與資本主是把技術生產力所增多的產量吸收到儲蓄與投資，所以勞動者無法買回他們所生產的物品以供消費之用。其結果所導致的不景氣、失業與物價下跌只有一種方法可以防止，那就是由政府制定制式的工作日，並隨時調整勞動時數與工資，以保障勞動者在勞動的生產力增高期中可能獲得相應比例的份額。

---

205 參閱伍爾的《美國政治與社會科學協會年報》（*Annals of the American Academy of Poeitical and Social Sciences*）第CLIV期（1931年3月），第85頁。

206 參閱馬爾薩斯所著《政治經濟原理》（1821年）；《李嘉圖致馬爾薩斯書翰集》（1813-1823年，博納爾刊行）；洛貝爾圖斯所著《勞工階級的促進》（*Die Forderungen der arbeitenden Klassen*，1837年及以後的刊本）；霍布森所著《失業經濟學》（*Economics of Unemployment*，1922年）。

　　有一位較爲晚近的社會主義作者，劉易士（Lewis, Alfred Baker），[207]把社會主義的論證分爲三個階段，要想防止失業應增加勞動的份額，而削減財產的份額。如果把他的話稍加修正，我們可以稱這三個論證階段爲消費階段、儲蓄階段與股利遲滯階段。我們可以把第一個論證階段認爲與共產主義階段相同，而第二、第三階段則與社會主義及工會主義階段相當。除此以外，我們還要增添第四階段，這是福斯持（Foster, W. T.）、克欽斯（Catchings, W.）與海斯丁斯（Hastings, H. B.）等合作主義者所提出，我們可以稱之爲銷售遲滯的論證階段。整個*利潤份額*理論的系列我們可以稱之爲馬爾薩斯與洛貝爾圖斯系列，這和我們稱之爲桑頓（Thornton, Henry）與韋克塞爾系列的*利潤差價*理論有別。[208]

（一）消費與儲蓄

　　共產主義論證階段所求得的結論是說，所有各種財產收益，包括：地租、利息與利潤在內，都應該用共同擁有權來予以廢除，使勞動能收取產出的價值總額，作爲工資或薪金。據其所主張，這種救方足以消除失業。關於共產主義階段的論證，劉易士說：

　　「有關商業週期衰落最持續被提及的解釋是回溯到我們工業生活裡利潤的地位與存在所導致的普遍生產過剩。這種理論

207　參閱1930年11月9日的《新領袖》（*the New Leader*）。
208　參閱下文，本章第八節**世界給付的社會**。

早年的社會主義者曾約略講過，一名工人之所以未能取得他所生產的全部價值，是因爲事實上所有的地租、利息、股利與利潤也和工資與薪金一樣，都要由產出予以給付，其結果，工人就不能買回他們所生產的全部產出。誠然，工資與薪金的總額必然比生產出來的全部價值爲少，因爲工業的擁有者要以財產收益的形態取得產出之中的大部分。但是對於早年社會主義者的這種論證很快的就得到了答案，那就是，以地租、利息、股利與利潤等形態取得收益的這些人，其自身也要消費財貨，工業擁有者把他們的收益作如此的花費，足以買回產出總額之中工人以其工資與薪金所不能購買的部分」。[209]

劉易士說，社會主義者對上文所述財產擁有者本身也是消費者的論證所作的答覆是這樣：工業擁有者的收益用於花費的比工人少，其絕大部分都是用於投資，他們的儲蓄與投資導致了消費者對產出總額的購買力不足，換言之，就是導致了生產過剩。關於這第二個論證階段，劉易士說：

「這理論的基本困難之點在於儲蓄只是另一種目的之花費。因爲花費貨幣並不一定會引起生產過剩，所以，如果把生產過剩或消費不足歸咎於儲蓄，這並不是一個很好的理由。一個從事於儲蓄與投資的人也是花費他的貨幣，他雖是花費於購置資本設備或耐久的消費財貨，例如：家宅之類，但是，這

---

[209] 參閱劉易士在1930年11月9日的《新領袖》裡所發表的文章。

和另一個人把他的貨幣花費於消費財貨，這種財貨在消費行爲之中立即或至少迅速歸於消滅，其爲花費並無二致。縱然一家公司在添置資本設備時是儲蓄，但這也僅是花費貨幣以給付某些人的工資，這些人在生產和建立資本設備的產業裡工作，不過，這卻不是把貨幣作爲股利付給股東，再由他們把這貨幣間接花費掉，以給付另一些人的工資，這些人是在不同產業裡工作，產製這些股東所要購買的物品。換句話説，儲蓄只是爲生產者財貨而花費，資本設備便是此等財貨的典型，這不是爲消費者財貨而花費。所以，由儲蓄所得到的純粹結果是造成一種趨勢，使勞動流向生產資本設備的產業，而不是流向生產消費者財貨的產業。

「比方説，假如一個富人決計把他的貨幣花掉，他可能用他一部分的收益購買一艘遊艇，這就得要使勞動流向造船廠，以生產供人娛樂的遊艇。他也可能購買**國際商船公司**（International Mercantile Marine Company）的證券，這就使得勞動流向那些建造運輸貨物或旅客的船隻，而不是建造娛樂遊艇的造船廠。儲蓄與花費之間所僅有的主要差別在於一個國家的生產力量流動的方向不同，無論如何，不必然會減少對生產力量所產物品的總需求。所以，這一點是很明顯的，增加資本設備的行爲絕不會導致生產過剩，或導致消費者的購買力普遍不足。

「假如某一年用來添置資本設備的儲蓄比另一年有顯著的增加，其淨效果或許是某些生產資本設備的產業活動趨於疲弱，但此並非艱困時期週而復始的持質。因爲這種週期商業衰落的主要持質是在於實際上所有各門類的產業都遭受低於正常

活動的不景氣，而不是在於某些門類陷於萎靡、某些門類突然
興隆」。[210]

(二) 股利遲滯

歸於勞動與資本的份額如*同時*變動則就業或失業的人數亦
將有所差別，這種論證為劉易士所擯棄，他說明我們所謂股利
遲滯的論證階段，實在是花費利潤的*時日*不同。

他說：「利潤絕不會在其所由來的產出倘未售出之前就
開支掉，因為當其時這些利潤還沒有獲得，甚至還沒有存在，
這句話不但可以適用於利潤，並且也可以適用於股利。股利只
是公司所獲利潤的一種開支方法，利潤之中的另一部分是地租
與利息。這是一件重要事實，因為這意味在指定的的一年（或
指定的一季）由營業得來的利潤絕不能買回這一年所產出的某
一部分產品，這一部分也就是這一年支出的工資所不能買回
的。換句話講，假如1928年所產出的產品有一半歸於工資與
薪金，而另一半歸於利潤與股利，則歸於利潤的一半絕不能用
來購買1928年的產品，因為非到1929年這利潤不會分配」。

假如利潤是每一季或每半年分配一次，則此項原則仍可適
用。我們可以用「既定的期間」來替代他的「年」這個用詞，
而不會影響到這論證的效力。

---

[210] 同前。

劉易士說，但有一點卻或可予以反駁，「前一年獲得而在後一年分配的利潤可供此一目的之用。換言之，1927年的利潤不是在1927年而是在1928年發放，這時，這些利潤可以用來買回1928發放的工資所不能買回的1928年一部分產品」。

劉易士說，如果這一年的產量和前一年相等，而兩年的份額又相同，則此種反駁是有決定性的。

「假設1928年的產品價值爲500億金元，其1/2或250億金元歸於勞動而其餘的1/2作爲利潤與股利。如此則全部產品必然可以售出，因爲250億的利潤雖是尚未發放，而在1929年之前尚不能成爲市場上的有效需求，但是1927年所獲得而於1928年始行發放的利潤250億金元卻可以塡補此項差額」。

不過，這種連續兩年產量完全相等的情事實際上卻不會發生。劉易士說，

「我們可以假設1929年的生產有了增加，其產品價值爲600億金元而不是500億金元，但其分配比例仍然和從前一樣，1/2分配於利潤，1/2分配於工資與薪金。這時，可能用來購買1929年600億金元產品的，計有工資300億金元與前一年所得而在1929年分配於利潤的250億金元。如此則必有50億金元的產品餘留下來而賣不出去。[211]

---

211 同前。

他把這個例證更進一步的延續到第三年，隨著每年的產量增多而賣不出去的財貨逐年累積起來，於是他作結論：

顯而易見的，只要是每一年的生產保持著比前一年增加，則歷年的未售財貨數量必然遞增。這些財貨必然要結轉下去，形成零售商店鋪裡以及躉售商手頭與貨棧裡的存貨增多，也形成製造業者手頭的製成品與原物料存貨增多。

接下去劉易士又很精準的說明零售商手頭的未售財貨如何產生一路倒退的作用。

「當然，手存未售商品的增多，其最後的結果是，零售商削減他們向躉售商的訂貨，躉售商也減少他們向製造業者的訂貨，而製造業者則是停止生產，使工人們失去工作或縮短其工作時間，並嚴格減少向原物料採掘產業的訂購」。

劉威士又更進一步說明商業何以會再度的活躍起來。

他說：「誠然，製造業者所採取的政策足以使工人失業或縮短其工作時間，由於購買力與生產的減低而加強並延長了商業的衰落。不過，失業的人們仍然要吃東西。即使失去了工作，他們還是要消費。他們提取他們存在儲蓄銀行帳戶裡的款項，把他們的壽險保單拿去押借，以便取得貨幣而使財貨有某種程度的移動。工人大都是向他們鄰近的店鋪賒購貨品，這麼一來，雖是在相當時日之內，貨幣不如往常的流通，但是財貨

仍然可以移動。

　　「不但如此，在衰落期間雖是沒有利潤或是實際上受到了
損失，有些商業還得要繼續的經營下去，所以，付給消費者的
購買力，其數額可能大於在這種環境之下所產出的一部分產品
價格。在這些情況之下堆積起來的存貨逐漸減少。財貨的購買
最初是採取過一天算一天的方式，而到後來購買的數量逐漸增
加，各種產業也就再度的有了起色」。[212]

　　最後，劉威士所求得的結論還是和社會主義者在第一、第
二兩個論證階段所提出的「*救方相同*」，這種救方的效力他在
過去是予以否決的。

　　他說：「所以，這是很明顯的，所有的利潤以及與利潤相
類似的各種給付，例如股利，應該對週期性的供給過剩負責，
這種過剩一向都是資本主義的特徵。」

　　「由這條推理路線實際上所得到的結果是說，任何一種
政治或產業計畫，只要是趨向於減低股利與利潤的份額，而增
高工資與薪金的份額，皆能緩和我們週期產業衰落的嚴重性，
或是延長其繁榮的期間，或是同時產生這兩種效果，或是轉移
稅捐的負擔，使其多半落在利潤的身上，或是增加由額外利潤
稅捐給付的社會服務，再或是規定稅率，以期減低利潤，凡此
種種皆足以克服失業。同樣值得嚮往的效果可能得之於勞工組

------

[212] 同前。

織的加強，使其能運用有利的集體工資協定，以增高工業產品給付工資的比例，也可能得之於擴展非爲利潤而經營的產業方法，例如生產合作或消費合作，再或是把擁有權歸於政府而由政府經營」。

上文所述這種**股利遲滯**的理論很少或是根本沒有講到**未分配利潤**與公司**盈餘**的處置。顯然的，凡是*尚未*作爲股利宣告的利潤並非閒置著，如同貯藏在公司地下室裡的貨幣一樣。這些利潤或是由公司用來購買商品與勞動，以擴充設備或恢復折舊，或是存放在銀行，而由銀行貸放給其他公司，以供其購買商品與服務之用，再或是暫時投資於其他公司的證券，這些公司也是正在購買商品與勞動。宣告股利時所發生的實際情事，無非是把如許之多的購買力由公司*移轉*給股東。股利遲滯的理論是謬誤的，因爲未分配的利潤也和作爲股利而分配的同額利潤一樣，都是用來購買這麼多的商品與勞動。

(三) 銷售遲滯

因此，福斯特、克欽斯與海斯丁斯這幾位先生又聯合起來爲利潤遲滯的理論發展了一個第二公式，這就是銷售遲滯理論。[213]他們講得都很簡單，而以海斯丁斯所發表的爲最完整：

---

213 參閱海斯丁斯（Hastings, H. B.）所著《成本與利潤：其與商業循環的關係》（*Costs and profits; Their Relation to Business Cycles*，1923年）；福斯特（Foster, W. T.）與克欽斯（Calchings, W.）合著《貨幣》（*Money*，1923年）、《利潤》（*Profits*，1925年）、《沒有買

「……整個的營利事業，除了由其他來源收受的貨幣以外，其所支出的貨幣數額並非相等於其所生產的物品價值。……縱使生產財貨的這些人同時也增加他們的支出，其數額與他們的產品銷售價格總額的增加相等，然而這種購買力的增加到市場上的時間絕不如財貨到達的早；所以，未銷售的財貨便累積起來，一直要等到全數的貨幣新流量重行流向零售市場為止。……因為財貨生產者是為謀求利潤而生產，他們絕不是在生產這些財貨的當時就把利潤開支出去，而要等到這些財貨業經銷售以後才能支出，所以他們在開始增加生產時，其所開支的數額絕不能相等於這些財貨的銷售價格……這種利潤規模的暫時落在生產規模之後，以及財貨相對價值的重行調整……足以使未售財貨累積起來……原料成本通常不是當時立即支付。這種事實往往要阻止一個債權人把當時的開支提高到和他所生產的財貨全部成本及利潤相等……有組織的**原物料生產者、半製品生產者、配銷商以及服務與隱形財貨的生產者**也不能使當時的開支相等於當時所產出的財貨或服務價值……因此之故……在商業復興與活動的時期以內，利潤的不使用與『不適當』使用代表所得利潤的大部分，這應該對這個期間的財貨積累負責，其無可避免的最終給果就是商業危機，縱然沒有產生這樣結果的其他因素」。[214]

___

主的商業》（*Business Wisthout a Buyer*，1927年）、《達到富裕的途徑》（*The Road to Plenty*，1928年）。

[214] 參閱海斯丁斯前述著作，第IX、6、9、11、14等頁。

福斯特與克欽斯又把這個論證加以引申：

「這種令人沮喪的結果通常被稱爲『生產過剩』，而稱
之爲『消費不足』，或更加恰當。無論其名稱爲何，這總是由
兩個原因而起，第一，事實上產業所付給消費者的貨幣不足以
使他們購買其所增加的產品；第二，消費者在有儲蓄的必要之
下，不能把他們由產業得來的貨幣全數花費掉。並且，他們也
沒有其他收益來源。[215]

由銷售遲滯的利潤理論所求得的結論也和消費者購買力不
足，儲蓄以及股利遲滯等理論所求得的結論相同。工資勞動者
的消費能力必須增強，使他們在商人獲得利潤*以前*[216]購買全
部的產品，而在商人的產品尚未售出以前絕不會有利潤可供購
買力之用。

不過，這種銷售遲滯理論也可以顯示其與股利遲滯理論所
犯的錯誤相等，我們要用相對照的*銷售預測*或*風險貼現*的利潤
理論替代。

---

215 見福斯特與克欽斯合著《沒有買主的商業》，第167頁。

216 似乎也可以提出一種論證說，消費能力是在於每天或每小時的高工資
率，但實際上這更是在於就業的穩定。換句話說，消費能力在於*年度
的收益*，而不是在於每天或每小時的收益。參閱下文，本章第八節，
捌、自動的與管理的恢復。

貳、銷售預測

顯然，工資與薪金都是在產品出售之前給付，有時超前30天，也有時要超前30年，然則商人們在產品售出之*前*又是如何取得他們的貨幣以給付工資與薪金呢？當然，除非等到產品既經售出以後，不能給付工資與薪金，猶如在產品售出以前無法確定利潤或宣告股利一樣。

工資與薪金之所以能在產品售出以前即行給付以供購買力之用是由於銀行業務制度。利潤之所以能在產品售出以前即供購買力之用也是由於銀行業務制度，所有的利潤也和工資、薪金、利息與地租一樣，都是得之於產品的銷售。銀行業務制度的實施有兩種方式，一種是商業銀行業務，另一種是投資銀行業務。商業銀行業務融通產業*營運*所需資金，而投資銀行業務則是融通產業*資本設備*所需資金。

商業銀行業務使一個商人可能在產品尚未售出之*前*購買原物料與給付工資，之所以能做到這一點的原因是由於我們上文所述的貨幣預測制度。不但未來的利息給付，就連未來的利潤也得要計算到未來的風險而加以*貼現*，使現時因原物料與工資給付的數額少於預期在產品銷售以後所將收取的價格。照我們上文所用到的簡化公式，[217]預期在60天以後可能賣得$60,000的產品，其現時價值經過利息與利潤的雙重貼現，計為$58,800（利息$600，利潤$600，合計$1,200）。實際上也許有些許不確定性，但為簡化起見，可以略而不計，因為我們

---

217 參閱上文，本章第五節。

此刻所關心的僅是一般性的原則，利潤成為購買力究竟是在財貨售出之*後*，抑或是在財貨售出之*前*。是構成現時商品與勞動之購買力的每一筆交易的*實得利潤*呢？抑或是每一筆交易的*預期利潤*？假如只有每一筆交易的*實得利潤*才能成為購買力，則利潤的份額顯然是落在生產之後，而逐漸餘留下一些積累的未售財貨。不過，假如決定*現時*購買力數額的是*預期利潤*，則利潤的成為購買力並沒有落在生產之後，而是和工資的毫無遲滯成為購買力完全相同。

然而，要想了解利潤遲滯與利潤預測這兩種利潤理論之間的爭議點，我們必須再檢測一下銀行業務制度的機制。我們也許要問：是不是也有一種利息的遲滯呢？銀行業者取得他的利息$600究竟在何時，並且在他已經取得利息之後又拿來做什麼？顯然，他是在產品售出之前60天由貼現程序取得了此筆利息。他貸放$60,000給他的顧客，由這顧客在60天以後如數歸還，不過，這銀行業者卻是使他自己在帳簿上對商品的賣主負責，其數額僅為要求即付的$59,400。[218]$600的差額就是如

---

218 此外，由於銀行業務的習慣，借款還得要保持一筆餘額，按照菲利蒲（Phillips, C. A.）的估計，其平均數為貸款的20%。在目前的例證之中此項餘額計$12,000，借款人所可以自由動用的僅$47,400，而銀行可以貸放給其他製造業者的數額共$12,600。實際上，這個製造業者要想設立一個$59,400的支票帳戶，他必須借入$72,000。參閱菲利蒲的《銀行信用》（*Bank Credit*，1920年）。不過，這些都不在我們的簡化例證所應考量之列。

許之多尚未耗用的銀行信用，[219]這銀行業者可以將其貸放給另一個製造業者，作為一筆存款，隨時用來購買物料與給付工資。經由此項貼現與銀行存款的移轉，這$600的利息又可能由*其他*雇主給付出去，以購買*其他*物料與*其他*勞動，其時日在這批產品售出之前60天，第一個製造業者的顧客——以60天期購買$60,000商品的那個顧客——就可以用出售這批產品所得之款，把本金與利息償付給這個銀行業者。

因此，商業如果興隆，絕不會發生利息遲滯的情事。由於物料與工資的*價格較低*於製成品的預期價格，所以利息的數額已經有了事先的安排。這筆利息的金額實際上是由其他製造業者在別處地方予以使用，直接的在他們工廠裡創造對勞動的需求，或是間接的用之於對物料的需求。

利潤亦復如是。不過，在這裡我們必須引入一個運營中業務團體的概念。上文的例證之中，我們單獨選取一筆60天期的貸款交易。不過，這僅是持續而重複的許多同類交易之一，假如所有的商業都和平常一樣在運營中，則其與別的業務團體必發生交易。假設這個特殊的業務團體每天有價值60,000的製成品產出與銷售。那麼，一年之中每天都可能由60天前的貸款與債務實得$600的利潤。之所以每天能實得$600的利潤，是由於在60天前這個製造業者因物料與工資而預先給付的總比他在此刻因製成品而收取的少這麼多，靠的是事先做了利潤

---

219 相當於海特雷的「未花費差價」，參閱海特雷所著《通貨與信用》（*Currency and Credit*），第6頁及其他各處。

貼現。

這個製造業者把每天的利潤差價$600拿來做什麼呢？他將其花費掉或儲蓄起來。這利潤是以支票的形態歸於他，這些支票是對許多銀行所簽發，而由他存入他的往來銀行，作為他的帳戶上一筆貸方，假如他是把這利潤提取出來以供他個人的消費，則他就是直接或間接的為僱用勞動而花費。假如他把這利潤儲蓄起來，這可能有兩三種方式。他可以將其作為信用存款而留存在這銀行的帳戶上，這銀行就可以拿來貸放給其他商人去僱用勞動。倘使他因為一筆貸款而對這銀行已經負欠了債務，則他所增加的信用存款就可以減少他對這銀行的負債淨額。不過，這也減少了這銀行同一數額的即期負債，並且，假如這銀行還沒有達到儲備的法定限度，就可以有這麼多的餘裕，把第一個製造業者減低其負債淨額的$600貸放給其他製造業者。無論在何種情況之下，這個製造業者總是把他的利潤*儲蓄*起來，而由這商業銀行貸放給其他製造業者，以供其立即僱用勞動與購買物料之需。

海斯丁斯夥同福斯特爾與克欽斯，不肯承認銀行貸款的償還相等於支出貨幣以購買財貨與僱用勞動，他說，

「這個業務團體償還銀行的貨幣也許是用來*轉放給另一個製造業者*（甚至是重行借給原先的這個製造業者），以融通財貨的生產。所以，**最後這貨幣終必落入一個消費者手中，但卻必須等到這貨幣因額外財貨的生產而給付以後**。產出財貨的價值與財貨生產者所支出的購買力之間的差額依然存在。因此，

我們不能承認銀行貸款的償還就是貨幣的支出」。[220]

　　在這裡顯然是殘存著一項錯誤，認爲足以創造對商品與勞動之需求的是消費，而不是儲蓄。銀行放給另一個製造業者的貸款是利潤的「儲蓄」，並且是*立即*成爲購買力，以購買物料與僱用勞動而從事於一種產品的生產，到後來再由這另一個製造業者將其出售。這並不須等到貨幣落入消費者之手。

　　不但如此，以這種方式支出的購買力必然很接近*相等於*（允許預測錯誤的空間）所產財貨未來售價經過貼現的*現時*價值。比方說，在我們的例證之中，其現時價值爲$58,800（減去了利息貼現與利潤貼現），這就是在出售以前60天因物料與勞動而給付的數額，所以，支出的購買力必然和所購物料與勞動*在買進的當時*價值相等。60天以後的所值必然較大，銀行業務機制與預測的貼現其所注意的正是此項差額。

　　再不然，這個製造業者也可能不讓他的銀行把與他的利潤相等的金額貸放給其他製造業者，他或許從其帳戶中提出款項來支應其業務，一如他提出款項作爲其私人消費那樣。他可將其作爲「未分配利潤」而重行「投放」在他自己的業務，也就是說，從事於工廠的擴充或增建。他也可在產品尙未售出以前直接用來預付運營勞動者的工資，以免向銀行告貸。這時，他的帳簿上資產方必然出現「在製品」或「存貨」之類的項目，其估值大都是按照他爲這些貨品所已經支出的數額。

---

[220] 參閱海斯丁斯的前述著作，第95-96頁。斜體字詞非原文所有。

最後，再假設他已經把製成品按照30天或60天期賣給顧客，則在他的帳簿上資產方可能出現「應收帳款」的項目，但是在負債方卻不會出現與此相應而負欠於銀行的債務，因為他每天的利潤$600實際上已經貸放給顧客，而他對銀行的債務也減少了此數。然而他的帳簿上負債方物卻出現了「應付帳款的項目，因為他所購進的物料價款還沒有付清。

假如他的一些債務人把他們所欠的債務償還給他而減少他的「應收帳款」，他們所簽發的是他們的往來銀行支票，而由他將其存入他的往來銀行，以增加他自己支票帳戶上的餘額，可以隨時用來購買物料與勞動。另一方面，假如他償還他所欠其他製造業者的債務而減少他的「應付帳款」，他也是簽發他的往來銀行支票，而由這個其他製造業者將其存入自己的往來銀行，隨時可以用來購買物料與勞動。

海斯丁斯又不肯承認「應付帳款」的減少是以貨幣作為購買力的支出。他說，

「最後，這$100（現金增加）也許可以用來減少應付帳款。假如收取貨幣給付的這個業務團體在過去因成本與利潤而支出的貨幣已經達到所產財貨的全數，則在此刻這個業務團體就毋須在全數之外再支出這一筆貨幣。這個業務團體可能用這$100來抵償銀行貸款，而不會使購買力的流量與財貨的流量兩者之間的差額歸於消失。不過，也許這個債權人的業務團體**未能支出所需金額的全數，因為購買力已經凍結在應收帳款裡**，這時，此項差額雖是可以彌補，但與這貨幣在生產財貨的

同時即行支出的情況卻有差別」。[221]

　　在這裡仍然殘存以儲蓄的謬誤爲銷售遲滯的謬誤作辯護的痕跡，這是由於未能認清銀行機制與預測貼現所致。在這個製造業者用他的$100來減少應付帳款時，他是簽發一張他的往來銀行支票，把存款移轉給他的債權人，而這個債權人則是把這張支票作爲存款，使他自己的銀行帳戶上增加$100。這就等於增加了銀行對他的即期負債$100，而減少了他的銀行貸款$100。

　　此項錯誤的起因在於一種觀念，認爲這個債權人的業務團體在當初之所以未能把所需金額全數支出是由於這個業務團體的購買力凍結在應收帳款裡。應收帳款何以會凍結，其唯一的理由是因爲這些帳款都是「壞帳」，假如是好帳，那就不會凍結起來。這時，這些債務是他的資產之一部，正因爲他擁有這種資產，所以他的往來銀行才肯把購買力按照貼現的方法墊付給他，使他可即時用來購買物料與勞動。

　　墊付款通常可能以兩種方式獲得，或是「顧客貸款」，或是把應收帳款按照貼現賣給銀行，如果是顧客貸款，這是美國國內銀行業務的大宗，這些應收帳款雖不是賣給銀行，但卻爲銀行所知悉，此類帳款構成爲這個顧客的資產，而銀行也就是憑信這種資產所以才肯「支持」這個顧客，給予必需的貸款與相應的支票帳戶，使其能等待應收帳款的清償。誠如此說，

---

221 同前書，第96頁。「」號內的深色字樣非原文所有。

則應收帳款並沒有把購買力「凍結」起來，到財貨脫售之後為
止。這些帳款實際上是一種基礎，銀行業務機制之所以肯在售
出財貨尚未獲得給付之前把購買力墊付出來就是因為有這種基
礎。

銀行墊付款的另一種方式是把應收帳款按照利息貼現實
際上賣給銀行，由銀行代這個賣主創立一個存款帳戶，存款的
數額等於帳款的未來面值減去貼現。其例證之一就是**商業承兌**
票據或「二人具名票據」（two name paper），由財貨的賣主
與買主共同負責於票據到期如數兌付。這時，銀行顧客的資產
中「應收帳款」不見了，代之而起的是一筆「銀行現金」的存
款，可即時用來購買物料與勞動。在這裡既沒有利潤遲滯，也
沒有利息遲滯。銀行業務機制的創立，其明顯的目的即在於阻
止購買力的遲滯。這種機制允許在生產過程之中財貨尚未出售
以前創造出購買力來。

不但如此，這種購買力也是很接近的相等於（允許預測錯
誤）所產財貨的*現時價值*或現值，因為這些財貨的現時價值無
非是實際上按照其當時價格換取生產過程中所需物料與勞動所
支出的購買力數額而已。如果*按照其現時價值*，必然可能把所
有產出的產品全數「買回」，而在未來價值成為現時價值時亦
復如是。預測貼現與銀行業務機制提供了按照產品現時價值的
支付手段。

所以，或是由於商業銀行，或是由於商業上自身的運
用，只要是這運營和平常一樣的進行著，所有利潤皆可以即時
用來作為購買力以僱用勞動，毋須等待產品的出售、毋須等待
利潤轉為股利。我們對於利潤遲滯理論所作修正是雙重的；一

則是以*交易的終結*來替代股利的宣告，再則是以運營中業務團體的*重複交易*來替代單獨一筆孤立的交易及其個別的處理。

用交易的終結替代股利的宣告使我們可以加強我們上文所述交易的意義。[222]一筆交易在時間上有一個起點與一個終點，這個起點我們稱之為*協商完畢*，這個終點我們稱之為*交易終結*。

交易的起點在於協商，使兩個擁有權移轉的日期與時間生效。交易的終點在於履行或給付兩者之中較後的一項已完成的日期與時間。這最後的一天就交易終結之日，一筆交易創造了兩個債務，一個是履行的債務，在商品作實物的交割並予接受時，這個債務即可解除；另一個是給付的債務，在接受了給付時，這個債務亦即解除。

一筆交易可能即時終結，在這種情況之下兩個債務都是立即償清，這也就是所謂「現款」銷售。在這裡，履行與給付的時間間隔極為短暫，通常總是不將其作為債務看待，然而實際上這終究是一項債務，只是時間的間隔太短，不值得加以衡量並計算貼現或利率而已。再不然，一筆交易也許要經過履行與給付的間隔時間以後才得終結。這樣的債務可以流通，在我們的例證裡，這筆交易是在60天以後終結。這種商業交易在美國的平均週轉期據估計為15天左右，或是說，每年週轉26次。[223]這也就是說，平均每隔15天，一筆交易的利潤差價便

---

222 參閱上文，本章第一節，(九)，3.**協商與交易的終止**。

223 參閱本書前文，第八章，第五節**由流通轉為重複**。

可以得知了。這時，利潤差價成為存款，以供貸放於其他製造業者之用，或重行投放於業務的擴展，再或是用來作為運營開支，包括重置與補充在內。在任何一種情況之下，所有的利潤都是「儲蓄」起來，這種儲蓄是儲存利潤的持續重複，由此而創造了僱用勞動的持續重複，以從事於生產或建設。

因擴建與因購買機器而發行的長期債券亦復如是。這樣的一筆交易往往要經過十年、二十年甚至三十年才得終結，要看實際情形而定。在這裡，如果計算正確，貸款的持續期間總是能和設備的持續期間相對應，由這設備的使用創造出產品，而這些產品的處理所需資金再由商業貸款的短期交易予以融通。假如這新設備必須按期折舊，再假如這設備的使用年限為十年，則發行一種為期十年的債券，按年給付利息，每年提撥債券的償債基金或設備的折舊準備作為後盾，其數額相等於本金的十分之一，必須如此才可以在這設備全部耗損或報廢時使這一筆貸款交易歸於終結。

據說，有一家汽車公司採取了一種政策，每年把機器的帳面價值「減卻」20%，所以，到了五年之後這機器的價值全數「註銷」。其主要的原因是由於報廢。這家公司絕不能用五年前的舊機器和別家公司相競爭，因為這時別家公司已經裝設了更有效率的新機器。倘使這家公司是以為期五年的債券借來的款項，那就得每年按照本金的20%提撥償債基金。[224]但是，由於這筆款項並非舉債得來，所以這家公司便將這部機器的折舊

---

[224] 如果按複利計算，則此數字稍有變更。

與報廢從資產額中按年「註銷」其價值的20%。無論如何，這
家公司總必須補償其本身所受的損失而將汽車的售價提高，使
其能包括作爲經常費用而攤派於每輛汽車的機器折舊與報廢在
內。倘使把機器的原始成本每年註銷20%，則此數額在資產負
債表上必然是表現爲資產的減少，而在收益計算書上的表現則
爲利潤的降低。倘使改用一個償債基金的帳戶，則此帳戶必可
表現爲一項資產，而與爲期五年的債券這一項負債互相抵消。
不過，這償債基金是由於減低利潤的發放額而得來的。

　　在任何一種情況之下總得要把利潤予以保留，而不作爲
股利發給股東。這家公司「註銷機器」，其目的也就是要把這
些數額的利潤「儲蓄」起來。此項程序無異於商業貸款或利潤
的扣發，只是預期的時間間隔有別而已。現時利潤之所以可能
「儲蓄起來」是因爲車輛或其他產品的未來價格與數量經由銀
行業務機制折算爲現時價值。一般說來，這種程序就是購進較
少的物料，構築較少的機器或房屋，僱用較少的勞動或給付較
低的價格與工資，使現時的債務或負債總額保持在製成品的未
來銷售所可能獲得的預期未來貨幣總收益以下。利潤一經獲得
立即儲蓄起來，既經儲蓄之後，也就可能在製成品尙未銷售以
前爲僱用勞動而支付出去，只有那未曾儲蓄的餘額才宣告爲股
利，而由股東們將其「花掉」或「儲蓄」起來。

　　因此，我們可以下個結論說，由於有了銀行的利息制度
與利潤的預測貼現，所以利潤成爲購買力毫無遲滯，就如同工
資成爲購買力的毫無遲滯一樣。利潤可用作購買力是與生產同
時，也就如同工資可用作購買力是與生產同時一樣。

　　利潤的銷售遲滯理論其所以能講得通，是因爲有一種貨

幣「流通」的理論。我們已經知道這種理論是倡始於法國的魁奈，在1758年的那個時期，法國還沒有商業銀行，並且也只有金屬貨幣才能構成為「通貨」。在魁奈看來，貨幣也是一種商品，和穀物或小麥一樣，貨幣由買主「流」向賣主以換取其產品。當紙幣開始替代金屬貨幣，這也是作為「流通的媒介」由甲手流到乙手，而使商品流往相反方向。

這種類比頗為恰當。魁奈是得之於血液循環。顯然，假如僅有金屬貨幣或紙幣存在，則一個消費者除非是錢包裡有實物的鑄幣或紙幣，他就無法購買物品。一個公司股東在股利尚未以鑄幣或紙幣發放時，也不能把他的利潤拿來作為購買力。一個製造業者在他的產品尚未售出並取得鑄幣或紙幣前，也不能用他的利潤購買任何事物。[225]假如局限於這種由金屬貨幣時代傳留下來的貨幣理論範圍之內，則唯有工資勞動者才能在生產產品時購買他們的產品，而且因為他們所購買的產品只是完成形態的消費財貨，所以他們不可能購買用來生產這些消費財貨的全部物料。他們的購買消費財貨也不能給付其他勞動者的全部工資，這些其他勞動者只生產物料，更不能在這些其他勞動者生產物料的*當時*予以給付。

這種實物流通的概念 —— 自從魁奈那時代起，已經流傳了

---

[225] 這是湯姆孟（Thomas Mun）於1628年所作的論證，當其時，他主張債務應該可以流通，以免一個商人在產品尚未出售之前必須等到取得鑄幣才能添購物料，他認為必須這樣才能提高週轉的速度。參閱湯姆孟所著《英國得之於國外貿易的財富》（*England's Treasure by Foreign Trade*）（1664年，此書或許是在1628年以前的撰寫）。

幾個世紀，凡是不了解商業銀行與投資銀行業務機制的人們都把這種概念視為經驗的常識──在福斯特與克欽斯的引述文中可以見到其現代的形態。這兩位作者把「貨幣的巡迴流量」加以描繪，極近似於170年前魁奈的著名「經濟表解」（Tableau èconomique），並且接下去說：

　　有些貨幣很快就完成這種巡迴，也有些貨幣則比較緩慢。如圖解所示，消費者的收益之中有一部分是直接花費於私人服務，另有一部分是付給個人們以換取舊汽車與其他「古老商品」，而直接由某一個消費者轉交給另一個消費者。不過，消費者所花費的大部分貨幣卻要經過較長的歷程，然後才能返回到消費者的手裡。因換取新商品而花費的貨幣──例如換取一雙鞋──其中一部分是付給躉售商，一部分是付給製造業者，一部分是付給鞣皮工人，一部分是付給飼養牲畜的農民，一部分是付給收割機的生產者，一部分是付給工廠的機械工，照這樣的復返回到消費者手裡。由消費者回轉到消費者的巡行途程中，有些還要比我們這個例證經過更多人的手，也有些只需經過較少人的手。零售皮鞋商即時付給店員作為每週工資的這部分貨幣巡迴得很快。皮鞋製造業者以現金提撥作為未分配利潤的這部分貨幣卻可能需要長久的時間才能完成其巡迴。我們的所謂貨幣巡迴時間是指全部貨幣由某一種消費用途流向另一種消費用途所需經過的平均時間而言。[226]

---

226 見於福斯特與克欽斯合著的《貨幣論》，第306頁。

　　這種物理類比只能適用於金屬貨幣或紙幣時期，但卻不能配合商業銀行的業務及其支票帳戶。這是產業上「現金出貨，運輸自理」（cash and carry）的計畫。這可以配合薪餉封袋與錢包。這種「流通貨幣」是由各式各樣的鑄幣與紙幣所構成，每一種貨幣要想與黃金保持平價皆必須限制其供給量，每一種貨幣皆為研究的專題，都要追溯其本身的歷史，這種歷史可以求之於過去七十年的法令。

　　所有的這種「流通貨幣」都是以實物由甲手轉到乙手，用以購買商品與償付債務。然而，奇怪的是這40-50億金元的流通貨幣在全部購買之中所支出的還不足10%-20%。國內買賣交易的總值有80%或90%以上都是對存款簽發銀行支票所完成。[227]縱然如此，所有的流通貨幣也還是由銀行裡得來，並且皆已包括在存款帳戶的借方中。這些「存款」是銀行業者已屆期的債務，所以都是要求即付的，這種債務是銀行所創造，其明示的目的在於購買商人們*尚未到期*而必須等到特定的未來時日才能償付的債務。對這種存款所簽發的支票並不能流通，除非是加以背書，才可能稍稍的流動。支票是對銀行業者所發出的一紙命令，使其在帳簿上把這銀行業者的某一筆即期債務（存款）移轉到另一個人帳戶的貸方。這樣的一紙命令實際上就是一切交易全部價值的購買力。一張支票的存在通常只得一天或兩天，然而使支票可能簽發的貸款或貼現卻有1天、30

---

227 卡爾斯奈德（Snyder, Carl）在他的《商業循環與商業衡量》（*Business Cycles and Business Measurements*，1927年）裡，第134頁，曾經估計為80%。另有些人所估計的數字則高達90%或95%。

天、90天或更長久的存在。

　　所以，每一筆貸款交易皆能創造其本身所需的貨幣。我們可以把一張商業承兌票據和銀行與賣主買主之間的交易作爲例證。假設一個鋼鐵製造業者賣給一個農業機器製造業者1,000噸的輾鋼，每噸$40，60天後付款。這個農業機器製造業者所「承兌」的債務是$40,000。一個銀行業者把此項債務按照6%的貼現率，或是說以每60天1%買了下來，他在帳簿上設定一筆存款，金額$39,600，記在鋼鐵製造業者帳戶的貸方。到60天終了時，這個原本在同一銀行設有存款帳戶的農器製造業者簽發一張$40,000的支票，在他自己的應付帳款項目之下償清他的債務，而這筆交易也就歸於終結。

　　這筆交易給鋼鐵製造業者創造了$39,600的購買力，在農器製造業者能作給付之前，而這個銀行業者還可能把其餘的$400（假如這是在他的法定儲備限度以內）貸放給另一個製造業者，以供其即時之需。在這60天內，這個鋼鐵製造業者的存款可以隨時簽發支票提取，作爲購買力之用，但卻仍然要回到銀行裡來，記入另一帳戶的貸方，而再行簽發支票提取；不過，到60天終了時，這個農器製造業者可以如數減少他自己的存款以償付這$40,000的貸款，而這銀行也可以把所欠存款人的債務償清。在這筆交易的進行過程之中，一開始銀行帳簿上就出現貸款$40,000、存款$39,600與盈餘$400，而在此項貸款尚未償清以前始終保持同一數額。但是，到了農器製造業者償付此項貸款以後，貸款與存款皆已結清，所餘留下來的僅是銀行的盈餘$400。這筆交易創造了其本身的貨幣。並無所謂「流通」。所有的只是購買力的創造、存續與消失——簡而

言之，就是「週轉」——完全要看價格與數量的預期而定。

這僅是假設著單獨一家銀行，做了一筆極其簡單的交易，實際上似這般的交易其重複的次數一年內可能以十億計，甚至以兆計，再加上所有的銀行以及票據交換所，因此之故，我們目前所有的並非貨幣的*流通*制度，而是貨幣的*預測與重複*制度。每一筆貸款或貼現交易皆能創造其本身的貨幣並使這貨幣歸於消失，期盼著價值因生產與銷售而增高。再不然，還可以倒過來講，產品在*生產時期*未完成狀態之下的現時價值，就是這產品在*出售時期*所具有的未來貼現價值。在基本的產業之中，農人、礦主、伐木業者期盼出售給麵粉廠、鎔鐵廠、傢俱製造業者；後者又期盼出售給躉售商；躉售商期盼出售給零售商；而零售商在最後期盼出售給終極的消費者。在全部過程之中，他們都是供給下一步生產程序所需的物料，直至到達最後消費者為止。並且，在這全部過程之中，凡是下一步未來生產程序所購物料的*預期*價格與數量皆得要加以貼現，而成為前一步未完成財貨生產程序所給付的較低價格與工資。

銀行業務與生產程序相平行，此類業務使每一個生產者除了他本人毋須借款所能墊付的資金以外，還能*預先*獲得必要的購買力，*預測未來價值而獲得現時價值*。消費者的貨幣並不會流通——這種貨幣是在每一筆交易裡加以預測、加以貼現，然後歸於消失，而回復到天然資源的原始狀態，每一筆交易憑藉銀行業務制度的助力皆能創造並消滅其本身的貨幣。

因此，絕不會缺乏購買力，買回生產出來的全部產品，其所以缺乏的原因或是認為由於工資勞動者所得工資並非他們所產出的價值總額，或是認為由於儲蓄不如消費所支出的貨幣

帶來的就業多，或是認為由於股利在未發放以前不能成為購買力，再或是認為由於售出的財貨尚未獲得給付以前銷售的利潤不能成為購買力。所有的這些論證悉皆謬誤，其所根據的都是說國民所得中利潤的*份額*太多，認為這是賣不出去的財貨所以愈積愈多並隨之帶來失業的原因。我們必須從別處地方探求生產過剩與失業的起因，我們必然可以看到這並非在於利潤的*份額*，而是在於利潤的*差價*，在於貨幣預測制度的計算錯誤。

參、僱用遲滯

我們此刻可以考量一下所謂購買力不足的僱用遲滯理論。假如勞動者因技術的失業而無工可做，則全國產品中勞動的份額必然減少，其數額相當於勞動者倘使獲得僱用所可能獲得的工資。所以，效率的增高不但取代了勞動者，並且這種取代還可能產生進一步的作用，使該階級的購買力減低，不能購買那些獲得僱用勞動者所產出的產品。

道格拉斯（PauI H. Dauglas）在**永久的技術失業與臨時的技術失業**之間做了重要的區別。[228]關於前者他的結論是：「永久的技術失業」為事實上所不可能。他說：「*長期而言，改良的機器與較高效率的管理絕不會使工人們永久無工可做，也不會造成永久的技術失業。事實上適得其反，這可以提高國*

---

228 參閱道格拉斯的《技術失業》（*Technological Unemployment*），載在《美國邦聯主義者》（*American Federationist*，1930年八月號）。並參閱他的另一篇論文，題目相同，載在《泰勒協會會報》（*Bulletin of the Taylar Society*，1930年十二月號）。

民所得，使收益水準與個人所得一併上升。

即使承認技術的進步不會導致永久失業反而足以提高各個階級的生活水準這句話是對的，然而我們也時常聽到人說，個人並不是生活在「長期」。他是逐日的要生活，而因技術效率改進所導致的臨時失業卻能減低生活的水準。

不過，這兩個問題必須分開來講。一個問題是，較高的生活水準其本身是值得嚮往的嗎？另一個問題是，維持較高生活水準所需的較高工資是不是比較低生活水準所需的較低工資更能提供勞動的就業？我們在上文討論資本與勞動*份額*時已經解答過這兩個問題。由於政治的與社會的種種原因，較高生活水準的本身確是值得嚮往的。然而較高工資卻不能比較低工資提供更多的勞動就業，因為歸於地租、利息與利潤的較大份額所能僱用的勞動和這份額作為工資而給付時所能僱用的勞動數量相等。不過，我們此刻卻要站在另一個立場來考量這兩個問題，那就是，我們要站在增進國民效率的立場上。

道格拉斯引述**聯邦儲備局**的統計數字，證明1929年每個人的產出比1919年增高約45%，其效率的增進平均為每年45%。

道格拉斯說：「與此效率增進同時俱來的是製造業所僱用的工資勞動者人數減少10%，因為1919年所僱用的人數為9.0百萬人，而到了1929年底，雖是還在不景氣時期以前，其所僱用的人數僅得8.1百萬人。並且不獨是製造業為然。在採礦業裡，每個人的產出增高了40%到45%之間……而在煙煤業裡所僱用的勞動時數卻有更大的減少。在那十年之間，我們鐵道

上工人的工作效率按照每個工人的噸哩計算頗有增進，但其僱
用的人數卻減少了將近300,000人，或是說，減少了15%。最
後，由於採用了拖拉機、聯合收割機與其他農業機器，並由於
耕作與飼養牲畜的方法之改善，農業裡每個工人的產出增加
了25%以上，然而就在這幾年之內，按照農業部的估計，有近
3,800,000人離開農場而進入都市，其中至少有1,500,000人是
有就業資格的男女。

　　所以，在這四種基本產業裡僱用的人數減少了約計
2,800,000人，假如按照1919年的人口比例繼續予以僱用，則
此等產業裡所可能僱用的工人將增多2,000,000人以上」。[229]

　　假如這3,000,000勞動者是因生產效率的增進而被解僱，
再假如勞動者的平均工資為每天$4.00或每年$1,200，那麼，
很明顯的，作為勞動階級購買被僱用勞動者所產物品的力量，
其減低的比例將是每天$12,000,000，或是說，每年減低36億
金元。這種購買力缺乏的現象將延續下去，直至這些勞動者因
產業擴展而找到職業為止。不過，由於新產業的萌芽與新工作
的創造都需要相當長久的時間，所以仍然會有僱用遲滯的情事
發生，在這種情況之下，作為勞動階級的購買力絕不足以購買
那些繼續就業者所增多的產出。

　　道格拉斯列舉出僱用遲滯的四種理由：(一)工廠裡較低價
格的財貨必須經過相當的時間才能以較低零售價格的形態到達

---

[229] 參閱《美國邦聯主義者》（1920年八月號）所載道格拉斯的論文。

消費者之手。(二)新擴展的產業要想創造足夠的工作來僱用緊縮的產業所解僱的工人也需要時間。(三)工人們由緊縮的產業轉移到擴展的產業也需要時間。(四)工人們通常不願或不能變更從事於擴展產業的各種工作，並且也不願或不能變更他們的住所。此外，他又加上一種第五理由，這並不是失業的原因，而是生活水準之所以較低的原因：(五)即使到最後勞動終於轉移到擴展的產業裡，但是這一類的工作所給付的工資往往較低，反不如離去的工作所得工資足以令人滿意。

最後，道格拉斯又提出七種方法來減輕「臨時技術失業」所產生的損失：(一)較優的預測、(二)較優的計畫、(三)減緩取代勞工的速度、(四)公務的僱用、(五)職業訓練、(六)遣散工資、(七)失業保險；此外還可以加上**公共工程**。近年以來對這些補救方法已給予很多適當的關注。其目的皆在於縮短僱用遲滯的時間，使勞動者儘速的在新擴展產業裡獲得僱用，若能如此，則不但這些勞動者的生活水準可以回復，並且他們的購買力增加，對商品與勞動也創造出新的需求。

不過，*僱用遲滯*也就是*生產遲滯*。照我們的例證來說，假如勞動的購買力因3,000,000工人的技術失業而每年減少了36億金元，再假如新興產業裡的勞動份額仍然是60%，而財產擁有者的分配額仍然是40%，那麼，要想恢復充分就業，就必須使這些新擴展產業的新產品能有60億金元的銷售價值。倘若我們所核計的1925年，其產出銷售總額合共750億金元，那就必須增多為810億金元，但是*份額依然如故*，60%歸於勞動，在此刻共計為486億，而不再是450億，40%歸於財產擁有者，在此刻共計為324億，而不再是300億。全部新產品必

然是由歸於工資、地租、利息與利潤的份額合併起來購買。這
時所將發生的情事將是，由於效率的增進與同一人數的全部就
業，所有各個階級的生活水準悉皆提高。勞動的臨時失業消
失，因為資本暫時擱置不用的情況已消失之故，不過，其消失
卻是基於較高的生活水準，因為國民效率已有增進。

　　如此說來，「僱用遲滯」與「利潤遲滯」迥不相同。利潤
遲滯是一種謬誤的理論，那是認為利潤不可能在生產時期以內
買回其所產出的產品。但僱用遲滯則是產出數額本身的遲滯與
工資給付的遲滯。在這裡，勞動者實際上毫無購買力，因為他
們並沒有產出任何可供購買的事物。不過，基於同一理由，也
絕不會有利潤可以作為購買力之用，並且在銀行裡商業借款也
不會增加，所以商業利息的給付也相應遲滯，這一種的給付也
具有購買力。換而言之，僱用遲滯只是由於技術失業，以致產
業的本身不能迅速擴展而已。一方面既經有了失業，則另一方
面就有利潤的減退。

　　當然，由於機械發明的浪潮所導致的臨時失業可能來得異
常的快速，使實際上的臨時在表面上看來成為永久，因為勞動
沒有充分時間可以調整。在這種時期所發生的困難的確是十分
嚴重，但卻不是由於勞動的份額太少——這是由於新興產業未
能迅速擴展，這是另一問題。[230]

　　此刻的問題又轉到利潤差價方面。為什麼整體產業不能繼
續擴展並引進新產品，非但能把緊縮產業所解僱而失業的工人

---

[230] 參閱本書下文，第十章，第七節，肆、**價格**，合理價值。

收容下來，並且還提供新的擴展機會給利潤、利息與地租以及
工資呢？我們必須先考量一下所謂供需「定律」的雙重意義。

肆、供給與需求

在上文的幾節裡我們已經考量過產業與銀行業務的整
體，到此刻我們必須考量一下特別產業，以及特別商品的供給
與需求，這一點通常被人稱爲「供需定律」，不過，比較確
切些還是應該按照供給與需求的功能關係而稱之爲「供需彈
性」。無論採用何種術語，我們總得要把「商業的供需定律」
或「商業的供需彈性」和「消費者的供需定律」或「消費者的
供需彈性」分清。[231]要想分別得清楚，我們必須將上文所引
述的道格拉斯論文歸納成我們稱之爲消費者供需定律，然後再
注意一下，假如將其轉到投機法則主導之下的商業領域，其結
果是如何適得其反。

(一) 消費者供需定律

道格拉斯把印刷產業作爲他的例證。他假設工人的工時效
率增高一倍，原來1,000個工人生產600,000本雜誌，而在此刻
同數的工人花費同數的小時能生產1,200,000本。

然後他再說明在「需求彈性」三種不同的假設之下，這
就是說，在消費者供需定律的三種不同形勢之下所將發生的情
事。倘使需求彈性是「一」時，意思就是說，如果價格減低一

---

231 參閱瓦金（Working, Holbrook）的「需求曲線的統計判定」（*The
Statistical Determination of Demand Curves*），載在《經濟季刊》；
第XXXIX期（1925年），第519頁。

半（由10個分幣減低為5個分幣），其結果需求的數量隨之加倍（由600,000本增加到1,200,000本），而每星期的收入總額仍然是$60,000。同數的1,000個工人，必然可以繼續僱用，其平均工資仍然是每星期$60（以前所處置的臨時失業除外）。假如需求彈性是一，那就不會發生技術失業，因為一的意思就是說*銷售總額相同*，仍然是$60,000。

但是，道格拉斯又說，假設需求彈性是大於一。假設在價格減低為每本5個分幣時，其銷售數量增加為三倍（變成1,800,000本）。在600,000本雜誌每本價格為10個分幣時，其銷售總額原先是$60,000，而到此刻則是1,800,000本雜誌每本價格5個分幣，其銷售總額業已*增加*為$90,000。工人的人數由1,000增多為1,500，每個工人的工資仍然是$60。當然，假如這種產業的需求彈性是大於一，也絕不會發生技術失業。對於勞動的需求反而增加。

第三，再假設需求彈性是小於一，倘使在價格減低為每本5個分幣時，銷售數量僅增為900,000本。在此刻的銷售總額由原先的$60,000（600,000本按照每本10個分幣出售）下降到$45,000（900,000本按照每本5個分幣出售），而工人的人數也就要由1,000減少為750，其工資仍然是每人$60。

不過，這部雜誌的讀者，也就是終極消費者，他們錢包裡在此刻卻留下了$15,000，在以前這筆錢是他們為這本讀物而花掉的。無論先前的讀者們是把這筆錢「花掉」抑或是「儲蓄」起來，這$15,000將可同樣的僱用250個失業工人（並非原來的印刷工人），同樣是每星期有$60的工資。假如他們把這$15,000「花掉」，他們就是以每星期$60的工資僱用了250

個人數相等的失業工人從事於「擴展」的產業，例如：汽車、飛機、口香糖、電影、舞廳、以及無數的其他擴展企業。假如他們把這筆錢「儲蓄」起來，則他們儲存的銀行也必然要將其投資於價值$15,000的新債券，這麼一來，也就是在某些「擴展」產業裡同樣的以每星期$60的工資僱用了同數的250個工人，從事於鋪設雙軌鐵道、建設一座鼓風熔鐵爐，或是構建一間工廠。所以，縱然需求彈性是小於一，也不會發生技術失業，無論消費者是把他們的貨幣「花掉」抑或是「儲蓄」起來，其結果總還是一樣。

當然，我們在這裡不可以忘記道格拉斯在永久的與臨時的失業之間所作區別。他的上述例證只是適用於永久的技術失業。這種例證說明了永久失業為事實上所不可能。不過，由於技術的變更，仍然還是會有臨時的失業，其唯一的理由是因為從僱用勞動較少的「緊縮」業轉到僱用勞動較多的「擴展」產業需要花費相當時間。臨時失業之所以存而不談是因為便於說明此項原則，並且是因為對於這一類的失業其所適用的補救方法也不相同。

(二) 商業供需定律

讓我們變更一下這個例證，由按照零售價格購買雜誌的終極消費者改為經營印刷產業以求利潤的商人。這時顯然有兩種需求彈性定律：一種是消費者定律，另一種是商業定律。這兩種定律產生作用的方向彼此相反。

假如雜誌的價格上升，則消費者所購買的雜誌數量通常*較少*（需求彈性小於一），他們購買*較多*數量價格未曾上升的其他事物。所以，在這個例證之中如果價格由10￠上升到15￠，

則消費者將購買較少本數的雜誌，而購買較多份數價格未升的
報紙。再不然，倘使價格由10￠下跌到5￠，則消費者將購買較
多本數的雜誌，不過假使需求彈性眞如道格拉斯所示是小於
一，他們將留下$15,000的盈餘，而將其花費或儲蓄，在雜誌
以外的其他事物上。

這是消費者的需求彈性定律。其所以然的理由是因爲這些
終極消費者僅有*有限數量的購買力*，這種購買力是得之於他們
在*先前*所收受的工資、地租、利息或利潤。要想盡可能的充分
利用他們有限的購買力，他們自是*趨向於購買較少數量價格上
升的財貨，而購買較多數量價格下跌的財貨*。

此種趨勢一般稱之爲「替代原則」（principle of
substitution），[232]相等於機會的選擇。這可以說明一種很有
意思的事實，即相互類似的商品，其價格通常是朝著同一方向
移動。假如雜誌的價格上升，則消費者減少對雜誌的需求，而
增加對報紙的需求，如此一來，雜誌價格的上升將被需求減少
所阻止，而報紙價格的上升將被需求增多所鼓勵。替代原則有
保持兩個價格同時向上移動或同時向下移動的*趨勢*。

此項替代原則可以普遍的適用。假如蘋果的價格上升，人
們通常就要購買較少數量的蘋果，而購買較多數量價格並未上
升的替代品。這時的趨勢是減少對蘋果的需求以遏止其價格的
上升，並增多對替代品的需求而提高其價格。相反的，假如蘋
果的價格下跌，則其趨勢是購買較多數量的蘋果而阻止其價格

的下跌，購買較少的替代品，而加強其價格的下跌。其結果是替代品的價格乃一起升降，因為此項替代原則的普遍適用，所以我們才能說有個綜合的價格水準，無論其為消費者財貨，抑或是生產者財貨，其價格總是同時向上或向下移動，不過，此綜合水準只是數以百計的價格之平均，而每一價格皆各有其特別供給、需求與替代的彈性。

在這方面，供需的投機定律與消費者定律相仿。由於替代原則的作用，類似的財貨，其價格有一併上升與下跌的趨勢。不過，投機定律移動的*方向*卻和消費者定律相背。假如*預料價格將要上升*，則商人所購買的數量是*較多*，而不是*較少*，他是打算按照較高價格出售以取得利潤。但是，假如*預料價格將要下跌*，他是少買，而不會多買，儘速出售，以避免按照低價出售的預期損失。

所以，消費者在上升的市場上購買得*較少*而不肯多買是因為價格*已經*升高，而商人在同一上升的市場上購買得*較多*而不肯少買是因為*預料價格將要繼續升高*。消費者*並不預期出售*，他只打算使他有限的購買力能滿足他更多的想望。商人*卻是預期出售*。他企圖在上升的市場上獲得利潤。

在下跌的市場上所發生的情事與此相反。消費者購買得*較多*，因為價格*已經*下跌，他的有限資力可以滿足他的更多想望。但是，商人卻購買得*較少*，而出賣得*較多*，因為他預料價格將要繼續下跌，他買進的愈多，則在賣出時所受的損失愈大。*在此刻*他賣出的愈多，則到後來他受到的損失愈小。

在上升的市場上，所有的商人都排擠別人而*爭先購進*預期其即將漲價的物品；再或是在下降的市場上，所有的商人都*爭*

先售出，為「脫卸重累」起見而把預期其即將跌價的物品「拋售」給買主；這時，利益衝突加上自利強迫把價格的上升變為「暴漲」，或把價格的下跌變為「暴跌」。

這是資本主義制度的特性，基於私有財產為爭取利潤而進行。這是一種剛愎的特性，使多數的人都認為只要是有此種制度存在，則繁榮與衰落的週期就無法預防。因此，社會主義者與共產主義者竭力要求廢除私有財產與利潤。社會主義者之所以從事生產為的是消費，而不是為的利潤。實際上，假如資本主義不能接授「工作規則」以預防此種天生的剛愎特性，則共產主義也許是較為可取。不過，這種另類選擇卻需要加以調研與實驗。

首先要注意的是，在資本主義制度之下，消費者的供需「定律」與商業的或投機的供需「定律」是普遍稀少性原則的兩個不同面向。兩者都是對個人的強迫 —— 稀少性的強迫與行動的相似性。終極消費者是*被迫*而不得不按照邊際效用原則把他有限的資力作經濟的運用。他的家庭全靠他由他的收益中所付出的價格而生活。商人則是*被迫*而不得不在上升的市場上趁早購進，如其不然，別人就要把他所必需取得的事物全數買去；他也不得不在下跌的市場上趁早賣出，以免他自己受到損失或破產。因此，供需「定律」並非言語之中的詞藻。這的確是一項定律，因為個人必須服從，否則就得要沉陷下去。這一種強迫性的定律我們稱之為「習俗」。

當然，我們也得承認終極消費者也要受到*預期*價格變動的相當影響。假如他們預料煤價將會上升，他們將把煤預先儲存起來以供多天之用，只是他們要有這種購買力或信用才行。倘

使他們預料煤價下跌，他們不會預先儲存。不過，縱然如此，他們的「投機」僅限於他們預期的消費想望，而不是企盼把買進的事物轉賣出去所生的損益。

然而商人又是從何處取得他的貨幣，用來超出消費者的供需定律而建立起投機定律呢？他是取之於銀行。一個商人賣給另一個商人1,000噸的鋼鐵，每噸$30。由此而創造了$30,000的債務。此項債務是由議價交易的兩種可變維度所造成。一種維度是鋼鐵的噸數，另一種維度是每噸的價格。兩者相乘之積便是**未來價值**。造成等額債務$30,000的正是這種**價值**。

不過，這筆債務要到30天之後才期滿，而在此刻卻可以流通。於是一個銀行業者把這筆債務購買下來。假如是30天以後償付，按照年利率6%計算，這筆債務在30天終了時可以值到$30,000，而在此刻僅能值到$29,850。這個銀行業者將其記入他的帳簿，作為$30,000的「貸款」，但卻僅是$29,850的存款。其差額$150是這個銀行業者資產的增加。$30,000是鋼鐵的賣主或買主再或是兩人共同（商業承兌）所欠銀行業者的債務，又可以賣給別個銀行業者，在這種轉賣的情況之下，別個銀行業者便是負欠第一個銀行業者$29,850，外加增殖的利息。

但是這個銀行業者已經給予鋼鐵賣主$29,850的信用放款，這是他對這個鋼鐵商人所作的承諾，允許即期給付這一筆金額。這種銀行債務便是現代的貨幣。這個商人可以簽發支票提取這筆存款，而這些支票也是可以流通的，他可能用這些支票償付他因物料、勞動與利息而負欠別人的債務。

不過，假設鋼鐵這一行的營業頗為繁榮。商人們都預料鋼

鐵的價格即將上升而需求的數量增多。他們按照每噸$60的價格買賣2,000噸。這時鋼鐵的價值不是$30,000而是$120,000。價值增高到四倍，因為價格與數量都增加了兩倍。其相應的債務也增加為四倍。銀行業者買下了這筆債務。他在此刻可以收取較高的利率，比方說，8%的利率，因為這些商人的業務興隆而這個銀行業者本人的儲備額低落之故。30天以後這筆債務將值$120,000——假定這個商人有力償付。銀行業者按照貼現8%的現時價值$119,200買下了這筆債務，而給這個商人創造了相等數額的購買力。這兩筆交易所創造的貨幣增加四倍。其他每一行業都要受到影響。投機的供需定律產生了作用。這就是希望價格上升。

假設這時，鋼鐵的價格又因某種理由而下跌到每噸$25，並預料其將有更進一步的下跌。商人們只肯購買500噸。價值與之相等的債務此刻僅是$12,500。銀行業者按照4%的利率買下了這筆債務。30天以後這筆債務將值$12,500，但其現時價值僅得$12,457.66。這就是銀行債務的數額，這個鋼鐵商人可以將其用來作為購買力。投機的供需定律又起了作用。這就是畏懼跌價與無力償付。

每一筆貸款或貼現交易皆能創造其本身的貨幣，其所創造的數額要看售出商品的預期價格與數量，以及同樣創造並用來給付的其他貨幣而定。在確定日期的給付是強迫性的，如其不然，就得要受到破產的痛苦。這種給付所用的並非貨幣，而是用另一張支票，這張支票是另一個商人對同一個或另一個銀行業者所簽發。這另一張支票消除了原先欠銀行業者的債務，只須在銀行業者的帳簿上他個人的帳戶裡記一筆貸方就行了。

不過，這另一張支票的本身又可能成為同一個或另一個銀行業者的帳簿上另一個商人帳戶的借方。所以，債務與債務相抵，而銀行支票成為償付債務的償還金，這並不是由於統治者使其如此，而是由於商業的習俗使其如此。我們稱之為慣例的償還金（customary tender），而不稱之為法定的償還金（legal tender）。

所以，有兩種「償還金」都是債權人不得不接受，並因而免除債務人再作給付之義務的償付。一種是法定償還金，這是主權國的正式命令。另一種是超法律的慣例償還金，這是商人們的例規行動。一個人如果違反了這種商業例規，他就不能成為商人。

如此說來，有兩個市場被信用制度聯繫在一起，沒有一個商人，甚至沒有一個農人或工資勞動者能夠逃脫這種制度的圈套。這就是商品市場和債務市場。商品市場就是零售與批發的店鋪、產品交易所、不動產交易所，甚至勞動市場，在這個市場上人們按照約定價格移轉財貨與服務的擁有權。債務市場有一部分就是商業銀行，這個市場買賣商品市場上所創造出來的短期債務。債務市場的另一部分也可能是證券市場，例如證券交易所，專供買賣長期未來貨幣權利之用；這種市場與商業銀行之間的聯繫是由於債務的可流通性。假如把我們例證之中在鋼鐵市場所做的交易乘以所有的市場上數以百萬計，以十億計的交易，這些市場皆是由信用制度為之聯繫，大多數的市場上都適用替代原則，故其移動的方向相同，然後再用統計數字把我們的例證加以修正，則我們就可以求得證券價格、土地價值與商品價格的動態。

　　因為銀行債務或存款實際上是等於貨幣，並且因為這種債務有時特別的富於彈性，所以這種債務可以作為擴大購買力之用，一個商人能利用這種購買力在價格上升時增加他對商品與勞動的需求，而在價格下跌時減少他的需求。這種作用恰與消費者定律相反。信用制度是一個最大因素，這可使商人在價格上升時購買得多些，也可使消費者在價格上升時購買得少些；信用制度也是一個最大因素，*強迫*商人在價格下跌時買得少些，同時，因為一個消費者並不做未來銷售的行當，所以他在價格已低落時候買得多些。

　　消費者的需求彈性是以他的購買力數量為限度，這種購買力他是*得之於*工資、地租、利息或利潤，而商人的需求彈性卻是以不定的購買力數量為限度，這種購買力*可能*是完全為他而創造，也可能是由銀行把別人的儲蓄移轉給他，預期在他按照未來價格而售出時取得一些未來的利潤。

伍、差價

　　在上文論述「*份額*」時，我們是把國民總所得分作四份：地租、利息、工資與利潤。不過，經營商業的方法卻並非如此。商人 —— 只要他是取得利潤與股利的，我們就可以給他這個名稱 —— 首先是成為其他各個階級的債務人。他欠著工資勞動者的工資、欠著銀行業者與債券持有人的利息、欠著地主的地租、欠著政府的稅捐、欠著其他商人的物料，他在這些物料上加工而作為他的製成品轉賣給其他商人。計算份額時所隱藏而未予說明的就是造成這許多債務的議價交易。這個商人向其他商人購進*物料*。在這些物料的價格之中隱藏前面參與者的

工資、地租、利息與利潤，這些參與者可能要回溯到森林、農人、鐵道、製造業者、工人與銀行業者。這個商人又得要繳納*稅捐*，而這些稅捐如果將其化約爲份額，也就是政府雇員們的工資與俸薪。

一個經濟學者在計算份額時是把整個國家的全部收益分成四份。在這計算之中所有的*物料*以及*稅捐*都不見了，皆已化約爲歸於地租、利息、工資與利潤的份額。這是在蒐集了統計數字*以後*所做的事。

但是，我們卻要站在尙未取得統計數字*之前*一個商人（或公司）的立場上來觀察一下；這個商人成了負欠著工資、利息、地租*並且*負欠著物料與稅捐的債務人。他的利潤就是他的這許多債務與他的總收益之間的*差價*（*margin*）。

把他的債務與總收益之間的差價加以分析足以顯示策略交易與例行交易的區別是何等重要，此種區別留待下文（本章第九節，〔參〕）再予論述。在這個商人各種不同的債務與差價之間的關係必然要發生變動。在這種變動之中，我們可以看到這個人所遭遇的問題。變動的因素在於他接下來所處理的各種債務之首位。凡是一個因素在任何時刻的變動都是最重要的，將成爲這個商人在當時所必須處理的策略因素，因爲這種因素的利潤差價極其狹窄。

爲求得策略與例行交易的區別起見，我們要採取一個完全不同的出發點。我們必須以單獨一個業務團體的收益計算書與資產負債表爲出發點：1927年，司韋夫公司（Swift and Company），一家肉類罐頭批發商，報告其由產品銷售得來的總收益爲$925,000,000。爲取得此項總收益起見，這家公司

首先付出了$470,000,000，購買牲畜。這購買*原物料*的巨大金額全付給那些供給原料的人們其*以前*的利潤、利息、地租與工資。然後司韋夫公司又直接付給債權人、債券持有人與銀行業者合計$4,250,755的利息。這家公司的報告沒有列示給付工資勞動者的工資為何。但在此刻這一點卻無關重要。這家公司的生產總成本，也就是，負債總額——包括工資、利息、稅捐、原物料、折舊以及其他各種債務在內——共為$913,000,000，使能作為利潤的僅得$12,000,000。

不過，這$12,000,000卻可能在三方面表現出來，或是作為：(1)利潤*率*，或是作為(2)利潤*收益*，再或是作為(3)利潤*差價*。

如果作為利潤率，這就是股利與股票*面值*，$200,000,000的比較。如此則利潤率為6%。如果作為利潤收益或「股票收益」，這就是與股票*市場*價值的比例，假如市價為$300,000,000，則其利潤收益就是4%，再不然，假如市價為$120,000,000，則其利潤收益就是10%。

再如果作為利潤*差價*，這就是$12,000,000與銷售總額$925,000,000的比較。如此則其利潤差價僅得1.3%。[233]

---

[233] 在司韋夫公司1921年的年度報告裡，估計每一頭牛及牛肉的利潤在未付利息之*前*為$1.95。購買一頭牛的平均價格為$60.08。支出費用總額，包括運費在內，為$12.63；由副產品得來的報酬淨額每頭牛為$11.25。因此，1924年的利潤與利息*兩者併合*差價是生產成本的2.7%，也就是每頭牛收益的2.6%。假如減去利息而單獨計算利潤，那

會計年度	未付利息之前的損益
1915	$1.64
1916	1.65
1917	1.29
1918	1.02
1919	0.70（損失）
1920	0.06（損失）
1921	1.13
1922	2.52
1923	1.10
1924	1.95

在此刻，利潤率和利潤*收益*對我們並不重要，我們此刻認為重要的是利潤差價。假如換個方法來說明，這項差價就是對顧客所給付的總收益之中每個金元而言，這家公司為取得這個金元所遭受並償付的債務為98.7個分幣，其所餘留的利潤差價每個金元僅得1.3個分幣，或是說，為銷售總額的1.3%。

我們所舉的這個事例似乎有點偏於極端，這是由於因購買原物料而給付的金額極其龐大所致，並且多半也要看簿記方法、週轉速度以及隱匿利潤等情況而定。在某幾年這種差價也許較為寬大，而在別的年份也可能並無利潤，而只有損失。在某些機構裡這種差價也許十分寬大，而在互相競爭的機構裡卻可能只有*損失差價*而根本沒有利潤差價。

沒有一種現成恰當調研可用來估計一切產業的平均利潤

就更少，這家公司又編製了一張比較表，我們由這張比較表摘取下列的財務計算，或是說，每頭牛與牛肉的利潤及利息合*併*的差價。

差價。對製造業公司的最好現成來源是「所得統計」，這是財政部的國內稅局所編製，專供課徵淨利潤（就是我們的利潤差價）的所得稅之用。我們可以根據這些統計數字來估計製造業公司的利潤差價，在所有生產出來並銷售出去的各種製造品之中，差不多有90%是開支掉的，而留給業主個人與合夥人的僅得10%。[234]我們可以把差價分為五種型態，而各別的稱之為**營運差價**（operating margin）、**損益差價**（profit and loss margin）、**應稅差價**（taxable margin）、**財務差價**（financial margin）與**價格差價**（price margin）。

附表一與附表二所列統計資料為下文分析各種差價的根據。

(一) 收入總額與銷售總額

公司的收入總額或總所得主要是得之於產品與服務的銷售。不過，在已往的十年以內這些公司的所得之中有很大的一部分是得之於別家公司的股票與債券，得之於政府所發的債券、定期存款、地租、特許權以及非營運的雜項收益。附圖八可以顯示這兩種所得來源之間的關係。

---

234 參閱全國工業聯合會議所發表的《聯邦公司所得稅之轉嫁與效果》（*The Shifting and Effects of the Federal Corporation Income Tax*，1928年），第一卷，第172頁。

附表一　製造業公司各特定項目金額[235]

（單位：百萬金元）

	1918	1919	1920	1921	1922	1923	1924	1925	1926	1927	1928	1929
1.收入總額	44,167	52,290	56,649	38,442	44,763	56,309	53,995	60,921	62,584	63,816	67,368	72,224
2.銷售總額	44,167	52,290	56,082	37,645	42,576	53,889	51,436	57,084	59,863	60,932	64,361	69,236
3.營運成本(a)	38,782	46,557	52,295	37,488	40,752	51,293	49,801	55,661	57,148	59,023	61,605	65,814
4.折舊	1,272	1,017	1,155	1,151	1,339	1,425	1,409	1,507	1,757	1,819	1,922	2,018
5.營運差價(b)	5,385	5,733	3,787	157	1,824	2,596	1,635	1,423	2,715	1,909	2,756	3,422
6.稅捐	2,424	1,769	1,384	793	860	986	937	1,078	1,139	1,065	1,118	1,161
7.利息	539	470	633	633	622	611	608	622	657	677	710	712
8.總成本(c)	41,745	48,796	54,312	38,914	42,234	52,890	51,346	57,361	58,944	60,765	63,433	67,143
9.損益差價(d)	2,422	3,494	1,770	-1,269	342	999	90	277	919	167	928	2,093
10.應稅差價(e)	4,846	5,263	3,154	-476	1,202	1,985	1,027	801	2,058	1,232	2,046	2,710
11.財務差價(f)	2,961	3,964	2,403	-636	964	1,610	698	345	1,576	844	1,638	2,251
提出報告的製造業公司數	67,274	67,852	78,171	79,748	82,485	85,199	86,803	88,674	93,244	93,415	95,777	96,525

(a)包括折舊在內。1925年的數字是減去了531百萬金元，作爲得之於原始來源以便扣除該年度的國內稅捐。這531百萬金元包括在1925年的稅捐數字之內；(b)2項減3項；(c)3、6、7三項之和；(d)2項減8項；(e)5項減7項；(f)5項減6項。

235 取材於美國財政部公布的「所得統計」。這些數字可以認爲代表曆年。比較少數的公司所報告的是會計年度，而不是曆年。這對於我們用這些數字的目的並無多大影響。

附表二　製造業公司各特定項目比例[236]

比例	1918	1919	1920	1921	1922	1923	1924	1925	1926	1927	1928	1929
1.銷售總額對收入總額	100.0	100.0	99.0	97.9	95.1	95.7	95.3	93.7	95.2	95.5	95.5	95.9
2.銷售總額以外的所得對收入總額		11.0	1.0	2.1	4.9	4.3	4.7	6.3	4.8	4.5	4.5	4.1
3.營運對銷售總額	12.2	2.2	6.8	0.4	4.3	4.8	3.2	2.5	4.5	3.1	4.3	4.9
4.折舊對營運成本	3.3	6.7	2.2	3.1	3.3	2.8	2.8	2.7	3.1	3.1	3.1	3.1
5.損益對銷售總額	5.5	6.7	3.2	3.4(a)	0.8	1.9	0.18	0.5(a)	1.5	0.27	1.4	3.0
6.銷售損益對收入總額	5.5	6.7	3.1	3.3(a)	0.76	1.77	0.166	0.45(a)	1.46	0.26	1.37	2.89
7.最後損益對收入總額	5.5		4.1	1.2(a)	5.6	6.1	4.9	5.8	5.8	4.8	5.8	7.0
8.稅捐對應稅差價	50.0	33.6	43.9	∞(b)	71.5	49.7	91.2	134.6	55.3	86.4	54.6	42.8
9.稅捐對營運差價	45.0	30.9	36.5	505.1	47.1	38.0	57.3	75.8	42.0	55.8	40.6	33.9
10.稅捐對營運成本	5.81	3.62	2.54	2.37	2.36	1.86	1.82	1.88	1.93	1.75	1.76	1.73
11.利息對財務差價	18.2	11.8	26.3	∞(b)	64.6	37.9	87.1	180.3	41.6	80.2	43.3	31.5
12.利息對營運差價	10.0	8.2	16.7	403.1	34.1	23.5	37.2	43.7	24.2	35.5	25.8	30.8
13.利息對總成本	1.29	0.96	1.17	1.63	1.47	1.16	1.18	1.08	1.11	1.11	1.12	1.06

(a)損失；(b)無限大，假設應稅差價與財務差價為零。

---

236 根據附表一所列數字計算而得。

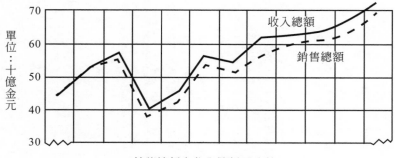

銷售總額占收入總額百分數

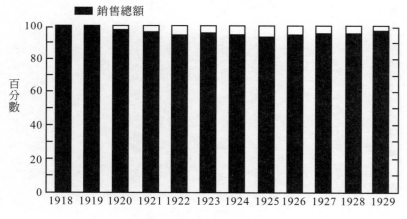

根據附表一與附表二繪製

附圖八　銷售總額與收入總額數量

　　這張附圖的上半部所表示的是絕對數量，下半部所表示的則是銷售總額對收入總額的比例與其他所得對同一基數的比例。在1922年以前財政部報告僅列收入總額的數字，而對銷售總額與其他所得來源未加區別，不過，自從那一年起收入總

額之中得之於其他收益來源的高達6.3%（1925年），這與得之於銷售的有別。在1922年以前我們是根據**全國工業聯合會議**的估計而求得銷售總額與其他收益的數額。[237]這種「其他收益」有一部分可以看做不能預測的銷售損失而設定的緩衝襯墊。其影響可由我們對「利潤襯墊」的分析中見之。我們所關心的主要是在銷售所得。

(二) 營運差價

下列附圖九與附圖十是根據上文附表一與附表二所繪製，目的在於表示各製造業公司由1918年到1929年的平均營運差價。我們的營運差價是指一切營運支出費用包括折舊與報廢在內皆已付訖的**利息、稅捐**與**利潤**差價而言，由附圖九的上半部可以看到製成品的銷售總額其貨幣價值的變動很大，由1918年的440億金元升到1920年的560億金元，然後又降低到1921年的370億金元，再然後迅速的回升到1923年的540億金元，1924年微有降降，而最後於1929年登峰造極，達到690億金元。

---

237 參閱**全國工業聯合會議**所發表的《聯邦公司所得稅之轉嫁與效果》（1928年），第一卷，第173頁。「為重視除銷售總額以外由其他來源所得收益的比例數日漸增高起見，所以把1919年的銷售總額估計為與該年分的所得總額相等。1921年的銷售總額是補進去的，其他來源的收益經酌定為相當於1923年的一半」。同書，第一卷，第173頁。我們把1918年的銷售總額作為與收入總額相等，對於1920年，則是把銷售以外的收益酌定為所得總額的1%。

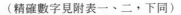
（精確數字見附表一、二，下同）

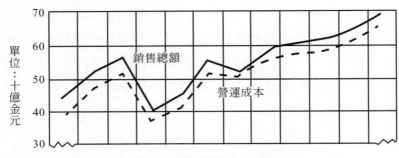
營運差價占銷售總額百分數

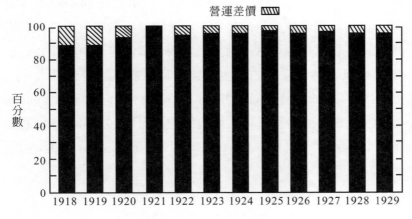
根據附表一與附表二繪製

附圖九　營運差價

　　我們稱之為「價值」或「產品價值」的就是指這些銷售總額而言，因為這些數額是由兩個變數所構成——價格與售出數量。所以，「價值」這個用詞是把貨幣的與非貨幣的兩種經濟因素一併包括在單獨一個金錢數字之內。按照商業的術語來說，這就是「銷售總額」。按照經濟學的術語來說，這就是

「價值」。

　　在另一方面，營運總成本之中則是包括著因工資、薪金、原物料以及固定資本的維護、修繕與折舊所花費的貨幣在內。附圖九的下半部是用銷售總額的百分數來表示銷售總額與營運總成本之間的差價，如果用100來代表每一年的銷售總額，則1918年的利息、稅捐與利潤差價就是銷售總額的12%，1921年降至0.04%，1922年升至4.3%，1923年稍升至4.8%，1925年降低為2.5%，1926年又見升高，而在1927年一度降低為3.1%以後，到了1928年再度升高為4.3%，1929年又再升高為4.9%。

　　附圖十的繪製為的是要更進一步分析營運成本受**折舊費**的影響。折舊通常被稱為**經常費用成本**，與**稅捐**及**利息**相仿，因為三者都是與營運成本無關的固定費用。但是，我們卻要將其區別為**技術的經常費用**（折舊）、**政府的經常費用**（稅捐）與**財務的經常費用**（利息）三類。並且我們還要細別為**真實折舊**（耗損的技術經常費用，以及養護與修繕所不能防止的物質設備耗竭與報廢）與**虛偽折舊**其中包括超出於真實折舊成本以外的隱匿利潤或盈餘在內。因為這種區別是必須對每個機構加以實地調研之後才能確定的問題，所以我們只好假定**聯邦所得稅**所准許扣除的都是「真實」折舊，都是技術折舊，不過，實際上其中也可能有一部分是虛偽的折舊。

　　在營運成本之中折舊可以視為一項經常費用的因素。附圖九與附圖十就是如此考量。不過，折舊的本身卻可以化約為營運的工資與物料，所以應當作為一部分營運成本處理。由附圖十可以得知折舊的經常費用只是營運成本之中的極小部分，

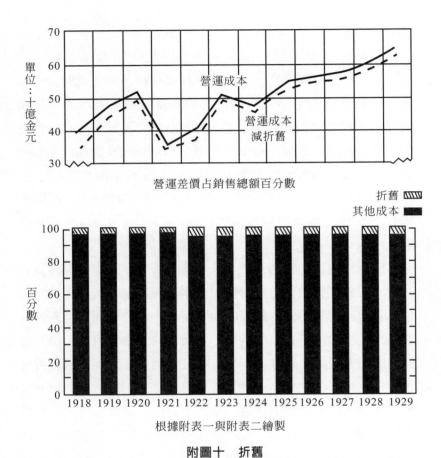

營運差價占銷售總額百分數

折舊 🔲
其他成本 ■

根據附表一與附表二繪製

附圖十　折舊

其百分比在1918年與1922年為3.3%，而在1919年與1920年為2.2%。

(三) 損益差價

上文所說的是營運成本，其中包括折舊，但卻不是經營業務的總成本。我們的總成本含有三個項目：營運成本、稅捐

與利息。因為我們已經把折舊作為營運成本裡面的經常費用看待，所以我們此刻要把稅捐與利息認做**總成本**之中的經常費用。由附圖九我們看到了營運成本與銷售總額之間的關係，我們要用附圖十一來顯示**總成本**與**銷售總額**之間的變動關係，以及其對平均**損益**所產生的影響。

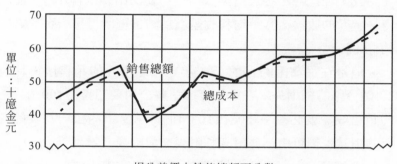

損益差價占銷售總額百分數

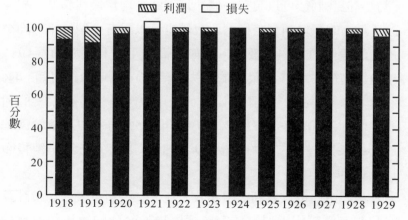

根據附表一與附表二繪製

附圖十一　損益差價

附圖十一代表銷售總額的一條曲線和上文附圖九的完全相同。不過，代表總成本的一條曲線則是營運成本加稅捐與利息兩項經常費用之和，與附表一第八行所列示的數字相等。其所求得的結果就是損益差價，表示為銷售總額的百分數。例如1918年每一金元的銷售所得之中餘留著5.5%的平均利潤。換句話說，在這一年各製造業公司平均要支出94.5個分幣才能取得一金元的收益，其平均利潤差價為銷售總所得每一金元之中的5.5個分幣。

但是在最窮困的1921這一年，每一金元的銷售所得卻有3.4個分幣的純損失。在這一年，這些公司要想獲得100個分幣的銷售收益就必須平均支出103.4個分幣。這些公司在其餘各年的損益差價可由這些附圖和附表一與附表二看到。

由附圖十一可以很明顯的看到根本無所謂「正常利潤」。但我們卻可以說有一個「每年的平均銷售利潤」，相等於「每年的平均利潤差價」。我們也可以說有一個每年平均銷售利潤差價的「中位數」。例如最高的平均利潤差價為1919年的銷售額6.7%，而最高的損失差價為1921年的銷售額3.4%（附表二，第6行，及附圖十一）。中位數是銷售額1.7%的利潤差價，這和1923年1.85%與1926年1.5%的平均差價頗為按近。如果把這十二年的加權平均數計算出來，必然是銷售額1.6%的利潤差價。

我們由此可以看到，這和我們在上文替司韋夫公司所計算的利潤差價頗相近似。這家商行由10億金元的銷售額所獲得的利潤差價極為狹窄，我們在當時猜想這也許是例外，但實際上這很可以代表67,000到96,000家製造業公司在370到640億金

元的銷售額上平均利潤差價的中位數（附表二，第9行，及附圖十一）。

　　然而因爲種種理由，並且因爲要想計算得準確是辦不到的，所以我們把最高與最低平均利潤差價之間的中位數估計爲銷售額的3%，而不是如上文所說由所得稅盈利計算出來的1.7%。換句話講，製造業公司銷售額3%這個平均利潤差價的中數變成了一條基線，我們不但可以將其用來比較繁榮時期的較高平均數與衰退時期的較低平均數，並且可以用來比較興隆商行的較高差價與「邊際」商行的較低差價。

　　此項估計的意義有如下述：在平均時期，在繁榮的巔峰與衰退的深谷之間，製造業的平均利潤差價略等於銷售額的3%。但在極端繁榮時期，例如1918與1919兩年，利潤差價可能高達兩倍之多。[238]而在衰退的年份，例如1921或1924年，

---

238 有一個差價分析的實例可以見之於埃美特（Boris Emmet）的《百貨商店》（*Department Stores*，1930年）。他用的是商業會計術語，不過，埃美特的分析（效法**全國呢絨零售聯合會**〔National Retail Dry Goods Association〕稽核員會議所採取的分析方法）卻和我們在製造業公司差價分析之中所作的相仿。埃美特的「淨利潤」就是我們的利潤差價。銷售額在$1,000,000以上的百貨商店其利潤數對銷售額的比例最高是1923年3.6%，最低是1928年的1.5%（參閱該書第94頁的附表16與第96頁的附圖2）。所以，我們可以看到百貨商店的利潤差價比我們所估計的製造業公司差價「中位數」爲低。埃美特表示百貨商店的利潤差價大都要看週轉率而定，因爲較速的週轉率足以減低支出費用對銷售額的比例。參閱該書的第135頁附表37。

平均利潤差價又可能變爲損失差價。在其餘的年份，我們有充分的理由稱之爲「無利潤的繁榮」。

再其次，我們所要關心的是應稅差價，這是屬於課稅的問題，與屬於銀行業務及債券問題的財務差價是兩回事。

(四) 應稅差價

所有各種稅捐，無論其爲所得稅或財產稅，無論其是否可能因顧客所給付的較高價格而轉嫁，每個私人企業都可以很適當的將其視爲一種固定經常費用的生產成本，由政府加以強制實施。利息亦復如是。利息是一種相對固定的費用，通常是付給債券持有人與銀行業者，我們稱之爲財務的經常費用。要想把稅捐與利息這兩種經常費用分清，要想估計每一種經常費用所及於上述利潤邊際（附圖十一）的影響，我們必須分別的加以研討。所以，我們不但有*利息業經償付後計算出來的應稅利潤差價*，並且也有*稅捐業經繳納後計算出來的*財務利潤差價。

而且，所有的稅捐也和利息一樣，都是要由本期的收益予以給付，這種收益也就是銷售總額。因此，我們得計算四種不同的比例：(1)稅捐對銷售總額的比例。(2)稅捐對生產總成本（營運費、利息與稅捐）的比例。(3)稅捐對營運差價（利息、稅捐與利潤差價）的比例，與(4)稅捐對應稅差價（稅捐與利潤差價）的比例。在附表一，我們列示了歷年的稅捐總額。由這張表我們可以從附圖十二與附表二計算出稅捐對總成本，對營運差價以及對應稅的利潤與稅捐差價（利息業已付訖）的關係。

我們把稅捐對銷售總額的比例略去了，這是因爲（由附圖九可以看到）銷售總額與總成本極爲相近，甚至可能互抵，所

以在附圖上稅捐對銷售額的比例曲線絕不會和稅捐對總成本的
比例曲線有多大的差別。

把稅捐作為總成本百分數計算的這條曲線，可以顯示全
部稅捐在生產總成本中所占的份額，實際上是多麼的微小。
1918這一年對於盈餘利潤所課徵的稅率相當高，稅捐總額
（24億金元）是生產總成本的5.8%。但是到了戰後隨著減
稅，及在1921年又從盈利轉變為損失（見附圖十一），致令
稅捐總額的負擔（793百萬金元）下降到生產總成本的2%。在
1926這一年隨著所得稅更低，及銷售額更大，全部稅捐雖是
增加到10億金元以上，然而對於總成本還是僅及1.9%，就在
1928年，也僅及總成本的1.8%。大體說來，除非是在戰爭時
期，國內稅捐[239]只為銷售總額或總成本的2%。

但是，這個2%卻不能用來衡量產業與利潤所負擔的*稅
負*，產業所負擔的必須以稅捐對營運差價的關係為之衡量，而
利潤所負擔的必須以稅捐對應稅差價的關係為之衡量。

營運差價就是*營運的淨收益*，由附表一可以看到這種收
益在1918年高達5,385百萬金元，而在1921年則降低為157百
萬金元。這種營運淨收益或營運差價是利潤、利息與稅捐的來
源。附圖十二顯示在1918這個戰爭的一年，稅捐的負擔（24
億金元）是營運差價的45%，而在1921年幾乎達到營運差價的
500%。後述的這種情況可以解釋為，1921年的稅捐負擔比可

---

239 國外稅捐或進口物品的關稅已為物料價格所吸收，在營運的生產成本
之中通常是隱藏不見的。

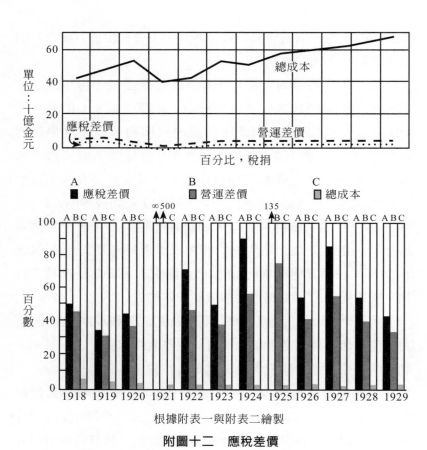

根據附表一與附表二繪製

附圖十二　應稅差價

以用來給付稅捐、利息與利潤的平均營運淨收益大了五倍。

　　根據附圖十二及附表一與附表二所示，在1925年稅捐負擔為平均營運差價（利潤、利息與稅捐）的76%，而在這十年之中稅捐負擔的最低點（1919年）則為平均營運淨收益的30%。介於其間的稅捐負擔高低不等，由1923年的38%，到1924年的57%；其趨於極端的稅捐負擔則為1919年平均營運

差價的30%與1921年的500%。

　　不過，稅捐對營運差價的這種關係卻未能完全顯示稅捐負擔的重大意義。倘使我們不僅是估計稅捐負擔對營運差價的關係，並且也估計其對減去營運成本而*外加*利息後的利潤與稅捐差價的關係，則我們必然可以大大的加強其意義。這並非因為利息這種費用先於稅捐，實際上並不如此。其理由是因為凡是一個「運營中的業務團體」必須繳付利息與稅捐。

　　我們把減去利息後的差價稱之為「應稅差價」，因為這種差價裡只有損益與稅捐並存，一切營運費用與利息皆已另作安排。

　　附圖十二顯示，按照利潤與稅捐差價（或淨收益），最低點的稅捐負擔（1919年）平均為*利息付訖後*的淨收益34%。1921這一年，在納稅以前就有了損失。因為利潤與稅捐差價已消失，所以我們可以說，對可用來繳納稅捐的收益（利息已先付訖），這一年的平均稅捐負擔是無限大，假如從另一個立場上看來，我們也可以說，在這衰落的一年，稅捐占銷售損失的62%。這一年是「異乎尋常」的一年。在其餘各年的負擔之中，我們看到1925年的負擔為最重，稅捐對可用來給付稅捐與利潤的差價已經達到134%。這一年（1925年）受到了銷售的損失，一部分的原因是由於財產稅不能與衰落的年分相適應。

　　所以，對產出製成品90%的製造業公司所課徵的*稅捐*雖是通常占生產總成本平均2%以下，但是利潤的稅捐負擔卻要占到付清利息後可用來繳納稅捐與利潤的淨收益34%到134%。並且，在最惡劣的一年（1921年），非但沒有應稅差價，甚

至在繳付稅捐的經常費用前已經有了損失，平均計算起來，稅捐竟然達到損失的62%，如附圖十二所示。

(五) **財務差價**

在上文（本節開端所列收益計算書）我們已經看到此項估計數字，利息占美國民眾收益總額的6%，在1928年約計為39億金元。由附表一我們又注意到製造業公司付給銀行業者與債券持有人的利息，根據**聯邦所得稅**的報告，在1918年為539百萬金元，而在1928年為710百萬金元，大致在這個狹窄的範圍以內。正因為這是一切產業無論繁榮或衰落皆所必有的固定費用，所以我們要把利息給付稱之為**財務的經常費用**。我們的注意點由利息在收益總額的*份額*轉移到繳納稅捐後的利潤差價，這就是我們的**財務差價**，這時，我們必須和對稅捐的辦法一樣，計算出四種比例，(1)對銷售總額的比例、(2)對生產總成本的比例、(3)對營運差價（利息、稅捐與利潤）的比例、以及(4)對財務差價（利息與利潤）的比例。下列附圖十三是根據附表二的第十一行所繪製，可以顯示這幾種比例。

和稅捐一樣，我們也是把利息對銷售總額的比例略去不計，而僅注意與之極相似的利息對**營運總成本**的比例（附圖九）。

由附圖十三可看到利息給付在生產總成本（營運費、稅捐與利息）中僅是如此之小的一部分，所以，代表此項給付的一條曲線在表示財務利息負擔的標度上幾乎分辨不清。利息作為生產成本之一，其歷年的數額變動不大，最低之點在1919年，占平均生產成本的1%，最高之點在1921年，占平均生產成本的1.6%。在最後的四年，根據現成的資料，利息對生產

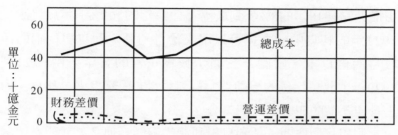

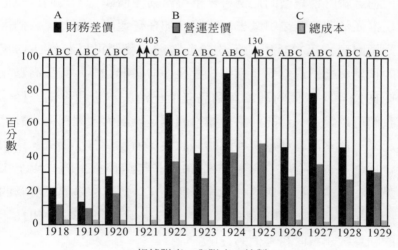

根據附表一與附表二繪製

附圖十三　財務差價

總成本的平均比例為1.1%。

　　這也和討論稅捐負擔時一樣，利息對營運差價的關係是產業的利息負擔，而利潤的利息負擔則是要用利息對財務差價的關係為之衡量。

　　我們看到利息對營運差價（利潤、利息與稅捐）的比例

由最低點1919年的8%，到最高點1921年的403%。這就是說，1921年的利息數額高達可以用來給付利潤、利息與稅捐的淨收益四倍以上。附圖十三顯示較為正常的各年，由1921到1929年，此項比例的變動為24%到37%。約略說來，利息平均占營運差價的四分之一到三分之一。

假如我們要問：「利息對利潤的影響為何？」我們必須轉向利息對財務差價的比例。為求得財務差價起見，我們已經把稅捐從營運差價之中減去（或將其加在營運成本裡），我們得到了附表一第11行所列示的餘存數額。我們可以看到1919年的利息負擔為最低點，僅占納稅後淨收益的12%。其最高點見於1921年，我們的利潤與利息差價已消失，也和稅捐一樣，我們可以說這一年的利息負擔對利潤是無限大，因為平均計算起來，根本沒有利息與利潤的淨收益，而反倒有了損失，（假定稅捐已先繳納）。不過，站在這一年銷售損失的立場上來說，利息約占損失額的50%。因為這（1921年）是異乎尋常的一年，我們不妨轉向負擔最大的一年，我們可以看到1926年的利息數額為財務差價的180%。

所以，我們可以看到利息負擔對可供利息與利潤之用的淨收益（繳納稅捐以後），也就是對我們的財務差價，其比例各年不同，由12%到180%。在最壞的一年（1921年），我們所看到的是損失而不是淨收益。

由此看來，我們可以知道一個商人的債務與其預期收益之間的狹窄差價是如何強化了任何債務變動的重要性，任何一項債務的變動，表面上雖是很小，但如與其對利潤的潛在影響比

較起來，就顯得極為重要。[240]正因為有如此重大的影響，所以在協商貸款的時刻把利率提升為一項限制因素。

(六) 價格差價

比應稅差價與財務差價更重要得多的是**價格差價**。因為所有應稅差價與財務差價的變動皆必須取決於可變的價格差價。本書前文所列示的一張附圖[241]顯示了140年之間薑售物價的變動。這張附圖顯示法國革命開始以後的25年之內英國與美國的物價上升，然後突然傾瀉，一直持續到1849年，很少有回升的時候。馬爾薩斯與李嘉圖有關份額與差價問題的爭辯就是發生於1810年到1820年的這一段時期。商品的價格正在下跌，和另一次世界大戰以後的物價下跌一樣。伴隨著物價下跌而來的是失業。馬爾薩斯的論證是說，失業的起因在於產出的事物太多，以致勞動者消費不了他們所生產的數量。物價之所以下跌即因此故。他建議課徵稅捐以供公共工程之用，使地主們花費在他們產業上的支出增加，這樣才能僱用勞動者從事於工作，而這種工作的產品絕不會在市場上競爭並抑低物價。

但是，李嘉圖聽到了此項建議，竟然要商人們在幾乎無利可圖的時期增高稅捐，他感到驚慌，他提出極其確當的辯論，認為納稅人所能僱用的勞動絕不會少於把稅捐給付勞動者所能

---

240 當然，一個商人不可能確切知道他所處理的某項因素如有變動將使他的利潤差價受到何種影響。不過，他總可以充分確定，他的利潤差價極其狹窄，以致任何變動皆可能對他的利潤之增減具有高度的重要性。

241 參閱本書前文，第二章，第五節，附圖一。

僱用的數量。他力爭著說，失業的原因在於勞動拒絕工資低微
工作的頑固，當時的勞動根本沒有組織。[242]倘使勞動者肯接
受較低的工資，則雇主們雖在銷售價格低廉的時期也可能有利
潤的餘裕，他們也才可能僱用那些失業者。他駁斥馬爾薩斯，
認為根本沒有生產過剩的這回事，因為任何一種商品的增產會
增加對其他商品的需求。不過，假如工資不能和物價作等比例
的減低則利潤的差價必將普遍下降。

自從李嘉圖那時起，一百多年以前，共產主義者、社會主
義者以及工會主義者都是追隨馬爾薩斯。他們的論證是以份額
為立足點；李嘉圖與商人們則是以利潤差價為立足點。洛貝爾
圖斯是第一位，首先於1837年陳述他的社會主義論證，認為
工人的份額不足是產業衰落的起因。[243]同時，馬克思也構成
了他的理論，在1848年的革命初期發表了**共產黨宣言**。

但是，隨著1849年的發現金礦，世界的物價又開始上
升。這樣的物價持續到1863年為止，其間只有極少次數的停
歇，而一方面又有美國的紙幣膨脹為之推波助瀾。其後世界物
價開始下降，直到1897年為止，始終沒有多大的回升。然後
物價又再度上揚，到1920年為止，再然後又有一度的衰退，
其間稍有回升，直到1929年的不景氣為止。

由於平均躉售物價水準的這種世界性運動，我們遇上了這

---

242 參閱《李嘉圖致馬爾薩斯書翰集》（1882年，博納爾刊行），第187-
192頁。

243 參閱洛貝爾圖斯（Rodbertus, A. J. C.）的《勞動階級之促進》（*Die
Forderangen der arbeitenden Klassen*，1837年）。

個**價格差價**的問題。

我們姑且退回到上文所述一家印刷業公司的例證。按照每本10個分幣的價格售出600,000本雜誌，實得$60,000，或是說，每個工人每星期實得工資$60。但是，假設在此刻要把這$60分解爲一切各種生產成本——分爲未得利潤前其他商人們一切的各項工資、利息與地租，這些皆包括在物料、稅捐等成本之內。然後再把銷售價格的3%作爲這家公司利潤差價的中位數。這個數額應爲$1,800，所餘的$58,200是每個星期的生產總成本。這生產總成本就是要想獲得$60,000的總收益而餘留$1,800的利潤差價所遭受的新負債總額。

這個售價3%的利潤差價可能是股票面值10%，20%或30%的利潤率，要看這種面值的股票發行數額而定，這是一個簿記問題，在此刻與我們無關。不過，再假設貨幣的購買力發生了世界性的普遍上升，而各種商品的價格每月下跌1%。這和1920年夏季以後與1929年以後物價下跌的速度大致相似，如下列附圖十四所示。爲配合我們的例證起見，我們不妨假定這$58,200的債務是在每個月的月初發生，而產品的售出則是發生於每個月的月底。這和通常給予顧客30天的信用期限也相合。這時，世界物價水準跌落1%。

所以，在例證之中的這一個月內不但技術效率有了增進，其銷售收益亦已從原先的$60,000減少爲$59,400。不過，這減少的$600只是利潤差價（$1,800）的三分之一或33%。如此說來，物價的普遍下跌實質上對各種商品可能產生同樣的影響，使利潤差價減少33%，但銷售價格則僅下跌1%。

假設某一個其他機構的利潤差價原本是2%，相當於

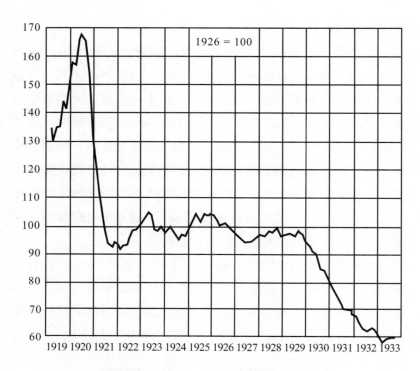

170

160

150

140

130

120

110

100

90

80

70

60

1919 1920 1921 1922 1923 1924 1925 1926 1927 1928 1929 1930 1931 1932 1933

1926 = 100

附圖十四　1919-1933年美國躉售物價指數

上為美國勞動局所發表的550種商品指數。新的784種商品指數也可以轉為
550種商品的基準，只須用1931年的差別平均數比例就行。取材於1931年*聯
邦儲備局報告*；與1932年1月—1933年5月的*聯邦儲備年報*。

$1,200，則其銷售價格如果下跌1%必將使利潤差價減少
50%，這種售價的下跌是由於普遍的原因，非個別的業務所能
控制。再假設一個較為榮景的機構，其利潤差價原本是10%，
則其售價如果下跌1%，必將減少其利潤差價10%。

也許有人要提出論證說，假如價格下跌1%而使銷售總額
由$60,000減少為$59,400，則消費者必然可以節省如許之多的

貨幣（$600）而花費於其他商品，使勞動亦有如此之多的額外就業。

在這裡發生了上文所說的另一錯覺，僅注意於國民所得的*份額*而忽視了利潤的*差價*。雜誌的買主們可能花費於其他商品的$60,000或$59,400又是何從得來的呢？他們是得之於某些商人，而這些商人也就是負欠著他們許多金額的債務人。他們之所以取得這一部分可能是*直接*的作為工資、地租與利息，也可能是*間接*的作為所售物料或所納稅捐之中所含有的工資，地租、利息與利潤。因此之故，假如所有各種商品的售價平均下跌1%，而使利潤差價減低33%，則雜誌的買主們根本就不會有購買力。他們不再成為這雜誌的*消費者*，因為他們都已經失業了。他們之所以失業是由於利潤差價上所發生的情事使然。

物價普遍上升與下降的這種情事對於全世界商人們的利潤差價所產生的作用在實質上是相同的。實質上他們同時都要減少僱用。在需要彈性等於一、大於一或小於一時，普世的原因所產生的作用在實質上必然相同。

我們的所謂「實質上相同」或「實質上同時」，意思就是說，不同的機構與不同的商品在時間與地點方面可能稍有變動。對於這一類的變動與遲滯我們此刻毋須加以細述。其對失業的影響必然要到價格開始下跌之後幾個月才會表現出來。[244]

主要之點並非在於與平均數的變動，亦非在於遲滯的變

---

[244] 參閱下文，本章第八節，捌、**自動的與管理的恢復**。

動。這是在於我們的資本主義制度是在極其狹窄的利潤差價中運行，假如所有的價格平均數發生變動，這就等於說——無論其起因是否與貨幣有關——假如銷售的平均為3%，則其對全球的利潤差價所生影響必然要比對於商品的躉售價格所生影響增強33倍。歸於利潤的*份額*已不在考量之列。所須加以考量的完全在於利潤的*差價*。

我們的這些雜誌買主，必須從這個利潤差價求取他們用來購買雜誌的貨幣。他們的貨幣全數是得之於商人，而商人則是得之於銀行，在現代的情況之下，商人們都是在狹窄的利潤差價裡經營他們的事業。無論這業務與僱用是否繼續下去、加以擴充或予以減縮，總得要看預期的利潤差價而定。要想保持大眾不致失業，所重要的不在於歸利潤的*份額*，也不在於工資。份額與工資在其他方面確屬十分重要。不過，如果是要保持資本與勞動的繼續運用，則不問技術上有何等改進總是一樣，誠如道格拉斯所說，無論勞動的所得份額為一半、三分之二或五分之四，無論資本的所得份額為一半、三分之一或五分之一，其結果相同。道格拉斯的這句話就份額而言確是對的，但在這裡所著重的卻是*差價*，而並非份額。

我們可以把這個問題講得更率直些，倘若提高工資，使其與1923到1929年的效率增進相應，是不是就能阻止1930到1933年的全球性失業呢？假如全世界主要的中央銀行在1925年以後通力合作，把貨幣購買力按照1926年的躉售物價予以穩定，是不是就能阻止這樣的失業呢？（在這裡我們不考慮是否可行的問題，但我們卻要假設這兩種阻止方法皆能付之實施）。

　　道格拉斯對第一個問題所作答覆是對的。削減歸於利潤、地租與利息的*份額*，而增加歸於勞動的*份額*，絕不能阻止1929年以後的失業。

　　不過，有一點必須注意，道格拉斯的答案其關鍵在於*擴展的產業*是否可能，以便容納*緊縮*的產業所解僱的失業者。

　　產業是否可能擴展又是取決於什麼呢？這是取決於*投機的利潤差價*。假如所有的價格都在跌落，並且預期其必將繼續下跌，則所有的利潤差價必皆減少，其減少的程度為價格下跌的10、20、25、30甚或*更多的倍數*。如此，產業絕不會擴展。表面上看來，這似乎是技術失業，但實際上卻是產業未能擴展的後果。

　　在另一方面，假如所有的價格都在上升，則利潤差價增加的程度亦必為價格上升的20、25或*更多的倍數*。產業隨著上升的價格而擴展，這就不會發生技術的失業，除非是道格拉斯所說的臨時失業。

　　但是，假如所有勞動業已達到全部受僱的這一點，則任何進一步的價格上升只是通貨的膨脹而已，因為勞動者既已全數就業，則因價格上升而致的利潤差價之增加絕不能使更多的勞動者從事工作。

　　所以，擬議中貨幣購買力的穩定化允許特別產業各自按照其技術的供需彈性而擴展與緊縮。但此種穩定化卻能阻止普遍的過度擴展，因為這是基於投機的利潤差價而運行的。李嘉圖是企圖在價格上升時減低工資以保持慣常的利潤差價，而普遍購買力的穩定化則是企圖在效率增進時增高工資以保持固有的利潤差價。

　　這些都是早年的理論所未能覺知的其他因素——較高的生活水準與技術效率的增進。李嘉圖的建議是，要想增加利潤差價就必須減低工資，所以也就必須把*較低*的生活水準加在工資勞動者之身。實際上他之所以要強制較低的生活水準，其唯一理由只是因為1815年以後商品的價格普遍下跌。倘使他考量到穩定價格水準的可能性，他也許就發現他的利潤差價並毋須減低生活水準也能予以保持。

　　我們所假設的印刷業這個例證只須參照附圖十四便可轉為各種產業的統計平均數。躉售價格的平均數相等於製造業者、農人、礦主以及其他管控產業的人們所收取的價格從中衍生其利潤。假設這些商品是平均按照30天的期限銷售，如果我們要把邊際與投機的原則適用於這種變動，再假設利潤差價的中位數為售價的3%，則在1919年一月按照$130出售的賣主其生產總成本為$126.10，而其利潤差價為$3.90。不過，因為當時上升的比例為每月2%，所以到30天終了其預期價格為$132.60，這雖僅是售價（$130）2%的增加，但其利潤差價卻已經增加了66%。

　　反之，假設平均價格為$168時銷售額達到了最高峰，再假設價格開始下跌，其速率為每月3.6%（實際上確是如此），則在30天以後價格下跌到$163，減少了$6。倘使生產成本已經增高為$158.01，和從前一樣，其所餘留的利潤差價（$5）仍然是售價的3%，那麼，價格的下跌雖僅是售價的3.6%，但利潤差價卻減低了120%。

　　此項計算雖僅是作為例證，雖是取之於價格漲跌的非常時期，但卻能給我們一種觀念，商人們總是極其重視價格的

微末增減。其原因是由於商人們要「按照淨資產額做生意」（trading on the equity），而不是按照商品的總成本或價格。給付或收取的價格如有平均2%的變動，則其結果將使利潤差價發生30%以上的變動。假如這變動是向上的，則利潤就有如許之多的增加，假如這變動是向下的，則可能要把利潤完全抹去而留下赤字。[245]

(七) 利潤襯墊

在上文我們所考量的僅是製造業公司由*銷售*得來的利潤差價。但到此刻我們所要講的則是這些公司為緩和利潤差價的不利波動所產生的震盪而設計的方法。在附圖八，我們顯示了銷售總額與所得總額（總收入）之間的關係。我們看到銷售額在總收入之中從來沒有到過93.7%以下，銷售額通常占總收入的95%-96%。由其他來源獲得的收入，其數額相對較少，我們稱之為利潤襯墊，如附圖十五所示。

---

245 實際上，之所以會產生赤字是由於經常費用的這項法則。無論生產是否繼續進行，大部分的製造成本還得要持續開支，然後才能保持這個機構成為運營中的業務團體。為應付這些成本起見，縱使利潤差價已被抹去而銷售額僅足以償付經常費用成本，但限量生產總得繼續下去。

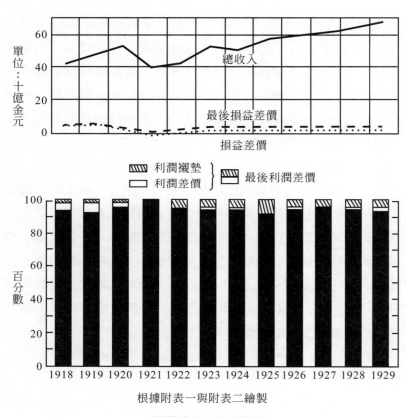

根據附表一與附表二繪製

附圖十五　利潤襯墊

在1919年以前製造業公司的一般慣例是把營運收益或銷售作為謀求利潤的手段，實際上就是把其他來源除外。[246]自從1920年開始，很快的就養成一種習慣，把未發放的股利重行投資，作為收益的其他來源。我們已在總銷售和全部收益的

---

246 參閱前述全國工業聯合會議所發表的文件。

章節所曾提及的新收益來源為別家公司的股票和債券、政府的
債券、定期存款、地租與特許權之類。美國國內稅局的報告所
列此等收益來源的數字是從1922年開始。在這一年之中由銷
售以外的此等來源所獲得的占總收入4.9%。附圖十一以較低
曲線所示銷售利潤差價在1922年低到0.8%；但是把其他收益
所提供的襯墊（附圖十五畫斜線的部分）加上去之後，其由較
高曲線所示最後利潤則為總收入的5.7%，我們給1921年估計
的襯墊把這一年的損失減低了，由總收入的3.2%減低為1%左
右，這就是把銷售的損失減低約30%。襯墊的效用防止了1925
年的損失，並且把1922年到1928年的平均最後利潤保持在總
收入的4.8%與7.0%之間，這麼一來，實質上已經抑制了銷售
損益差價的波動。

　　附圖十五把這些關係表現了出來，在這張圖裡銷售的損益
差價及最後損益是作為總收益的百分數而列示。利潤襯墊就是
這兩條曲線之間的範圍所表示，其作用相當於銷售波動的緩衝
器。

　　這種實務使各家公司無論在營業情況良好或惡劣的年份皆
可能稍許穩定的保持其歸於股東的股利。因此，我們要用*利潤
襯墊*這個用詞來表示這種實務。

　　利潤襯墊的使用並不需要我們把上文所作推論在實質上
加以變更，那就是說，損益差價的波動對就業與生產數量的影
響。因為在商人們或製造業公司預料他們的營運將要產生損
失時，他們的趨向，一如我們所示，將是削減生產與就業。所
以，我們看到利潤襯墊有利於股東，足以阻止或減低損失，使
營運在財務上更為健全，但是在價格下跌的時期卻不能阻止

失業。

(八) 既得權利與利潤差價

上文所說的利潤平均計算起來微末得可憐，實際上利潤是一種自由與曝險的關係，無怪乎，一個商人假如是相當機靈的，必然要把他的利潤儘量迅速的在其尚未逸去之前轉爲既得權利。他往往把他的商品或債券「拋卸」給別人，而自身「掙脫」負擔，因爲他預期這些商品或債券的價格即將下跌，而別人尚未得知。

業務上的偉大成功多數是以此爲起點。一般民眾大都不能區別因效率而致富與因將死馬拋卸給別人而致富。按照商業上與法律上的習俗，「*貨物既出，概不退換*」（*Caveat emptors*），每一種致富的方法都是同等光榮。

拋卸的事物通常在於取得免曝險於狹窄的利潤差價的事物，最確實的事物莫過於保證安全的債券和迅速成長的社區裡的土地價值。樊德比（Vanderbilt，爲美國一資本家）的財產是前者的實例，而亞斯德（Astor，亦美國一富商）的財產則是後者的實例。

一個人如果能把脆弱的利潤在其尚未消滅以前轉爲既得權利，他就完成了兩件事——一件是他援救了自身與子孫未來的苦難；另一件是他強迫未來的商人們必須爲他們的利潤差價而努力工作，因爲他們不得不應付轉讓給他們的事物上所發生的固定費用。利潤差價並沒有增加，但是給付債券利息與地租的義務卻已經增加，這使利潤差價發生大幅的波動。

一家公司如果滿載著氣球似的債券，則其利潤差價必然比另一家沒有此種負擔的公司更爲低微。一家公司如果因過去

的濫用而發生了固定費用，則其利潤差價會比另一家完全免於
此類費用的競爭者更爲窄小。這些都是嚴重的社會問題，由於
一般人未能了解利潤差價與過去傳留的既得權利兩者之間的差
別，所以此一問題更形嚴重。這也是對份額與利潤差價未能加
以區別的另一實例。份額可能是完全的公正或不公正，不過，
促使一個業務團體繼續經營或停歇的則是利潤差價。

所以，利潤差價對資本主義文明具有許多社會的意涵。其
重要性與可衡量性爲人所得知，只是近年來對公司理財開始作
科學研討之後的事。[247]這無非是「基於淨資產額的貿易」或
「基於差價的貿易」而已，這在各種形態的證券投機方面早已
爲人所知，不過，在私有財產的整個制度之下，這也是深入到
各種生產過程之中。

我們因計算差價而提出的例證僅是講到製造業公司，而且
我們所採取的也僅是平均數字，如果要想把利潤差價的意義全
部揭露出來，那就必須適用差數（differentials）。500億金元
到600億金元的銷售額，其平均差價雖僅爲3%，但在這個平均
數字之中往往包括著個別的公司，其差價也許高達50%，而其
餘公司則顯然不及3%，這些差數可能是暗示著累進稅的複雜
問題，暗示著個人收益與公司收益累進稅之間的嚴重區別。在
現代分配不均的情況之下，對於個人收益與既得收益課以高度

---

247 請特別參閱里昂斯（Lyons, W. H.）的《公司理財》（*Corporation
Finance*，1916年），與格斯縢柏格（Gerstenberg C. W.）所著《商
業的財務組織與管理》（*Financial Organization and Mangement of
Business*，1924年）。

的累進稅是可以合理化的，這些收益乃是得之於並非相互競爭的各種不同來源。然而，如果對於公司的淨收益課徵累進稅，這種淨收益是得之於單獨與其他類似企業相競爭的一個來源，那就可能要摧毀資本主義文明的社會目的，這種文明是利用利潤爲動機以提高生產效率。私人得之於股利的淨收益是在公司費用已給付之後留給個人的盈餘；這種收益並非受到競爭的利潤差價。關於長期債券與過去累積的既得權利所施行的公共政策也是同等的重要，這些債券與既得權利將使產業在未來的世代負擔固定費用，因而減低其利潤差價。有人主張債券的期間不可超過單獨的一代，一代的期間實際上比現代資本設備因折舊與報廢而遞減的壽命還要長久。也有人主張這種「死手」（dead hand）所加於人的負擔日見增多。無論如何，利潤差價總是保持資本主義文明前進的活手、腦筋與情感。

(九) 差價與生產成本

早年古典派經濟學者的理論受到自動均衡觀念的主宰，認爲波動的價格有回復到正常成本的趨勢，注意「生產成本」。現代制度派的理論則是注意於利潤差價，這種差價無所謂「正常」，而是突兀從這一懸崖擺盪到另一懸崖。平均數的錯覺雖足以緩和這種突兀狀態，但至少總可能產生一種等級序列的觀念，把生產成本理論和利潤差價理論劃分開來。所以，一個成本理論家也許要說，相當於薪餉1%或2%的意外或失業保險費對於誘導雇主們防止意外或穩定僱用不會有多大的影響，因爲其數額不及生產成本的1%；但是按照雇主們自身所熟諳的利潤差價分析，必然可以顯示這將減低他們的利潤差價，比他們生產成本所增加的還要超出十倍到三十倍。誘導雇主防止意外

或失業的策略並非在於龐大的生產成本，而是在於敏感的利潤差價。[248]

　　同樣的，一個成本理論家也看不出中央銀行的再貼現率如果有1%或2%的變動將會對社會產生多大影響，[249]然而，倘使在貨幣與證券的交易市場上所有高度競爭的交易，其利潤差價減低到銷售價格的1%，則生產成本1%的變動就可能是利潤差價100%的變動。

　　在資本主義的文明裡亦復如是，劇烈的競爭減低了前人所不知的利潤差價，所以，公用事業公司對於競爭者所收取的價格，或是政府對他們所課徵的稅捐如果有些微的差別或減讓就能使一家公司陷於破產，這並不是由於這家公司的成本略高或效率稍低，而是由於這家公司的利潤差價被抹去了。直到最近利潤差價愈趨狹窄的過去三十年以內，美國最高法院才認清這種差別待遇的新槓桿作用，而擴大普通法的意義以相配合。[250]

　　顯然的，在壟斷性公司的情況之下必須適用一種不同的原則。問題的關鍵大部分在於這家公司的利潤是由效率增進得來或是由享受壟斷性與差別待遇的優勢得來。這是利潤究為「效率利潤」或「稀少性利潤」的問題。[251]這是因可變的價格差

---

248 參閱本書下文，第十章，第七節，陸、**意外與失業**。

249 參閱勞倫斯（Lawrence, J. S.）所著《物價之穩定化》（*Stabilization of Prices*，1928年）第XXII章。

250 參閱本書下文，第十章，第七節，參、稀少性、富饒、穩定。

251 參閱福爾曼的《效率與稀少性利潤》（*Efficiency and Scarcity*

價而發生的全球性問題。

(十) 時序與彈性

上文所述這種以狹窄利潤差價爲關鍵的分析往往被人斥爲虛妄，因爲，顯而易見的，只要是把任何一項因素加以細微的變動，你就可能抹去所有的利潤差價。我們已經用利息、稅捐與售價的固定費用抹去這種利潤差價。假如變更工資或購買物料的成本價格，也可能產生同樣的結果。倘使任何一項成本價格升高1%或2%，則利潤差價就可能要減低10到30倍之多。因此，有人說整個分析都是虛妄的，其所用推理方式都是循環的。

這樣的批評是忽視了時間的順序與供需彈性的差別。所有各項因素並非同時朝同一方向變動，即使是同時朝同一方向變動，其變動的彈性也有程度高低之別。

一個商人或政治家絕不會同時遭遇到這所有的問題。這些問題是在不同的時間發生，要看當時變動的是何項因素、何項因素變動得最多或最少、何項因素最難或最易於控制而定。這不是所有因素同時發生的問題，而是限制因素與補充因素的問題，需要加以注意的僅是某一項限制因素，認其爲在當時當地實際上限制其他各項因素；對於補充因素的注意則是在於未來，到時補充因素之中的甲項或乙項可能成爲限制因素，要看那時的情況而定。[252]

Profits，1930年）。查閱「索引」。

[252] 參閱下文，本章第九節，參、**策略的與例行的交易**；及第十章，第七節，陸、**意外與失業**。

此種原則不獨適用於私人的業務，並且適用於公共的業務。毫無疑問的，這是從事行動的人們最崇高的天才，我們稱之爲適時的天才，這是最偉大的戰士、最偉大的政治家與最偉大的商人所具有的卓越天才，足以管控全國的轟動預算（flutterbudgets）。就一個政治家而論，成爲限制因素的有時是賦稅，有時是物價，有時是過分樂觀，有時是過分悲觀，有時是國外貿易，有時是國內貿易，有時是健康或信用，不勝枚舉。我們此刻所須注意的是這數以千計的因素之中，每一項因素在適當的時間皆各有其強迫的力量，在現代資本主義裡足以影響到這種敏銳的，戰略的與狹窄的利潤差價。

經濟的理論以及其中的數學與統計，在這個集體行動的新過渡時期，漸漸的集中注意探究變動的限制因素，這些因素可能造成並解除週期的經濟艱難。

密爾斯（Mills, F. C.）和**國立經濟研究局**（National Bureau of Economic Rescarch）合作，提出了時間序列的實質調研。[253]他根據現有的統計把物價、生產、信用與證券的動態按照其距離終極消費者的遠近加以分類。這就相等於博姆-巴維克所謂迂迴過程的各個階段。不過，他並非如同博姆-巴維克那樣僅注意利息問題，密爾斯是把四十年之中所有的因素逐項加以說明，按照這些因素在時間順序中的變動與在商業循環中變動的幅度，將其聯繫起來。

---

253 參閱密爾斯所著《價格的作用》（*The Behavior of Prices*，1927年），及《美國經濟趨勢》（*Economic Tendencies in the United States*，1932年）。其計算是以1929年爲終止期。

我們的附表與附圖是打算追隨密爾斯所設定的線索把
1919-1929年之間的各種變動集合在一起。他稱之爲價格與生
產的「變動性」，我們則是稱之爲供給的彈性，意思就是說，
消費者的需求是以零售價格與消費數量爲之衡量，對此項需求
的變動加以預測而決定有點久的生產階段所應有的價格與產
品。

我們把價格與價值分清，這在前文已經說明。生產者所
產出的產品價值是由兩個因素所構成，一個是價格，另一個是
按照此種價格售出的產品數量。生產者所有的總價值或「銷
售總額」就是得之於這兩個因素的合併，因爲有了總價值，所
以這個生產者才能應付這幾種成本因素。假如價格上升而售出
的產品並無增加，甚至產量反而減少，再或是假如產量擴大而
價格並無增益，則他的銷售總額或產品價值必然增高。反之亦
然。這一點可以在我們的附圖裡面看到，這些附圖是把銷售總
額（產品價值）和收入總額與營運成本作比較。我們的供給彈
性就是指這一類的*價值*變動而言——兩方向的彈性，價格與數
量，兩者的合併通常是化約爲貨幣用詞來表示。

從消費者的價格開始，所有其他甚至最遠端的價格都是
針對消費者的價格而發，顯然的，零售商這方面的產量彈性和
消費者這方面的貨幣需求彈性完全相應，實際上兩者是同一事
物。密爾斯是把躉售價格而不是把零售價格作爲消費者需求的
指數，這是隱含躉售商向零售商所收取的價格。我們則是以躉
售價格作爲製造業者向躉售商所收取的價格指數。

(十一)摘要

到此爲止，我們可以下結論：國民貨幣所得的*份額*理

論，之所以不能說明繁榮與衰退互相交替的根本理由是因為某一階級的份額增加必然要減低其他階級的份額，這絕不會變更所有各階級的總購買力。所有各階級的總購買力，無論是花於儲蓄或花於消費，其對於勞動所提供的僱用仍然相同，所不同的只在於一時的難以調整。要想增強勞動的購買力，就必須*創造新貨幣*，使失業者有工作，而不是如馬爾薩斯的建議，把納稅人的現有購買力移轉給勞動者，也不是由政府借入貨幣，因為這只是*移轉*投資，而不是投資的增加。

銀行業者，無論其為商業銀行、投資銀行或中央銀行，不能創造並發行此類新的貨幣，因為在一個衰退的時期，利潤差價已消失，絕不會有商業的借款人願意和銀行業者合作，共同創造新貨幣。

商業上的銷售有賴於*消費者的需求*，而要想創造此種需求則政府的本身就必須能創造新貨幣，完全不需透過整個銀行業務制度，直接給付失業者，或是作為救濟，或是用來興建公共工程，如同戰時所實施的辦法一樣。並且，這種新貨幣還必須使其落入農人、營業機構，特別是各種企業，以及工資勞動者之手，因為這些人合併起來才能構成為消費者的需求總額。

正因為到了這種艱困的境地必得使銀行信用膨脹或由政府發行紙幣，以便創造消費者的需求，所以我們不得不採納「中央銀行」政策的理論與實務，這種政策是韋克塞爾於1898年所擬訂，而在戰後的這一段時期以內由全世界各個國家的中央銀行或多或少的付諸實施。我們稱之為桑頓與韋克塞爾一系列的**利潤差價**理論。

第八節　世界給付的社會

　　桑頓（Thornton, Henry）與韋克塞爾這一系列的理論是
利潤差價系列。這種理論最初是由桑頓於1802年所倡導，其
時正在**英格蘭銀行**停止現金支付（1797年）之後，一脈相傳
下來的是：1844年的圖克（Tooke, Thomas）、1898年的韋克
塞爾、世界大戰以後的經濟學者們、1919年的海特雷、1930
年的凱恩斯、1932年的費雪以及1921年之後**聯邦儲備制度**的
政策、1931年9月**英格蘭銀行**與**瑞典銀行**的相繼停止現金支付
政策。

　　桑頓的理論是一種中央銀行貼現的理論。在1797年**英格
蘭銀行**停止現金支付之後，[254]他說，紙幣信用（銀行鈔票）
數量的最高限度，其主要的關鍵在於**英格蘭銀行**所收取的利率
與當時一般商業的利潤率之比較。假如銀行利率*低於*商業的
利潤差價，則商人們會增加他們的借款，而銀行也不再受法
定黃金準備的限制，只須參酌借款人的償付能力，以決定創造
銀行信用的數量，並繼續擴大紙幣的發行額，以適應有償付能
力的業務因物價水準升高而產生的「合法」需求。但是，假
如這種流通媒介的數量因銀行利率提高而不再增加，則「額
外利潤將歸於停止」。到後來，這種理論再見於圖克的著述

---

254 參閱桑頓的《紙幣信用及大不列顛》（*Paper Credit and
　　Great Britain*，1802年）。又康芒斯論「物價之穩定」（*Price
　　Stabilization*）的一篇文章，載於《社會科學百科全書》。

之中，[255]而在1898年，到了韋克塞爾這位瑞典經濟學者的手裡，這種理論又獲得一個新出發點。如果回憶一下習季威克把貨幣市場上的短期利率與債券及不動產市場上的長期利率劃分開來，[256]就可以得知這種理論的重要性。後述的這個市場上所有的低利率就是美國「綠背紙幣」理論的基礎，最初是由凱洛格於1849年所提出。

壹、長期利率與物價

1919年，**聯邦儲備制度**基於紙幣理論而施行，這種理論在以前被稱為「綠背紙幣主義」（greenbackism），其創始者為凱洛格，在1849年，其擁護者是一位著名的傑出製造業者，名叫古伯（Peter Cooper），他是1876年的「綠背紙幣」總統候選人。凱洛格是美國人，堪與同一時代生在歐洲的普魯東與馬克思相提並論，他們都建議減低利率，使其相等於銀行業務營運的勞動成本。

凱洛格與古伯的理論被稱為互相兌現債券的貨幣制度。[257]其目的，一方面是要減低當時所收取的高利貸利率，

---

255 參閱圖克的《1793-1856年物價史》（*A History of Prices 1793-1856*）（共六卷），散見於這六卷書各處的評論與摘要。

256 參閱前文，本章第一節，（十一），3.**貨幣與資本**。

257 參閱凱洛格所寫的一部書，《勞動與其他資本：各種保證的權利，並根絕兩者招致的弊害；說明何以少數人富裕而多數人貧窮的原因，並描述一種制度，毋須侵犯財產權而可能使勞動獲得公正的報償》（*Labor and Other Capital: the Rights of Each Secured and the Wrongs*

他們說這種利率是由於銀行業者壟斷了黃金與紙幣所致，而另一方面是要恢復商業機構與地產的價值，凱洛格是看到了1837年以後這種價值的迅速下跌，而古伯則是看到了1865年以後這種價值的迅速下跌。

這種理論忽視了貨幣「價值」的雙重意義，利率或貼現率與貨幣的普遍購買力。凱洛格和他的追隨者採納了前一種的意義，他們主張：

「貨幣的價值是取決於其所能聚積的利息；而財產的價值則是取決於其所能獲得的租金。……假如任何一種財產的租金在貨幣貸放的短暫時期以內不能積成一筆相等於這財產本身估計價值的金額，則此財產的價格必然要下跌，下跌租金對財產價值的比例相等於利息對本金的比例為止。財產價值之貶低等比於用以衡量的金元價值之增高。只要是貨幣價值因利率上

of Both Eradicated; or, an Exposition of the Cause Why a Few Are Wealthy and Many Poor, and the Delineation of a System Which, Without Infringing the Rights of Property, Will give to Labor Its Just Reward）1849年所寫，最初發表於1843年。1861年重印，改名為《新貨幣制度》（A New Monetary System），我們所述的是1883年的第二版）；坎普且爾（A. Campbell）於1868年將其定名為《真實的綠背紙幣》（The True Greenback）而廣予傳播。古伯於1867年開始的著作以及《獨立黨黨綱》（the Independent Party platform），俱見於他在1883年所蒐集並發表的《優良政府科學觀念》（Ideas for a Science of Good Government）。

升而增高，財產價值必然相應的減低。……沒有一個人願意把他的貨幣投資於財產，除非是他認為這種財產所能產出的收益如同他為這財產而給付的貨幣所能產出的收益一樣多。因此之故，在貨幣利息增高時，財產價格必然降落，使財產的收益與貨幣的收益相等」。[258]

　　凱洛格建議，利率應該防止其超出1%以上，據他估計，這就是實施銀行業務制度的勞動成本。**全國勞工聯合會**裡他的追隨者於1867年，**綠背紙幣黨**（Greenback Party）於1876年，先後把這個估計數字提高為3%。[259]由政府印製法償的鈔票，按照抵押方式以3%的利率貸放，其數額以不超過土地價值的50%為度。借款人可以用這種法償的鈔票購買商品與給付工資，如此就可能使這種鈔票普遍流通。任何人收受了這種法償都可以貸放給別人，而不必購買商品，也可以把這金額投資**於政府的國庫券**，這種國庫券並非法償，但卻可以按照3%生息，一個持有國庫券的人，如果他在工業或農業方面找到利率超出3%以上的機會，他也可以向**國庫**請求將國庫券轉變為法償貨幣，而用以給付物料的價格與勞動的工資。

　　如此一來，利率便不可能升高到3%以上，因為，假如一個私人放款者所要求的利率超過了3%，借款人就可以轉向政

258 參閱凱洛格的前述著作，第153-154頁。
259 參閱康芒斯與其同事合著的《公文書記載的美國工業社會史》（*Documentary History of American Industrial Society*），第IX、180及203以次各頁。

府借款或是轉向別人告貸，而這個別人也可以按照3%的利率借入款項。另一方面，利率也不會降到3%以下，因為，一個放款人只須用他的法償購進**國庫券**就可能獲得3%的利息，所以，全國的利息會穩定在3%的一點，而不至如同過去一樣的波動，在過去每逢艱困的時期，利率可能下跌到1%或2%，而在繁榮的時期或貨幣緊縮之際，不動產、商業貸款或短期貸款的利率又可能高達10%、15%、100%或更高。

凱洛格的此種互相兌現貨幣與債券計畫在國會或有關紙幣的建議之中時常重行出現，不過，大家都認為這是一種新發現，而不知道此項計畫實際上是創始於1849年。近年來，由於1929年以後物價低落，此項計畫又被視為一種農業救濟方略而再度提出，企圖使用不生息的法償幣，**美國鈔票**（綠背紙幣），將其轉換為利率3%的政府債券，這種債券係為取得農地的抵押而發行。倘若這債券的市場價格超過了面值，則訓令財政部長出售債券而收回等值的美國鈔票，倘若這債券的市場價格下跌到面值以下，則**財政部長**就要用法償的鈔票購進債券。也和凱洛格的計畫一樣，這是期望在債券價格高於面值時發行債券以換取紙幣，增多債券的供給量以抑低其價格，並暫時的收回貨幣，而在債券價格低於面值時重行發行紙幣，以換取債券，減少債券的供給量，使其價格回升到相等於面值，並暫時的收回債券。

凱洛格力爭說，他的這種紙幣絕不會如同法國的「阿西尼亞那」（assignat，法國革命時期所發行的一種紙幣）或美國的**大陸貨幣**（continental money，美國獨立戰爭中所發行的鈔票）一樣貶值，因為那兩種貨幣是不「財產的表徵」，而他的

這種互相兌現紙幣卻能以不動產抵押的形態代表財產。他說，假如政府「貸放貨幣出去而以價值雙倍於貸款金額的具生產力土地為抵押，並以有息證券作為貨幣基金，則此種紙幣就能代表財產而永恆有效」。[260]

　　然而，凱洛格也承認，如果土地或任何債券的實際地租或利息超過了3%以上，如果貨幣可以自由的繼續按照3%的利率而借到，則此等土地或債券的價值將立即上升。不過，他並沒有徹底說明其所將發生通貨膨脹的後果。

　　假如市場上的利率為按年6%，而一塊價值$1,000的土地可以產生$60的地租，或一張平於面值的債券可以產生$60的利息，則市場利率減低為3%時，這塊土地或這張債券的價值將上升為$2,000。這塊土地或這張債券的買主由$2,000紙幣的投資每年可能獲得$60，如同他把這$2,000投資於**國庫券**一樣，但其利率卻是3%，而不是6%。

　　所以，假如這塊土地上升到$2,000，則其供抵押之用的價值會比從前大兩倍，而其擁有者按照土地新價值的半數可能借入的金額也會比從前大兩倍。在從前，土地的估值為$1,000，他只能借入$500，而到此刻，土地的估值為$2,000，他就能借入$1,000。

　　這時，土地的產出——小麥、穀類、牲畜——其商品價值也會上升，這一點凱洛格也承認，因為法償貨幣較為充裕。倘使這些價格也和土地價值一樣的上升100%，則按照紙幣計

260 同前書，第280、281頁。

算，$60的地租將為$120。假如地租增為$120，則土地價值可能又要上升到$4,000，而仍然是按照其市場價值產生3%的地租。其抵押價值按照市場價值計算在此時候是$2,000，而借款人也就可以按照3%的利率借入$2,000。只要是法償的數量或按3%生息的互相兌現**國庫券**數量沒有受到限制，則此種螺旋式的效果將持續產生，最先是提高土地價值，然後提高土地產出的價格，再提高土地價值，然後又再提高產品價格，餘可類推至無窮大。

凱洛格的推論，其錯誤是雙重的：一是混淆了貨幣價值的雙重意義，既是利率，又是購買力，二是追隨古典派，混淆了**生產力**與**購買力**。照他的詮釋，生產力不但是產品的數量，且是產品的價格。把貨幣價值作為固定不變的*利率*，而使其穩定，與把貨幣價值作為*購買力*，而使其不得穩定，兩者的作用恰正相反。

1919年的**聯邦儲備制度**是基於凱洛格的理論而予以實施。**財政部**以相當於4.25%的利率發行**勝利公債**，而當時的市場平均利率則是5.75%到6%。這種債券是經由會員銀行之手而銷售，買主們可以借入貨幣以購買債券而把這些債券留存在銀行裡作為保證。為使債券可能順利的按照其面值而銷售起見，**聯邦儲備制度**就規定，凡是會員銀行以政府債券作為保證而向**儲備銀行**借款，其再貼現率（4.25%）要比以商業票據作為保證的貼現率（4.75%）減低1%的半數。[261]其結果，會員

---

261 參閱下文，〔參〕，附圖十六。

銀行的借款用政府債券作保的占85%，而用商業票據作保的僅占15%。於是以政府債券作保的利率便成爲實際有效的利率。

1917年在紐約以商業票據作保的再貼現率原本是4%，其後於1918與1919兩年之間提高爲4.75%，同時，以政府債券作保的再貼現率在1917年原本是3.5%，而於1918與1919兩年之間提高爲4.25%，保持著有利於以政府債券作保的差距1%的半數，一直到1921年的五月爲止。[262]

其結果，假如一個銀行業者以政府債券存作保證，他就可以按照4.25%的利率向**聯邦儲備銀行**取得貸款，而在一般貨幣市場上卻可能按照6%到8%的利率（公開市場的商業利率，見附圖十六）將其轉放出去。

這麼一來，以政府債券作保的借款大爲增加，在1917年幾乎是沒有，而到1919年發行**勝利公債**時，這種借款竟達17億金元之多，其結果，在1919年3月到1920年5月這一段期間之內，**儲備銀行**放給會員銀行的信用貸款由25億金元增爲32億金元；**聯邦儲備**的鈔票由24億金元增爲32億金元，而所有各會員銀行的即期存款亦由127億金元增多爲153億金元。[263]

這對物價所產生的影響是值得注意的。[264]在1919年的年底，躉售物價的水準升高了15%，而到了1920年5月這一股刺激的力量又再把物價抬高了13%。在戰爭的歷史裡從來未曾有過一次*戰後*的物價通膨。之所以通膨的原因是由於凱洛格的理

---

262 附圖十六中未予列出。

263 附圖十六未予列示。

264 參閱前節，附圖十四。

論，用人為的方法把短期利率保持在市場利率之下。

到最後，在1919年11月，**勝利公債**已全部售出，**紐約儲備銀行**就開始一再的提高貼現率，1920年6月達到了恐慌的高度，以商業票據作保的貼現率高達7%，而以政府債券作保的貼現率亦達6%（見於下文附圖十六）。

顯然的，假如**儲備銀行**在1919年4月一開始就把貼現率提高為5%或6%，比實際上達到此數的日期早十二個月，也許這些銀行就可能防止商品價格的戰後通膨，甚至在1919年就可能壓低物價，而毋須等到1921年。不過，這些銀行卻是依照凱洛格的債券與貨幣互相兌現理論而予以實施，企圖把**勝利公債**的利率保持在商業貸款與一般資本的市場利率之下，以便按照面值將債券銷售出去。倘使不用人為的方法壓低利率，則利率4.25%的債券，其市場價格將如凱洛格所料，下跌到面值以下，因為當時各個銀行與放款者在其他貸款上可能獲得6%的利率。要想避免這些債券的價格下跌，就必須採用此種促使通貨膨脹的低利率。

貳、短期利率與物價

與凱洛格完全相反的是韋克塞爾的理論，[265]這種理論是傳自桑頓。他採取了貨幣價值的另一種意義，不是利率，而是貨幣的普遍購買力。他所要穩定的是貨幣購買力，而不是貨幣

---

265 參閱韋克塞爾的《利息與物價》（*Geldzins und Güterpreise*，1890年）。

利率。

　　麥克勞德於1856年建立了他的理論，說明銀行利率的變動對黃金輸出入的影響。韋克塞爾於1898年也建立了一種理論，說明此等變動對一般物價的影響。韋克塞爾的理論在起初並不爲世人所注意，一直等到1922年，全世界供貨幣之用的黃金大部分都不見，擁有過剩黃金的**聯邦儲備制度**才發現中央銀行的利率如果以債券在公開市場上的發售爲之後盾，或可用來防止通貨膨漲。

　　韋克塞爾的處境是在個人主義的物質理論與戰後中央銀行的協力行動理論之間的過渡地位。早年理論的影響還殘存著，他把「自然」利息和李嘉圖、杜爾哥與博姆-巴維克的邊際生產力視爲同一。這是他的進步，勝過了桑頓於1802年所發表的理論。他企圖把中央銀行的利率不但和桑頓*商人們*給付的商業利率聯繫在一起，且也和*生產*的技術過程以及資金的融通聯繫起來。現代的理論出現在他所建立的三重關係之中，這就是說，在自然利息因生產力不同而起的變動、商品平均價格的變動與中央銀行因控制貼現率變動而採取的全球協力行動三者之間的關係。

　　假如由於全球的協力行動把中央銀行的利率減低到資本的邊際生產力以下，這就是說，減低到「自然」利息以下，則銀行的顧客們受到引誘，增加他們對銀行信用的需求，並藉此增加他們對商品與勞動的需求，而提高物價的一般水準。

　　反過來講，假如中央銀行的利率因全球的協力行動而提高到實物資本的邊際生產力以上，則經商的顧客們必然鑑於利潤差價的狹窄而減少他們的借款，減少他們對商品與勞動的需

求，其結果使價格與就業皆趨於低落。

不過，倘使由於同樣的全球協力行動保持中央銀行的利率
與實物資本的邊際生產力近似於相等，則物價的平均數與就業
的數量趨於穩定。

這種理論和1919、1920年**財政部**與**儲備銀行**的官方行動
恰相反，我們已經講過，官方的行動是遵循凱洛格的理論，
1919年，銀行利率遠在市場利率之下，照凱洛格的說法，這
種利率將使物價上升，並且實際上的結果也的確如此。但是，
在1920年及1921年的早期，銀行利率逐漸的超過了市場利
率，照韋克塞爾的說法，這種利率將使物價低落，結果亦如所
言。[266]官方與一般人所崇信的理論總是說，銀行利率應該*追
隨*市場利率，因為他們沒有利息與物價相關的理論。韋克塞爾
則是主張，銀行利率應該*領先*市場利率，以防止物價的漲跌。

韋克塞爾認為全球協力行動之所以必要是遵從麥克勞德
與英格蘭銀行在1857年以後的公認原則，意即，假如一個國
家的貼現率高於其他國家，則通常會搾取其他國家的黃金，不
過，倘使所有國家都採取共同行動，共同的提高或壓低其貼現
率，則每個國家皆能依當時國際收支的差額與黃金輸出人的威
脅情況，提高或壓低本國的貼現率較全世界貼現率微高或微
低。

黃金的輸出與輸人自動的表現在銀行準備之中，費雪曾經
歸納韋克塞爾的貢獻，說他這教條的關鍵在於使貼現率「與其

---

266 參閱附圖十四與十六。

他利率相調合」。在這方面他力爭說，韋克塞爾「較勝於任何人」，他做了寶貴的貢獻，「除黃金準備之外，在存款通貨左右物價水準的情況下，商品的價格水準完全要看銀行貼現政策的眼色。」[267]

所以，韋克塞爾的貢獻，其重大意義在於他所建議的各個國家集體行動，以穩定全世界商品價格的一般水準，在當時的文明階段，所有金屬貨幣與紙幣皆臣服於商業銀行的借方貨幣。韋克塞爾在三十五年前怎麼會產生這種烏托邦的理論，這種理論何以要等待資本主義文明的戰後悲劇加以體驗性調研和檢驗，這種理論何以必須修正以配合這些體驗，凡此種種皆為經濟、政治與外交上重建一種經濟理論而有待於解答的問題，堪與此相提並論的只有一百多年前另一次世界大戰以後經濟理論的重建。

參、由邊際生產力轉為資本生息

在韋克塞爾有關預測與中央銀行管控的理論之中出現了三個缺點——邊際生產力的可衡量性、公開市場與顧客利率的分歧以及風險貼現。

在歷史上，邊際生產與利率之間的關係已經有過三種說法，而韋克塞爾又增添了第四種。杜爾哥的詮釋，其關鍵在於儲蓄的充裕與稀少性，較大的充裕帶來較低的利率，所以也把

---

267 參閱費雪的《美國經濟協會會報》（*Proceedings Amer. Econ. Assn.,*），1927年3月，第128頁。

生產擴展到較低的差價。起因在於儲蓄。李嘉圖的詮釋是由相
反的觀點出發，人口增多，足以導致勞動與資本從事於較低水
準的農業生產，並相應減低利率及利潤率。他的起因在於大自
然與人口。博姆-巴維克的理論是說現時財貨在技術上較爲優
越，他是假設把一定數量的勞動在現時的迂迴方式，可增多產
量，其增多的程度相當於當初使用勞動之後時間的延長。[268]

在這幾種理論之中，沒有一種是把資本的技術效率因發
明與較優組織而生的變動加以適當的考量。其所涉及的主要是
在於資本的數量。杜爾哥衡量資本的數額，用的是他的「溫
度計」，也就是長期貸款的利率。李嘉圖與博姆-巴維克衡量
資本的數額，用的是生產這一筆資本所需的人工時數。韋克塞
爾排斥資本數額用人工時數來衡量，他退回到杜爾哥的貨幣衡
量。但是他又引進了資本工具*效率*的*變動*，以示別於資本數
額。實際上，李嘉圖的確是以效率變動作爲他的理論基礎，不
過，這是一種效率遞減的比例，所以也就是利息與利潤遞減的
比例，由於人口的壓迫，故而不得不從事於較低差價的農業。
他沒有關於發明之效率的理論，這種發明在實際上增高了一切
產業的勞動效率，克服了人口壓迫趨向於較低差價的農業。馬
克思把增高的勞動效率替代了李嘉圖的遞減效率，不過，他的
效率是趨向增多歸於擁有者而不是歸於勞動者的剩餘產品。

然而，韋克塞爾卻能注意到，在革命性的發明時期，資本
的邊際生產力將增高，也就是說，效率增高，因而需求更多的

---

[268] 參閱前文，本章第一節，(十)**由心理經濟學轉爲制度經濟學**。

儲蓄，並提高自然利率。但是，在技術發明減緩而儲蓄繼續增多的時期，則邊際生產力呈衰退的**趨勢**，對儲蓄的需求因而減少，自然利率亦將降低。所以，韋克塞爾雖是和杜爾哥一樣用貨幣來衡量資本數額，但其衡量資本「自然利息」所用的卻是資本財貨技術效率的變動。

不過，韋克塞爾又更進一步把主觀學派的心理利息、邊際生產力以及儲蓄的利息視爲同一事物。我們已經講過，迦塞爾在他那可以衡量的「等待」數量與因等待而給付的價格之中也是將其視爲同一事物。這和杜爾哥的下降中的「利息價格」相同，只是韋克塞爾將其修正爲效率在*變動*而已。他把杜爾哥的「利息價格」描繪爲低的利率，使農工商業裡的勞動島嶼與山谷露出於退潮海洋的水平面之上，或是利率（「價格」）升高，使這些島嶼與山谷隱沒於漲潮海洋的水平面之下。

邊際生產力的這個概念在此刻被韋克塞爾轉爲社會效率的概念。這已經成爲兩個變數的概念，一個是社會產出進行*速率*的增減，另一個是儲蓄積聚*速率*的增減。自然利率是隨著社會產出的增多而升高，隨著社會產出的減少而降低，並且是隨著儲蓄供給量的減少而升高，隨著儲蓄供給量的增多而降低。

此外還有一個變數也得要加以計算，那就是普遍物價水準的波動。這種波動將調整所有商品與服務的價格，使進入技術過程的商品與勞動價格變更。所以，爲完成他的理論詮釋起見，他和李嘉圖、博姆-巴維克以及所有的理論家一樣，遂假設物價水準爲永恆不變而把這個變數除掉。有了這種假設，我們就獲得四個變數：社會產出、資本或儲蓄數量、市場利率與中央銀行利率。社會產出可以推定爲按照不變的價格出售，而

不問效率的任何變動，所以，資本儲蓄與利率也是用永恆不變
的貨幣購買力為之衡量。有了這些假設，則無論生產邊際是上
升或下降，價格的漲跌絕不會影響到社會產出及從事該產出生
產參與者的貨幣收益的均等。邊際生產力變成了均衡的水準，
在這個水準上，物質生產力的剩餘如果用固定價格水準加以衡
量，必然相等於儲蓄的利息，這種利息也不受綜合價格水準變
動的影響。

　　然後，韋克塞爾又陸續引進了消費財貨價格水準（零售價
格）的*變動*、生產財貨價格水準（躉售價格與工資）的變動、
資本與勞動邊際生產力的變動、銀行利率與市場利率的變動以
及貨幣數量的變動。這許多變動不但是*變動率*的不同，其*變動
的時間*也互不相同，他觀察並衡量不同變動發生的先後及時延
而導出他的理論，認為可以用中央銀行發行與再貼現的協力預
測行動來穩定綜合物價的水準。

　　韋克塞爾的邊際生產力理論引起了凱恩斯、海耶克
（Hayek, F.A.）與海特雷在1931與1932兩年之間的著名論
爭。[269]海耶克說凱恩斯在他的貨幣理論之中未曾為利潤保留

---

269 參閱海耶克的「對凱恩斯純貨幣理論的感想」（Reflections on
the Pure Theory of Money of Mr. J. M. Keynes），載於《經濟》
（*Economica*），第XI期，第23頁；凱恩斯的一篇「答辯」，載
於《經濟》，第XI期，第378頁。並參閱海耶克的《價格與生產》
（*Prices and Production*，1931年）與海特雷的評論，見於「經
濟」，第XII期（1932年），第119頁，以及他的《中央銀行業務
的藝術》（*Art of Central Banking*，1932年）。又凱恩斯的《貨幣

空間，並且說他的理論是一種純貨幣理論，沒有考量到技術資本的物質生產力中非貨幣的變動。

在後述的這方面，海耶克又退回到博姆-巴維克的理論，那是說，生產期間的延長，也就是迂迴過程的延長，在技術上具有較大優越性。假如迂迴過程因技術資本的大量投資而延長，則資本的未來邊際生產力就會增高。反之，假如此項過程因投入的技術資本數量較少而縮短，則資本的未來邊際生產力就會減低。誠如韋克塞爾所指出，這兩種交替情況實際上的確可以在商業循環裡見到，為新建設而發行的債券多半發生於不景氣時期，其時的長期利率（債息）常低，而在繁榮時期所發行的債券較少，其時的利息或債息常高。

然而，這卻不能如同博姆-巴維克那樣力陳，迂迴過程的延長可增進生產力，而迂迴過程的縮短將使生產力減退。現代發明的全部才智總是傾向於迂迴過程的*縮短*，比方說，要在十個月內築成一幢摩天大樓，而在採用過時方法的情況下這卻需要頗多年的時間，甚而是不可能的。並且，就預期的產出而論，效率較高的資本設備其所需的投資實際上也比過時設備所需的減少得多。如果構造一部巨大的發電機，連同改良的附屬機器，其所產出的產品相等於整套蒸汽引擎與過時機器所能產出的數量，則每一單位的預期產品所花費的成本少得多，而其所需要的時間也短得多。從某一個觀點看來，現代的工藝學總

論》（*Treatise on Money*，1931年）與《說服論文集》（*Essays in Persuasion*，1932年）。

是要縮短迂迴過程，而從另一個觀點看來，新建設所需要發行的債券也比已往爲少，假如我們的迂迴過程是指未來時日「一定的產出率」而言，則其結論必然是如此。

然而，未來的產出率、未來的邊際技術生產力或未來的利潤，卻完全不能用目前的任何統計方法來衡量。因爲有了這些和其他的理由，所以海特雷要把「生產期間」除掉，而很適當的代之以一種解釋，認爲時間的間隔總得要看生產者的行爲、未完成之訂貨、手頭現有的存貨，以及運用額外資本與勞動的便利性而定。

所以，我們必須由別處地方爲商業社會的實際預測求取數量上的證明，這種預測不但考量到韋克塞爾與海特雷所強調的預期變動，並且也考量到現時所有一切情況。假設我們處身於現在的這個時點，如同海特雷所想像的一樣，正在爲近期或遠期的未來作協商，正在指派並購買物料與勞動，我們必然可以看到，每一個機構皆各有其自身的經驗與當時的運作，以及相似機構與一般群眾對未來預期所下的判斷，可以用來作爲這個機構預測的指導。

這一類的預測總牽涉到兩個變數，一個是預期的物質產出，另一個是產品銷售的預期價格，按照這樣的價格出售才能獲得未來的利潤差價，而使銀行業者願意爲之墊付購買力。因爲，銀行業務制度的操作並非以物質產出爲基礎。這是基於*預期*的物質產出*乘*以預期的價格。換言之，這就是基於預期的「銷售總額」。此等預測的產出*與*價格時刻不停變動著，不過，長距離的預測在現時的趨向卻可能由證券市場上因公司股票與債券而給付的價格，以及不動產市場上因土地權利而給付

的價格予以測定，其中的每一種都可以和股利、利息與地租的淨收益互相比較。計算「股息」、「債息」與土地價值的「租息」都是以*預期*產出*乘*預期價格爲最簡捷的衡量方法。股票與券債的價格具有高度的投機性與可變性，並且往往要受制於操縱與宣傳，不過，即使如是，這種價格總可以表示那些從事於投資與投機的人們在當時爲了任何理由是多麼願意把生產推展到產出乘價格的較低差價，而不願意以現有的報酬率爲滿足。假如一張面值$100，利率5%的債券因爲有完全保障而其市場價格升高到$200，則購買這張債券的投資者就是願意容許這個企業的擁有者擴充設備，而把生產伸展到較高水準的銷售總額。實際上這張債券的債息僅得2.5%，也就是較低差價的未來物質生產力乘之以較高水準的預期價格。但是，假如這張債券的市場價格僅爲$50，則其債息便是10%，而投資者也就是不願意讓這個機構擴充設備，把預期產出按照預期價格伸展到10%的限度以上。

　　此項原則也可以適用於對股票或土地價值投資的意願。不過，在這方面風險因素比利息更容易變動，實際上，風險就是預期利潤的因素，具有絕大的決定性。由預期風險而生的貼現率可能升高到100%，這時，一張面值$100的股票，其現時市場價值可能下跌到等於零，而消失於市場之外，其所以仍能爲人所「*持有*」只是爲了投票權而已。相反的，假如由於預期產出可能按照預期價格的升高而增多，使預期風險歸於消失，則此股票的價格很可能升高到面值以上。

　　此等原則都是十分簡單而爲人所共喻，不過，所應注意之點是必須把預期產出和由此產出所可能收取的預期價格合併

在一次估價（銷售總額）之中。所以，此等原則確實是較優於「自然」利息觀念，這種觀念所依據的僅在於技術資本，或僅在於迂迴過程的延長或縮短。所有這些可變的未來物質產出以及可變的未來價格、利潤與利息已經在資本市場上完全合併於現時買賣股票與債券的過程之中。

我們是效法習季威克，把這些長期投資所產生的收益稱之為「資本生息」（capital-yield），而不是如同韋克塞爾一樣，稱之為「邊際生產力」。因為這些都是利潤與利息合併在一起的收益率，從最安全而以利息為主開始，一直到最不安全而以利潤為主終止，這些都是對預期利息與股利這兩種長期收益權利的現時購買者所有的估價。假如平均的資本生息能構成為加權指數，則我們的這種指數絕不是韋克塞爾的「自然利息」指數，他的指數是不能衡量以供銀行業務與投資之用的，而我們的則是整個制度組織的指數，可以按照當時所有參與者智慧或愚蠢、希望或恐懼的判斷來擴展生產或是限制生產。

我們用現有的統計資料所能求得的最近似平均資本生息指數，就是根據**紐約證券交易所**選定的各種普通及優先股票與債券的新發行額而予以加權的平均收益數。這樣的指數不但是包括預期的供給與需求或價格，並且也包括按照這種價格出售的預期技術產出。我們的計算見於附圖十六的「資本生息」。

此項計算由於資料不全所以有許多不完備的地方，不過，雖不完備，仍能在目前的統計研討情況之下提供一條粗略的線索。如果把附圖十六所列指數和公開市場的利率及**紐約儲備銀行**的再貼現率比較一下，我們就能獲得一條線索，以了解韋克塞爾所作分析的意義。「資本生息」並沒有把非貨幣的因

素消除——這是把技術產出和這產出的價格相乘而合併起來，正與資本市場上的實際做法相符。

附圖十六 1919-1933年資本生息、公開市場利率及再貼現率

「資本生息」是15種公用事業債券、15種鐵道債券、15種工業債券、20種工業優先股票與90種工業普通股票所產生的平均收益；根據*商業與金融編年史*（Commercial and Financial Chronicle）所載1919-1933年各種公司債券，優先股票與普通新發行額而予以加權；各種證券收益是**標準統計公司**（Standard Statistics Company）所計算的數字，*現時商業調查*（Survey of Current Business）曾予引述。

「公開市場利率」是各種4-6個月期的商業票據所生月息，見於1927-1928，1931年的*聯邦儲備局年報*（Annual Report of Federal Reserve Board）；及1932年1月到1933年5月的*聯邦儲備公報*（Federal Reserve Bulletin）。

「紐約聯邦儲備再貼現率」是取之於1924及1931年的*聯邦儲備局年報*；與1931年1月到1933年5月的*聯邦儲備公報*；其中1919-1921年的利率是60-90天期的票據所生之息，1 922-1933年的利率則是各種票據所生之息。

　　如果把這個資本生息公式用來替代韋克塞爾根據技術資本邊際生產力所求得的「自然」利率，則他的理論就變爲如下所述。他首先假設全世界從事於發行及再貼現的中央銀行採取齊一的行動，其目的在於維持貨幣平均購買力的穩定性。由於齊一的行動，故而運輸黃金以償付差額的干擾可能互相抵銷，只須國與國之間移轉其信用或指定現存黃金的用途，使黃金儲備在實際上可以由公家扣押而摒出於國內與國際的交易之外就行了。

　　有了這個假設，接著，如果平均全球性資本生息（他的自然利率）低時，乃指向投資及投機活動頻繁，證券將以高價售出；這些高價將誘使新證券增加發行，從而在現行的工資和價格下，增加購買得到的勞動和物料數量，來擴充和新建設。總社會投資及營業活動，以已購得的勞動和物料數量來衡量因此得以增加；且增加中的產出最終將得以確保。

　　假如資本生息（他的自然利率）因證券價格的高昂而低落，同時，銀行利率又比資本生息更低，則同樣的趨勢必將移轉到現時營運面。由於受到更低銀行利率的刺激，借款人必將被引至擴大其短期借款的金額，以便立即交付其製成品，而不復購買長期證券。這些增多的短期借款與高價的證券有同等的效力，因爲這些借款可能使借款人增加對勞動與物料的需求。其趨勢是首先增多營運勞動與物料的數量，購來供即時生產之需，雖是在所有的勞動皆已充分僱用時，也要提高價格與工資，致令產出的數量無法再作更進一步的增加，這就是我們在1919年所見到的情況。

　　相反的，倘使資本生息（自然利率）雖低，而銀行利率卻

提高到資本生息以上，則較高的銀行利率勢將抵銷低微的資本
生息。借款人必然要減少其向銀行借入以供現時營運之用的貨
幣，而把較多的貨幣投資於長期證券，這麼一來，價格既不會
上升，產出數量也不會擴大，如同銀行利率在資本生息以下時
一樣。

　　如果把這種推論貫徹到底，則足以影響產出與價格之平均
動向的並非銀行利率的*絕對*升降，而是銀行利率在和資本生息
比較之下的*相對*升降。倘使資本生息率為6%，則如同1919年
4.5%的銀行利率[270]便是低利率，將使商品的平均價格趨於上
升。假如資本生息像1929年一樣下跌到4%，則5%的銀行利率
便是*高*利率，將使商品價格趨於下降。

　　由此可知韋克塞爾所用借入貨幣與購買財貨之間的功能
關係其意義為何，這種關係是各種營利業務團體所共知，但卻
為古典派與享樂派經濟學者們理論之中所未曾加以利用的關
係。他們消除貨幣，認其為僅是一種「形式」、一種「交換媒
介」，對於交換價值不發生影響，因為這種價值早已在生產過
程之中由愉悅與痛苦予以決定。但韋克塞爾卻要說，貨幣並不
僅是「形式」上的差別，而是「實質」上的差別，在形式上貨
幣是居於被動地位，而在實質上貨幣是居於主動地位。

　　古典派與共產主義經濟學者們的假設是把貨幣認為被
動，認為僅是移轉財貨的一種方便交換手段，無異於公路為運
輸財貨的手段，因此之故，利率也可以描述為「自然」利率，

270　見附圖十六。

用另一種普遍性商品，即貨幣，予以給付，如果他們這種假設是對的，即貨幣僅是某種形態的商品，黃金或白銀，其價值也和別種商品一樣，是由勞動力的工時所決定與衡量，則他們認貨幣為被動的這種說法也許是接近於現實。不過，既用銀行借方的貨幣制度來替代金屬貨幣制度，則銀行利息的變動就可能，並且實際上也確是如習季威克所說，與資本邊際生產力所決定的「自然」利率不同，並且與資本的市場價值收益也不同。換言之，韋克塞爾是在習季威克的兩種固定不變利率之間引進了多重因果的關係，使銀行利率不能常與資本生息相符合，其互不相符通常是反映於產品的數量與價格變動之中。

韋克塞爾的教條說的是銀行利率與資本邊際生產力之間的相對性，而費特爾的批評竟稱之為「韋氏貼現政策的驚人教條」，[271]殊不可解。費特爾排斥了韋克塞爾的邊際生產力；因為這是「價值」的生產力，而邊際生產力則顯然是技術的或產出的生產力。韋克塞爾的「邊際生產力」之中不僅是包括產出，並且也包括由此產出所收取的價格。這是把金錢價值的生產力作為資本生息而加以衡量，其理由是因為實物產品的銷售，目的在於換取貨幣，而價值也不是心理的——這是貨幣價格。

更不可解的是費特爾竟然把韋克塞爾所述各種不同利率的*相對性*這個基本教條也忽略掉了。費特爾僅注意到韋克塞爾

---

[271] 參閱費特爾的「利息理瑜與價格運動」（Interest Theory and Price Movement），載於1927年3月的《美國經濟協會會報》，第62、98頁。

的一半教條，那就是假設銀行利率*較低*於「自然利率」，他同意韋克塞爾的說法，認爲在這種情況之下會招致物價的普遍上升。於是他就推定韋克塞爾的意圖是要把貨幣利率*經常*保持低於自然利率，費特爾說，在這種情況之下會發生「永恆的信用膨脹與物價上升，因而造成更多商業貸款的動機，循環相生，以致於*無窮*，猶如俄國與德國紙幣膨脹的往事一式無二」。費特爾忽視了韋克塞爾教條的另一半，那就是，如果把銀行利率提高到「自然」利率以上，則可能阻止物價上升，甚至可能抑低物價。

費雪答覆費特爾的一席話[272]表示他對韋克塞爾有較多的了解，他同意韋克塞爾的教條，認爲把銀行利率壓低到自然利率以下，可能招致信用的膨脹與物價的上升，不過，他也指出，把銀行利率提高到「自然」利率以上，將使信用緊縮與物價下跌；並且，如果能使貼現率與「其他利率同調」，則其趨向足以保持平均物價水準的穩定。[273]

肆、公開市場利率與消費者利率

韋克塞爾沒有強調短期利率與長期利率之間的區別，他認爲這兩種利率在市場上有趨於一致的傾向。在這方面，假如短期利率是指「消費者利率」而言，則他是十分正確的。如果把我們的「資本生息」與平均「消費者利率」比較一下，像雷

---

272 同前，第106、107頁。

273 同前，第108頁。

富勒（Riefler, W. W.）在他一部著名著作裡所做的一樣，[274]
可以顯示這兩種利率極相近似而難於區別，所以在我們的附圖
十六裡已經把消費者利率略去。這種利率差不多和「資本生
息」完全相等。

但公開市場利率則不然，這在附圖十六裡面可以看得
到。公開市場利率是大規模而著名的製造業機構所有短期票據
經由抽佣代理商之手，售與眾多的銀行而產生的全國性利率，
這許多銀行是用未作其他投資的「剩餘基金」來購買此等票
據，所以這是最具高度競爭性的利率。因此，這種利率也直接
受到中央銀行利率的影響，由附圖十六可以得見。

另一方面，消費者利率實際是一家銀行與其個別顧客互相
同意的保密利率，銀行是期望這種利率可能使顧客滿意，而顧
客也是期望能按照這種利率將其剩餘金額存入銀行。較爲直接
指導銀行的是投資於證券所生之另類選擇的收益。所以，消費
者利率比中央銀行利率更近似於「資本生息」。公開市場利率
與消費者利率之間的差別足以解釋韋克塞爾把短期與長期利率
合併成爲平均*市場*利率的理由，他是將其與物質生產力的*自然*
利率作對比；其他學者，如海特雷等輩，則是較爲強調短期公
開市場利率與長期投資利率的分歧。最受到中央銀行貼現政策
即時與直接影響的是公開市場利率，而消費者利率以及實際上
與之相等的資本生息率，其所受到的影響則較爲緩慢。

---

274 參閱雷富勒所著《貨幣利率與貨幣市場在美國》（*Money Rates and
Money Markets in the United States*，1930年），第62頁以次。

如此說來，我們必須考量到*兩種生產力差價*，一種是營運差價，另一種是建設差價。營運差價與「貨幣」市場上的短期貸款約略相應，而建設差價則與「資本」市場上的長期債券及股票相應。這兩種差價通常是互不相符，因為短期的利息與風險雖是和長期的利息與風險具有同步的上下移動，但其移動卻有分歧與遲滯。假如短期利息與風險的雙重貼現較低於長期貼現，則其對製造業的誘導便是把現時的商品生產擴展到短期業務營運報酬的較低差價，而不再擴充設備從事於長期業務仍屬較高的差價。在長期利率低於短期利率時，情況則反之。這是一件人所共知的事實，一間工廠在其產能以下經營時，必然是借入較少貨幣以*供營運之用*，而在債券與股票的價格較高，資本生息低微時，這間工廠必然要增發債券與股票，*以擴充其產能*。

伍、風險貼現 —— 負債過多與景氣衰退

但是，韋克塞爾卻把幾種波動幅度極大的因素藉由永恆不變而將其消除。這些因素可以概括的稱之為風險。韋克塞爾所考量的只是各種不同的*利率*變動對物價的影響。他消除了風險的變動，這都是「信心」與「缺乏信心」的變動。100%的「風險貼現」可能使整個的商業歸於停頓。這並不是由於風險對生產總成本所產生的作用，而是對狹窄且波動幅度極大的利潤差價所產生的作用。[275]

---

275 參閱下文，本節捌、自動的與管理的恢復。

　　這些風險貼現表現爲商人們願意或不願意負債，無論其爲長期的或短期的債務。我們可以在費雪的最近著作裡見到生動的描述，描述著風險與債務之間的關係。

　　費雪把債務市場的角色描繪得極好，他認爲在這種環境之中有繁榮與衰退的九項主要因素。[276]讀者可以參照我們同意費雪的詮釋，不過，我們和海特雷一樣，是從*創造債務的交易*說起。其餘的因素則是通貨的數量、價格的水準、營業資產與負債的淨值、利潤的差價、生產的指數、樂觀與悲觀的心理因果關係及影響，包括窖藏在內的通貨週轉率與利率，據費雪說，這些因素排列的先後並非按照其重要性的高下爲序。

　　在價格上升的市場，風險較少時負債也較爲快速。倘使債務人借得太多——尤其是在他們把到期日判斷錯誤時——他們就爲陷阱所套牢。最初的徵象是較弱的債務人「忍痛銷售」，被迫削減價格。這影響到所有相與競爭的價格，而使整個社會皆不得不忍痛銷售，其結果是壓低普遍物價水準。「忍痛銷售背叛了供需定律」，因爲這種銷售不是爲了求取利潤，而是爲了清償債務以保持其償付能力。

　　這種崩潰性的清償債務減低銀行裡的存款通貨數量，而現代的商業在實際上卻有九成都是靠存款通貨來運作的。假如負

---

276 參閱費雪的《繁榮與衰退》（*Booms and Depressions*，1932年），第82頁。這是討論此項問題在已經發表的著作之中最重要的一部。我們要請讀者參閱，以便減省我們冗長的論述。根據彌克爾（Royal Meeker）的纂輯，他把美國的負債總額估定爲2,340億金元，相當於國民財富的半數。

欠商業銀行的一筆債務是用存款餘額來償付，則此一數額的存款通貨便歸於消失。在正常時期可能發生一種相反的趨勢，創造新借款以回復銀行存款的原狀。但是在物價下跌的時期，風險相當大，這樣的回復原狀不會發生，「信用通貨」已緊縮。於是我們就遇到費雪的「債務循環」（debt cycle），這是一項主要因素，足以變更信用通貨的數量與普遍物價的水準。

　　預期風險是指畏懼或信心而言，這是那些管控產業而對其他參與者負有償付責任的人們，所具有的畏懼或信心。風險貼現是現時估價的最重要因素。倘使真如費特爾所示，時間貼現以*等待*的形態滲入了價格，則此種貼現以*利潤預測*的形態滲入價格，其勢必更為強烈。利潤預測在普通股票波動幅度極大的價格之中最為顯著，至少明顯表現在政府債券的價格上，不過，這種預測卻能影響到所有的價格，債券與商品的價格，這是人所共知的。價格上升的有利預測足以減低風險貼現，而增加對其他參與者的服務之需求。不利的預測足以增高利潤貼現，而減低提供給其他參與者的需求與價格。

　　商業界在不同時間與地點歸於利息貼現與風險貼現的相對權重是一個最重要的問題，由此產生了這種預測的新專業，而尤以世界大戰之後的這一段時期為更甚。在經濟這門科學的歷史裡，這還是第一次，**未來性**在經濟理論之中開始需要一個數量的維度。[277] 有了韋克塞爾所建議的全世界中央銀行壟斷性

277 參閱考克斯（Garfield V. Cox）在《社會科學百科全書》裡所寫有關「預測」的一條及其所列舉的參考書。

的協力行動，有了貼現率極其廣闊的範圍，從低至1%到高至6%至10%或更多，毫無疑義的，韋克塞爾的建議能產生更大的力量，使物價緊縮，尤甚於使物價膨脹。現代的利潤差價極為狹窄，很少產業能在普遍10%的銀行利率之下繼續經營，同時這也是顯而易見的，假如銀行利率減低到1%，則其本身在風險不利的情況之下絕不會引起物價的膨脹。所以，對韋克塞爾的批評，其關鍵不在於假設一個永久性的低利率，而在於現時預測的這種專業太過不成熟，在於把管控銀行利率的如此大權信託給中央銀行的協力行動所帶來政治上的危機。

陸、實際考驗

上文對於桑頓與韋克塞爾的理論所作分析可以由英國及其他各國在1931年9月停止黃金支付所實施的政策予以證實。**英格蘭銀行**是退回到桑頓於1802年所發表的理論，而在桑頓批評該銀行於1797年以後所實施的政策時，該銀行並沒有照他的話去做。**瑞典銀行**亦復如是，這銀行是立即採納了瑞典經濟學者韋克塞爾的理論。不過，這兩家銀行在決計阻止物價膨脹時卻誇大了桑頓與韋克塞爾的理論。這兩家銀行各自把銀行利率提高到6%與8%，按照這樣高的利率，所有的營利企業在狹窄的利潤差價之下絕不能舉債與擴展。實際上，這兩家銀行的確是成功了，尤其是瑞典銀行，這兩家銀行皆能在兩年以內把物價穩定於1931年9月當時的水準，[278]然而卻未能恢復完全就

---

278 參閱哥特堡（Gothenburg，瑞典地名）所出版的月刊"*Skandinaviska*

業與生產，同時，美國的黃金價格則是持續急遽的下跌，而僱
用與生產亦隨之俱減，一直等到1933年3月由總統以行政命令
發布的另一次停止黃金支付爲止。

柒、戰爭循環

　　但有一點卻必須注意並認清，那就是，1920年以後的物
價緊縮，實際迫使各個國家相率放棄金本位，這並不是「自
然」趨勢的結果，而是由於戰爭時期的通貨膨脹與接下來的通
貨收縮。

　　確實，韋克塞爾穩定物價的理論是明明白白的清除戰爭與
扣押黃金以供戰爭之用，並且他也不能預知大戰以後中央銀行
的扣押黃金。我們已經考量過他和別人的理論，主要是他們對
短期「信用循環」的詮釋，這種循環在長期趨勢中使物價上下
移動。

　　不過，假如檢驗一下這種物價長期趨勢，實際上也就是
延續約三十年之久的信用循環。決定這種趨勢的並非開採金銀
礦的偶然事件，而是戰爭所需資金的供應，由此而創造了對
商品與勞動的需求，以中央銀行紙幣與商業信用提供戰爭之
用。由1815年到1849年的物價下跌趨勢緊隨歷時25年的世界
大戰，這次世界大戰所需的資金在英國是用桑頓的「紙幣信
用」[279]予以供應。由1865年到1897年的物價下跌緊隨美國革

　　Kreditaktiebolaget"。這刊物的1933年10月號說明了在這兩年以內實
　　際上蔓售與零售價格的穩定化。

279 參閱本書前文，第二章，第五節，附圖一。

命的南北戰爭，釋出錢幣輸往其他國家，而代之以美國的政府信用。同樣的，在1920年以後的物價下跌趨勢緊隨一次以信用為挹注的戰爭，也可能預期其將延續30年之久，直至1950年為止，除非是全世界的協力行動加以過阻。在撰寫本書的今日，1933年的11月，各個國家對於國內與國際一切利益衝突問題，無論其為經濟的，貨幣的或軍事的問題，始終未能協議解決，其未來的結果是難以預言的。此刻的風險貼現已經達到了100%。

自從韋克塞爾提出他的建議以後，實際上各種理論所能同意的只有一點——要想在長期衰退之後用協力行動來*啟動復甦*總是比用同樣的行動來*阻止通貨膨脹*難，這種阻止足以招致隨後的收縮。

捌、自動的與管理的復甦

我們結束本書的寫作是在1933年的11月。在過去的八個月裡——歷史上這還是初次——有一個偉大的國家要求其領袖指示一條途徑，由過去的衰退達到管理的甦復，而不是自動的復甦。從前只有兩次，在1847年及1897年兩次大戰循環之梭，曾經達到如此衰甦的程度。不過，這一次是在戰爭的決定性繁榮高峰之後，並沒有經過30年以上，而僅是短短的不到13年，各個國家都開始謀求管理的復甦，而不是聽任自然法則的支配。最初是列寧的**共產主義**與墨索里尼（Mussolini）的**法西斯主義**，繼而是羅斯福（Roosevelt）的**民主主義**、希特勒（Hitler）的**納粹主義**與日本的**黷武主義**，每個國家各以其本國的方式在資本主義文明的戰爭之後求取管理的復甦。

在美國，國會把臨時權力授與總統，可以用法國革命以降的兩大利潤理論——利潤份額理論與利潤差價理論——之一或同時兼用，來維護資本主義。也和任何一個偉大的領袖相似，總統可以在危機時期選擇一項他所認為戰略性的因素，來加以決策，既經決策以後，他就把付諸實施的例行工作交給他的部屬去做，而他本人則立即轉向其次一項戰略因素。不過，這一類的因素卻是異常之繁多，異常之複雜，所以在每一次轉向時皆可能發生敵對的情勢。資本主義的元素是趨向於法西斯主義以保持其利潤差價。其他的元素則是趨向於共產主義或志願的集體議價與法令，以重行分配所得份額，反對增高利潤差價，甚至廢除利潤差價。

在每天千變萬化的變動之中，無法迅速的出版「一本書」或若干本連續的書，而能趕得上文明的變遷。這是必需每天、每小時、每星期出版的事。一本書只能闡述一般性的原則與調研方法。一個作者和所有其他的人們必須遵從原則與方法的指導，轉向於當時最緊迫而亟待解答的類似問題。沒有人能夠預定一位偉大的領袖或各個國家所將做的是什麼。我們把此等問題留在這裡並予以注視與參與，每個人都只好隨著逐日的、逐個星期的機緣，守候在他的小小角落裡。

第九節　社會

壹、由成本轉為份額

把資本生息的制度概念用來替代邊際生產力的物質概念，這是建立在極深的社會哲學基礎之上，比上文所說實用主

義的理論更深。這是要探究社會本身的性質作爲經濟科學之實施的概念。我們必得要問：社會是些什麼人？是資本家嗎？是地主嗎？是勞動者嗎？韋克塞爾的理論是從李嘉圖、傑文斯與博姆-巴維克一脈相傳下來的，他們把社會具體化爲一群謀求利息與利潤的資本家，所以，社會也有生產成本，而其淨收益則是利息與利潤。

確實，所有的經濟學者，無論他們是個人主義者，共產主義者、法西斯主義者、資本主義者抑或是其他主義者，其所採取的都是社會觀點。他們必須探討制度交易的購買、借款、貨幣、習俗、法律、資本化，然後才能求得物質的現實。社會生產所指向的最重要現實就是供消費之用的財貨。不過，這些消費財貨同時也是使民眾能夠產出更多消費財貨所必需的生存條件。消費財貨是社會過程的起點與終點。這些財貨構成眞實工資、眞實利潤、眞實利息與眞實地租，以別於名目的或制度的工資、利潤、利息與地租。

李嘉圖發展了一個觀念，認爲社會資本並不是工具或機器，而是資本主與地主所提供給勞動者的消費財貨數量。這就是社會的生產成本。至於利潤、利息與地租，則是資本主與地主所獲得的消費財貨「淨收益」。所以，李嘉圖把「社會」描述爲由資本主與地主而並非由勞動者所構成。資本主提供給勞動者的消費財貨數量才是眞實資本，而機器與肥料則是人類的一些發明，用來增進勞動的生產力，以便在勞動的生產成本之外更能獲得一筆淨收益的利潤、地租與利息。他把「勞動、資本與機器」區分開。機器不是資本，而是生產力，猶如肥沃度是自然的生產力一般。社會資本是資本主所供應而爲勞動者所

消費的財貨。[280]

　　馬克思採取了同樣的觀點。他的資本主與地主就是擁有消費財貨「總收益」的業主們，他們在事先給付勞動者維持生存所必需的最低限度消費財貨；資本主與地主在生產終了時把超出原先供應的剩餘消費財貨保留起來，作爲他們自己的地租、利息與利潤。馬克思的「剩餘」就是李嘉圖資本主與地主的「淨收益」，但在馬克思看來，則完全是不勞而獲。

　　傑文斯信奉著李嘉圖與馬克思，不過，他所用的衡量單位卻是貨幣，而不是工時。傑文斯也是把社會資本視爲提供給勞動者的消費財貨數量，相當於資本主的「投資額」；而地租、利息與利潤則是社會消費財貨所得淨額的貨幣價值，這是資本主與地主所得到的消費財貨，超出他們給付勞動者以購買消費財貨的貨幣工資之上。

　　但是，因爲傑文斯的衡量單位是貨幣，而不是工時，所以他要用「自由的」與「投放的」資本這種新穎而重要的概念來替代古典派與共產主義「固定的」與「流通的」資本概念。按照傑文斯所倡導而後爲韋克塞爾所採納的概念來說，自由資本或未投放資本的定義之中，絕不可包括雜項流通商品在內，而從前的經濟學者們卻是把這些商品包括進去的，例如原物料、消費財貨、存貨、貨幣之類——這些經濟學者之所以致誤是由於將其類比爲可作實體移動的事物——而只能包括勞動者用資

---

280 參閱馬卡羅和所寫《李嘉圖全集》（*Works of David Ricardo*，1880年），第5頁，序言。

本主付給他們的工資所購買的消費財貨數量。這種貨幣工資是
資本主的全部投資，[281]但用這貨幣購買的消費財貨則不僅是
*真實*工資，並且也是社會的生產成本，所以，這是按照「自
由」資本意義解釋的社會資本。勞動的消費財貨是自由資本。

　　然而，勞動者既已把他們的勞動加在資本主所擁有的自然
物料上，而其所增加的價值也成爲資本主的財產，則勞動的消
費財貨所代表的許多自由資本也就歸於消失，而變成資本主的
投放資本。在傑文斯與韋克塞爾的理論裡所有的利息、利潤與
地租到了此刻也和李嘉圖與馬克思所說的一樣，皆成爲勞動者
超出他們過去消費以外所生產的額外消費財貨數量。這些額外
的消費財貨便是資本主的「剩餘」。

　　於是博姆-巴維克出來把李嘉圖、馬克思與傑文斯的理論
改動了兩點。單憑勞動──包括收取利潤作爲「管理工資」的
一些人在內──絕不能生產財富。勞動與管理必須藉助於自然
力所提供的「實物服務」。所以，從社會觀點看來，表面上把
財產權利消除，不但在生產之先必須供應勞動者與經理人員所
需的消費財貨，並且那些提供自然物質力量使用的人們也必須
獲得消費財貨的給付，然後才能開始生產。博姆-巴維克把這
種實物服務的「使用」稱之爲「地租」，這不是按照李嘉圖所
謂不勞而獲的增量這個狹義經濟意義，而是按照地租的歷史意
義，將其解釋爲任何一種事物的*使用*，例如：房屋的租金、機
器的租費、農場的地租、馬匹的租賃以及勞動者的僱用，但卻

---

281 參閱韋克塞爾的前述著作，第117頁以次。

不是使用資本所給付的利息。不過，此等租金皆非貨幣租金，因為他已經消除了貨幣。果真如此，則他的租金必然都是消費財貨，而這種財貨絕不能在開始使用資本財貨以前預先消費掉。

　　韋克塞爾採納了博姆-巴維克的這種概念。消費財貨不獨是工資基金（包括管理基金），並且也是地租基金。[282]其意義是說，這些財貨必須供應在生產之先，以便使工人與生產所需的自然物質力量開始運作。博姆-巴維克曾經說過，資本主義的經濟不僅是在於包括管理在內的僱用勞動，並且也在於土地的使用與改良，以期創造未來的消費財貨；相反的，現時的消費則大都是得之於過去勞動與土地的使用。實體的固定與流通資本是勞動與自然力合作的產品，正如勞動者本身所有的勞動力量必須在生產之先獲得消費財貨的供應，自然力量的擁有者也必須在生產之先獲得其消費財貨的給付。前者是消費財貨的工資基金，而後者則是消費財貨的地租基金。[283]

　　博姆-巴維克將工資與地租基金連繫起來的觀念為韋克塞爾所採納，這種觀念就是現時低估未來消費財貨的價值，使較少數量的*現時*消費財貨相等於較多數量的*未來*消費財貨。因為工資勞動者與地租收益者把現時消費財貨的價值，估價得比同種類、同數量的未來消費財貨為高，所以資本主按照現時估價

282　參閱韋克塞爾的《工資與地租基金》（*Lohn und grundrentenfond*），第114、115頁。

283　參閱博姆-巴維克的《資本積極理論》（*The Pasitive Theory of Capital*）（1891年譯本），第420頁以次。

供應他們現時消費財貨，以換取較多數量的未來消費財貨，由此而獲得一筆*貼水*（agio）作為利息。

檢驗兩者之間的區別，在於此項消費財貨究竟是在生產之前就收取的，抑或是在生產終了之後才收取的。假如這是在生產之前就收取的，則此等財貨便是社會資本。假如這是在生產終了之後才收取的，則此等財貨便是超出於生產以前所消費的消費財貨數量之外的自然利息。「自然利息」—— 這就是歸於資本主的消費財貨 —— 並*非*事先收取，這是在生產過程產出了必要的剩餘*以後*所收取。但「自然」工資與地租 —— 這是歸於工資與薪金勞動者以及歸於地租收益者的消費財貨 —— 則是事先所收取。所以，這些財貨是傑文斯的「自由」資本。不過，凡是作為利息而收取的消費財貨皆非取之於事先，所以也都不是社會資本。

由於引進了未來性，遂使博姆-巴維克成為最偉大的經濟學者之一，倘若沒有他的此項洞見，就不能獲得解答現代問題的線索。

不過，由此而產生的結果卻是一種唯物論的社會概念，在這種社會裡，按照李嘉圖、馬克思與傑文斯的理論來說，勞動者都是些人力機器，由資本主用消費財貨來為之添煤加油，以便為資本主生產更多的消費財貨。但博姆-巴維克卻把未來性引進經濟方案之中，在他看來，「地租」或「實物使用」也必須或多或少的於事先獲得供應，然後才能進行生產。所以他把地主、工資勞動者與提供物料的其他人等和資本主劃分開來，這些資本主是從未來的生產之中取得其收益。

然而，要把經濟科學裡的「權利與關係」消除而使這門

科學單獨建立在物質與愉悅之上，這眞是一種最有意思的*傑作*。[284]在物質方面，博姆-巴維克又退回到李嘉圖以前自然力和人類在一起勞動的生產力，而勞動的本身則是一部人力機器，必須用煤和其他消費財貨加以餵養。在心理方面，他是使那些等待一段*間隔*時間之後取得消費財貨的人們，成爲未來消費財貨的貼水所僅有的收益者。這麼一來，他沒有爲在隨後的時點做交易而謀求利潤的人們稍留餘地。他是從求得利潤的這個時點完全轉移到利息增殖的時間間隔。

由於使大自然具有生產力，和具有生產力的勞動相同，所以他又退回到魁奈與亞當・史密斯的仁慈大自然。這和他的普通哲學完全一致，意即，現代的生活已經由李嘉圖、西尼爾與馬克思的「痛苦經濟」轉爲「愉悅經濟」，可以和神聖的仁慈、塵世的富饒以及「十八世紀理性時代」的全球幸福相比擬。不過，他卻是用迂迴過程的較大技術生產力來替代神聖的仁慈。

並且，他又把私人財產的權利與關係由一道側門帶了進來，這種權利與關係是他在從前煞費苦心將其排斥於經濟這門科學之外的。因爲消費財貨當然不是付給「大自然」。這些財貨是付給大自然的擁有者。所以，他消除了財產也就是消除了經濟學裡的稀少性，這也是和他的愉悅與富饒哲學相一致，因爲，只有稀少性的事物才能歸人所擁有。

---

284 參閱博姆-巴維克的《法律與關係》（*Rechte und Verhaltnisse*，1881年）。

　　博姆-巴維克就是由與此相同的技術富饒哲學衍生了他的
選擇教條，而稱之爲效用成本，或是說，在較大與較小的兩個
愉悅之間做選擇——在現時消費的愉悅與未來消費的愉悅兩者
之間做選擇。在此項衍導中，他忽視了凱蕾與巴斯夏的稀少性
教條，那是在較大與較小的兩個痛苦之間做選擇。

　　於是又發生了一個問題：爲什麼利息不是由社會在事先
以消費財貨的形態予以給付，而要使擁有者等待呢？就個人的
立場而言，取得利息的人確實必須放棄現時消費而等待未來
消費。除非等到未來時日的來臨，他絕不能取得消費財貨的眞
實利息。但是，如果就社會的立場來說，這句話是不是也眞實
呢？

　　此外，還有利潤也必須加以考量。在早年的理論之中，
「利潤」這個用詞一方面既沒有和利息分清，而另一方面又沒
有和管理工資分清。如果將其作爲管理工資，則到後來利息就
應該與勞動工資一併歸類爲管理勞動的報償；如此，利潤也就
必須於事先給付。這是馬克思、傑文斯與博姆-巴維克的分類
法。不過，縱然如此，利潤還是未能與利息作有效的區別，這
時，仍然是假設利潤與利息具有均等的關係，伴隨利息的上升
而上升，伴隨利息的下降而下降。這種假設是不正確的。

　　然而，利潤確是*未來*的利潤。就個人立場而論，利潤也和
利息一樣，除非等到未來絕不會給付，甚至非到彼時也不能知
道利潤的有無與多寡。只有到那時，利潤才能成爲消費財貨的
*眞實*利潤。但是，如果就社會立場而論，爲什麼利潤不也像工
資與地租一樣，在生產之前給付，以誘導那些有經營才能的人
們負擔起對別人在未來給付工資、地租與利息以及償還貸款本

金的風險與責任來呢？

　　這些問題在表面上看來雖是瑣碎而不足道，但卻直指社會本身的本質。假如把社會加以具體化，則社會就有生產成本，其形態為在生產之先給付的消費財貨，並且這個社會也就變成資本主，等待作為利息與利潤的消費財貨。不過，假如社會這個字詞是指一個運營中的業務團體之中所有參與者的協力行動而言，則其所謂成本就不是成本，而僅是參與者個人與集體所能支配的總產量之*份額*，必須這樣才能保持這個業務團體的持續經營。而且，勞動者也不再是如同自然力一樣的人力機器。他們都是市民，都有地主與資本主的各項權利與義務。當然，社會是不會知道有痛苦、成本、等待、收益、價值或利潤的。社會一無所知。凡是為人所知的一切事物皆是個人們的所知與所為。他們所知道的是，如果把他們看做這個業務團體的一部分，如果他們參與這個業務團體而使其持續經營，則他們所能由這個社會產量之中獲得的*份額*為何。

　　如此說來，社會成本並非一種成本 —— 這是個人們按照現行財產制度由社會的產量之中所取得的*份額*。這份額不是事先給付的，而是事先協商的，其目的在於誘導各個階級的人們不要把他們所擁有而為別人所需的事物扣留不發。不論這份額是「賺來」或「不勞而獲」皆無關重要。但這份額卻是財產制度、自由與政府所規定，必須給付，俾使一個業務團體得以持續經營。不僅是資本主，所有的參與者都是期待未來而行動。因此，凡是*預期*的消費財貨，無論其為豪華浪費的生活，抑或是最窮苦勞動者的最菲薄消費，甚至是兒童、乞丐與精神病患者的消費財貨，皆不能視為社會成本，而應視為社會生產的份

額。就制度而論，最後所說的這份額可能表現爲稅捐。就社會
而論，這些都是要用稅捐購買的消費財貨。所以，一切消費財
貨皆爲現行財產制度與政府之下持續消費所必需的社會資本，
目的在於持續生產，不問其在實際上是否持續生產。

由此而出現了兩個相互爭執的社會觀點——一個是機械
的，另一個是制度的。機械的社會觀點消除了私人財產，但卻
又由一道側門將擁有權帶回來，爲的是作爲誘導，使人們願意
工作、儲蓄、並負擔生產未來消費財貨的風險。制度的社會觀
點則是擁有權的本身，作爲一種誘導，使有組織的社會保持業
務團體的持續經營。機械的觀點有明顯而現實的實體事物，可
以供人處置、消費、享受與生產。這種觀點可以訴之於一般的
常識，並且成爲唯物派與心理派經濟學者的堅強基礎。制度的
觀點是隱形而不可得見的，因爲其所思考的實體事物皆在於近
期或遠期的未來，這些事物的存在僅是在於現時的預期，預期
集體行動的穩定性。我們是把這種現時的預期稱之爲協商談心
理學，也就是集體的預測。

然而卻沒有一個參與者能夠單靠未來消費財貨而生活。他
們每個人在現時都必需取得這種財貨。現代的制度假如能進行
得順利，必然可以用利息與利潤這兩種貼現在*現時*供應消費財
貨。博姆-巴維克的未來性是指財產權利而言。

貳、整體與部分

(一) 機制、有機體、業務團體

懷德海曾觀察到，十八世紀的科學方法還沒有整個有機體
與其組成部分之關係發生變動的這種觀念。因此他就爲現代科

學方法構建一個公式，說明在某一時刻發生的「事件」與一個
按照時間順序連續發生事件的「有機體的機制」。「事件」具
有保留、持續、反覆等特質，這是，也曾是，一個移動機制在
某一時刻的橫斷面。這機制本身則是一個「有機體」，因為這
是延續的變動事件之交織，照懷德海的說法，這個有機體具有
過去與現時的眞實性，並且在其現時發生的事件之中具有未來
的生命。[285]

　　顯然的，懷德海把「有機體的機制」及「未來生活」這
些觀念注入物理科學——由質子到宇宙，他是引用了生物與人
類心智的隱喻。所以，我們必須分清一個物理的機制和一個
有生命的有機體，必須分清一個有機體和一個與之相應的社會
制度，我們把這種社會制度稱之為運營中業務團體。懷德海的
「有機體機制」，其隱喻的成分比較少，這是一個能動的機
制；而一個有生命的物體，從細菌到人類，則是一個能動的及
會死的有機體，同時，一個社會制度則是一個有目的而運營中

---

285 參閱懷德海的《科學與現代世界》（*Science and the Modern World*，
　　1926年）；並參閱施默芝（Smuts, J. C.）的《全體論與進化》
　　（*Holism and Evolution*，1926年），埃克理的「物理學與哲學的
　　整體與理解性」（Wholes and Prehensive Unities for Physics and
　　Philosophy），載於《哲學期刊》，第XXIV期（1927年），第589
　　頁；及「知道一些事物而不知道其他每種事物為電力學與熱力學的先
　　決條件」（Knowing Something without Knowing Everything Else, as
　　a Prerequisite in Electricity and Heat），載於《工程教育期刊》，第
　　XVIII期（1928年），第207頁。

業務團體，生活於未來，而行動於現時。倘使我們要把這種並行論貫徹到底，則一個機制便是連續發生的無生命事件，在一個有生命的有機體裡面相應於物理學所謂事件的就是新陳代謝作用，把無生命的物體變為有生命的物體，然後再將其變回來；在一個社會組織裡與之相應的「事件」就是交易，其預期重複與工作規則構成一個運營中的業務團體。

　　假如我們要探求一些區別的標識，把這三種不同類型的部分對整體關係統一起來，我們就先探求每一類型的關係所特有的原則。此項分析必須按照我們在上文討論到理想典型時所設定的，有關方法論的步驟。在這方面，大自然機制的原則是盲目壓迫；有機體的原則是求生存；而運營中業務團體的原則是協力行動，以期達成預見的目的。換言之，**大自然機制**的原則就是**能量，有機體**的原則就是**稀少性**，而**運營中業務團體**的原則就是自願性。

　　之所以要探求此等統一原則的理由在於部分對整體的關係，這也無非是說明相對論的另一種方式而已。每一部分皆各盡其功能以維護整體的存在，所以，由某一部分首開其端的變動將使所有其他部分隨之俱變，並且整個的機制、有機體或業務團體亦將隨之俱變。在各個部分之中所進行的功能變動，其本身也分別是這個部分的事件、新陳代謝或交易；而且在其各自的行動規則之下所作的重複也就是機制、有機體或業務團體。當然，我們的**能量、稀少性**與**自願性**用詞並非指本質而言，也不是指實體，而是指相似性原則，此項原則在各個變動的部分之中進行著，實際上，這是調研者的心智所構成，用以保持各個部分固定形式的統一。

　　不過，這種運營中的業務團體卻有兩個部分，其中沒有一個部分是機制或有機體，因為每個部分都是代表人類意志的兩種管控。我們把一個部分稱之為**運營中的工廠**（Going Plant），或是對大自然的預期技術管控。另一個部分則是**運營中的商業**（Going Business），或是預期的連續交易，可以適用於利益的衝突、相互的依賴，以及由衝突之中產生秩序的工作規則。

　　所以，「運營中」（going）這個用詞的意義與「活動的機制」有別，我們在上文已經講過，活動的機制僅適用於物理科學。一個運營中的業務團體只能存在於有期望時。實際上，這個業務團體是生活於未來，而行動於現時，因為這是人類的意志在現時對於未來結果所做的行動。但是，在一個活動的機制之中卻沒有這樣的一項原則可以適用於大自然的物理力量。這僅是「進行」，而不是預期朝這一個方向或另一個方向進行，也不是在現時使用工具，以求得任何未來事物。至於一個運營中的技術工廠和一個運營中的商業則是由人類意志所構建，並且是由意志預期其朝向某一處地方進行。倘使此項預期歸於停止，則工廠與商業也就不再進行。

　　運營中的工廠與運營中的商業這兩個部分，其本身也可以作為單獨一個整體看待，在某一時點各自有其「事件」，但卻不能想像其為脫離**運營中的業務團體**這個較大的整體而獨立，因為兩者都僅是**運營中的業務團體**這個較大整體的所屬部分。

　　正因為有這一點必須小心提防，所以把「機制」這個用詞適用於人類管控之下的大自然力量很容易引起誤解。正確的用詞應該是一種人為的機制，發展到頂點便成為「機器時代」這

個用詞，開始於石製工具，而終止於無線電訊。與此並行的是另一種人為的機制，這就是運營的商業。每一機制都是依賴於集體的意志。因此，我們構建了兩種形態而互相依存的經濟，一種是工程經濟，其原則為效率，另一種是所有權經濟，其原則為稀少性。

「經濟」這個字詞本身的意義是說，使各個部分有適當比例的配合，以便達成最大效果或最少努力的整體活動。所以，「經濟」這個用詞總是指部分對整體的關係而言。不過，這種部分對整體的關係在過去四十年經濟學者們的手裡已經發展成為兩個精確而可以衡量的公式，一個是**週轉率**，另一個是**限制與補充因素**，前者是表示由往昔的實物流通觀念轉為現代的重複速度觀念。後者是表示由機械的均衡理論轉為對自然力與別人活動的意志管控。週轉率是重複的速度，而限制因素的管控則是利用緩急不等的重複，以期未來獲得想望的結果，其所可能達到的限度。

(二) 重複的速度

在上文討論到週轉率時，[286]我們講過，按照博姆-巴維克的估計，生產期間平均為五年，從提供於參與者的消費財貨到他的「迂迴」生產方法所產出的消費財貨為止。博姆-巴維克說這句話所用的是李嘉圖的勞動力數量，但傑文斯所用的則是因使用勞動力而付給工資勞動者的貨幣投資。韋克塞爾採納了傑文斯的概念而構建平均投資期間的觀念。這個期間就是因構

---

[286] 參閱本書前文，第八章，第五節**由流通轉為重複**。

建資本而發行長期債券的平均長度。

　　韋克塞爾的所謂平均投資期間便是指此而言。因為，在工資、利潤、地租與利息皆已給付之後，在產出的實體事物既經作為原物料而即時耗用，或因折舊而逐漸耗用之後，其所遺留下來給資本主的是什麼呢？他所給付的貨幣絕不會遺留下來，並且，消費財貨當然也不會遺留下來，這些財貨已經被那些有所貢獻而受到給付的人們購買並消費了。所遺留下來的只是一本帳簿，記載著技術資本生產的一切開支，各自按照其當時價格計算。這本帳簿就是韋克塞爾的個人「投資」，不過，這種投資的平均延續期間實際上是生產與投資共同的平均期間。

　　韋克塞爾因為有了這種社會週轉率的觀念，所以他不得不把表現為自然資本的消費財貨總數量，和週轉期間表現為自然收益的消費財貨較大總數量互作比較。在期間終了時所有的*超額*較大數量是決定於資本的邊際生產力。這就是他的自然利息。由此可知他之所以要引進一個穩定的平均價格，以便對作為自然資本之用的消費財貨可能獲得一個穩定數量的概念，[287]這實在是很有意義的。因為假設平均價格在生產期間內保持不變，所以實際上可把貨幣消除，而其所餘留下來的僅是消費財貨數量在期初與期終的變動。數量擴增的多寡要看資本的邊際生產力而定，擴增的部分應該作為利息與利潤而歸於投資者與企業主。所以，按照韋克塞爾所舉的例證來說，假設

---

[287] 李嘉圖所假設為價格的穩定性是特種價格，而不是平均價格。這是由於他用貨幣價格作為工時的等值物所致。

投資者在這期間開始時給付了$1,000,000的工資與地租，由勞
動者與地主用來購買價值$1,000,000的消費財貨，倘使平均價
格固定不變，則到年底資本主所賣給勞動者與地主的財貨只能
收回$1,000,000，在這種情況之下，絕不會有利息與利潤的餘
留。但是，假如由於邊際生產力的關係而到年底賣給勞動者與
地主的消費財貨竟獲得了$1,100,000，那麼，假設價格不變，
邊際生產力已經使消費財貨數量增多了10%，這10%的增加便
成為「自然利息」而歸於投資者。假如邊際生產力僅能使消費
財貨數量增多6%，而其平均價格不變，則自然利息便是6%，
可依此類推。

有一點必須注意，李嘉圖、馬克思與博姆-巴維克用他們
的「平均勞動力」達到了同一目的，構建了恆常資本量的概
念，但韋克塞爾則是用平均價格的來達成此項目的。李嘉圖他
們的做法是假設一個恆常的貨幣購買力，不過，他們是用平均
勞動力來替代這個平均購買力而已。

所以，這一點也得要加以注意，韋克塞爾的自然利息並
沒有把實物的生產力和價值的生產力相混淆，這在上文已曾
講過。[288]他完全考量到價值的這兩種可變維度——數量與價
格。實物生產力是數量的生產，而「價值」生產力則是按照當
時的價格售出這個數量所收取的貨幣收益。韋克塞爾的理論並
沒有把價格消除掉——他只是假設一個穩定的平均價格，使其
成為恆常的而已。既經有了這樣的假設，則可變的數量便只是

---

288 參閱本書前文，第八章，第九節**費特爾與費雪**。

邊際生產力。倘使一個人忽略了韋克塞爾的穩定平均價格概念，他就很可能發生誤解，以為韋克塞爾混淆了價值生產力與實物生產力。實際上，他並未將其混淆，而僅是由於假設一個恆常的平均價格，所以他的價值生產力是按照邊際生產力而變動的。

李嘉圖的「自然資本」是分派給勞動者的消費財貨數量，以生產這些財貨所需要的工時數為之衡量。他沒有把機器或肥沃度視為資本——兩者只是工具，用來提高製造業與農業所雇勞動的生產力，使其超過生產過程所消費的財貨數量，以平均的工時數為之衡量。在李嘉圖看來，資本就是勞動者所需要的消費財貨數量，其多寡的變動是用一個恆常單位來衡量——生產這種財貨所必需的平均勞動力。如果生產出來的消費財貨數量由於機器的生產力或土地的肥沃而超過了這個恆常的量，則此超額足以提供地租，利息與利潤之用。[289]

然而「資本」的物質意義也和正統派財富的意義相似，具有實物與擁有權的雙重意義。馬克思雖是追隨李嘉圖，但他僅採納擁有權的意義，而不採納實物的意義。他也有一個類似的恆常衡量單位，即平均工時，這個單位使他求得類似產品的勞動價值。不過，他的「資本」卻是擁有權的價值，而不是李嘉圖實物的價值。

我們在本書打算修正一下這種靜態的雙重意義，我們要以活動的用詞來替代。與實物相應的活動用詞是勞動的投入與使

---

289 參閱本書前文，第八章，第七節所引述的**李嘉圖著作**。

用價值的產出。與擁有權相應的活動用詞是貨幣的開支即投資與貨幣的收益即產品的銷售。

因為，說到底，勞動投入所創造的並非實物。這是實物的使用價值，而此等使用價值也就是售出的產品。社會的總產出是創造出來的新使用價值總額，從大地開始，一直到零售商為止，用以替代那些已損耗的、已報廢的與消費掉的舊使用價值。所以，假使技術上的週轉是每五年發生一次，意即，凡是手工、心力與管理勞動所創造出來的使用價值總額，每隔五年必然要消耗掉並重行創造一次，或是說，其折舊、報廢與消費的合併比例相等於每年總額的20%。如此，則在平均生產期間內，每年必須創造一切使用價值總額的20%，才能抵補折舊、報廢與消費的數額。

但是，誠如我們在前文所說，擁有權的移轉速度也許要較快70到100倍。就整個國家而論，我們可以充分假定所有權的週轉比實物產出的週轉快100倍。在投機的期間可能是快200倍，而在極不景氣的時期也可能僅是快50倍。

我們在這裡所稱所有權或財務的週轉與技術的週轉不同，有三件事必須注意。第一是貨幣與權利的價值為同一事物；第二是借方的週轉；第三是貸款的週轉，這些貸款授權於借方。

擁有權或合法管控權利的週轉等同於這種權利貨幣價值的週轉。證券市場上一張$1,000,000的支票，其速度相同於商品與勞動市場上每張$1,000的支票一千張。或是說，簽發一張支票提取現金$100,000以分配於5,000個雇員的薪餉袋，其所值並不多於一張以$100,000購買證券的支票。所謂「流通貨幣」

主要的是付給勞動者與零售商，也就是許多的貨幣記入了存款人帳戶的借方。「由甲手轉入乙手」的附帶流通受帳戶借方的左右。

所以，每一筆借方都是存款人資產方面的一筆「開支」，用來換取證券、商品或勞動產品的擁有權，勞動過程把使用價值緩緩的加在實物上時，這些實物由於擁有權的關係變成了商品，在中間人的手裡也許要變更其擁有權10次到15次，然後這些實物的本身才有實質上的變動。

貨幣市場上所見到的是存款數量，比方說，五百億金元，表面上看來似乎是一個貨幣數量，然而實際上卻是債務交易的重複，根據估計，平均是每隔15到20天重複一次。在交易之中對權利的估價創造了債務的數量，由支票為之代表，這些支票是對銀行而簽發，用來償付購買其他擁有權時所約定的其他債務。假設銀行業者們所有的存款債務，其平均數量為500億金元，再假設這些債務的週轉率為每年20次，則在議價交易之中權利移轉的實際價值便是每年10,000億金元。（譯者按：原書作1,000 million，疑係billion之訛）。

每一次權利的出售都是銀行的一筆新貸方（信用），也就是各個帳戶上的若干新借方。這些帳戶上的借方只有一部分是購買商品的開支。根據調查，其中可能有三分之一或一半是購買隱形或無形財產的給付。證券交易所需要大量的貸方與借方，其週轉率極為快速。到期利息的給付並非代表商品價值的移轉。稅捐的繳納亦復如是。實際上，任何交易所創造債務的償付皆可簡稱之為「擁有權移轉，其估價相等於借方」。價值移轉的記錄如果齊全，則必等於帳戶上借方的總額，這些借方

代表著債務的創造、出售與消滅，相等於議價交易之中對擁有
權的估價。

　　財務或財產週轉的另一部分是貸款本身的週轉，這些貸款
創造了存款。我們或可估計貸款交易的速度為每年12次，或
是每月一次。所以，技術的週轉也許是每1,500天一次，貸款
的週轉是每30天一次，而借方的週轉則是每15天一次。各種
週轉在時間、地點與種類方面都是極其可變的，不過，上述的
這些數字則是按其普通的相對速度來推測。

　　帳戶上的借方雖是可以簡化為擁有權按一定的估價而移
轉，但卻把所擁有標的物之間的差別隱沒了；所以必須作進一
步的分析。一個重要差別是在於新商品的創造與現有商品的移
轉之間。新商品的創造是一項勞動過程，只是把形態、時間與
地點的使用價值加在大自然實物之上。其可以衡量的等值物就
是工時的投入。

　　不過，這些勞動者同時也是他們勞動力量的擁有者，之所
以必須受到給付並非由於他們的產出，而是由於他們勞動力的
投入。他們的產出送到商品市場，對於使他們把勞動力投入的
權利則是專屬於勞動市場，但在自我雇用的情況之下，這種權
利通常是隱匿在其產出的價格之中。這些可稱之為隱匿的或折
合的工資。

　　在證券市場上，大家都知道「新發行」的推出與舊發行
的償還有別：新發行的意思就是新建設或設備的擴充。所以，
無論其為公開的或隱匿的工資，都是因創造新使用價值而做的
「新發行」——不過，由於新使用價值的權利在商品市場上移
轉，所以這些「發行」才又受到償還，同時也扣除了利潤、利

息與地租。

　　這和傑文斯與韋克塞爾在他們的投資概念裡所作區別相等。投資是明示或默示的工資，為換取創造新使用價值的勞動力或投入而給付，不過，商品的出售則是投資的移轉，是舊發行的一種償還。

　　所以，由於週轉或重複速度的概念，我們為一個明顯悖論求得了解答，那悖論是說：社會所有的消費財貨既是社會資本，又是社會收益。假如我們採納博姆-巴維克平均生產期間做為有用的經濟概念，再加上擁有權制度概念，則在此期間，所有我們稱之為技術資本的固定與流動資本——在用貨幣購買得來時相等於投資——皆是由歸於參與者做為收益所得的消費財貨轉變而成，各個參與者受到貢獻預期消費財貨的誘導，各自使用其一切的工具，將這些財貨再生產出來，成為可以銷售的產品。

　　在平均生產期間以內，假定為五年，社會一切的「儲蓄」——我們此刻可稱之為實物財貨擁有權——也歸於消失。不過，這些儲蓄又將再現而成為新產品的擁有權。因為估計的期間為五年，而不是一年，所以各種使用價值，無論其為技術形態或擁有權形態的投資，皆可能在這平均的五年期內消失，又再更新，但其擁有權的變動卻可能是在平均15天之內更新一次。因此之故，僅有一種雙重的過程，其速度各不相同——這種過程沒有開端，也沒有終結——這是消費、生產、再消費的過程；這是投資、償付債務、重新舉債的過程；這是取得擁有權與清償的過程。

　　誠如我們所說，週轉率這個概念也像人類所有的詮釋一

樣，無非是一種心理的設計，要替一件根本無始無終的事物設定一個起點與一個終點，以便我們可能作更妥善的準備。假如人類所有的產品，平均說來，都是在五年內創造並消失一次，則我們就有更好的了解，可以知道折舊與報廢所必需的巨大支出，可以知道把債務延展到後代以及削減價格、增加負債而不維持適當價格來支付折舊與報廢所將招致的弊害。如果貨幣是由貸款交易一再的創造出來，每年30次，那麼，這就不是人類所能管控的實體事物之流通，而是一種持續消失的數量，可能由人類的集體意欲使其重行出現或不再出現。

由此可知韋克塞爾的理論是如何的重要，他的理論是要各銀行用協力行動變更銀行利率，以規範普遍物價的水準。比方說，提高或壓低銀行利率之後，只須經過30天就能使整個存款的數量變更。存款數量的變更足以反映擁有權移轉數量的變更，或是其移轉價格的變更，或是短期貸款與貼現數量的變更。

所以，社會的制度組織就是個人與業務團體的資產負債變動，而這種變動也就是導致工作、等待與冒險的經濟誘因。議價、課稅與預測的制度因集體行動而生效，集體行動足以擴展、限制或轉移投入與產出，決定其進行的不同方向或遠近不等的未來時間。議價與分派交易的組織既經獲得法律的認許，不但可以決定社會產量的份額，並且可以決定社會業務團體的持續經營或停止。但社會的工程組織則是在於物理、生物與心理等科學的進步，這些科學使人類能支配大自然與人性，按全世界給付與履行的社會所作之集體行動，以求取幸福或毀滅。

參、策略的與例行的交易[290]

週轉率這個公式提供我們一種統計衡量的方法，可以用來衡量經濟交易中部分對整體的關係，而**限制與補充因素**這個公式，在轉爲策略與例行交易時，則可以說明達成此等結果的意願過程。這個限制與補充因素公式是從李嘉圖那時代起逐漸構成的，時至今日，這個公式已經成爲極重要的調研工具，因爲有了這種工具，往日的均衡類比只得退避三舍，代之而起的是人類用交易管控物質與社會環境的實際過程。這個公式有兩種用途：一種用途是以管理交易管控物質力量，使其產生高下不等的效率，爲之衡量的是產出對投入的比例；另一種用途是以議價交易管控他人，爲之衡量的是開支對收益的比例。前者是一個運營中的工廠，後者是一個運營中的商業，因此，我們要把前者稱之爲**限制與補充因素**的**效率**意義，而把後者稱之爲這些因素的**稀少性**意義。一個是**管控**大自然，另一個是**管控**別人。兩者合併起來成爲策略與例行交易的意願意義，也就是運營中業務團體的意義。

(一) 效率

誠如一般的說法，一個人絕不能無中生有的創造事物。他僅能管控大自然的力量，使其爲他而工作。工作的結果就是使用價值。所以，使用價值並非被動的歸於外在事物。這是大自然的主動能量受到一個人的管控而供他所用。這些事物的

---

290 參閱本書前文，第二章**交易與業務團體**，及下文第十章，第七節，陸、**意外與失業**。

物理、化學與生物能量都是大自然的元素，或使用價值的「本質」，通常被稱為「基本」效用，或是更恰當些稱之為基本使用價值。不過，此等元素只是一些未經利用的大自然活動。除非是加以利用，否則的話，這些元素絕不能成為使用價值，這也就是說，除非是一個人運用他的腦筋、手與管理來加以管控，則此等元素不能成為使用價值。假如有200,000種化學混合物為大自然所未知，則此等混合物就都是使用價值。大自然元素對於一個人是毫無用處的，除非是這個人把他的手工、心理與管理的力量用來使這些元素按他的想望而工作。他所必須做的只是變動這些元素的形態、時間或地點，並加以保持，在完成其結果所必需的時間內勿予干擾而已。藉由手工勞動，他以自己的物理力量直接移動這些元素；藉由心理勞動，他以間接移動其他事物，使這些元素本身的活動完成所想要的結果範圍更廣而時間更久；藉由管理勞動，他以派遣別人來移動這些元素。

用勞動的力量來管控策略因素，而使其本身的能量能再管控其他的大自然能量，這是一種意願過程，從人類最初發明工具的時候開始，一直到空氣的波長可以用來聽人類使喚的現時為止，始終是在普遍實施之中。這種過程的普遍性是「限制與補充因素」的原則。如果能以適當的形態，在適當的地點與時間管控限制因素，這就能使補充因素工作而產生所企望的結果。很少的碳酸鉀，如果成為限制因素，就能使穀物的產量由每英畝5個蒲式耳增多為20個蒲式耳。一個高明的機械師總是專心一志的管控限制因素，他知道補充因素會產生他想要的結果。一個胸無定見的人則是把他的時間浪費於補充因素。

　　不過，限制與補充因素卻是繼續不停的變換其地位。一項限制因素既經受到管控之後隨即成爲補充因素，而另一項因素又將成爲限制因素。一輛汽車的開動在某一時刻其限制因素可能是電花，而在另一時刻可能是汽油，再在另一時刻又可能是把握著方向盤的人。這就是效率的意義——在適當時間、適當地點，以適當數量與適當形態管控可變的限制因素，以便由補充因素產生預期的作用而增加總產出。

　　我們把這種變動中因素的管控縮簡爲一個意願用詞而稱之爲「適時」。理想的效率最高點就是以確切適當的時間、地點、形態與數量管控變動中的限制因素，而使所有的補充因素全數受到管控。

　　因爲所有的因素對整個生產的作業都是必不可缺，而在限制因素與補充因素之間又有上文所述的這種關係，所以，最高效率就是把各種因素在當時當地作最適宜的調配。一個明智的農場或工廠經理必須迅速的知曉何者爲限制因素；如果他能迅速的管控此項因素，而使所有其他因素順利共同工作，他就可以自豪，而稱之爲他的「優良組織」。他的意思是說，沒有一項因素足以障礙其他因素之一部或全部。在目前的科學與技藝狀態之下，他已經達到最高效率，因爲他已管控所有的限制因素，而使其悉皆成爲補充因素。

　　所以，講到人類意志的運用，我們可以很確定的說，整體是超過各個部分的總和。整體並非一個總數，而是一個乘積。假如把一堆煤在適當的時間，以適當的數量，適當的分布與品質投入火焰之中，能使大自然的力量和這個火伕的微弱力量相乘，而成爲每小時駛行六十英哩的火車頭。大自然並不知道限

制與補充因素。人類卻能把大自然事物解釋爲限制的與補充的因素。大自然的力量總是盲目而無可避免的進行。但是，一個人卻能加以干擾，而達成他的目的；並且，假如他知道整體是由幾個部分所構成，他就可能把這幾個部分的力量相乘，使其成爲一種產品，而這種產品卻是這幾個部分從來沒有想起要產出的。不過，倘使他要想知道他相乘而得的結果究爲多少，則他所用的衡量並非金元與分幣，而是人工時數。最高效率就是每一工時的最大產量，或是一定產量所需投入的最少工時。這是勞動力與大自然力相乘之積，比這兩者相加之和大得多。在人類活動過程之中，整體總是較大於各個部分之和。

(二) 稀少性

但是，限制與補充因素的稀少性意義卻並非與自然力量相乘，而僅是擁有權的移轉。整體絕不會大於現有效率所造成的結果。不過，構成整體所必須的某部分可能有幾個比其餘部分更具稀少性，因爲這些部分是屬於不同的人所擁有，故而這些部分的相對稀少性足以決定其購買價格。由於任何一個運營中的業務團體，皆需要多項限制與補充因素，並且由於這些因素必然都是屬於某些個人所擁有，所以，要想獲得合法管控權來擁有、使用並管控這些因素而排除其他的人們，這就必須給付相當的價格。在此刻，限制因素是一種相對稀少而必須大量或高價購進的因素，必須購得此種因素才能保持補充因素的進行。我們把這種因素的購買稱之爲策略交易。

當然，有些因素必須按其相對的稀少性而給付不同的價格。一個火車工程師、一個總經理或一塊接近市場的地基必然是較鐵道的護路工人，聽憑差遣的僅僅或可供農耕之用的土

地相對稀少，所以，由限制與補充因素的意義所求得的普遍
原則，誠如巴頓教授（Professor Patten, S. N.）所說，[291]就是
增加緩慢而難於重置的生產因素之擁有者在議價交易中，吸收
了產品貨幣價值總額的較大份額，大於增加迅速而易於重置的
因素之擁有者所獲得的份額。限制因素是相對稀少而難於重置
的，補充因素則是較爲富饒而易於重置的。這些因素的稀少性
與富饒並非以工時爲之衡量，而是以金元與分幣爲之衡量。

　　所以，在限制與補充因素的一般原則所具有的這兩種意義
之間並沒有恆常而可以認知的聯繫，如果按照其在意願方面的
同義語來說，這兩種因素便是策略的與例行的交易。實際上，
兩者是屬於兩種不同的經濟——一種是管理交易的工程經濟，
另一種是議價交易的所有權經濟。少量的碳酸鉀可能使*產出*量
大爲增多，這並非意味著碳酸鉀的*價格*必然是壟斷價格或削減
價格。工程經濟是人對大自然的關係。在這裡，少量的碳酸鉀
可能產生極大的作用。所有權經濟是人對人的關係。在這裡，
少量的碳酸鉀可能僅值極小的價格，也可能值到極大的價格。
在工程經濟裡，限制因素的價格與其效率不發生任何關係。這
僅是與其稀少性有關。我們絕不能說，一個工程師的勞動、一
個總經理的勞動或是一英畝的都市土地比一個普通勞動者、一
個聽候差遣的僮僕或一英畝的農地，生產更多的財富，其原
因只是由於其擁有者能因其出售或使用而獲得較高的價格。我

---

291 參閱巴頓所著《動態經濟學理論》（*The Theory of Dynamic
　　 Economics*，1892年），第18頁。

們所能說的只是這個工程師、這個總經理和這塊都市土地比較稀少。要想保持兩者之間的區別，我們可以用工時來衡量生產力，而用金元來衡量稀少性。

因此之故，限制與補充因素的效率意義與稀少性意義之間的差別是，在前者的場合，限制因素的管控足以增多產量，而在後者的場合，則此項管控僅足以移轉產量的較大份額，而犧牲別人的較小份額。

這個問題引起了孟格爾與維塞爾之間的爭執。孟格爾說，限制因素的管控可以增多產量。維塞爾力爭說，這是不可能的。其所以發生爭執的原因是由於他們兩人皆未能把效率與稀少性分清，孟格爾所說的是效率，而維塞爾所說的則是稀少性。他們都沒有用到限制因素與補充因素這兩個用詞。他們兩人都是說到「補充因素」。[292]但是，假如我們把他們二人所說的移轉到意願過程這方面來，則所需加以管控的只是限制因素，由此而間接的管控補充因素，這是按其所具有的兩種意義來說，一種是增多產量的效率意義，而另一種是移轉其擁有權的稀少性意義。

在這裡，**適時**的原則又表現於議價交易，這不是管理交易的財富增加，而是一個人資產增加與別個人資產等量減少。一個商人在價格低的時候買進，在價格高的時候賣出，他停止購

---

292 參閱孟格爾的《國民經濟學原理》（*Grundsätze der Volkswertschaftlehre*，1871年），第2頁及其他各處；與維塞爾的《大自然價值》（*Natural Valure*，1930年馬洛克〔Malloch〕譯本），第101頁以次。

買以待價格下跌，停止銷售以待價格上漲，他在適當的時間按照適當的數量做買賣，他增多他的資產，遠勝於那些在不適當時間做買賣的競爭者。他所要需的因素，對整個商業而言，都是補充因素，但其價格卻可變動。他是用他的判斷來決定購進限制因素而售出補充因素或重置因素的適當時間。不過，他的這種做法卻不能擴增共同的財富——他所能做到的只是移轉擁有權而已。

正因為分清了效率與稀少性，所以我們才能懂得「銷售」（marketing）這個字詞的雙重意義——一個是勞動過程，而另一個是議價過程。勞動管理的過程是把產品交付給別個勞動者以創造地點效用，而議價的過程則是產品擁有者與購買力擁有者之間對於價格與價值的協議。在討論「合作銷售」時，這種區別是重要的。合作銷售的意義是不是比那被排斥掉的中間人更有效率呢？這效率是以工時為衡量的。再不然，合作銷售的意義是不是用更大的力量來扣住供給而獲得更高的稀少性價值呢？這價值是以金元為衡量的。如果是第一種意義，則合作銷售就是財富的合作生產。如果是第二種意義，則合作銷售就是集體的議價。按照前述的意義，這就是管理過程，加了地點效用（使用價值），而增高其使用價值。按照後述的意義，這就是擁有權過程，用相對的議價能力增高一個當事人的稀少性價值，而減低另一個當事人的稀少性價值。[293]

如此說來，限制與補充因素這個公式的雙重意義便是效

_____

293 參閱本書下文，第十章，第七節，壹、**政治**。

率意義與稀少性意義。在生產過程之中，限制因素的管控足以使各種補充因素朝向使用價值產量的增加而進行。在議價過程之中，限制因素的擁有權足以使其擁有者獲得總收益的較大份額；而犧牲別人的較小份額，

在每一種情況之下，部分對整體的關係都表現於週轉與限制因素這兩個公式裡，一個是代表統計的效果，而另一個則是代表使用或招致此等效果的意願管控。因為「原因與效果」這兩個用詞並不適用於大自然力量。在大自然之中，一切事物只是「發生」而已。但是一個人卻要在發生的繁複事物裡面選取限制因素以供他本人之用。假如他能管控此等因素，則其他因素就可以把他所企望的效果產生出來。「原因」是用管理或議價交易來對限制或策略因素的意願管控。「效果」是補充因素的運作與例行交易的重複。

在每一種情況之下，意願管控皆有賴於明瞭部分與整體之間的關係。部分雖是按照高低不等的速度而變動，但整體卻是相對的恆常。唯有變動中的限制因素之管控是正確判斷和適時，整體才會相對恆常。擺脫均衡與週轉類比的誤導，我們求得了重複作管理與議價交易的意願過程，由於可變限制因素的策略管控，我們可能用管理來創造、替換、增多或減少財富，而用議價來創造、替換、增多或減少各種資產。

(三) 業務團體

限制與補充因素的效率意義和稀少性意義全然不同，已如上述，運營中業務團體的意義是整體，而管理與議價交易則是這個整體的部分。自從李嘉圖發現了農業方面勞動的效率遞減時開始，或是說，自從杜爾哥發現了工業方面資本財貨的效率

遞減時開始，經濟學者們逐漸意識到限制與補充因素所暗示的部分對整體關係這項教條。孟格爾於1871年[294]毅然決然的提出了這項教條，他正式發表他的補充財貨理論，認爲在所有補充的土地、勞動與資本之中假如缺少某項因素將使其他因素歸於無用。這就是邊際生產力的效率意義。不過，這個說法很容易變爲滿足欲望的邊際效用理論。邊際效用理論是限制與補充因素教條的稀少性面向。每一種理論都是要調配生產所必需的補充因案數量，使其有適當的比例，以期獲得最多的使用價值或最高的稀少性價值這個企望的結果，在數學上調配比例的邊際單位是相等的。每一種因素在供給量增多時，其主觀效用必將遞減。如果這種因素的供給量太多，則其所提供的額外主觀效用必然比其他因素（這時已經成爲限制因素），因數量增多而主觀效用遞減所能獲得的少。

假如把價格用來替代主觀具體化的效用則上文所述這種教條顯然是對的。倘使有一種補充因素的價格減低，導至購買較多的該因素，不過，如果生產較多數量因此而與其他因素不成比例，則由各種因素得來的淨收益總額可能反而減少。補救之道，或是購買較少這一種現時成爲補充的因素，或是增多購買現時成爲限制的因素。如此才能使每一單位貨幣的邊際增量相等，並由此而使開支總額能獲得最大淨收益。這也是產業科學上一項著名而普遍適用的原則，一般稱之爲「最適」、「各因素的最佳比例」或「良好的組織」，而較爲技術的用詞則是控

294 參閱孟格爾的《國民經濟學原理》，第二版（1923年），第23頁。

制限制因素的過程，使一切的補充因素生產最大的淨產出。

所以，這種效率價值的意義在運營中的工廠實際交易之中是具體的，這就是要把相對的重要性歸於當時所認爲限制的因素，倘使能在現時現地加以管控，則不僅能預期獲得並保持所需補充因素的管控，而且還可能由整個業務團體的營運產出最大限度的淨產量。各種因素的本身，其相互之間的關係持續不停變動。現時認爲限制的因素在既經受到管控之後隨即變爲補充因素。這時，另一種因素又將成爲限制的，必須加以管控，然後才能獲得或擴大前一因素的效果，前一因素在當時雖是限制因素，但在此刻則已成爲補充因素。

這種客觀意義的限制與補充因素教條，或意願意義的策略與例行交易教條，可以說是政治經濟的全部理論，正如同說這是人類意志活動企圖管控環境的全部理論一樣，所以，這也就是意志的經濟理論。這教條可以區別爲三種細節上迴不相同而實際上分隔不開的應用，應用於稀少性、效率與運營中的業務團體。關於稀少性與效率這兩方面的應用我們在上文已經有所論述，認爲假如不把稀少性與效率分清，往往易致混淆。這是一個運營中的工廠與一個運營中的商業之間的區別（我們發現法院裡也將其混淆不清），兩者以較大範圍的限制與補充因素在一起工作，而構成爲單獨一個運營中的企業，甚至構成爲整個的國家。[295]一個運營中的最優工廠能以管理交易正確調配各種技術因素；一個運營中的最優商業能以議價交易正確調配

---

295 參閱康芒斯的《資本主義之法律基礎》。

購買與銷售；而一個運營中的最優業務團體能把技術正確與商業作正確的調配。一個最優的國家必須能把權利、義務、自由與曝險在各個人與各個階級之間作最妥善的配給。產業技術經濟是效率；商業經濟是稀少性；運營中業務團體的經濟在於技術與商業；國家經濟是政治經濟。每種經濟都是策略與例行交易的特例。

　　產業技術經濟是一部「機器」，這和大自然的機制有別。因為，限制與補充因素的教條完全是建立在自願性原則的基礎上，甚至是整個自願性管控環境的具體形態。這種教條不適用於大自然的機制，在大自然的機制裡只有向心與離心的力量，或是說，能量的保持與離散，對於未來並無任何目的或計畫，所以也就沒有任何限制因素，為未來事件管控所依賴。一個大自然的機制，例如一粒原子或整個宇宙，絕不會知道稀少性、想望、人口過剩、有限資源、節約經濟、目的與未來性。所以，這個機制沒有限制與補充因素，可能加以選擇，而從事於履行、取消與放棄執行。大自然機制所有的只是能量，如同牛頓的運動定律，或愛因斯坦時間與空間的相對論，或是熱動力學定律，或是能量不滅原理所解釋的，但就人類的觀點而論，凡此種種皆是驚人的浪費。

　　然而，在人類的意志構成了一個機制並使其運轉時，這已不再是一個「機制」，而是一部機器。機器是人類的意志由言語、數字、習俗、重量、尺度等制度而一代一代留傳下來的。在這裡所有的因素——並非懷德海大自然機制的因素，而是人造機器的因素——成為限制與補充因素，因為人類的意志已經把未來性、目的、經濟、效率放入這些因素之中。現時的

限制因素，例如：槓桿、節流閥、電線或汽油，就是整部機器在此時所賴以運轉的因素——實際上皆係由一切補充因素所構成。假如一個司機人員能在適當時間、適當地點、並按照適當數量實質的管控限制因素，再假如他所管控的這部機器是所有其他機器的限制因素，那麼，他就不僅是有了一個機制——他是有了整部機器，或是說，有了整個運營中的工廠。例如，在一個農業的工廠裡，某一時刻的限制因素也許是碳酸鉀，然後是氮，然後是人類的勞動，再然後是管理的能力，餘可類推。每一項都是「投入」，其最好的交互關係產生了「最適」（optimum），這就是總投入的相對最高產量，可以作爲「效率」而衡量。我們的教條已不再是十八世紀的教條，那時的教條是說原因與結果相等，我們此刻已經有了一種原因，就是限制因素，在人類引用了這種因素之後，可能增多其所企盼的效果，遠超出於大自然所知曉的以上。只須把極少的一點碳酸鉀加入土壤，假設在事先大自然沒有提供這碳酸鉀，就能使所有各種因素的聯合產量從每英畝一兩個蒲式耳增多到二十或三十個蒲式耳。不過，這是由於一個人的意志，而不是大自然「經濟」的結果。

在生物學的機制裡，從變形蟲到人類，其與機制之中的事件相應，與運營中業務團體之中的交易相應的就是新陳代謝，新陳代謝的重複與相關作用就是有機體。這是一門全新的**生與死科學**，有機體的這門科學之倡始應當歸功於達爾文，他並沒有藉助牛頓的機制科學類比。直到目前爲止，還沒有一種科學原則可以用來說明機制論裡有機體的起原。所以，達爾文的問題是**物種源始**，而不是**生命源始**。他的概念是一種新概念，**活**

的有機體概念，這和機制論的概念是不相連續的。假如我們檢驗一下達爾文的有機體概念所由構成的細目，我們發現這並不是生命，我們對於生命毫無所知，這是生命的各種行動方式。生命的行動方式是在有機體的交互作用條件下產生的不同動作，這不但限制了能力的本身，並且也限制了機制與有機體的環境，我們稱之爲「有限的自然資源」。我們不是把有機體與環境之間的這些行動與反應稱之爲生命，而是稱之爲稀少性原則。這些行動與反應就是遺傳、人口過剩、變異、奮鬥、死亡，而最後就是一些有機體的殘存，這些有機體在當時適合於獲得並使用這有限的自然資源。這種有機體的概念與機制的概念完全不同，後者的基本原則爲能量，可以說這是壓力、體積與時間三部分的綜合。牛頓和他的後繼者是把能量的原則作爲機制的行動方式，而達爾文則是把稀少性的原則作爲有機體的行動方式。

雖然如此，達爾文也分清了「自然選擇」與「人爲選擇」。人爲選擇對自然選擇的關係就是機器對機制的關係。之所以是人爲的理由只是因爲這種選擇把目的、未來性與計畫注入且極大管控了求生的奮鬥。達爾文也承認他的「自然選擇」這個用詞是一種誤稱，他後悔藉助於隱喻。說得更確切些，這是盲目的選擇，而人爲的一類則是有目的的選擇。自然選擇是自然的「適者」生存，由此而產生了狼、蛇、毒物以及毀滅性的細菌；但人爲選擇則是把狼轉變爲狗、自然毒物轉變爲藥品，除掉惡劣的細菌而繁殖良好的細菌。一頭荷斯坦（Holstein，荷蘭北部地名）種的母牛，假如聽憑自然的選擇，絕不會生存——這是人爲選擇所創造的奇異珍物，爲的是

這種母牛對於人類在未來有益。這種母牛絕不是懷德海的有機體結構，而是人類的有機體機器，脫離了大自然的稀少性原則，而轉爲人類的私有財產制度。

然而，達爾文的自然選擇，其所成就的力量卻是異常之強大，以致於使若干經濟與社會的學者們在研討社會與文明問題時，再度以類比方式把達爾文的自然有機體概念作爲他們社會概念的基礎，而在斯賓塞（Herbert Spencer）的手裡更是達到了荒謬的巔峰。他把社會看做一個「社會有機體」，而使其運行的能量則是食物、各種感受、本能、情感、生理以及後來的腺體，皆是基於自然選擇而產生其作用，他忽略了修辭學上的一句格言，那是說，較爲適當的類比並非包括狼與蛇的任何自然有機體，而是人類目的所改造而屬於高度人爲的狗或牛。

在這裡又出現了另一種概念，**制度論**（institutionism），這是朱迪（Judd, C. H.）在批評並綜合不同社會科學前輩著作時所明白提出的概念，[296]也是與達爾文的有機體不相連續，這種概念自有其本身的原則，和牛頓的**能量**與達爾文的**稀少性**皆不相同——我們把這種原則稱之爲**自願性**。因爲在檢驗**制度論**所組成的要素時，我們發現其顯著的特質爲對未來的預期，在經濟上可以將其區別爲**未來性**、**習俗**、**統治權**、**稀少性**與**效率**。這些和**壓力**、**體積**以及**時間**」全然不同，但卻是以此三者爲基礎，而牛頓的機制與**能量**的原則就是由此三者所構成。這

---

296 參閱朱迪論述《社會制度與個人》的一章，見於其所著《社會制度心理學》（*The Psychology of Social Institutions*，1928年）第56-77頁。

些也和構成爲達爾文**稀少性**原則的遺傳、可變性、人口過剩、奮鬥、死亡與殘存完全有別，但也是以後述種種爲其基礎。

所以，導引經濟理論由機制與有機體階段轉爲運營中業務團體階段的絕不僅是一種詩意的隱喻。這種隱喻的理論甚至是按照科學相似性意義把類比作正確的運用，其相似性是由相似的功能關係所產生，不過，此等類比未免太過狹窄了。其中並不包括人類目的所造成的人爲產物。因此之故，這些類比皆成隱喻。現代經濟學是以特殊方式把能量與稀少性原則置於較大的自願性原則之下，現代經濟學的主要問題是要把這些原則再度集合起來作爲功能整體的一些部分。

如此，運營中的工廠並非一個「機制」，而是一部機器，站在克服大自然抗拒以生產使用價值的立場上，投入人力與產出使用價值的比例，其計算方式相當於投入水力與產出電力的比例。這就是運營中業務團體的效率維度，工程經濟學者把這種維度推定爲業務團體的整體。這是機械論，而不是機制論。

一個運營中的商業也是與一個有機體相似，因爲稀少性原則可以普遍實施於這個商業的交易之中。稀少性原則的形態是衝突，可變性、競爭與殘存，不過，休謨也指出，其形態亦能爲倫理、財產與正義。所以，這是人爲選擇，而不是自然選擇。

這是因爲一個運營中的業務團體實施其效率與稀少性原則的特殊途徑是經由各種面向的未來性原則，而此等未來性原則，整個的說來，又無非是「自願性」原則而已。實際上，要想把這些不同領域原則劃分開來是不可能的。然而在思想上卻

不得不按照其各別的術語將其劃分，如同達爾文對有機體以及牛頓對機制的做法一樣；並且事實上亞當・史密斯的分工也就是先將其分開，然後再在事實上與思想上又將其併入運營中業務團體的功能過程之中。所有的有機體皆是機制，但加上了稀少性。所有的業務團體皆是有機體與機制，但加上了目的。這加上去的目的成為普遍原則，必須在其本身範圍以內，並按照其本身的術語進行，而機制與有機體的固有原則，其本身反退居於次要地位，並且大為變更，只是在其修正後的形態下仍然是必不可缺的而已。

似這般在思想上與事實上先行將其分開然後再將其合併為一個整體的概念可以適用於一切交易上的細節，這些交易有秩序的預期重複，便成為一個運營中的業務團體。管理交易與這個業務團體的機制及效率有關；議價交易與這個業務團體的全部稀少性原則有關；而行政、立法與司法程序則是與這個業務團體的一致性與持續性有關，藉由利益與負擔的配給而使其成員們隸屬於整體。稀少性原則可以普遍的實施於這許多交易之中，所以這些交易和達爾文在有機體裡面所發現的因素極相類似。習俗，也就是交易的重複，與遺傳相類似；交易的複製性與繁殖是起因於人口的壓力；其可變性極為明顯，而由於這種可變性也就產生了習俗與殘存的變更。不過，在這裡的殘存則是對善良風俗的「人為選擇」與對不良風俗的懲罰，此人為僅是人類意志的行動，正因為有了這種人為，所以才把機制轉為機器，把活的有機體轉為制度化的心智，把未經組織的風俗或習慣轉為有秩序的交易與運營中的業務團體。

因為，一個人的心智絕不僅是一個活的有機體。如果作

爲有機體看待，則心智只是一具高度發育的頭腦。除非是加以
「制度化」，這具頭腦僅是動物有機體的一個部分而已。[297]
既經制度化之後，這具頭腦便獲得較爲廣闊的活動範圍，而我
們也就稱之爲心智與意志。最初的制度是符號、文字、數字、
言語、寫作，我們稱之爲文字與數字的言語。這是個人們的習
慣，由歷代的個人們傳留下來而具有強迫力的習俗——簡而言
之，就是一種制度。人類的其他制度是火、工具、機器、家
庭、政府等。[298]其永續的重複是遵循調配限制與補充因素的
人爲原則，我們稱之爲運營中的業務團體。

　　因此，一個人絕不僅是一個有機體——他是一個制度論
者，只有一個制度化的心智才能發展經濟活動的顯著時間維
度，我們把這種維度稱之爲**未來性**。未來性是屬於制度的一
種——一個孤立的嬰兒與男子和一隻動物一樣，他對未來所知
道的極少，甚至一無所知。把有機體的頭腦作制度化的延伸，
延伸到遙遠的未來時間，這是和延伸到遙遠的空間分隔不開
的。正因爲頭腦活動有這兩種制度化的延伸，所以才會產生出
現代高度發展而運營中的工業與政府，來發號施令，遍及於全
世界與尚未出生的後代。

---

297 參閱喬爾丹在其所著《個性的形態，論人類關係中所以有秩序這一項
　　的理由》（*Forms of Individuality, an Inquiry into the Grounds of Order in
　　Human Relations*，1927年）第133-187頁有關「制度化心意」的論述。
298 關於制度的詳盡研討，請參閱塞姆納（Sumner, W. G.）與凱勒
　　（Keller, A. S.）合著的《社會研究》（*The Study of Society*，1927-
　　1928年），共四卷。

機制能量的運用絕不考量到**時間**的經過，把**時間**因素用來衡量產出數量只是人類心智的外在運作，不屬於這個機制的內部。**時間概念**只是由制度化的心智所建構。

不過，對有機體的本身來說，稀少性主要的還是一個時間推移問題，因爲，即便是最低級的有機體，在其取得有限食物供給的份額與由此份額而滿足其想望之間，總有一段時間的間隔。這就是**未來性**的胚芽。動物的生命之中，這種時間的間隔異常之短促，所以對想望刺激的反應可以很恰當的稱之爲本能。這種本能的力量是遺傳與稀少性所提供，但在努力與滿足之間的時間間隔卻極爲短暫，所以，如果以機械學來類比，則此種反應可以說是自動的或直接的。嚴格來說，自動的或直接的反應並無時間間隔，只有機制才是如此，因爲這些機制不會體驗到想望或努力，也不會體驗到努力與滿足之間的時間間隔。這些機制的能量始終是持續不停的流出，而不覺得對滿足想望的外在事物，對不能滿足想望的外在事物或對必須避免的外在事物有加以辨別之必要。

所以，有機體之中有挑選另類選擇的胚芽，而機制則是不作選擇的。並且，此時間間隔當然是指現時與未來之間的時間間隔而言——現時的行動是反應，而未來的滿足推動了刺激。不過，此種時間間隔卻是極爲短暫，所以只用遺傳與本能作爲橋梁，而毋須藉助於理智與社會制度。這是本能的時間，而不是制度的時間。

如此，在這個活的有機體世界裡，我們後來的「自願性」原則，其胚芽皆可以求之於稀少性原則。制度科學也許就是在這一點上才能和有機體科學連續起來，新陳代謝雖是把死

寂的物體轉爲活的血肉，但對這一點仍未能予以說明。然而制
度的預期提供了現時活動的未來性維度，在這方面，人類這種
有機體能把未來所將遭遇的事件轉爲現時的行動。在生理學上
這是如何發生的我們並無所知。關於**時間**我們所講到的也可以
適用於**空間**。能夠涵蓋世界的只有制度化的頭腦，這種頭腦是
用運營中的業務團體與機器作爲理解世界的工具。

　　一個運營中的業務團體向著未來的時間與遙遠的空間兩
方面伸展，差不多是永恆不滅與無所不在，這不但是超過了機
制，並且也超過了有機體。這是一個人在日常言談之中所講到
的，也是法院所接納與認許的——這是一個運營中的寶貴業務
團體，把一個人所預期的有利交易加以具體化，而要求這個人
的忠誠、愛國心體體現。

　　本書的前文我們已經說明「行爲心理學」在經濟理論裡
所應有的地位，這是把行爲分析爲履行、取消與放棄執行。後
述的這三項是意志行動的維度，可以把法律和經濟聯繫起來。
「行爲主義」這個字詞可以適用於一些人，這些人是把純利己
主義的個人視爲生物學與解剖學上的機制。[299]不過，在經濟
學上個人卻是交易的參與者，是運營中業務團體的成員。在
這裡我們有興趣的並非這個人的生理，並非他的「腺體」與
「腦型」——而是他整個的個性，他是否能履行、取消與放棄
執行。近年以來，「行爲主義」所涉及的大都是兒童心理與廣

---

299 例如瓦特森在他的《行爲主義》（*Behaviorism*，1924年）裡就是如此
　　說法。

告，而很少涉及運營中業務團體的行為。在這裡的意志是指個
人與集體的行動而言，其物理的與經濟的維度有三——履行、
放棄執行與取消——這種行為是任何一門物理科學所不知曉
的，只有在生物這門科學裡才開始加以研討，但卻可以按照其
本身所特有的術語來分析與衡量，如同電力或重力一般。

物理科學摒棄了「勢力」或「精力」這一類的隱喻實
體，並不是排斥這種觀念，而是把未經分析的靈魂、精神與實
體轉為各種運轉的可變維度。其對意志亦復如是。我們拋棄，
並非排斥這種觀念，而是要分析並衡量意志的運轉。行為主義
者因為是一種「隱喻」而予以拋棄，他們跨過了意志的外在行
為，而跳到了新陳代謝的內在行為，他們自以為在意志的這一
種行為與生理學上所假設的另一種類似行為之間並沒有留下隱
喻的缺口，然而事實上卻有一個無法通過的缺口存在。因為此
兩者是不相連續的。只有用到形上學——說得更確切些，就是
用隱喻——才能把這個缺口填補起來。根據別種科學的教訓，
會說這種隱喻的跳躍是不應該的。但我們卻要說，個人的意志
應當作為一個整體看待，自有其本身的行為主義維度，而讓生
理學者與解剖學者們把有機體的內部看做另一個整體。

不過，我們此刻不妨把生理學與解剖學暫時忘掉——或是
更確切的說，忘掉心智這種主觀性是如何進入生理軀體的另一
種主觀性，或是如何由這另一種主觀性產生出來的——讓我們
來分析一下這個合成的整體，也就是意志，在實際上所做的是
什麼。意志這個有機體能夠履行、避免與抑制，並且，藉由交
易與運營中的業務團體，這個意志還能和其他意志聯合起來履
行、放棄執行與取消，以期獲得共同的結果。作為一個整體的

業務團體而行動，則一個人的意志，由於履行、放棄執行與取消，便成為各個人行為之間的聯繫，把我們所稱為交易與運營中業務團體的工作規則的特定應用連接起來——表現為機會、競爭、權力、權利、義務、自由、曝險、效用、效率、稀少性、期待等——用一個普遍原則使各個人聯合起來，我們稱之為自願性原則。

在人類行為的這種分析之中，時間與運動的概念和其他科學裡的時間與運動概念完全不同。我們已經把麥克勞德所犯的錯誤溯源到一個基本缺點——他的**時間**概念。我們也要把韋伯倫的錯誤歸因於他的未能分析**時間**。弔詭的是，麥克勞德有了**未來時間**的概念，但卻沒有**移動**的概念。我們用物理的類比把運動描述為**時間的流動**。在數學上，時間的流動就是一個時間的零點，**現時**，向前移動，因為沒有維度，所以並不存在，只是位於行將來臨的**未來**與業已消逝的**過去**之間而已。麥克勞德沒有這種概念，但是他在某處地方卻用零來代表**現時**。不過，在心理學上，皮爾司把**現時**描繪為一瞬的時間，朝著**過去**與**未來**這兩個方向逐漸歸於淡滅。**過去是記憶，現時是感覺**，而**未來**則是**預期**。三者皆存在於心智之中，如同曲調的音符一樣，時間的現時這一點並不是零，而是現時發生的事件，也就是現時的交易。如此，皮爾司是把休謨的懷疑論轉為實用主義，把數學轉為自願性。

因為有了實用主義的時間，所以我們可能按照習慣用法把未來時間的各種不同衡量維度加以區別。「現時」是**即刻的未來**，在制度上可以用秒、分或一兩個小時為之衡量，不過，因為這時間的間隔極其短促，所以在實際上不會感覺到等待或

冒險。短期的未來是從證券市場上的「隔夜」利率到普通商業貸款的30、40或90天期限爲止，在這裡可以感覺到等待，所以必須加以衡量。長期的未來則是時間的延續超過了短期的未來。似這般的區別與其說是隨意的，還不如說是慣例的，更爲確當，所以在實際上分析行爲時，這種區別比較合用。麥克勞德把時間假想爲客觀的，成爲他可以出售的一種商品、債務之具體維度，故而時間是可以分成段落的，因債務的期間而異，如同使用價值或稀少性價值一樣。然而**時間**實在是完全屬於制度的。機制與有機體皆不知有**時間**。時間是因預期而起，預期足以支配現時的行爲，使其遵循各個不同階級民眾的習俗，而在同一個階級裡，則遵循不同交易的預期。在短期與長期未來性的債務市場上，對未來時間的衡量最爲準確。但在消費過程之中，在遊戲、運動、工作以及其他人所習知的狀況之中，支配著活動的則是即刻未來的預期，因爲時太過短暫，不值得加以衡量。

因此「時間的流動」，客觀的說來，就是**一瞬間的移動**，而主觀的說來，則是在**一瞬間**記憶、感覺與預期的川流，以及活的軀體在生理上的新陳代謝。因爲我們唯有從活的生物所體驗到的移動，才能知道這種主觀的移動，所以時間的流動就是個人的行爲，具有履行、取消與放棄執行這三種維度。因此，我們有一種移動一個人的履行、取消與放棄執行 —— 介於其他兩種移動之間且聯繫之 —— 一種是宇宙的外在移動，包括其他人類生物的移動，另一種是內在的生理移動，伴隨的是**記憶、感覺**與**預期**。我們在經濟學裡所謂**交易**與**運營中的業務團體**是受到**自願性**原則的推動，實際上這些交易與業務團體就是

指人類行爲的整個流動而言，介於宇宙及他人的外在移動與生理的內在移動之間，並且玄妙的伴隨「記憶」、「感覺」與「預期」。這是**人類的時間流動**，朝向未來而流動，基於這種時間流動而建立的經濟理論既不是商品的唯物論，也不是主觀的感覺論或生理學，這是經濟活動的意願理論，爲期達到未來目的而活動。

　　古典派與享樂派的經濟學者們也要作與此類似的觀察，我們把意志行動分析爲履行、取消與放棄執行而著眼於未來，這的確是十分膚淺，不過，大凡最接近的事物通常總是最後加以調研。這樣的分析從不應有的簡化出發，那是僅採取意志的一種質性——用隱喻方式把痛苦、愉悅或遞減效用和商品聯繫起來，即以此隱喻作爲基礎而建立一種經濟理論的數學體系。然而個人的意志卻是一個整體，具有其本身的個性，在業務團體的範圍內經由交易而產生其作用，而這些業務團體則另是一種協力行動的整體。

　　所以，如果把意志作交易的分析，則此種經濟理論一方面既可以避免倫理與法律的二元論，而另一方面又可以避免亞當・史密斯與邊沁所倡導的經濟學，因爲這種理論是在**自願性**這個概念之中合併了履行、取消與放棄執行的權利、義務、自由與曝險在倫理與法律上的關係，並對**價值**與**估價**作經濟分析，以**未來**作爲風險價值與稀少性價值的貼現。

　　既經做了這些準備工作之後，就可以把限制與補充因素的這項原則，作爲法律的與經濟的因素，而將其應用於交易與運營中的業務團體。稀少性與未來性的這兩項原則可以解釋此種應用。對於一個爲自身謀求利益的人，限制因素就是他自己或

別人在當時當地所做的特殊行為，由此而產生其他人等的補充行為。法律訴訟之中的限制因素有時是法官，有時是陪審員，也有時是警長。一個製造業商行裡的限制因素可能是機器、領班、監工、甚至是洗刷的女工，在其管控之下因管理交易的命令與服從而決定交易總額。此種管控的結果就是「運營中的整個工廠」，而為之衡量的則是——效率。由於這種社會關係管控著個人的行為，而以集體管控的制約為其後盾，所以命令別人服從的權利可能成為一項限制因素，這就是說，可以即時「採取行動的權利」。

上述「效率」關係是和「稀少性」關係分隔不開的，因為在這裡的問題是所需限制與補充因素的富饒性或稀少性，以及取得此等因素所必須給付的價格或稅捐。效率與稀少性的不可分開是在分析上，而不是在實際上，因為兩者在功能方面的相互作用構成為一個運營中的業務團體。開動一部車輛所必需的汽油量，經營一所工廠所必需的機械師與領工人數，或是召開一次法庭所必需的法官人數，在思想上是分開的，但卻不是由於事實上把價格、工資或薪金分開。

所以，限制與補充因素這項原則在各種科學裡都可以普遍適用，只要是人類的意志成為求達某種目的的主題就行。凡是被認為重要的因素其數量比起其他因素來必然是相對的有限。在預期之中所有的因素皆必需存在，但在行動之中則僅有推定為限制的因素存在。單就行動而論，所有補充因素皆在未來。假如這些因素在需要的時刻可以保證其必能獲得，則毋須再加注意。這些因素在一個業務團體的某種狀態之下成為例行交易。一個人的「權利」存在於現時，他「享有權利」，不過，

在數以十億計的交易之中，這些權利都是例行的，而不是策略的。如果這種權利保證可以獲得，則在數以十億計的事例之中僅有一次可能成為限制因素。假如不能保證其必可獲得，則任何其他事物皆可棄置，而必須立即調兵遣將，以便管控此項限制因素。

　　限制與補充的因素或策略與例行的交易可以作為效率、稀少性與未來性而加以衡量的教條似乎就是「要素」與「存在」這兩個隱喻問題所涉及的全部。要素是補充因素的安全預期，而存在是限制因素的不安全性，其現時的管控為其他因素的保障之所繫。然而柏拉圖的「要素」卻距離此種預期很遠，因為這些要素都是絕未預期其實現的永存實體，其對於現實的關係是一個永存的整體，完全與其可變的部分相隔絕。按照現代的意義來說，「要素」是一種外在的現存事物，甚至是一種「絕對物」，等待適當的時機來構成具體的實際行為。果真如此，則「要素」僅是補充因素的預期。像這樣用「要素」來替代預期似乎就是康德的**純理性**、桑塔亞那的**純要素**以及新康德派在**要素**與**存在**之間所作的區別。麥克勞德與法學者們的「自然權利」似乎也是一種類似的先存要素，等待著為人所發現而成為實際交易之中存在的事物。

　　但是，假如我們檢驗一下這種不存在事物在實際交易過程中所具有的意義，我們發現要素或抽象只是在需要時預期其能作相同的重複而已。這並不是早先存在的一種永存絕對物或外在無有物而要等待適當時機作具體表現的觀念。這是在現時價值與估價中的未來性具體表現，構成為現時的一項期待。實際上，這是一種極其真實的預期，不過，由於十分有保障所以毋

須加以注意，例如空氣是一項真實預期，但卻不需注意，除非是感到太熱、太冷或太稀薄。

所以，凱爾森（Kelsen, Hans）的主張極其正確，他認為法律關係的「要素」在於「有效事實」與官方的「強制實施」之中，他否認權利、義務、權力、責任等用詞為按照純法律意義解釋的「法律」用詞。這些用詞所表示的都是社會或倫理關係，而不是法律關係。[300]凱爾森在此項分析之中貢獻了不少的啟發與精確性，不過，我們則是由**未來性**的實用教條和**限制與補充因素**的經濟教條求得了相同的結果。麥克勞德所謂現時存在的抽象權利變成了凱爾森用「行動權」所表示的法律強迫之預期，在必要時可以由此而取得另一個人的商品、服務或貨幣。倘若一項已建立的法律制度可以預期其繼續施行，則法律關係的「要素」只是預期其相同的重複，由官方用強迫交易來逼迫市民服從。如果是這樣的預期，則在數以十億計的交易之中，這就不是價值所應歸屬的限制因素。限制因素是私人當事者的即時行為——他們的允諾，經濟財貨的種類、品質、數量等等，視當時的情況而定。預期官方的相同行為對於現時價值的任何估計具有高度決定性，不過，假如此項預期相當的有保障，這就不是行動時的限制因素，法院的判決可能使價值大為變更，並且可能把某些人與階級的價值移轉給另一些人與階

---

300 參閱沃格林的「凱爾森的純法律理論」（Kelsen's Pure Theory of Law），載於《政治科學季刊》，第XLII期，1927年6月號，第276頁；及凱爾森所著《普通政治學》（*Allyemeine Staatslehre*，1925年）。

級。如此創造的預期謂之權利、義務、自由、曝險。實際上，
這些都是社會與經濟的預期，其基礎在於市民的預期政治力量
是否足以集體或個別的控管立法者、法院與執行官吏的行為。
這不是**柏拉圖主義、新康德主義**或**絕對論**——這是**分析的實用
主義**。

　　要素與存在之間的調和在於實用主義的**未來性**教條。**權利
與價值**存在於*現時*，在行動的一瞬間，但卻是作為未來事物而
存在，兩者成為預期狀態。**法律的力量**，假如不予運用就不存
在於現時行動之中，但卻存在於預期有保障的狀態之中，不僅
同樣的有力，並且甚至更為強勁。對未來行為的現時預期，其
名稱為權利。**法律力量**就是未來的本身，而**權利**則是此種力量
的未來性。價值是運用此項權利所能獲得的未來有限財貨供給
在現時的預期。

　　凡此皆非抽象——而是預期——預期著集體的行動。這些
權利、價值與力量全是存在於現時，但卻僅是以預期的現時狀
態而存在，準備在需要時「表現」於交易之中，到那時便會成
為其時的限制因素。這種心理上的預期就是洛克的「觀念」以
及柏拉圖與康德的「要素」，而與時間無關，所以也就是懷德
海「永存」、「無時間性」的原則與概念。不過，就其具體、
實用與時間方面而論，這些都是行動時所存在的限制或補充因
素。即便是在當時也只是作為未來性而存在——然而未來性卻
是人類行動所僅有的「標的物」。這些事物就是皮爾司的「現
實」，而其「要素」則是**未來時間**，其現時的「存在」則是**預
期或狀態**，其現時的外在現實則是交易與運營中業務團體的流
動。

　　有關未來性和限制與補充因素的這些教條就是從休謨那時代起經濟學者們對哲學家形而上問題的答案。休謨把柏克立的理論加以擴充，認為我們僅能知曉當時對事物的感覺，而不能單憑我們的肉體感覺知曉我們各個感覺相互間的關係，或我們這些感覺所由發生的世界外在事物相互間的關係。從休謨那時代開始的一個半世紀內，哲學上恆常不變的論題無非是要為各種關係求得適當的地位，其最卓越的解答便是康德的先驗論（transcendentalism）。不過，他的答案是把一個絕對論的世界和一個經驗論的世界劃分開來，前者是純由關係所組成，而後者則是純由經驗所組成。後來，詹姆士（James, Wm.）的**激進經驗論**是延伸了皮爾司的實用主義，把先前斯圖爾特、荷格森（Hodgson, Shadworth H.）與皮爾司的經驗論的教條發展成為一種心理學，認為內在的「已知」（known）與外在的「已知」是同一功能過程的兩面，不但感覺與其所感知的事物為同一，並且事物之間的互動也與這關係的感覺為同一。在近代**形態心理學**裡又作了更進一步的發展，這可算是美國實用主義的德國譯本。這許多形態各異的經驗論、理性論、現實主義、實用主義、形態主義等的哲學與心理學或許變成意志的終極性質，[301]但意志中的經驗教條則很明顯的是一種環境的或

---

301 參閱斯圖爾特的《著作集》（*Collected Works*，1854-1860年）；荷格森的《實務理論》（*The Theory of Practice*，1870年），共二卷；皮爾司的前述作品；詹姆士的《激進經驗論文集》（*Essays in Radical Empiricism*，1912年）；杜威的《人類天性與行為》（*Human Nature and Conduct*，1922年）；布拉特列（Bradley, F.

制度的意志，這種意志對限制與補充因素之間的變動關係或是直接的知曉，或是根據經驗的教訓而予以預期。與此最相配合的是杜威的心理學。人類的意志不但體驗到因素的本身，並且也體驗到因素之間的*關係*，如其不然，意志便不能知道如何管控策略因素，以修飾其他因素，而獲得遙控的結果；實際上，機器與制度完成了遠大於一個人所能完成的結果。

　　實際上，心智之中其所以有因果關係是得之於限制與補充因素之間的關係。由於在適當時間、適當地點以適當數量管控了限制因素，所以心智才能管控其他因素，共結果便成為一部持續運轉的機器，一個運營中的商業乃至一個運營中的業務團體。這種管控有一個廣泛的名稱，就是**適時性**。事實上，**適時性**是由經驗學習得來，這是適合感的一部分，不是僅憑知性所能得知。這也提供了**藝術**與**科學**之間的區別，提供了**自願性**的抽象概念與特定時間、地點、境況之中**具體意志**的行動兩者之間的區別，一個科學家或哲學家可能是專心致力於抽象的概

H.）的《邏輯原理》（*The Principles of Logic*，1883、1922年），共二卷；伊文思（Evans, D. L.）的《新舊現實主義》（*New Realism and Old Realism*，1928年）；施默芝的《整體論與進化》（*Holism and Evolution*，1926年）；科勒的《猿猴之心智》（*The Mentality of Apes*，1927年溫特爾〔Ella Winter〕譯本），與《形態心理學》（*Gestalt Psychology*，1929年）；考夫卡的《心智之發育》（*Growth of the Mind*，1924年奧格登〔R. M. Ogden〕譯本）；彼得曼（Peterman, Bruns）的《形態論與外形問題》（*The Gestalt Theory ond the Problem of Configuration*，1932年譯本）。

念而不考量到**時間**」，但是一個實事求是的人卻必須注意到適時性。物理科學把**原因**與**結果**消除掉，而代之以方程式，這是適當的措施。數理經濟學者們也是企圖在經濟學裡消除因果關係，然而因果卻是經濟學的要素，是自願性原則的要素，這可以適時的管控現時限制因素，以完成未來目的。

　　因此，我們有一個**意志**的經濟概念 —— 由目的與預期為之指導的**意志**行動。小彌爾（J. S. Mill）所發表有關因果的實證理論與布拉特列所發表的絕對主義理論[302]皆可由**意志**的經濟理論使其實現，意志管控著限制因素，以便為全體人類增殖未來的產出，或減低別人的收益，而為自身取得較大的收益，再或管控公司或其他業務團體，而把意志展伸到遙遠的空間或遙遠的未來，凡此種種無一不是依賴最妥善的調配，藉由交易來調配限制與補充因素，以期達到所企望的結果。

---

302 參閱小彌爾所著《邏輯的體系》（*A System of Logic*，1848年初版）；本書引述的是1925年的第八版，第211-241頁；及布拉特列的《邏輯原理》，第583頁以次。

第十章

合理價值

第一節　韋伯倫[1]

壹、由有形財產轉爲隱形財產

　　自從1890年以後，現代隱形財產發展了兩種不同的理論。一種是韋伯倫的剝削說，另一種是法院的合理價值說。每種理論都是建立在同一個新觀念上，認爲財產是未來有利交易的現時價值；不過，韋伯倫的資料來源是得之於1901年的美國工業委員會中產業與財政鉅子們所提出的證詞，[2]而於1904年將其發表爲他的《營利企業理論》（*Theory of Business Enterprise*）。司法界的觀念發展得極慢，只能見之於1890年以後最高法院的判決之中。

　　在美國工業委員會的聽證與調查結果中可以見到下述的這些例證：卡內基在鋼鐵工業裡取得了舉足輕重的戰略地位，因爲他的生產成本最低，他擁有鐵礦與煤礦，並且還有把物料輸送到他在匹茲堡的熔鐵爐與工廠所必須的駁船和鐵道。他沒有把他的產品製成爲馬口鐵片，這是鋼鐵工業的最後終點之一，不過，他宣稱他要在伊利湖（Lake Erie）濱用最新改良的方法建設這樣一間工廠。凡是對於卡內基的摧毀性競爭手段有相當認識的人們，都明知道這間新工廠會把他們完全驅出於市場

---

[1] 參閱特珈（Teggart, R.V.）所撰《美國經濟思想的一章，韋伯倫》（*Thorstein Veblen, a Chapter in American Economic Thought*，1932年）

[2] 參閱美國工業委員會報告（*Report of the Industrial Commission*），第1期（1900年）第XII與XIV期（1901年）及第XIX期（1902年）。並參閱韋伯倫的《營利企業理論》（1904、1907年）。

之外。於是摩根公司與其律師就集合起來，打算建立一家規模巨大的控股公司，把各個鋼鐵業公司所有的工廠全數接收而使其成爲一個整體。這樣的一種合併是購買卡內基的全部事業所必需的，如果作爲有形財產而按照其重置成本估計，則此等事業的價值約爲7,500萬金元。但是，由於卡內基在市場上處於威脅地位，他能支配30,000萬金元的黃金債券。倘使按照經濟學的傳統理論來說，則其相差的22,500萬金元絕不可能認爲應歸屬於有形財產的價值。這又不是無形財產，因爲這並不是誰負欠於卡內基的債務。唯一可以用來稱呼此項差額的名稱就是「隱形財產」，這也就是這些財政鉅子們所給予的名稱。韋伯倫把這種隱形財產加以很確當的詮釋，認爲這是一種剝削或「攔劫」的價值，其起因僅在於所有的競爭者皆必須移除卡內基的削價競爭，而大家又都知道他將啓動這種競爭。

　　這家控股公司所接收的其他公司都願意將其固有股份調換控股公司的股份。按照控股公司股份所給予這些公司的估價也是超出於這些公司的有形財產價值很多。所以到最後組成爲美**國鋼鐵公司**時，這家公司的資本總額高達20億金元，其中包括負欠於卡內基的債務3億金元與普通及優先股份17億金元，但其有形財產價值如果按照再生產的成本計算也許不及10億金元。隱形估價後來是由有形工廠的利潤所構成，其數額相等於原始的隱形價值。原始價值超出於有形財產價值的10億金元被稱爲「隱形財產」或「隱形價值」，因爲大家都斷定這家控股公司所增加的前瞻收益能力會證明此項估價的恰當，而最後的事實證明亦復如是。

　　韋伯倫在1904年就能夠很確切的說，基於預期收益能力

所作的隱形估價實在僅是一種「金錢」的估價，而不是傳統經濟學上「工業」的估價，按照傳統經濟學的說法，價值有傾向於工廠與商品再生產成本的趨勢。顯而易見的，這家**鋼鐵公司**並非壟斷事業。所以這家公司必然要受到經濟學者們生產成本競爭標準的限制，因為這家控股公司所收買的幾家公司僅是構成一個整體產業所必需的而已。這純是私人財產權利的行使，並沒有壟斷，美國最高法院於1920年所作判決即是如此。

因此，韋伯倫把「資本」歸類為有形財產的價值，而把隱形價值或隱形資本歸類為商人們按照其把持社會的力量以及「由無物之中取得事物」的能力所作純金錢的估價。在這方面，他是對的。

如此說來，韋伯倫是最先基於現代隱形財產觀念以建立其學說的第一人，他是直接得之於使用這個用詞的商人們所流行的習俗。實際上，韋伯倫是漠視了原始社會與古典派、馬克思派以及享樂派的有形財產，也漠視了麥克勞德無形財產的債務。他所根據的僅在於隱形財產這個新概念，認其為資本主未來議價能力的現時價值。

但是，他沒有調研最高法院的判決。美國最高法院每逢遇到訴訟案件也是基於隱形財產的同一新現象而作判決，但卻並非基於韋伯倫的所謂剝削，而是基於這個法院在歷史上相沿下來的合理價值概念。在某些訟案裡此項教條支持著資本主的辯論，例如在**訴請解散美國鋼鐵公司（1920年）**的一案裡便是這樣。在其他訟案裡，此項教條卻是大為減削了資本主所爭持的價值。再在其他一些訟案裡，此項教條又把資本主所反對的財產價值提高了很多。法院對於隱形財產的估價，無論原告與

被告雙方爭執得多麼激烈——其中總常含有一個公眾目的——但是韋伯倫卻力爭說，經濟這門科學也和其他的科學一樣，不宜容許把目的引進來。

　　法院最初承認隱形財產這個新概念是在1890年，[3]當時，法院宣告**明尼蘇達州鐵道委員會**（Minnesota Railway Commission）削減鐵道運費是「財產的攫奪」，不過，其所攫奪的並非有形財產，而是訂定價格的權力這種隱形財產。而且這個法院又宣告，財產的攫奪是司法問題，而不是立法問題，**聯邦憲法第十四次修正案**禁止各州未經合法程序而攫奪財產。在此以前，還有一件類似的訟案，**穆音對伊利諾州**的訟案（Munn v. Illinois）（1876年），那時，法院的財產是指有形財產而言，這個法院主張州的立法削減費率並不是財產的*攫奪*，而僅是規定財產的*使用*。[4]但是到了1890年，鐵道公司的律師請求法院收回成命，並且主張，削減運費以攫奪財產「價值」也是憲法所禁止的財產之「攫奪」。他們的主張是對的，因為在此刻被攫奪的並非這公司的有形財產，而是有權訂定這公司所希望並能夠收取的費率這種隱形財產。換言之，這些律師是站在韋伯倫的隱形財產立場上。法院接受了他們的爭議，

---

[3] 芝加哥、密瓦基與聖保羅鐵道公司對明尼蘇達州（Chicags, Milwaukeeand St. Paul Railway Co, v. Minnesota）訟案，檔號134 U. S. 418（1890年）。並參閱康芒斯的《資本主義之法律基礎》（1924年），第15頁。

[4] 穆音對伊利諾州訟案，檔號94 U. S. 113. 1.c. 139（1876年）。並參閱康芒斯的《資本主義之法律基礎》，第15頁。

但卻認為攫奪這種新意義的隱形財產是一個司法問題，應該取決於最高法院，而不能取決於明尼蘇達州，所以，這個州所訂定的費率自當無效。

所以，在1890這一年，財產的意義作了初步的變更，由有形財產變成隱形財產。隨著這種意義的變更，最高法院也就篡奪了從前認為是州政府的權力，這種權力是**穆音**訟案之中所承認的，可以規定公用事業所收取的價格。

承認隱形財產為與經濟學者們有形財產的意義完全不同的一種價值，其第二個重大步驟見於**亞當斯捷運公司對俄亥俄州**（Adams Express Company v. Ohio）的訟案。[5]這是關於課稅的一件訟案，拒絕了這家公司的抗議，而把有關的財產價值由\$23,000提高\$449,377，以供俄亥俄州課稅之用。經濟學者們與普通法上的有形財產是指馬匹、貨車、保險箱、錢包以及其他類似的有形財產而言。隱形財產則是指這家運營中的公司基於預期收益能力計算的全部股票與債券市場價值而言，對此項財產俄亥俄州在各州之中的分額是\$449,377。本案的隱形財產大於有形財產計達十八倍之多。法院在覆審時說，「這種財產雖是隱形而存在，但既具有價值，並產生收益，而在世界各市場上可以流轉，就得要課稅」。[6]

在這件訟案裡，我們可以看到法院已經明確承認韋伯倫在作為有形財產價值（\$23,000）的「資本」——實際上相應於

---

5 **亞當斯捷運公司對俄亥俄州**一案，檔號165 U. S, 194（1897年）；複審檔號166 U. S. 185（1897年）。並參閱康芒斯的前述著作，第172頁。

6 檔號166 U. S. 219。

經濟學者們現行的理論——與隱形財產價值（$449,377）的新
現象之間所作的區別。但是，法院並非如同韋伯倫那樣，把此
項問題視爲經濟學上的一個純科學假設而聽其自然，法院是在
要求平等待遇的公共目的這個規則之下，提高了合理價值以供
課稅之用，由原先的有形財產價值提高爲大十八倍的隱形財產
價值。

　　還有一件訟案可以說明韋伯倫把隱形財產作科學上的處
理與法院將其作公共目的處理兩者之間的差別：**聖約金河與
王江通運灌溉公司**（San Joaquin and King's River Canal and
Irrigation Company）建立了一個灌溉系統，按照韋伯倫的隱
形財產原則估價爲$1,800萬。加利福尼亞州授權給這家公司，
可以收取水費，其數額足以產生此項估價18%的收益。美國最
高法院接到一個下級法院有利於這家公司的訴願，把財產價值
減低，由$1,800萬減低爲$600萬，並且把這減低的隱形資本上
所收取的報酬率一併予以減低，由原先契約上所規定的18%減
低爲合理的6%。換句話說，最高法院減低了這家公司所能容
許的收益能力幾達90%，而命令其將水費作與此相應的減低。
所以，最高法院雖是接納韋伯倫的科學觀察，認爲隱形財產是
資本主所建立的，但又認爲在這種情況之下卻是高價強奪，而
將其收益能力減低爲合理的收益能力。爲證明此項判決的公允
起見，這個法院說：

　　「縱然這家公司在先前曾經獲得允准，自訂費率，使其按
月的收益相當於實際投資額的1.5%，但是依照法律的規定來
訂定水費，使其收益可能達到實際上用以供水的財產在當時的

價值6%，這既不是未經合法程序而沒收或攫奪財產，也不是否認法律的同等保護。……原始的成本也許太大了，構築工程雖是誠實無欺，但卻可能是發生錯誤，成本因之而增高；爲求達到預期目的所必須置備的財產也可能是太多了」。[7]

我們可以由此看到韋伯倫與最高法院對隱形財產這個新概念所求得的結論大有出入，他們都是在1890年法院已承認這種財產之後而同時加以調研的。韋伯倫所求得的結論是剝削論，而法院所求得的結論則是合理價值論。韋伯倫是在他的一部書裡突然求得的結論，而法院則是由時常更調的法官其個性各自調研、錯誤並改正，用實驗方法求得的結論。

假如我們觀察一下由這種新資本主義的同一現象所求得的結論何以會有如此顯著差別的基本原因，我們將發現這是由於科學概念的本身互不相同。韋伯倫的科學概念是自然科學的傳統概念，在調研事實時必須摒除一切*目的*。法院的科學概念則是一種制度概念，其調研的出發點必須是公共目的，將其作爲科學本身的主要原則。這就是自然科學與社會科學之間的差別。

---

7 史坦尼斯勞郡（**Stanislaus County**）對聖約金河與王江通運灌溉公司訟案，檔號192 U. S. 201, Sup. Ct. 241（1904年）。並參閱惠敦（Whitten, R. H.）所著《公共服務公司之估價》（*Valuation of Public Service Corporations*，1912年），第59頁。法院判決合理價值的文字於1907年爲威斯康辛州的**公用事業法**所採用，原起草人即本書著者，並爲其他各州所仿效。

　　韋伯倫之所以要把目的摒除於科學範圍之外是由於他對**實用主義**的詮釋使然，這是當時詹姆士與杜威所提出的一種詮釋。[8]他似乎不知道皮爾司的**實用主義**其所處理的只是自然科學，他也似乎不知道法院的**實用主義**是較接近於杜威。在詹姆士與杜威採納實用主義這個名稱時，詹姆士是將其應用於個人心理學，而杜威則是將其應用於社會心理學。在這方面他們都承認目的是人文科學中極為主要的問題。因此，他們甚至受到皮爾司本人的排斥[9]也受到韋伯倫的排斥。後者是把科學視為「事實問題」的科學，起因於現代機器的發明，在這些發明之中，一個科學家必須清除古老的目的觀念，或是說，必須消除鍊金術或占卜所含有的**萬物有靈說**，他們所採取的觀念僅限於「連續變動」或「過程」，這種概念不會有「因果作用」，不會有「最後結果」或「目的」。他要說，「現代的技術和現代的科學是用到同一範圍的概念，按照同一條件加以思考，並且應用同一實效性的測驗方法」。[10]

8　參閱韋伯倫的「經濟學何以不是一種進化的科學」（Why is Economics Not an Evolutionary Science，1898年）；「科學在現代文明中之地位」（The Place of Science in Modern Civilization，1906年）；及「觀點」（The Point of View，1906年）。轉載於《科學在現代文明中之地位及其他論文集》（*The Place of Science in Modern Civilization and Other Essays*，1919年）。

9　參閱《一元論》（*The Monist*），第15期（1905年），第161頁以次及第481頁以次；第16期（1906年），第142ff., 495ff.及545ff.各頁。

10　參閱韋伯倫的《科學在現代文明中之地位及其他論文集》，第17頁。

　　果眞如是，那就不會有一門人類天性的科學。科學只限於物理科學。所以，照韋伯倫的說法，**實用主義**在應用於人類天性時，

　　「其所創造的僅是一些權宜行動的準則，**科學**所創造的也僅是一些理論而已。這絕不能知道政策或效用，不能知道較優或較劣。……實用主義一類的智慧與熟練對於實際知識的增進絲毫無貢獻。……塵世智慧的心理態度所欲達到的目的與公正的科學精神相反，倘使往這方面去追求，將招致智力的偏差，這是和科學的洞見互不相容的」。[11]

　　然而在制度經濟學裡我們所探討的卻正是這種偏差，認其爲整個經濟過程之一部。韋伯倫把塵世智慧的這些態度逐項的列舉出來，而將其歸納在實用主義這個名目之下，這些態度只是他對制度行動的一般觀念之中所有的特例，因爲他說，塵世智慧的智力上產出，

　　「是一些嚴酷的行爲規則的實體，大都是要利用人類的弱點。其標準化與發生效力的慣常條件就是人類天性的條件，是人類的偏好、偏見、熱望、企圖、無能等條件，與之並行的心智習慣也必須能和這些條件相一致」。[12]

---

11 同前書，第19頁。
12 同前書，第19-20頁。

　　當檢驗這些「全球智慧的」條件時，我們發現此等條件並非淬成一個空泛的人類天性概念，而是淬成交易與運營中業務團體的工作規則概念，在這裡，集體的行動管控著個人的交易。在法理學的範圍以內，此等條件終於成為合理價值與合法程序的理論，通常是受各當事人的集體目的啓發，他們訂定了規則來解決利益衝突，以期獲致共同的利益。不過，因為韋伯倫的理論並非得之於司法判決，而是得之於資本主義的交易在未經法律規定時的明顯剝削，所以在他看來，制度只是資本主所發明與利用的種種剝削技巧而已。

　　換言之，我們使用「實用主義」這個用詞是按照皮爾司的科學意義將其作為一種調研方法，不過，我們認為皮爾司是用之於沒有未來、沒有目的的自然科學，而詹姆士與杜威則是用之於人文科學，人文科學的主題，其本身就是一種講求實用的生物，始終注視著未來，所以始終要受目的推動。我們並沒有使上文所列舉的剝削特例落空，我們是將其集合成為一般性的概念，這就是說，集體行動按照各種習俗與業務團體所演化的工作規則來管控個人交易。這些規則與業務團體也可以用實用主義的科學方法加以調研；如同其可以用於自然科學技術規則的調研一樣；凡此皆可作為「事實問題」而加以調研，在法院與仲裁法庭演進中的判決是如此、在合理價值變動中的意義也是如此，並且在韋伯倫未經法律規定時的剝削也是如此。

　　由於集體規則的變更，其中包括習俗與運營中的業務團體以及各式各樣的社會哲學在內，我們也像韋伯倫一樣發現了經濟學的進化理論。正統派經濟學者們其所以未能發展出一種進化理論的原因沒有人比韋伯倫說得更恰當，他特別指出奧國經

濟學者們對人類天性的錯誤概念。我們在上文已經引述過，[13]
認爲與邊沁的概念相同。不過，我們要把個人交易與運營中業
務團體的集體行動作爲經濟學的主題來避免這種錯誤概念。

貳、由財富增殖轉爲觀念增殖

我們曾經講過，[14]1830與1840年代社會觀念的來臨，附帶
了一個天眞的、不可思議的公式，認爲現時物質財貨與固定
資本之中具體表現過去社會服務的無窮增殖。不過，在那些
具體的過去服務既早已耗損、貶值與報廢之後，在必須持續
用新勞動予以替換，用新發明予以改良，並因此而產生了週轉
概念時，這難道還是實物的增殖嗎？這難道不是由文明的萌
芽時期到蒸汽、汽油與無線電的現代時期所累積的*具體觀*念
嗎？一個今日的科學家、工程師或機械師只是複述阿基米得
（Archimedes，古希臘數學與物理學家）的槓桿、伽利略與
牛頓的引力、富蘭克林的電力以及若干世紀的文明所有科學
家、工程師與機械師們數以千計的觀念而已。

韋伯倫在「技藝本能」的名目之下用進化的制度過程觀念
來替代物質資本增殖的物質概念，使近年來的週轉概念有適當
的地位。[15]然而我們卻要把他的技藝「本能」稱之爲管理交易
的習俗與法律。由此可以達到商品與服務的有秩序生產，而不

---

13 參閱本書前文，第六章**邊沁**。

14 參閱本書前文，第八章，第六節，〔參〕，(四)**由勞動分工轉爲勞動結社**。

15 參閱本書前文，第八章，第五節**由流通轉爲重複**。

問其數量、價格與擁有權爲何。不過，我們已經知道這些習俗與法律實在就是「違約求償」，「按勞求償」以及擁有者對同意其前提的事主可以支配其行爲的權利等原始法律教條的現代解譯。

韋伯倫看到馬克思是企圖把古典派將財富或資本解釋爲物質與物質擁有權的雙重意義分開成爲兩個相互對立的實體——一個是社會的勞動力量，另一個是使勞動變爲使用價值的資本主義集體物質擁有權。但是，他又看到馬克思如此建構的兩個實體實際上只是兩種隱喻的實質，一種是得之於黑格爾的辯證法，另一種是得之於經濟學者們的自然權利與自然自由。[16]黑格爾的策略是針對著一個預定的目標，在黑格爾本人的精神上這個目標就是推展統一而自由的日爾曼世界帝國之精神，而在異端派方面（由費爾巴哈〔Feuerbach, L. A.〕領導）[17]則一變成爲馬克思物質生產方式的發展，使其成爲無產階級的世界帝國。馬克思的詮釋是說，資本主義的擁有權命中注定要崩潰，而由無產與失業階級以革命方式奪取此種制度，照韋伯倫爲馬克思作詮釋的說法，這個無產而失業的階級有享受其全部勞動產出的自然權利。

所以，在韋伯倫看來，馬克思的策略更在達爾文之先，因爲達爾文的進化並沒有預先注定的目標，而只是持續不絕的原因與結果，既沒有方向，也沒有最後限期或終極目標。進化是

---

[16] 參閱韋伯倫的《科學在現代文明中之地位及其他論文集》，第411頁。
[17] 參閱《社會科學百科全書》，第六卷，第221-222頁，費爾巴哈條。

「盲目累積的因果關係」。這是各種文明的升降，而不是任何一種文明的推展成為馬克思宿命注定的勞動擁有權。作為最後管控的不但可能是勞動，也可能是資本主，韋伯倫在這裡已經預言了**法西斯主義**與**共產主義**的可能性。這些可變性都是達爾文的進化論，並非命中預先注定的，韋伯倫打算把這一類的可變性演繹成為一種沒有目標的過程。

但是達爾文在各種可變性中卻有兩種不同的「選擇」：一種是**自然的選擇**，另一種是**人為的選擇**。我們的理論是人為的選擇。韋伯倫的理論則是自然的選擇。

照韋伯倫的說法，由於達爾文的「自然」選擇這種理論在當時已進入了經濟學的園地，所以馬克思派的理論家們也達到了一個懷疑時期，懷疑那壓制不住的階級衝突是否無可避免，他們都反對藉助於武力。主要的幾個馬克思派學者對愛國主義做了讓步，並且對身入其境的變動中國際局勢也做了讓步。在這裡韋伯倫又預言了這些學者在**世界大戰**開始時期的變更態度，愛國主義戰勝階級鬥爭觀念，戰勝他們由無產階級最後統治全世界的觀念。

為應付達爾文派持續變更及拋棄宿命目標起見，韋伯倫僅代之以無確定目標的**過程觀念**。不過，這麼一來韋伯倫在增加全國物質財貨的勞動過程與資本主義扣留、阻止與迫令勞工失業的過程之間又造成了更大的敵意，尤甚於馬克思本人所造成的。

韋伯倫責備馬克思，說他是由黑格爾的形上學求得了先於達爾文而為宿命注定的進化概念，此項責備雖很確當，然而馬克思在當時只是堅持古典派的有形財產觀念，假如說他能在任

何其他基礎上建立他的理論，那卻是不可思議的。倘使財產僅
是實物的擁有權，倘使該財產的價值僅是其中所含具體的社會
必需勞動數量，則馬克思所能提出的「變動」概念只是勞動所
產出的實物增加，當然，這和擁有權的增加必相平行。

　　不過，這卻並非達爾文的精密變動過程，他那過程的最
後終點是各式各樣的不同物種（species）。所以，韋伯倫可
能由具有注定目標的實體形上學轉到達爾文的過程觀念，只須
將馬克思與正統派的有形財產概念轉為隱形財產新概念，實際
上這是在馬克思以後出現的一種概念。後者的本身是買、賣、
借、貸與增高財產權利金錢價值的過程；但有形財產的本身卻
沒有買或賣的力量，這種財產的增加只是使用價值因工作與發
明的勞動過程而增高。

　　因此，如果照馬克思的說法，實質事物的擁有權集中在
少數人之手，則擁有權的本身也就變為一種實體，和另一種實
體，社會的勞動力量，完全分離。韋伯倫把實體轉為過程時，
必須把有形財產轉為隱形財產，前者沒有買賣的金錢過程，而
後者的本身僅限為金錢過程。所以，在他變更馬克思社會勞動
力量時，相應的他必須代之以有秩序的創造物質財富過程。我
們稱之為預期**管理交易**有秩序的重複。但韋伯倫則是稱之為**技
藝的本能**。

　　韋伯倫知道泰勒科學管理的理論，不過，他所知道的僅是
這種理論的開端，當時尚未達到人道主義的內容，這種內容是

在於管理交易的分析之中，我們是由丹尼遜引述得來。[18]科學
管理也還沒有達到普遍的社會福利，這種福利是近年來管理經
濟學者的目標。[19]泰勒的科學管理只是把工程師的衡量觀念應
用於勞動，如同往日應用於機器一樣。一個管理人員憑藉其優
越地位以決定勞動者所應生產的數量與方法。韋伯倫於1914
年背離了此種觀念而建立一種相反的觀念，那就是說，一個手
工、科學或管理的理想工作人員推進傳統的優良技藝。

　　由於上述的幾種原因，韋伯倫成為現代計畫的智力創始
者，這種計畫是要把工程師，而不是把資本主列為社會過程的
首長。[20]

　　韋伯倫的理論在這裡用來替代正統派經濟事實的均衡與和
諧這種靜態理論的是另一種進化理論，意即，不問資本主義的
擁有權如何干擾，財富生產者仍能使其知識、科學、藝術、習
慣與習俗逐漸進化。如此一來，所有正統派與馬克思派經濟學
者的實質事物，例如：機器、商品與自然資源之類，其本身不
再表現為經濟學的主題，而是重行表現為技藝本能所應用的知
識及其所養成的習慣，這由工程師領導。

　　實際上，韋伯倫的這種見解完全正確，因為往昔經濟學
者們的實質事物只是一些使用價值，藉由我們化約為管理交易

---

18 參閱本書前文，第二章，第二節，(二)**管理交易**。

19 參閱泰勒學社的《美國工業之科學管理》（*Scientific Management in American Industry*，1929年）。

20 參閱韋伯倫的《工程師與價格制度》（*The Engineers and the Price System*，1921年）。

的持續重複或週轉，這些使用價值才會出現與消失，才會更新與發明。不過，使新物質得以持續與再造的則是知識、習慣與發明，因爲凡此皆是人類的能力經過幾世代的教導、傳統、經歷、實踐與調研推展而成。這種知識僅是技術的知識，照韋伯倫的說法，這是

> 「對物質的物理行爲合於實際的知識，人們爲求取生活起見，必須加以處理。……如果說礦物、植物與動物是有用的——換言之，這些都是經濟財貨——意思就是說，這些事物已納入社會有關手段與方法的知識範圍之內」。[21]

這種知識使構成爲正統派經濟學基礎的實質事物，其本身也具有制度的特性。這就是我們之所以要用「管理交易」來替代「實物」與「勞動」等物質概念的原因。由於折舊、報廢與消費，實質事物以快速度的週轉率極快來去；而保持其更新並增進其效率的，則是由管理交易的進化特性一代一代的傳留下來的傳統、習俗與革新，不過，韋伯倫卻是用一種「實體化」的方式稱之爲「工業的非物質裝備、社會的隱形資產」。[22]這種非物質裝備是由遺傳得來的，是可以傳遞的，因爲這是「技藝本能使其成爲值得特意追求的客觀性目標」。

因此，韋伯倫就把不反省或不愼審考慮的動物或人類行

---

21 參閱韋伯倫的《科學在現代文明中之地位及其他論文集》，第325、329頁。

22 同前書，第330頁。

為稱之為「向性」（tropism）或「向性活動」（tropismatic activity），而把「本能」這個用詞專用於人類的意欲。所以，我們也要稱之為習俗，而不稱之為如他所想的本能。誠如他所說，這種本能實在就是「過去的傳統，是過去幾世代的經驗累積起來的思想習慣的遺產」。這種本能「落入了因襲的行列與追求習俗及法規相一致，所以也取得了制度的特性與強制力」。[23]

這些做事與思想的例行方法獲得了「社會慣例的認可，成為正當與適宜，並因此而產生了行為的原則。透過世俗，此等方法併入了現時的常識體制」。與其說本能是得之於遺傳，還不如說是得之於教育，這種本能時常要透過競爭與奮鬥而發生變化、選擇與殘存，主要是為了適應生活的物質要求與文明的文化變遷。[24]

韋伯倫認為這種技藝的本能，或是依照我們的說法稱之為技藝的習俗，可能會普遍影響到其他一切傾向，因為這是一種適合與否的意識，是要達成任何終極目的的適當方法與手段。在藝術方面，「美感是主要動機」，技藝的本能提供了技巧；在宗教方面，這種本能便是儀式；在法院，就是訴訟程序與法律術語；在工業裡，就是生產過程與一群雇員的組織。一個商人也得要把他的技藝本能表現在操縱市場與對人類需要上，以求獲得一筆利潤。「所以，按照某種意義來說，技藝的本能可

---

[23] 參閱韋伯倫的《技藝本能與工業藝術狀況》（*The Instinct of Workmanship, and the State of the Industrial Arts*，1914年），第7頁。

[24] 同前書，第16頁以次。

以說是其他一切的輔助，有關於生活的方法與手段；而不是有
關於任何一個已知的隱祕目標」。「這需要堅持一個目的」。
這是有關於「實際的權宜、方法與手段，效率與經濟的策劃與
設計；熟練、創造性的工作以及對事實的技術性掌握。這是一
種接受痛苦的傾向」。[25]

於是韋伯倫不得不把*目的*引入他的技藝本能，並因此而把
達爾文的「自然」選擇轉變爲達爾文的「人爲」選擇。

韋伯倫的第二個補充概念是他的運營中業務團體概念，
這個概念把物質資本轉爲進化過程。不過，他的這個概念實際
上就是我們技術性「運營中工廠」的概念，我們要把「運營
中業務團體」這個用詞保留起來，使其同時包括運營中的工廠
與商業。韋伯倫的「運營中業務團體」，或是更正確些稱之爲
運營中的工廠，是原物料、機器、建築物的一次週轉，使其運
轉並予以維持的是監工、專家、領班與工人們的一個組織，共
同產出使用價值來。馬克思所注意的是「具體勞動」的實體物
料與設備；而韋伯倫所注意的則是工廠裡的技藝組織，也就是
我們的管理交易科層組織。因此，馬克思用來表示這個概念的
是一種被動的、隱喻的用詞，「資本的有機組合」（organic
composition of capital），而韋伯倫的用詞則是「在領班的督
察之下，使工作的種類、速度（及）量體相互連繫」的管理過
程，「這是一個領班的功能，他必須能掌握全盤的技術情況，
必須能靈活的調配一個產業的過程，以適應另一個產業的要求

---

25 同前書，第29-33頁。

與效果」。[26]

　　這就是「效率」，韋伯倫雖然排斥「目的」這個用詞，但是他與「現代科學家們」不同，這些科學家要排斥效率這個用詞，據說這個用詞含有「因果關係」的隱喻。我們同意韋伯倫，效果實在是一種因果概念，因爲這是「工頭、工程師、監工員所實施的」有意的管控，「這可以決定某項實體設備所能列爲『**資本財貨**』估計的究竟是多少」。[27]

　　當然，我們要稱之爲目的，韋伯倫的物質資本並非某一數量的事物，而只是有用性變更中的過程，由「當時流行思想習慣」爲之指揮。「物料的這種物質財產是恆常的，可變的是人類的行動」。資本並非過去儲存勞動的產品累積——這些產品是轉變無常而漫無目的——資本是產業知識與經驗運營中工廠，由工頭爲之領導，而爲人類服務。資本是亨利福特（Henry Ford）和他那數以十萬計的工人，及福特所寫的《我的生平與工作》（*My Life and Work*）也就是韋伯倫的理論之實施。

　　但是，韋伯倫與福特又發現了另一種本能，並且又有了另一種意義的資本。這種本能也許是得之於亞當·史密斯的「物物互換、對調與交易的偏好」，不過，亞當·史密斯所看到的是一隻無形的、仁慈的手，而韋伯倫所看到的卻是一隻惡意的手，破壞著技術過程，以期取得「某些事物而毫無所費」。[28]

---

26 參閱韋白倫的《科學在現代文明中之地位及其他論文集》，第345頁。

27 同前書，第345頁。

28 參閱韋伯倫的《既得利益與產業技藝狀況》（*The Vested Interests and*

這種「金錢的本能」就是**財產**。財產也就是**資本**，韋伯倫說，一個資本主是「濫用其權利」而不是「行使其權利」以求取他的金錢利得，福特也是如此，根據法院某一次判決，[29]他是把股東們收買下來，剝奪他們對利潤與利息的合法請求權，真正成為韋伯倫「身兼業主的工人」，由技藝本能予以推動。

在韋伯倫看來，亞當・史密斯的財產概念是屬於手工業與小額貿易的制度，為時是在機器尚未成熟之前，這時，一個工人身兼業主，生產並出售他的產品；這時，一個商人謀求他的利潤，必須使他自身能配合商品供需的變動，對於這些變動他是無力管控的。不過，現代的商業財產則是一筆資本，這不是移動於生產者與消費者之間的商品，而是產業技術過程的本身。[30]我們已曾講過，亞當・史密斯的財產概念要回溯到洛克，洛克是把對財產與自由的自然權利，這種權利是以一個工人對其自身與對其勞動產品的擁有權為基礎，用來替代上級的權威，這種權威是以英勇、服務與忠誠為基礎，可以由世俗的權威回溯到神聖的權威。[31]在亞當・史密斯時代，經濟生活業經「按照技藝與價格的條件」成為標準化。然而，現代的商業雖是保留著這種自然權利與自由的觀念，但卻拋棄了洛克所發現的財產發源於工人的創造效率，而另行看到財產的基礎在於

---

the State of Industrial Arts，1919年），第100頁。

29 **道奇等對福特汽車公司訟案**，檔號204 Mich. 459, 170N. W. 668（1919年）。

30 參閱韋伯倫的《營利企業論》，第22、80頁。

31 同前書，第74-80頁。

預期收益能力的資本化。財產並不僅是擁有權與自由，可以任意處理一個人所生產的事物；而是預期取得別人將產事物的現時價值。所以，財產是收益權力按照貨幣的資本化，也就是現代的**資本**。

這是因為機器過程已經繼承了手工業過程的緣故。「機器過程」大於機器。這是一個整體的國家。這種過程是以對所用力量有系統的知識為其基礎；農耕與獸類的產業也都是機器過程。這不僅是單獨的一個工廠，因為沒有一項過程是可以自給自足的，而是「要把整個產業的協力運轉視為一部機器的過程」。所以，如果總括韋伯倫所說的話，在一個工廠裡固然必須調整，而在工廠與工廠之間，在產業與產業之間，也必須調整，必須有物料與用具的衡量，不但商品與服務，就連時間、地點與環境也都必須有標準化的大小、形態、等級與規格。這是一種全世界「廣泛的、均衡的、機械的過程」——這是工程師，而不是資本主。

這種機器過程的均衡異常之精密，只要是任何一點發生了任何動盪，皆可能傳播到其他各點，而使整個過程怠惰、浪費與艱困。韋伯倫說，商人就是從這裡介入進來的。「各個產業單位之間工作關係的均衡都是由於商業交易才能保持或恢復、才能調整與再調整，並且每一個產業單位的業務也都是建立在同一基礎之上，而以同一方法來規範」。所有的這些關係「皆可能化約為金錢」單位，因為一個商人本身所關心的並非在於「工廠」的工業設備，而是在於這工廠的金錢**資產**。[32]在這個

---

[32] 同前書，第18頁。

商人看來，這就是「投資」，而投資也就是一筆金錢交易，其
目的在於求取價值與擁有權的金錢利得。他求取利得，並非由
於有益於社會的技藝，而是由於無益於社會的商業。

　　區別發生在兩個種類的資產之間，一種是「有形的」，
另一種是「隱形的」，前者是「爲個人服務的資本財貨」，而
後者則是「非物質的財富項目，爲人所占有的非物質事實，估
計其占有所可能獲致的利得而加以占有、估價與資本化」。這
種隱形資產之所以產生，是因爲社會物質設備的擁有權足以使
資本主成爲這個社會所累積有關方法與工具的知識*事實上*的擁
有者」，意即，成爲這個社會「非物質設備」的擁有者，這種
設備可於工程師與工人的技術能力中見到。但是，擁有權所給
予資本主的不僅是工人技術能力的使用權，並且還給予他「濫
用、蔑視與禁制之權利」。[33]

　　所以，法律上所禁上的「貿易限制」並非濫用權力的唯一
形態——具有特徵而普遍流行的濫用是「故意的使工廠無所事
事」、「收取買賣所負擔的費用」、「阻礙商業的對手發揮其
全部效率的策略」、「凍結」敵對的廠商、提高價格以求取金
錢利得；如此一來，「在資本制度之下，這個社會便不能使方
法與工具的知識有所裨益於人類的生活，除非是在特殊季節，
價格走向提供差別待遇有利於物質設備的擁有者」。

　　因爲「無用（disserviceability，無益）也和有用

---

[33] 參閱韋伯倫的《科學在現代文明中之地位及其他倫文集》，第352頁以
　　次。

（serviceability，有益）一樣的可以資本化」。且不說保護貿易的海陸軍建置，或投資於賽馬場、公共娛樂場等，且不說牽涉「把技術策略作不當使用」的浪費與虛偽財貨，此外還有一種隱形資產的具特色資本化，號稱為「商譽」。這是韋伯倫所給予差別商業利益資本化的一個名稱，其中不僅包括原先「顧客們信賴與尊重的親善感」，並且還包括較為現代意義的特殊利益，可以適用於壟斷以及營利事業的合併。這些勝過社會，勝過對手的差別利益是由扣留供給的力量所創造，構成為隱形資產的大部分，這種屬性使我們在有形與隱形資產之間可能有所區別。有形資產與隱形資產之所以具有價值雖是由於其對擁有者皆有產生收益的能力，但前者是被推定為對社會有潛在的效益，代表「物質的生產工作」，可以提供使用價值；而「大體說來，平均說來」，隱形資產則是「被推定為無益於社會」，因為這些資產僅能提供貨幣價值於其擁有者。

實質的差別在於事實上有形資產是社會熟練技術的資本化，也就是生產過程的資本化；而隱形資產則是調整或調整不善的資本化，這是各種產業之間與各個市場之間對供給的差別管制，也就是「對於取得的便利與過程有差別的管控，這不能生產財富，而僅能影響到財富的分配」。因此，隱形資產是商業上的金錢特權，起因於供給的管控，以及在價格未能滿意時把供給品扣留不發的權力，所以，這和工人們的生產效率恰正相反，工人們的生產效率足以增加供給。

由此而產生了「產業的」與「金錢的」運用兩者之間的區

別。[34]古典派把生產因素劃分爲土地、勞動與資本，這已經顯得不合適，經濟學者們又引進了第四種因素，就是企業者，作爲一個特殊種類的勞動者，其所取得的是特殊種類的工資。同時，韋伯倫又說，原先所謂神意的大自然秩序這個前提仍然存在，其命題是自然的或正常的均衡，「使生產服務與其報酬相等」。所以，在經濟學者們看來，利潤恰等於企業——如同地租、工資與利息恰等於土地、勞動與資本一樣。

到後來，又出現了一個特殊階級的商人，號稱爲投機者，他們「對產業上的任何企業或工廠並無任何利害關係或聯繫」。半個世紀以前，商業的經理人員可能被解釋爲「對機械過程操有督察之權的執行者」。那時，也許要把投機的這項功能視爲與產業功能不可分離，所以在「合法的」與「不合法的」投機之間可能加以區別，前者「與一個具體工業場所營運的成功」有關，而後者卻不能提供其服務於社會。但是近年以來，照韋伯倫的說法，這種關聯業已切斷，所以營業或金錢的運用與產業或機械的運用完全分開。因此，「兩者的分界線不在於合法與不合法的金錢交易之間，而是在於商業與產業之間」，這就是說，在於扣留供給的力道與增加供給的力道之間。

韋伯倫又接下去說，商業活動是「可獲利的，但卻不一定對社會有益」。此等活動之中包括證券投機者，不動產代理人、律師、經紀人、銀行業者以及金融業者等輩的活動，他們的行列從一個善意的（bona fide）投機者，這個投機者並不

---

34 同前書，第279頁以次。

打算達成產業效率的較遠目的，極少的演變到一個產業鉅子或企業者，這個產業鉅子與企業者按照慣例是應該列名於經濟手冊的」。他們的特徵是，其所關心的在於價值現象——關心於交換或市場價值、關心於購買與銷售——假如說他們也關心於機械過程，那也只是間接的、次要的而已。他們不是關心於生產或消費，而是關心於分配與交換，意即，關心於財產制度，「在經濟理論之中絕不能歸類爲生產的或產業的活動」，因爲私有財產的功能僅在於扣留供給的力道。

實際上，產業是「密切的受制於商業」，因爲財產擁有權的意思就是說「隨意財富的管控」。一個商人可以決定要生產什麼和生產多少，不過，他的目標並非在於生產或服務，而是在於「可銷售性」。他不但是促進產業可以獲利，即便是干擾產業，他往往也可能獲得同樣多的利得，至少，他可以避免損失。簡而言之，從韋伯倫金錢運用得來的利得，是起因於妨礙與制止生產，由財產制度爲之保證，而從他產業運用得來的利得，則是起因於增加生產，由技藝本能爲之保證。

韋伯倫就是把這種金錢利得定義爲既得的利益。「既得利益是一種可以出售的權利，毋須花費而可能取得一些事物」。既得利益是「非物質的財富」、是「隱形的資產」。這是三大門類的商業所產生的結果，這三類的商業就是供給的限制，買賣的妨礙與浮誇的宣傳，其目的皆在於有利可圖的銷售。這些都是「推銷的策略，而不是技藝的設計」。可是，這些都不是欺詐——這些全在商業誠實的紅線內嚴格執行。這些都是法律所准許的不勞所得。正因其如此，所以這些都可以稱之爲「自由所得」，因爲其受益者是憑藉扣留供給與機會的力道而取之

於社會的機械總產量，但卻並未提供等量的服務，並未增加商品的供給與就業的機會。

然則金錢運用的目的又何在呢？早年的實體經濟學者，例如：魁奈、李嘉圖與馬克思等輩，是完全消除貨幣，或將其化約爲一種商品，他們把地租、利潤與工資作爲物物交換經濟中所交換的商品數量，而貨幣則僅是一種記帳單位，與重量及尺度無異。但韋伯倫的現代商人卻是專心一志從事於貨幣的取得，或更確切的說，從事於合法工具的取得，例如：股票、債券、銀行支票帳戶之類，這些事物在交換之中具有支配商品與勞動的能力。此等合法工具所證明的是擁有權，而不是技藝的產品。此等工具對於商品並不必有所聯繫，實際上，此等工具根本就不是商品，而只是管控商品供給的合法工具，往昔的工人或商人把以前所生產的實體商品帶到市場上來。不過，照韋伯倫的說法，現代的隱形財產整體而言僅是對尙未產出事物的權利或要求權，一種預期淨收益的能力，這就是說，預期可以超出工資開支以上的差別利益，決定此項利益的是限制供給以提高價格，限制勞動的需求並增加其供給以壓低工資。因此，韋伯倫的隱形財產就是對市場差別利益的要求權，以利潤、利息與地租的形態分配於要求者之間。這種財產的基礎不在於產業的機械過程，而只是依賴於擁有權的這種權利以及由此而生的供給之管控。

由此可知韋伯倫是走上了歷史路線，和美國最高法院在1896年**亞當斯快遞公司**的訟案[35]裡所作區別相同。他也像這個

---

35 參閱本書前文，第二章、第三章，壹、**由公司轉爲運營中的業務團體**。

法院一樣，把財產與資本的定義加以擴大，不再是有形財產，
而成爲預期的收益能力。這種收益能力的買進賣出構成「可
售資本的買賣」。[36]我們在**亞當斯快遞公司**訟案裡可以看到，
這種可售資本和實物資本之間並無明確的關係。照韋伯倫的說
法，這種可售資本只是「一筆貨幣價值」，並且「對產業設備
也只有疏遠的、波動的關係，……這些產業設備就是舊式的產
業資本概念」。資本化的古老基礎是「任何一個業務團體所擁
有物質設備的成本。……這種基礎在此刻已經不再是得之於所
擁有物質設備的成本，而是得之於作爲一個運營中業務團體的
公司所有的收益能力」。換句話說，「資本化的核心並非在於
這個工廠的成本，而是在於這個業務團體的商譽」。

韋伯倫說，爲適應現代商業方法的要求起見，「商譽」
的意義業已擴大：「各種性質極不相同的項目都包括在商譽的
這個標題之下，不過，其所包括的各種項目卻有一點是共同
的，這就是說，此等項目皆是「**非物質財富**」，皆是「**隱形資
產**」；在這裡還可以插說一句，這些資產都是無益於社會，而
僅是有益於其擁有者」，於是他又把他所認爲在現代應用之中
商譽的組成部分逐項列舉出來。

「商譽……包括已經建立的慣常商業關係、交易誠實的信
譽、特權與特許、商標、品牌、專利權、著作權，由法律或守
密爲之防護的特種程序獨家專用權、特種物料來源的獨家管控

---

36 參閱韋伯倫的《科學在現代文明中之地位及其他論文集》，第380頁。

權等。所有這許多項目皆可能使其擁有者獲得差別利益，但卻
不是社會加總利益。對於有關的個人，這些都是財富——差別
財富；但卻不是全國財富的一部分」。[37]

假如可售資本或非物質資本與商譽是同一事物，再假如
商譽只是擁有權的權利，那麼，為人所擁有的實體事物又是什
麼呢？擁有權總得要有一個實質的基礎。一個原始時代身為
業主的工人，其所擁有的是建築物、物料、工具與產品，一個
現代商人所擁有的是他的實體工廠，但卻與這工廠的技術財產
無關。他所擁有的是「可售資本」，然而這種資本總也必須涉
及一些可能為人所持有與占有的有形事物，例如：房屋、馬匹
或機器之類。因此，韋伯倫的有形財產概念竟使費雪斷言一
個商人所有的就是他的顧客，[38]而使韋伯倫本人也斷言這個商
人所擁有的就是他的勞動者。[39]隱形資本或商譽也和實物資本
或商品相仿，其唯一的差別僅在於隱形資本的擁有者所擁有的
是他的勞動者，而實物資本的擁有者所擁有的是建築物與工具
而已。因為擁有了他的勞動者，所以他也擁有了與運營中的工
廠分隔不開的生產組織，此種組織是隸屬於這個工廠的。由此
而產生一種數量上的差別，因為買賣是可以出售的——這指的
是，隱形資本——其經營的規模比實物產品的買賣要大得多，

---

37 參閱韋伯倫的《營利企業論》，第139-140頁。
38 參閱費雪所著《資本與收益的本質》（*The Nature of Capital and Income*，1906年），第29頁。
39 參閱韋伯倫的《科學在現代文明中之地位及其他論文集》，第346頁。

並且也能產生更大的利潤。[40]

在法院關於**希其曼訟案**[41]所發表的意見之中我們已經看到與此相同的詞藻，確認了廣為人知稱為「黃狗」的契約（yellow dog contract，以不加入工會為條件的雇傭契約），在這裡，「商譽」這個用詞的定義是使雇主對其雇員們的服務享有擁有權的權利，不獨可以對抗強迫與威逼，並且甚至可以對抗工會的說服。韋伯倫的概念與法院在這一件訟案裡的概念相距不遠。

但是，有一點必須牢記，在我們均等權利公式[42]裡的兩種號稱對顧客與對勞動者的擁有權根本就不是擁有權，這是買主與賣主之間的自由與曝險關係。

此等僅是擁有權或「可售資本」的權利何以會有收益能力，並因之而具有價值，與機械的技藝過程所給予物品的價值互相分離呢？照韋伯倫的說法，擁有權在「大規模商業」的現代形態之下只有一個來源，那就是對生產者與消費者把實物財貨*扣住*的力道。在一方面，技藝是*增加*財貨的供給，而在另一方面，擁有權則是扣留供給。這是一種可以任意使產業停止的力道，這種力道強迫生產者與消費者順從擁有者提出的條件，給付一筆價格，以便獲得除信用之外使用土地、機器與物料的許可。這種使用的許可有極大的價值，因為這是能任意被拒絕

---

40 參閱韋伯倫的《營利企業論》，第166頁；及《科學在現代文明中之地位及其他論文集》，第380頁以次。

41 參閱康芒斯的《資本主義之法律基礎》，第296頁。

42 參閱本書前文，第二章、第三章，陸、**經濟與社會關係公式**。

的，並且倘若沒有此項許可，則一件事也辦不了。假如沒有許
可使用的價格給付，隨時都可能使產業停頓，使工人解僱。不
過，這也是自由與曝險的關係，而不是權利與義務的關係。

　　因此，這種僅是使用的許可，其本身也就可以買進與賣
出，可以借入與租賃，如同任何實體物品一般。這樣的許可取
得了各種不同的名稱，因當前的目的而異。站在信用制度的
立場上來說，這些許可便是股票、債券、特殊公司債券、銀行
存款，凡此構成對於許可使用的預期收益能力享有要求權的基
金，韋伯倫稱之爲「貸款基金」（loan fund）。但是假如站在
產業營運的立場上來說，則此等許可便成超出所付工資以上的
差別利益，其中包括最多的就是號稱「商譽」的這一項隱形財
產。

　　由此可知，韋伯倫對差別利益所提出的解釋還是馬克思在
說明李嘉圖地租法則時所提出的那一套。但是韋伯倫已經將其
引申到各式各樣的差別利益以及淨收益。照李嘉圖的說法，地
租是因較優土地上勞動的較大生產力，而照馬克思的說法，地
租卻是因土地的私人擁有權。在每種情況之下，土地的擁有者
都沒有產出相應於所收租金的事物。照韋伯倫的說法，地租是
財富的「移轉」，而不是「財富的創造」。對於這一點，李嘉
圖、馬克思和韋伯倫皆能同意。不過，李嘉圖是把土地上不勞
而獲的收益解釋爲在較優土地上施以勞動，其*生產能力*較大，
而馬克思與韋伯倫則是將其解釋爲私人擁有者具有較大力道，
足以*停止生產*，因爲這個擁有者*占有*勞動的較大生產能力這一
項工具。馬克思之所以求得他的結論是由於他採用了黑格爾的
過程，把公有財產與私有財產作對比。假如全部土地皆是公

有，則差別*生產能力*絕不會爲任何個人產出地租。這時，一切的產出總額必然要加以平均，如同一個農人把他農場裡較優與較劣土地的產出總額加以平均一樣。馬克思是把他的平均過程伸展到全國的資本總額；這麼一來，他把一切的利潤、地租與利息化約爲一個利潤平均率，並且他又將其伸展到全國的社會勞動力總量，而把熟練勞動化約爲不熟練勞動的倍數。資本不再是個別的資本主，而是成爲全國擁有權總量之中可以整除的分數，勞動也不再是個別的勞動者，而是成爲全國生產能力總量之中可以整除的分數。[43]

在另一方面，韋伯倫當然未曾觸犯平均數的錯誤。他是把差別利益的原則加以伸展，除李嘉圖的地租之外，還包括整列的利潤、利息與地租，至於此等利益係由商譽、專利、特許權、土地或任何擁有權的權利得來，則概非所問。馬克思是把資本作爲平均的取得力道，而韋伯倫則是將其作爲一群差別的取得力道。然而，無論如何，總是和李嘉圖的地租一樣，都是不同等級的力道，可以「取得一些事物而毋須有所花費」，或是照李嘉圖的說法，都是不同等級的力道，可以「移轉」財富，而毋須「創造」財富。

這麼一來，韋伯倫揭露了實物與擁有權的這個二元論，這是古典派與享樂派的財富定義之中所固有，而在先前爲普魯東與馬克思所抨擊的二元論。由這個二元論所得到的結果，在一方面是管理交易，而在另一方面則是議價交易。我們首先要考

---

43 參閱本書前文，第八章，第三節**平均數**。

量的是管理交易。

在韋伯倫發展其效率理論的同一年，泰勒這位工程師也發展其時間與運動的研究。[44]泰勒和亞當‧史密斯一樣的有個「假定」，那就是，只須使勞動的生產力大為增加，就可以達**到利益關係的和諧**。他所遭遇到的工人限制產量這項教條，並非工會主義有組織的形態，而是本能的畏懼計件工資的削減與畏懼失業的形態。[45]他看到工人與雇主們相互抵觸的習俗、施用暴力而不是說服、實行議價而不是講求效率；他看到人們實際產出的與他們可能安然產出的兩者之間的裂口；他看到了疲勞與笨拙的極限，也看到了徒勞的工作方法。他的興趣主要是在於疲勞的生理問題與最高產量的工程問題。早先的作者皆未能超出生產力的廣泛概念之外。泰勒必須設法縮小這個問題的範圍，使其可能衡量而普遍應用。

此種限制可見之於改進人類能力的工程問題與誘發較大自

---

44 參閱泰勒的《科學管理原理》（*Principles of Scientific Management*，1911年）；珂普烈（Copley, F. B.）所撰《泰勒傳》（*Frederik W. Taylor*，1923年），共二卷；浩克西（Hoxie, R. F.）的《科學管理與勞動》（*Scientific Management and Labor*，1918年）；泰勒學社會報；克萊格（Clague, Ewan）的《物質生產力之理論與衡量》（*Theory and Measurement of Physical Productivity*）（手稿）。下文大部分是摘錄克萊格對泰勒的評論。

45 參閱馬秀遜（Mathewson, S. B.）與他人合著的《無組織工人間之產量限制》（*Restriction of Output among Unorganized Workers*，1931年）。

願性的經濟問題中。在泰勒看來，前者與任何機械工程問題毫無相異之處——人類生物並非商品，而是機器。但照克萊格的說法，經濟問題卻是把科學管理「出賣」給工人的問題。

泰勒說，「這一點必須完全認清，要想獲得工人與雇主雙方的最大榮景，則一個設置工作的完成只可花費最小限度的聯合人力，加上大自然的資源，再加上資本的使用，這種資本的形態就是機器、建築物等。……科學管理的普遍實施會使從事產業工作的一個普通工人生產力增高一倍。請想想看，生活必需品與奢侈品必將增多，而使全國的人們皆能獲得，勞動時間可如所想望的縮短，並且所有教育、文化與休閒的機會也增加。科學管理將使……產業爭議的原因完全消除。如何才能構成一天的完美工作將成為科學調研的問題，而不再是一個討價還價、斤斤計較的主題。……對於太陽是否由東方升起，我們毋須討價還價，我們只須加以測量」。[46]

如此一來，經濟學就被化約為人類對自然的關係這個工程問題。泰勒也和馬克思與韋伯倫一樣，很細心的把號稱生產因素的土地、資本、機器完全排除，這些因素混淆了實物經濟學者們的生產力觀念。此等因素僅是工具。生產力是產量與勞動之間的關係，包括管理與工廠的設置。這是每一工時的產出率。這是效率。

---

[46] 參閱泰勒的前述著作，第11、142頁。

　　增高效率足以創造盈餘，而且並不增加疲勞。資本主應當和勞動者共同分享盈餘，但是，假如勞動者在當時已取得了工資率，他就無權分享。這不是權利問題，而是管理問題。

　　從馬克思形上學的社會勞動力，韋伯倫生物學的技藝本能以及泰勒的勞動機械結構轉到管理交易這個社會問題的下一步驟，我們要轉向於丹尼遜這位雇主、擁有者與經理。丹尼遜所作分析在前文已予以復述。[47]丹尼遜與福特相似，他收買了股東們的要求權，並且更進一步使董事與經理的選舉成為「工人擁有者」這個較高集團的功能，而不是「投資者經理人員」的任務。在這裡，管理不僅是泰勒的工程科學，也不僅是韋伯倫與福特的技藝與權威。這是一種意願過程，是領班與職工之間的一筆交易，在這裡既不是工人的選擇，也不是領班的選擇，這是「聯合策略」的選擇。

參、由管理交易轉為議價交易

　　管理交易是起因於一個法定上級與一個法定下級之間的關係。在法律上，這種心理關係就是命令與服從。但議價交易則是起因於法律上平等的人們相互之間的關係。其心理關係就是說服與威逼。正如韋伯倫的技藝本能到後來成為丹尼遜運營中工廠的「合理」管理交易一樣，韋伯倫的金錢取得到後來也就成為美國最高法院的合理價值，這種種價值會是由「意願」的買主與賣主在運營中的業務團體議價交易之中所同意的價值。

---

47 參閱本書前文，第二章，第二節，〔貳〕，(二)、**管理交易**。

兩者合併起來才能構成一個運營中業務團體的概念，彼此相互的作用到對方——前者是生產組織，而後者則是買賣組織。這兩種交易都可能成為合理的，而不是壓迫的、沒收的或剝削的。

在這裡有一點我們必須觀察到，韋伯倫的技藝本能也未嘗不是取得本能與金錢估價。韋伯倫的技藝工人所造成的紛擾，諸如罷工、杯葛、勞工遷轉、蓄意破壞以及熟練工人為求較高工資而議價之類，都暗示工人與商人具有同樣的取得本能這個觀念。他把效率與議價作為相反的對照是正確的——效率是供給的增加，而議價是供給的扣留。然而技藝的本能卻不會持續生產財貨，而置工資於不顧。扣留供給以待滿意條件的這種力道，實際上就是韋伯倫的金錢動機與財產權利。這也是制度上與歷史上的一件事實；這也有其演進的習俗。一個領班或勞動者絕不會找到物料與勞動力就在他的手邊，由大自然為之供應。他發現這都由物料的擁有者與勞動力的擁有者所持有。在他可能加以使用之前，他必須先獲得擁有者的允准。也許就是這個理由，韋伯倫才要反對工會，正如他反對資本合併一樣。兩者皆是集體的貿易限制。兩者皆是金錢本能，並且兩者皆是議價能力的隱形財產。資本主與工人的區別並不是說，前者有金錢本能而後者則無，這只是說，在資本主義的組織裡由法律與財產習俗為之保證的扣留力道可能較強，而在勞工組織裡這種力道較弱。不過，這僅是一個程度問題，而程度問題也就是合理與否的問題。假如這些都是管理或議價交易中力道強弱的程度問題，那麼，也就可能以此為基礎而加以處理，沒有理由要將其劃分為兩個實體，一個是合於理想的技藝本能，而另一

個則是令人迷惑的取得本能。

　　韋伯倫之所以要把商業與產業作譏諷式的相反對比，其歷史的原因是由於他未能探究商業習俗在法院裁決之下的發展，如同他探究技術習俗的發展一樣。如果做了這樣的調研，就可顯示他的「隱形財產」是如何的演進，這使商譽與特權之間發生了韋伯倫所不能容許的區別，商譽是扣留權的合理行使，而特權則是扣留權的不合理行使。要想發現這種演進的經濟基礎，只可能求之於議價交易的分析。就心理方面而言，這是說服與欺壓之間的區別；就法律方面而言，這是權利與義務、自由與威逼之間的區別；就經濟方面而言，這是自由競爭與公平競爭之間、均等機會與差別待遇之間以及合理價格與不合理價格之間的三種差別，這些差別皆包括在合法程序的意義演進之中。心理、法律與經濟這三個方面是分隔不開的，從我們在前文所列示的議價交易公式便可以得知，這個公式是得之於經濟學者的市場概念與法律學者的法律關係概念。[48]勞動者與資本主莫不皆然，他們都是同樣的貪圖取得、愛好金錢，並且是同樣的技巧精湛。正因為韋伯倫未能注意到法院裁決之中的事實演進，所以他也未能求得一個合理價值的概念。

肆、時間流動與時間推移

　　管理交易與議價交易之間的區別也就是效率與稀少性之間的區別。兩者所共同的演進事實便是財產制度，由征服與習

---

48 參閱本書前文，第二章，第二節，〔貳〕，(一)議價交易。

俗而發展成爲法律。管理是由奴隸演變成農奴、勞力償債、主人與僕役，直至領班與工人爲止；議價是由物物交換演變成貨幣、信用；由個別的議價演變成集體的議價、價格的穩定化。不過，兩者之間除此以外還另有一種區別，這就是**時間**概念。

物理派學者們的種種理論，從魁奈、李嘉圖、馬克思與麥克勞德一直到韋伯倫，都有一個顯著的缺點，他們皆未能掌握時間*流動*與時間*推移*之間的區別。「*流動*」是在行將來臨的未來與即將逝去的過去之間時點的移動，沒有可以衡量的維度。但時間的推移則是兩個時點之間的時間間隔。其區別在於過程與估值之間的不同，在於管理與議價之間、效率與稀少性之間、利潤與利息之間、冒險與等待之間、隱形財產與無形財產之間的不同。

沒有一種物理科學需要在時間的流動與推移之間加以區別，因爲這一類的科學都不是處理未來，而經濟學卻是一門有關意願的科學，其所謂**時間**是專指未來的時間而言。在經濟理論方面，時間的流動不僅是時間的預期流動，並且也是在現時的一個時點與未來的一個時點之間預期的時間間隔。

韋伯倫由均衡的理論轉爲過程的理論，這的確是科學上的一項進步，但是正因如此，所以他未能更進一步在人類過程與物質過程之間加以區別。他的物質假定不能把預期時間的流動與預期時間的推移分清。這是無形財產與隱形財產之間的差別。這種**時間**概念的錯誤是一種基本上的錯誤，不但是他，就連麥克勞德以及所有的物理經濟學者們也都犯了這種錯誤。

他的「隱形財產」實際上確是期待於未來的收益能力，而且稱之爲隱形也很恰當，不過，這種收益能力僅是指在有風險

的時間*流動*之中預期商業交易的*重複而言*，這並不是在時間*推移*之中預期收益的*展延*。他所用的「推移」這個用詞，其意義實在就是「流動」。這一點我們已經知道是隱形與無形財產之間的差別。無形財產是等待債務的受到償付；而隱形財產則是預期由未來的交易可能獲得利潤。實際上兩者都是「可以出售的資本」，這可見於股票與債券的區別之中，利潤與利息總是糾結的交織在一起。然而，這卻是預期有利可圖交易的重複與預期收益的等待兩者之間的差別，前者的交易要受到自由與曝險這個法則的管制，後者的收益則是得之於權利及其等值義務的實踐。

　　這種差別的確是頗為微妙，在那些按照現代物理科學或是按照法律上的可轉讓性而思考的人們看來，這種差別的確是難以理解的。韋伯倫的排斥此種區別，可以見之於上述「時間推移」的雙重意義，也可以見之於他把「可售產品」與「可售資本」作的對比。產品或有形物與隱形的商譽以及無形的債務皆可以買進賣出，而由此買賣所生的利得也就是利潤或損失。他說，在這兩種情況之下的利得都可能「以每一時間單位百分之幾的形態出現，意即，成為時間推移的一項功能」。「然而……商業交易的本身卻不是時間推移問題。在這種情況之下，時間並非要素。一筆金錢交易的數值絕不是完成這筆交易所耗時間的一項功能，這筆交易所增殖的利得也不是其功能之一」。[49]

---

49 參閱韋伯倫的《科學在現代文明中之地位及其他論文集》，第379頁。

　　這句話誠然不錯。買賣交易的條件的確是在某一時點所約定，其時雙方的心智合拍，而權利亦即隨以移轉。不過，假如其所約定的是在當時的談判與未來的履行或給付之間的一段*間隔*時間，則在此種情況之下**時間的推移**便將成為要素。在每一筆交易裡所增加的利潤或損失必然是發生於某一個時點，而這種增加的連續則是時間的*流動*。所以，時間的*間隔*並非利潤的要素。但如這產品是在*現時*買進，而要到現時以後的30天才將其賣出，則時間的間隔便成為利息的要素。

　　實際上、時間間隔的出現既是風險，又是等待，兩者對於現時的估價皆能發生影響。然而韋伯倫卻要把等待消除，而僅注意於風險。

　　他說，「博姆-巴維克的**現時財貨優於未來財貨**這句命題之中含有一點真實性，但這一點真實性似乎以**展望的保障優於展望的風險**來表示較為確當……而細想起來，這句格言在本質上是虛妄的。……即便是為個人自身的利益著想，要說**現時財貨優於未來財貨**也只有在財產的權利相當有保障的場合，並且在專供未來使用時才是這樣。渴望的標的物是……現時財富，而不是現時財貨；其所以要渴望現時財富的原因主要是為了這財富所能提供的展望利益」。[50]

　　韋伯倫的「現時財富」是指現時財產權利的現時價值而

50 參閱韋伯倫的《技藝本能與產業藝術狀況》，第46、47頁註。

第十章 合理價值 | 419

言。不過這種現時價值卻有兩種不同的維度；預期風險與預期
展延。顯然，韋伯倫的「時間推移」所具雙重意義也必須加
以分清，這是相應於包括可變性或風險的預期重複與財貨或給
付的預期展延兩者之間的差別。韋伯倫用「變動」來替代「均
衡」時，確是對經濟理論提供了顯著的貢獻。他由此而使**時間**
成爲經濟學上的基本事實。然而，他卻未能見到*變動*與*等待*之
間的差別——在經常存在發生變動的這個移動時點，和發生等
待的一個現時時點與一個未來時點的時間間隔兩者之間的差
別。前者可以稱之爲時間的流動，而後者可以稱之爲時間的推
移。兩者是並行的，但韋伯倫卻未能見到其中的區別，以致他
把債務的無形財產消除，而認其爲與預期有利可圖交易的隱形
財產係屬同一事物。一直等到1932年費雪的《繁榮與衰退》
（*Boom and Depression*）這部著作問世，然後債務的無形財
產才在經濟理論中取得適當地位」。[51]

　　韋伯倫乃制度經濟學的先驅者，其地位僅次於麥克勞
德，但是他卻未能獲得此等結論之利，此等結論是在以後的
15年之內由法院與立法機構所實踐完成。他那批判性及有建
設性的工作是在1898-1914這幾年之間，在此以後，他的寫作
大都是把以前由他的卓見所獲知的加以闡發。當他身爲先驅者
的時期，法院正由無形財產轉向於隱形財產，而在實務上開
始把財富作爲實物與擁有權解釋的雙重意義分開來，但是，

---

51 參閱本書前文，第九章，第八節，伍、**風險貼現——負債過多與衰
退**。

確定價值是否合理的這一部管理機器卻還沒有發動。這部機器的開始發動一直要等到1908年**州際商務委員會**（Interstate Commerce Commission）的權限擴展以後，隨之而起的是數以百計的各州委員會，商討著公平的競爭、合理的差別待遇與合理的價值，此外還有1911年以後的各類產業委員會，其目的在於確定資本與勞動的衝突之中所應有的合理關係。

並且，科學管理運動也才初開其端，而專心致志從事於確定並建立管理交易中各部分之間合理條件的這個專業階級還沒有出現。

隱形財產這項原則在其他方面的應用，特別是在穩定價格這方面的應用，甚至還沒有被人想到，至於管理的這一部機器更少有人設計。韋伯倫把無形財產的債務連同差別利率一併排除於他的理論體系之外。因此他也無法奠定一個基礎（如同斯堪地那維亞半島上與他同時的威克塞爾那樣），以便建議這種隱形財產的規範，藉由貼現率的中央管控與公開市場的操作來穩定價格。

韋伯倫在經濟學裡對於實物與隱形財產所設定的二元論，這個問題只是近年以來才受到經濟學者們的攻擊，[52]他們的工作我們可以歸納在交易、運營中業務團體、穩定價格與合理價值這些用詞之下。每一筆交易都是一次估價，不是實物的估價，而是韋伯倫實物擁有權的估價；每一個業務團體不但是

---

[52] 參閱泰勒（Taylor, Horace）的《造財與圖利》（*Making Goods and Making Money*，1928年）。「……隨著時日的經過，在製造產業裡製造財貨以便賺取貨幣，日益變得更加必要」（見於序文第Vii頁）。

韋伯倫運營中的工廠，並且也是商人們運營中的商業；綜合物價的每一次波動是韋伯倫的剝削；對於合理價值更進一步的了解足以減輕這種剝削。凡此種種皆屬於科學，但卻不是按照韋伯倫的物理科學意義解釋，而是按照人類意志行動的意義解釋。

第二節 由個人轉爲制度

韋伯倫終於成爲犬儒學派實物與擁有權的二元論者。在義大利、奧國與美國有其他的傑出經濟學者，他們的一生是從十九世紀末葉享樂主義者占優勢的時候開始，到二十世紀世界大戰之後對於享樂主義加以集體抑止的時候爲止，他們也無法調和這種二元論。他們緘默的或公開的抛棄了往昔個人主義的理論，而轉向於利害衝突時的集體管控個人，這就是制度經濟學所由建立的基礎。

維塞爾，這位卓越的奧國經濟學者，於1889年寫下了他的《自然價值論》（*Natürliches Werth*），[53]而到相近四十年後又寫下了他的《權力之定律》（*Das Gesetz der Macht*，1936年）。在第一部書裡他把孟格爾的偉大著作加以修正與

---

53 參閱《自然價值論》（*Natural Value*，1893年英譯本）。關於大戰以前圖干巴拉諾斯基（Tugan-Baranowsky）、沃本海默（Oppenheimer）等輩所扮演的角色，可以參閱高田（Takata, Y.）的「權力與經濟」（Macht und Wirtschaft），載於《京都大學經濟評論》（*Kyoto University Economic Review*，1932年），第136頁。

闡發。在第二部書裡，當時已在**世界大戰**之後，他又回復到他本人在戰前所作歷史研究。這兩部書的差異宛如兩個不同的世界，維塞爾在他後寫的這部書裡並沒有企圖把這兩個世界加以調和，或建立一種整體的政治經濟，使這兩個世界各自獲得其所應有的地位。[54]其結果，第一部書是屬於個人主義的，而第二部書則是屬於集體主義的。第一部書是人對大自然的關係，而第二部書則是人對人的關係。第一部書的單位是滿足想望的商品，而第二部書的單位則是集體用以克服個人的一種道德、壟斷或暴力。前者是**價值**定律，而後者則是**權力**定律。在價值定律之中，所有的人都是相同的、平等的與自由的，因他們都是孤立的，並且對大自然都有相同的關係；在權力定律之中，個人們是激情的、愚蠢的一群，由狡點的領導者來加以組織。在價值定律之中，維塞爾所探求的是一種永恆而持久的事物，不因任何歷史上與制度上的改革而變動。在權力定律之中，他所探求的是經過幾個世紀可能變更而具有強迫力的事物。在價值定律之中，他發現自己和個人主義學派相一致。在

---

54 在他的《社會經濟學概論》（*Grundriss der Sozialokonomik*，作於1914年，有英譯本）裡面，為對比起見，他以一個假設孤立的人其「簡單經濟」為出發點，而逐步轉到「社會」、「國家」與「世界」經濟，頗近似於我們由魯濱遜轉到一個運營中的業務團體。不過，這只是作為例證，且作為教學之用；在科學上我們和韋伯倫相仿，是由一項無始無終的過程之橫斷面，一個時點出發，然後逐步轉進到此項過程的繁複變動，就如同一個會計師在一個時點的借貸表和一個期間的損益表裡的做法一樣。

權力定律之中，他斷言他不能贊同古典派或享樂派的個人主義，也不能贊同人身為有機體的這個類比。他所能接受的必須是在歷史上可能實際找到的事物，他發現歷史是一部集體抑制個人的歷史。他說，"Alle geschichthichen Bildungen sind Machtbildungen"（所有歷史的教育都是權力教育）。

與此極為相似並加以類似強調的是派里圖（Pareto）這位義大利經濟學者，他被墨索里尼推崇為法西斯主義的經濟建設者，他建構了兩種相反的社會哲學。在他的《政治經濟手冊》（*Manual of Political Economy*，1909年）裡，社會是一群相互發生作用的「微粒子」世界；「效用」是這些微粒子個人主義的想望，其強度逐漸的遞減，引導著微粒子的行動；由此種交互作用之中產生了派里圖對數理經濟學者的「均衡」教條所作聞名世界的貢獻。

但是，在他十年以後所寫的《社會學概論》（*Treatise on Sociology*）裡，派里圖又明顯的棄絕他自己的社會微粒子概念。他以「社會效用」與「集體想望」來替代個人效用與個人想望。「社會效用」是「不合邏輯」的、「非數學」的、「無法衡量」的，和他的「個人效用」恰正相反。所以他看到這種效用竟然被人當做政治與財務貪腐的託辭使用，這種腐敗已經把現代的民主政體變為「煽動性財閥政治」，尤其是在義大利、法國與美國更為顯著。這種政治業已墮落到成為對國內與國外的暴力。[55]

---

55 參閱派里圖的《政治經濟手冊》（*Manual déconomic politique*，1909

實際上派里圖是由「理性時代」轉到「愚蠢時代」的一個馬爾薩斯信徒。所以社會效用是不合邏輯的、非數學的、無法衡量的、愚蠢的與激情的，且爲集體管控個人起見，他要求建立一個法西斯主義的獨裁政治，從而「壓制煽動性財閥政治」。在美國，我們一方面是傾向於法西斯主義，而另一方面又另有一個社會效用的形成與分配問題，這需要一種合*理*價值的社會理論和實施這種理論的辦法。[56]

我們探求法西斯哲學所由建立的終極調研單位，可以得之於史派音（Othmar Spann）的理論之中，他被一般人公認爲德國法西斯主義經濟學者的領袖。他的經濟「結構」是建立在兩個基礎之上，一個是*服務*另一個是*價值*（"leistung" and "Wert"）。[57]當我們把史派音所詳細說明的這兩個基礎加以分析時，我們發現這兩個基礎皆可化約爲**管理交易**或**分派交易**，這一類的交易是**上級**對**下級**的社會關係。假如是私人經濟的個人價值，其關係便是**管理交易**的關係。假如是國民經濟的社會

年有英譯本）；《社會學概論》（*Traité de Sociologie Generale*，1919年有英譯本，共兩冊，第十二章「社會之一般形態」（Forme Générale de la Société）。

56 參閱下文，本章第七節，伍、評塞列格曼（Seligman）的「財政科學之社會理論」一文。

57 參閱史派音的《國民經濟學基礎》（*Fundament der Volkswirtslchaftslehre*，（1923、1929年），第75頁以次。他的基本哲學《普遍主義對個人主義》，是得之於費希特（Fichte），在他的《經濟學史》（*History of Economics*）（1930年由19版的德文本譯成英文）裡面有扼要的敘述。

價值，則其關係即爲**分派交易**的關係。

在這方面，法西斯主義的終極社會單位與馬克思共產主義的大致相同；其相異之點僅在於誰應該成爲管理人員與配給人員，是無產階級呢？抑或是資本主？在派里圖、史派音或維塞爾的理論裡，和韋伯倫一樣，都沒有加以分析議價交易，這一類交易的分析是發展於英美兩國的普通法判例中，這是起因於民眾習俗的法律。管理與分派交易的本身是基於法律上的**上級**與**下級**，由此而產生了獨裁的社會哲學以及**命令**與**服從**的社會哲學。然而議價交易卻是基於意願買主與賣主概念，也就是基於理想上法律之前人人平等的說服對抗威逼，由此而產生了意志自由的社會哲學，在非差別待遇的機會選擇方面，在公平競爭方面，以及在合理的議價能力方面，皆可受到合法程序的保障。

後述的這種在英美兩國由個人主義心理立場轉到集體立場的情勢，在美國經濟學者費特爾四十年來的著作中可以很清晰的看到。他勝過其他經濟學者，他能光輝燦爛的建立起個人主義經濟學的心理基礎。但是當他轉向於實用經濟學與法院判決時，他卻情緒激昂的寫下了《壟斷之僞裝》（*The Masquerade of Monopoly*，1931年）這本制度經濟學，相當於派里圖煽動性財閥政治與韋伯倫資本主義的蓄意破壞。

毫無疑義的，有好多經濟學者始終未曾因這種制度上的變更而受到感染，上文所列舉的幾位究屬少數。然而，無論其公開承認與否，他們總是受到二十世紀廣大集體運動的驅迫而從事於經濟學研究的類型。

不過，對個人主義、微粒子與均衡這幾種古老的理論是否

必須表示失望與厭惡而予以拋棄呢？這些理論也可能很容易的
適用於維塞爾的*權力*，派里圖的*社會效用*或費特爾的*偽裝*這幾
種較新的集體理論。水的波浪在用堤壩將其升高十呎或用運河
宣洩使其降低十呎時，將自然的歸於均衡，和湖水保持其「自
然」水平時一樣。古老的理論所感到的困難在於確定其比「邊
際效用」的位置上升了或下降了多少。無論其位置在何處，
「均衡」與「邊際效用」總是發生在這個水準。假如勞工組織
把工資水準提高100%，則資本主、雇主與勞動者必然也要把
他們的個人競爭調整到如此之高的水準。再不然，假如雇主
組織把工資抑低50%，則資本主、雇主與勞動者也要把他們的
競爭調整到如此之低的水準。在個別的微粒子之間必然有一種
傾向於均衡的*趨勢*，即使集體的行動，或派里圖煽動性財閥政
治，或商人們煽動性民主政治，可能要憑藉其權力，專擅的發
布其競賽規則，而壓低或提高社會效用的水準，也絕不能變更
這種趨勢。

　　我們發現往日微粒子與邊際效用的理論已經把*機會均等*的
倫理教條伸展到*個人平等*的經濟教條裡，所有的個人們或許皆
有均等的機會，只是其中的某些人卻可能比別人有更多使用或
享受這種機會的能力。並且，人類的天性是善於適應的，無論
這種均等機會的水準是多麼高或低，個人之間總可能在相當時
日之內作競爭性的調整。往昔個人主義經濟學的理論並不必予
以棄絕，所需要的是加以調整，使其能配合集體主義經濟學的
較新理論而已。

第三節　由自然權利轉爲合理價值

合理價值的教條正逐漸取代自然權利的教條。本書著者在他的五十年經驗之中曾經目擊此項演變。前文各章也許已經表示過這種結果的徵兆。自然權利教條的流行從十八世紀及法國革命開始，到十九世紀美國南北戰爭爲止，這次戰爭實際上也就是美國革命。自然權利教條的詮釋總是一直互相矛盾，到了二十世紀初期，這種教條已經顯得老邁龍鍾。單一課稅論者的建議是以人類對大自然贈品的自然權利爲基礎；魁奈把地主擁有權的要求建立在自然秩序之上；地主對其所取得的土地享有自然權利；商人也有自然權利，可以經營其所認爲適合的業務；所有的個人都有自然權利，可以享受其生命、自由與幸福，到後來又被詮釋爲對財產的權利；一個立遺囑的人也有自然權利，可以在他死後由他的後代處理他的財產。自然權利已經由修訂與詮釋而寫入了憲法。

到後來又發生了好多事故，有助於把要求這種自然權利的資格取消。哲學家們群起詰責，文獻之中隨處可見。不過，哲學家們卻是互相的抵觸，並且也沒有一個可行的替代物。一直等到下層階級有了組織，一直等到世界大戰的革命，大家所信服我們由國家與其他集體行動所行使的這些權利實在並不是「自然的」。

本書的前幾節使我們看到了公共政策與社會效用的這些問題。這些問題也和合理價值與合法程序等問題相同。問題的起因皆在於交易的三項基本原則：衝突、依賴與秩序。每一筆經濟交易都是參與者的聯合估價過程，每個人都受到利益分歧的

推動、受到對別人依賴的推動、受到工作規則的推動，這些規則在當時需要使交易能和集體的行動相一致。因此，合理價值就是合理交易、合理慣例與社會效用，相當於公共目的。

合理價值這個用詞所暗示的第一個觀念是一種個人主義的、主觀的與理性論的觀念，最初是由洛克予以公式化，中間經過十八世紀的理性時代，而後留傳到現代的生活。人是一種具有理性的生物，只是需要學習真理，以便服從。理性僅能存在於個人心智之中，而合理價值也就是每一個人認為什麼是合理的。因此，只要是有多少個人，就會有多少種合理價值的意義。這種理論在邏輯上產生了法國革命與戈德溫的無政府主義。

不過，理性卻與合理性有別。照十八世紀的想法，人並非理性的生物，而照馬爾薩斯的想法，人只是一種笨拙、激情與愚昧無知的生物。所以合理價值之中含有大量的愚蠢、激情與錯誤。根據馬爾薩期的歷史分析，理性與道德的這種特質是由於人口過剩、利益衝突，必須有一個執行法律與維持秩序的政府來規範衝突，所以才緩緩演進出來的。

然而，在理性時代的這許多年之中，普通法的法院解決利益衝突，並於混亂初期建立秩序的這個過程中，卻發展了一種合理性與合理價值的制度觀念。這種理性與合理價值的制度觀念是集體的、歷史的，而理性論的觀念則是個人主義的、主觀的、知性的與靜態的。普通法的方法是把一部分占優勢的民眾在當時所實施而常常變動的習俗制訂為新法律，並用理性的合理化程序將此等習俗公式化為工作的規則，使未來的集體行動得以管控個人行動。這時，毫無疑義的，制度觀念的演進產生

了最為明顯的變化。因為這種程序在美國最高法院的統治權方面已經到了登峰造極的境地，所以合理價值觀念必須有其制度的背景，必須能了解由行政權統治轉到立法權統治，然後再轉到司法權統治的歷史演進。[58]

由這種制度的發展再回溯一步便是工藝技術的發展，從徒手工作發展成機器工作，然後再發展成機器的加總到大量生產，從印第安的礦工發展成享利福特。與此平行的是由**封建制度**的農業階段過渡到**資本主義**的市場營銷階段，其順序為由商人資本主義轉進到雇主資本主義，再轉進到全球性銀行業者資本主義。同等重要的是因征服與人口過剩而使自由土地歸於終止，這樣一來，閉塞了獨立精神的出路，並且也減低了全國甚至全世界競爭的利潤差價。這是起因於另一項工藝技術過程，市場及市場消息因蒸汽、電力、汽油與無線電的使用而日見擴展的過程。

在每一個歷史階段裡，有關權利與合理慣例的新概念很快的就和舊概念發生抵觸，直到後來，我們這個世界裡便出現了目前互相爭論的各種合理價值概念，這個世界承襲著舊概念，但卻受到經濟失調的壓迫而不得不由報廢的*舊概念*之中進化出*新概念*。

人類所寫的歷史大部分都缺乏歷史意識。歷史對人類活動的起因通常是求之於已往的事件。然而，倘使我們設身處地替參與其事的人們想一想，如同現代傳記歷史偶或採取的辦法

---

[58] 參閱下文，本章第四節**統治權**。

一樣，倘使我們也站在這些人的協商心理立場上，而必須想像行為人在行動時所預期的是何物，那麼，起因並非在於已往，而是在於未來。[59]行為人所面對的是他們受到引誘而預期的事物，無論其為議價交易的說服與欺壓，或是管理交易的命令與服從，再或是分派交易的申訴與論證。他們必然要考量到對方交易者的個性，無論其為這些交易者的動機、理論或社會哲學，這種個性使這些交易者的經驗之中充滿其所預期的後果，而此等後果也就是這些交易者所願望或畏懼的事物。他們必然還要考量到他們自身和別人所可能有的另類選擇，這些另類選擇提供了自由選擇或不能自由選擇的機會，此外，他們又必然要考量到許多其他環境，這些環境在當時設定了條件，使他們在這種條件的範圍內做他們交易的選擇與行動。行動並非取決於理性的社會狀態，參與交易者所面對的是極不理性而異常繁複的一套預期。這種情況時刻不停的變動，每天不同、每個世紀不同。在繁複且無常的未來性變動範圍以內，他們必須採取行動於*現時*。由這些繁複且無常的情況之中出現了種種合理慣例與合理價值的概念，而使制度的本身亦將因之而變革，每天不同、每個世紀不同。

美國最高法院在**史密斯對亞米斯**（Smythe v. Ames）[60]的訟案裡給「合理價值」下了一個令人迷惑的定義，但卻也是一

---

59 貝音維爾（Jacques Bainville）所寫的《拿破崙傳》（*Napoleon*，1933年英譯本）是絕好的例證。

60 **史密斯對亞米斯案**，檔號169 U. S. 486（1898年），並參閱康芒斯的《資本主義》之法律基礎，第196頁。

個根據於常識的定義，凡是理性的與半理性的人們都要盡力的遵照這個定義行事。這個定義和法院的合法程序觀念相一致，而這種觀念在各種不同的環境之下卻有各種不同的變化。在一件有關鐵道估價的訟案裡，爭訟者提出了許多互相抵觸的價值理論，這個法院說，每一種理論在此等情況之下皆必須給予其所「應有的重要性」。每逢法院以適當的估價程序對一項爭議做了一次最後判決時，則按照美國的制度建制，此種判決便成為當時對**合理價值**的最後斷語。所有的參與者在相同的情況之下皆必須能符合此一斷語。**合理價值**是對於何者為合理所作進化的、集體的決定，按照變動無常的政治、道德與經濟情況以及最高法庭由此而生的個性所作決定。自然權利已經失去其不屈不撓的特性，甚至在決定合理價值時已經開始消失其蹤跡。我們對制度及其他變動只能提供一個廣泛的輪廓，這通常是發生於合理價值概念的歷史變動之後。

第四節　統治權

統治權實在就是把暴力從私人交易之中抽取出來，而將其歸於一個業務團體所壟斷，這個業務團體我們稱之為國家。但統治權長久被視為一個實體也是一個程序。如果把統治權視為一個實體，這就是具體化為**國家**，似乎脫離民眾而獨立存在。如果將其作為一項程序看待，這就是把暴力的制裁從被認為私人事務之中抽取出來，而將其專屬於特權階層的官吏之手，由工作規則與慣性的假定（habitual assumptions）為之指導。所以，統治權實際上就是對私人事務之中實質力量的使用加以授

權、禁止與規範的變動程序。[61]

英美兩國統治權的起源，其所特有的過程之中有三個顯著的變動時期，可以分別稱之為行政、立法與司法的統治權時期。第一個時期始於1066年的**諾爾曼征服英國**，使**國王**的地位高踞於百官科層之上；第二個時期始於1689年的**英國革命**，使立法機關成為至高無上；第三個時期始於1787年的**美國憲法**及其後**第五與第十四修正案**（1791年與1868年），司法權的建立使合眾國的**最高法院**高踞於聯邦政府與各州政府的官吏之上。

壹、行政統治權

在第一個時期較早的若干年間，實體認可與經濟認可之間並無區別。統治權與財產為同一事物。**國王**是獨一無二的統治者，也是獨一無二的所有主。他把土地授與一個佃戶，或是把特許狀授與一家公司，就等於授與了對土地轉租人的統治權，或是對從事貿易或專業者的統治權。到後來，統治權與財產之間開始發生區別，這時，統治權是專指對臣民的身體所享有的實體管轄權而言，這種權力已經不再授與受讓人，受讓人所能享有的只是其所交易的財產或經濟管轄權而已。這一類的實例之中可以引述的是土地的授與，附帶著一種權力，可以設置有實體管轄權的法庭，再或是行會特許狀的授與，對在其管轄範

---

[61] 關於這個主題較早的論述，請參閱康芒斯的「統治權在社會學上的看法」（A Sociological View of Sovereignty），載於《美國社會期刊》，1899年7月到1900年6月。

圍以內的人同時享有實體的與經濟的管控權[62]。

這種統治權的授與在美國的現代訟案裡還有一些殘存，例如一家公司爲其雇員向警長取得副警長的執照，可以在這家公司的管轄權之下施用暴力。

貳、立法統治權

在從1689年開始的第二個時期以內，由於與上述朋漢訟案相類似的判例，財產與統治權已經有明晰的區別。當時的**革命**把財產擁有者組成的議會提高到**國王**及其司法與行政官吏的科層之上。1700的《王位繼承法》（*Act of Settlement*，規定Hanson的子孫身爲新教徒者始能繼承英國王位）又加以認證，使**司法機構**獨立於**君權**，並爲**內閣**任命一切官吏鋪路，只要是這內閣在議會裡能夠控制多數就行。[63]

參、司法統治權

第三個時期爲美國憲法所特有，財產與自由的定義皆在**最高法院**的管轄權之下。照這個法院的詮釋，**第五修正案**已經把對**國會**的管轄權授與**法院**，而**第十四修正案**照司法方面的詮

---

62 參閱**朋漢醫師訟案**（Dr. Bonham's Case）（檔號8 Co. 113b, 114a, 77 Eng. Rep. 646），在這一案裡，亨利八世（Henry VIII）把拘禁的實體管轄權授與內科及外科醫師們，但在1608年卻被法院所取消，使他們僅能保留經濟管轄權。並參閱康芒斯的《資本主義的法律基礎》，第228頁。

63 參閱康芒斯的上述著作，第50頁。

釋，又復授與對各州的管轄權，如下所述：「如非經由合法程序，**州政府**不得制定或強迫實施任何法律，以剝奪**合衆國**公民的特許權（privileges）或赦免權（immunities）；並不得褫奪任何人的生命、自由或財產；亦不得對在其管轄範圍以內的任何人拒絕給予法律的平等保護」。

　　所謂**州政府**是指一個州的某些官員而言。所以，任何一個私人資格的公民在法律之前的地位相等於一個官吏，這個官吏能對這個公民實施統治權的實體管轄。這個公民可以對官吏提出法律訴訟或自作辯護，如同對待任何一個私人資格的公民完全一樣。不過，在此刻的主題則是實質力量的運用以命令他人服從。因此，在司法統治權的階段，我們就可以看到像**穆音**（Munn）這樣的一個公民因爲**伊利諾州政府**對他提出訴訟而自行辯護與申訴；或是像**荷爾登**（Holden）這樣的一個公民向警長**哈迪**（Hardy）提出控訴。司法統治權的意義最初是在1803年的一件訟案裡有了定論，這件訟案是一個私人資格的公民，名叫**馬保利**（Marbury），**對合衆國的國務卿，麥迪森**（Mardison）所提出。[64]

　　對於把實質力量施用於公民的這個問題，我們是根據公民與官吏在法律之前完全平等的原則來詮釋憲法**第五與第十四修正案**所用「特許權」與「赦免權」這兩個用詞的意義。顯而易見的，按照上文的說法，特許權的意義有異於赦免權。特許權

---

[64] **穆音對伊利諾州案**（檔號94 U. S. 113, 1876年）；**荷爾登對哈迪案**（檔號169 U. S. 366, 1898年）；**馬保利對麥迪森案**（檔號1 Cranch U. S. 137, 2 L, ed. 60, 1803年）。

固然不得剝奪，赦免權亦不得剝奪。我們的結論是：凡此皆為公民與官吏之間，後者以實質力量加於前者之身的兩種不同關係。

在想像之中這樣的關係只有兩種，就是權利與自由。每種都有其相關性。公民的權利便是官吏的義務。在這種情況之下，公民的權利可以要求官吏為他施用實質力量。這種權利可以要求一個警察逮捕竊賊而追還財貨，與此相關聯的是這個警察有照樣去做的義務。再或是說，一個債權人有權可以要求法院聽取他的申訴，而為之判決，假如判決是對他有利，就得要命令警長對債務人的財貨實施強制執行，然後這個債權人也就有權可以要求這個警長完成法院的命令。債權人可以要求在必要時施用實質力量來收取債務的這種權利，相當於法院與警長必須為之判決並為他施用實質力量的義務，一點也不多，一點也不少。權利和義務是互相關聯的，是互相平等的——實際上兩者為同一事物。假如義務不能強迫實施，權利也就不存在。顯然，憲法所用的「特許權」這個字詞，其意義是指，公民有了這種權利就可以要求官吏們盡他們的義務，在必要時對別人施用實質力量。

不過，權利與義務這兩個用詞的含義通常是指一個公民的權利和另一個公民的義務而言，他們兩人之中沒有一個獲得許可使用實質力量，除非是為了自衛。受到授權而可以施用實質力量的只是為公眾服務的官吏。所以，當前的問題既是實質力量而不是經濟力量的施用，我們可以推定特許權這個用詞是用來代替權利的。但是權利這個用詞卻可能並且在實際上也時常用來表示一個公民對抗官吏的權利。為求正確起見，最好還是

把權利這個用詞用成其本身應有的意義，這不是對抗一個官吏在其執行公務的權能之中施用實質力量，而是在其私人的權能之中與其他私人資格的公民作經濟或私人的交易。[65]

此種詮釋可以用相反意義的赦免權爲之證實。赦免權在這裡是指可以免受官吏施用的實質力量而言。在**穆音對伊利諾州**的一案裡，這個州政府是建議於必要時把實質力量施用於穆音之身，以便迫令其服從，而穆音則是提出上訴，請求法院制止州政府官吏施用此種力量。他宣稱他的供述依例應能獲得公民的赦免權。同樣的情形，荷爾登這位雇主也是對警長哈迪提出抗訴，要求赦免這個警長所建議施用的強制力量，阻止他按照他的志願經營他的業務。

但是，在法律術語中時常用到的「特許權」這個用詞還有另一種意義，相等於赦免權。這時，其意義相當於「無義務」，按照經濟的意義來說，這就是行動的自由，例如：自由貿易、自由進入市場之類的用詞都是表示這一種意義。如此說來，自由便是因爲缺乏義務所以才能享受到的「特許權」。

「特許權」的三重意義需要我們加以抉擇，否則必須用其他字詞爲之替代。特許權的意義或是指權利而言，相等於官吏施用實質力量的義務；或是指官吏施用實質力量的赦免權而言；再或是指與其他公民從事交易的自由而言。我們要用**權力**這個字詞來表示第一種意義，用**赦免權**這個字詞來表示第二種意義，而用**自由**這個字詞來表示第三種意義。

---

[65] 參閱本書前文，第二章，第二節〔貳〕，(六)**經濟與社會關係公式**。

　　第一個字詞是指**政治權力**而言，這是授與公民的一種權力，可以要求法院、行政官吏與立法機關運用其統治權的協同實質力量施於別人以執行這個公民的意願。剝奪公民的特許權就是剝奪公民所應分享的政治權力，倘使不被剝奪，他們可以要求公務官吏施用強制力於他人以執行他們的意願。

　　第二個字詞是指免受統治權所施實質力量的赦免權而言。剝奪公民的赦免權便是剝奪*別人*所分享的政治權力，倘使不被剝奪，別人就可以要求公務官吏施用實質強制力加於這些公民之身，以執行*別人*的意願。

　　第三個字詞是指**經濟自由**而言，這是一個公民對其他公民買或不買、賣或扣留、僱用或解僱的自由，要看這個公民本人在當時的喜好、處境以及另類選擇的有無而後決定。

　　所以，**權力**這個用詞取得了一種意義，在不同的看法之下可以稱之為**能力、權能、自由、公民權**或**會員權**。按照**能力、權能**或**權力**的意義來解釋，這就是公民推動法院與其他統治權官吏的力量，使其強制實施這個公民認為是他的權利或自由。這與**自由**完全相同，按照古代城市自由、行會自由、公司自由的意義解釋——其實，這並非缺乏義務的自由，而主要是包括為一個人自己而推動一個業務團體集體強制力的一種權能。這也就是**公民權**與**會員權**的意義。一個公民或任何業務團體的成員就是這樣的一個人，他具有權力或公認的「權能」，可以請求這個業務團體的集體力量來保障或維護他對別人的要求權，只要是這個業務團體所承認並予以強迫實施的就行。權力是個人所分享的集體力量。

　　因此，假如缺乏此種權力，就可以用各種不同的方式稱之

為**非會員、非公民、無權能**或**無能力**。最後這個用詞**無能力**包括其餘各個用詞的意義在內。無能力便是否認其具有促使統治權的集體實質力量為個人而行動的權力。

不過，倘若官吏不承認負有同等的義務，則此種集體力量的分享便成為毫無意義。官吏的這種義務，其最廣泛的意義就是**責任**。然而這個用詞的意義又太過廣泛了。這是聽憑一個官吏本人按照其偶發的榮譽感或義務感，按照其冷淡、偏袒甚至任性心情來決斷。此外還必須有一個較高的權威，擁有更優越的政治力量，來迫使這個官吏行動。這種較高的權力便是**最高法院**。按照經濟與法律的慣用語，假如一個官吏不採取行動，則此較高權威所將加在他身上的，有一個適合的用詞就是**職責**。

所以，與**權力**相關而等值的是**職責**。一個公民要求官吏採取行動的權力恰相等於這個官吏受到**最高法院**的逼迫而不得不採取行動的職責，一點也不多、一點也不少。

因此，與**無能力**相關聯的是**赦免權**——這不是自己的赦免權，而是別人的赦免權，統治權的實質力量就是要求來對抗這些別人。一個人，假如他在法律上是整個的無能力，他也就沒有權力可以請求法院發布命令為他自己施用統治權的實質力量加在他人之身。這些人的赦免權就是他的無能力。他是一個非公民、是一個奴隸、或是一個外國人。

美國憲法第十三與第十四修正案可以拿來證實這些字詞的意義。**第十三修正案**（1863年）解放了奴隸，但卻沒有使他們成為公民。**第十四修正案**是在三年以後，該修正使奴隸們成為「合眾國與他們居住之州的公民」。這一修正案使他們的

無政治能力轉為有政治能力。這也使其他民眾的赦免權轉為職責，把職責加在各州的官吏之身，受到聯邦政府實質力量的逼迫，而不得不為現已解放的公民施用實質力量。

　　不過，由於**第十四修正案**又同時要求「法律的平等保護」，所以其必然的結果是，公民們對官吏的關係之中在類似情況下一律皆有同等權力、職責、無能力與赦免權的關係。因平等而產生了互惠關係，這種關係可以用下列公式為之說明：

最高法院

（公民）　　　（爭議）　　　（官吏）

權　力　　　　　　　　　職　責

無能力　　　　　　　　　赦免權

實質力量

赦免權　　　　　　　　　無能力

職　責　　　　　　　　　權　力

　　上文所述與麥克勞德的「行動權」（rights of action）有關，我們此刻要將其與經濟權利分清。其實，行動權只是「在法院裡強制實施一個人所需求的權利」。這是一種「**權力**」，而不是一種「權利」。然而經濟「權利」卻是在經濟交易之中對別人強制實施一個人意志的權利。實際上，經濟權利與行動權相等，因為，只有一個公民能在法院裡有權力採取行動時，他才享有權利，而這權利的經濟價值也才得保障。

　　清償債務的義務就是債權人的行動權。因此，才有經濟價值，而可以買進賣出。同樣的情形，荷爾登控告警長哈迪時，其經濟的爭議在於這位警長按照憲法是否有此權力，可以對猶

他州（Utah）的九個礦主強迫實施法定的八小時工作制。**最高法院**的判決駁斥了荷爾登而有利於這位警長。假如改用上列公式之中的用詞，意即，法庭判決雇主荷爾登對實施他的意志為無能力，所以這位警長如果走進了荷爾登的產業而按照法律強制執行，他可以享受赦免權，免作損害賠償或入獄。不過，最高法院還判決這位警長確有憲法所賦予的*權力*，所以荷爾登在相對的*職責*之下，如果違犯了法律上八小時的規定，他就得要准許這位警長強行進入他的房產。其經濟的後果是，荷爾登的無能力等於「無權利」要求八小時以上的勞動。在經濟學上我們稱之為**曝險**。此項判決又意味著荷爾登的雇員們享有相對的赦免權，可以免受警長採取行動把他們逐出於這個房產之外，此項赦免權相等於「無義務」工作八小時以上，而這種無義務在經濟方面也就是他們的自由。如此說來，荷爾登的無能力就是這位警長的赦免權，而在經濟方面，荷爾登的曝險也就是他的雇員們所應享的自由。

倘使法院所作判決與此相反，則**荷爾登**對**最高法院**可以提出要求的這種*權力*便成為這位警長的職責，對荷爾登應負損害賠償之責，否則的話，假如他闖入荷爾登的房產，他就要因蔑視法院而下獄。由此種情事所產生的經濟後果是，荷爾登有權按照他本人的自由意志要求他的勞工們八小時以上的工作，而這些勞工們既已進入荷爾登的房產來工作，也就相對的負有法律上的義務，必須服從荷爾登的意志。

上述分析亦可能在其他方面應用，並且可以應用於法院對憲法所作的任何裁決。假如我們觀察一下，法律上的權利與自由在經濟交易之中所產生的作用只限於一個公民在法院裡能獲

得聽證與判決命令執行官吏強制實施法院的意見，就可發現上文所作分析的重要性。[66]聽證與判決，無非是聽取當事人的申訴與論證，而對其中的語詞給予確切的意義而已；由於字義的變更，所以在變動中的經濟情況之下所有的權利、自由、義務與曝險也就隨以俱變。因為，在公民與官吏之間的爭訟也和公民與公民之間的爭訟一樣，法院總是循著司法程序把慣例、習俗、先例、律令與憲法按照時刻變動的情況以及互相抵觸的慣性假定加以權衡。此項程序需要變更**第五與第十四修正案**中所用一切字詞的定義，以符合過去六十年間經濟與倫理的變遷。目前此種變遷的程序仍在繼續進行之中，其更進一步的變遷猶未可預知，但在經濟這一門科學裡過去所已有，且較為重要的字義變更則是，人身、自由、財產、合法程序與平等保護。

---

66 毫無疑義的，律師們對於上述各個字詞的意義必然要發生爭議，認為不在這行專業現時流行的專門術語意義範圍之內。不過，在這些律師們企圖將其專門術語組織成為始終一貫的邏輯體系時，他們相互之間卻有極大的意見分歧，所以，應該准許一個經濟學者把這些字義詳細剖析並組織，只要是這個學者所表示的並非抽象，而是法院的實際*作為*，足以使這些用詞能配合經濟的後果就行。關於律師之間主要的意見分歧，可以參閱康芒斯在其《資本主義之法律基礎》第91頁以次所述何飛爾、柯克、與柯考勒（Kocourek）等人發表的著作。柯考勒在他的《法制關係》（*Jural Relations*，1927年）裡，曾經組織過他的專門術揺。這些人所討論的主題只限於私法。我們此刻所處理的則是**憲法**，在憲法裡政府官吏與私人資格的公民居平等地位，同是處於**最高法院**的司法統治權之下。

　　因爲此等用詞的意義都是得之於慣例、習俗以及民眾與法官們的慣性假定，所以這些慣例、習俗與假定如有變動必然要使此等字義隨以俱變。然則在公民與官吏之間發生抵觸時，法院本身自必也要把先例、律令與憲法之中所見到的這些用詞變更其意義，以便將其應用於因情勢與假定之變動所引起的新爭執。法院的此種作法並不是企圖構成一些學院或科學裡任何時刻皆能適用的定義，而是要採用「排除與包括」（exclusion and inclusion）的實驗程序，這是人類的心智在語言本身發生變動時所普遍適用的程序。「排除」就是認爲這些用詞原先所含有的意義不能應用於當前的爭議。「包括」就是把當前發生的爭議，納入原先的字義範圍之內，這種字義在過去一向認爲並不包括這個爭議。所以，凡是憲法、律令甚至先例，在時間的過程之中都要隨著人類言辭逐漸的、普遍的變動程序而變更，人類的言辭通常總要排除舊的意義，而把新的意義包括進來，以期符合時刻變動的慣例與習俗，要想與慣例習俗相一致就必須用到語言。

　　此項程序在訴狀、爭訟事實摘錄、論證以及律師與法官的意見書之中緘默的進行，一直要等到過了幾年之後，這種變更才會在一件「主要判例」（leading case成爲判例的案件）裡加以公式化。[67]美國最高法院掌握兩種統治權力的運用，以創造、修正或擴大私人與私人社團的權利、義務、自由、特許

---

[67] 這有一個實例，就是米切爾對雷諾茲的訟案（Mitchell V. Renolds，1711年），把以前300年的訟案加以理性化，成爲隨後有關公平競爭的法律。請參閱康芒斯的《資本主義之法律基礎》，第266頁。

權與赦免權。照通俗的說法，這兩種權力就是強制權與禁止權，或職務執行令與禁止令。所謂強制權就是命令個人、個人社團以及政府官吏*必須*做什麼的權力。禁止權就是命令他們*必須*不做什麼的權力。他們*必須*償付債務。法院與警長*必須*強制實施債務的償付。他們*必須*不干擾別人。構成私人與社團所有權利、自由、特許權與赦免權的就是這些命令。**憲法**把這些命令伸展到立法與行政機構以及個人。假如立法機構*必須*不干預一家控股公司，則此公司便享有赦免權，可以按照其喜愛的去做，只須這是在法院所規定立法機構不得干預的限度之內就行。此種程序可於過去六十年來字義的變更中見之，此等字義的變更為的是要符合經濟情況與慣性假定的變動。

但是，上文對權力、職責、無能力與赦免權所作的分析顯然也應用於任何一個運營中的業務團體的工作規則，只要是這業務團體建立一種司法制度，以決定其行政人員對隸屬在這個業務團體之下的成員們是否迫令服從就行。此項分析可應用於志願的商務仲裁，應用於志願的勞工仲裁，應用於教會組織，應用於證券交易所與產品交易所的裁判委員會，或是應用於任何形式的集體「志願」行動，這種行動必須用到經濟的或道德的制裁，無論其是否需要藉助於統治權的實質制裁。一切業務團體的成員們在相互作交易時，其倫理方面的關係是用權利、義務、無權利與無義務等用詞來表示，成員們的相應地位是用保障、順從、曝險與自由等用詞來表示，而上級對下級的關係則是用權力、職責、無能力與赦免權等用詞來表示。後述的這些用詞是表示集體行動對實質、經濟或道德制裁的使用，此等制裁足以強迫實施個人們在交易之中所認定的保障、順從、自

由與曝險等關係。

肆、分析的與功能的法律及經濟學

在我們先前所述法律、經濟與志願的交互關係這個公式裡，[68]我們已經用權利、無權利、無義務與義務這幾個用詞把法律關係分清。此等關係也可以稱之為法律與其相應經濟關係，其保障、曝險、自由與順從，兩者之間的功能關係。因此之故，這些用詞都是屬於半經濟與半政府的性質。不過，倘使把法律與經濟學完全分開而各自在其本身的範圍以內作分析，則在半法律關係的背後就是純統治關係的本身，這是用來管控個人的。特別是在美國的制度之下，這種關係是起因於政府官吏在法院之前與沒有官方權威的公民完全處於平等地位。正因其如此，所以必須有一套不同的用詞來表示公法或憲法所設定的關係。

把公民與官吏之間的關係建立起來的就是這種公法提供了實質的認可，假如沒有實質的認可，則個人們也就不會有上文所述的私人權利與義務。此等關係是用公民的「特許權與赦免權」這些用詞來表示，如若未經「合法程序」，也就是說，如若沒有司法的判決，則不得奪取公民的這些權利。這些權利是相互關聯的，例如：一個實際施用強制力的最低級公務員和一個受到或未受強制力實施的公民在憲法上的關係便是如此。這是管理交易的一種型態——警長與公民之間的關係。不過，這

---

68 參閱本書前文，第二章，第二節，〔貳〕，(六)**經濟與社會關係公式**。

也可以說是權利、義務等公式在前述公式之中的延續。這個公式會同樣的應用於**最高法院**裁判權管轄之下的其他官吏。

合法程序

公　民			警　長	
公　法	私　法	交　易	私　法	公　法
權　力	權　利	機　會	義　務	職　責
無能力	無權利	競　爭	無義務	赦免權
赦免權	無義務	議價能力	無權利	無能力
職　責	義　務		權　利	權　力

　　在這裡加以區別的兩種關係可以稱之為**強制力**與**稀少性**。我們已經講過，「交易」這個用詞是表示個人之間的相對稀少性關係所產生的結果。權利、義務等用詞以及其相反詞與相對詞是表示強制力與稀少性之間的居間關係。不過，特許權與赦免權這兩個用詞，誠如上文所述，是**憲法**裡的用詞，如果將其引申而把官吏與公民一併包括在內，則與**權力**（特許權）、**無能力**、**赦免權**以及**職責**相等。後述的這一套用詞雖是各個法律學者的用法不同，但我們在邏輯上觀察到其皆為相關的、相對的用詞，可以應用於**最高法院**對官吏與公民的統治權。

　　如果加以分析，則由此等用詞可以求得合法程序的整個體系；但在功能上這些用詞都是表示個人們在交易之中的經濟關係所產生的權利、義務、無權利與無義務。我們可以這樣講，此等憲法上的用詞如果和經濟學完全分開，可以應用於**強制力**的純分析科學，而（分析法律學者們雖是常常提到警長的權利

與義務，似乎這些警長都是私人資格的公民，和公民一樣的要受到法院的管轄）一個警長如果作爲一個私人看待卻有兩套關係：一套是私人資格的公民對其他公民的普通關係，另一套是統治權對公民的特殊關係，在這種關係之下絕不會有任何議價，而只有上級對下級的管理關係。我們用權力、職責、赦免權與無能力這些用詞所表示的就是這種純管理的關係。在統治權的這種情況之下，管理交易成爲有組織的社會**強制力**認可。

(一) 強制力

我們已經把權利、義務等稱之爲對未來管控物料與其他自然力量來生產、交付並消費財富的現時預期。不過，權利又和「能」（can）的這個輔助動詞相等，意思是說，一個人能請求州政府強制實施他的權利。「能」的這個字詞就是表示他有權力可以用「法律程序」要求警長對負有義務的對方當事人強制執行他的意志。

所以，「權力」與「職責」這兩個用詞也是在於未來，一個公民所要求的權利倘使沒有「權力」使警長運用*其*統治權的強制力量，則此種權利在未來必將毫無效力可言。

就連對方的當事人在實際上也不會受到義務的約束，除非是能夠誘使一個警長履行*他的義務*，不過，假如他不強迫這個公民履行其義務，我們就要把他的義務稱之爲他的*職責*。另一種相反而相對的關係可以用圖解的方法分析出來。要求一項權利的這個人也許會發現他實在是「無權利」，其在法律上的理由是他沒有權力可以請求統治權的強制力量──換言之，他對警長的關係是「無能力」，而其對方當事人──相對的，他對此項特殊爭議問題是無義務──享有「赦免權」，可以免受警

長的實質強制力。警長與公民之間的相對互惠關係可以由此類
推。假如這個公民是無義務，則警長的拒絕使用其強制力也享
有赦免權。[69]

　　警長所由取得其權力、職責、赦免權與無能力的政府組
織，上起**最高法院**，下訖低級法院，皆可概括於「合法程序」
這個用詞之內。調研此種組織及其應用在個別官吏之權力、無
能力等問題的一門科學就是分析法理學。這是社會強制力的社
會關係，特別是掌握在官吏這個科層之手。分析法理學當然包
括軍事學與政治學。這門科學自有其歷史上的演進，由部落組
織到征服與秩序；由外交、常備軍、警隊、警察、警長等多方
面，來維持秩序並執行法律。[70]

　　分析法理學上的所謂「權力」只是一種授權，以便推動
統治權的實質強制力，但卻比訴請處罰或賠償更進一步，訴
請處罰或賠償通常可以分別稱之為**補救的權力**（Remedial

---

69 參閱包維歐的《法律辭典》（*Law Dictionary*）「警長」條所列舉的權
　力、職責、赦免權與無能力。並參閱克洛珂（Crocker, J. G.）《警長、
　驗屍官與治安官之義務及實用形式》（*The Duties of Sheriffs, Coroners
　and Constables with Practical Forms*，1890年）。

70 研討法理學的書籍有很多種，例如：霍蘭德（Holland, T. E）所著《法
　理學大綱》（*The Elements of Jurisprudence*）；何飛爾所著《應用於
　司法推理的基本法律概念及其他法律論文集》（*Fundamental Legal
　Conceptions as Applied in Judical Reasoning and Other Legal Essays*，
　1923年柯克所刊行）；奧斯汀（Austin, John）所著《法理學講義》
　（*Lectures on Jurisprudence*，1932年）。

Powers）。權力之中包括公民的授權，發出特種命令或指示，以*變更*他自身或別人的法律關係，此種命令如有必要可能於未來時日強制執行，與統治者本人所發布的一般命令無異。此種命令可以稱之爲一個公民的**實質權力**（Substantive Powers），在這個公民接受一項提供並因而締成契約時，或是在他立下一張遺囑或任命一個律師或代辦人時，他就是對法院與官員發出命令，如有必要，可以在未來時日施用社會的實質力量來強迫實施這個契約、承認此項任命、轉移權利或是在他去世之後執行他的遺囑。這種指示警長到最後如何做的實質權力是和這個警長遵照去做的職責互相關聯的；這是創造公民權利與義務的現實情事。對**無能力**與**赦免權**也可以作與此類似的分析。無能力創造經濟的曝險，赦免權創造經濟的自由，兩者合併起來我們稱之爲自由或公平競爭。

法律對經濟學的關係我們稱之爲功能法理學。由此可知法理學的功能部分和嚴格的分析法理學是如何的不可能分離。統治權並非赤裸裸的以其分析的形態而獨立存在，這是一種有組織實質強制力的工具，個人們企圖使用這種工具來強迫實施他們自身對別人的意志，或是阻止別人對他們施用的意志。[71]

往往有人要提出反對，說：法理學的這種功能觀似乎是把

---

[71] 參閱海爾曼（Heilman, Raymond J.）的「法律與經濟這兩門科學之間的交互關係」（The Correlation between the Sciences of Law and Economics）載於《加州法律評論》，第XX期（1932年5月），第379頁；及「法律分析制度的建構基礎」（Bases of Construction of System of Legal Analysis），載於《伊利諾州法律評論》（1932年4月）。

統治權的活動表現得無所不在，成為無時無刻不在使用之中的一種「威力」，然而實際上在絕大多數的交易裡都用不到這種統治權。照他們的說法，決定人類行為的應該是以經濟、倫理或其他社會的動機較為廣泛。

我們認為這種反對論調是由於未能看到人類動機產生作用的一個要點──未來的預期。強制力的普及性並非表示統治權的實質強制力實際施用於一切交易──果真如此，則要不成為無政府，要不成為奴役。其所表示的是，這種強制力已併入某些程序規則之中，對於這些規則的信任可以容許個人與團體繼續的進行而不必畏懼警長，只要是他們在經濟交易之中按照規則行事就行。

要想檢測這種普及性非常的簡單，只須假設州政府及其法院，警長與其他類似的官吏皆已消失不見。當然，這時所有的經濟、社會與倫理動機都不同了。統治權的普及性僅是未來性的人類功能，導引現時的交易，而預期強制力在未來所將採取的形態。使法律與經濟學發生交互關係的就是未來性，法律與經濟學各自成為整個經濟社會的一部分。

(二) 稀少性

與分析經濟學有關的只是稀少性功能，這就如同與分析法理學有關的只是強制力功能一樣。其最高度的隔離便是所謂「經濟人」，這是抽象的稀少性，也就如同一個法律人是抽象的強制力一樣。不但其相互之間是抽象，並且對其相互的功能關係也是抽象。

古典派的分析經濟學者們（亞當・史密斯、李嘉圖）把稀少性認為理所當然，而把稀少性公式加以分析並予以完善的

則是享樂派（特別是奧國學派）與「新古典」派，特別是馬歇爾。他們把想望與同等之人所需數量的稀少性關係加以抽象、特殊化、孤立與組織，由此而導致市場的均衡，如同分析法理學者們對上級與下級之間強制力關係的做法並由此而導致現代的法院一樣。分析經濟學者把一切的「摩擦」悉皆消除，以便發展一種「純科學」的經濟學——假設個人都是完全自由、無限知性與絕對平等；而法理學者的分析則是假設統治者比下級更為優越。

所以這是很明顯的，在法律與經濟之間必須使其發生功能關係，兩者各自在其強制力與稀少性的範圍之內都不是分析性，而是在功能上相互合併起來。要想做到這一點，其唯一的方法是時間因素，特別是要把未來性與預期引入此種關係之中。這個因素永遠暗示現時交易所將產生的預期後果，而分析的方法卻沒有時間，也沒有未來性——是沒有活動、沒有預期的純靜態關係。未來性成為永久期待著的權力、職責、赦免權與無能力，假如社會是在有秩序的工作規則之下運用其強制力，則個人必可把這些期待的事物視為理所當然。稀少性也將成為現時的機會、競爭與議價能力，使個人們得以運用其所有的才能。權利、無權利、義務與無義務這些用詞都是介於兩方面之間的功能關係，一方面是一個公民現時意志的實施，期待經濟的生產或消費，另一方面是預期的統治權力，使這個公民的預期生效或不生效。

第五節　慣性假定

　　由於上述的這些原因，所以知道是什麼樣的人在最高法院充當法官比知道法律是如何規定還更重要。**憲法**並非其本身說是什麼就是什麼——而必須法院說這是什麼才是什麼。經濟學所調研的是對從事經濟活動的一群民眾進行調研。要想了解他們*何*以作如此行動的理由，必須先探求他們認為理所當然的假定。他們對這一類的假定如此之熟悉，致沒有再用語言文字將其公式化的必要。我們認為這些假定和倫理與經濟思想史裡面的許多語詞相等，諸如信仰、神權、自然權利與自然秩序之類。這些語詞的意義都是預先固定的，但卻不是由於大自然，而是由於習俗與參與交易者的習慣。

　　每個人總會在業務團體裡暫時或持續占有一個較高或較低的地位。假如他在許多或單獨一個業務團體裡有過經驗，那麼，在他做決定、選擇以及和別人交易時，他必然已經有了對事物的看法。這種對事物的看法我們稱之為他的慣性假定；他的心智既經有了這樣的裝備，我們就效法喬爾丹，稱之為「制度化的心智」。[72]

　　在一個工人最初進入工廠或農場時，或是在一個人開始從

---

[72] 參閱喬爾丹所著《個體性之形態》（*Forms of Individuality*，1927年），第172頁，這是一部不一般見解的著作。並請參閱康芒斯在《美國律師協會會刊》（*Amer. Bar Assn. Jour.*）第XIV期，第561頁所發表的評論。關於習俗在原始社會裡的社會目的，請參閱布朗（Brown, A. R.）的《安達曼島居民》（*The Andaman Islanders*，1926年）。

事於一項專業或商業時，每一件事物都可能是新奇而出乎意料之外的，因為在他的經驗中，以前都沒有遇見過。到後來，他對於別人期望他做的事物逐漸學會了做法，這些事物變得熟悉了。他忘了這些事物在他一開始時是新奇的，甚至他無法把這些事物向局外人解釋。這些事物已經成為例行工作而被視為理所當然。他已經不再需要用他的心智去思考。在現代機器已趨向極端的情況之下，他做的只是一兩個動作，如果訪談這樣的工人們，顯示他們並不把他們的工作視為單調而乏味。他們的肉體與心理結構已經變成自動的，他們的心智已經很愉快的跑到另一個世界，在那裡記憶、幻想、白日做夢或無所不為。

我們把這樣的一種心智稱之為制度化的心智。不過，所有的心智都是因慣性假定而制度化的。人們獲得了這種慣性假定而將其視為理所當然，他們不再注意其為假定，除非是發現了某種限制因素，而這種因素和他們的慣性期望背道而馳。

因此，不但是軀體的肉體結構，就連心智的精神結構也都變成制度化的習慣，習慣於一個工作者賴以謀生的業務團體裡所流行的做事方法。如其不然，大家都知道，心智便不能獲得一個自由園地，可以處理出乎意料之外的事物。一般說來，慣性假定可以配合一個人環境之中的補充因素或例行交易，而智力活動則是與限制因素或策略交易有關。假如因素是時刻變動的，則智力必須活躍用來管控限制因素；不過，倘使所有的因素都是和平時一樣的進行著，則只需慣性假定就足以用來處理補充的與例行的因素。

但是，假如習慣不能與習俗一致，這也就不足以信賴。因為，習俗不僅是管控個人行動的集體行動——並且還是

管控個人意見的集體意見。個人的意見是慣性假定，而集體的意見則是個人習慣所必須順從的假定，要在一起工作就必須順從，太多不屬於習俗一類的個體性是不需要的。

　　然而在科學的調研之中，意見卻不可能和行動分開，因為行動是意見的實施，而科學在推論意見時必須以行動為之衡量。慣性與習俗的假定通常被解釋為習慣與習俗的行動。在這裡的調研程序和心理分析相近似，但個人主義的科學是調研神經或夢想以解釋個人的行為，而社會的科學是調研習慣與習俗的假定以解釋交易。

　　慣性與習俗的假定可以細分為技術的、所有權的與倫理的假定。技術的假定與使用價值的生產有關，這種假定隨文明的變動而變動，不但是在種類與質性方面變動，並且是在習俗的手段和工具方面的變動。一個人對何者為有用，無論其所關涉的是產品抑或是產出這些產品的方法與物料，假如他的意見和當時所流行的意見不相符合，他無法繁衍，甚至無法生存。所有權的假定亦復如是，其焦點集中於利潤、利息、地租或工資的取得。一個人的假定不能順從別人的習俗；他就不能參與議價，在議價的習俗有變動時，他的假定也必須隨之變動。倫理的假定起因於當時的習俗解決利益衝突的程序。一個人的意見如果是導引他不按照符合這種先例的方法而行動，他就要遭受懲罰。

　　由倫理的假定之中產生了對、錯、義務、自由等觀念。和其他假定一樣，倫理的假定也得要關涉到一個目的與達成這個目的的工具。在這裡我們又可以看到權利（譯者按此字有「對」與「權利」二義）的雙重意義，如果將其劃分開來，便

是倫理的假定與交易的現實。倫理的假定通常是作爲「形容詞」的「對」來解釋，其相反詞是「錯」。但其交易的意義，通常被稱爲「實質」意義，則是義務的相關詞。[73]交易的意義可能是對，也可能是錯，要看倫理的假定如何而定，然而這卻是一切業務的經營與一切爭議的解決所依據的意義。

技術的、議價的與倫理的這些假定既然都是慣性與習俗的假定，馬克思就給予一個名稱，稱之爲「階級意識」，而韋伯倫又給予一個名稱，稱之爲「本能」。實際上，這些假定確是各個不同階級之間不同習慣與習俗的特徵。馬克思自有其宣傳性的理由，所以要把這個用詞止限於兩個階級。但是，這也可以細分爲利潤意識、工作意識、工資意識、地租意識、專業意識等，依照個人們所意識到的利益關係之相似性而定。不過，我們卻要稱之爲慣性假定。這是建立在習慣與習俗的基礎之上，起因在於利益關係的相似性，其所從事交易的相似性。

最高法院和個別的人類生物一樣，也要受到慣性假定的主宰，而這些假定也都是起因於當時當地所流行的習俗。法院的意見因法官的調遷而變動，或是因新案件的發生而變動，這些案件把舊的假定按照新的見解表現出來，或是因經濟或政治的狀況不同而變動，再或是因革命而變動。1771年，英國的一個最高法院把英國憲法解釋爲*自由*，於是就解放了一個黑奴，這個黑奴原本是屬於牙買加（Jamaica）地方的一個合法主人

---

[73] 布萊克斯東混淆了這兩種意義，因而招致邊沁的抨擊，見本書前文，第六章。

所有，其所以暫時居留在英國爲的是等待轉運。這個法院說：

「奴隸身分是這樣一種性質，絕不會因任何道德的或政治的理由而產生，這僅是因制定法而產生，這種法律在其創制的理由、原因與時間久經過去而爲人所淡忘之後，仍然保持其強制力……所以，無論此項判決可能產生何等不便，我絕不能說這種情事是英國法律所能容許或認可的；因此之故，這個黑人必須予以釋放」。[74]

到了1856年，美國的最高法院，由於相近多數的表決，並且由於把憲法解釋爲*奴隸制*的假定，就將一個暫時獲得自由的黑奴送回給一個依據奴隸身分法要求擁有權的主人，仍舊成爲奴隸。這個法院說：

「時至今日，已經難以了解大眾有關這個不幸種族的意見，這種意見在世界的文明與已啓蒙區域流行，爲時在美國宣布獨立而制定並施行憲法的時期。……最堅決的持有或最普遍實施這種意見的莫過於大英帝國的政府及其人民。……英國所接受並施行的這種意見極其自然強迫其在大西洋的這一邊所建立的殖民地遵照施行」。[75]

---

[74] 參閱黑奴索謨塞（James Sommersett）一案，檔號20 Howell's State Trials 1-82（1771-1772年）。

[75] 參閱史考特對桑福德（Dred Scott, Plaintiff in Error, v. John F. A.

　　後來在行政統治權解放奴隸時，共計沒收了相近四十億金元的財產價值。由於1863年的解放奴隸宣言及由於1865及1868年的**第十三**與**第十四憲法修正案**時北部各州所作的表示，使1856年以前「自然」權利的觀念變成「不自然」。

　　由此看來，習俗有了變動，則司法統治權的慣性假定亦將隨以俱變。我們已經把導引個人行動的誘因區別爲個人的與集體的兩類。我們把個人對個人的誘因稱之爲單純的誘因。我們把集體行動對個人行動的誘因稱之爲**認可**（審者按：認可亦可解作制裁，全書同）。[76]誘因是個人的說服、威逼、命令，這可能使交易得到其結果。認可是集體的誘導，這是需要個人們的行爲與別人的行爲相一致。兩者都是同樣的建立在慣性假定之上。不過，後者卻是**制度**的意義。制度就是集體行動誘導個人行動。雖是有許多不同的制度與認可，並且在文明的歷史之中這些制度雖是時常有變動，然而其所共同的普遍原則總還是習俗與其所導出的慣性假定。

　　習俗設定了兩種標準：**衡量標準**與**合理性標準**。在最初，標準是互相抵觸的，是不甚確定的。到後來，立法機構把衡量標準化爲準確，成爲法定的標準，以作法院的指導——例如金元或蒲式耳。不過，合理性標準則大都是逐漸由法院在解決爭議時所建立。這些標準又可細別爲**交易標準**與**生活標準**。前者有關於管理、議價與分派交易，以生產、銷售並分配財富

Sandford）訟案，檔號19 How. 393 l. c. 407, 408（1856年）。這個法院並未注意到1771年**謨索塞案**的判決。

76 參閱本書前文，第六章**邊沁**。

為目的。後者則是**消費的標準**。**認可**，就是集體的誘因，使個人們順從這些標準。

　　所以，**習俗**的原則就是**強迫**的**相似性**，導引個人們順從標準。在物理科學裡的「運動定律」或是動物的本能，或是個人的習慣，而在以個人們變動無定的意志之衝突作為研究主題的這門科學裡，則是習俗與慣性的假定，這些個人們在其交易與生活方式之中，總是期待於未來。他們需要衡量標準與合理性標準。一個商人如果拒絕使用過去已經建立的銀行制度，一個勞動者如果拒絕從事別人所願意做的工作，縱然他是很勤勉，他也不能在這個產業社會裡生活下去。這是人盡皆知的事實，毋須再加調研。不過，在習俗有變動的時候，在法官與仲裁人要解決紛爭而強制施行一種習俗時、在勞動者或農人要求修正商業習俗而罷工時、在一次革命沒收了資本主的奴隸或其他財產時、在法律禁止一種慣常生活方式時、或是在一家控股公司把一種舊習俗伸展到新的範圍以內時，那麼，這就可以證實習俗的強迫力始終存在，而並未受到責難與干擾。

　　理由是在於**習慣**。個人們並非**新啟動**——他們在出發的時候都是嬰兒，然後繼續下去成為小孩，再然後他們進入職場，從事於學習，使他們自身與習俗相符合，倘使他們的習慣不能與習俗相符合，他們也就不能用他們的努力來謀求生活，而將成為慈悲或懲罰的接受者，再不然，就是成為遺產法的受益人。假如他們能夠符合，則其所符合的習俗即可給予他們所預期的保障。

　　我們看到，在亞當・史密斯發表《原富》（*Wealth of Nations*）的那一年，邊沁評論布萊克斯東時，就已經把習俗

的這項原則由經濟學之中消除。自此以後，經濟理論的論述都是基於**個人、商品**與**國家**這三個單位。一方面是導致了個人主義，甚至是導致了無政府主義，而另一方面又導致了共產主義與獨裁政治。然而**習俗**卻是更強於個人，甚至更強於**國家**。

「習俗」這個字詞對不同的心智表達了不同的意義，所以，我們必須作兩種區別，一種是對個人們的強迫在*程度*上的差別，另一種是把原則與其*合理化*分清。如果是將其作爲由多種事實得來的原則看待，習俗便是強迫的相似性。這僅是一種工作規則。如果是將其作爲合理化或譴責看待，這便是集體的強迫所欲達成或阻止的任何事物。邊沁批評布萊克斯東時，他的**習俗**觀念是「傳統」或「祖先的智慧」，他認爲法院是將其永久化，成爲**普遍幸福原則**的障礙物，而他卻是希望把此項原則作爲立法與司法行動的指導。從此以後，法律乃與經濟學分道揚鑣。經濟學者們趨向於個人的自利，以謀求愉悅而免除痛苦，但法院則是持續的追隨布萊克斯東，仍舊依據於習俗，以解決爭端。

其所以導致分歧的關鍵在於對人類天性看法的不同。邊沁與早年的經濟學者把人類視爲有理性的生物，能用愉悅與痛苦的單位來計算最高限度的幸福，猶如商人們用金元與分幣來計算一樣，[77] 然而，馬爾薩斯在他的《人口論》（*Essay on Population*）裡面卻要攻擊這一種的人類天性觀念，當時這種

---

77 參閱米切爾的「邊沁招致幸福的計算方法」（Bentham's Felicific Calculus），載於《政治科學季刊》，第XXXIII期（1918年），第161頁以次。

觀念已經爲戈德溫這位偉大的無政府主義者所接受，他由這種
觀念建立了一種哲學，並提出建議，要廢除對個人的強迫。[78]
馬爾薩斯說，人們並非有理性的生物。他們都是激情而稟性
愚蠢的生物，他們所做的恰正和他們的**理性**勸導他們去做的相
反，如其不然，就不會有人口過剩、災禍、戰爭或罪惡。因
此，倘使沒有強迫，人們就無法共同生存。實際上，這是習俗
的合理化，也就是統治權對無政府主義的反抗。人類的意志是
不可靠的，必須由習俗或政府加以欺壓。

　　和無政府主義極端相反的是另一群人，從費爾穆那時代直
到今日，這群人始終把習俗奉若神明，認爲這是**上帝之音**。[79]
但在考驗之下，通常可以發現他們的命意之所在僅在於善良習
俗與陋劣習俗之間的區別。善良習俗是**上帝之音**──而陋劣習
俗則是**魔鬼之音**。兩者都是習俗的具體化。

　　把「自然」或「自然的」這種字詞用來指慣例而言時，
也和上文所講的情形相彷。「一個人的自然權利」據說就是生
命、自由、幸福、財產、名譽等類的權利。然而這許多實在都
是習俗。習俗是會變動的，不過，倘使變動得很慢，則個人在
小孩時代早已養成了習慣，希望能與習俗相符合。這時，凡此

---

[78] 參閱戈德溫所著《論政治的正義及其對一般德性與幸福所產生的影
　　響》（*An Inquiry Concerning Political Justice and Its Influence on
　　General Virtue and Happiness*，1793年）；並參閱本書前文，第七章
　　「馬爾薩斯」。

[79] 參閱卡透的《法律之起源、成長與功能》（*Law, Its Origin, Growth and
　　Function*，1907年）。

種種皆表現爲自然的、不可變更的、不能讓與的，而實際上卻
都是人爲的、集體的，變動無常的、可能喪失的。

比這種具體化與隱喻更具有歷史性的是另一種理論，認爲
現代工業社會已經超越了**習俗與身分的時代**而轉進到**契約與競
爭的時代**。[80]在古代社會裡，據說民眾們皆能保持其所由出生
的身分或社會階級，但是在現代的**西方**文明社會裡，他們卻要
用競爭性的買與賣、僱用與解僱、租賃、借貸等契約志願的設
置並界定他們自身的地位。

不過，假如習俗的象徵是在於對個人們的強迫，要求他們
順從，那麼，過去三百年來的契約也是一種新的習俗。一個人
倘使拒絕像別人一樣的受契約束縛，他必然不能進入也不能持
續運營業務或僱用。契約已經成爲慣例，所以也有了強迫力。

在經濟方面習俗發生了一次變動，由不能解除的債務轉爲
可能解除的債務。因爲習俗是集體的強迫，其作用在於把義務
加在個人之身。經濟的義務便是債務，可以用服務、商品或購
買力來償付。一個人必須能管控原先屬於別人的服務、商品或
購買力，然後才能獲得自身的生活，所以，他不可能自由的拒
絕成爲一個債務人。在現代的工業社會裡，沒有一個人可能用
其他方式獲得生活。最強有力的制裁，「稀少性」，強迫他順
從當時當地的習俗，如果他向別人取得了他認爲稀少的事物，

---

80 參閱梅音爵士的《古代法律與早年社會的聯繫及其對現代觀念的
關係》（*Ancient Law, Its Connection with the Early Society and Its
Relation to Modern Ideas*，美國的第一版是由英國倫敦的第二版翻印，
1870年）。

習俗就要把他視為一個債務人。

　　一個法官或仲裁人在採取一項習俗作為裁決之指導時，他便是對於此項習俗的強制力又格外的作了一次認可。甚至他並沒有觀察一下他的慣性假定是否與此項習俗相符合。在商務或勞動的仲裁之中，這種格外的認可就是這些人有組織的協力行動，他們創造了仲裁人的這個地位，預期用業務團體的集體經濟力量來強迫實施這個仲裁人的裁決。

　　法院亦復如是。假如這個法院在解決爭議時採取了鄰近地區或有關群眾階級的習俗作為標準，或未經正式證言而作「裁決宣告」，再或按照慣例接受了這種標準，那麼，這個法院也就是對此種習俗特別給予了實質強制力的一次認可，而要求這筆交易必須與這種習俗相符。

　　不過，仲裁人或法院在求取裁決爭議之指導時，還得要更進一步。他必須回顧他本人在過去所作的裁決，或是回想一下其他仲裁人或法院在類似的訟案之中所作的裁決，而設法使他現時的裁決能和以前的裁決一致。這就是**先例**。假如沒有先例可援，或先例間互相抵觸，再或這些先例已經判定為無效，那麼，這個仲裁人或法院就必須另行訪求一種習俗或是他由習俗得來的一項原則，透過排除與包攝的過程使他的裁決能與此種習俗或原則相符合。

　　假如他不能信賴先例或習俗，則他的另類選擇便是信賴成文法、細則或憲法，這些法已經由上級權威的精細行動修改了習俗或先例。不過，縱然如此，這些成文法都是抽象的、都是一般性的，必須加以解釋，並說明其可以應用於當前的爭議，然後才能在這個特殊的爭議之中強制實施。所以，這種詮釋的

本身也得要回溯到習俗、先例或慣性假定，以爲應用此種法令於這個特殊爭訟的指導。因此，即便是一項法令、憲法或細則，在裁決爭議的司法程序之中，也必須經過習俗、先例、排除與包攝的檢討。在此項程序中，風俗、先例或慣性假定甚至還可能宣告成文法與憲法爲無效或加以修正。倘使這種情事全部發生，則法律便成爲「死的文字」。倘使這種情事並非全部發生，則法律便是經過了「解釋」。

所以，習俗、先例、成文法與慣性假定無非是將其公式化爲一般人所謂「工作規則」的程序而已。成文法各個不同，由布告管理命令、到立法條例、到形成憲法、到細則、到集體議價的貿易協定，這在上文我們已曾講過。先例也是各個不同，由司法到行政、到管理、到立法、到憲法的種種先例。習俗也是各個不同，由封建、農業、商業與工業、到家庭的種種習俗，及到宗教的崇拜。先例與成文法是運營中業務團體的特殊標識，但習俗與慣性假定則是一切人類關係的基本原則。每一種都可稱之爲「法律」。這不是按照「自然法則」的意義解釋，而是按照人類天性法則的意義解釋。因此，我們要稱之爲「工作規則」，目的在於表示其臨時的與時常變化以期符合經濟、政治與倫理情況之演進的特性。

此等工作規則皆是人類天性的法則，因爲這些規則總是趨向於一種基本的、終極的原則，倘使沒有這種原則，一個人絕不能在社會裡生活——這是**預期保障的原則**，這不是正義，也不是幸福，幸福是基本的——這是保障，甚至可能是不正義與貧窮的保障。因爲，沒保障並非無意識的大自然力量所產生的偶發事件，而是那些具有較優實質與議價能力的人們故意、疏

忽或任性所引起的沒保障。前者的沒保障可能，並且在實際上已經因工藝技術的改進，使大自然力量歸入管控之下而大部分予以避免，但是後者的沒保障只能因具有權威者的意志堅定而予以避免。武斷的意志趨於極端的實例就是奴隸制度。由於新的習俗、先例與法令限制了奴隸擁有者的意志與傲慢，所以奴隸制度才為自由所侵蝕。

先例的教條又更進一步。這是邏輯一致性與平等待遇的教條。倘使一個仲裁人或法院對當前的爭議所作裁決和他在相同的環境之下對先前的類似爭議所作裁決不同，那麼，他在邏輯上便是不一致，他對待某一個人和他在相同的環境之下對待其他的人有了差別。這就是差別待遇，或機會不平等。所以先例的教條是保障、自由與平等合併在一起的三重教條——其所以**保障**是因為此項教條足以導致預期未來爭議的裁決相同於過去爭議的裁決；其所以**自由**是因為下級的個人們可免受上級者任性意志的制約；其所以**平等**是因為同一階級的個人們在同樣的環境之下皆可能受到同等的待遇。

把先例的這項教條用來限制當權者武斷的意志就是要想達到人類的三個最基本願望：保障、自由與平等。在人類所有的一切社會關係之中普遍適用這一項教條。即使是一個孩童，在他因為他的父母對待其他孩童和對待他有差別，或是昨天對待他和今天不同而發出怨言時，他也得要訴之於先例。一個勞工看見領班的朋友受惠而他自己卻沒有時，他就認為自己受害了。文官服務法是企圖開放同等的機會為所有的公民服務，而不是把其交給政治家的朋友去處理。一個商人因鐵道公司優待了他的競爭者，使其所納費率低於他所必須繳納之數而提出責

問時，他也要訴之於先例。法院應受先例之約束的這一項教條只是普遍的道德原則之中的一項特例，道德的原則是說，每個人對待別人都應該如同對待他自己一樣，並且在同等的情況之下相互之間也應該作一致的對待。如其不然，則他就是反覆無常，就是任性而爲，就是不一致。假如每個人在任何方面都是完全平等，假如有無限的另類選擇，那就不成其爲罪惡。先例的教條便是對待不平等的人一律平等的教條。在所有的經濟交易裡面，這是一項基本的教條，因爲，這就是保障、自由與平等的共同基礎。

強制執行並不一定就是一個業務團體組織的當權者依據其職權所做的權威性強制執行。這也可能是由於競爭的強制執行。現代購買商品而用有償付能力的銀行支票償付債務的這種習俗，其所以對個人具有強迫力，是因爲任何人如果堅持拒絕接受與簽發這種並非法償的支票，他就無法繼續營運，甚至不能進入業界。支票帳戶是一種習俗，而習俗也並不違反競爭。競爭是強制施行習俗的一種手段。強制施行習俗的人都是行動相同的人；然而強制施行先例的人則是一個業務團體的當權者及其代理人，他們都是爲欲達成此一目的而被選任的。因此，現代經濟社會並不是由習俗傳到契約，而只是由原始的習俗傳到商業的習俗罷了。

上文所述足以顯示，任何運營中的業務團體無論其爲一個國家或一個經濟的或道德的業務團體，要想把歷史發展之中的慣例、習俗、先例、律令與慣性假定一一分別清楚總是事實上所不可能。在一開始時，這許多都是個人們隨意的慣例，然後變爲習俗，這時，個人們受到顧客與競爭者的強迫而不得不

順從；再然後變爲先例，用來解決爭議；再然後變爲律令，由行政或立法當局頒布；再然後又變爲習俗，在發生特殊爭議時用來解釋律令；自始至終都有一些變動但卻是慣性的假定，可以應用於特殊的交易與爭議。凡此種種都是合併在一起進行。新的慣例常由現行的習俗、先例與律令之中產生，而成文法的本身其所以能生效也祇透過慣例、習俗、先例與假定的媒介。一般說來，我們稱之爲「不成文法」的就是先例，而所有的法令、細則、公司章程等都是「成文法」。不過，成文法只是文字而已。不成文法是寫在爭議的判決之中，在特殊的案件裡用來解釋成文法。成爲活的法律的就是慣例、習俗與先例——簡而言之，就是不成文法。這是普通法創造法律的方法。

　　英美兩國的法理學在普通法、商人法、海事法與平衡法之間做了技術上與歷史上的區別。不過，站在社會經濟的立場上而言，這些法都是習俗、先例與假定的特例。技術的「普通法」是發源於封建時期的農業習俗；商人法是得之於商人們的習俗，而由法院予以強制實施。其他的法亦復如是。所有的這幾種法都是零零碎碎的由爭議的判決所產生，都曾經過考察習俗與先例的程序，而由慣性假定爲之指導。一切經濟業務團體的工作規則也莫不如此。這些規則也是慣例、習俗、先例、律令（細則）與假定的混合與結果。

　　所以，當我們講到普通法時，我們並非指法律專業裡的技術普通法而言，我們是指**按照解決爭議來創造法律的普通法這種方法**而言。這種方法並不局限於法院。這也是商務仲裁與勞動仲裁所適用的方法，在這裡的認可並非統治權的認可。這也是家庭、教堂、工會以及商事業務團體制定法律的方法。這是

先例、習俗的抉擇、不成文法與假定的方法。藉由以普通法解決爭議的方法，所以習俗也就成為普通法，對慣常認為善良的習俗予以認可，而對認為不良或陳廢的習俗加以譴責或不予強制執行。由此說來，普通法便是習俗的不成文法，因為這僅能見之於先例與慣性假定，所以是不成文法。

因此，傳說中的由習俗轉為契約實際上就是變更習俗運用其強迫力的方向。這種變更可能是意義頗為重大，但卻不是由於習俗的消失。習俗通常是在各種不同形態、名稱、方向與程度的強迫力之下，作為慣性假定而重行顯現出來。

對個人施用強迫力的程度並沒有明晰的分界線，除非是在極端的事例之中，各個程度都是彼此列入評級，但卻可以按照三種分類方法加以區別：制裁的種類、標準的精確與公開、以及實施制裁的組織程度。

（一）*制裁的種類*是三重的：道德、經濟與實質。三者通常是密不可分的，但在趨向極端時卻可能加以區別，而在習俗的歷史之中，此三者實際上是互有差別而特殊化的。道義制裁是強迫意見相同。其特殊化便是某些國家的教會，在這些國家裡，教會與政府分立，並且與供營業之用的私人財產分立。在從前，教會是一個具有經濟力量的大地主或金融業者，再不然，其本身就是具有實質力量的政府。教會經濟與實質力量的制裁既經剝奪以後，其所能依賴的只是對意見的強迫，附帶著對異教的審訊。戈德溫的無政府主義哲學是要把一切的業務團體與政府一概抑低到教會的狀態，其所能管控的僅限於道德制裁。這時，習俗的強迫力只是良好與不良意見的強迫，而政府的本身也只是公眾的意見。

　　與無政府主義相反，但實際上並非不相一致的是暴力的
實質制裁，其特殊化我們稱之爲**國家**，其制裁我們稱之爲**統治
權**。因爲集體的暴力也和集體的意見一樣，就是習俗。由封建
制度演進成現代國家的過程是把暴力的誘因從私人交易之中提
取出來，而將其使用的壟斷權歸入官吏科層之手，從警士與治
安官，一直到總統與最高法院，和其餘的人們互相區分，其目
的在於施用並規範暴力。

　　和意見與實質的強制力並列的是經濟制裁，其管控力由
各個公司、同業公會與工會加以特殊化，這就是時刻變動的習
俗，以種種形態的利得或損失施行其稀少性的制裁，目的在於
規範經濟交易。

　　道德、經濟與實質這三種制裁是分隔不開的，而且，除非
是在極端的事例之中，也不容易知道何種制裁的力量爲較強，
足以制裁個人的行動或不行動。

　　(二) *交易標準*的精確與公開，其程度高下不同，從最不精
確、最不著名，並因之而最缺乏強迫力的標準起，我們稱之爲
慣例；進而爲比較精確，比較著名並因之而比較有強迫力的標
準，我們稱之爲**例規**（Usages）；一直到最精確、最著名，
並因之而最有強迫力的標準，我們稱之爲**先例**。任何一個人，
廠商或協會的*慣例*可能時常變化，而與別人無涉，這是因爲仿
效者的人數不多，不足以導致普遍的模仿之故，例如某一個人
可能是習於節儉，而另一個人卻可能是習於奢侈。但是*例規*的
仿效者相當眾多，所以如同言語或銀行支票一樣，其使用對所
有的參與交易者在實際上具有強制力。至於*先例*，則具有特殊
的約束力，這是一種標準，可能由一個握有管控權的較高權威

者用來解決爭議並規範交易行爲。先例可能是由慣例與例規得來，但在權威方面卻已經超出於慣例與例規之上，因爲這是使其標準變爲精確與公開，而由有組織的行動加以強制實施。

我們是把這些**慣例、例規、先例**以及由此導出的慣性假定界定爲**習俗**。習俗的強迫力程度高下不等，這種強迫力就是集體行動對個人行動所施用的，由強迫力最小的**慣例**起，中間經過強迫力較大的**例規**，一直到強迫力最大的**先例**爲止。這些慣例、例規、先例與假定合併在一起，便成爲普通法藉由解決利益衝突而創造法律的方法。

(三) 不過，除此以外還另有一種習俗，這就是**結社的習俗**。這種習俗用工作規則來管控個人行動也是各不相同，要看*組織的鬆散與中央集權程度*而定。我們把這種結社與制定規則的習俗稱之爲運營中的業務團體，各自運用其特有的道德、經濟或實質制裁。在從前，公司被認爲統治權的創造，僅能在法律上想像其爲存在。[81]但是，到了此刻，公司的特許照已經被認爲除一般的結社習俗以外，又加上了更精確、更正式統治權的實質制裁。在從前是被誣蔑爲結黨營私，而到此刻已經成爲公司或其他種種不同的合法協會，這些協會的習俗由其職員們加以認可，指導實質強制力的使用。

習俗對個人的管控在這三方面各個不同，在制裁的種類方面有道德、經濟或實質的不同；在精確與公開方面有慣例、例

---

[81] 參閱**達特茅斯學院信託委員對烏德威**的訟案（The Trustees of Dartmouth College v. Woodward），檔號4 Wheaton 518, 4 Law Ed. 629（1819年）。

規與先例的不同;而在組織的程度方面又有解決爭議與強迫一
致鬆散與中央集權的不同。

在這許多的不同之中,是那些有選擇與執行權的人們選取
適當的習俗;而習俗的演進也和人為的選擇一樣,在幾個世紀
的過程中把狼轉變為狗,或把母牛養馴。由於新的利益衝突與
爭議,使新的習俗由較舊的習俗裡面產生出來,文明就是習俗
變動中的全貌。

慣例與例規因爭議的解決而成為先例之徑才能達到相當
精確的程度,而其對個人加以管控的方向也才能進行邏輯的分
析。在我們論述**方法**的一章,我們建議了一個公式用來分析議
價交易。同樣的公式也可應用於**管理**與**分派**交易。

在這三種類型的交易裡有相反、相關與相互依存的三種
關係。每逢發生了爭議,就得要用集體的強迫力為之解決。要
想做到這一點,其唯一的方法是確定義務的界限。義務的界限
既經確定,則權利必與義務相等,但卻有利於反方的一個人。
在經濟上所加於一個人的義務就是必須順從;就爭議的主題而
論,這便是對方當事人所預期的保障,其法律上的等值物便是
權利。法理學所用到的**相關性**(correlation)這個專門用詞就
是指關係相同而利益相反而言。權利與義務是相關的、相等
的,但其當事人則是相反的。一個貸項就是一個借項、一次賣
出就是一次買進、一筆資產就是一筆負債、一項收益就是一項
開支、一筆支出就是一筆收入、一項權利就是一項義務、而一
項義務也就是一項權利。不過這些事物都是歸於相反的人,而
這種歸屬也就是這些事物的相關性。

確定一項義務的界限就是確定這項義務的範圍。假如這

項義務是無限的，則其權利也是無限的，習俗強迫一個奴隸順從他主人無限的意志。不過，假如這項義務是有限的，縱然是極其輕微的限制，則超出這個限制之點就「沒有義務」，當然也就沒有相關的權利。在經濟上，這便是一個人的自由，也便是另一個人的曝險，曝險於這種自由所產生的利得或損失。義務與權利愈受到限制，則自由與曝險也愈加擴大，直到最後，**無政府**主義在個人與個人之間所假設的唯一關係只是自由與曝險。

然而，這卻要藉助相互依賴的原則而加以修飾。曝險可能是有利的，但也可能是有負擔的，如同曝險於日光一樣。**交易**這個用詞的本身含有相互依存的意義，每一個當事人總得要為另一個當事人做一些事。沒有一個當事人可能獲得完全的滿足。通常也不會有一個當事人是完全滿足的。不過，交易是「意志的會合」，而相互依存也並非相同於平等或正義。實際上這就是互惠，因為這是相互依存的程度。假如當事人互不相等，則交易也就可能極不平等或極不公正，無論這兩個當事人是借款人與放款人，是買主與賣主，是地主與佃戶，或是雇主與雇員，莫不皆然。誰來做決定呢？由習俗來決定，用慣例、例規、先例與假定來做決定。習俗的認可決定了相互依存、平等、互惠、公正或不公正的程度。

所以，習俗是競爭的穩定器。過去兩個世紀的經濟思想構成了一種完全競爭的理論，這種理論所根據的假設是個人部分有完全的自由、平等與知識。根據於此等假設，每個人都能知道他自身的最大利益為何物。他在能力、財產以及免於強迫等方面都與別人相等。他所必須負責的只是他自己的行為，他必

須接受他自己所行所爲的後果。此等假設是很適當的，並且也是各種科學所共同應用的方法，這些科學總是要把干擾的因素消除，假設其爲恆常，而引進變動的只限於這門科學所要調研的單獨一項因素。

不過，這些假設不僅是一種純理論的問題，並且也是一種實際應用與實驗的問題。一個證券交易所、一個產品交易所、一個農產交易所或是其他類似組織的市場總是要想做到經濟學者們在把干擾因素與「摩擦」消除以後所假設的情況。這些交易所總想建立一個市場，在這個市場上盡可能的是完全競爭。這些交易所訂立的規章，其目的皆在於透過公開與精確來建立自由、平等與相互依存。他們所要做到的是消除慣例與習俗，認其爲有礙於自由競爭，或是傾向於不平等或隱蔽。

這些市場之中的每一個其本身皆可作爲專題研討，但其所共同依據的一般原則卻可能見之於**芝加哥市農產交易所**向**最高法院**上控的一件訟案。所有的事實與法院裡全體一致的意見或可簡述於推事白朗第（Justice Brandies）如下的意見：[82]

聯邦政府的司法部控訴芝加哥市的農產交易所，打算廢止這個交易所的一項規定，這一項規定是禁止其所屬的經紀人在這個交易所不當值的時間內祕密買賣。在這裡所發生的問題是：此項規定是否在這個交易所的限制權範圍內？所有這一類的限制皆已明白的爲反托拉斯法所禁止。**最高法院**的判決認爲

---

[82] 芝加哥農產交易所對美國政府案，檔號，246 U. S. 231, 1. c. 235-241（1918年）。

這種限制是合理的，因此而廢止了一項成文法的嚴格規定。由白朗第推事所陳述的意見，我們或可概括作如下的推論：

(一) **最高法院**按照普通法制定法律，藉由在利益發生衝突時為之解決，已經建立了一種「不成文法」，但這卻是參考了同一個或類似的協會所有的先例與習俗而建立的。這個法院也承認這是制定法律以供未來解決同樣的利益衝突之用。

(二) **國會**所頒行的法令（反托拉斯法）必須等到法院在裁決一項特殊爭議時加以詮釋，而這種詮釋成為與此類似爭議所援引的先例，然後才能成為法律。法令是「死的文字」，其生命在於慣例、例規、先例與慣性假定。法令的文字是從屬於所欲達成的經濟目的。

(三) **結社的權利**是**最高法院**所許與一個私人協會的權力，對其成員們的交易可以訂立具有法律效力的規章，但卻是由利得、損失以及開除會籍等的經濟制裁予以強制執行。

(四) 制定規章者的私人目的在獲得了法院認可之後便成為公眾的目的。標準並非良好的意向，而是良好的後果。當前的規章把一向認為有價值的財產權利剝奪了。但是，個人與協會皆不能決定其後果良好與否。作此決定的是一個上級的權威者。

(五) **最高法院**在決定何者為公眾目的、何者為非公眾目的時，必須在若干現行的慣例與習俗之中加以選擇。對當前的爭訟有立即利害關係的法官不得參與其事。地方性的慣例可能成為全國的普通法，因為這是把當時的情況下，認為不良的慣例消除掉了。

(六) 於是**法院**就成美國研究政治經濟的權威學府。這個學

府雖不是眞實可信，但卻具有權威。因爲凡是這個學府裡多數人認爲合理的在當時就是合理。一個業務團體必須保持其能持續經營。法院不僅是研討法律的文字，並且還得要考察利益衝突所由發生的經濟環境。每一次爭訟總是一個分立的案件，各自有其本身的事實，但是這些事實卻可以納入一般原則的範圍之內，而與其類似的案件之中所發現的特殊先例相調和。按照此等原則與先例把所要調研的事實在心理上權衡其輕重，這便是在一切環境下決定何者爲合理的程序。各個當事人的經濟利益，無論其爲即時的或遙遠的，皆必須作爲整個公共目的之一部分，而加以評價。

(七) 競爭並非**大自然**的「爲生存而奮鬥」，這是一種人爲的安排，而由集體行動的道德、經濟與實質制裁爲之後盾。經濟學者們所發展出來的自由競爭理論並非傾向於力量均衡的一種自然趨勢，這是法院所採納而合於理想的公眾目的，要達到此一目的就必須對自然的爭取生存加以限制。在經濟學的專門術語中稱之爲「以合理的貿易限制提高競爭的水準」。

(八) 每一次爭訟的裁決皆建立競爭交易的標準，其目的在於使原先不甚確切的慣例成爲更精確。在上述農產交易所的訟案中，其標準爲有關准許交易的*時間與地點*；可適用的交易與商品的*類別*；當事人從事此項交易的*資格*；以及必須提供的公*開*。

(九) 按照這個法院的判決，其所欲達成的目的皆屬良好，因爲此等目的都是**趨**向於：a.公開，或是說，在當時環境的許可之下盡量使各個當事人皆能知曉全部事實；b.機會均等，或是說，防止壟斷、差別待遇與市場外的祕密交易，而使每個人

皆有同等接近市場的機會；c.推銷產品的較高效率；d.使商品的生產者與消費者皆能獲得較大的利益；e.更多限制不良的自由，以求取更多正當的自由。

美國這種習俗、先例與假定的制度是歐洲的經濟學者與法律學者們所難以理解的，他們都是在法典的制度下運作，而這些法典在當初都是由獨裁者以完善的為楷模羅馬法而制定的，只有立法機構才能加以變更。甚至英國人也不容易了解這種制度，因為他們的立法高出於司法之上。

同樣的，美國的經濟學者與法律學者也難以了解歐洲的經濟學者與法律學者。在美國，我們是按照個別案件與先例的普通法方法而作具體的思考，這和我們的司法統治權是互相一致的；但歐洲人則是按照查士丁尼、拿破崙、亞當·史密斯或李嘉圖所留傳下來的演繹用詞而作抽象的思考。我們在這部書裡是要採歸納的方法，我們所討論的只限於一般原則，而將其應用聽憑特殊案件的調研予以處理。美國的習慣法方法就是這樣產生的。

由於四十八個州和一個聯邦國會皆能制定法律，由於聯邦政府與州政府的法律其適用範圍互相抵觸，而聯邦憲法又只能空泛的列舉大綱，所以美國的最高法院乃成為最後的權威者，足以決定全國法律的一致性。因此，最高法院必須求取一種高出於所有立法機構以上的事物作為一致性的標準，這種事物可以廣泛的稱之為習俗、先例與慣性假定。即便是憲法的本身，這種至高無上的法律也得要按照變動中的工商業習俗加以詮釋，這些習俗附帶著集體意見的道德制裁以及利得與損失的經濟制裁。習俗已經轉變成新普通法——為各州所共同適用

（譯者按：common law的common一詞含有共同的意義，故云）—— 發生爭議時聽由判決。每一次的判決皆能成爲一個先例，在認爲相似或不相似的案件裡可以援引或加以區別，而少數人的意見有時也可能變爲多數人的意見。[83]

歐洲大陸的一些法律學者都是遵循傑奈所謂法國法院的「傳統方法」，一個美國人假如檢驗一下他們的著作，可以看出他們是如何奇特的難以擺脫立法機構所頒法典與條例的統治。[84]這些著者假如引進了習俗、例規或傑奈的「自由裁決」或「自由科學研討」作爲法律的來源，他們似乎是感到很抱歉的。先例好像沒有約束力，凡是後來的案件皆必須回溯到法典。

但是，這些與法令法典分歧的差別卻很少或不足以困擾美國的**最高法院**。假如這種法令是要褫奪人們的財產與自由，而最高法院**並未**認定其爲按照合法程序，則此等法令可能被視爲與美國**憲法**相抵觸而宣告無效。縱然未經宣告無效，這

---

[83] 關於此項程序的著名調研見於史威蕭所撰《法律巧匠斐爾德》（*Stephen J. Field, Craftsman of the Law*，1930年）。斐爾德在1872年對憲法的慣性假定，由於變更了「合法過程」的意義，已經成爲1890年全體一致的意見。參閱康芒斯對史威蕭這部著作的評論，載於《政治經濟期刊》，第XXXIX期（1931年12月）。

[84] 關於這些曾經有過扼要而完備的論述，載於南錫大學民法教授傑奈院長五十週年紀念特刊，傑奈的那篇經典論述見於其所著《實際私法的淵源及其詮釋方法》（*Methode d'interpretation et sources en droit prive positive*）（1899年）

些法令也可能被解釋爲符合這個法院在當前的特殊的爭訟情事之下對財產、自由、人與合法程序的可變意義，而在此後凡是較低階的法院皆可援引此等先例。在某些案件裡持有異議的法官們把這種多數人的裁決很恰當的稱之爲法令之廢止（nullification）或「司法的篡奪」（Judicial usurpation）或「否決」（veto）。在法國法典裡，後來的判決顯然不是回溯到先例，而是回溯到法典的本身。所以，法國的判決當然不會是法典的廢止。

在美國，這些字的意義時常由於逐漸排除與包攝的過程而公然變更，所以在經過相當時日之後，就連憲法的本身也會因財產、自由、人與合法程序等經濟與法律用詞的意義變更而有所修正。要想修改憲法必須有全國各州四分之三以上的票決，再不然就是經過一次內戰，如同1861年那樣，一反史考特（Dred Scott）的判決而解放奴隸，除了此等極端的情事之外，**最高法院**卻毋須請求就可以用裁決爭議的司法程序而持續的制定並修正法律。在英美兩國，這就是按照普通法制定法律的方法。不過，在美國這種權威已經達到別處地方從來未曾見過的高度，因爲**最高法院**自身所主張的字義假如和別處所給予的意義有歧異時，這個法院便成爲終極的權威者，足以凌駕立法機關、各州政府以及所有的行政部門之上。[85]

---

[85] 之所以致此的理由見於一篇極其優美的記述文，這可以和傑奈對法典之中具體的含有盧梭哲學所作詮釋先後媲美，此種哲學和美國憲法的民權法案相同，這篇記述文是古朗特（J. A. C. Grant）所寫（見於《哥倫比亞法律評論》，第XXXI期〔1931年〕，第56頁），題目是

　　由上文所述可以得知美國比其他各國更迫切需要發展經濟、法律與倫理之間所有基本相關的理論。州政府與聯邦政府的最高法院對**憲法**上有關財產、自由與人的「合法程序」條款所制定的立法條例享有最後裁決權。一個公民或業務團體向**最高法院**提出控告州政府或聯邦政府官吏或立法機構的訴訟，其爭議通常是請求明令禁止某種法律的強制實施，理由是這種法律抵觸了**聯邦憲法**及其**民權條例**。這時，**最高法院**必須根據其所發現的事實與低級法院所作結論來斷定這個州政府的最高法院或聯邦政府的較低法院是否逾越了立法條例或行政命令，是否與較高的憲法相抵觸。所有的關鍵皆在於這個法院所推定的財產、自由、人與合法程序的意義。

　　藉由普通法制定法律的這種方法，最高法院在實際上並不必確切遵守其在過去所給予這些用詞的意義，而可以公然的說明其所採取的方法是「排除與包攝」。這句話的意思是說，在從前的一次判決之中所給予這些用詞的意義也許是太廣泛或太狹窄了，不符合當前所考量的訟案爭議。假如是太廣泛了，則前案的先例便不能適用而對法院也就沒有約束力，這便是「排除」的程序。假如以前的意義是太狹窄了，則前案的先例就得要加以引申，使其能提供當前訟案所應遵循的規則，而這種引申的意義對於法院具有約束力，這便是「包攝」的程序。當然，這也就是類比的基本程序，傑奈曾經作過極其明晰的論

「合法程序之自然法則背景」（The Natural Law Background of Due Process）。古朗特的結論是說：「在法律至上的藉口之下，我們建立了法官至上」。

述，按照普通法報告案情的慣例，法院必須審慎而週詳的表明其意見所用包攝與排除的心理程序。由於這種類比程序，所以財產、自由、人與「合法程序」的意義也就逐漸的變更。

這種意見通常是作為少數人的意見而與多數人的意見一併發表；因此，我們可以看到法官們的個別慣性假定是如何引導他們對同一事實陳述求得不同的結論。如果比較並研討一下這些多數人與少數人的意見，則「法官的個性就清晰的顯露出來」。實際上，要想把「合法程序」這個用詞作詳盡的說明，就必須把全部的社會哲學一一加以說明。[86]

只有較低階的法院才會受到約束而必須遵從多數意見所建立的法律，雖然，這些法院往往也建議革新，如果能獲得**最高法院**的確認與核准，則此等革新便成為先例。[87]但是美國**最高法院**的本身卻不受這樣的約束。這個法院能並且實際上確是創造新法律，而名符其實地遵循著傑奈「自由裁決法」。到了

---

[86] 例如在一件有關合法程序而成為先例的訟案裡，**侯他多對加州民眾的訟案**（Hurtado v. People of California，檔號，110 U. S. 516（1884年），便是如此。參閱康芒斯的《資本主義之法律基礎》，第333頁。

[87] 有一個實例是「商譽」的意義變更，這是一個低階法院所建議的（**統聯煤氣公司對紐約市訟案**，檔號157 Fed. Rep. 840，1907年），獲得了**最高法院**的確認（威爾科斯對統聯煤氣公司訟案〔Wilcox v Consolidated Gas Co.〕，檔號212 U. S. 19，1909年）。不過，**最高法院**同時也駁回了這個低階法院，因為這個法院遵從了**最高法院**以往的先例。關於這些案件，可以參閱康芒斯的《資本主義之法律基礎》，第191頁。

最後，這種情事可能發生並且時常發生，例如1872年**屠宰場
訟案**[88]裡的少數人意見變成了1897年這一類訟案裡的多數人意
見。這種情事的發生仍然要經過變更字義的簡單程序，仍然要
經過排除與包攝的程序。

　　因為有這種公文書的資料可供研究，所以美國經濟學者極
注意**最高法院**分歧及變動中的價值理論，這些理論都是因財產
與自由的意義變更所引起的，其終極基礎皆在於社會哲學與慣
性假定。美國聯邦政府與各州政府的最高法院實際上是把傑奈
的理想之中認為法國法院所該做的事付之實施。這可以稱之為
推理與**估價程序**：

　　(一) 要想促進正義與一般效用而由「直覺」認其為相較重
要的事物，我們把這些事物稱之為慣性假定。

　　(二) 經過排除與包攝的程序而對事實加以選擇，這是類比
的程序，由這些假定作為指導。

　　(三) 按照所假定的相對重要性把這些事實在心理上權衡其
輕重。

　　(四) 按照此項選擇與權衡而將事實分類。

　　(五) 由指導選擇、權衡與分類的慣性假定而作邏輯上的演
繹。

　　(六) 全部皆以傑奈的「實務常識」為之指導，不過，這種
常識只是我們在開始時所說慣性假定的另一個名稱而已。

　　這是一種近乎循環式的程序，假如不獨司法人員，就連非

---

88 檔號16 Wall. 36（1872年）。

法官的民眾在推理與估價時也得要按照此項程序進行，則傑奈要在法院的慣性假定與演繹推理之外，另行求取其他事物的這個實務問題必將發生。他之所以主張必須作「科學調研」是因為經濟情況的變動，由個人主義變為集體主義，由個人變為公司，由人類天性的舊觀念變為新觀念，這使舊式的假定不能適用於現代「運營中的業務團體」。但是，法院卻不是可以用來作此項必要廣泛調研的機構或有代理人。因此之故，某些美國的立法機構以及聯邦議會要想完整提供這一類的科學調研只好創設一些委員會。

可以作為證明的實例之一是**威斯康辛州產業委員會**，這個委員會對大多數的雇主與雇員之間所作交易有司法管轄權。這個委員會的全體職員之中不但有調查專家，並且有雇主、雇員、醫師、工程師、建築師、經濟學者們充任顧問委員，其數額約計達二百人之多。關於健康、安全、意外賠償、童工、勞動時數以及近年來關於失業保險等的調查、發現與結論，皆得要遵照法院所詮釋的合法程序條款辦理。所以，按照規定，必須經過法院的檢討。但在此項檢討之中，除了事先交給這個委員會的以外，卻不許提出新證詞。假如提出了新的證據，則法院必須把全案退回給這個委員會，使其對其本身所決定的發現有重行考量與再度修正的機會。這麼一來，審判法庭對法律證據有嚴格的規則，其自身不作任何調查，亦不得採納任何證詞。這個法庭只是聽取論證，把這個委員會所作處分按照合法程序予以通過而已。

這些委員會所根據的就是法律上合法程序的理論，委員會只能做到事實的調查為止，其結果，凡是受到法律影響的利益

必須經過公眾認定的發言人之手而授與，必須如此，然後其所
同意的事實發現才能合理，州政府據此而向其市民發布命令以
管制其相互之間的交易也才能合理。

　　同樣的情形，按照上文所述**史邁斯對亞彌斯**訟案之中的意
見，各個公用事業委員會，州際商務委員會以及各式各樣營銷
與貿易委員會也是調查並聽取當事人所提出的論證，以確定參
與者在交易之中的合理價值與合理慣例。這些委員會藉由法律
運用的發現，才為法院在解決這委員會宣示的一般或特殊規則
之下所引起的爭議時所採納。[89]

　　在美國，這一類的委員會極其普遍，實際包括馬克思或曾
稱之為「階級衝突」的所有領域。不過，這種衝突又可以細分
為勞動與資本、買主與賣主、農人與躉售商、借款人與放款人
以及各個階級的納稅人之間的衝突。委員會的這種設計是因為
成文的憲法雖按照傳統要求使立法權、行政權與司法權分立，
但在實際上卻必須合為一個整體，以便處理按照法律既不屬於
立法，也不屬於行政，又不屬於司法的程序。所以，委員會有
時被描述為一種準司法或準立法的團體，而其功能則是在於調
查。法律只是使委員會由發現與事實的權衡所求得的結論產生

---

[89] 此項程序，由於在《事實的科學調查》方面排除了法院，所以是減
低律師們的司法統治權，這個問題在紐約州向美國法院上訴的一件
重要訟案，**海爾飛列對達爾斯通金屬門窗公司**等的訟案（Helfrick v.
Dahlstrom Metallic Door Company, et al）（檔號256 N. Y. 199, 176 N.
E. 141, 1931年及284 U. S. 594，1932年）裡提了出來。並參閱**克勞威
爾對班森**訟案（Crowell V. Benson），檔號52 S. ct. 285（1932年）。

效力，只須法院承認其爲遵行合法程序聽取全部有關當事人的論證而求得的結論。簡而言之，這一類的委員會是美國在過去三十年間所發現的一種方法，在實際上把法律、經濟與倫理因傑奈「事務眞相的科學調查」的方法而相互聯繫起來。[90]

這些調查與發現倘使按照自然科學的意義解釋雖不是「科學的」，然而如果按照政治與經濟科學的意義解釋卻是「合理的」，因爲這些調查與發現的基礎皆在於自然科學裡所看不到的三種情況：利益衝突、相互依賴、與秩序規則，這是被認爲要想保持產業的持續經營並兼顧公眾與私人利益所必需的規則。如果由於技術、政治、經濟與倫理的變動而有新的事實出現，則此等規則也可能因時而異。這些變動需要**合理價值**的意義隨之而變。

第六節　理想典型

由上文所述可以得知科學調研在我們這一門科學裡所必須做的任務，在這門科學裡產生重大作用的主要是**未來性**。這門科學的主題和自然科學完全不同，自然科學裡的物質絕不會作事先的計畫。所以這門科學所用的調研方法與嚴正科學所用的有別，因爲用這種方法求得的結果是人類的意志在經濟、政治與倫理持續變動的歷史演進下，決定何者爲可行所作協力卻互相衝突的行動。在一切科學裡皆有部分對整體的關係，而在這

---

90 參閱康芒斯與安德魯斯合著的《勞動立法原理》（*Principles of Labor Legislation*，1927年三版），第九章，《管理》。

一門科學裡只是此種關係的一項特例，不過，其所表現的則是
一個未來的社會理想，凡是參與現存業務團體的人們多多少少
都要把他們的交易與規章針對著這個理想而進行。如果要想獲
得此種方法論的線索，我們可以檢驗一下韋伯這位德國法理經
濟學者的理論，他的著作對後來的制度派經濟學者有極大的影
響。[91]

91 參閱韋伯的「客觀的社會科學與社會政策知識」（Die 'Objektivität'
sozialwissenschaftlicher und sozjalpolitischer Erkenntnis），載於
《社會科學與社會政策文獻》（*Archiv für Sozialwissenschaft und
Sozialpolitik*），第XIX期（1904年），第22頁。韋伯的理論是根據
李蔻特（H. Rickert）的《自然科學抽象推理之限度》（*Die Grenzen
der naturwissenschaftlichen Begrif fsbildung*，1902年）。施坦婁
（Stammler, R.）與韋伯合撰的「唯物史觀的排除」（Ueberwindung
der materialistischen Geschichtsauffasung），載於《社會科學與社會
政策文獻》，第XXIV期（1907年），第94頁；第爾（Diehl, Carl）
所撰「韋伯的生平及其著作」（The Life and Work of Max Weber），
載於《經濟季刊》，第XXXVIII期（1924年），第87頁。希爾汀
（Schelting, Alex. von）所撰「韋伯的文化科學之邏輯理論，特別是
他的理想典型觀念」（Die logische Theorie der Kulturwissenschaft von
Max Weber, und im besonderen sein Begriff des Idealtypus），載於《社
會科學與社會政策文獻》，第XLIX期（1922年），第623頁。韋伯的
方法為桑巴特在其《現代資本主義》（*Der Moderne Kapitalismus*，
1923年修訂本，共六卷）中所採用，亦為陶奈在其《宗教與資本主義
之興起的歷史研究》（*Religion and the Rise of Capitalism, a Historical
Study*，1926年）中所採用。並請參閱康芒斯與彼律門所撰「評桑巴特

　　韋伯所面臨的問題是德國的演繹與歷史兩個學派之爭，主要的是以孟格爾與許慕勒爲這兩派的代表。[92]孟格爾提出了極端個人主義的假設，他根據往日自然科學的類比，企圖由所有其他現象之中抽取單獨一項最簡單的「典型」行蹤與「典型」關係，以便建立一種「嚴謹」的經濟科學。他的典型行蹤是自利與效用，而他的典型關係則是個人或社會所必需的有用

的『資本主義』」（Review of Sombart's "Kapitalismus"），載於《美國經濟評論》，第XIX期（1929年），第78頁以次；及康芒斯所撰「評陶奈的『宗教與資本主義之興起』」（Review of Tawney's "Religion and the Rise of Capitalism"），載於《美國經濟評論》，第XVII期（1927年），第63頁以次。

[92] 參閱孟格爾的《國民經濟原理》（*Grundsätze der Volkswirthschaftslehre*，1871、1923年）；《社會科學，特別是政治經濟學所用方法之檢討》（*Untersuchungenüber die Methode der Sozialwissenschaften und die politischen Oekonomie insbesondere*，1883年）；《德國歷史派政治經濟學的謬誤》（*Die Irrthümer des Historismus in der Deutschen Nationalökonomie*，1884年）；許慕勒的「政治與社會科學的方法論」（Zur Methodologle der Staats. und Sozialwissenchaften），載於《德國立法行政與國民經濟年鑑》（*Jahrbuch für Gesetzgebung, Verwaltung und Volkswirthschaft im Deutschen Reich*，第VII期，1883年），第975頁。關於這個問題，並請參閱康芒斯所撰「英美兩國的法律與經濟理論」（Das Anglo-amerikanische uad die Wirtschaftstheorie），載於《現代經濟理論》（*Die Wirtschaftstheorie der Gegenwart*，第III期，1928年），第293頁。

財貨數量（Bedarf）與當時當地所可能自由處置的此種財貨數量（die vetfügbare Güterquantitäten）兩者之間的關係。這種典型關係使他求得了「經濟」財貨的意義，和「非經濟」財貨有別。孟格爾要想在這一項原則之上建立起「嚴謹」的經濟科學。實際上，這就是**稀少性**的科學，就是達爾文爲一切有機體所建立的科學，這門科學在達爾文手裡時，我們稱之爲**生物學的稀少性**，但孟格爾卻要將其轉移於人類的有機體，我們區別**爲心理學的稀少性**。孟格爾並沒有建立在另一種稀少性情況之上，我們效法休謨，把這另一種情況稱之爲**所有權的稀少性**。

　　但是，許慕勒卻力爭說，抽象的自利僅能給我們一種「投影的幻象」，一個「幻想的魯濱遜」，這是從複雜的歷史、社會、法律、經濟行蹤與關係之中抽取出來，以求顯示整個政治經濟的眞相。實際上，許慕勒在批評孟格爾所用方法時還可以更進一步。爲獲得他個人心理學的「嚴謹」科學起見，孟格爾不但消除一切對、錯、正義、義務等等倫理感受的動機，不但清除對習俗的順從以及對威逼的屈服或施行威逼，他還消除愚昧無知，而假設眞實不謬與無窮的知識，只是在實施時爲「訛誤」稍留餘地以作修正而已。

　　孟格爾與許慕勒不僅是同意抽象爲必要，並且還認爲要確立整個眞理必需有眾多的抽象。法律學者做了財產權利的抽象，生物學者或經濟學者做了稀少性關係的抽象，心理學者做了感受、知性或意志的抽象，化學學者做了原子的抽象，餘可類推。我在我的房間裡看到我的桌子。早年的物理學者從這張桌子的其他質性之中抽象出重量；化學學者抽象出化學成分；生物學者抽象出有機結構；現代的物理學者抽象出電子、質子

與眞空；法律學者抽象出我的財產權利；道德學者抽象出這張
桌子所應注意的對、錯與義務；經濟學者抽象出使用價值、稀
少性價值以及與這張桌子相關聯的人們所有的預期；而心理學
家則是抽象出對這張桌子發生興趣的人們所有的知覺、概念、
感受、習慣與意欲。就每一種概念而言，凡是一個理論家所抽
象出來的屬性皆被推定爲*現實事物*。他能把抽象出來的現實事
物分別構成爲一種嚴謹的或近似於嚴謹的科學。此刻的問題
是：所有這許多抽象出來的現實事物既經各自構成爲一種科學
之後，如何才能使其合併成爲單獨的一門科學，仍然還是在我
房間裡的這張桌子呢？

當然，孟格爾與許慕勒所同意抽象出來的事物必須和生物
學者、化學學者或物理學者所抽象出來的互不相同。他們同意
抽出心理學、倫理學、習慣、稀少性、有用性等；但財產權利
卻是例外，許慕勒是將其包括在內，而孟格爾則是予以排斥；
這許多事物或早或晚皆成爲經濟學者們各自分立的抽象問題。
不過，即便如是，他們既經和生物學者與物理學者相隔離，他
們又將如何才能把法律、經濟學、心理學、社會學、倫理學等
各不相同的科學融會在一個整體之中，而使其含有經濟這門科
學所研討的眞正現實事物呢？

在檢驗之下我們發現他們每個人的出發點總是在於他本人
認爲重要的心理抽象，所以也就是主觀的抽象。孟格爾的出發
點在於私心渴望的外在實體物以及由此等標的物所能獲得的私
心滿足。許慕勒的出發點則在於倫理的感受，在別人渴望與滿
足的觀點下所*應該*渴望與滿足的爲何物。於是孟格爾把他的心
理學構成爲一種遞減效用與邊際效用的嚴謹科學，而許慕勒則

是將其構成爲習俗、法律與制度的記述性演進。所以，要想把兩者合併起來成爲一個兼容並蓄的簡單現實單位，既可以按照孟格爾的演繹意義成爲一種理論，而又可以按照許慕勒的歷史意義成爲一種實驗，這似乎絕不可能，因此，在演繹與歷史這兩個學派之間，在經濟學與倫理學之間，在理論與實務之間，在科學與藝術之間，始終有二元論的繼續存在。

在這裡，韋伯追隨哲學家李蔻特之後，把後者的「理想典型」橫插進來。他把這個問題顛倒過來講。他不是說，各種不同的科學既經由抽象而分別完成*以後*，如何再將其合併爲一；而是說，在其尙未分別完成*以前*，如何將其合併的問題陳述出來。這種事先的陳述便是理想典型。這和孟格爾的「典型」行蹤與關係究竟有哪些不同之點呢？

第一，理想典型並非*現實事物*，或是說得更確切些，並非現實的*複印本*。照孟格爾的說法，現實*事物*就是在觀念之中可以覺知其爲實際存在的事物或動作──比方說，一件商品，一個用這件商品來滿足想望的個人，可獲得的商品數量，或是所想要的數量──簡而言之，孟格爾的典型行蹤與關係都是現實*事物*，如同騎著馬的人一樣的現實。孟格爾由這種典型行蹤與關係構成其邊際效用理論的「法則」也是現實，猶如抽象的重力一般。

韋伯的答覆是說，並非如此。牛頓之所以能做得到是因爲他使單獨一項重力原則成爲孤立，而重力在實際上也確是孤立的產生其作用。不過，自利這個問題卻更爲複雜。孟格爾所做的工作是企圖求得一個「理想典型」，而不是企圖求得一個現實*事物*觀念。他的理想典型並非*實際上*所求得的，而是孟格爾

的那一位個人主義的人如果能和其他一切事物相隔離時候求得的。但這卻是絕不可能，所以孟格爾的這個觀念實際上只是一種抽象，而並非眞能了解有其複雜性的現實*事物*。

我們認爲這是韋伯所作貢獻之中的精華。這是變更了經濟理論的整個程序，把邏輯上現實一致的「理論」轉爲方法論，建構了一種智力工具，用之於調研工作。正因其如是，所以不再有理論與實務的對立，因爲理論僅是調研實務的工具，如同一把鐵鏟，可以用來挖掘事實，而將其轉爲可了解的農業制度。實際上，科學並非一團知識，而只是一種調研方法，其理論也就是其方法。

第二，把理想典型加以公式化，凡科學莫不皆然，絕不能因此而對孟格爾有所批評。韋伯的批評是說，在社會科學裡，各個部分不可能孤立，所以，理想典型之中必然包括*所有的各種行蹤與關係*，而到後來，將其合併在一起，因爲所有的行蹤與關係只可能由歷史予以確定，所以理想典型也必然是一種歷史概念。

第三，歷史並不是全部皆與經濟理論有關。所以，一個經濟學者必須由歷史的實驗數據之中把他所必需的部分抽象出來，但卻不可少於他所必需的，以便爲歷史的特殊情勢建構一個理想典型，這個典型就是身爲經濟學者的他所要關心的。

第四，縱然如此，從歷史之中抽象出來的理想典型還是不能與實際相對應——仍然是一個「烏托邦」，仍然是一種心理上的構想，構想如果把僅與經濟學相關聯的因素抽象出來，並按照其理想的關係全構成爲一個整體，則歷史制度會是如何。這樣，他才可能建構一種純理想的概念，有關於中古時代的一

個自治市或行會，一個資本主義的公司或一個工會，這種概念並非作爲實際存在事物的理論，而是作爲一件心理工具，以便了解這個事物。

第五，韋伯的理想典型並不是*應當如何*的倫理理想（Endpunkt），而只是一種調研的或工具性的（heueristic）理想，以便一個科學家用來研究並選擇事實，而與他實際上所發現的事物互作比較。

第六，所以，理想典型並不是一個「平均數」，如同數學上畫在經驗事實分布情況之間的一條線——這是一種嚴格的理想，假如把不相關的事實消除，則「理想」之中的事實會是如何。這也不是一個假設。這是一個綜合，這種綜合可以幫助構成一個假設，因爲這提出了下述的問題：此等相互關聯的活動具有何種*意義*？所以，這是暗示選擇事實而權衡其相對重要性所必需的一種假設。這是把所有的因素綜合起來，以便構成爲一個假設。這和孟格爾的理論有別，猶如綜合與分析之間的不同。

第七，照這樣探求人類活動的*意義*以構成一個理想典型，絕不能預期由此而產生一種「嚴謹」的科學，甚至也不能產生一個近似於其他科學的定量要求。一個經濟學者所需要的是*了解*，他之所以需要*衡量*只是因其有助於了解。一個經濟學者處理的主題並非機制或有機體，其動作爲調研者所不能*了解*——這個主題是人類生物，假如這個經濟學者能夠設身處地的爲這些人類生物想一想，並由此而構成他們的「理性」，這種理性就是他們在一切時與地的不同情況之下所作活動的動機、或目的或價值，那麼，要想了解這些生物的活動絕非難

事。

之所以要把社會或經濟科學和自然科學劃分開來，這就是李蔻特與韋伯所提出的基本理由。在自然科學裡所要問的問題只是*如何、何物、若何（多少）*，因為我們無法得知其所以然。但是，在經濟科學裡我們卻要添上一個*何故*的問題，因為我們想要*了解*這是何種動機所發生的作用。[93]

第八，社會科學裡的理想典型所必須考量的因素，其多寡是難以預定的──其中包括一個經濟學者在從事調研時或認為有關的一切事物。所以，這個經濟學者假如在事先沒有經過長期的調研，他就無法構成他的理想典型。整個行列的文明（Kultur）都湧現在他的面前，不過，在調研時卻可以將其排列起來，把各個理想典型互作比較，而將各種不同的文明相互較量，並且所有附屬的典型也可以作同樣的排列與比較。如此他就可能求得資本主義、個人主義、封建制度、重商主義等等理想典型，這許多都是理想典型的特例，由此而產生從某一種典型發展成為另一種典型的歷史假設，或是在任何要調研特殊組織之中各項因素相互關係的假設，並用調研來加以考核。

韋伯構成他的理想典型，這確是一項意義重大的服務。不過，鑑於他和他的追隨者使用這個典型的方法，我們深信這是一種工具，必須加以審慎的分析，然後才能用來對經濟事件作科學調研而有效。這種工具的效用在於澄清我們在社會科學方

---

93 楊恩（Young, Kimball）在他的「社會心理學與社會改革」（Social Psychology and Social Reform）裡面提出了與此相反的觀點，載於《科學月刊》，第XXXIV期（1932年），第252頁。

面的思考，使其與自然科學有別。他引導我們去探察有沒有其
他可以變通的方法，或韋伯的方法是否可以作特殊的應用——
按照物理與有機體科學來說，這雖是科學的，但卻是用主觀價
值的同一屬性把人類行為的科學和非人類的科學劃分開來，這
種主觀價值是韋伯所發表，但是他又認為不能將其化約為一種
科學，因為*價值*在基本上是屬於主觀的、感情的、個人主義的
與無法加以衡量的。所以，他時常要講到「資本主義精神」、
中古城市「精神」、工會「精神」。他的理想典型就是環繞著
這些精神而構築起來的。

我們探討這個問題必須把理想典型的四種不同意義加以區
別，這四種意義是在使用這個典型時所出現，特別是在韋伯、
桑巴特與陶奈加以使用時。我們可以將其劃分為供**傳授、宣
傳、科學**與**倫理**四種不同目的之用的理想典型。我們要分別稱
之為傳授的、宣傳的、科學的與倫理的理想典型。

壹、傳授的理想典型

如果將其作為一件傳授工具，則理想典型便是智力的構築
物，可以用來把歷史上的一種情況或制度再或是一個人深藏在
內的靈魂或精神加以理性化，使其能按照活化精神的人類動機
為人所了解。在經濟學與其他社會科學之中所必須用到的這樣
一件工具是起因於實際上的估價。嚴格說來，估價是一種情感
程序，每個人不同，並且同一個人在各個不同的時間也不同。
這不僅是經濟的估價，這還可能是宗教的、性欲的、愛國心的
估價——實際上，這就是德國人稱為"kultur"的整個文明所產
生的全部情感——在英文裡面沒有和"kultur"同義的用詞，因

為我們是把文明看做一種結構，而不是一種可賦予的事物。估價既是內在的情感程序，當然不可能化約為所有個人共同一致的重複，這種重複是科學上所必需的。然而如果要想了解人們何以作如此行動的理由，那就必須訴之於此種情感程序。而要想訴之於此項程序，唯有製造一幅心理上的圖畫，不但顯示人們*如何*行動，並且顯示在特定環境之中他們*何以*如此行動的理由。我們稱之為「歷史意識」。

我們並不是說，這種情感程序不可能化約為科學上的一致性，不過，這卻是屬於**心理學**及其**傳授**藝術，而不是屬於經濟學，無論其為歷史的或演繹的經濟學。經濟學是建立在情感程序之上，就如同其建立在法理學、物理學與化學之上一樣。韋伯把他的理想典型建立在此項程序之上時，他確是建立在一個真實的基礎之上，不過，他所建立的卻是一種傳授科學及其藝術，而不是經濟學的藝術。

但是，他的貢獻其重要性尚不只如此，因為這使我們可以把某些經濟理論不稱之為經濟學，而稱之為傳授學。韋伯用這種意義的理想典型把孟格爾在供給量增加的情況之下發生作用的自利情感詮釋得頗為確當。孟格爾「遞減效用」及其邊際效用的「嚴謹」科學既不也從不嚴謹，或現實，並且也絕不能使其變為現實或嚴謹。不過，這卻使我們能*了解何以*人們的行動在取得富饒商品時，不如在同等環境之下而這種商品較為稀少時那麼迫切。因為這是訴諸在同樣情景下我們本身變動中感受的經驗。所以，孟格爾的公式並非如同他本人所想像的一種經濟學——我們應該說，這是傳授學，因為這是構成一個理想典型用來作為人類某種行為的例證。如果將其作為傳授的例證，

這確是極為有用，但因其本身絕不能自動的發生作用，所以在一門必須考量到全部因素的科學裡卻是無以用之。因此，韋伯並非把孟格爾的分析全部予以唾棄，如同歷史學派一樣，許慕勒就曾經稱之為一幅漫畫。縱然是一種幻象、縱然是一個烏托邦，韋伯也得要予以保留，理由只是因為這可以幫助我們了解某一方面的人類行為，不過，這還是要和其他各方面合併起來，然後才能了解人類行為的全部科學現實。實際上，這確是一個有用的烏托邦，但卻只能供傳授之用。

然而，歷史派的經濟學也自有其烏托邦——自有其理想典型。在這方面，我們可以說，韋伯也是把這些烏托邦斥之為傳授學，而不是經濟學。歷史學派建構了一幅文藝復興時代的圖畫，而以里奧納多達文西（Leonardo da Vinci）作為新精神的典型，這種新精神是在君士坦丁堡（Constantinople）沒落以後產生於歐洲；再不然，就是建構一幅早年基督教的圖畫，而以使徒保羅（Apostle Paul）作為典型。在這裡，**上帝**與人毫不自私的純正愛心滲入了皈依者的行為之中，而成為理想典型。就羅馬帝國的整個文明而論，這許多都是如同孟格爾的「經濟人」一樣空幻。除非我們創造這許多心理圖畫，都是由中世紀或羅馬帝國所有各種其他現象之中抽象出來的，我們就無法*了解*文藝復興時期或早年基督教的精神。

所有這些傳授的理想典型都只是烏托邦、都只是空想，不過，這些也都是我們在企圖了解，或使別人了解我們所要檢驗的人類行為時所用典型；實際上，我們是企圖設身處地的為別人著想，以便求得一種歷史意識，凡是一個經濟學者如果要想詮釋別人的行為，不但要詮釋過去的行為，並且還得要詮

釋與他本人現時所處的不同環境之下所做的行為，他就必須具有這種歷史意識。我們不可能為一個機制或有機體設身處地的著想，以了解其「何以」如此行動，因為這個機制或有機體根本沒有和我們相同的情感。我們*不能*知道雷電有何種理由要擊中某甲，而不擊中某乙。事實上，我們*的確*能知道雷電並無*理由*，因為雷電對這類情事毫無情感。我們無法知道一隻母雞能說出任何理由要費四個星期的時間坐在鴨蛋上予以孵化。事實上，我們的確能知道這隻母雞沒有我們所了解的價值意識。不過，我們卻能了解富蘭克林所追求的為何物，也能知道一個農夫何以要把這隻母雞安放在那個地點。這是他在當時當地的環境之下所具有的**價值**意識，是他的感受、感情、目的與好奇心。這是社會科學所特有，其中包括經濟學，但卻不是自然科學所得而知。並且，這也應該是包括在社會科學之內，否則的話，這些科學便成為機械化了。

然而我們卻要堅持說，這是傳授學，而不是經濟學。因為這種意義的理想典型是我們所建構的一種工具，用來了解那些具有與我們相同情感的生物*何以*要做如此行動的理由。在機制與有機體的科學裡所建構的心裡工具只是要答覆這些機制與有機體做*何事*及做多少的問題且去做*我們所*期望其能完成的工作。在人類行為的科學裡，我們也是做同樣的事，但卻更進了一步——我們要探求其價值、動機、情感與目的——簡而言之，我們要探求「何以故」與「精神」。換句話說，我們是要*了解*，而不僅是要分類、衡量與機械化。這是李蔻特對社會哲學的貢獻，也是韋伯對制度經濟學的貢獻。

不過，這個問題還是沒有求得解答。在我們求取*了解*

時，按照韋伯使用這個語詞的意義來講，我們是否已進入科學的領域之內呢？韋伯說得對，**沒有**，他並且建構了一個烏托邦的理想典型來證明他所以要說**沒有**的理由。果眞如此，則理想典型便不是一種科學工具——這是一種傳授工具。

在此刻，有一點必須注意，理想典型只是一種**具體化**的方法，而具體化則是對政治經濟的一種巨毒。實際上，假如我們要由私密的情感予以了解，我們就將其具體化。在別種科學裡，這樣的具體化便是占星術、鍊金術與活力論。這就是說，一個占星家、鍊金術者或活力論者是用他的感受、意志、知性與理性——簡而言之，是用他的理想典型——把他自身安置在他所觀察的運動地位上，而問*何以故*如此運動，而不僅是問*如何*運動或運動多少，如同後世的一個天文學家、化學家或生物學家所要問的一樣。

我們已曾指出，在稀少性的這一項科學原則尙未公式化以前，有兩種具體化。李嘉圖把稀少性具體化爲自然對人類勞動的抗拒。如此一來，「勞動」便成爲稀少性具體化，其結果產生了一種奇特的勞動理論，而不是稀少性理論，由馬克思、普魯東、博姆-巴維克、克拉克一直到民粹黨與綠背紙幣論者，莫不皆然。他們企圖廢除貨幣這一種稀少性的科學衡量，這種衡量可以告訴我們*如何*與*多少*；他們要信賴韋伯*何以故*這個烏托邦——這是一個眞正的理想典型，是一種經濟的占星術。

稀少性的另一種具體化是戈森、孟格爾、瓦爾拉斯與傑文斯的遞減效用理論，而韋伯則是很確切的用理想典型這個文雅名稱將其描述爲烏托邦。邊沁用苦樂這個與商品成本及收益相平行的理想典型，把經濟學與倫理學加以具體化，其餘的一些

享樂派鍊金術者則是訴之於遞減愉悅及相反的遞增痛苦這些人所共知之感受。不過，說到底，這仍然是一種具體化，只是把稀少性關係形成爲一個烏托邦的理想典型而已，實際上，我們對這種關係則是用貨幣的稀少維度加以衡量。

貳、宣傳的理想典型

上述的這種具體化是發源於古典、社會主義、無政府主義與享樂主義等學派的演繹或分子經濟學，藉由貨幣的消除。此外，在歷史方面還有一種類似的具體化，這就是韋伯本人的「資本主義精神」，桑巴特與陶奈都接受了這一種具體化。到此刻，這已經形成爲另一種的具體化——不是沒有貨幣的，而是有貨幣的——由此而產生了無限制累積貨幣價值的觀念，但其理想典型仍舊和李嘉圖與孟格爾的相同，這就是說，絕不顧慮對別人所負的義務，而只是爲自己獲取收益。與此相反的是韋伯與桑巴特中古時代城市經濟的「手工藝精神」，在這裡，手工業的工人與商人們採取了行會的規章，旨在阻止一個行會的會友犧牲同伴的會友而致富。

在這種情況之下所發生的是資本主義的具體化以及行會與工會的具體化，各自有其特殊的理想典型，這並不是因爲除了交易以外實際上果眞有這樣的一種精神存在，而是要使具有相同情感的我們可能設身處地爲這個典型的資本主或典型的工會會友著想，以便對這個資本主或會友有所「了解」。

這種具體化的用意十分良好，並且也很值得嚮往。不過，有一點必須注意，假如說我們是因同類的情感而了解別人的行爲，則我們必然是因憎恨、反對、愛好或欽敬他們而了解

他們。所以，我們的理想典型很可能是基於我們自身的情感而建構的，例如韋伯與桑巴特就可能是忽視了行會與工會對待局外人的暴力與排斥，而僅注意到這些行會與工會對待其成員與同志的公正質性；再不然，他們也可能是忽視了資本主們對待顧客的誠意償債與親善服務，或是忽視了他們的其他倫理態度，而僅集中注意於他們求取無限量金錢的自私自利。

因為理想典型不僅是傳授，並且也是具體化，所以這是一種適當的心理工具，可以用於**宣傳**，或是廣告的吸引性宣傳，或是政治的誹謗性宣傳。一個經濟學者可能如同韋伯或桑巴特一樣，否認他自己是「勞動」經濟學者或「資本主」經濟學者。然而事實上他卻選取了手工藝精神作爲他的理想典型，他所注視的僅是行會成員相互之間公正待遇的這部分精神，而忽視了其自私自利與排斥局外人的那部分精神；事實上他選取了資本主義精神作爲他的理想典型，他所注視的僅是以貨幣爲工具，求取無限量自私自利的這部分精神，而忽視了其公正、平等與親善的那部分精神，這些事實皆足以表示這個經濟學者雖然否認，但確是建立在一個宣傳的基礎之上。

韋伯否認了這種宣傳者的偏差，他的否認是基於他在*應該如何*的終極目的（Endpunkt）與達到目的的工具或手段之間所作區別。他的理想典型並非把應該如何描繪出來，如同共產主義、無政府主義或個人主義的理想一樣，也並非把人類的終極情況*應該*如何描繪出來，無論其爲**制度派學者**的**德行**，或是**效益主義派學者**的**普世幸福**。這只是工具性的理想典型，得之於認爲與完成此項特別過程有關的各種因素，至於調研者認爲終極目的應該如何則非所問。他在他所調研的事實之中客觀的

發現了這種作爲工具之用的目的。資本主義「精神」、手工藝
「精神」或早年基督教「精神」並非一個調研者所認爲對或錯
的事物——這是他在調研時所發現，此等精神產生其作用的方
式，只要是未受其他精神或環境作用的阻撓或協助，將會產生
如此作用。嚴格說來，這是一種工具性的理想典型，可以用來
幫助了解，而不是一個宣傳者用來改造他人或離間他人的理想
典型。

　　不過，有一點我們必須注意，各個調研者的偏差並非僅
表現在他們對終極目的之不同意見——也表現在*權重*上的差
別，這就是說，他們歸屬於各種因素的*價值*相對互異，這個因
素構成了整個的程序。某一個相對調研者可能是把較大權重歸
屬於勞動、工資、工時；另一個調研者則可能是將其歸屬於投
資、利潤、利息；再一個將其歸屬於長期的文明*趨勢*；再一個
將其歸屬於短期的即時急需；再一個將其歸屬於人道；再一個
又可能將其歸屬於商業。實際上，這種估價的差別都是受到了
理想終極目的的影響，而不可能與此目的相分離。因此，韋伯
「工具性」的理想典型以及他的理想終極目的也是主觀的、情
感的。「權重」的差別便是意義的差別，也可以歸納爲主觀估
價的差別，這種差別是韋伯所企圖避免的。如果按照主觀的估
價，則一個調研者不但是*選擇*他的理想典型所由構成的因素而
排除其他的因素，並且還要給予或大或小的*權重*或*價值*，和別
個調研者所給予這些因素的*互不相同*，但是他們也許都同意選
擇了這些因素。

　　所以，站在一切科學的目的這個立場上講，雖是相競調研
者所共同的目的，但卻不能正常期望他們所構成的理想典型也

是互相一致。不但他們所選擇的因素各別,並且他們所歸屬於每項因素的權重也互不相同,韋伯在資本主義精神與手工藝精神之間所作令人反感的對比,可爲明證。這就是偏差,這就是宣傳。

因此,顯而易見的,要想達到各個調研者的共同一致,則理想典型必須極富於彈性,不但其所選擇的因素具有彈性,就連其所歸屬於每項因素的權重也必須具有彈性。韋伯的理想典型缺乏這種志願的一致,這便是一個弱點。這種典型可能容許每個參與者各自選擇與估價,以建構他自己的烏托邦,這個烏托邦可能也可能不符合歷史的或同時代的事實,並且不能成爲集體的努力,以保持業務團體的持續經營。在經濟這門科學裡,要想建構一個具有高度彈性的理想典型也許並非絕無希望。但是,這卻不能期其必然,因爲經濟學者們並未受到強迫而必須同意於一項判決,如同陪審員一樣,也並非在一個自由國家裡的相互同意,而是可以自由的選擇任何因素,而以任何權重歸屬於此等因素。

不過,研究經濟的科學家並非經濟這門科學的主題。主題是從事於經濟活動的人類生物。這種生物是主觀,而又要適應環境——他們在情感、動機、願望、痛苦、愉悅、理想等方面是主觀的——他們在和別人交易時卻要適應環境。所有的人類生物都有他們主觀的偏差。要想「了解」他們的活動,則一個調研者除了衡量這些活動或其結果以外,還必須設身處地的爲他們著想,在想像之中做著他們在當時當地的情況之下所做的事。這就是韋伯的理想典型所做的實際服務。但是,一個調研者在建構其理想典型時,還必須按照資本主或勞動者的動機或

情感來構想，這些動機或情感他可能大致了解，並認其爲資本主與勞動者行爲的原因，或是韋伯給資本主義與勞動者行爲所下的「價值」。倘若他選擇了他們的動機之一，例如自利，他就是處於孟格爾的同一地位，也就有他的典型行蹤與關係。他不能把他們*所有的*動機全數包括在內，因爲，果眞如此他就變成了超人。他必得要選取經濟學上所必需的動機，但卻不可選取得太多。這樣，他就是處於韋伯的同一地位。

然而，即便是在經濟學裡，一個調研者卻沒有一種可以適用的理想典型，因爲這是太過廣泛了。他必須把利潤的動機或利息、地租、工資、生產或消費的動機分清。例如，我們在上文也曾講過，在創造一個**資本主義**理想典型時，韋伯首先建構了**資本主義**的動機而稱之爲「資本主精神」，到後來，桑巴特與陶奈也都跟進。資本主精神「創造」了資本主義。馬克思恰正相反，他的資本主義創造了資本主精神。在韋伯看來，資本主精神便是上文所說的爭取無限利潤，其形態爲貨幣或貨幣價值的積累，而在此項過程之中毫無對他人負有責任或義務的意識。與此相反的是中古時代行會的手工藝精神，這種精神只是在於爭取足夠的財貨，以滿足其所必需，而絕不剝奪別人所應得的合理份額。到後來，資本主精神受到規則與規範的限制，如同手工藝精神受到行會規則的限制一樣，這時，作爲理想典型的資本主義也就開始「凋謝」。當然，韋伯和他的追隨者一樣，也看到了這種情況業已來臨。資本主精神是努力爭取無限利潤，而缺乏正義之感，手工藝精神——工會精神亦復如是——則是努力爭取正義，而犧牲利潤。

顯而易見的，倘若理想典型的方法所產生的結果眞是如

此，到最後則使一個調研者在選取因素以構成其理想典型時發生偏差。其所以發生的原因顯然是由於企圖求得一種符合每種特殊行為的特殊動機，而把每種動機視為——如同烏托邦一樣——可能自動表現於行為之中，做為個別理想典型本身。

這種缺點顯然可以糾正，只須創造一個理想典型把一切行為之中所表現的一切動機完全包括在內就行。不過，這必然是一種科學的理想典型——而不是傳授的、宣傳的或具體化的典型。這是一種可以適用於科學的理想典型。這種典型可見之於所有末尾是（主義）"ism"的一切字詞。作為無限金錢利得之動機而罔顧對其他人之影響的資本主「精神」，歸於消失，代之而起的理想典型只有「資本主義」，作為一個特殊的歷史階段，而由各式各樣的動機、情感與環境加以推動。實際上，在各個調研者之間，對情感、對資本主的主觀估價以及對資本主義所產生的良好或不良效果，意見必然還是紛歧。所以，*何以故*的這個問題自然得不到解答，而對一切科學的目的自然有一條捷徑，這就是說，各個調研者對*如何與多少*的同意。

理想典型的這一種意義便是其科學意義。由此而產生了兩個問題，為解答這兩個問題起見，韋伯遂創造他的理想典型。(一)科學方法既經把主觀完全消除之後，是否使經濟學倒退而成為古典派、共產主義派與享樂派經濟學者們的純機械科學呢？**科學的理想典型**是什麼？我們必須在這裡求得一個調研的方法。(二)這種科學的理想典型既經確定之後，是否會如同其他機械論的典型一樣，把經濟學的倫理方面消除掉呢？這一方面是韋伯所企圖將其併入經濟學而成為不可分離的部分，何謂倫理的理想典型？我們必須在這裡求得**合理價值**的意義。我們

首先考量到科學的理想典型。

參、科學的理想典型

韋伯的理想典型所作貢獻主要是在於產生一種分類的原則，把整套的觀念加以分類，這種原則已經在共同使用，用來空泛的說明部分對整體的關係。分類之中包括資本主義、工會主義、共產主義、社會主義、商業、「經濟人」、「供需定律」等用詞。此等概念皆成為一般的理想典型概念之中的特例，這個一般概念的建立並非作為科學的調研工具，而是作為種種不同的心理虛構，在想像之中描繪出部分對整體的關係，這些關係成為以後詳細調研的主題。所以，要想把這許多空泛而沒有明確界定的概念化約為科學的調研工具，我們就必須檢驗一下，將其作為理想典型何以不能應用於科學，以及如何才能將其轉為經濟科學所能應用的心理工具。我們認為這種理想典型僅是一個**公式**，我們在前文論述**方法**的一章裡面已經有所詮釋。

韋伯所公式化的理想典型可能稍加改正以供各個調研者的偏差之用，只須使其具有足以適合於各個調研者的彈性，而不是每個調研者為他自己所固定的型態就行了。如果使其在動機與情感方面以交易為先，以主觀為次，而不是將其先後倒置，這就可以改正，以供我們的主題之用。即便是這兩項改正都做到了，使這個理想典型具有彈性並能適合於交易，此外還有第三種缺點。韋伯所公式化而為他和桑巴特所採用的理想典型縱然能使其具有彈性並具客觀性，還是不能適用於交易。其本身之中並不含有**時間**概念以及移動、變異性、重複等主要特質，

尤其是其本身之中並不含有客觀的未來時間公式，這是我們認爲經濟學者在轉向心理學時所必需的公式。這個理想典型是部分對整體的關係，這是由一個調研者所構成，作爲調研的指導之用，但卻是*固定於調研之先*。所以，假如發現了與典型不相符合的情事，則韋伯所公式化的這個典型，其本身絕不會改變以遷就事實；他把這一類的事實引進來，而稱之爲純典型的演進所受到的「阻礙」與「助力」。然而，倘使把這個典型視爲調研移動中與變動中過程的公式，尤其是視爲一種公式，可以表示不確定的未來期望，而這種期望又支配著人類生物在不斷移動的現時所做的活動，那麼，這些阻礙與助力卻是這個典型的本質。

　　在此刻，我們必須能確定韋伯的理想典型之中之所以會有這種時間缺點的原因。第一是由於他未能把經濟理論從*經濟的約束力*說起，這種約束力把個人們束縛在一起，例如：交易、債務、財產權利之類——歷史派與社會主義派的經濟學者們所提出的大都是非經濟形態的約束，例如：倫理、統治權、具體化、或有機體的類比。第二是由於未能把三種理想典型而可以分開的經濟學分別清楚——工程經濟學與消費經濟學是人對自然的關係；而所有權經濟學則是人對人的關係。第三是由於缺乏時間與空間的相對論，這種理論還是最近才在物理學裡面提出來。第四是由於一種錯誤概念，把習俗誤認爲起因於過去，而不是期盼於未來。有了這幾個缺點所提示的改正，則未來性概念便成爲客觀的，甚至可能予以衡量，這麼一來，就可以完全不需要向內探究那無法得知的個人情感。未來性便成爲韋伯內在精神的科學替代物。

　　假如我們所建構的並非一個理想典型，這個典型可能也可能不符合事實，而只是一個作爲調研工具之用的公式，這個公式之中包括各個研究者所欲包括在內的一切變動因素，這些因素可以按照當時當地整體功能發揮中，某些具高度變動重要性部分分別加權——那麼，這就可以把韋伯的理想典型所含有的有效研究方法合併成爲一個演化中的洞見。我們認爲這是可能辦得到的，只須我們用一個適當而複雜的交易公式爲出發點就行了，這種交易所預期的重複、一致性與變異性構成爲一個運營中的業務團體。

　　韋伯的理想典型還有另一種成果豐碩的貢獻，因爲這個典型和理論與實務之間的關係發生了聯繫。理想典型並不是一種理論——這是把各項因素相互之間的關係問題加以公式化，這種問題便是理論所要解答的。不過，要想使其公式化，必須先有一種理論。所以，這僅是理論公式化的一個階段，我們稱之爲假設。假設就是說，我們根據我們對各項因素的現有知識，以及我們現時對此等因素之間相互關係的了解，在此刻所*期望*的爲何物。這種期望的形態可以稱之爲科學的理想典型。但是，假如在調研與實驗時，我們「試測」這個假設——我們的公式——發現不能確切符合，那麼，如果我們不是傳授、教義或宣傳的話，那麼就要變更這個公式，而使其更能符合。這時，這種符合便成爲另一階段的修正理想典型，餘可類推。更進一步來說，假如我們要考量此等因素本身的變異性，以便建構爲一項*過程*的公式，而不是一種結構，則我們即可能由此而獲得另一個理想典型，在此刻，這是一個移動的、變動中的整體，我們必須一再的加以修正，使其與進行研究時所發現的變

動相符合。

　　因此，我們所求得的並非韋伯稱之為烏托邦的固定理想典型，假如我們繼續的調研而這個典型始終固定不變的話，那就愈來愈成為烏托邦，我們所求得的是一個變動中的假設，陸續的引進新因素或拋棄舊因素，時時刻刻的設法使我們心智之中所建構的這個烏托邦其烏托的成分愈來愈少。這麼一來，理論就不僅是調研事實的心理過程，而將同時成為事實的詮釋、關聯與期望。簡而言之，理論成為韋伯「了解」的另一種意義——不是同儕感覺的傳授意義，而是洞見的實用意義，我們是基於這種洞見而發為預言，而見諸行動。

　　然而，一則因為要想了解部分對整體的關係是相當的新奇與複雜，再則因為韋伯的理想典型是用來作為調研這種關係的工具，所以我們必須使此等意義變為更確切，這些意義不但有關我們的心理過程，並且有關於此項過程所將涉及的環境關係。必須如此才能獲得心理上的工具，照洛克的期望，這種工具是要使我們能把我們的心理過程和我們所調研的標的物分隔開來——之所以要如此一項裝備，無非是因為這樣才能使我們的理論之中摒除我們私人的偏差而已。所以，我們要把我們所了解的充當語詞的意義，其目的在於提出一種科學過程的理論，經由此項過程才能了解經濟學所要探求的部分與整體之間的關係。

　　首先是**事實**本身的意義，這是我們理論之中的出發點。我們往往要藉口說，我們的理論是以事實為基礎。但是，何為事實呢？一件事實在最初僅是由外在世界得來的第一個印象，我們稱之為標的物或關係。然後，這件事實開始有了意義，

不過，這也僅是我們根據我們已往的知識和經驗建構的一種意義而已，我們把這種意義稱之為慣性假定。我們是用我們自己生活的歷史來解讀事實，並且——我們也許在一開始時就搞錯了。在這個階段，事實就是**知覺**。這與整個現實根本不相對應——這僅是與整體之中的某種特殊屬性相對應，所以，這只是我們接近第二個階段——概念階段——的準備。

　　概念是屬性的相似性，例如：使用價值、交易、人、運營中的業務團體概念。然則，概念就是部分對整體的一種關係嗎？這是一個**整體**嗎？其中的部分——意即，知覺——就是構成這個整體的若干整體嗎？在這裡產生了**部分**這個字詞的第一種雙重意義——或是更確當些說，這個**部分**的虛偽意義。一個知覺——意即，一件標的物或關係——並非整體概念之中的一個部分。知覺僅是一種特殊屬性——像：黃色、或是多種屬性的特殊複合體，像：黃花——這種屬性是屬於某一事物，但這事物的整體尚未得知；一個概念僅是另一種實用上的便利，我們用一個字詞——一個名稱——把知覺的相似性概括在一起。

　　其次，我們要把**原則**區別出來。概念是屬性的相似性，而原則是移動的相似性。在這裡，我們要把原則的主觀意義與實用意義加以劃分。其主觀意義是一項原因、理由或法則，強迫著移動的相似，例如我說，「這是一項自然法則」或「這是我絕不願放棄的原則」。這種主觀意義便是韋伯的理想典型所由來的根源。但原則的實用意義則僅是預期行動的相似性。按照後述的意義來說，每一個移動，無論其為簡單的或繁複的，其本身總必然是一件事實、一個知覺。這並不是部分的移動，而是以原則為其整體的移動。一項原則是部分移動或整體移動

重複的相似性。把相似性概括在一個字詞裡，這便是一種便利——但語言的另一種便利卻是給予一個名詞而不是動詞的名稱，令人誤解。使用價值是一個概念——一種質性的相似性；但使用或估價卻是一項原則——移動的相似性。交易是一個概念，但交易的相似性卻是一項原則。運營中的業務團體是一個概念，但其原則卻是自願性，這就是說，其預期交易的相似性。亞當・史密斯是一個人的複合概念，但**亞當・史密斯化**則是某種推理相似性的一項原則。

在「限制與補充因素」這句話裡我們所用的「因素」其概念亦復如是。如果將其作為一個概念看待，則因素便是一個單位、一個人、一個標的物——比方說，碳酸鉀或亞當・史密斯；但如將其作為一項原則看待，則因素便是相似活動的廣播器。這不是碳酸鉀，這是農業裡的限制因素——這是碳酸鉀的化學、電力或其他活動，對其餘物料的活動具有特殊一致性的作用。一個人也不是一個名詞，他是各種活動的一個動詞，在預期之中他和其餘的人或大自然打交道時所將散發出來的活動。限制與補充因素，策略的與例行的交易就是這許多的活動，而這些活動的相似性也就是原則。

所以，我們還是沒有講到部分對整體的關係。複雜性並不是部分對整體的關係。這僅是複雜性而已，對於如何、何以故或為何還是未能了解。可能有相似的複雜性，像花也可能有相似的單純性黃色。實際上，這就是我們所謂概念或原則的科層或類別。屬（genus）是較單純屬性或移動的廣泛相似性；而種（species）則是屬性與移動較為狹隘的相似性。動物是屬，而人則是種。後者並非前者這個整體的部分。照韋伯的說

法，其關係是屬於分類法的，而不是屬於功能的。

如此說來，要想更進一步講到部分對整體的關係，我們還需另有一個心理過程的名稱。我們稱之為公式。一個公式和韋伯的理想典型有幾分相似——這僅是為研究與行動而建構的一種心理工具，這是把各個部分相互之間及其與整體之間的關係加以公式化。各個部分的本身也都各自成為整體，各自需要其本身的公式，餘可類推，直至我們認其為在我們這門特殊科學裡的終極部分為止。

不過，當前的問題是，這究竟是概念的公式呢？抑或是原則的公式？

我們不妨就運營中的業務團體這個概念來講。這是為有關個人、工具、機器、產品的不同相似性所構成的公式呢？抑或是為行動與交易的不同相似性所構成的公式？

再不然，我們也可以就個人本身的這個概念來講，這個人是業務團體的一部分。他是亞當‧史密斯這個概念呢？抑或是亞當‧史密斯化的這項原則？又再不然，還可以就交易這個概念來講。這是個人意志相互之間的關係呢？抑或是形態相似意願活動相互之間的關係？

我們可以說，韋伯的理想典型，其實際的應用即在於此——在於把觀念與原則化為公式，只須稍加修正就可以作為調研事實的工具之用。這是人所共知的定義問題。不過，對各個部分在最後結果之中所扮演的功能倘使沒有一套理論，則此等定義便無法公式化。如果說，只要我們所使用的始終是同一意義，則任何定義皆能同樣的適用，這句話還是不夠。每一個定義必須能符合所要研究的問題以及我們心智之中的行動，然

後這個定義毋須變更其意義才可以或才能使用。

　　然而，我們首先必須分清我們是將其作爲一個概念抑或是將其作爲一項原則使用，及將其作爲相互依賴的概念抑或是相互依賴的原則所構成的公式使用。就我們認爲經濟理論所根據的五個部分概念而論，就其相互之間以及其與整體**自願性**之間的關係而論，每一部分都是一個概念，也都是一項原則。

　　上文所述稀少性概念是孟格爾的公式化。這是一種純數字的概念，僅存在於心智之中──這是所需事物的數量與當時當地所能獲得的數量兩者之間的比例。像這樣的一種典型關係或理想典型就是兩個互相依賴部分所構成的一個整體，每一部分的本身各自成爲另一個整體，各自由其互相依賴部分所構成。這個純數字──比例──既是概念，又是相互依賴本身的衡量。但**稀少性**也是一項原則，這時，是將其視爲人類生物議價交易的相似性，但可能有變異性，與所需事物的數量及價格有關。公式之中成爲**自願性**這個整體的功能部分的是原則──而不是概念。

　　效率亦然。**效率**概念也是純數字的概念，僅存在於心智之中。這是兩個部分的比例所構成，這兩個部分就是在一個時間單位以內的投入與產出。不過，效率原則卻是人類生物管理交易的相似性，但亦有變異性，與所用工具及所產產品的化學、電力、重力或其他移動有關。

　　習俗概念是個人組成的團體對其個別成員所具有約束力的概念；而由慣性假定爲之指導的工作規則原則，卻是在團體的約束力持續發生作用的期間以內，個人間交易及行爲的重複，但也有變異性。統治權概念與習俗概念大致相仿，其差別之點

在於實體配給的力量來施行約束；不過，統治權的原則卻是上級者對受其實體力量管制的部屬所作分派交易的重複，但也有變異性。

未來性概念就是預期事件的概念，而**未來性**的原則卻是交易及其估價的重複，但亦有變異性，這些交易與估價是在不斷移動的**現時**所做的，而把未來事件作爲預期的障礙、助力或後果。

這五個部分原則的交互依賴構成爲自願性原則的整體。這個整體如果作爲概念看待就是人類生物的複雜屬性。如果將其作爲一項原則看待，這就是全體人類在稀少性、效率、工作規則、統治權以及未來性等原則的限制與補充交互依賴之中所作行動與交易的預期重複，但有變異性。其功能關係必是如此，因爲其中的一種維度如果有了變動必將使所有的其他維度隨之俱變，並將使整體的交易或業務團體隨之俱變。假如效率增高，則稀少性減低、工作規則變更，未來的預期變更，統治權的使用或許也得一併變更。在議價交易的公式裡可以看到機會、力量與競爭之中任何一個維度有了變動，皆能使其餘兩個維度隨之俱變。其功能部分的任何一項如有變動，皆是自願性的整體變更。

我們可以由此而求得運營中業務團體的概念，這就是交互依賴的交易之預期重複，其原則爲自願性，而其公式即爲上文所述各種限制與補充原則變動中的交互依賴所構成的心理公式。

我們認爲這個公式足以符合韋伯的理想典型概念，但是，我們卻要稱之爲「科學的」理想典型，而不是傳授的、宣

傳的或具體化的典型，因為這是一個公式，其中包括全部的因素，而不僅是選取出來的少數幾種因素，所以，這個公式的構成並不需依賴於選取出來的任何主觀情感，並且，因為這個公式可以提供各種因素交互依賴而具有彈性的輪廓，所以不但必須將其分開作為部分對整體的關係，還必須將其聯合起來作為限制與補充因素，而加以調研。其所以可能成為科學研究的心理工具，是由於韋伯在哲學或形上學與方法論之間所作的區別。這僅是一種方法的工具，其方法就是把人類活動的科學和機制與有機體的科學分別清楚。由於科學的劃分，所以韋伯才能避開哲學與形上學。因為方法論是概念與原則的邏輯結構，每一門科學都是按照這種結構在其本身範圍內組成其獨特的知識與知識工具。方法論的限度在於特種科學所略去而委之於其他科學的各點，哲學或形上學的干擾即在於企圖逾越這種限度。如果在我們的現時知識情況之下看到這種限度是不可能逾越的，則方法的問題便不致和哲學或形上學的問題相混淆。有了這樣的區別我們才能為**自願性**、**習俗**、**未來性**與**價值**下定義，如同我們在實用上所做的一樣，而毋須牽涉到形上學或哲學。

比方說，站在我們的實用主義立場上來說，所謂**意志**是否「自由」或「有決心」的這個問題便是一個「形上學」的問題，所以也是一個超出於政治經濟方法論範圍以外的問題。但是假如站在心理學或神經學的立場上講，這就不是一個**形上學**的問題，因為這些科學是各自使用其特有的公式來調研心理與軀體之間的關係。我們根據我們所發現的來認定意志為何物，這就是說，意志是人類生物行為與交易的全部活動。於是我

們建構了種種概念、原則與公式，我們基於我們現有的知識，認為這些概念、原則與公式足供調研一切政治經濟問題之用，而毋須牽涉到號稱為形上學而實際卻是自由或決心的心理學問題。

然而，我們也承認，假如意志是自由的這句話意思是說完全任性而毫無決心，那就不會有政治經濟這一門科學。如果我們要有一門自願性的經濟科學，我們就必須探求意志在運作的一致性。我們所探求的一致性不僅是科學意義的*如何*與*多少*，那是自然科學裡所應用的，我們還得要探求其志願的意義而為我們所能「了解」的*何以故*，這是韋伯的了解。但是，我們的*何以故*卻和韋伯的*何以故*有點不同。他所看到的**價值**是主觀的、任性的情感，而不受任何邏輯法則的約束。就個人而論，這是毫無疑問的真實。在這方面看來，價值確是主觀的意志。假如我們的科學是建立在個人情感之上，我們就不會有所謂社會科學，而必須求助形上學，或專門研究個人的科學，即傳授學。韋伯所遭遇的困難即在於此。他的方法論之中所引進的是社會科學目標的個人主義實體、主觀價值或個人意志。據我們所知道的來說，這種實體，無論其為「自由的」，抑或是「有決心的」，總是高度的任性、不可信賴，特別是屬於個人主義的一類。不過，倘使我們對於一致性的探求是建立在許多運營中業務團體的交易之上，而不是建立在個人主義的情感之上，那麼，我們卻可能求得很多的相似性，在我們的知覺之中，我們可能了解其所以一致的*何以故*──因為我們只須根據經驗即已得知其為相似性。

在這許多的一致性之中有一項就是**習俗**。個人的情感、

主觀的估價或主觀的意志是如此不同，致任性的無法斷定其在科學上的一致性，然而假如我們所注意的是交易，而不是情感，則我們確實發現行動的一致性。不過，在這裡，形上學的問題，或是更確切些稱之為心理學的問題，而不是經濟學的問題，卻可能為經濟科學的方法論設限。心理學或神經學發現了個人主義的一致性，稱之為**習慣**，而這種一致性自從休謨那個時代起就始終沒有和**習俗**分別清楚。習俗只是許多個人習慣的相似性。在過去，經濟科學是將其視為事先的假定，而毋須再加調研。但是，近代經濟科學的方法論卻需要我們作更進一步的觀察——實際上，我們必須為社會的力量或壓力設定一個理想典型或公式，這種力量強迫著個人們順從，其順從的程度各不相同，超過及遠在習慣的假定之上，這種力量的本身也得要加以調研。

這種調研是屬於歷史方面的，其豐富的資料來源在於法律與仲裁的判決，這些判決把習俗轉成為普通法。在這裡，方法論的任務是要組成習俗的定義，其所根據的並非心理學上的與個人主義的習慣，而是社會的壓力，強迫著司法管轄權內所有個人行動的一致性，由此等來源求得的定義是表示所加於個人的懲罰或制裁，是因為他們任性的情感、估價或意志不能和我們所稱「工作規則」的習俗相一致。有了這樣的一個習俗概念，經濟科學就能且實際上可當一種調研工具來運作，及用來解釋與了解事實。

其所以然的理由是因為引進了另一項原則，這一項原則是社會科學所特有，而不能求之於**習慣**與**習俗**的舊概念。這便是預期原則，我們稱之為**未來性**。習慣是行為的重複，決定

於——如果要加以決定的說法——過去所發生的心理過程。不
過，習俗的約束力或「決定力」則在於想像之中未來對利得或
損失預期的相似性。站在主觀的立場，「未來性」雖是屬於心
理學這一門個人主義的科學，然而站在交易的立場，則未來性
只是基於社會認可的保障、順從、自由與曝險。

　　未來性的原則又提供了價值或目的概念的全部客觀意
義。韋伯的那種任性而無規則的主觀價值或意志絕不可能有科
學上所需要的一致性，這已經由估價與自願性的相似性取而代
之，這種估價與自願性的相似性是法理學與經濟學的主題。不
過，要想使科學成為科學毋須有絕對的一致性。即便是天文
學，也有變異性，而經濟學尤甚。實際上，我們有極複雜性的
力量——說得更確切些，我們有極多的原則——合在一起產生
作用，阻止任何一種力量完全相同的重複；經濟學的困難問題
即在於使這許多互不相同的原則交互聯繫，致其變異性不得以
解釋和了解，不再是個人的價值與意志不可信賴的任性，而成
為某些原則的變動中交互關係，這種關係構成自願性的整體。
這種變異性可以說是各項因素在功能上相互依存而尚未獲得解
答的問題。

肆、倫理的理想典型

　　韋伯認為他的理想典型，其意義絕不容許解釋為倫理的理
想。不過，倫理的理想卻有雙重的意義。這也許是*不能達到*的
理想，但也許是*可能達到*的理想。我們主張後者便是**合理價值**
的意義。合理價值與合理慣例就是運營中業務團體在某特定歷
史發展階段所有現存情況之下顧全了別人的福利而仍能達到的

最高理想。這可稱之爲**實用的理想主義**。

　　韋伯把可能達到的與不可能達到的終極目的，即倫理目的，一併拒絕了。但是，按照合理性這個詞在普通法上的意義而言，所拒絕的只是不可能達到的理想。可能達到的最高倫理目的——這就是對一個人的社會責任盡可能予以最大的顧全——可以事實爲證，這種目的確實存在於最良好業務團體的實務之中，並能加以調研與證實爲事實，此等實務在當時劇烈的生存奮鬥之中而仍能存留。

　　倫理的理想典型所應摒除於考量之外的卻是不可能達到的一類，例如，我們可以說，天國、共產主義、無政府主義、全世界的兄弟之愛、普世德行與普世幸福等。不過，假若是一種可能達到的理想典型，例如在一些存留的最好事例之中所顯示的，那麼，可能達到的理論也和已達到的理論一樣，同爲科學的理論。因爲這種理想在調研時所發現的個人或集體行動最好事例不但是達到了，並且還保持著。一個「太過善良」的人或業務團體可能在商業上遭受到失敗，而一個「太過惡劣」的人或業務團體也可能會失敗，因爲當時集體行動的工作規則把他們排除了。但合理的理想總還是可以行得通的最高理想，這不是邊沁的那種個人願望所能顯示，這必須把實施此種理想而仍能存活的機構加以考察，然後才能發現。常有些個人與業務團體高出於平均之上，而經由集體行動達到社會理想的這個問題便是在於保持「平均」，而使那些在「平均」以下的升高到平均以上的水準。

　　在考察一個人或業務團體時，其對別人的關照是*高出於*平均點之上、與平均點相齊或低於平均點，所應考察的限制因素

總還是一樣。這些限制因素就是效率、稀少性、利益衝突、習俗與統治權的現行工作規則、慣性假定等，這許多因素設定了當時當地所可能達到的最高倫理極限。[94]

自願性的經濟理論同時要考量到個人的自利與社會的福利，這種理論有關於現時*已經*達到的最高極限，也有關於尚未完成但卻可能達到的*未來*。在未來既經結束而變爲過去時，自願性理論也就成*已*達到的歷史理論。經濟活動的倫理是在於未來，而歷史則是同一原則——**自願性**——的過去。

合理價值的理論——**合理慣例**的理論亦復如是，只因爲合理慣例的終點即在於合理價值——似乎已經使那些理論家感到失望，這些理論家的心智之中描繪著韋伯的烏托邦。韋伯很確切的把他的理想典型定名爲「烏托邦」，因爲他認爲這個典型是根本「不存在」的。然而我們卻*並*不認爲這個典型是烏托邦，因爲我們看到這個典型實際上確是*存在*於一些業務團體最好慣例之中，而這些業務團體仍保持存活。眞正的烏托邦是不可能達到的，我們曾經看到異常之多的理想家到後來都覺醒了，都轉爲悲觀論者與反動分子，這使我們不敢再向社會理想邁進一步，而只好以最可能見諸實施的爲限度。在這個有限度的範圍以內留有很多狂熱與宣傳的餘裕，因爲馬爾薩斯的激情與愚蠢設定了一條絕望的前線，雖被認爲可實施的社會理想也在其所反對之列。

倫理的這一種意義是以可實施的最善爲限度，但卻是因

---

94 參閱下文，本章第七節，陸、**意外與失業**。

為要客觀的調研並了解交易與運營中業務團體的性質，所以才建構起來的理想典型。不過，這必須和主觀的理想典型分別清楚，主觀理想典型是任性的，是個人主義的。我們的**倫理**理想典型概念則是基於所有的參與交易者對能獲得最佳福利關係由調研得來的可行性共識。這雖是說*應當如何*，*現時*或*過去*如何相比照，但卻不是任性的個人們所主觀認定的「應當」。大多數人在面對「合理價值」這個用詞時，都認為這是個人主觀情緒的理想，所以，有多少個人就有多少互不相同的理想。然而我們的合理價值概念卻是許多人共同一致的理想，這許多人在一起工作，他們必須互相依賴才能繼續進行合作。這不是說，「我認為」應當如何，而是說作為運營中業務團體「我們大家認為」應當並能如何達成。

　　韋伯排斥倫理目的或目的時，他的心智之中所有的是「我認為」，而不是共同行動的「我們認為」。然而，要想達到倫理上全體意見一致的這個公式卻是以可達到的為限，這仍然是和韋伯所設計的理想典型相仿。在所有的司法推理之中都發現。這是由格言、標準、擬制、具體化、類比等所構成，為伸張正義而作的心理建構。過去三百年內所建構而每逢遇到新情事發生時仍然要加以改造的最基本理想典型也許就是一個志願買主和一個志願賣主的這種理想典型，這是普通法上所建立的經濟關係理想典型，由此而產生了合理價值。

　　同樣的情形，十六世紀的普通法也創造了一種理想典型，現代的信用制度有一大部分都是以此為基礎而建立的：這就是*違約求償*，「假設每個人皆負有一種義務，必須按照法律所認為公平正當的去做」。這種假設可能是一個隱含的契約，

沒有明確表示的契約，也可能是一個純然的擬制。法理學這門
科學便是以此爲基礎而建立的。這一類的擬制觸怒了邊沁，因
爲這是法律上把原本是或可能是虛僞的事物假定其爲眞實，然
而實際上這些擬制卻是倫理的理想典型，其目的在於調整固有
的法律規章使其能適合新的情事。而且，這些擬制所依據的顯
然是意志運作相似性的經驗，而不是任性的、不可知的、主觀
的意志。所以，嚴格而言，這些擬制還是科學的。

　　比方說，在法律的推理之中所用到的*違約求償*這個擬
制，無論其爲*隱含*的契約，抑或是技術上的純然擬制，之所以
成爲擬制只是和先前的任性獨斷意志觀念作對比所致。先前的
這種觀念僅能應用於封建或專制時代，這個時代有暴力的、掠
奪的、任性而專制的政府存在。到後來，和平的產業開始出
現，附帶著商人們買賣與履行諾言的習俗，這時，資本主義交
易觀察到的相似性提供了充分理由，可以推定交易當事人的原
告與被告確是意圖要做合理行爲的相似性這個原則所隱含的事
件，至於在他本人的心智之中實際上是否有此意圖則非所問。

　　除了社會科學，特別是除了經濟學與法理學，如果這門
科學是把虛僞假設爲眞實，那就不能成爲一門科學。除非是在
詩詞裡面，物理學與生物學絕不能把電力或一群螞蟻解讀爲具
有任何目的、意圖、隱含承諾或契約，約定了去做或不做某一
件事。這是李蔻特與韋伯的洞見所奠定的堅強基礎，據以建立
其社會科學之中所特有的理想典型，並因此而與自然科學相區
別。科學的方法論所要求的是特定移動的相似性。在經濟學與
法律方面，這種相似性是由英美兩國的普通法所提供，其基礎
在於習俗，其無非是預期強迫實施交易的相似性而已。

　　經濟或法律這門科學絕不能把個人任性的、主觀的估價或意志解讀為任何可靠的目的，用來締結契約或是在締結以後照約履行。不過，假如已經成為商人們的一種習俗──這也無非是某種預期交易的相似性而已──則數以百計的隱含、假定與擬制皆可能基於這種相似性而用來解讀原告或被告的個別心智，而不必過問這種隱含在他們主觀的內心深處是否真實或虛偽。

　　法律方面固然是如此，經濟學方面也是如此。所謂「經濟人」的這個擬制無非是特定意志一致性的假定而已。這種擬制的缺點在於僅是假定其為經濟理論上所需的*唯*一相似性，而實際上這種擬制卻得要受到限制與補充因素持續不斷的修正，所有這些因素，由於其相互間的類似，所以我們稱之為「原則」。事實上，經濟與法律的擬制以及隱含允諾、目的、意圖、動機等──基於相似性原則，卻為物理與有機體科學所無法想像──都是些僅有的心理調研工具，必須用到這些工具才能使經濟或法律成為一門科學。凡此種種皆可能概括在一個概念之中，這就是韋伯的理想典型，無論是在這個典型的科學方面，可以應用於過去或現時是為何，抑或是在其倫理方面，可以應用於最優例行慣例限度內的應當是為何。

　　在美國，倫理的理想典型最冠冕堂皇的用法，這就是鐵道與其他公用事業的「實質估價」。這是由於工程師、會計師、經濟學者、律師以及法院的協力行動，根據「現況之下再生產成本的理想」，而在想像之中所建構的一個另類選擇但卻並不存在的運營中業務團體，其目的在於使一個歷史上實際存在的業務團體和被認為所投資本的合理價值相一致。由此引申而達

到對公眾收取的合理價格以及提供給公眾的合理服務。[95]除此以外，還另有一種理想典型，那就是貨幣購買力的穩定化，在可能範圍以內，企圖達到同樣的目的。

這兩種和其他與此類似的理想典型都是根據韋伯對經濟研究的方法論所作之重大貢獻。然而這些理想典型卻並不是按照他的正確方法所建構，他的方法是要把個人情感的價值與主觀的意志排除掉，因為此等價值與意志相互之間有極大的差別，都是任性的，毫無任何一致性。這些理想典型的建構是基於共同自願性特定相似性的假定，其明示的目的在於按照該交易的級別已經做到而被認為適合倫理的理想典型來發布命令、實施管控並產生一種不同的估價。正因為有這種相似性，所以才能建立起一種自願性的經濟理論，這種科學的理論或是有關於現時已經發生的事物，或是有關於預期其將發生的事物，或是有關於未來所應發生的事物。

此刻的問題又回到了我們的出發點：我們的交易或運營中業務團體的公式是否能提供一種方法論，可以替代韋伯的那一種，不但在物理與有機體科學裡是合於科學的，並且其中還包括經濟科學所特有而與其他科學有別的質性呢？對這個問題的答案是，我們的公式是科學的，因為其基礎並非在於主觀的、任性的奇幻實體，並非在於鍊金術、價值或意志，而是和一切科學一樣，在於行為的相似性；而且我們的公式也是經濟的，

95 參閱格拉瑟（Glaeser, Martin）的《公用事業經濟學綱要》（*Outlines of Public Utility Economics*，1927年），第102-114、468-475頁；及康芒斯的《資本主義之法律基礎》，第143頁以次。

因為這和物理及有機體科學有別，這是在人類意志的運行中發現其經濟的相似性，而其他科學則是在實質物體的作用之中發現其相似性。在經濟這門科學裡，相似性的關鍵在於**未來時間**的原則，此項原則是物理與有機體科學裡所沒有的，而在經濟科學裡其所以會有此項原則是由於語言、數字、財產、自由以及工作規則等的制度，這些制度維護了預期的保障。

毫無疑義的，要想達到傳授與宣傳的目的，則此等科學原則必須有一種不同的方法論，必須用到**具體化**的方法。不過，同樣是毫無疑問的，具體化恰與科學正相反，而好不容易才把具體化消除的一門科學恰巧就是以人類意志本身為研究主題的這門科學。

在這裡我們談到了一點，這一點便是我們認為韋伯追隨他的前輩哲學家李蔻特之後[96]對政治經濟這門科學及其主題**合理價值**，所作的貢獻。這就是**分析**與**洞見**。經濟學者們先前所用的方法是得之於物理科學的學者，我們可以區分的稱之為**分析**與**綜合**的方法。這是一項純智力與數學的過程，把一個整體分成若干部分，然後再用相關性與係數等將其合併起來。但是，李蔻特卻要把自然科學與歷史科學劃分開來。在歷史科學裡發生作用的是人類的意志。所以，照李蔻特與韋伯的說法，歷史科學不能化約為可以衡量的數量。歷史科學的作用在於達到未來的一個目標。但當未來可予以衡量，且在信用與債務的經濟裡實際上也確是受到衡量，整個移動過程的各個部分雖是可能

---

96 參閱前文，本節開端。

用理性化程序加以分析與綜合，然而這種程序卻不能使我們對進行中的事物獲得實際上的洞見。歷史科學與經濟科學的方法是分析、溯源與洞見的過程。假如我們能作較好的分析，對後果有較好的知識，則我們也就獲得較好的了解。分析與溯源是理性化的智力程序。但洞見則是把生命、意志、起因、後果、預期按照分析與溯源予以解讀的情感程序。

從歷史來看，此項過程和自然科學的過程實際上並無差別，只要是我們的自然科學並非指一團知識而言，而是指憑藉對自然力量產生其作用的方式有較佳知識以管控此等力量的程序而言就行了。然而，這卻不是科學這個字詞的通常意義。這是**工程藝術**的意義。在想像之中，「藝術」與「科學」是互不相同的，因為藝術是指人類的管控而言，而科學只是指人類的知識而言。假如自然科學的主題不是被看做一團知識，而是被看做一群科學家用實驗與調研來求得知識，則李蔻特在自然科學與歷史科學之間所作區別便成為虛妄。有一件事例足以證明這種看法，例如化學這門科學已創造了近200,000種產品，都是大自然所不能知道的。物理科學家們對這種主題已經孜孜不休，特別是在愛因斯坦與愛丁頓（Eddington）把物理學化約為哲家家們所從未想像得到的極端形上學以後更是如此，這些哲家們自從伽利略的時代起都是他們所藐視的。[97]

---

97 參閱尼可爾斯（Nichols, Herbert）的「科學危機」（A. Crisis in Science），載於《一元論者》（*The Monist*），第XXXIII期（1923年）第390頁。並參閱前文所述埃克理的著作，是本書第九章，第九節，〔貳〕，附註285。

　　他們的出路似乎就是把科學的主題由一團知識轉為一群科學家。果真如此，則自然科學便與經濟學者們的「機器程序」相同，而且宇宙也不再是獨立於人類意志的一個無限「機制」，而是科學調研者所建構的一部有限「機器」。這樣的情事可能會發生。杜威也曾略述其梗概。他說：「觀念是所要做的工作計畫、觀念是行動的不可或缺因素，這些行動改變了世界的面貌……一個真正且與科學相容的理想必然可以實現，只要是哲學接受了科學的教訓，認為觀念所陳述的並非現時或已往是什麼——而是陳述將要做的行動」。[98]

　　在此刻，要是接受物理科學的通常意義，認其為一團知識，則其主題便沒有未來、沒有目的、沒有理想典型，所以也就與經濟科學完全不同。因此，我們對於後者不但必須分析與溯源，並且還得要能了解人類意志的作用。

　　假如我們的方法論是以這種區別為基礎，則經濟科學的主題便是人類生物在相互交往、管控大自然力量及相互管控時按照三種變異性所採取的行動，這三種變異性就是慣性假定，理性化與洞見。慣性假定起因於習俗，這種假定能繼續下去，並且實際上也確實是繼續下去，而毋須過多推理或洞見。理性化是嚴格的智力程序，這可能與假定及洞見相區別，但卻不可能與其相隔離。洞見是情感、意願、估價、直覺乃至於是本能的程序——一部分是習俗、一部分是理性化，其所能達到的最高

---

[98] 參閱杜威的《探求必然》（*The Quest for Certainsy*，1929年），第138頁。

限度就是策略與例行交易的適時性，爲管控並適應大自然力量與其他人類而行動。三者合併起來構成了我們意指的**自願性**。

像這樣分析**自願性**並非絕對的或基本的。我們只是認其爲一個有用的公式，用以分析並了解個人在其交易中所做的行爲。不過，因爲這是故意的把心理學與經濟學之間具有高度爭議及或許是無法逾越的深淵包括在內，所以我們要採用心理學與經濟學「兩種語言的假設」。把這種語言用於**自願性**的分析，我們就可能分清某些字詞的雙重意義或雙重面向（aspects）。例如「資本主義」就有「資本主精神」（這是韋伯、桑巴特與陶奈所建構）與以此種精神爲之衡量的行爲所作商業交易的雙重意義。慣性假定也有不假思考的印象與交易按照慣例而重複的雙重意義。稀少性也有稀少性意識與有限資源的雙重意義。自願性也有預期與預期交易的雙重意義。目的也有意圖與所指望效果的雙重意義。責任也有良知與當然結果的雙重意義。理性也有合理性與適度性的雙重意義——分析的合理性顯示於理論與數學之中，而行爲的適度性則是顯示於**合理慣例**與**合理價值**等用詞之中。最後，**洞見**這個字詞的本身也有**智慧**與**適時性**的雙重意義——**智慧**是無法衡量的，因爲這是主觀及尖端的，但**適時性**卻可以衡量，按照在「適當」時間與「適當」地點，用「適度」力量與「適量」主題，造成「適當」事物的程度加以衡量。由於現代對**適時性**以及其策略與例行交易的調研，所以經濟這門科學才能由洛克與邊沁的抽象理性化轉爲參與運營中業務團體的人實際的洞見與缺乏洞見。

第七節　集體行動

　　基於上述種種理由，所以對集體行動的本身產生作用的原則必須加以調研，並盡可能的予以確定，因為個人的行動必須局限在此範圍之內。我們要分別的把此等集體行動稱之為**政治**，而將其所經過的歷史階段稱之為社會經濟的結果。

壹、政治

(一) **人格**、原則、**組織**

　　我們的政治是指一個業務團體內部的協力行動而言，其目的在於取得並保持對這個業務團體及其參與者的管控。交易有管理、議價與分派之別。業務團體亦有道德、經濟與統治權之分。道德的業務團體是沒有經濟或實質權力的業務團體，現代的宗教、慈善、教育、友愛以及其他類似的社團皆屬之，只要其所依賴的以說服為制裁。經濟的業務團體是商業組織，工會、農民合作社、產品或證券交易所等類的業務團體，其所依賴的是以保障利得或強派損失的經濟威逼為制裁，其方式是准許參加、拒絕參加或禁止干預某種交易。統治權的業務團體，無論其為都市、州郡、聯邦或帝國等業務團體，總使用實質強制的壓迫以為制裁。所以，一個業務團體的政治就是利益衝突與領導權的內部活動，其目的在於制定工作規則，並保持其對個人的司法管轄權，透過這個業務團體所現有的制裁來管控他們。

　　假如把一個業務團體作為一個整體看待，則此業務團體本身之內的政治也是以道德、經濟或實質力量之一或全部為其基

礎，這要看當時的機會而定。在當時的情況之下，如果要取得
這個業務團體的管控權，在這三種制裁之中何者居於優勢，可
以用說服、威逼、強迫三個相應的名稱來稱呼這個業務團體的
動機；而領導者（leader）、頭領（boss）與首長（chief）這
三個用詞用來表示這三種相應形態的領導權。

按照狹義解釋，領導者是一個僅能施用說服與宣傳來
吸引並領導其追隨者的人。頭領[99]像工頭、雇主或塔馬尼派
（Tammany，1789年美國民主黨中以紐約市Tammany Hall為
其根據地的一派）的頭領一樣，是憑藉其管控追隨者工作、契
約、生活或利益的權力來施行威逼的一個人。至於首長，[100]
則像警察長官或軍事首長一樣，是憑藉實質力量的管控來施行
強迫的一個人。這三種制裁可能是也可能不是出之於同一個
人；不過，一個成功的首長通常也必然善於施用威逼與說服。
一個頭領亦復如是，他也善於施用威逼與說服。一個領導者由
於單獨施用說服而獲致成功，他也可能成為頭領或首長。群眾
的行動，假如沒有領導者、頭領或首長，那便是烏合的暴動。
有了領導者、頭領或首長，才是一個運營中的業務團體。

此外還有三個用詞通常是用來區別這些制裁各種不同的組

---

99 "Boss"這個字詞是直接由荷蘭語。"baas"轉譯而來，同樣的具有經
　濟管控之意。這個用詞最初在1836年出現於紐約。參閱康芒斯與吉
　爾謨（Gilmore, E. A.）合著的《公文書記載的美國產業社會歷史》
　（*Documentary History of American Industrial Society*），第四卷，第
　277頁以次。

100 這是由蘇格蘭語的"cheef"得來，也就是一個氏族的首長。

合，以期獲得領導權，這三個用詞就是人格、原則與組織。人格的等級高下不齊，由孩童以至於成人，由女性以至於男性，由愚蠢以至於卓越的個性。這是遺傳的與養成的品德之組合，這些品德在傑出的人格之中足以使一個人符合成為領導者、頭領或首長，這要看當時隸屬在他之下那些較次人格的習慣與假設而定。

原則也是各有不同，其差別在於領導者所制定並提出的政策互相歧異，這些領導者各自按照其對傾向的判斷力，藉此傾向使較次人格聯合起來從事於協力行動而制定此等政策。在這方面，我們必須把政治原則和科學原則分清。後者僅是憑藉智力觀察到的行動或目的之相似性，諸如法理、邏輯、物理、電力、重力或經濟等不同科學之中的通則皆屬此類。但政治原則卻是對意志所陳述的原則，這是有目的的行動路線，例如：自由貿易、保護政策、商業倫理、工會主義、宗教或道德原則、愛國主義、忠誠、甚至經濟和效率等原則皆屬此類——這要看達到預定目標所必需的協力行動而定。在這裡，一個領導者之所以成為領導者是因為他能用語言把別人所覺到而說不出的事物有系統的表達出來。

最後，組織之所以異於人格或原則的，是因其接近完備時，能使工作平順而有效的科層階級，由高低各級的領導者、頭領或首長合組而成——這個階級在某種情況之下可以類比為「一部機器」，因為，縱使其成員有所變動，而這部機器仍能持續運轉，成員們就好比是這部機器裡面可以替換的各個部分。沒有一個人是必不可缺的，不過，在這個科層階級之中的個別領導者可能會興起或是按照選舉、遷調、晉級等方法以及

其他可行的政策由別人取而代之。一個組織既經達到這種平順而完備的程度之後，我們就不是稱之以物理的名稱「機器」、不是稱之以生物學的名稱「有機體」、也不是稱之以沒有界定的名稱「群體」，而是稱之以社會活動的名稱「運營中的業務團體」。一個完備的、運營中的業務團體，其特質在於人格變動與原則變動的情況之下仍能持續運營的能力，而毋須依賴於任何一個特定的人或任何一項特定的原則。這個業務團體能使其自身適應環境，可變更其人格或原則，以符合不同群體民眾的變動傾向或衝突傾向，群眾的忠順與贊助為這個業務團體的存續所必需。實際上，一個業務團體也和一個人相似，並且時常加以人格化，只是晚近以來，這種隱喻已經實體化，而成為機器這個用詞；但其不用隱喻而又更為恰當的社會用詞則是*運營中業務團體*。

所以一個經濟社會就是許多時常變動的人格、原則與組織的複合體，這是不可分的，合在一起成為一個運營中業務團體的概念。我們用政治這個名稱來稱呼一個業務團體內部的這種複雜性，以示有別於已往經濟理論的單純性，這種單純性也有個恰當名稱，叫做個人主義。政治並非假定個人的平等，而是有極相懸殊的人格，有領導者、也被領導者，有頭領、也有被率領者，有官吏、也有私人。這不是已往的簡單假設，認為每個互相平等的個人各自追求他本身的利益，而是有極不相同、互相衝突的原則，使不平等的個人們追求他們所共同的利益。這不是許多無拘無束的個人，而是有科層階級來規範他們。這種複雜性的全部活動便是政治。與**無政府主義**或**個人主義**相背反的並非**社會主義**或**共產主義**——而是**政治**。

　　「政治」這個字詞的意義通常是僅指某種活動而言，這種活動的目的在於管控一個被視爲統治的業務團體，就是**國家**。不過，由於現代出現了無數形態各不相同的經濟與道德協力行動，所以我們發現同樣人格、原則與組織的複雜性出現於一切業務團體中。實際上，一個統治業務團體所施用的是實質力量的制裁，這似乎足以使其獲得優越地位，如同"sovereign"（統治者、君主、元首）這個字詞所表示的地位。然而，這卻是虛妄的，因爲我們已經看到，統治權實在就是把暴力逐漸的、不完全的從私人交易與支配國家的其他業務團體之中抽取出來。

　　因爲國家是用實質制裁來強迫實施某些事務，這些事務原來本是私人當事者們企圖用私人暴力予以強迫實施的。所以，這不是訴諸私人暴力，而是有一種形態的協力行動，在**政治黨派**的名義之下，演進成這個統治業務團體內部的各種組織，其目的在於選取並管控立法、行政與司法人員的科層階級，這個階級的協力行動決定一切經濟交易的合法權利、義務、自由與曝險。因爲此等用詞所表示的法律關係只是社會專供管控之用的實質制裁，和「法律以外」的經濟及道德力量的制裁有別，後述的這些力量甚至可能比實質力量更爲強勁。

　　政治黨派像其他運營中業務團體相同，也是由人格、原則與組織不同組合演進而成。在美國共和的早期，似乎是由人格所主宰，政黨則被視爲「派系」，其橫行無忌的爭鬥似乎是危害到當時這個獨立殖民地的全國統一。但是，到後來發現漢彌爾敦與傑弗遜等的領導人格皆擁護經濟的與政治的原則，再到後來此等及其他相互衝突的原則達到永續組織階段時，實際上

他們甚至違反憲法而變更選舉總統的方法，由一個不實在的高貴市民會議（**憲法**制訂者所建議的選舉人團）轉爲政黨會議，其目的在於提名並選出選舉人。[101]

由無利害關係的市民作平靜商討的這種原始幻想是起因於十八世紀理性時代的一種天眞謬誤，以爲人類是理性的生物，見到了正當的事就做。但是，政治黨派也和所有的協力行動一樣，其建立的基礎在於群眾的激情、愚蠢與不平等，而且這些政黨皆各有其切合實際的目的，要想取得並保持對官吏們的管控，這些官吏制定國家的意志。所以，成爲經濟業務團體的並非國家，而是這些政黨，引導實質力量的制裁，以求取經濟的利得或損失。在其他業務團體裡（例如：商業組織、勞工組織、農民組織、銀行業者組織）爭取管控整個業務團體的內部鬥爭是在「集團（財閥）」、「團員（圈內人）」、「機器」、「派系」、「左翼」、「右翼」種種不同名義之下進行的。然而這些業務團體也同樣有人格、原則與組織的現象——其總和可以用一個概括的用詞來表示，那就是這個業務團體的政治。

事實上，由於業務團體內部的分工，領袖人物是以專家的

---

101 關於漢彌爾敦與傑弗遜的這一部分，請參閱鮑維斯（Bowers, Claude）所著《傑弗遜與漢彌爾敦》（1925年）。關於會議制度的起源，請參閱布萊斯（Bryce, James）所著《美國共和》（*The Americar Commonwealth*，1921、1929年），第二卷。並參閱康芒斯的《比例代表制》（*Proportional Representation*，1907年第二版），有關《直接預選會》的論述。

姿態而出現，因爲其經驗與成功，使他們特別適合領導這個業
務團體的某項特殊活動。一個政治家，照我們的說法，就是一
個心理學專家。由於他的經驗與洞見，他知道個人們的激情、
愚蠢、不平等、習俗、慣性假定，並運用之使他們聯合起來作
群體的行動。這就好比一個工程師是效率的專家，而一個商人
是稀少性的專家一樣，一個政治家也就是人類心理學的專家。
在過去的一百年間，所有的烏托邦以及商業經濟學者與管理經
濟學者都把這種專業化忽略了。他們要想使一個社會哲學家，
「知識分子」，商人或工程師來管控集體行動。然而，「自然
的選擇」卻是要教一個政治家去做這件事。只有他才能有政治
意識。

　　在一個業務團體內部的政治協力行動雖是基於激情、愚
蠢、不平等與群體行動，但也可以進行科學性調研，和其他科
學的複雜性相同。在任何特殊情況之下，我們總不能預言這種
複雜性究竟是什麼。然而，這也和其他科學一樣，我們或可根
據觀察或實驗來建構某項科學原則或假設行爲的相似性，然後
將其應用於特殊情況，以達到調研的目的。這種學院式方法是
一個科學心智在所有的調研之中所用到的，我們在上文已稱之
爲分析、溯源與洞見的研究方法。

　　分析法是剖解複雜性，使其成爲各種假設行爲的相似，然
後爲每一種相似性定一個名稱，作爲一項科學原則，以待調研
來檢測。溯源法是發現過去所曾有的變動，作爲現時情事存在
的解釋。洞見法是對領導與追隨的方式有所了解。

　　在上文，我們已經提出這種學院式方法來分清人格、政
治原則與組織。這每項都是科學原則，因爲都是由觀察得來的

一致性，其演進便是溯源，而其了解便是洞見。不過，除此以外，還另有四種科學原則，各自有其細分的類別與主題，這能由政治的整體分析之中予以發現，在特殊具體事例中可將其集合起來，加以分析、溯源與洞見，而求得其相對的重要性。這四種原則就是**司法權、分派、穩定化與合理化**。

司法權的細分類別是地區的、人身的與交易的管轄權。**分派**程序的細分類別是「互抬聲勢」、獨裁、合作、集體議價與審判裁決。穩定程序的細分類別是慣例、價格與僱用的標準化。合理化的細分類別是宣傳與慣性假定。實際上，這四種原則之中的每一種都和其餘各種分隔不開，四者皆包括在政治的一般原則中，成為業務團體內部協力行動一般原則的幾個不同面向，其目的皆在於管控這個業務團體，並進而管控各個人的行動。四者相互融合，但卻可能用極端事例分析程序加以區別；用溯源程序表示其在歷史上是如何變遷；並由綜合洞見程序判明其在某一時點何者為策略因素而其餘的為例行或有貢獻因素。

(二) 司法權

我們的司法權是指集體行動管控個人行動的*範圍*而言。[102]這就是說，有某種權威可以詮釋舊法規或設想新法規，以解決個人之間的爭議；這也就是說，對違法犯規的個人加以某種懲罰或制裁。最極端的懲罰或制裁是由統治權所施行

---

102 參閱康芒斯在《威西姆產業關係講演集》（*Wertheim Lecture Series on Industrial Relations*，1928年）裡有關《司法爭議》的論述。

的實質刑罰。不過，除此以外還有現代經濟業務團體所施行的
懲罰，就是工資或利潤的喪失。並且，一個經濟的政府如果組
織得不甚堅強，還有一些人良好或不良好意見的制裁。這些
人就是一個人的生活或利潤之所依賴。所以，司法權是集體
行動在有限範圍內用實質、經濟或道德力量的制裁來管控個
人行為。我們僅舉出司法權的三個面向──其差別是易於了
解的──而稱之為「地區的」、「人身的」與「交易的管轄
權」。最後一種便是在制度經濟學的領域我們所注意的主要管
轄權。

（三）分派

甲、*程序*──分派交易是司法程序的實施。這一類的交易
又可以細分為「互抬聲勢」、獨裁、合作、集體議價與司法裁
決。其所共同的經濟原則在於制定規章以管理附屬參與者的交
易，使其相互之間分擔生產的義務並分享財富的利益。分派交
易與管理交易相異之點在於後者是獲授權的執行規章；分派交
易與議價交易相異之點在於此等交易是個人之間的同意，而在
假想之中這些個人皆是平等，經規章認許，由執行者予以強迫
實施。

這三種類型的交易──分派、管理與議價──其組合方式
千差萬殊，包括全部的經濟行為。必須用歷史的分析才能加以
區別，因為這許多交易是由原始或前沿社會裡簡單而無法分清
的情況開始，擴展成為高度發育的產業文明。在現代文明中，
此等交易可以相互分清，然後再回溯到其在簡樸社會裡的胚
芽。

例如「互抬聲勢」（log-rolling，原意為滾木頭），這是

分派的一個特例，可以區別爲民主協力行動的原則。這個用詞雖是發源於美國的俚語，然而，也和其他用詞，諸如「工作」（job）或「頭領」（boss）等類一樣，都是得之於不識字的民眾階層，這個用詞之所以能進入學者們的文獻之中是因其符合某種區分，這是我們的語言裡面不能提供的。物理科學的專門用詞大都是採希臘或拉丁文，但這類程序卻是社會科學的軟肋。在此種情況之下，「互抬聲勢」這個用詞是表示一種原始的民主程序，在我們的語言裡沒有其他確切的用詞，可以將其和議價、管理、合作以及獨裁分清。從根本上來說，這是在平等的合夥人之間就分配聯合企業的利益與負擔，達到志願同意的過程。早年的美國拓荒者互相同意幫忙、搬運木頭，並將其豎立起來，以便建造他們的木屋。也和許多別的用詞一樣，到了最後獲得學者們的採用，這個用詞是從物質的程序開始，然後用類比的方法擴展開來，包括「交易投票」（trading votes）的立法程序，不過，如此一來，這個用詞卻有了一種不甚準確而令人憤恨的意義，背棄一個人的道德原則，以求取他人的投票，而這些人的道德被認爲沒有節操的。[103]

然而，對於互抬聲勢加以這樣的指謫卻是把目的和程序搞混淆了。程序是普遍一致的，而目的則可能有好有壞。在兩個人商訂合夥協議以分配他們共同企業的利益與負擔時，或是在立法會議的會員們商訂聯盟互相投票同意彼此所提法案時，表

---

[103] 參閱布萊斯的《美國共和》，第二卷，第160頁（1921、1929年版）。

面上看來，這似乎是集體的議價或合作；但是，假如要使字詞的意義確切的符合其實際上的差別，這卻並非如此。互抬聲勢雖是需要協商，但卻不是議價。在這方面，互抬聲勢有點像合作，集體議價或其他需要協商接納同意條件的交易。協商是各種交易所共同的，不過，倘使把各種交易單獨按照協商的這個原則來分類，則社會上的區別將變得模糊不清。互抬聲勢的結果卻是近似於一切利益衝突的合理調解，就如同代表制的民主在有議會的國家裡所造成的結果一樣。

互抬聲勢是趨向一方的極端，其相反方的極端便是獨裁。因為互抬聲勢是平等的人們相互之間的同意，他們的同意並沒有受到強迫或威逼。但獨裁則是下屬之間的同意，這些下屬的同意是受到首長或頭領的強迫使然。因此，互抬聲勢可以說是同意於經濟負擔之分派的民主程序，而獨裁則是此種同意的專制程序。

然而，即使是獨裁者，他也並非絕對的專制。至少，他必須擁有有效少數，這些人是因為他的人格、原則與組織而心甘情願的服從。在這種情況之下，他不再是一個人而是成為一種獨裁制度。

雖說互抬聲勢是分派負擔與利益的民主程序而獨裁則是專制程序，但前者的缺乏效率而後者的富有效率，卻是顯然的。為分派財貨之生產與分配的負擔與利益，想經由互抬聲勢程序使平等的人們互相同意其所應遵守的規則，就得浪費、延緩並削弱若干人力。但在專制程序中使下屬服從一個共同承認的上級，這卻可以節省，加速並增強此項人力。在互抬聲勢程序中，眾多的獨立意志必須使其相互同意。而在專制程序中，此

等意志都不是獨立的。正因為在互抬聲勢與獨裁這兩個極端之間有著艱窘的情況，所以人們就試用了兩者中間的協力行動程序——一種是合作，另一種是集體議價。這兩個用詞的意義始終不甚清晰——實際上，這是經過十九世紀的四分之三與二十世紀的俄國革命以後才完成一項實驗工作，而使這兩個用詞的意義趨於明朗化。

在1850年代以前，特別是在1830與1840年代之間，濫用了基於亞當·史密斯，邊沁與李嘉圖的個人主義而建立的新資本主義，其劣跡昭彰，致令其相反的哲學，即結社主義（associationism），獲得廣泛的接受。這種主義有若干不同的形態，在一個極端是**無政府主義**，這是指志願合作而言。在另一個極端則是**共產主義**，這是指強迫合作而言。兩者的基本教條皆在於以合作替代競爭。各種勞工組織採納了這種觀念的片斷，而在十九世紀的末葉加以實驗。他們試驗過合作銷售，藉設立他們的躉售倉庫，以取代身兼商人的資本主。他們試驗過合作生產，藉組織他們自己的工廠，以取代身兼雇主的資本主。他們甚至也試驗過合作銀行業務，以取代身兼金融業者的資本主。他們還試驗過合作消費，以取代零售商人。

時至今日，這許多實驗還有一些殘存，只是在形態上已沖淡。建築與貸款協會以及信用聯合會就是1850年代合作銀行業務的殘存。1870及1880年代的**勞工騎士團**（Knights of Labor）與**農民互濟會**（Farmers' Grange）是合作企業最後的偉大圖謀。不過，所有這些勞工與農民的合作社都崩潰了。大多數的勞工合作社皆未能成功，因為實際上勞工們都不能勝任選舉他們在工廠裡所必須服從的頭領。選舉事務落入合作社的

政治家之手，其爭執點在於互抬聲勢方面究應由誰來管控這個
對社員們強迫實施規則的經理。

　　合作社也無法選舉一個能掌控錯綜複雜市場的商人。群眾
的投票不能重複選出一個成功的商人。成功的商人必須從競爭
中奮鬥，及升遷中對抗，然後才能把他自己選舉出來。

　　縱然一個合作社成功了也還是未能成功。成功是指業務
擴展及必須吸引更多的新工人來合作社而言。但是，在局內的
人們卻不願意新工人來做合作者——他們把這些新工人當做雇
工。因此之故，成功的合作社變成了營利的公司，而勞工的這
個階級依然維持故我。合作社倘使失敗固然是不成功，即使是
成功了，也還是不成功。

　　不過，1850年代開始的工會運動卻放棄了以合作方法取
代資本主的企圖。工會主義者退而求他們在現行的資本主義制
度之下所能做得到的，以集體行動取得較多的工資與較少的工
作時數。他們的哲學是由生產能力轉為議價能力。他們讓雇主
繼續管理店務，而只求能夠訂定價格、縮短勞動時間與制定工
作規則。

　　不過，縱然如此，這並不是集體議價。這是勞工獨裁。
我們要想顯示其雙重意義，最好的辦法是引述舊金山的一個勞
工組織，[104]這個組織在數年間管控著當地的營建業。他們訂
定工資、工時與規則，然後把他們的預定報表帶到個別的雇主

---

104 參閱海波爾（Heber, Wm.）所著《營造業的產業關係》（*Industrial
　　Relations in the Building Industry*，1930年），第14章，論「舊金山的
　　美國計畫」。

那裡，而使這些雇主個別的在指定的虛線上簽名。他們稱之為
「集體議價」，而實際上這卻是勞工獨裁。

這是一種競技遊戲，到後來雇主們表演得比工會還更
好。在工會正想破壞雇主們聯合時，這些雇主驟然之間關閉了
工廠並遣散其工人，使工會找不到可以接洽的獨立雇主。銀行
已經加盟雇主們，一個獨立的雇主無法取得信用貸款。商人與
物料供應商也加盟雇主們，一個獨立的雇主無法出售他的產品
或購進他所需的物料。雇主們稱之為「美國計畫」，而實際上
這卻是雇主獨裁。

這兩種集體獨裁都不是集體議價。真正的集體議價，雙
方都是同等的組織起來。雇主們與雇員們都不是個別行動。先
由各方的代表們擬訂了聯合的協議，訂定工時、工資與工作規
則。然後在個別雇主與個別雇員之間所締結的個別契約皆受到
這份聯合協議的管控。這就是所謂**貿易協定**。其意義一直等到
二十世紀的初期才開始為人所了解。**集體議價**就是貿易協定的
工作規則。

這樣的勞動史在農民合作社運動中又重複上演了一遍。為
對抗此項運動起見，產品交易所的經紀人有了全國性的組織。
他們獲得代表著全國數以百計商會的全國商會之支援。他們又
獲得了銀行的支持。全國商會透過其主席向美國大總統與聯邦
農業部主席提出抗議。他們知道這個部當時的計畫是要根本排
除經紀人。政府也正在貸放款項，作為排除他們的金融支援。

在一個有能力的大總統和一個有能力的農業部主席當政的
期間，農民可能有抗拒全國資本主反對的力量。但是到了大總
統和主席退休或倦勤時，農民們就必須選舉他們自己的管理者

或政客，否則的話，就要由能力較弱的人來當農業部主席，再不然，國會就要削減該項撥款，在農民們必將要自行奮鬥時，他們能不能選出足以勝任的管理者呢？這就是政治。

問題的關鍵在於「營銷」的雙重意義。這可能是指「財富的生產」而言，但也可能是指分配財富的議價而言。

中間人是一個生產者，他管理商品的聚集並在實物上加以分配的技術程序。按照經濟的術語來講，他能創造「地點、形態與時間」的效用。此項程序總得要有人來做。由合作社來做是否比商人更有效率呢？這些商人已經因繼續存活而顯示了他們的能力。群眾們的選舉是否能有效地排除這些商人呢？這些都是集體行動與制度經濟學的嚴重問題。

營銷的另一意義是議價與訂定價格。在這種情況之下，集體議價的意思就是說，經紀人被認為一個組織，那些有組織的農民們必須由他們的代表來和這個組織商訂有關價格、交貨、付款以及其他條件的貿易協定。他們並非用合作來排除中間人，而是用集體議價來和這個組織打交道。

競爭制度有一個極大的優點，就是能把破產轉移給個別的人們，而合作社的破產卻要使社會一個階級的全部或一部破產，假如一個人的營利業務團體失敗了，則其競爭者就要把其顧客吸收了去，而整個營業還是繼續進行，但是，假如一個合作社失敗了，則其全體的成員們一齊都失敗，最壞的是，他們相互之間失去信心，甚至對他們的政府也失去信心。

集體議價和合作一樣，亦自有其困難之點。但其困難更甚。這會使一個商人保持破產的機會。在農業協力行動的某一方面，這種議價方法似乎是成功了。液體牛乳的農民們沒有

以合作營銷把整個營銷程序接下來自己做。他們只是訂立了有關價格與慣例的貿易協定，而聽任中間人繼續做營銷工作。他們並沒有排斥**資本主義**，他們也沒有用農民獨裁來擅自訂定價格。他們集體議價，而在必要時訴諸仲裁，仲裁就是在個人或集體的爭議之中由法院爲之分派。

所以，仲裁是**分派交易**的第五種細分類別，我們稱之爲**司法裁決**。在一個仲裁人或法官裁決原告與被告爭議時，他把一筆現有的或預期的金額或財貨由某一個人移轉給另一個人。他做這件事並非採用互抬聲勢的方式，因爲他的地位超出於他的訴訟當事人之上；他不是採用獨裁的方式，因爲他本人還得要受習俗、先例，或憲法、細則或貿易協定等條文的約束；也不是採用合作的方式，因爲他是憑藉他的權威而行動；也不是採用集體議價的方式，而只是聽取當事人代表的訴願與論證；並且他更不是採用個別議價的方式，因爲如果那樣就要變成行賄。他做這件事的方式是按照司法程序，在權衡所有的事實與論證之後，提出他的意見來。因此，司法裁決必須受到訴訟程序的全部約束，必須通知訴訟當事人，必須聽取他們的證詞與辯論，必須按照習俗、先例與法規來權衡事實與論證，這才是財富的司法分派。

乙、*經濟後果* —— 講到此刻，我們已經知道有五種形態的分派交易，全部都是用協力行動來制定規則的不同方式。再進一步，我們就要注意其在財富的生產與分配方面所產生的後果，這就是說，**數量分派**，**價值分派**與**價格分派**。

數量分派是有權直接把一定數量的勞動或勞動產品指配給特定的工人或特定的消費者，毋須議價、毋須貨幣，只須發出

命令，使下屬管理者遵照辦理就行了。在司法分派之中，這叫做「特定履行」（specific performance）。不過，這是所有數量分派的一種特性。這是對個人們所發出的命令，教他們做特定的服務或交出特定的產品，而毋須作有關數量的議價，也毋須貨幣的介入。數量分派是特定的履行。其大規模的組織便是**蘇俄的共產主義**。

但**價值分派**則是貨幣的給付，由於貨幣具有普遍的，可變的購買力，所以這是勞動或產品的間接及相反的分派。假如貨幣的價值上升，則特定的一筆貨幣給付就得要交出較多數量的總財富；但是，假如貨幣的價值跌落，則特定的給付只須交出較少數量的總財富。因此，我們稱之為**價值**分派。*直接的講*，這是貨幣分派；*間接及相反的講*，這就是數量分派。

價值分派又可以稱之為特定*給付*，而數量分派則是特定*履行*。價值分派是對個人們發出的命令，教他們給付或接受特定數額的貨幣而毋須議價。其大規模的運作便是**稅捐**；而其小規模的運作則是司法裁定。大規模的運作是由立法機關的互抬聲勢交易或是逕由獨裁為之指揮。[105]

價格分派介於數量分派與價值分派兩者之間，因為價值是以產出數量乘其價格之積。其與數量分派相異之點在於每一

---

105 按照日爾曼共和國憲法的規定，大總統可能暫時──實際上甚至可能成為永久──將其轉為獨裁政治，施用其互抬聲勢方法來解散立法機關，而任命一個假設不受互抬聲勢法影響的獨裁者。由於此項規定，這個共和國竟然變成了法西斯主義的獨裁政治，而在表面上並沒有違反憲法。

單位的價格都是固定的，而個人們按照這種價格買進賣出的數量則是有選擇性的。價格分派不同於價值分配是其與某特定產品的通俗*單位*的價值有關，而價值分派讓可購買的服務或產品數量在分派貨幣數量下有選擇性。所有價格的訂定皆為價格分派。就郵政而言，各種服務的價格都是由國會的互抬聲勢程序所訂定，通信的價格較高，新聞紙的價格較低，農產收穫報告根本沒有價格，而對官吏則更有「免費」的特權。因此，在通信方面能獲得很大的利潤，用以抵補新聞紙與農產報告方面所受的損失，如有不足，則將其分派給納稅人。[106]

最廣泛的價格分派計畫莫過於蘇聯共和國在數量分派不能生效的情況之下所引用的一種。政府的「托拉斯（信託）」把農民所需的原物料價格定得低，而把賣給農民的製成品價格定得高，由此而累積起大量的購買力，以資助其偉大的**五年計畫**，構築鐵道、興建工廠並使其電力化。價格分派在於價格的訂定，在這種情況之下，這就是用分派來強迫「儲蓄」，而不是資本主義出售債券的志願儲蓄。

丙、*合理化* —— 如此說來，任何一種程序或後果的分派都是協力行動的特質，為個人們制定其管理與議價交易的規則，以從事於財富的生產與分配。一旦侵蝕到個人之身，也就剝奪了他們的自由，使其負擔義務。對於另一方的個人這也有相關而相等的效果，這是減低了他們的曝險，而增加了他們的權利。因為經濟後果的產生並不需要獲得個人們的認同，而只是

---

106 參閱下文，本節，伍、**員警課稅權**。

憑藉權威來分配負擔與利益，所以分派交易可以說是表示**權力的鬥爭**，而議價交易則是表示**財富的鬥爭**。在蘇俄，分派已經取代了議價，胡佛教授曾經這樣講：

「在**資本主義**世界裡，凡是具有才能的人，其精力至少有一部分是耗用於權力的鬥爭。而在**國家托拉斯**與黨內人民委員會裡，其權力的鬥爭更比在**資本主義**制度裡為激烈。今天的一個正統派黨員到了明天會發覺他自己的正統已經受到憎恨他或恐懼他的另一同黨黨員成功的襲擊，而被毫不留情的逐出黨外。『清黨』（chistka）或『清除異己』的制度已演進，在俄國的每一個機構裡都採用著這種制度，恣意猜忌、嫉妒與虐待。……或許蘇俄的大部分勞動者一點也不覺得他們的自由被剝奪。只要是一個人沒有升高到勞動群眾之上的企圖，這個普通工人絕不會覺得自由有任何削減。……權力的鬥爭雖是比在資本主義世界裡更為熾烈，但大多數民眾並不迫切覺得有自我防衛與改善其個人經濟現狀，透過從事儲蓄，或晉升較為負責的職位以增加其收益能力的必要」。[107]

這是以分派替代議價的一個極端事例。然而，無論在任何業務團體裡或多或少的，總可以看到同樣的權力鬥爭，有別於

---

[107] 參閱胡佛的「俄國共產主義的若干經濟與社會後果」（Some Economic and Social Consequences of Russian Communism），載在《經濟雜誌》，第XL期，第422頁，並參閱其所著《蘇俄經濟生活》（*The Economic Life of Soviet Russia*，1931年）。

財富的鬥爭，這是所有協力行動的一種特質，其目的在於管控這個業務團體的分派交易，我們給一個總稱爲**政治**。

正因此故，所以分派交易有加以合理化俾能引起協力行動共同實施此種交易的必要。合理化中附帶對一些不能遵從規則的人們所施行的譴責。這種合理化與譴責便是政治的語言。

我們可以按照慣性假定與預期保障兩大原則把這些合理化及其明示或暗示的譴責加以分類。我們已經知道，對與錯的觀念是得之於慣性假定，而穩定化的原則則是得於預期保障的願望。兩者是並行的，因爲每一項穩定化程序總是要合理化其爲對，而違反此項程序總得要譴責其爲錯。只有在慣性假定與預期保障的限度內才能使政治的協力行動產生作用。我們可以把這些限度的歷史發展，稱之爲標準化或穩定化原則的各個不同面向。

最廣泛的穩定化原則就是習俗。凡是已有的事物都是民眾所預期的事物。政治絕不能任意的凌駕習俗之上。因此，必須有先例爲之合理化。不過，在習俗有所變遷或互相矛盾時，穩定化原則的重心必將集中於權重與量度的標準化，用來替代有關當事人任性的暗中偷換。必須這樣才能做到第二步，商業債務的產生及其強制執行，而不僅是聽憑各個人的自尊心與反覆無常。由此而發生了現代的政治運動，其目的在於穩定價格、商業與僱用，這種運動在俄國已經達到登峰造極的程度。最後是經由外交或世界法庭以求得國際關係的穩定化。

我們必須承認，凡此種種皆是理想典型，都要接受我們所曾提出的批評。這些理想典型可能不是全體的人們所同意的。因此，我們不得不退回到工作規則全部或部分實施的限度，這

些工作規則是由有序的實質行政作為最後權威來加以認可，除此以外，別無更進一步的訴願方法，假如有的話，除非是洛克的「訴之於上天」。私人暴力既經消除之後，則所有的慣例與估價必須是當時當地的文明認其為合理的才行。此等慣例與估價對個人、對後來的文明無論是多麼的可憎及可惡，然而因其為「自然的」，所以也就是合理的，魁奈所主張的「自然權利」[108]「顯然」是在當時當地文明之下公認為自然而合理的。此等慣例與估價可以達到保持業務團體持續經營的主要目的，假如因革命與征服而使其有所變更，假如這種變更是用另一業務團體來替代，則在新的秩序成為習慣時，所有的理性與合理性概念亦必隨之俱變。

因為誰能有把握的說，現代資本主義國家裡數以百萬計的民眾所遭受的苦難與貧窮是由於承認神聖或自然權利所致，或是由於交易的合理性、估價與分派優於安達曼島居民的迷信，優於希臘及南方各州的奴隸制度，優於義大利或俄羅斯的獨裁政治所致呢？這許多無非是制度的複雜性在當時當地產生其作用的方式而已，且沒有一個人是神聖到可以把他的天性與理性定得不同於集體行動對他以及對別人所定的標準。合理價值並不是智力的或理性的 —— 這是愚蠢、激情與無知的估價，是統治的集體行動管控個人行動的估價。在美國以及在全世界都希望這種慣例可能有所改善，不過，縱然如此，這究竟是改進抑或是墮落還可能成為爭議之點。

---

108 參閱本書前文，第三章魁奈。

無論如何，優勢的制度總是以集體行動來決定何者爲合理，至於個人們的想法如何則非所問。我們把達到此項決定的程序稱之爲**政治**。

貳、商人資本主義、雇主資本主義、銀行業者資本主義——產業的階段

上述自然權利與合理價值這種相對的意義是歷史演進的意義。無論其爲進化或墮落，是個人或團體意見的問題。這些意義都是倫理的，但卻不是按照主觀的倫理意義解釋，而是按照制度的倫理意義解釋，這種倫理設定了理想典型作爲集體的指導，由利益衝突之中求取秩序，凡此皆足以保持集體性的持續經營，而以歷史的命運來決定其爲錯或對。

歷史的階段決定何者存活，這些階段可以區別爲產業的與經濟的兩大類。這兩類的階段是不可分的，所以在我們加以論述時不得不使其互相重疊，不過，產業的各個階段是**技術**的變遷，馬克思和他的追隨者稱之爲唯物史觀。經濟的各個階段則是制度的變遷，我們廣泛的稱之爲**稀少性**、**富饒**與**穩定化**階段。

我們不打算回溯到人類學上的各個階段，而是限於由封建制度演進到資本主義。我們在這裡必須談到一些「偉大觀念」，我們把這些觀念稱之爲社會哲學。

資本主義並非一個單純的或靜態的概念。這是三個歷史階段的演進概念：**商人資本主義**、**雇主資本主義**與**銀行業者資本主義**。在目前，後述的這種資本主義居於優勢地位，因爲信用制度在此刻極其盛行，第一種資本主義是起因於市場的擴展，

而第二種資本主義則是起因於技術的進步。

各種不同的產業各以其不同的速度向最後的實現而邁進。有一種典型的美國產業——製鞋業，[109]其產品是可運輸的，這可以用來說明這幾個階段的演進，說明其技術與擁有權的變動。對其他各種產業也可以作類似的調研而互相比較。這裡所附的圖表可以概略地說明這幾個階段及其相關的各個階級、擁有權與組織的演進。

在農業時代的早期，製鞋業者是一個巡遊的技術熟練工人，帶著他的手工具到他的雇主農人家裡，而由這個農人的家屬做一些不需要技巧的工作。顧客是資本的擁有者。勞動者的工資是用膳宿與貨幣為給付。

接下來，隨著城市的出現，顧客們旅行到製鞋業者的所在地來。他開設了他的店鋪，也許就是在他家裡，他以一身而

---

109 見於所附圖表《產業階段》。參閱康芒斯的「美國製鞋業者，略述產業的演進」（The American Shoemakers, A Sketch of Industrial Evolution），發表於《經濟季刊》，第XXIV期（1909年），轉載於康芒斯的《勞動與管理》（*Labor and Administration*，1913年），第十四章。此等案件轉載於《公文書記錄的美國產業社會》（*Documentary History of American Industrial Society*），第三卷。並參閱畢歇爾（Bücher, K.）的《產業演進》（*Industrial Evolution*，1901年譯本），他首先說明由技術的演進轉為市場的演進。我本人也看到與此相似的發展，在芝加哥的男士服裝工業裡從1900年起的二十年間重行出現。再請參閱桑巴特的不朽名著《現代資本主義》（*Der Moderne Kapitalismus*，1928年，共六卷）。

產業階段

A	1	2	3	4	5	6	7	8
	市場範圍	議價類別	資本擁有種	產業階級	工作種類	競爭威脅	保護組織	實例
①巡遊		工資	顧客－雇主　物料　家屬贍宿	農場家庭熟練助手　職工	熟練監督	家庭工作者	無	巡遊的個人（1648年）
②個人		顧客訂貨	商人－業主－職工　物料　工具　住家店鋪	商人－業主－職工	「訂製」	「劣製品」	手工藝行會	波士頓「製鞋業公司」（1648）
③本地		零售	商人－業主　物料　製成品　短期信用　銷貨店鋪　／　職工　手工具　住家店鋪	商人－業主－職工　／　職工	「店鋪」	「市場」工作　「廣告商」拍賣	零售商聯合會	費城「哥多華皮（中世紀製鞋用高貴皮革）業主協會」（1789年）
④水道		躉售訂貨	商人－業主　物料　製成品　長期信用　貨棧　／　職工	商人－業主　／　職工	「下訂單」	「工廠」加入工會，不罷工的工人　州際生產者	職工協會　雇主協會	費城「哥多華皮職工聯合會」（1794年）
⑤公路		投機性躉售	承包商　工作店鋪　／　商人資本主　物料　製成品存貨信用　銀行信用　倉庫　「製造廠」　／　職工　手工具	承包商　／　商人資本主　／　職工	團隊工作	監獄、血汗工廠　「外國人」「加速工作」	職工協會、製造業者聯合會（註）　雇主聯會	費城「哥多華皮職工聯合會福利會」（1835年）

B

	1 市場範圍	2 議價類別	3 資本擁有權	4 產業階級	5 工作種類	6 競爭威脅	7 保護組織	8 實例
	⑥鐵道	投機性躉售	商人資本主 物料 製成品 銀行信用 倉庫「製造廠」 / 承包製造商 工作店鋪 / 職工 足動機器	商人資本主;散工;躉售商 / 製造業者 / 職工	團隊工作	新手 中國人 孩童婦女 囚犯 外國人	工會 僱主聯合會 製造業者聯合會（註）	「聖克列斯賞騎士團」（1868-1872年）
	⑦世界	工廠 訂單	製造業者 物料 存貨 信用 動力機器 工廠 / 製造業者;勞動者 無	製造業者（垂直整合） / 工資與薪金勞動者	計件工作	童工 延長工時 移民 外國產品	產業工會屬 主聯合會 製造業者聯合會（註）	「靴鞋工人工會」（1895）
	⑧世界	租約、股票、債券	銀行業者 投資者 / 勞動者 無	投資者 / 管理 / 工資與薪金勞動者	標準化	價格及工資 削減者	控股公司 研究單位 卡特爾 專利 商譽 工會	製鞋機（1918年）美國鋼鐵（1920年）

（註）製造業者聯合會係基於商人或定價格功能而能組織的聯合會。

兼任擁有者、商人、雇主與職工或技術熟練勞動者的功能，不過，在此以後又分開了。他擁有他的物料、工具與店鋪。在工作尚未完成*以前*，他要爲品質與價格而議價，因此，我們稱之爲顧客訂製的產業階段。他是他本人的雇主與雇員。他是自己僱用自己。非技術性的工作是由學徒或助手們去做，前者是被他用契約束縛而服務，在契約裡，他享有一個爲人父母的權利，而負擔傳授這一行手藝與基本學識的義務。他是一個學校的校長，也是這一行業的主人。

這是手工業行會的產業階段，是主人與僕人的階段。時至今日，美國所殘留的只有兩種手工業行會的記錄，就是1648年波士頓的「製鞋業者公會」與「箍桶業者公會」。特許狀是因製鞋業者們的申請而頒發，使他們有權設定品質與技藝的標準，並得向法院檢舉以抑止惡劣製品與不良工人。他們受到禁止，不得抬高靴鞋與工資的價格，亦不得阻礙前一階段的巡遊者加工於顧客所擁的皮革。在十五、十六這兩個世紀裡，歐洲各國也有與此類似的保留條件。排除惡劣製品與不勝任的製鞋業者非但是一項義務，並且還是一項特權。作爲義務看待，這保障民眾的利益；作爲特權看待，這排除無效率工人的競爭。到最後，在歐洲各國此項特權的比重更高於義務，所有的行會終於被制壓或取消其特權。在波士頓市，這種特許狀只行使了三年，其後並未換發。

隨後到來的是零售店鋪階段，這時，商人的功能和業主與勞工的功能開始劃分，並且也開始有了*商人們*的結社，其目的在此時是要阻止公開市場的拍賣，廣告或削價。身兼商人的業主在貿易呆滯的時期用低廉價格囤積許多鞋子的存貨，這不是

如同顧客訂製階段在工作尚未完成*以前*談判價格，而是在工作完畢*之後*再行議價。因此而開始投機性市場的階段，商人的功能漸形重要，而雇主的功能與雇員的功能漸次消退。

　　不過，這些功能還沒有完全劃分。隨著水道的擴展，一個身兼商人的業主必須到遠處去尋訪零售商。他攜帶樣品而接受訂貨，準備等到日後再行製造與交貨。這個階段的來臨約在1787年美國制定**憲法**的時期，「製造業者」與工匠們的熱情以及慶祝制憲的遊行表示了他們的需求，要廢除殖民地的關稅，因為這種關稅催毀了薆售訂製的業務。其結果是空前的繁榮，拓展了自由市場，而證實了**憲法**的符合眾望。

　　但在不久之後，又出現了一個新問題。一個熟練工匠在此刻必得要為三種不同競爭水準的市場製造靴鞋。這還是用同等品質的物料，技藝與手工具製成的同樣靴鞋。然而在顧客訂製的市場上可以把價格訂得比在零售市場上高，而在薆售市場上更有運輸與兜攬生意的額外費用。工具與技藝既是無所變更，倘使要保持同等品質，則一個身兼業主的工人要想應付這三種不同水準的競爭，就只好對零售市場上的鞋子給付較低的工資，低於顧客訂製市場上的鞋子，而付給薆售市場上鞋子的工資更低。於是發生了這個新問題：何以在同一時間，因同一工人所做的同等工作所給付的竟是三種不同的價格？

　　正因為同等的工作有了這三種不同的工資，所以才激發1794-1806年第一家哥多華皮職工工會的存在。這些職工們組織起來，為的是要排除「工賊」，並由此而強迫身兼業主的工人對各個市場上的鞋子給付最高的或顧客訂製的工資。這時，業主們為防禦起見也有了*雇主聯合會*的組織，以壓低零售與薆

售訂製市場上的工資，但顧客訂製市場上的工資則不在壓低之列。這個問題提請審訊時，按照普通法的規則，宣告職工們的陰謀背叛並予以懲處，對工人們的結合，無論其為圖利自身抑或是圖害他人，普通法的規則總是一概加以敵視。[110]

再其次我們要講到的是產業的投機性蔓售階段，在這時期出現了身兼商人的資本主與商業銀行。費城所保存的1835年公文書足以指示這個階段的來臨。一個身兼商人的資本主和一個身兼業主的工人不同，他並非由學徒升為熟練工匠後再成為業主匠人，他只是一個商人，通常是來自局外，並不熟悉製造的技術。後述身兼業主的工人在此刻變成了小承包商，開設著小店鋪，他和他的熟練工匠及學徒們在一起工作，而把他的產品出售給身兼商人的資本主。身兼商人的資本主擁有原物料與倉庫，他僱用設計師、樣品製作者與裁剪工，他把一部分形態已經變更的物料供給小承包商，這些承包商相互競爭專做勞動工作，把原料轉為靴鞋。這是產業的血汗店鋪階段，過去身兼業主的工人成為這種店鋪的頭領，他獲取他的利潤，並不是由於手工具的改善，並不是由於買進物料而賣出靴鞋，他的利潤只是取之於工作的血汗，連他本人的血汗也包括在內。

---

110 參閱《費城鞋業職工審訊案》（1806年）。《公文書記錄》，第三卷，第61頁以次；並參閱康芒斯的「1648-1895年的美國製鞋業者」（The American Shoemakers, 1648-1895），載於《經濟季刊》，第XXIV期（1909年）；耐爾斯（Nelles, Walter）的「美國勞工的第一件訟案」（The First American Labor Case），載於《耶魯大學法律期刊》，第XII期（1931年），第165頁。

　　這種情事之所以發生是起因於身兼商人的資本主享有議價的優勢。由於市場的擴展，他可以挑選各種不同的製造方法。他可以在遙遠的地點製成他的靴鞋，也可以從國外將其輸入。他可以和政府訂立契約，僱用獄囚的勞動。他也可以在家裡僱用工匠以及婦女與孩童。他可以僱用從前身兼業主的工人們作為小承包商。他可以加強他們相互之間的競爭。他剝奪零售商人的雇主功能。雇主們在此刻已經成為沒有資本的血汗店鋪頭領。身兼商人的資本主促使商業銀行創設起來，他的「資本」不再是古典派經濟學者們的「技術」資本，而主要是「營業」資本，其中包括銀行所融通而墊付給零售商的短期信用。因此，我們把他的出現稱之為產業的投機性躉售階段。

　　在這個商人資本主義的階段，特別是在法國和美國，接受了戈德溫「政治正義」的無政府主義哲學，而將其轉為經濟學。法國的普魯東和美國的所謂「結社主義」早在1850年以前就接受了傅立葉（Fourier）的學說，建議身兼業主的工人與小農們作志願的合作——在農業裡這些小農相應於產業裡身兼業主的工人——以便取代商人資本主的地位。他們建議合作社倉庫與合作購買原物料。他們建議合作社銷售產品。他們建議相互競爭的血汗店鋪承包商所開設的小店鋪或是小農的農場都應該合作生產。除了法國與美國以外，在愛爾蘭、西班牙、義大利、俄羅斯等國，所有的農人大都是小農，都要繳付苛刻的額外地租給大地主，無政府主義採取了革命的形態，分割地產而將其擁有權轉屬於小農，作小規模的持有；不過，這一點在法國1789年的革命早已做到，而在美國北部農人們的小規模持有地則是由殖民地時代留傳下來的。所以在此等國家裡無

政府主義的應用並非在於地主制度的廢除，而是在於商人資本主義的廢除。

在把無政府主義哲學付之實施時，所有的實驗都得到崩潰的結果。[111]不過，在這一段時期內，麻薩諸塞州（Massachusetts）的製鞋業者們於1842年獲得法院的判決，修正了費城訟案的普通法教條，主張工人的結合如果是爲自身謀求利益，縱然其罷工的目的是要排除非工會工人於店鋪之外，並由此而提高工資，這並非不合法的陰謀。[112]在這一次的判決以前，早已有一種主張，認爲雇主們的結社，如果其目的在於自我防衛，以抵抗靴鞋工人工會的侵襲，這是合法的。[113]到此刻，勞動者類似侵略性的結合顯然也成爲合法了。

這一類的判決奠定了由結社的無政府主義哲學轉向手工業的工會主義哲學之基礎，法文譯名稱之爲「工團主義」（syndicalism）。[114]工會主義或工團主義，無論其爲雇主與製造業者們的結社，抑或是雇員們的結社，都是無政府主義的

111 參閱康芒斯與其同仁合著的《美國勞工史》，第一卷，第496頁以次。

112 參閱共和對亨特（Commonwealth v. Hunt）案，檔號4 Mitcalf 44-45 Mass. Reports 111（1842年）。

113 參閱共和代表祁悠對卡萊爾等（Commonwealth ex. rel. Chew v. Carlisle, Brightleys' Nisi Prius Cases）案，檔號36（1821年）。

114 關於法國的工團主義，參閱埃士合（Estey, J. A.）的《革命性工團主義評介》（*Revolutionary Syndicalism, an Exposition and a Criticism*，1913年）。

擴張，因爲這是把國家不得干預的教條應用於結社；早年的無政府主義者只是將其應用於個人。由於法院的判決，將國家對私人結社所訂規章不得干預，也阻止私人的干預，到把無政府主義的理想併入普通法之中，所以在過去認其爲陰謀，而到此刻已經成爲結社的合法權利。然而，數以千計的爭議判決仍然是在合法的與不合法的慣例之間畫著一條界線，此界線還包括那些干預結社者所訂的慣例，所以，無政府主義者建議廢除政府的這種不干預，其本身也必須是在政府出面干預以阻止他人干預時才能辦得到。[115]

再其次的一個階段是機器的問世，其之可能出現是由於鐵道與電信使市場大爲擴展所致。我們已曾指出，這個階段的來臨是在1850年代。[116]所有的一切產業莫不皆然，而製鞋業則是其中的典型。在1860年代以前，製鞋業的發明只限於手工具設計的改善——僅爲技藝的協助，而不足以替代技藝。與此迥不相同的是1857年的釘鞋跟機與1862年麥凱（Mckay）的縫鞋底機。製鞋工廠系統驟然之間出現廣闊市場與戰時高昂物價的基礎。在1867年以後的衰落期間成立了第一個偉大勞工組織，**聖克里斯平騎士團**（Knights of st. Crispin），人數計達50,000之多，包括顧客訂製店鋪、零售與蠆售訂製店鋪以及商人資本主所設血汗店鋪的店員，其爭議有二：一是抵拒工資

---

[115] 關於此項程序的全部歷史與分析，參閱維德（Witte, E. E.）的《勞工爭議之管理》（*The Government of Labor Disputes*）。

[116] 參閱本書前文，第二章，第四章專利。

的削減；二是拒絕傳授生手如何運轉機器。[117]到此刻，小承
包商變成了製造業者，但卻沒有市場，或信用，因爲對這兩項
他還得要求助於中間人，無論其爲商人資本主，抽佣代辦商，
中盤商或蔓售商。勞動者失去了他的工具，中間人管控市場與
價格，「製造業者」把他這個名稱的意義由字面上的手工工作
者轉爲一個雇主，勞動者由「僕役」轉爲「雇員」。所有的組
織由熟練技術工人的手藝工會轉爲所有勞工階級的產業工會；
製造業者也分裂成爲兩種不同的結社：一種是雇主協會，其目
的在於維持低廉的工資；另一種是製造業者協會，其目的在於
保持高昂的價格。

共產主義哲學的出現就是在這個動力機器階段。馬克思對
英國的工廠制度研究得最透徹，這種制度是雇主資本主義的開
端，英國把這種制度施用於紡織與五金產業比其他各國也許是
領先了50年。馬克思預言，所有其他產業，甚至包括農業在
內，將會跟進，而實際上在許多產業裡果不出他所料。在過去
的三十年間，本書作者也曾觀察過美國的男士服裝工業，也是
由商人資本主義轉爲雇主資本主義，由血汗店鋪轉爲工廠，承
包商也都變成工頭。

在此項過程中，一個製造者總是企圖擺脫商人資本主的
束縛，透過他的最終顧客在可能範圍內建立起他自己的市場，
他並且要取回原物料來源的擁有權。所謂「產業的垂直整合」
（vertical integration of industfy）就是創始於製鞋業，由道

---

117 參閱勒斯柯海（Lescohier, Don D.）的「聖克里斯平騎士團」，載於
《威斯康辛大學公報》，第355期（1910年）。

格拉斯公司（Douglas Company）於1880年首開其端。因爲他
們開設了他們自己的零售店鋪，建立了對顧客的商譽，所以他
們把市場由中間人的管控轉爲由製造業者來管控。

　　在製鞋工業裡的隨後一個階段是其所特有，因爲機器的擁
有權在這個階段已經和製鞋工廠的擁有權分開了。**聯合製鞋機
器公司**（United Shoe Machinery Company）獲得了專利法的
優勢，幾乎所有的製鞋機器全都是由該公司所製造並擁有，而
將其分別租賃給製鞋業者。1918年，最高法院接到政府的申
訴，要求解散這家公司，然而，因爲有三位法官表示異議，終
於承認這家公司的安排並沒有違犯反托拉斯法。這家公司是由
七個製鞋機器的製造業者合併而成，最高法院發現他們合併起
來的專利權包括製造某幾種等級鞋子多達100項不同工序由不
同機器完成；且發現這家公司所買賣的機器有150種到200種
之多；發現全部專利權雖是合併爲單獨一個擁有權，但在實際
上並沒有壓抑競爭；發現所有的資本都是投放於這家公司的股
份故需要既得利益；發現這家公司時常取得新機器的專利，以
替代陳廢的機器與逾期的專利；發現這家公司經常保持一群修
理工人爲製鞋業者保養機器；發現這家公司教導著數以千計的
雇員們如何使用機器；發現這家公司增高了製鞋產業的效率；
發現最初的貿易限制僅在於因發明而授與專利權的本身，而並
非在於專利的聯合擁有權；發現租賃契約之中的「約束條款」
雖是要求承租的製造業者專用這家公司的機器，並向這家公司
租用非其所專利的機器而不向其競爭者租用，卻非強迫，因爲
承租者也很「願意」這樣做，他們藉向一家公司租用所有機器
的機會而獲益；並且發現這種租賃制度足以使資力不甚充裕的

製鞋業者們獲得他們所無力購置的機器。[118]

　　製鞋產業的最近一個階段雖是其所特有，因為製鞋機器的製造受到了管控，但靴鞋的製造卻還是有高度的競爭，其他產業已經達到了相類似的整合階段。[119]一般說來，這些產業在一開始時是採取控股公司的方法，取得了彼此競爭的州政府所頒發的特許狀，其結果是使此等產業的慣例統在**美國最高法院**的司法管轄之下。[120]這個法院透過裁決爭議以制定法律的普通法方法，在某些訟案中解散了這一類的公司，[121]但是到後來在其他訟案裡，例如：**製鞋機器**案（1918年）及**鋼鐵公司**案（1920年），則僅是核准或核駁其所施行的慣例而已。由於工廠的整合與合併，引進了銀行業者資本主義這個階段。

　　在商人與雇主資本主義的十九世紀，商業銀行以其短期信用成為一個典型的銀行業者。到了二十世紀，銀行業的集團（banking syndicate）或投資銀行業者通常和商業銀行聯在一

---

118 參閱美國政府指控新澤西州聯合製鞋機器公司案。檔號247 U. S. 32（1918年）。

119 欲知其洋，請參閱米德（Meade, E. S.）的《托拉斯財政》（*Trust Finance*，1903、1913年）。

120 參閱本書前文，第二章，第一節，壹、**由公司轉為運營中的業務團體**。

121 北部證券公司對美國政府案（Northern Securities Co. v. U. S），檔號193 U, S,（1904年）；美國政府對美國菸草公司案（U. S. v. American Tobacco Co.，（檔號221 U. S. 106（1911年）；**新澤西州標準油公司對美國政府**案（Standard Oil Co. of New Jersey v. U. S.），檔號221 U. S. 1（1911年）。

起，由過去募集公司與國家特種債券的間歇性活動，轉進到工業合併的主導地位，把外國與本國債券出售給民眾，且管控其出售債券公司的董事會，並實質負責，以維護其對投資者的商譽。他們在社會經濟不景氣時援救一些瀕臨破產的企業，將其接收下來，到了轉為繁榮的時期，他們就把這些企業加以重組，並給予資金的融通。在此刻，數以百萬計散居於各地的投資者現在自動的來登記，在銀行業者的導引之下，把他們的儲蓄轉為他們所信託的銀行業者舉薦的投資。銀行業者達到了他們的能力之極限時，例如在1932年，政府本身就組織一個龐大的重建金融機構來紓困這些負債太多的銀行業者。這時，銀行業者所管控的中央銀行又升高到新的重要地位，而由「銀行業者資本主義」來管控產業與國家。

參、稀少性、富饒、穩定化──經濟的階段

(一) 競爭

產業的各個階段是起因於技術上的變遷，在迅速大規模的商品運輸，在瞬間獲得全世界知識和協商的傳遞時，就到了登峰造極，站在歷史的觀點上，我們又將其劃分為三個與此相應的經濟階段：第一是「工業革命」以前的**稀少性**時期，這一次革命是從十八世紀開始，一直延續到如今，透過集體的行動而增高其速度；第二是**富饒**時期，在一百多年之間伴隨著工業革命而來的是供給量過剩與不足的交互更迭；第三是**穩定化**時期，肇端於十九世紀資本主與勞動者的協力運動與競爭條件的平等化，以及二十世紀美國的「自己生活並讓別人生活」政策。

　　建構這三個歷史時期的基本原則在於物質管控與合法管控之間的區別。物質管控就是技術；合法管控則是權利、義務、自由與曝險，這些都是社會在現時的效率、稀少性、習俗與統治權的實質力量種種情況之下所指派給個人的。

　　在稀少性時期 —— 無論其起因是由於缺乏效率，由於暴力，或是由於戰爭、習俗或迷信 —— 的合法管控與轉讓和在富饒時期及穩定化時期迴不相同。在一個極端稀少性或戰爭的時期，社會通常要求助於人力投入與產出物的配給，只有最小限度的個人自由，但卻有最大限度的共產主義、封建制度或政府管控，透過實質的強迫而實施在其後的一個極端富饒及綏靖主義時期，則有最大限度的個人自由，而只有最小限度的政府管控，個人的議價替代了配給。至於穩定化時期，對個人自由加上了新限制，這種限制如在俄羅斯或義大利主要是憑藉政府的制裁予以實施，但在美國，直到目前為止，則主要是由協會、公司、工會以及製造業者、商人、勞動者、農民與銀行業者的其他集體運動所作祕密的、半公開的、公開的或仲裁的協力行動用經濟制裁予以強迫實施。

　　在歷史上的稀少性時期，財貨的合法管控與實質管控不可分。一個擁有者把實物商品或服務交付給另一個人，則習俗與普通法就把這種實物的移轉解讀為合法管控的轉讓。但在富饒與穩定化時期，合法的管控與轉讓在商人與金融業者們的手裡已經分開了，而實物管控與實物轉讓在工人們的手裡仍然是遵照商人與金融業者的命令繼續進行，透過管理而傳達。這兩種管控始終是交互關聯著，不過，其關聯的程度、方法、效果與遲延則在稀少性、富饒與穩定化這三個時期裡極不相同。

　　我們並不打算回溯到共產主義分派制度所特有的原始稀少性時期，我們只要從封建制度轉爲現代議價制度的出現這個時期說起，其最初顯現的形態是**重商主義**或**商人資本主義**。在這個資本主義稀少性時期的初期，有關商品與服務這兩種產出的習俗與普通法其實質大不相同。

　　商品可以移轉而毋須移轉生產者的自身，但服務則是生產者自身的移轉。在早年時期，商品的移轉和服務的移轉一樣，也是擁有者的移轉，與商品同時移轉到市場上。由於政府的懦弱乏力與民眾的暴力及僞證，所以必須鼓勵強有力的權貴出來建立市場，並加以保護，而防止盜賊與騙子的侵入。因此，一個市場在創立的初期通常附有特殊的壟斷性許可，其名稱爲："aliberty"（自由、特許）這是授與強有力者的個人或教會權貴的一種授權，使其主持買主與賣主的集合，並收取市場使用費，以酬其保護之勞。似這般建立起來的市場到了最後總是要由普通法院在裁決爭議而定下的規則加以管理，不過，這些規則在當初都是由此等市場自行訂定的。法院在作裁決時發展了「開放市場」（market overt）的原則，或公眾的、自由的與平等的市場，如同我們在**芝加哥農產交易所**（Chicago Board of Trade）這一案裡所見到的一樣。[122]這就是現代的「開放市場」。到後來，此等原則擴展到零售的商店，而到最後，開放市場所專有的特權又被取消，但其公開、平等與自由的原則卻伸展到所有市場。此等原則並非天賦的與自然的，而是實際上

---

[122] 參閱前文，本章第五節。

由各個時代的善良與不良慣例所建構。早年的重農派與古典派經濟學者們認為此等原則是由神聖的**上帝**或大自然秩序所留傳。

　　首先，既是把「開放市場」的權利授與一個人，則接受此項權利的這個人就必須提供權衡與量度的標準和一個監督衡量的人員。他有權並且必須設立一種特殊法庭（pie poudre courts），以便迅速裁決爭議並強制實施契約。每一個人在他的共同權利中皆享有「攜帶他的財貨進入公開市集而出售的自由」，所以這個土地或市集的擁有者或市政的當局不能因為未付地租或市場使用費而把這些財貨的本身扣押起來，他們必須為地租而自行提起訴訟。任何在實質上足以阻礙市場而使人被擯斥於一部分市場以外的干擾皆在禁止之列。[123]

　　這些都是市場的地主或保護者對財貨的實物移轉所應盡的義務。不過，尤有進者，對市場上買主與賣主合法管控權的移轉也必須提供規則。此等規則到後來也擴展到所有的零售市場上。科克爵士把他在三百年前編著《法制論》時開放市場上有關權利移轉的普通法作摘要的論述。他說：

　　「普通法認為這是一個偉大政策的要點，也是一件共和政府所應該做到的事，凡是開放的市集與市場皆必須充盈著並妥善供應在市集與市場上可以出售的所有式樣商品，以應民眾維生與使用之需。為達成此一目的起見，普通法已規定（以便鼓

---

123 參閱科克所著《法制論》（*Institute*，1842年），第二編，第一章，第220-222頁。

勵群眾前來），在開放市集或市場上可售商品的銷售與契約不
但在當事人之間爲有效，並且對於來到市集與市場而有相關權
利的群眾一併具有約束力」。[124]

　　換句話講，爲鼓勵買主們到市場，法院必須設定相當標
準使買主們對他們所購買的財貨獲得清晰的權利，且由此保護
他們對抗第三當事人，這些當事人也許要說這些財貨是被竊
的。開放市場就是一個在暴力、盜竊與僞證流行的時代可能取
得商品清晰權利的地點。所以，在科克所引述的訟案判決裡，
財貨的出售必須是在一個「公開或開放的地點，而不是在一個
倉庫暗室之類的處所」。在這裡，「開放」這個用詞隱含「適
當而充分，不是在一個放高利貸者或類似的店鋪裡公開出售金
屬板，而是在一個金匠的店鋪裡將其公開出售」。售賣絕不可
在夜晚，而必須是「在太陽的升起與落下之間」。夜晚的售賣
在當事人之間雖屬有效，但卻不能拘束一個有權利的陌生人。
售賣行爲絕不可出之於「兩個人之串謀，蓄意阻擋有此權利
者」，「一個契約也必須是完全而原始的在開放市場上所訂
立」。並不能有「市場外攔截而在市場完成」的情事。我們已
經知道，這就是**芝加哥農產交易所**訟案裡所認可的規則。不
過，假如賣主又重行取得了這件財貨，則合法擁有者絕不會遭
受阻擋，因爲這個賣主是不當行爲者，他不能占他自己不當行
爲的便宜。再說，假如買主明知道這個賣主是不當占有者，他

124 同前書，第713頁（1642年版）。

也「就不能阻擋有此權利者」。

此等規則建立了可讓渡性，或是用類比稱之為**商品的可轉
讓性**，這可以適合一個**稀少性與不保障時期**，在這個時期裡實
際上是把實質財貨攜帶到市場上來，沒有信用制度，沒有為未
來交貨而做的製造與銷售，也沒有報紙上的公開價格。按照科
克的說法，這些規則顯然是被法院所採納，我們在**芝加哥農產
交易所訟案**裡也已經看到，為促進公共利益，藉著鼓勵買主與
賣主們互相接近，親自攜帶他們的產品到市場上來，確保，購
買者只要對所接受的價值有誠心可取得權利而對抗全世界的人
們。實際上，這種可讓渡性或可轉讓性的質性就是法律要想建
立一個自由、平等及公開的市場所必須的第一規則。到後來，
其適用範圍又加擴展，不但實質商品，就連無形財產也包括在
內，「**可轉讓性**」這個用詞，按照其專門術語的意義來說，可
以應用於此項擴展。

此外，屯積居奇、抄作、獨占等罪行亦為普通法所禁
止，因為此等罪行都是收購或買回大宗商品、超出於這個購買
者本人所能使用或零售出去的數量以上，所以被認為這是富有
之人企圖抬高價格，而否定了買主與賣主之間的平等。[125]

不過，這些普通法所禁止的罪行實際上是禁止了除由其他
國家進口以外的一切躉售商業，實際上既是判定躉售商業為刑
事罪行，這也就可以說明在早年的稀少性時期所經營的工業，

---

[125] 參閱科克的《法制論》，第195-196頁；及檔號4 B1a. Com.158一案
（1765年）。

其規模必然是極爲狹小，而通常送到市場上來的產品，其供給量必然是極爲菲薄。此等反對薑售商業的法令早在1772年就有一部分被廢止，而到了1844年，普通法上所有關於屯積居奇、獨占、抄作的罪行皆已全部刪除。[126]1844年所頒條例的序文是複述1772年的序文，其中所舉應予廢止的理由之一是說，根據我們的經驗，「對買賣生活必需品的限制」阻止了各該商品的自由貿易，有「抬高其價格而妨礙其成長」的傾向。此等限制所禁止的實際上就是薑售商業，所以，1844年所頒條例把英國的薑售市場全部開放，其所保留的只是散布虛僞謠言，意圖抬高或貶低任何財貨價格的罪行，再不然，就是以威力或恫嚇阻止攜帶任何財貨到任何市集或市場上來的罪行。往昔的規則已經不再是必要，實際上，這是在富饒時期否定了自由與平等，而在這個時期，財貨卻必須作薑批的買賣，並且必須從遠距離迅速轉運得來。

　　從1772年開始，所有反對屯積居奇、抄作、獨占的法律既經陸續停止施行以後，薑售市場的出現清楚顯示合法管控權的移轉與實物管控權的移轉兩者之間的區別。法律上不再規定一個賣主必須親自把他的財貨少量的攜帶到市場上來，而使現代的產品交易所與薑售市場得以產生，和在**芝加哥農產交易所**訟案裡的情形一樣，財貨的合法管控權可以僅憑樣本與規格用電信或電話予以移轉，這樣的移轉合法管控權可在任何地點，任何時刻發生效力，由「現貨」到「未來期貨」。

126　參閱檔號7，8 Vic.14一案（1844年）。

　　實物的交付，或是說，實物管控權的移轉，是在雇員們的手裡進行的，由農場或工廠開始，中間經過鐵路，一直到終極消費的地點為止。關於處置財貨的合法管控權，其合法的移轉可能在任何時、任何地因買賣而發生，這和財貨在雇員或消費者的手裡因生產與消費而發生的實物交付是分開的兩回事。所以這時商品的價格也不是商品本身的價格，而是有權強迫實踐在約定的時與地交付實物商品的諾言所具有的價格。

　　古典派的經濟學者們沒有把這種區別併入他們的理論之中。他們的「勞動理論」實在就是開放市場的理論，在當時，這種理論已經逐漸變為陳腐無用。

　　普通法對於除屯積居奇、獨占及抄作以外所有各種貿易限制一概加以禁止，認其為有損於公共福利，因為這些貿易限制阻止個人們自由進入市場，或自由提供他們的產品或服務，或自由增加，維護民眾的利益與其所需維生物品的供給量。對這些其他不是針對蠆售貿易限制的禁止一直傳留到現代，並且擴大其範圍，凡是有新的限制方法出現皆在禁止之列，不過，到了穩定化時期，此種禁止已經大為緩和。

　　所以，在稀少性時期，一直到十八世紀的中葉為止，普通法總是想盡方法排除其所認為不良的商業慣例，而增強其所認為良好的慣例，並由此而建立了自由、平等與公共市場的基本原則，這就是說，一致的權重與量度、商品的可讓渡性、所有的人和商品皆能自由進入市場，以及與祕密對抗的公開交易資訊或公開性，有某些在稀少性與不保障時期所必需的普通法規則，雖是到十八世紀以後皆已廢止，這時，政府已經有能力建立保障，且各種新發明也帶來了富饒時期，然而一個自由、平

等與公開市場所具有的四項屬性還是多多少少的予以保留，這四項屬性就是：衡量的一致性標準，可讓渡性、可接近性與公開性。這四項屬性構成了我們所謂的隱形財產。

然而，富饒時期卻正帶來了相反的罪行，這就是說，帶來了摧毀性的、不公平的或割喉式的競爭。早在十七世紀的初期，此種情勢已迫使法院不得不支持並維護許多「合理」的貿易限制，到後來，這些貿易限制的名稱就是商譽、商號、商標以及晚近所熟知的「不公平競爭法」（law of unfair competition）。[127] 不過，雖然有這些合理的貿易限制，但十九與二十這兩個世紀還是經歷週期性的與商品普遍的供給過剩，按照不規則的循環及趨勢而發生。此等供給過剩引起了摧毀性的競爭。製造業的價格戰爭與運輸業的費率戰爭把弱小的競爭者消除掉，並使一般的競爭者相互合併或吸收，成為大的組合。在最初，為面對這一類防止費率戰爭與價格戰爭的組合，就把古代的法律予以更新，以反抗壟斷、反抗陰謀、反抗其他貿易限制的慣例。這些法律便是十九世紀的最後十年所頒行的反托拉斯法。但此等法律在**運輸、製造、勞動**與**銀行業務**這四大部門的運作卻始終未能產生有效的作用。

在運輸業的範圍之內，美國《州際商務法》（1887年）的條文公開採取了穩定化政策，因為在當時已經發現價格的削減與祕密的回扣等慣例，其為害於群眾並不下於壟斷與敲詐等陋規。但在製造業方面卻是一直等到《聯邦貿易委員會法》

---

127 參閱康芒斯的《資本主義之法律基礎》，第263頁以次。

（*Federal Commission Law*）與《克萊頓法案》（*Clayton Act*，1914年）頒行以後，這種穩定化政策才完全見諸實施，按照規定，對價格的削減加以懲罰，如同往昔的法律懲罰抬價一樣。到最後，**聯合製鞋機器公司訟案**（1918年）與**美國鋼鐵公司訟案**（1920年）的判決建立了穩定化的原則，作為全國各法院的現行政策。因為，在**鋼鐵**這一案裡，司法方面發現這家鋼鐵公司的慣例在過去雖是明顯的協力運動，而在這一次又是控股公司的協力運動，和往昔所認為貿易限制的相類似，然而近年以來卻並沒有藉助於在與公眾交易時消除競爭的摧毀性價格戰爭。於是法院就宣布這家公司並未取得運費的折減，並未減低工資，並未減低其產品的品質，並未造成人為的稀少性，並未威脅或壓迫競爭者，並未在某一地區出售其產品較競爭者為低廉，而在其他地區維持原來價格，[128]並未用祕密回扣或不按照公開價格等手段以招徠顧客。這個法院說，無論其為競爭者或是顧客，皆不能作證這家公司所用方法含有威脅或壓迫行為，而在實際上他們反倒作證了這家公司所採穩定價格與交貨的知名與公告政策使一般的民眾皆能滿意。

所以，這是很明顯的，在運輸業與製造業方面，藉公開性以求穩定化的政策至少有一部分已經被採用，作為指導普通法制定法律的方法。

在勞工組織的歷史裡也有與此相類似的穩定化慣例緩慢的

---

[128] 此項判決到後來在「匹茲堡附件運費」一案中為**聯邦貿易委員會**所駁斥，但卻沒有上控於**聯邦法院**。這是上文所述費特爾的《壟斷之偽裝》（1931年）所依據，參閱前文，本章第二節**由個人轉為制度**。

發展出來。最初而廣泛的這類努力發生於1886年，當時在賓夕凡尼亞、俄亥俄、印第安納與伊利諾這幾個州相互競爭的，廣大區域內所有煙煤礦的礦主與礦工們公開同意訂定一致的工資與工資的差額，使各個礦主皆有同等機會進入市場，而免去祕密或個別的削減工資。競爭條件的穩定化對勞工的雇主們十分重要，與其對鐵道顧客的重要性相等，並且，這種慣例也和**鋼鐵公司**的慣例一樣受到了完全的認可。

有一個較爲晚近而同等重要的運動，其距離富饒時期的普通法或成文法更遠，這就是貨弊與信用購買力趨向穩定化的運動，在這方面最前進的經濟學者們是美國的費雪、瑞典的韋克塞爾與迦塞爾、英國的海特雷與凱恩斯，而在美國的轉捩點則是1914年所建立的**聯邦儲備制度**。

(二) **差別待遇**

在運輸、製造、勞動與銀行業務這四方面，穩定化原則的實施，其目的是要挽救某種慣例的缺點，這種慣例被認爲足以否定自由、平等與公開的市場，這就是可以稱之爲**差別待遇**的慣例。

在上文我們已經講過稀少性時期管理開放市場的法律規定。這是一個自由、平等與公開市場的開端，在這個市場上買主與賣主聚合起來受到市場地主的保護。不過，此外還另有一些賣主，他們並不把他們的產品帶到中央市場上來，而只要顧客到他們的營業處所來，他們爲公眾所做的服務總是一視同仁而毫無差別。這些賣主和現代的製造業者相應，製造業者出售其產品通常是按照製造地點船上交貨的價格，但也有時是按照交貨地點的價格，例如**匹茲堡附加運費案**的情形便是如此。

　　由於在早些時期像這一類的生產者極爲稀少，並且由於機械技能與訓練的稀少，所以當時的普通法就做了一項規定，凡是一個人開張營業，把他的服務無差別出售於大眾，他和一個爲自己工作或是專替某一個顧客或地主服務的人相較，他必須負擔三重義務，那就是：(1)爲所有到來的人服務；(2)按照合理的價格；(3)假如他根本沒有或是未曾運用這種技能，他就要負起損害賠償的責任。此等規定所管理的各種職業很廣，包括外科醫師、裁縫匠、鐵匠、木匠、運糧船（食品雜貨店主）、麵包師、磨坊主人、旅館主人、渡船業者、碼頭主人以及其他屬於「公共運輸業者」（common carriers）一類的人們。實際上，所有的這許多職業都是「公共職業」，與「公共運輸業者」通常是指對到來的顧客皆必須提供服務的人而言是同一意義。法律對於一個人是否享有壟斷權並未加以區別，實際上在那時代「壟斷」這個用詞是應用於此等職業之中的某幾類，這幾類職業必須先取得統治者所授與的特別許可或准許證，才能經營，例如一個渡船業者就是基於特種許可證或「特許」（liberties）的壟斷，而不是基於私人財產的經濟壟斷。

　　懷曼（Bruce Wyman）與愛德勒（E. A. Adler）在註腳[129]

---

[129] 參閱懷曼與比爾（Beale, J. H.）合著的《鐵道運費之規定》（*Railroad Rate Regulation*，1906年）；愛德勒「商業法理學」（Business Jurisprudence），載於《哈佛法律評論》，第XXXVIII期；及「普通法上的勞動、資本與商業」（Labor, Capitl and Business at Common Law），載於《哈佛法律評論》，第XXIX期（1919年），第24頁。

所引述的著作裡提出了兩種似乎相反的理論，來說明早期普通法對「公共就業」的態度。懷曼的解釋是基於稀少性原則，而愛德勒則是基於公開性或公共就業原則。不過，這兩種解釋無非是稀少性與習俗的兩項可變功能而已。這些「公共就業」是出現於封建制度崩潰時期，僅是由單獨一個主人管控之下的就業轉爲任何一個可能的主人管控之下的就業。替封建地主工作的一個鐵匠到了此刻必須替任何一個地主或所有的地主們無差別的工作。因爲法院是代表著統治階級的觀念，所以，按照習慣，這個階級要把替任何一個可能的主人服務的義務加在未經特許的工人之身，這是理所當然的事。在美國解放奴隸的時期也曾顯示過同樣的態度。從前的奴隸在**憲法第十三修正案**下成爲「自由人」時，並不能隨心所欲的自由拒絕工作，而必得要等到**憲法第十四次修正案**時才准許他們享受與過往昔主人同等的自由。[130]所以由農奴制度轉爲自由的初期階段，所有的工人與商人階級也是同樣的負有必須服務的責任。

　　稀少性原則也可以適用，因爲，倘若工人的人數眾多或供給過剩，則他們相互之間的競爭不會受制於必須服務的強迫規定。習俗與稀少性這兩種原則是等到後來才分別清楚的，這時，某些特定職業像公共運輸業者或渡船業者享有時或地的特權，他們還是處於強迫的爲公共服務這個舊原則之下，而其餘的職業卻是基於競爭性富饒的原則而獲得解放。到後來，在較爲晚近的時期，出現了穩定化原則，附帶工會、協會、公司、

---

130 參閱康芒斯的《資本主義之法律基礎》，第119頁。

集團（財團）以及其他與此類似的協力方法，限制個人的自由，以維護各團體其餘會員的自由利益，這似乎是有幾分又回復到稀少性的分派原則，而修正了富饒的議價原則。

在美國，可以適用於一切公共職業的這種原始規則也有時候要用到，不過，在很早期這種規則即廢止不用，除非是在可歸類為公共服務的職業或公司案例之下才用得到。在這一類的產業之中逐漸制定了法律，而到最後，此等法律的規定包羅萬象，就連由政府來訂定費率、服務與資本化也完全包括在內，加上對差別待遇的禁止。這是因為到了富饒時期，機械發明雖已大為增多，雖已使用機械的力量，然而此等為公共服務的職業不但是基於特別授權的合法壟斷，並且也是基於普通私人財產的經濟壟斷，所以此等職業占據了戰略地位，使別人引進競爭事業的機會受到限制。

但是，製造與經商事業的情形卻不相同。在這些事業裡，為顧全在富饒時期的公共利益起見：並不必須使從事於此等產業的人們受到義務的約束，得按照合理價格為所有到來的人服務。生產者與生產設備的供給始終過剩，在顧客們隨時找到替代賣主或買主時，再要強迫一個製造業者或商人按照合理價格為所有到來者服務，這對公共並無所裨益。因此，此等職業可以嚴格的作為私人企業看待，法律本身只須維護一個自由、平等而公開競爭的市場四大屬性即為足矣，這四大屬性就是衡量標準、可讓渡性、可接近性與公開性。

在往昔稀少性時期的情況之下，不可能產生現代倫理上或法律上的「差別待遇」想法。這種想法是產生於穩定化時期，並顯示出新習俗與狹窄利潤差價的重要性。

　　在早年自我雇用的時期，民眾或購買者並非靠經常買進商品或服務而生活，他們只是偶然的在開市日期或是在需要某項服務而不能自行供應時才去光顧。然而現代的商業與生活則是隨時隨刻完全依賴現代運輸業者、原物料或未製完物料現代製造業者、群集的現代勞動者、現代銀行業者與放款公司或財團所提供的服務。

　　所以，身爲購買者的一個現代商人，其所受到的損害並非由於他被敲詐而不得不給付的高昂價格，而是由於他的競爭者以低廉價格買去了他所要買的大宗必要商品。業務的經營所得利潤異常之狹窄，而數量又異常之巨大，假如他的競爭者所給付的價格低於他所給付的，他就要見擯於此項業務之外。但若他的競爭者所給付的數額和他所給付的一樣多，縱使他們兩人所給付的都是壟斷性及敲詐性價格，他也可以把這種高昂價格轉嫁給終極消費者。因此，現代商人所重視的在於競爭條件的均等化，只有經過穩定化才能使其均等化。

　　不過，在早年普遍稀少性的時代，足以損害購買者的並非我們今日所了解的這種差別待遇，而只是敲詐性高價。所以，在用到「差別待遇」這個字詞時，其所表示的絕不是差別性*低價*，其所表示的總是差別性*高價*。換言之，早年的普通法在應用於開放市場或是實際上應用於各種一切無差別爲公眾服務的職業時，並沒有一項規定是反對所有差別的本身，其所規定的總是針對著敲詐性高價。

　　一直到1897年爲止，美國**最高法院**所了解的顯然是如此。在這一年，這個法院接到了一件控訴案，原告居住於愛荷華州（Iowa），向鐵道公司請求損害賠償，理由是這家公司

偏心，袒護這原告的競爭者，這些競爭者居住於內布拉斯加州
（Nebraska），按照託運路程的長度，收取他們較低的費率，
低於其向原告所收取的。[131]最高法院認為這個向原告所收取
的費率，其本身未能表示為敲詐性。「他只是企圖收回他該得
的貨幣，並非由於所訂費率的不合理，而是由於被告的不當行
為」。於是這個法院便追究這種不當行為是否普通法上的不
當，其所用的檢驗方法並不是觀察向某一個顧客收費低而向另
一個顧客收費高的這種差別待遇對社會所產生的後果如何，而
僅是觀察其對鐵道公司的私人收益有若何影響。所以，這個法
院就說：

> 「假設這家被告公司的職員們向原告收取的只是一個合理
> 的費率，……同時，並無任何正當理由，給予對過街的鄰人*免*
> *費運輸——這種行為足以減少鐵道公司的收入，並因此而減少*
> *股東們的紅利*——在法律無明文規定的情況之下，他們的偏心
> 絕不能使原告有權主張採取行動，以收回其給付的運費，且*進*
> *而減少股東們的紅利*。所以，除非是州際商務條例另有規定，
> 這個原告絕不能收回其因裝運貨物到芝加哥去而給付的合理費
> 率，縱然是因為鐵道公司職員的不當行為或偏心而向內布拉斯
> 加州貨主所收費率較少，這也不能據為理由而收回其已付數
> 額」。[132]

---

131 參閱派森斯對芝加哥西北鐵道公司訟案（Parsons v. Chicago & North Western Railroad），檔號167, U. S. 447, 453, 455（1897年）。

132 同前案，但斜體字樣為原文所無。

　　如此便是司法方面在1897年的差別待遇概念。這僅是一項私人事務，而與社會的後果無關。

　　在這種意見發表以後四年，同一法院、同一法官（布魯歐〔Brewer〕），在支持內布拉斯加州**最高法院**的意見時，這一次是「按照普通法」，又宣布費率的本身不僅是必須合理，並且還得要「相對的合理」，倘使「沒有必須差別待遇的正當與合理原因」，則任何一個費率絕不可以低於另一個費率；差別待遇要得合理，必須是費率的差別相應於提供服務成本與條件的差別。[133]

　　換句話說，最高法院在1897-1901這四年之間變更了普通法中差別待遇的意義，按照早先的意義，敲詐與差別待遇兩者之間顯然並無區別，但到後來卻轉為比較現代的觀念，使差別待遇的本身成為不合法至於有無敲詐情事則非所問。照早年的觀念來說，差別待遇的補救方法只是把較高價格降落到相應於較低價格的水準。但照後來的觀念，差別待遇的補救方法同樣的也可以把較低價格提升（或禁止自由運輸）到相應於較高價格的水準。在後來的這個觀念下所應加以糾正的罪行是，給予某一個競爭者以免費或*較低價格*服務的偏心或袒護。但在早年的觀念下所應加以糾正的罪行則是收取不合理的*較高價格*，及認為向一個競爭者收取較低價格，其本身並非差別待遇，僅足

---

133 參閱西部聯合電信公司對考爾出版公司訟案（Western Union Telegraph Compaoy v. Call Publishing Company）檔號44 Neb. 326, 327（1898年）；58 Neb. 192（1899年）；及181 U. S. 92, 102（1901年）。

以證明其所控訴的較高價格爲敲詐。

差別待遇的這兩種極不相同意義，其所以未能分清顯然是由於包攝與排除程序的緩慢所致，普通法的方法是按照此項程序以擴大早年所用用詞的意義，把先前所不認其爲罪惡的行爲一併包攝在內。在1901年，**最高法院**顯然是把普通法上差別待遇的意義加以引申，爲的是要應付當時請求判決的實際濫用行爲，這時，差別、*低價*的罪惡已明目張膽而爲眾所周知，*毋須*再設法調解在1901年與1897年的兩種相歧意見。

我們所能找到的一個最早意見是故意把差別待遇的意義加以延伸，不但是禁止向競爭者收取相對的*高昂*價格，同時也要禁止向其收取相對的*低廉*價格，這就是**麥克杜飛對波特蘭與羅契斯特鐵道公司**的訟案（Mcduffer v. Portland and Rochester Railroad Co.），檔號52 N. H. 430（1873年），法院的推論足以顯示差別待遇由早年*實質*意義轉變爲現代*經濟*意義的過程。在這一案裡，法院指出普通法上的差別待遇是無條件拒絕「載運乙而載運甲」，或是實際上「對某一個討厭的人禁止其旅行或載運」，再或是使公路「絕對不能通行」而侵害到公眾的權利。有一點必須注意，此等普通法上的差別待遇觀念是屬於實質性的，新罕布夏州（New Hampshire）的法院認其爲「直接」的實施不合理差別待遇。到後來，這個法院又把差別待遇的意義延伸到經濟的差別待遇，而名之爲「間接」差別待遇，這種差別待遇是施行「迂迴侵害」，例如不愉快的條件、差別的價格，拒絕給予某一個人便利或款待，但卻給予另一個

人。[134]

　　由此可以求得一個結論，在上文所述法院於1901年發表的意見以前，我們不能說各個法院在有關鐵道的案件裡都已經普遍變更了差別待遇的意義，原先的意義只是證明某種*高昂價格*或其他不利的「本身」就是敲詐、就是不合理，到後來轉變為一個極不相同的意義，認其為偏袒某些競爭者，而反對其他競爭者，由*相對的低廉價格*為之證明，這就足以構成差別待遇的罪惡，至於這兩種價格的絕對水準是高或低則非所問。

　　各個法院達到這種新意義，其所以遲緩的一般原因是由於未能擺脫早年的觀念，這就是上文所述1897年派森斯一案裡所顯示的觀念，認為假如一個公共運輸業者選擇對某些顧客收取低廉價格，而對其他顧客收取高昂價格，並因此而減低了他自己的收入，這是他的私人事務，至於這種慣例對社會的影響足以遏止顧客之間的競爭而趨向壟斷，則不在所應考量之列。這種觀念所產生的結果是，一個人受到差別待遇而被迫給付較高於其競爭者的價格，他便得不到普通法的救助，除非是他能證明這種高昂價格的*本身*就是敲詐或不合理，絕不會牽涉到這種價格在和一個競爭者所給付的比較下是否*相對*高昂的問題。事實上的確如此，即使也有些法院曾經宣布這種對喜愛的競爭者低廉價格制度，其無可避免的趨勢是遏止競爭，而使這個

---

[134] 關於差別待遇意義的演變更進一步的證明可以參閱懷曼的《公共服務公司》（*Public Service Corporations*），第1280頁以次。

運輸業者的顧客們所經營的產業集中於受惠者之手。[135]遲至1889年，有一個聯邦法院甚至宣布一條鐵路對某一家木材公司的競爭者收取較低價格，甚至低於其運輸成本，這樣的偏護雖是把這家原告公司完全擯斥於市場之外而被迫破產，然而，只要是向這家原告公司所收取的價格，「其本身是合理的」，這就不是對這家公司的不公正行為。[136]

　　差別待遇意義的變更，**最高法院**要比通俗人士與立法機構落後了相近十五年，這也可以普通說是最高法院慣性的遲延。

　　上文所說普通法在差別待遇的意義方面遲延，這句話並不僅是應用於所謂公共運輸業者。這也可以應用於所有可以稱之為「公共職業」的各種產業。此項原則被**最高法院**在**穆音對伊利諾州訟案**（Munn v. Illinois）（1876年）裡採納了一部分，而**紐約最高法院**又在**紐約州民眾對布德訟案**（People of the State of New York v. Budd）裡將所有案例回顧一遍後再度重申。[137]這兩件訟案皆有關於貨棧或穀物起卸倉庫，在普通法上從來就沒有把其歸入公共運輸業者的一類。在這兩件訟案裡都承認貨棧是一種私人商業，向來都不需要執照或合法壟斷就可以經營，執照或合法壟斷的商業才必須遵照司法程序所決定

---

135 參閱海斯公司對賓夕凡尼亞公司訟案（John Hays and Co. v. The Pennsylvania Co.），檔號12 Fed.309（1882年）。

136 參閱巴利巴亞定期商航對傑克遜維鐵道公司訟案（De Bary Baya Merchants Line v. Jacksonville, I &. K. W. Railway Co.），檔號40 Fed 302（1889年）。

137 檔號117 N. Y. I（1889年）。

的合理價格執行某公共權利。實際上，在芝加哥與水牛城兩處地方與這兩件訟案有關的幾間穀物倉庫都被認爲相互之間競爭得很活躍，雖然明顯是協力執行。法院的主張是說，在禁止差別待遇與敲詐方面具有決定性的並非在於壟斷或競爭問題，而是在於身爲倉庫顧客的這些穀物裝運者是否因此裝卸公司的價格與貿易慣例而處於不利地位。

在這兩件訟案裡所提出的不同意見都辯論得很有力，並且很正確，認爲民衆沒有獨立的合法權利可以使用起卸機，因爲這些倉棧皆不是負有義務而必須爲每一個來者服務的公共運輸業者。然而，法院方面卻認爲起卸的這項業務含有「公開性」的成分，一部分是由於這項業務的性質與範圍，一部分是由於其與一州與整個國家商務上的關係，還有一部分是由於事實上這些倉庫即使是相互競爭者，但在當時的情況之下卻享有在價格方面達到相互了解的特殊便利。[138]

所以，差別待遇與敲詐兩者之間的區別是伴隨穩定化時期的來臨而產生。在富饒時期，差別待遇並非一種罪惡，因爲每個人皆有現行的另類選擇。到了穩定化時期，這卻成爲一個嚴重問題，其所以發生的原因在於協力運動、在於自己生活並讓別人生活的政策、在於狹窄的利潤差價，因爲穩定化就是指缺乏另類選擇而言，由於另類選擇的缺乏，所以必須穩定差別待

---

138 參閱紐約州民衆對布德訟案，指號117 N. Y. 22, 24,（1889年）。聯邦貿易委員會於1923年對美國鋼鐵公司的匹茲堡附加運費慣例也曾作與此類似的裁決，但卻沒有上訴於法院。此外並請參閱費特爾所著《壟斷之僞裝》。

遇與敲詐、必須穩定公正而合理的價值與價格。

　　透過解決爭議以制定法律的程序，在符合經濟的變動情況，符合倫理上公正和不公正的變動意見較遲延。此項程序必須考量到穩定化時期最關重要的事實，考量到未來性的原則，考量到狹窄的利潤差價。現代的商業是依賴借入大宗資本來經營。競爭者都是債務人，他們必須維持他們所運營業務的未來償付能力，藉保持其與原料商、工人以及顧客之間的貿易連繫，這種關係可以概括在「商譽」這個用詞之中。商譽雖是一種隱形資產，但卻是現代商業的一項最重要資產。侵入此項資產的競爭是「掠奪性」的競爭。因此產生了「自己生活並讓別人生活」的政策，把運營中業務團體者的未來保障看得非常重要，這種政策帶來了**穩定化的習俗**，並且按照這些習俗來解決爭議。法院所建構的商譽概念是以稀少性原則為基礎，因為這是假設機會的有限與利潤的狹窄，所以每一個競爭者皆必須設法保持他的現有顧客與現有比例的貿易。這已經成為現代「商業倫理」的一部分，認為削減價格是不利於顧客的行為，由於普通法解決爭議以制定法律的方法，這已經或多或少的轉為「不成文」法。

　　我們必然看得出，對於**稀少性、富饒**與**穩定化**的這種歷史分析似乎可以和馬克思的辯證法相類比，從他的原始部落共產主義這個「正立」，轉到十八、十九世紀個人主義的「反正立」，然後再回到他的未來世界共產主義的「綜合」。不過，他的辯證法是基於技術的唯物論詮釋，我們在上文論述「產業階段」的一節裡已有扼要的說明，而我們的分析也是一種經濟演進，由解釋共產主義與重商主義的原始稀少性，演化為解

釋個人主義的富饒，再然後進化爲許多現代計畫，使個人們的一部分或全部統屬於集體行動之下，以規範富饒與稀少性的更迭。馬克思的共產主義是宿命所註定的，但現代的穩定化卻可能是共產主義、法西斯主義、銀行業者資本主義，或任何一種企圖由衝突與不穩定之中建立秩序的協力運動。

肆、價格

　　毫無疑義的，在各種穩定化之中其影響最深遠而實施最困難的莫過於銀行業者的穩定化。銀行業者的管控遍及於全世界，這需要全世界各中央銀行的協力行動。這要涉及國際主義，而橫跨大多數民眾國家主義關稅保護的暴動。最初發起銀行業者穩定化運動的並非銀行業者或經濟學者，而是政治家。在物價普遍下跌的1833年，有一位從1833年到1868年連任眾議院議員的史克羅普（G. Poulett Scrope）把小冊子發送給他的選民，隨後又在一部書裡[139]發表他的建議，他主張定期出版一種「認證的時價」，以便糾正「價值法定標準」的波動，使所有的商人階級皆可以參照這張**物價指數表**（Tabular Standard）來規範他們的金錢往來。這張物價指數表到後來由傑文斯用數學原則加以編製，而被稱爲物價移動指數。[140]

139　史克羅普所著《政治經濟原理，由社會福利的自然法則推斷而得，並實施於大不列顛帝國》（*Principles of Political Economy, Deduced from the Natural Laws of Social Welfare and Applied to the State of Britain*，1833年）。

140　參閱傑文斯所著《黃金價值之慘跌》（*A Serious Fall in the Value of*

　　史克羅普的這種觀念，在先前別人已經有過，但卻是出之於好奇心，而並非作爲一項供商業上締訂契約之用的切合實際建議，[141]他所思考的僅及於長期契約的志願協定。到後來，韋克塞爾於1898年，而費雪則是於1911年才提出建議，要穩定合法貨幣標準的本身，其穩定的方法在韋克塞爾是主張由銀行管控貼現利率，而在費雪則是主張管控金元重量的變動，這麼一來，不但長期協定，就連商業銀行業務之中的短期協定也一併受到標準化價格水準的集體管控。

　　此等建議提示了公共政策與合理價值的一個最重要問題，因這是關於倫理問題全球面向的，其起因在利益的衝突，各個人與各個階級究竟應否由改進其自身效率而致富，抑或是可以利用衡量稀少性的單位價值變動而致富。在資本主義文明由「發薪人員」（paymasters）全部管控的慣例中，這些都是效率利潤對稀少性利潤之爭。

　　由1929年到1932年，美國躉售物價的綜合水準下跌33%以上，而農民的物價水準更下跌到將近55%，不過，假如把33%作爲平均數計算，則長期債務的負擔便已加重了50%。這意味，所有別的外國國家皆必須多輸出50%的商品到世界各市場上去，才能償付歐洲各國所欠美國的黃金債務，比在1925年償清戰債所欠的數額還多。

　　Gold，1863年）；及《通貸與金融調研》（*Investigations in Currency and Finance*，1884年）。

141 參閱傑文斯在前述著作中所發表的評論；及帕爾格瑞夫的《政治經濟辭典》有關各條。

　　我們本國的民眾亦復如是。在1932年他們也得要多生產並出售至少50%以上的商品，才能償付1929年以前所欠公私債務的本息，比在簽定這些債務時立即償付的數額要多。

　　這也意味，無論在本國或國外，對生產者已經施行了金融的剝削，剝削掉他們產品50%的程度，他們在此刻必須把這些產品售出，以便用貨幣來償付債務與稅捐，超出了三數年前因此等契約所必須售出的數額。

　　任何一個人，只要是考量到美國產業與農業的效率已有驚人的增進，他所自然而然發生的第一個假定必然是說，供需「定律」將導致物價相應的下跌。倘使鋼鐵工業或小麥生產業的效率在十年之間增高10%，這就是說，同等數量的勞動與管理在一定時間以內多生產10%的產品，則我們自然要預料這些產品的價格平均每年下跌1%，或是在十年期間下跌10%。

　　這些數字都是作為例證而任意選取的。**聯邦儲備局**為製造工業由1919年到1927年的效率增進所估計的數字還要大得多——平均效率增進了47%，也就是說，每年增進5%。不過，為舉例起見，不妨就照我們的數字計算，請想想看，假如鋼鐵的效率與小麥的效率在十年之間*都*是按照10%的比例而增進，再假如貨幣的價格在這十年之間下跌了10%，則會有什麼結果。

　　我們還可以擴大這個假設。假設鋼鐵是代表所有各種製造業，及這全部產業都是按照同一比例增進其效率；再假設小麥是代表所有農耕業，所有該產業也都是按照同一比例增進其效率。這時，所有的農人都把他們的農業產品賣給製造業者，而這些製造業也都把他們的製成品賣給農人。雙方的每一件物品

其價格皆已同等的下跌了10%。

然則，交換價值是否跌落呢？這就是「名目」價格與「眞實」價格之間的區別。名目價格是一個單位商品所能買到的*貨幣數額*。眞實價格是這個商品單位所能買到的*別種商品數額*。不過，我們卻要用「制度」這個字詞來替代「名目」。名目價格就是制度價格，我們簡稱之爲價格。我們要把眞實價格稱之爲交換價值。這是因爲用來衡量名目價格的貨幣只是一種買賣制度，然而這卻是資本主義文明的一種基本制度，由此我們可能取得我們實際上所眞正想要的其他商品與服務擁有權，和我們自己的商品相交換。

因此，我們通常不說用我們的商品去「購買貨幣」，而是說我們「出售商品以換取貨幣」。我們通常也不說我們把「貨幣換取」商品，而是說我們「用貨幣購買財貨」。我們必須先出售我們的商品以便換取貨幣這種制度，然後再購買我們所需商品之一部或全部，我們才能知道其眞實價格或交換價值。所以，我們把我們自己的一個單位商品換取得來的另一種商品數量並非稱之爲我們自己商品的「價格」，而是稱之爲這商品的交換價值，那些把貨幣消除的古典派經濟學者們便是如此說法。並且，我們把我們的一個單位商品所換取得來的貨幣數量也不稱之爲交換價值，而是稱之爲這商品的價格。交換價值就是「眞實價格」。價格是資本主義的價格，價值是商品數量乘其單位價格之積，按照貨幣計算。

工資、利潤、利息以及土地租金亦復如是。不過，假如我們也稱之爲「商品」，則此種商品雖屬我們所擁有，但卻並非將其出售。我們所出售的只是這種商品在某一段時期以內的

使用。這種使用就是我們所出售的實質商品。在勞動、債務與投資的情況之下，我們稱之為服務——工作的服務、等待的服務與風險的服務。名目或制度工資就是貨幣工資，也就是說，因出售勞動服務或勞動力的使用而收取的價格，在一小時、一天、一星期或按件計算所換取得來的貨幣這種制度。名目工資是資本主義的勞動價格。

但真實工資或因使用勞動者的勞動力而給付的「真實」價格則是貨幣工資所能購買的食物、衣服與其他財貨。我們稱之為「真實工資」，不過，這也和我們此處所謂替別人工作服務的交換價值相同。

同樣的情形，名目或制度利息也就是貨幣擁有者因別人在某一段時期以內*使用*他的貨幣作為購買力而收取的貨幣數額。這也是一種服務的給付——等待的服務。因等待的服務而受到給付的這個人就是債權人，他主要的是用他的金錢儲蓄去購買債券。在貨幣市場上，這就叫做「貨幣的價格」或「貨幣的價值」。這是名目的或貨幣的利率，也就是因等待的服務而給付的資本主義價格或制度價格。但真實利率或因等待的服務而給付的「真實價格」則是債權人用他因名目利息而收取的貨幣所能購買的財貨數量。這種財貨數量就是真實價格，也就是債權人所作等待的服務之交換價值。

利潤亦復如是，名目利潤是一個營業機構在其一段時期以內給付了名目利息、名目工資以及其他各種價格之後所收取得來的貨幣制度數額。這是因承擔營業風險的服務而取之於公眾的資本主義價格。但真實利潤則是資本主義利潤在市場上所能購買的各種財貨數量。真實利潤與承擔營業風險的服務之交換

價值相同。

地租及租賃亦復如是。名目的或制度的地租或租賃是因土地、建築物、馬匹或任何實體事物在某一段時期以內的使用而收取的貨幣價格，但眞實地租則是名目地租所能購買的財貨數量。眞實地租和實體事物的*使用*之交換價值相同；而名目地租則是因同一實體事物的使用而給付的資本主義價格。

一般說來，價格就是制度價值，或是貨幣收益，或是資本主義收益爲一切商品、服務及使用的賣者所收取；但交換價值則是眞實價值，是此類賣主所收取的眞實收益。

雖說價格是制度的而交換價值是「眞實」的，然而如果按照資本主義的意義解釋，則價格卻是極爲眞實的 —— 價格足以決定誰能取得效率的成果。自從1921年以來，在技術效率普遍以非常速度突飛猛進的時期內，這一點日顯重要。

美國勞工聯合會（The American Federation of Labor）在1925年年會，通過一項決議，籲求雇主們的合作，以增進產業效率，使勞工分享效率增進的應得份額，一方面身爲生產者而獲得較高工資，而另一方面身爲消費者而獲得較低價格。[142]

其所以要增高工資率（此與每年收益有別）是因爲必需有這樣的工資率藉由勞工買回其所增高的產出才會防止失業

---

[142] 參閱美國勞工聯合會1925年第45屆年會的《會議報告書》（*Reports of Proceedings*），第231頁；「……我們要籲請各地工資勞動者注意，我們反對減低工資，我們要敦促管理方面消除生產的浪費，俾使售價得以壓低，而工資得以提高……」。

嗎？抑或只是因為要使生活標準得以提高呢？第一個理由稍欠健全，較高工資率並不足以防止1930年到1933年的失業，但第二個理由卻頗為健全。較高生活標準與較短工作時數其本身就值得要求——在許多產業裡縱然效率並無增進，也還是值得要求。

不過，勞工要想達到這種較高生活標準的方法究竟是應該以*生產者*來而收取較高工資呢？抑或是以*消費者*來享受較低價格？**美國勞工聯合會**所要求的既是以生產者收取較高工資，又是以消費者享受較低價格，兼而有之。

利潤差價的重要性即在於此。假如雇主們所訂價格在和效率增進對比之下是平均的低落，而利潤差價仍和先前一樣，則他們所處的地位並不優於效率尚未增進以前，他們也就不能容許增高工資率與減短工作時數。他們對勞工的要求必然答覆說，他們已經把效率的利得付給身為消費者的勞工，別無所餘，可以再付給身為生產者的勞工。最終結局是一種悲慘困境，而不得不擁護分派制度，或是把有限數量的就業作「輪派」（staggering），使所有的勞動做半天工作，再不然，就是「配給食物」（short rations）。這是逼迫勞工成為一個社會階級，自行籌措其失業時所需的資金，而不能穩定其充分就業。由此可以聯想到另一替代結局，那就是，使商品的平均價格固定不變，勞工以生產者的身分取得較高工資、較短工作時數與全年安定的就業，並享受較高標準的生活。而不是以消費者的身分獲得低廉的物價與失業。

有些討論此一主題的作者們，由於未能分清利潤*差價*、利潤率、利潤*份額*以及每小時或每天工資率與金年*工資收益之*

間的區別，所以他們往往要不知不覺的在此數者之間游移。
伏斯特爾與克欽斯有一種利潤*差價*的觀念，故而他們要建議綜
合物價水準的穩定性，但是他們又轉到利潤率，再由給消費者
的*份額*適當得出他們的結論。[143]他們說，在繁榮時期產業所
付給消費者的貨幣不敷購買生產出來的財貨之用，假如物價是
按照效率增進的比例而跌落，則他們的這句話顯然需要修正。
在這方面，他們是追隨著十九世紀馬爾薩斯、洛貝爾圖斯、共
產主義者與工會主義者的理論。不過，如果按照利潤*差價*的正
確意義來說，則所應盡可能加以防止的不僅是商業循環的物價
漲跌，就連物價長期下跌的趨勢也在所應防止之列，例如從
1815年起到1849年的金礦發現為止，以及從美國南北戰爭到
1897年提煉黃金的新發明為止，或是從1920年到1933年為止
的情況皆是如此。為防止物價過度的跌落起見，必須先防止其
過度的高漲。

此種預防足以顯示效率這個字詞的雙重意義。這個字詞可
能是指使工人加速工作而言，也可能是指使用機器以替代勞工
而言。在1919年物價過度暴漲時期，勞工們極容易向互相競
爭的雇主們求得工作，致他們不把他們的工作當做一回事，甚
至於把他們的貨車拋置在街道上，而去接受另一競爭雇主的較
高工資。他們「在工作上睡倒」（譯者按意即懈怠）。在本書
著者所知道的一件事例之中，他們的效率減低了三分之二，而
他們的工資卻增高了三倍。及至於1921年物價暴跌的時期，

---

143 參閱本書前文。第九章，第七節**利潤差價**。

數以百萬計的同一批工人都失業了，然後到1922年各種商業
又重行活躍起來，勞工們經過一次「清算」，因為恐懼1921
年的失業，而不得不加緊他們的工作。

所以，效率的增進據說竟高達47%，這是以1919年為比
較基數而計算出來的，其所以然的原因也許有一部分是由於手
工速度的增高，而另一部分是由於機器的引用與工廠組織的改
善。商業循環在1919年是使勞工們沮喪；在1921年是使他們
貧窮；而在1922年則是施以強迫。這都是雇主的利潤差價情
況變更所致。

因此，倘若果如我們上文的假設，所有產業的真實效率皆
有*同等*增進，十年以內每年增高1%，而所有商品的價格一律
下跌10%，然則交換價值或真實價格是否下跌10%呢？此等價
值或價格依舊和先前一樣。一個蒲式耳的小麥所能換取的製造
業產品數量還是和先前一樣多，一套衣服所能換取的農業產品
數量也還是和先前一樣多。農業與製造業的產品，其貨幣價格
雖已跌落10%，但農業產品與製造業產品之間的交換價值或真
實價格並未跌落。

然則，我們可不可以這樣說，無論物價水準是高或低，或
無論物價水準是否變動，事實上並無所差別呢？在我們的假設
事例之中，我們顯然可以說並無差別。不過，我們不妨進行一
個相反的假設。假設所有商品的效率雖已*同等*的增進了10%，
而所有的物價水準非但不跌落，反倒上漲10%。果然如此，則
農業產品與製造業產品的交換價值或真實價格仍無變動。*價格*
雖是漲高10%，但一個蒲式耳的小麥仍只能購買同一數量的製
造業產品，而一套衣服也只能購買同一數量的農業產品。差別

只在於物價普遍的漲高了10%，這就是說，小麥與衣服皆可以出售而換取多10%的貨幣，或是說，少10%的貨幣，可以買到同等數量的小麥或衣服。

在物價普遍跌落10%時，製造業產品與農業產品之間的交換價值或眞實價值既是不變。則在物價普遍高漲10%時，其眞實價值也不會變。然則是誰獲得效率增進10%的利益呢？

讓我們再作另一個假設。假設效率普遍的、同等的增進了10%，而平均物價水準並無變動。出售小麥所換取的金元數額仍和先前相同，而同一數額的金元也可以買到和先前相同的一套衣服。因此，在價格水準保持固定不變的情況之下，交換價值或眞實價值還是和貨幣價格上升10%或貨幣價格下跌10%時一樣。不過，這時，又是誰獲得了效率增進10%的利益呢？

在物價普遍*跌落*10%而效率普遍增進10%時，其所增進的效率究竟是歸於何人呢？顯然的，我們必須分清生產者與消費者之間的區別。我們通常談話的方式是這樣。有些人是生產者，而其他的人則是消費者。然而這樣的說法卻不符合實際情況。在我們的假設事例之中，所有農場主人與農場勞動者以及所有製造業者與製造業勞動者既*都*是生產者，又*都*是消費者。我們所作區別絕不可以把生產者與消費者視爲兩群不同的人。而是要將其視爲同一群人的生產與出售功能和購買與消費功能。

這樣的區別極爲重要。效率的增進歸於數以百萬計的參與者，但究竟是歸於他們的生產與出售功能呢，抑或是歸於他們的購買與消費功能？我們可以觀察一下上文有關價格的三種不同假設情況。先看第一種情況，假如在效率增進10%時，價格

跌落了10%，這些農場主人與農場勞動者以及這些製造業者與工廠勞動者究竟是以生產者兼出售者的身分，抑或是以消費者兼購買者的身分收取效率增進的利得呢？顯而易見的，實際上每一方的利得都不是由於其本身效率的增進，而是由於交易的另一方效率的增進。並且，每一方皆必然要失去其本身效率增進的利得。在這種假設情況之下，之所以如此是由於每一方因另一方效率增進所獲的利得相當於——由於價格下跌——其因未能取得效率增進的利得所遭受的損失。換句話說，在價格下跌相當於效率增進的假設情況之下，每一方購買與消費功能的利得必然相當於其生產與出售功能的損失。

再看一看與此相反的極端，假設在效率普遍增進10%的同時，物價也普遍高漲了10%。[144]我們已經知道，在這種假設情況之下真實或交換價值依然如故，但價格卻已普遍上升10%。這是何種功能獲得了效率增進的利得，又是何種功能失去了此項利得呢？顯然的是生產與出售功能獲得了兩筆利得。這個功能因效率增進而獲得一筆利得，又因價格上升而再獲得另一筆利得。其利得總額為20%。相反的。消費與購買功能則是遭受10%的損失，因為在我們的假設之中價格已上升了此數，買

144 密爾斯（Mills. F. C.）在其所著《美國經濟趨勢》（*Economic Tendencies in the United States*，1932年）的第38頁與第99頁曾經表示。由1899年到1914年，製造業裡每個工人的產量增加了30%，同時，製造出來的財貨其價格升高了相近22%。由此可以反駁一般人所常有的觀念，意即，使效率增進的在於至少一段時期內價格的下跌，而不在於價格的上升。

主們現有的一定*數額*貨幣所能購買的商品比先前少了10%。不過，他們身為賣主時卻已經取得*較多*10%的貨幣，可供購買之用。所以，我們又不得不把生產者兼出售者的這種功能分為兩個部分。生產者兼出售者的功能獲得了兩筆利得，其中10%的一筆利得是由於效率的增進，而另一筆10%的利得則是由於價格的升高。這就是說，生產者的功能獲得了一筆10%的利得，而出售者的功能又獲得了另一筆10%的利得。對生產者而言，效率增進10%的利得並沒有任何事物可能與之相抵或將其扣除。這便是純淨的效率利潤或效率工資，但是，對出售者功能所獲10%的利得，則在其運用購買者功能時卻有同等數額的抵消。

我們此刻必須把兩種消費者之間的區別分清。有終極的消費者，也有營業的消費者。終極消費者是最後的一個買主；而營業消費者則是一個中間的買主。製造業者聯合會因生產機器與農場器具而購進鋼鐵，他們自稱為**輾鋼消費者聯合會**。然而他們卻並非消費者，他們都是生產者。他們之所以組織起來，為的是要獲得給付較低價格以換取他們所需鋼鐵半製品的特權，他們不是為了消費，而是為了更進一步作製成品的生產。因此，為求確切起見。我們要把這些人稱之為買主兼生產者，而不稱之為買主兼消費者。我們此地將其作為買主兼生產者看待。

所以。生產者能在三方向擴大他們的利潤，第一是身為*賣主*而提高其產品的價格；第二是身為*買主*而壓低其因物料與勞動而付給別人的價格；第三是身為*生產者*而增進其效率。

為衡量增高利潤與工資的這三種方法起見。我們需要兩種

衡量制度。對於提高與壓低價格的第一、第二兩種方法，我們
的衡量單位是金元。對於增進生產效率的第三種方法，我們的
衡量單位是工時。第一與第二兩種方法要看供需關係而定，意
即，要看商品的相對稀少性而定，我們衡量相對稀少性的是金
元。第三種方法要看同一數量的勞動所增加產出的產品數量而
定，也就是說，要看勞動與管理的效率增進而定，我們衡量相
對效率的則是工時。

我們在前文已經考量過這幾種衡量。到此刻，在我們所假
設物價普遍同等升高的情況之下，我們又可以看到，由賣主功
能所獲10%的利得為同一數額的損失所抵消。這一項抵消是由
於身為*買主*時所必須給付而已增高10%的價格。所以，在身為
*生產者*時，每一方皆因效率增進而獲得一筆10%的利得。而在
身為*賣主*時，每一方又因價格升高而獲得另一筆10%的利得，
然而在身為*買主*時，每一方都要失去其身為賣主時所獲利得，
而僅能保留其身為生產者時所獲利得。

我們可以發現這種精密的區別頗為重要。比方說，有一
個商人在最初時表示，如果把化學與電力這兩門科學引用於商
業，當可獲致巨額的利潤。他的理想顯然是效率利潤，他由
此而獲得極大的成功。但是，突然之間他又打算停止生產而解
僱他的勞工，因為他預期供應他所需物料的一群生產者行將破
產而變賣其存貨，等到那時候他就可以按照較低價格購進他的
原物料。何以他要把增進效率以獲取利潤的第一個理想轉為遏
止生產並貶低原物料價格以獲取利潤的這個不同理想呢？在
1921年以及1931年物價普跌的時期，所有的商人們都採取了
這種辦法。他們等待別人被跌落的價格所擠倒，而他們自身就

可以取得那些著名的島民同樣的地位，這群島民苦度著不安定
的生活，每個人都被逼得要靠別人的洗滌物品而過活。他們都
要設法取得不安定的利潤，以*買主*的身分巡行各地而由下跌的
物價之中取得此項利潤。

再不然，就是在與此相反的運動及物價高漲的時期，每一
個商人與股票投機者都自以爲很靈敏，只須在市價達到最高峰
時售出，而在價格開始回跌以前「脫身事外」（get out from
under）。「脫身事外」的意思就是說，讓買主們保住價格下
跌的錢包。那麼，在物價高漲的時期，雇主與工資勞動者又何
以會「在工作上睡倒」而減低他們的效率呢？這發生在1919
年。這是因爲他們身爲*賣主*，可以相互之間取得利潤與工資，
毋須身任生產者而取之於自身。這時，已經形成爲一個不安定
的循環，而在相互之間用上升的價格來取得利潤與工資。

增高利潤與工資的第三種方法是效率法，這不是按照循
環程序，因物價的普漲或普跌而相互取得，他們是增進他們的
效率而取之於自身。就第三種假設情況而論，物價保持著同等
的固定不變，而眞實價值或交換價值也和以前一樣保持著固定
不變。這時，任何一方都不會因身爲賣主或買主而有所利得或
有所損失。價格及交換價值維持一樣。每一方皆是因身爲生產
者 —— 不是因身爲買主或賣主 —— 而獲得其效率增進10%的利
得。

因此，在我們平均效率一致增進的這個假設之中，有三
種可能發生的價格情況，我們首先要檢驗第一種自然的假設情
況，物價伴隨效率增進而普遍下跌。這時的問題是另一種不同
的說法。這不是說，效率增進以後我們所期待供需定律對所有

物價將產生的自然影響為何，而是說，對所有的關係人，我們
期待以何種價格情況為最有利？普遍較為有利的是不是由生產
者效率增進所生的利得，悉皆歸於身為買主的人們呢？假如是
這樣，則下跌的價格就可以做得到。再不然，是不是要使生產
者在身為賣主時除效率所生利得之外還能獲得另一筆利得呢？
假如是這樣，則上升的價格就可以做得到。最後，又再不然，
是不是要讓生產者保留其本身由效率所生利得而在身為買主或
賣主主時無所損益較為有利呢？假如是這樣，則穩定的平均價
格就可以做得到。

　　實際上，我們有三個問題需要解答：一個是經濟問題，另
一個是政治問題，再一個是管理問題。經濟問題是指在效率增
進時，未經調節的供需定律對物價產生何種效果？政治問題與
倫理有關，意即，在利益衝突時，誰應獲得效率所生的利得？
管理問題是指倘使中央銀行與國庫獲得政府的授權，能不能穩
定價格的平均運動？

　　我們此刻不打算考量第一與第三這兩個問題。我們已經考
量過第三個問題。當然，假如我們確切知道第三個問題得不到
肯定的答覆，則其餘兩個問題也就不值得再加以考量。不過，
我們知道，自從世界大戰以後，全世界各國政府及其中央銀行
多多少少都在努力解答平均物價大幅波動的問題，都在設法緩
和此等波動。我們此刻所要考量的問題並不是說，這些政府與
中央銀行能不能減緩物價的波動。我們所要考量的只是，他們
採取何種公共政策，作為管理世界信用的方針。我們此刻所考
量的是一個**合理價值**問題。這個問題就是說，他們應不應該採
取效率之促進作為方針？這是公共政策的合理方針嗎？

　　有一點必須牢牢記取，效率並非與生產或生產過剩為同一事物。效率是以工時衡量的生產*速度*。要想增進效率並不需增多總產出。這可能僅是*減少時數*而使*每小時*的產出增多，但卻不是增多按減低價格投入市場的總產物。

　　我們可以效法亞當‧史密斯，假設每一個人在所有的購買、銷售、生產與消費活動之中，總是求取他本人的私利，而不顧慮其對他人的影響。這就得要盡可能的求取豐厚利得，盡可能的僅受微末損失。每個人必然都是這樣做，而罔顧其對別人的影響，除非他遭遇到某種他所不能克服的限制。假如有人說，他之所以從事於商業為的是公共利益，我們也可以像亞當‧史密斯一樣，認其為取悅於人的夸談。所以，公共政策問題就是**合理價值**問題：要想由銀行業務制度來保證他獲得最大利得而遭受最小損失，究竟應該使他成為一個生產者呢，抑或是應該使他成為一個銷售者、購買者或終極消費者？

　　一個私心而求取其自身最大利得的人要想毫無所費的取之於別人，他的唯一方法就是增進他本人的效率。他要想增進效率就必須加緊工作，或是不加緊工作而用腦工作。假如他的利得*僅*是由於提高別人付給他的價格，則他的利得*僅*是取之於身為買主的別人所遭受的同等損失，他的所得不但毫無所費，並且少於毫無所費。倘使這些別人也是生產者兼賣主，則他們只能用兩種方法之一來彌補他們的損失，或是身為賣主而提高他們的價格，提高的程度相當於身為買主時所受損失，再或是身為生產者而增進他們的效率，增進的程度相當於身為買主時所受損失。如果他們是提高他們的價格，則他們也就是毫無所費的取之於別人，從而打平。如果他們是增進他們的效率而收取

相應低廉的價格,則他們的效率利得便是爲別人所奪取,而他們卻不到打平。假如雙方都提高他們的價格而不增進他們的效率,則他們便是企圖在毫無所費而取得的賭局上求取相互間的打平。最後,再假如雙方都增進他們的效率而不提高他們的價格,則他們仍然是相互打平,不過,這時每一方都是由其本身效率求取利得而並未經過毫無所費而取得的中間步驟。

所以,對政治與倫理問題的解答似乎應該是這樣:每個人求取純自私的利潤或工資增高,總必須身爲生產者,增進效率以取得其最大利得,而不可身爲賣主賭價格上漲,或身爲買主賭價格下跌。

假如在過去製造一套衣服的貨幣成本爲$33,而到此刻減低爲$24,我們不能斷定此項貨幣成本28%的減低是由於較低工資、較低利率,較低利潤、較低原物料價格,抑或是由於效率增進。不過,假如工時成本減低了33%,則我們卻能斷定,其中留有差額,可以作爲較短時數、較高工資、利潤或利息來分配。

站在公共政策的立場上,何者較爲有利呢?答覆此一問題的關鍵在於先前所提出的另一問題。因爲實際上身兼生產者的賣主與身兼消費者的買主都是基於純自私的動機而行事,他們盡可能多的爲他們自身來取得,而對別人毫無義務或責任之感,所以他們寧願採用*取之於他人*的簡易方法,收取較高的價格,或給付較低的價格與工資,而不肯採用增進自身效率的艱難方法,取之於自身 —— 然則,商業的誘因究在何處呢?

在上述事例之中解答此一問題的人們也許要說,這套衣服的價格應該下跌28%,這便是採取了買主兼消費者的立場,認

爲買主可以自私而奪取生產者的效率利得。這是合理的嗎？凡是答覆說價格不應該減低的人們則是採取了生產者兼賣主的自私立場。在所有各種情況之下，這是合理的嗎？任何一方皆毋須考量到倫理上的正義、公允或同情，因爲每一方都是求取其本身的私利而罔顧別人。消費者是壓低價格而盡可能的奪取生產者之所有。生產者則是提高價格而盡可能的取之於消費者，或是抑低價格與工資而盡可能的取之於原物料與勞動的出售者。如果無此必要，則生產者絕不肯增進其效率，如果他們可能採取簡易方法，提高價格而取之於消費者，或是抑低價格而取之於先前的原物料生產者，再或是抑低工資而取之於他們自己的勞工，則他們就沒有增進其自身效率的必要。

每一方既是都毋須考量到正義、倫理、公允或同情，每一方既是都帶著同樣汙穢而自私的手到我們這個政治經濟的法庭上來，那麼，這個社會問題就必得要轉向另一處地方。對於整個國家，何者較爲有利呢？整個國家所想要或應該想要的是什麼？國家應該想要消費者取得效率增進的全部利得嗎？如其不然，國家應該想要生產者取得效率增進的全部利得嗎？

如果眞是這樣發問，則多數的人要傾向答覆說，他們應該分享此項利益。不過，在這裡又得要提出其他問題。誰的效率應該拿出來分享呢？應該如何分享呢？在什麼時候分享呢？其中應該拿出多少來分享呢？

對這些問題，我們毋須猜測、也毋須揣摩，更不必讓供需「定律」的理論來作答。我們有經驗可以作爲根據。專利法是政府對供需「定律」的自然作用所加的人爲干涉。這種法律使一個發明者或運用發明的製造業者能保持產品的價格高位，禁

止任何人憑藉發明的運用所增進的效率而增多供給量。議會代表國家所同意的專利法，其目的顯然是要讓發明者與製造業者獲得此項專利的效率增進所能產生的一切利得。他們身為生產者，其效率根本就不會和身兼買主的消費者共同分享，他們自己享有這效率的全部利得。

但是，供需「定律」卻增添了一項特定限制因素。這群生產者絕不能提高價格，超出效率較差的競爭者所收取的價格水準之上，此等競爭者出售同樣的產品，但卻沒有同樣的專利效率工具。所以，供需「定律」仍能繼續產生作用。這種定律阻止他們身為賣主時提高價格超出效率較差競爭者所收取的價格以上所產生的利得，他們只可能因身為有效率的生產者而取得其利得。供需定律在一旁監視著。供需「定律」可以運用，絕不能廢止。

然而，假如他們想要這樣做而他們的效率又使他們能夠這樣做的話，他們卻可以減低他們的價格，這麼一來，他們就能把那些效率較差的競爭者驅除。因此，他們可以自作決定，在他們所增進的效率之中提出多少，以較低價格分享給買主兼消費者。顯然，為達到此一目的起見，他們也得要用到供需「定律」，如果他們想要這樣做，他們可以增加供給量。

不過，按照法律規定，專利權在經過一定的年限以後就得期滿。期滿以後，任何人都可以使用這種專利的方法以增進其自身的效率，並且，供需定律也重行產生作用而壓低價格，到最後，把效率增進的全部利得歸於買主兼消費者。

當然，專利法並非沒有欠缺與浮濫之處，上文所述只是此等法律的社會哲學、只是此等法律在實際上運作的方式。最

初，此等法律把效率的利得全部給予生產者。到了最後，此等法律又把所有利得給予買主。專利法對供需定律的管控有三種方式。第一種是使生產者得以限制效率方法的供給量；第二種是容許生產者增加產量並減低價格以驅除競爭者，而隨其所願以其所增進的效率或多或少分享一些給買主；第三種是在專利期滿以後，剝奪生產者先前所有對供需「定律」的管控權，而把效率增進的利得全部轉給買主兼消費者。

所以，在專利情況之下的事實經過是這樣，最初的想法——每個人都自然而然的有這種想法——是認為供需「定律」必將使價格因效率增進而下跌，這種想法雖屬正確，但我們卻要加上一個國家的集體目的，先把效率利得單獨給予生產者，然後再逐漸的轉給消費者，並且還要加上國家授權給專利人，使其在有限期間內管控供需「定律」。

根據我們的經驗，這一點也是很顯然的，單憑專利人本國政府的力量並不能授權給專利人使其得以管控供需「定律」；事實上所顯示的是，所有各國政府皆必須用條約或其他方法聯合起來，在各個國家裡把同一專利權授與同一發明者或製造業者。在現代運輸與電力系統之下，供需「定律」足以普及於全世界，並且是朝發夕至；此等專利法必須能管控全世界的供給與需要，然後生產者才能取得其效率增進的利得。

然而，有好多種效率的改進卻無法取得專利。工廠的較優設計、勞動力的較優組織、物料的較優購進、雇員的較優誘因、機器的較大設備——凡此種種皆不能取得專利。在這裡，雖是十七年的專利，使生產者取得其效率增進的利得也是明顯的不可能。要想取得這種利得，必須使用其他方法，沒有專利

法爲之協助，必須按照我們日常所施行的方法來取得，並且還得要盡可能的迅速，在競爭者尚未仿效改進之前先行取得。

不過，即便是在這方面，此等日常效率利得也還是有其他方法予以保護並延長其時間，此等方法大都由普通法的裁決中產生。普通法保護貿易上的祕密。假如一個雇員把一項祕密程序洩漏給一個競爭者，法律就要使這個競爭者賠償損害，以其因盜竊此項祕密而獲得的全部利潤爲限度——我們本國的法律規定得極爲嚴密，絕不容許供需「定律」產生其作用，阻止一項程序的發明者享有其效率增進的全部利益。

此外還有一種保護效率的方法——普通法與立法機構對於一個商業的商譽與商標也加以保護。假如一個製造業者因提供優良品質與服務而取得了聲譽，法律就禁止競爭者「盜竊」他的良好聲譽而使用近似於他的名稱或招牌。實際上，這也是對效率的一種保護，因爲品質或服務的改進，其增高效率並不亞於數量的增多。

國家的公共目的便是按照此等方式由立法機構與法院予以表現，對於供需「定律」在純自私的動機之下所自由發生的作用盡可能的加以禁止與限制，其目的在於保護效率，透過保護生產者，免於被迫用低廉價格而將其本人效率所創造的利得轉讓給買主。

在此刻有人提出一項建議，認爲應該穩定全世界的貨幣平均購買力，也就是，平均物價運動的穩定化，且認爲全世界各國政府應該授權全世界的中央銀行，使其穩定貨幣的價值，實際上此項建議和專利法以及保護貿易祕密、商標、商譽與商業聲譽的倫理建議與公共目的完全相同。但此舉還更進一步及保

護那些沒能取得合法保護其效率的人。這種穩定化至少有一個
目的是，使各種產業因效率增進所產生的利得必須盡可能的首
先歸於生產者，而不是歸於買主；使生產者因其本身的效率而
獲利，而不是僅以賣主的身分向買主收取較高價格而獲利；並
且使終極消費者或中間消費者不得因身爲買主給付較低價格而
獲利，而是因身爲有效率生產者的功能而獲利。

　　此項建議的策劃與完成並非如同專利之類的法律以及法院
的裁決那樣簡單；這也不是如同我們在上文使理論簡化而建構
假設的例證那樣簡單。然而，這卻僅是把保護個別生產者的公
共政策加以延伸，使其普及於所有的生產者而已。此項建議的
合理與否要看進一步的情況而定，例如階級的主宰與對立，或
是國際間的糾紛，有了這一類的情況往往令人懷疑此項建議是
否可能完成。假如由於這一類的原因而使穩定化無法構成一個
「理想典型」，我們的目標仍然是要在所有這些環境之中求得
最高而實際可行的穩定化。這便是合理的穩定化。不過，我們
總必須有一個「目標」，作爲我們的理想典型；否則就不會有
協力的行動，而盡可能接近可行。

　　這種社會理想就是要用效率來縮短時數並增高利潤與工
資，而避免稀少性，這使我們面對一個理想典型的指數問題，
用這種指數作爲我們行事的方針，並且也使我們面對一個管
理機構問題，用這個機構來實施指數的啓示。一般說來，資本
主義文明的最嚴重問題是失業。把效率增高兩倍、三倍甚至四
倍的這種悖論，當使就業惡化爲失業，而另一方面又可能使戰
爭、共產主義或法西斯主義變爲更優於和平與自由。因此，在
大多數民眾轉變爲一個無產階級社會的時期，對穩定化所作

一切指示之中，其最重要的就是要維持充分與安定的就業。1919年與1923年物價水準兩度急速上升，恢復了充分就業。1920-1922年與1929-1933年物價兩度急速下跌，又使失業人數大為增加。這是因為經營產業的利潤差價極其狹窄，物價水準微微的上升就可能產生乘數的影響而擴大利潤的差額，並因此而增加勞動的需要量，反之，物價差額的下跌也可能減低勞動的需要量。

不過，倘使讓物價水準升高到充分就業的水準以上，例如1919年的情況，則其結果只是價格與工資的膨脹，因為這時，所有勞工皆已就業，除了減縮工作時數以外，不可能用生產來增加就業。充分就業是膨脹的合理限度。1923年對這個問題的處理較為妥善。由於債券的銷售與貼現率的提高，在當時產業和銀行業務的情況之下，物價的升高並未超出恢復充分就業的這一點以上。

伍、員警課稅權

(一) 私人效用與社會效用

員警權是美國人實施社會效用的名稱。這種權力是屬於立法機關與法院，而不是屬於一個行政人員——警吏。在聯邦立法中這是包括在管制州際與國際通商的權力之內。這是一種權力，可以指使個人朝某一方向而阻止其朝另一方向進行。就這一點而論，員警權和課徵稅捐並無差別。其所根據的都是同一事實，就是說，沒有一個人可以自給自足，他必須在交易之中向別人取得他的收益。

由於此一社會事實，通常要發生兩個問題：一個是財富

分配的問題，另一個是保持業務團體持續運營的問題。自從李嘉圖那個時代起，在財富分配方面由勤勞得來的收益與不勞而獲的收益之間就已經有了區別。不過，其後的一百年卻把這些字詞的意義變更了。所有的收益都是勤勞得來，也都是不勞而獲，兩者之間僅有程度的差別。所以，必須有一種更加明確而不招人怨的專門術語。我們根據李嘉圖的啓示將其劃分爲個人收益、資本收益與地點價值收益三類。我們所關心的這個運營中的業務團體有時侯向前猛進，有時侯延緩下來，也有時候停止進行。這些變動對財富分配，對稅捐與利息這兩項固定費用的負擔可能發生極大的影響。

我們已知製造業公司在一段時間內所繳納的稅捐*總額*僅及其平均生產成本的1%或2%，[145]然而，平均利潤差價對稅捐的*負擔*從1919年達33%，到1921年竟達「無限大」；並且毫無疑義的，在1930-1932這幾年雖沒有現成統計數字，但此種負擔想必很重。這些公司生產了全國製造產品的90%，其所負擔的稅捐在1926年比邊際差額多了35%，而在其餘各年也占利潤額的33到90%。

決定一項業務是否要繼續經營、擴充、減緩或停止的是二十世紀資本主義制度下的公司利潤差價，而不是十九世紀個人主義經濟學的生產成本。稅捐和利息一樣 —— 同爲固定經常費用 —— 在美國雖是分取了民眾總收益的10%或12%，[146]但就

---

[145] 參閱本書前文，第九章，第七節**利潤差價**。

[146] 大部分隱藏在公家僱用人員的工資與薪金以及公家債務的利息之中。
參閱本書前文，第九章，第七節**利潤差價**。

製造業的平均數字而論，此等稅捐的數額則爲利潤差價的三分之一起到遠超過利潤差價的數額止。

　　昔日的經濟學者們所關心的主要是在於分配問題，意即，關心於社會產出在個人之間的*份額*。但是，自從發行巨額債券並按狹窄與波動的利潤差價經營的公司既已取代了個人的地位以後，二十世紀的經濟學者們所關心的問題卻變爲：使公司資本主義前進與停止比昔日個人資本主義更加激烈的究爲何物？在所有的各種答案中，我們可以將其縮減爲主要的三項：價格、稅捐與利潤差價。此外也可能有其他利益關係，例如勞動者便是其中之一，不過，這些勞動者可以資遣，且不是固定費用。毫無疑義的，公司資本主義是資本主義的一個最強有力階段，因爲這種主義大都是基於狹窄的利潤或損失差價而進行，所以，這也是最爲脆弱與險惡。個人的資本主，例如今日的一個農人，或是亞當・史密斯與李嘉圖那時代的一個製造業者，在利潤、利息、地租與工資之間並不加以區別，而在利潤、利息與地租皆已消失時，他可能勒緊他的褲帶，單靠已減低的工資過活，並使他的全部家屬在一起工作。但是，公司資本主義到了利息、利潤、地租與工資既經把利潤差價耗盡之後，就得要歸於破產。因爲這家公司必得要因工資而成爲勞動者的債務人，因利息而成爲放款者與銀行業者的債務人，因地租而成爲地主的債務人，因稅捐而成爲國家的債務人；所以利潤只是銷售收益在此等負債皆已清償之後所餘留的殘額。一個公司資本主在反對高度累進*個人*所得稅與遺產稅時，他是把他私人的利息與公司的利息混雜在一起，這些收益與遺產並非得之於公司的利潤差價；不過，在他反對公司較高利潤差價累進

稅時，他是明智的，近年來，我們可以很悲慘的看到大公司與小公司在利潤差價的平衡方面都極為脆弱。

　　需要塞烈格曼教授術語中「財政科學之社會理論」（Social Theory of Fiscal Science）[147]的就是銀行業者資本主義的脆弱、份量與社會險厄。

　　塞烈格曼把他的所謂「團體」（groups）按照個人想望的性質加以分類，而我們則是按照工作規則與集體行動管控個人行動所實施的制裁將其分類為「運營中的業務團體」。由下列他的團體類別之中很容易看出兩者之間的異同：

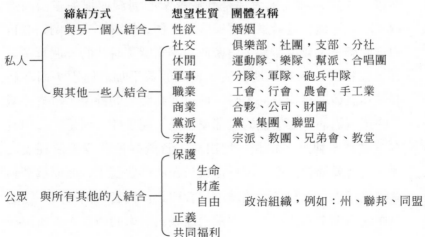

塞烈格曼的團體類別

締結方式	想望性質	團體名稱
與另一個人結合	性欲	婚姻
與其他一些人結合	社交	俱樂部、社團，支部、分社
	休閒	運動隊、樂隊、幫派、合唱團
	軍事	分隊、軍隊、砲兵中隊
	職業	工會、行會、農會、手工業
	商業	合夥、公司、財團
	黨派	黨、集團、聯盟
	宗教	宗派、教團、兄弟會、教堂
與所有其他的人結合	保護—生命、財產、自由	政治組織，例如：州、聯邦、同盟
	正義	
	共同福利	

（私人：與另一個人結合、與其他一些人結合；公眾：與所有其他的人結合）

---

147 這是塞烈格曼所寫的一篇論文，載於《政治科學季刊》，第XLI期（1926年），第193頁以次及第354頁以次。

　　有了這種團體或運營中業務團體的制度，塞烈格曼又回溯到古典派的個人想望概念，認其為經濟學上的起因，不過，他也和派里圖一樣，注意到此等想望的本身在轉變為一個或任何團體集體想望時可能變動，並且無法加以衡量。這兩種想望之間的區別並不在於「原始的心理特性」，而是在於個人或集體用以「滿足想望的方法」。這些方法有「個別的」、「互惠的」與「集體的」之別，而集體滿足想望的方法又可以進一步細分為「私人的與公共的想望，而由私人或公家團體予以滿足」。公共想望及其滿足的方法與私人不同，公共想望是基本的、普及的與強迫的及不能解除的，因為要取得公共團體的團員資格也是強迫的。其結果便產生了公共團體與私人團體之間的區別，因為公共團體是沒有互惠的，我們把議價交易與分派交易作對比，便可以看出兩者的差別，並且公共團體所給予個人的利益是不可分的，是無法衡量的。所以，因滿足集體想望而為公共服務，其以稅捐的形態收取的價格並非根據成本或利潤原則。其所根據的原則是各種不同等級的特殊利益與給付能力；甚至可能與利益或能力相反，例如銷售稅便是如此。

　　塞烈格曼的結論是說，財政科學係廣義的社會科學之一部分；財政科學起因於共同想望；這種科學必須把私人團體與公共團體分清；然而這兩種團體在程序上卻有一點相似，兩者皆需要個人為滿足集體想望而給付；並且*給付能力*對*所受利益*之間長期衝突的格言必須放棄，認其為互相排斥，因為其中的每一項皆各有其適當的行動範圍。

　　我們的結論則是說，由於上文所述種種原因，把社會的負擔與利益分配給個人，並且以財富生產保持一個業務團體持續

經營的程序之中，用分派而不用議價或管理決定其界限的，實在就是休謨的公共效用，或派里圖的社會效用，或是無法同等衡量，甚至具有煽動性的「公共政策」，或員警權與課稅權。

這種課稅權在其實施程序之中必須考量到個人們的誘因與限制，以及歲入的數額。在經濟方面這是分派交易的特例，足以主宰議價與管理交易。此種交易的達成在特殊利益關係人之間是用民主的互抬聲勢制度，或是用獨裁或統治利益的平等互抬聲勢活動，因此，其所必須考量的主要是在於利益衝突的壓力，而絕不可遵循個人主義私人效用理論所設定的原則，除非是這種理論與利益衝突的政治原則相一致，這種政治原則極力的主宰互抬聲勢。

這能證之以事實，派里圖社會科學的「分子」原則終為政治所採納，英國於1846年採納了亞當‧史密斯與李嘉圖的自由貿易原則，使重商與製造業的利益升高為一種政治力量，以抗拒土地的利益，不過，即便是這種原則，在經過一百年以後，經過另一次政治衝突以後，又因其他經濟學者如凱蕾與李斯特（List, Friederich）[148]等所提出的保護原則而遭廢棄。

(二) 地點、成本、預期

實際上，保護原則所做到的遠超出課徵關稅以外。凡是稅捐多多少少都能引起向某一方擴展，而限制向另一方擴展。稅捐的目的絕非僅在於*取得*公共收入。不過，把負擔轉嫁於其他

---

[148] 李斯特的理論是在他被放逐到美國的時期由經驗得來。參閱他的《國家政治經濟制度》（*Das nationale System der Politischen Oekonomie*，1841年）。

民眾而取得此項收入，總是一個明顯易見的目的。財政學之所以能成爲經濟科學，是這門科學分析集體努力的方法與效果，而使人給付稅捐，此種分析的關鍵大部分在於「資本」這個字詞的意義在歷史上的變更。

我們知道這個字詞的意義由李嘉圖的過去生產勞動成本已變成爲凱蕾的現時再生產成本，再變成爲商業債務、股票、債券與銀行業者資本主義的土地價值擁有權所能預期的未來淨收益。[149]由於資本意義的變更，李嘉圖在不勞而獲的地租與勤勞得來的工資、利息或利潤之間所作區別從此消失。這是凱蕾與巴斯夏使其消失的，因爲土地的「再生產成本」之中包括生產一塊足以替代的土地使其價值相等於現有的一塊所必需的各種社會成本與個人成本在內。[150]李嘉圖不勞而獲的地租其區別亦歸消失——費特爾在1901年資本意義最後過渡的轉捩點上曾經加以說明——因爲所有未來收益，無論其爲壟斷性、差別性或不公允，皆可作爲未來「地租」看待，任何一種財產的使用皆必須給付地租，所以資本已成爲未來地租在現時的貼現價值。[151]

我們知道，並且時常提起，**資本**意義的變更要看**地租**意義的變更而定。按照費特爾使用這個用詞的通俗說法，地租的

---

149 參閱本書前文，第九章，第一節，〔肆〕，(11)**習季威克**。

150 參閱本書前文，第八章，第六節，〔三〕，(2)**服務價值**。

151 參閱費特爾的「往昔地租概念之沒落」（The Passing of the Old Rent Concept），載於《經濟季刊》，第XIV期（1901年），第416頁以次。

意義和「租金」（hire）相同，這就是在某一期間內因*使用*任何事物所作的給付。不動產的地租是按每一個時間單位給付，至於這地產的擁有權在經濟上的種種差別則非所問。利息是因貨幣的使用而給付的地租或租金。工資是因勞動的使用而給付的租金。地租與利潤可能是因馬匹的使用而付給其擁有者的租金。整個十九世紀與二十世紀初期的經濟理論都是要把地租的封建、法律與通俗意義分解爲經濟上的種種差異，由於都市土地價值的增高與農業土地價值的相對低落，所以此種區別的需要愈益迫切。

　　李嘉圖因爲受到資本主與封建地主之間對小麥保護關稅利益衝突的刺激，所以他首先作地租在經濟上的區別。爲作區別起見，他不得不變更地租的意義，由使用土地而給付的歷史意義轉爲使用土地的「原始與不滅」質性而給付。這麼一來，他就認爲地主的地租是「不勞而獲的收益」，他們並沒有因此而提供等量的服務，他認爲利息、利潤與工資才是勤勞得來的收益。

　　馬克思把李嘉圖的勞動意義加以引申，由個別的勞動者引申爲社會的勞動力，而刪除李嘉圖所作區別，他認爲地租和利息及利潤一樣，都是因私人擁有權而不是因生產力所取得的不勞而獲的收益，在共同擁有權之下，這種區別將歸於消失，蘇俄所實施的可爲明證。小彌爾在他所提出的土地國有化這項建議之中一部分是採納李嘉圖所作的區別，但卻沒有採納馬克思

的資本社會化。[152]亨利喬治建議土地單一稅，也只承認了一部分，因爲他是把肥沃度包括在內，而李嘉圖卻沒有。[153]

小彌爾與亨利喬治都沒有用到李嘉圖在土地的肥沃度與不滅這兩種質性之間所作的區別。亨利喬治在他最初的著作裡——他後來的著作並非如此——甚至未能追隨魁奈的單一稅。魁奈說，只有土壤的*原始*肥沃度才是神賜給人的禮物，而擴增的肥沃度則是地主與耕作者所增進。亨利喬治在最初時也像亞當·史密斯與馬爾薩斯一樣，認爲土壤*所有*的肥沃度是神的仁慈，這能生產財富，超出勞動與資本（即魁奈的投資 "avances"）所生產的以上，所以，這種肥沃度應當課徵單一稅，而免除對具生產性的資本主與勞動者課稅。我們知道這句話是不正確的，魁奈與李嘉圖以及亨利喬治後來的著作也都知道其爲不正確。肥沃度的大部分是可能耗竭的，必須加以再生產，與任何形態的「資本」或魁奈的*投資*並無不同。

不過，李嘉圖所作的區別其本身還可能作進一步的劃分。他土地的原始與不滅質性可以分解爲社會的需求所給予的

---

152 參閱小彌爾所著《有關政治、哲學與歷史的論文與討論集》（*Dissertations and Discussions, Political, Philosophical, and Historical*，1875年），第五卷，第223頁以次，「論1870-1873年地租制度》」（Papers on Land Tenure, 1870-1873）。

153 參閱亨利喬治的《進步與貧窮，研討財富增加而產業衰落與想望愈增的原因》（*Progress and Poverty, an Inguiry into the Cause of Industrial Depression and Increase of Want with Increase of Wealth*，1879年）。

地點價值（site value）與生產者及耕作者所給予的*基礎價值*（foundation value）。[154]地點價值只是一種稀少性價值，得之於接近市場，主要是由社會的需求與地點的有限供給所決定，這種地點便是需求集中的處所。但基礎價值則是個別的擁有者按照他本人的計算估測收益的數額是否能償付他的生產成本而努力生產出來的事物。基礎價值和李嘉圖可毀滅、改進或保持的肥沃度相近似，其價值便是勞動成本價值。在他看來，**成本價值**就是「資本」數額的衡量，或是說，投入的勞動，而稀少性價值則是一種「名目價值」，可能超過，也可能不及成本價值。因為他所關心的主要是在於他的反關稅宣傳，而不是在於都市土地與農業土地的對比，所以他並沒有把基礎價值與地點價值分清。但是，都市土地與農業土地卻皆有這兩種價值的區別。

杜爾哥在說明「地產」（estate）時曾經提示，[155]土地的資本價值是一個變數，其中含有五種不同的因素：銷售與購買產品的市場地點；建築物與肥沃度的基礎；建築物本身的折舊或陳廢狀況；原始的肥沃度；及改進、保持或折耗的肥沃度。在不動產的交易之中多多少少都要把每一種因素加以考量。不過，經濟或財政科學的任務則是要把此等變異的種種分歧性原則加以區別，並給予適當的權衡，然後再在利益衝突與評價困

---

154 參閱本書著者在早年所構成的此項原則，載於《政治科學季刊》，第 XXXVII期（1922年），第41頁以次，標題爲「空地價值的累進稅」（A Progressive Tax on Bare Land Values）。

155 參閱本書前文，第九章，第四節，貳、**資本與資本財貨**。

難時如屬可行將其應用於商業的具體估價與稅捐的稽徵。

　　地點價值高低懸殊，在大城市的金融區域裡可能高到每英畝數百萬金元，而在李嘉圖所謂遙遠的耕作邊緣與無法接近市場的區域則可能低到毫無價值。[156]地點價值可能因良好的道路、鐵道、電信與郵政而增高。也可能因此等機構把人口、產業與商業遷移到別處去而減低。所以，這是一種特殊的社會價值，有時是歸於個別的擁有者，也有時是向他們奪取，要看運輸工具的技術變更而定，這些工具的設置是由公共政策加以鼓勵或限制。

　　但基礎價值則是土地價值之中的一個減項，其大小要看使這塊土地適合於建築物與耕作所需的成本多寡而定。假如基礎不能適合，而必須加以改善，這就得要剷平丘陵、炸開岩石、挖掘地窖、填平沼澤、清除樁柱、修建灌溉堤壩與壕溝。這些費用可能是由個別的擁有者負擔，也可能是向一般的納稅人徵收，要看管控公共政策的主要利益關係或慣性假定如何而定。

　　這些話可以適用於都市土地，也可以適用於農業土地。在農業方面的所謂基礎有一部分在於建築物，但主要的還是在於承載肥沃度的能力。假如是沙質土壤，其承載肥沃度的能力必然很低。假如是高級的泥濘沃土，但卻可毀損，並且因耕作而耗竭，到李嘉圖不滅的基礎狀態，這塊土地仍然可能回復其原始的肥沃度。在這兩種情況之下決定這土壤值得投入多少種苗與耕作的是這塊土地的結構、形態、地勢、「坐落」（lay）

156 參閱康芒斯所著《財富分配》（1893年），第136頁。

以及接近市場與否。土地的肥沃度、種苗與先前耕作的成果可能已經耗竭，而這塊土地通常也就不能很經濟的再承載比其原有更多的肥沃度。不過，這塊土地卻可能因優良的耕作而使其承載相等於或更多於原始肥沃度。在某種情況之下，例如蔬菜農圃，增加其原始的肥沃度往往頗為有利，由此而增多的部分可以稱之為「改進的肥沃度」；保持其原始的肥沃度水準就是農人所常說的「平面值」（at par）。原始的肥沃度便是「面值」，而改進或折耗的肥沃度便是在面值以上或以下。

美國農人們所有的農地大都很寬廣，他們有一種方法用來決定他們的「面值」。在他們拖運肥料的馬廄附近，所有土地都是保持面值。距離較遠的土地則因拖運的成本較高而減低其肥沃度到面值以下。不過，就經濟方面著想。是否值得保持或超過面值，這要看距離良好道路與市場的遠近而定，[157]一個農人可使其超過原始的肥沃度而施以豐富的肥料、人造肥料與翻土，簡而言之，透過密集耕作與優良管理。

無論如何，農場土地總是和都市土地十分相似。一塊都市裡建築用的優良地基如果接近良好的市場可供生產與銷售某種產品之用，在最好的地點，可建一座摩天大樓，在別的地點可造兩三層的房屋，也可砌接近工廠與商業區的住宅，及把可以移動的財貨儲存起來的建築。倘使改良物與存貨不能接近市場，或是倘使擁有者建築與儲存得太多，非現有市場所能容納，則此等改良物與存貨勢必成為浪費，而其價值也必下跌到

---

157 關於良好價格，可以參閱下文，丁、**靜態與循環**。

成本以下。

　　所以，在土地位置的稀少性價値和改善建築物與基礎的成本價値以及存放在土地上的存貨三者之間有著一種粗略的相關性。肥沃度亦復如是，在已耗竭農地的地點價値，與施肥及其他改良以有利於保持土地面値或在面値以上的成本價値之間也有粗略的相關性。假使這塊土地距離市場遙遠，則聽任其成爲牧場反倒較爲有利。如果這塊土地距離市場極近，則將其供農作物之用而使其快速耗竭更爲有利，此項耗竭也能由密集耕作與細心管理做有利的抵補。

　　一塊土地是否能發生這種相關性要看這塊土地的擁有權與管理而定。租佃與不良管理可能耗竭土壤，而良好的管理則可能保持其面値，甚至超過面値以上。都市土地也是一樣。某一個擁有者是要建一座摩天大樓，另一個擁有者是要聽任其空曠，或爲折損陳廢的建築物所占據。地點價値與建築或基礎改良價値，或肥沃度的改進或保持之間的相關性並非常是實際上所已經做到的事物之間的相關性，因爲有變異性，而是使其合乎經濟，也就是使其成爲有利的相關性。各個擁有者之間的差別極其懸殊。管理賦稅制度的公共政策所能影響到的正是此等差別。

　　布朗把都市土地的地點價値與建設價値之間的粗略相關性表現得較爲明晰，他用一個相等的名稱——機會成本[158]替代凱蕾與巴斯夏的「再生產成本」概念，這種成本不但可以衡量

---

158 參閱本書前文，第八章，第七節，〔參〕(5)，**替代定律**。

改良物的成本價值。並且還可以衡量都市土地的地點價值。有了「機會成本」的這種設計，就毋須超出李嘉圖的農業耕作邊緣以外，也能確計都市土地的地點價值。然而，由於布朗接受了李嘉圖的概念，認為地租是一種「不勞而獲」的收益（凱蕾與巴斯夏並未接受這種概念），所以他把不勞而獲收益的預期加以資本化。使其成為土地的地點價值，站在社會的立場上看來，這種價值也同樣是不勞而獲得的收益。這時，假如一個人要想構築一幢建築物，使他本人以擁有者的身分能獲得一筆未來的淨收益、一筆勤勞而獲的利息與利潤，相當於地點價值未來所生不勞而獲的地租，則用別種可以替代構築建築物的方法所耗費的成本也就可以決定地點價值的最高或最低限度。無論是這個地點的賣主或買主必然都願意按照用替代構築建築物的方法所費成本而將其出售或給付，預期這幢建築物可能產生一筆淨收益的利息與利潤，相當於地點價值淨收益的地租。[159]所以，對地點與改善這地點的兩種估價就和購買這個地點或構築改良物另類選擇維持某種相關性，此等改良物可能產生相同的未來淨收益。

　　把凱蕾與巴斯夏的再生產成本概念如此運用，足以說明商業社會與法院何以能使李嘉圖的地點價值毋須分別估價。在一個商人或銀行業者看來，無論他所購買或抵押的是對未來不*勞而獲*收益的要求權——因為不需要任何人花費成本生產出取

---

159 參閱布朗的《賦稅經濟學》（*The Economics of Taxation*，1924年，第五版），和他所引述的以前論文。

得手段的只是稀少性價值——抑或是對曾經花費工人工資、利息與利潤以及管理而產出的未來勤勞收益的要求權，兩者之間並無差別。一個金元就是一個金元，不問其背後所隱藏的是社會的差別待遇抑或是個人的犧牲，都是一樣。一個賣主所討取的，或是一個買主所給付的，再或是一個銀行業者以地基為保障而貸放的，總是他把自己的金元投資於另類機會之中所能取得的未來相等利潤差價。

在地點價值與建設價值之間缺乏更精確的相關性，這一點我們可由各個擁有者之間的差別而得知。這種個人間的差別以及上文所述土地的五項因素都要受到課稅制度的影響。在課徵稅捐時可把此等差別與因素化約為三個變數而加以考量。一個是個人的能力，這是國家的人力資源；另一個是發揮這種能力與使用自然資源的機會；還有一個是促令實施其能力與保持或擴大這些資源的誘因。三者不能分隔但卻可能區別。凡此皆無法作確切的衡量，所以必須用「理性法則」（rule of reason）的用詞加以說明，亞當·史密斯稱之為賦稅的「準則」（canon）。

(三) 賦稅的準則

當然，能力的差別極大，不過，站在誘因的立場來說，主要的差別還是在於「靜態享樂主義」的勞動者或農民與「動態」的商人或資本主之間的不同，熊彼得（Schumpeter, J.）的經濟進化理論便是以此為中心。[160]這種差別構成一方為工

---

160 參閱熊彼得的《經濟發展理論：關於企業者利潤、資本、信用、利息

資、利息與地租和另一方利潤之間的區別。利潤是動態因素的誘因；工資、利息與地租是靜態因素的誘因。利潤是期待於未來，屬於投機的一類，這必須甘冒風險。並且在冒險之中必得要激發營業的官能，來吸引或命令勞動者、投資者與地主們按照其所囑咐的去行事。別人是由於這個商人所提供的工資、利息、地租而受到勸誘；但營業才能則是因利潤前景而自動激發。利潤是建設性因素；其餘都是被動的，要等待利潤爲之啓動。站在社會誘因的立場上我們可以說，[161]能生產財富的並非「土地」、「勞動」或「資本」，而是預期利潤。

這是私有財產與不平等報償的合理化。假如人們的志願工作是遵奉著社會主義的準則，「各盡所能，各取所需」（From each according to ability, to each according to needs），則私有財產與利潤勢必無以爲繼。[162]不過，實際上人們的工作照例都是遵奉著獲取原則，其所「取」於每個人的和這個人的議價能力成反比，而其所「予」於每個人的和這個

以及景氣循環之探討》（*Theorie der wirtschaftlichen Entwicklung eine Untersuchung über Unternehmergewinn, Kapital Kredit, Zins und den Konjunkturzyklus*，1912、1926年）。

161 參閱本書前文，第八章，第七節**馬爾薩斯與李嘉圖**；及第九章，第七節**利潤差價**。

162 參閱列寧（Lenin, Nikolai）的《國家與革命》（*The State and Revolution*，1918年），在《帝國主義》（*Imperialism*，1929年）裡，賤民社會的獨裁政治必須延續到人類志願按照這個經典行事爲止。

人的議價能力成正比。這就是利潤的顯著屬性，也就是營業才能的報酬。其他的人們可能是按照他們的所需而受到給付，或是說，按照他們身為這個商人所需事物的擁有者而取得的戰略地位受到給付，但營業才能則顯然是受到利潤差價前景的誘導，按照減低*付*給別人的價格與提高別人*給付*的價格這種能力的強弱而獲得利潤。

然而營業能力卻要因運用這種能力的機會而受到限制。這些機會也有差別性優勢。其優劣厚薄的懸殊相當於能力的強弱，而這種差別性優勢也就是私有財產所依據的理由。我們也曾講過，馬克思的主張與李嘉圖相反，他認為地租現象是起因於私有財產，而不是起因於生產力的差別。當然，假如把全部財產悉歸共有，則此等生產力的差別將合併成為一筆基金，按照社會主義者的準則而配給，並且李嘉圖的差別生產力也就成為馬克思社會勞動力的「平均」生產力。李嘉圖是強調自然的差別，而馬克思則是強調擁有權的差別，不過，兩者皆從屬於利潤的差別。各種私有財產，無論其為地點價值、基礎價值、建築改良、原始的、保持的或改進的肥沃度，其合理化的原因恰是由於差別性優勢提供有效的誘因，激發動態因素使利潤成為可能。因為只有報償的差別才能使營業的能力表現出來，而僱用那些靜態的參與者。幸運、機會以及大自然的禮物，無論是存在於一個人本身的官能之中，抑或是存在於大自然或社會的資源之中，都是一樣，因為，由此獲得的差別利得對於一個商人是絕大的誘因，促使這個商人求取最優良的工具，加以最有利的使用，而增高他本人的利潤差價。

這與課稅有相當的關係。課稅與私有財產恰正相反，因為

稅捐是利潤、工資、利息或地租的減項。在私有財產與自由制度之下，一個謀利者如果認為利潤差價不夠大，他很可能把他的官能扣住而不予運用，也可能由他自己或聽他指揮的雇員把他所擁有的自然資源與資本設備扣住而不予利用。並且，因為課稅使利潤差價減低很多，所以他可能把他的官能和他的自然資源一併*扣住*而不予使用，與稅捐的負擔成*正比*，而與預期的利潤成*反比*；這不異是說，他使用他的官能與自然資源之最大程度和預期利潤成*正比*，而和稅捐成*反比*。

「給付能力」這句語詞時常被人引用來合理化課徵個人所得稅與遺產稅，這就是說，對一個人*先前*所取得的收益課稅。這是十分恰當的。這句語詞也有時被引用來合理化一般財產稅，這就是說，對於*將來*的收益所得課稅。[163]在前述的情況之下，給付能力很恰當的產生了累進稅，在收益或遺產增多時加高其稅率。[164]在後述的情況之下，則是產生了對財產價值的齊一稅率，認為擁有的財產價值足以衡量未來的給付能力。

這就是通俗的平等看法。投資於地點價值的一個金元和投資於基礎、建築、存貨、原始肥沃度或是投資於改進或保持肥沃度的一個金元完全相同。每一個金元所衡量未來的給付能力都和其他的金元一樣。一個人是把$100,000投資於*未經改良*的農場，而另一個人則是把$100,000投資於*既經改良*的農場，

163 參閱塞烈格曼的《賦稅論文集》（*Essays in Taxation*，1895、1900年），第54-59頁。

164 參閱塞烈格曼的《累進課稅之理論與實務》（*Progressive Taxation in Theory and Praction*，1809、1908年），第138頁。

對這兩個人的課稅何以要有區別呢？或是說，一個人是投資
$100,000於空置的地點價值，而另一個人則是投資$100,000於
房屋、基礎、機器與存貨的成本價值，對這兩個人的課稅何以
要有區別呢？每一個人都有同等的預期給付稅捐能力。給付能
力與投資的金元數額成正比，而在金元與金元之間並無差別。

　　差別在於一個人致富的方法。英國共和的初期，對致富方
法也提出了同樣的問題。1602年所裁決的壟斷案以及這個時
期與此類似的案件裡，[165]爭執之點在於享有君主所授專利、
特許或公司執照等特權的人與未能享有此等特權的商人及製造
業者之間。普通法的律師們是後者的發言人，他們力陳，一個
商人或製造業者熟諳他的這一門行業，他增加自身的財富，也
就是增加了如許的「共有財富」。但是。假如一個國王所特許
的專利人由於他的獨占特權而增加他的財富，他在這一行不
熟，只是抽取了一部分的共有財富，而並未使共有財富有相應
的增益。十七世紀在財富與共有財富之間的區別就相等於二十
世紀在私人效用與社會效用之間的區別。[166]

　　李嘉圖為地租下定義時也曾用到與此相仿的區別。一個人
單獨由於地租（按李嘉圖所下的定義解釋）而取得一筆收益，

---

[165] **戴文能對侯迪斯案**（Davenant v. Hurdis, Moore, [K. B.]），檔號576,
72 Eng, Rep, 789；壟斷案，檔號11 Co Rep. 84b. 77 Eng. Rep. 1260-6
（1602年）；**貝蒂斯案**（Bates' Case），檔號Lane 22,145 Eng. Rep.
287. 11 Hargrave's State Trials, 29, 2 Howell's State Trials, 371（1606
年）；並參閱康芒斯的《資本主義之法律基礎》，第266頁以次。

[166] 參閱本書前文，第八章，第七節**馬爾薩斯與李嘉圖**。

他只是抽取資本主與勞動者的財富，而並未作相應的報償，他和資本主與勞動者不同，後者交付給別人的財富相等於他們收取別人的數額。

現代的地點價值由農業土地轉到都市土地亦復如是。假如一個人增加了清潔土地、建築物、摩天樓、木材、森林、果園、排水系統、道路改良、土壤肥沃度以及其他營利產品的供給量；縱然他僅是由於管理和有關基礎與道路的開支而使這塊空地更接近於市場；他也就是增加了國家財富的供給量，其增加的比例相等於他本人財富供給量的增加。不過，假如僅是由於土地的地點價值增高，並未清除、並未改良，而獲得一個人的財富增加，既沒有考量到肥沃度、木料與建築，又沒有使其更易於接近，這便是單憑機會而取之於共有財富，對共有財富的增加並無相當貢獻。每個人的財富同等增加就是每個人的給付能力同等增加，但一個僅是私人財富（資產）的增加，而另一個則是私人財富與公共財富的同時增加。

不過，通俗的給付能力看法比一般財產稅更爲偏頗。稅捐只能由收益給付。給付能力與收益成正比。一塊空地並不能產生收益。所以，持有一塊土地而聽任其荒蕪便是減低了給付能力。**聯邦**所得稅要想糾正這種偏頗性。土地或股票、債券的價值*增高*，在經過一段時日之後把土地或債券出售時，如果賣價較高於其所付出的價格，就得要詮釋爲收益，這種增高就應該作爲收益而課稅。但如果這塊土地沒有年地租就沒有收益可資課稅。倘使資本價值有所*損失*，則可以容許損失者把這一筆損失從他的其他收益之中減去而完全逃避*所得稅*。

同樣的，一個「有土地而窮困」的人，他的給付稅捐能力

不及一個用肥沃度或構築房屋與基礎改善土地的人。事實上，就全國的平均數而論，如果按複利計算，那些保有土地，不加改良而等待地點價值上升的投機者，其所得到的利潤可能還不及從事別種營業或改善基礎的人們。有一群經濟學者，由凱蕾為之先導，就是抓住了此種可能的事實，用來說明對地點價值課徵的稅捐絕不可高於對建築物、存貨、肥沃度與基礎改善的課徵。不過，這是採取了私人利潤的觀點，而不是採取社會效用的觀點，似乎只要是把社會所需要卻不擁有的事物扣住就對這社會有益。

所以，假如「給付能力」是課稅所僅有的唯一準則，其結論必然是說，對一塊空地擁有者課徵的稅應該比對一塊具生產性土地擁有者課徵的稅要少些，即使他那未經改良的空地其價值相等於或更高於他鄰人所擁有包括改良物的土地，也還是應該如此。要想達到這個目的，則當地的估稅人員就常把未經改良的土地視為不具生產性而相對的低估其價值，並課以齊一稅率。

但是，此外還另有一項課稅準則也可以適當的應用，意即，對財富生產所引起的效果，以有利於財富生產的公共政策為之督導，則一個人僅是由於地點價值上升而取得了他的財富，他給付的稅捐，就應該高於由產業或農業取得財富的另一個人。在前者的情況之下，他是抽取了共有財富，而並未能使其增加。在後者的情況之下，他對私人財富與共有財富皆有直接貢獻。所以，站在共有財富或社會效用的立場上看來，給付能力計有兩種：一種是與這個人所增加的共有財富成正比的能力，另一種是與這個人所增加的共有財富成反比的能

力。前者我們稱之爲「服務能力」，後者我們稱之爲「給付能力」。[167]

不過，因爲這兩種能力通常是屬於同一個人所具有，只是每個人在各個不同時機所具有的這兩種能力有所差異而已，兩者之間的如此差異在於程度，這又無法加以衡量，所以課稅準則可以這樣講：稅捐應與給付能力成*正比*。而與對共有財富的服務能力成*反比*。

這種暫定準則或理性法則，其建立的基礎在於與此相應的課稅概念。我們在觀察某項稅捐或一般賦稅時，究竟是應該站在過去所已發生的事件這個立場上呢？抑或是應該站在未來所將發生的效果這個立場？假如我們是站在先前所已發生的事件這個立場，我們就該強調平等、給付能力、大自然的原始或免費禮物與偶發的佳運——簡而言之，就是過去所獲得的金元——作爲稅捐的恰當衡量，並且我們也很可以把所得稅、遺產稅或是對過去積累的齊一財產稅視爲適當的課稅方法。但是，假如我們是站在此項稅捐未來預期產生的經濟效果這個員警權的立場，我們就得要問：透過個人增益其本身的財富，而使共有財富增多的最佳誘因爲何？這就是我們所謂員警課稅權的命意所在。員警權所注視的在於未來，課稅權所注視的則在於過去，在於過去的積累。

實際上大家也都承認課稅與免稅的作用與員警權相仿，並

---

167 這和泰勒（Horace Taylor）《製造財貨與圖利》相同，參閱前文，本章第一節尾段附註。

且是有意識的用來作爲產業、道德或福利之規範，而不是專爲取得公共收入。塞列格曼教授曾經說過，美國人在課稅權與員警權之間所作區別大部分是法律上的機制，由我們的政府制度所產生，而在經濟與財政的立場上看來，這是不必要的。[168]不但如此，我們還可以補充一句，在我們的法院裁決下，課稅似乎是員警權的特許運用，因爲這是收取歲入的主要手段，而歲入又是國家的生命之所繫，法院對於稅捐在規範方面所產生的偶發效果通常總是不予深究。這一點可以見之於法院對保護關稅的容許態度，保護關稅顯然不是一項爲歲入而課徵的稅捐。這僅是爲了要使價值由某一階級轉給另一階級。這便是員警權在實際上所做到的，只是假託用保護關稅來對國外貿易加以管控而已。

因爲員警權實在就是一種統治權，對於統治的利益關係人所認爲不利於共有財富的加以限制或壓迫，而對於他們所認爲有利於共有財富的則加以促進與培育。所以，課稅是員警權最擴展的特許運用；由於戰爭所引起的稅捐大量增加，由於其對利潤差價的重大影響，所以課稅已經成爲員警權的最有效運用。縱然不是有意識的企圖規範，稅捐也能產生規範的效果，因爲這些稅捐也和保護關稅一樣，決定民眾不能致富的方向，同時也決定他們可能致富的方向。稅捐告訴商人說：這邊有利潤。那邊有損失。要想避免課稅的影響是不可能的事，所以也不可能逃避員警課稅權，不可能把按照平等、給付能力、財富

---

168 參閱塞列格曼的《賦稅論文集》，第273、296頁。

積累或某種注意於過去取得的標準而課徵的任何稅捐看做專為收取歲入的一種手段。實際上，課稅就是透過比例分配獲取利潤的誘因來收取公共歲入的程序。任何時刻課稅總可能產生這樣的效果，並且立法者與稽徵人員們也都考量到這種預期效果。不過，課稅是公開的做，而課徵機關則是正在祕密的、盲目的、甚至謬誤百出的做，如果財政科學企圖建立一個社會效用的準則來指導實施，這就是說，稅捐的分配應該與給付能力成*正比*，而與提供公共利益的能力成*反比*。

當然，我們很可能加以反對，說這句格言是敞開了大門，可以容納偏見、激情以及在課稅權的行政、立法與政治方面使各個人與各個階級互相奪權。每個人或多或少都能證明他的私人利益與公共利益相一致，並且有許多人公開提出抗議說，分攤讓一個人與一個階級的意見有指定稅捐分攤的機會，這便是用階級立法來替代正當的法律程序毀滅憲法。

誠然，事實上的確是這樣做，並且，賦稅的負擔愈重也就做得愈加活躍。由於貪婪與偽裝、由於煽惑的金權政治或煽惑的民主政治，所以做起來有時是有意識的，有時是不自覺的、盲目的、愚昧的。我們最好還是公開承認，不可自己欺騙自己。我們可以就事論事，事實上任何特別稅項是否真有如其所自稱的為公共謀利益的經濟效果。我們可以坦率的設定共有財富與私有財富的標準。關於當前的這一項特殊計畫，包括土地稅在內的一般財產稅。我們可以由自然權利的教條與大自然資源生產力的古老看法轉為制度上的教條，也就是說，把誘因分配給個人們，使他們藉由增加共有財富而取得他們自己的財富。

　　假如我們是從過去已發生的事件來看，我們也許要說，原始肥沃度是大自然的禮物，而不是管理的產品，對其擁有者應該按照其價值課稅，魁奈就是這樣建議的，亨利喬治在他最初的著作裡也是這樣建議。不過，假如我們是站在未來所將發生的事件這個立場上來看，則我們要問：何種公允的誘因才能促使農人們把土地上的雜樹與石塊清除，因此改進這塊土地的基礎價值，且保持並增進其原始的肥沃度呢？國家所提供給農人們的兩種誘因就是接近市場與稅捐分攤，這兩種誘因促使他們藉由自身取得利潤來增加國家的財富。

　　因為一個農人也是一個商人。生產財富的並非他的手工勞動——而是他的預期利潤。如果把這個農人僅作為一個勞動者看待，他就是因或近或遠的過去所做工作受到給付。但如果把他作為一個商人看待，他便是僱用勞動者並親自參與工作而預期未來所可能獲得的利潤。利潤所注視的在於未來，工資所注視的在於過去，而生產財富的則是預期利潤。用來衡量利潤的增加，一部分是基礎價值的增高，這種基礎就是他為他的土壤所準備的；另一部分是保持並增進土壤本身的肥沃度；還有一部分則是這塊土地的地點價值增高，預期利潤便是由地點價值增高而產生。隨著人口增多的比例，他可以預期他的土地更接近於市場，並且按照此項比例，這個農人也就有了較大的誘因，密集地耕作土壤，為未來的收穫而舉債，或是為投資較多的儲蓄於道路的改善建築物及基礎，使這塊土地更易於接近。

　　因此，對於地點價值與改良成本價值之間的粗略相關性有一種心理學上的解釋。地點愈接近於市場，利潤愈可能實現，則其結果，製造業者與農人受到引誘而構築在這塊土地上的房

屋、工廠、圍籬、道路及其他建築物或基礎改進的供給也愈多。接近於市場的土地比不接近的更能使改良成爲有利。土地愈接近於市場，則農人更可能清除這塊土地，加以密集耕作，改進其肥沃度並保持其原始肥沃度。他的辦法是由森林變爲牧場。由牧場變爲耕地，由耕地變爲製酪場，由貧乏的耕作變爲密集耕作，由消耗土壤變爲施肥、添加肥料與翻土。所以，成本價值和改良與肥沃度的供給量都是隨著地點價值的上升而增高，隨著地點價值的下降而減低。

實際上，地點價值與成本價值之間並無絕對差別。所差別的僅在於程度的高下。這兩種價值都是共有財富總額的限制因素。地點價值爲農業與工業所必需，一個人如果能增多空地的供給量，開闢道路以供工業與農業之用，縱然他是減低了其他土地的地點價值而使其較難接近，他也還是增加了共有財富。因此，根本不可能有單獨一個普遍眞理或自然權利這種教條式的說法，所可能有的僅是一個準則或理性法則，把這兩種價值在某一點上分清，在這一點上，兩者之間的差別程度已明顯增高而變爲重要並切於實用。所以，課稅的格言必須另換一個說法，使這兩種價值的比例得以分清。課稅準則的適當說法應該是：稅捐的攤派必須和才能與資源的運用使共有財富增加的程度成反比。

這句格言只是亞當·史密斯課稅第二準則的另一種說法。

他說，「每一項稅捐的設計必須盡可能的減少取之於民眾的錢包與妨礙其收入，切莫超過此項稅捐所納入國家公庫的數額。一項稅捐往往可能是取之於民眾的錢包並妨礙其收入，遠

超過納入公庫的數額，其方式計有下述四種。……第二，這項
稅捐可能會妨礙民眾的勤奮，使他們不敢將其運用於某種門類
的業務，這種業務使多數群眾獲得大量的生計與就業」。[169]

　　這句格言似乎也和霍布森（Hobson, J. A.）所接受的原則
不謀而合，他認為給付能力是經濟與公平的最高準則，不過，
這卻必須與下列兩個「消極條件」之中的第一個合併在一起。
「(1)切莫消除或損害必要或有用生產程序的任何工具或動
機。(2)切莫消除或損害消費的必要或有用元素」。[170]並且，
這句格言又似乎是實踐塞烈格曼的主張，他主張廢止一般財產
稅，而用「產出」來替代「財產」作為賦稅的基礎。但卻認為
對不具生產性的不動產也應該課稅以為補充。[171]

　　上文所述改良與肥沃度的成本價值和土地的地點價值兩
者之間的粗略相關性提供了一項原則，把肥沃度與空地分別
估價。在都市土地方面並無困難。這裡的土壤沒有價值，除
了幾百年前所給予的價值，到此刻已攤銷而不再重要了。[172]

---

169 參閱亞當‧史密斯的《原富》（坎能版，1904年）。第二卷。第311
　　頁。

170 參閱霍布森所著《新國家的賦稅》（*Taxation in the New State*，1920
　　年），第12頁。

171 參閱塞列格曼的《賦稅論文集》，第58頁。

172 在**格林斯達**與**凱勒**兩個法案之中，這種原始的改良必須每年攤銷
　　3%，這個比例可以適用於建築的改良。所以到了三十年以後，這些
　　改良只能成為地點價值之一部。

這種價值甚至已經被拋棄。土地價值成為純地點價值。不過，在農業土地方面卻必須求得一種簡便的法則，以便把土地的肥沃度價值與地點價值劃分開來。威斯康辛州立法會議所提出的**格林斯達法案**（Grinstad bill）[173]與國會所提出的**凱勒法案**（Keller bill）[174]所設定的法則是說，專供農業之用的土地「如果保持其面值」，則肥沃度價值應為公平市價的半數。「公平市價」是通常實施的課稅法則。農人們所熟悉的概念就是公平市價、面值或保持土地的原始肥沃度狀況。「衰退」的土地必須折價。比方說，一個農人在某一筆交易裡買進一塊耗竭農田，每英畝$100，預計在十年以內將其建設起來，達到每英畝$200，這就是道路對面農場的價值，其土壤的基礎還是原來的同一型態，且當然也是同等的接近於市場。按照上述兩個法案的規定（這兩個法案是把建築與肥沃度價值除外）。較好的農用就具有每英畝$100的土壤肥沃度價值與每英畝$100的地點價值，而衰退的農田只有同等的地點價值每英畝$100，而並無肥沃度或改良價值。如果按照李嘉圖的地點價值原則。要想使這兩塊土地平等，則每一塊土地的課稅基礎必然都是每英畝$100。而不是改良的土地每英畝$200，耗竭的土地每英畝$100。

威斯康辛州所做的土壤調查足以顯示，凡是耗竭到不利於耕作的土地，其化學的植物肥料*總額*喪失了33%，但其經濟的

---

173 案號502A，於1921年四月提出。這裡所陳述的理論是1921年威斯康辛州立法會議中代表農民的議員所提出。

174 案號H. R. 5733, 於1924年一月提出。

*現成*植物肥料當然是業已喪失100%。於是發生了一個問題：新增肥沃度的價值是否應該按照肥料、拖運與撒播的現時成本這種*再生產成本教條*計算？假如為是，則距離市場遙遠的廉價土地其成本價值會高於同等肥沃度而接近市場的土地以上。這種成本甚至可能超過遙遠土地在耗竭狀態之下每英畝$10的所值，但接近市場有同等肥沃度的土地單是地點價值一項就可能值到每英畝$100，這種成本的數額僅為地點價值之中的一小部分。

這種計算成本的方法非但不切實際，並且其理論也不健全。這種理論是把成本轉為價值。[175]成本是一項限制。價值是一項誘因。真正的問題是：要想克服成本，而永久保持現成植物肥料在面值，甚至超過面值，其所需要的價值這種誘因究是多少？誘因必須超過準備基礎的成本、肥料與施肥的成本、拖運與撒播的成本以及翻土在利潤上的損失。這種預期價值的誘因是在私有財產與自由制度之下預期合理利潤差價超出成本之上的整個問題，必須有這樣的利潤差價才能導致肥沃度的保持及改良以取得未來的收穫。我們要考量到農作的不確定性，起因於氣候、歉收、冰凍、嚴霜、洪水與乾旱；我們要考量到一個農人不能如同商人那樣，突然之間停止生產以便管控他的市場；如果主張一個都市居民在他的新建設成本之上得不到10%到20%的利潤。他就不願投資於房屋、工廠、機器與

---

175 四十年前，我（本書著者自稱）曾經企圖按照成本的古典派理論對此作詳盡的說明，但卻未能成功。請參閱我的《財富分配論》（1893年）。

物料，這是合理的，但卻不能期望一個農人在他所預期可產
生20%到30%利潤的總成本以外，再來建立或保持土地的肥沃
度。誤差的差額可能就落在這個限度內的某一點上。所以倘使
把所有的事宜全部加以考量，則面值肥沃度占50%而地點價值
亦占50%的這個比例可以說是最近於合理的估計。

　　這和規範貨物與旅客的運費或其他公共服務公司的收費率
所作決定頗相類似。關於「實物估價」問題曾經有過很多的爭
辯，實物估價就是公用事業的成本估價，這種價值究竟是應該
取決於「新再行生產的成本」呢？抑或是應該取決於「現時狀
況」、「原始成本」或「增額的投資成本」，[176]在計算增殖
時所能容許的利潤率是否應該超過增殖期間的利率？計算的關
鍵在於公正與否，擁有者是否因其過去的行為而在現時取得請
求權。關於農人們的要求，認為農產品的價格應與其生產成本
相等，也曾有過與此類似的爭辯。

　　不過，如果把對發明者與農人是否公正的這個問題化約為
費率或價格在實際上的決定，則足以支配甚至操縱計算的主要
因素卻是在於當時所有情況之下的經濟誘因。這時的問題是：
何種費率或價格才能使管理方面獲得利潤，才能吸引必要的投
資與勞動而給予公眾以其所需要的這種服務？

---

[176] 參閱鮑歐（Bauer, John）的「控管公用事業投資報償的估價基
礎」（Basis of Valuation in the Control of Return on Public Utility
Investment），載於《美國經濟評論》。第VI期（1916年），第
568頁；及格拉瑟所著《公用事業經濟學大綱》（*Outlines of Public
Utility Economics*，1927年）。

　　然而誘因問題必然形成爲一個循環。價格愈高，則身爲消費者的公眾所能接受的產品供給量通常總是愈少；價格愈低，則身爲生產者的管理方面所能供應的數量也愈少。其唯一的解決方法便是普通法上所規定的「理性法則」。一群由理性人士所組成的陪審委員團聽取了全部事實與辯論之後，在當時所有情況之下認爲合理的是什麼？「合理性」無非是普通法與良好判斷而已，鐵道委員會與法院便是基於這種合理性來決定旅客運費率應爲兩個、三個或四個分幣。合理性是判斷問題，也就是公正與否問題，因爲其所注視的是在於現時行動的未來效果，而公正所注視的僅在於過去行爲是否合理化爲現時請求權。

　　要想求得土地肥沃度價值與地點價值之間的合理比例亦復如是。這種比例不可能如同在房屋本身的價值與這房屋所在地點的價值兩者之間所求得的比例一樣準確。因爲後者的比例毋須爲肥沃度估價。在肥沃度方面各人的意見必然有出入，並且必然有發生誤差的餘地。不過，假如把肥沃度價值的比例定爲50%，按照其面值免稅，而把土地的地點價值比例亦定爲50%，加以課稅，這種比例卻是合理的，因爲這不但是土壤調查所顯示，並且還是保持土地肥沃度所需的利潤。

　　此外另有一項考量，這可以視爲政治上的一種權宜之計，而並非合理性，但在實際上卻提供農場擁有者與都市土地擁有者之間的平等待遇。在都市土地方面，擁有者的物質資本與土地的地點價值有別，其中僅包括建築物與基礎的改良。農場擁有者的資本則是除與此類似的改良以外，還包括肥沃度。威斯康辛州於1919年所有土地、地段與改良的課稅價值

是把改良的價值與土地分開來估計的，城市之中建築物改良
的價值平均占不動產總值的60%，而空地的地點價值占40%。
在鄉間，建築物改良價值僅占不動產總價值的20%，而土地價
值包括肥沃度和地點價值則占80%。[177]這可以說明，如果就
1919年的平均數計算，課稅的地點價值占50%的這個比例使農
人的地位與都市土地擁有者相平等。按照這個比例課稅，則鄉
村地區的*改良與肥沃度*成本為不動產價值的60%，而土地的地
點價值為40%，這和都市區域單*改良*成本為60%，而地點價值
為不動產總值的40%完全相同。在這兩種情況之下平均計算，
不動產價值的60%可以免稅，而其餘的40%則是就地點價值課
稅[178]。

---

[177] 威斯康辛州土地與改良的評估價值：

	鄉　村	百分數
改良除外	$1,289,332,819	79.08%
改良	340,771,127	20.92%
	$1,630,103,946	100.00%
	都　市	百分數
改良除外	$　460,256,606	40.13%
改良	686,795,320	59.87%
	$1,147,051,926	100.00%

[178] **公共福利稅聯盟**（Public Welfare Tax League）的沃克（Mabel
Walker）提供給我1930-1931年十六個州的數字，足以顯示都市土地
的地點價值占不動產總值的45%，改良價值占55%，鄉村土地的土地
價值（包括肥沃度在內）占不動產總值的78%，改良價值占24%。在

　　顯而易見的，這種理論的實施頗有利於農人，與單一稅通常的觀念適得其反，單一稅是對肥沃度與地點一併課稅。實際上，1921年威斯康辛州的法案獲得了農人們的全部選票，而大家也都知道，單一稅受到了劇烈的反對，照我們的分析看來，這種反對是有充分理由的。

　　如所周知，在一般財產稅方面，農人們受到與都市土地極不平等的待遇。假如上文的分析沒有錯誤，地點稅是農人們所可以接受的，因為這種稅是使他們與都市土地擁有者處於平等地位。這種稅是把一個農人視為保存國家自然資源的真正資本主，和一個商人構築房屋與工廠而有益於國家並無不同。假如上文的分析沒有錯誤。這種稅按畝數計算雖是取之於都市土地的部分比較起來要大得多，但卻並非差別待遇，偏護農人而不利於都市土地擁有者。其所以成為較大部分的原因是由於城市裡的巨大地點價值極為密集在小範圍，每英畝高達數百萬金元，而在鄉間，則地點價值是分散而稀薄的，每英畝僅是從$6或$2到$50或$100止。無論都市土地或鄉村土地都是施行著一般財產稅，其準則為：按照給付能力攤派稅捐，而與公共利益成反比。

　　此項準則所根據的事實是：一般財產稅的課徵對象並非*土地*或*財產*，而是*土地擁有者*，因為稅捐總是用收益來給付的。照法律意義講，一筆土地稅是財產稅。但在經濟意義上，一筆

這種情況之下要想使都市與鄉村社會的土地地點價值趨於均衡，其准許免稅的肥沃度價值平均數應為鄉村土地價值的40%，而不是威斯康辛州在1919年的50%。

稅如是數額確定，但卻並不是稅，因為這是已折減了的，一個土地買主是按照預期收益減去稅捐以後的資本化價值而將其買進。然而，無論照何種觀點，對土地課稅總是對財產課稅，而不是對擁有者課稅。擁有者似乎成為一個代理人，收取稅捐而解繳給國家。

不過，這卻混淆了物質概念與營業概念，或是說，混淆了資本與收益。稅捐並非土地所給付——而是擁有者按照其土地價值比例所給付；並且，稅捐通常是用收益來給付，而不是用資本來給付。假如這塊土地不能產生所需的收益，則擁有者就得要從別處取得收益或舉債。所以，對土地課稅就是對擁有者「前景取得」的收益課稅，無論他在實際上獲得此項收益與否，也就是說，無論他把這塊土地作有利或無利的使用。實際上，這種稅是專對土地而課徵。這是專向土地收取的稅，法律上對於不繳納的挽救方法也是專對土地。然而，一個土地擁有者卻得要用他自己或別人的收益來給付，和他給付自己的所得稅或遺產稅完全一樣。

因此，對巨大地點價值的持有也可以適用累進稅的原則，無論土地在實質上是連接的或分散的都是一樣。繳納這種稅的是*擁有者*，他們的給付能力或是隨著實際收益的增多而加強，如同所得稅與遺產稅所期待的一樣，或是隨著他們所持有的巨大地點價值上隱含前景收益的增多而加強。

我們此刻並非考量那群未經訓練的稽徵人員在區別地點價值與肥沃度價值時所遇到的行政上困難，不過，這種困難也許並不大於處理美國創設的**特種稽徵**所遭遇而至今仍存在的困

難。對於這一類的稅捐，很早以前[179]的美國民眾採納了目前所爭論的這句格言：課稅應與給付能力成正比，而與服務能力成反比。這句格言顯現於地點價值與改良價值的區別中。

　　照法院的說法，特種稽徵與一般課稅不同之點「在於此種稽徵是假設社會的一部分因所在地特殊的財產價值增高，享受到特種的、特殊的利益，而欲使此項價值增高，則期待公共基金增加的支出」。[180]再如照塞列格曼的說法，「特種稽徵可以定義爲一種強迫捐獻，按照所獲得的特殊利益比例而徵收，用來應付公共事業對於財產加以特殊改良的成本」。[181]

　　但是，要想劃分這些特殊利益的數額，就必須把改良與建築物價值除外，因爲改良價值顯然是某些人勞動、投資與經營企業的結果。不過，地點價值卻是公共改良所增加的價值，早在1830年就有一個法院，而其他法院也或多或少的追隨著，設定了一句格言說，擁有者所給付的不應該超出公共改良使其

---

179 十七世紀創始於紐約。參閱塞列格曼的《賦稅論文集》，第284頁。

180 參閱伊特納對魯濱遜訟案（Ittner v. Robinson），檔號35 Neb. 133, 52 N. W. 846。

181 參閱塞列格曼的《賦稅論文集》，第283頁。有關這個主題的權威著作是羅斯瓦特（Rosewater, Victor）的《特種稽征：市財政研究》（*Special Assessments: A Study in Municipal Finance*，1893、1898年，哥倫比亞大學）。特種稽徵行政的誤用及不法行爲，參閱布雷格斯（Briggs, H. R.）《伊利諾州的財政調研》（1933年，由伊利諾工程部出版，威斯康辛大學公共工程局進行調研）。這個主題幾乎是從來沒有人探討過，但在美國，這種稽徵的負擔卻很重。

財產增高的價值以上，當然，也不應該超出其所應分攤的公共
改良建設成本以上。[182]

這種課稅準則是得之於憲法的禁令，憲法上禁止不按合
法程序而奪取私人的財產，對於課稅的實施設定了兩個最高極
限：一個是所增加的價值，另一個是公共改良的成本。由於這
兩個極限的設定，所以社會效用這個概念在經濟理論之中雖是
空泛而無法衡量，但卻可以化約為一種合理的衡量。公路或其
他公共改良所創造的社會效用總值只是構築這公路或改良的實
際成本。增加社會效用的成本所可能攤派給受益私人擁有者的
最高限度就是這些擁有者的財產價值增加的估計數。如果取之
於擁有者的多於此數，那便是沒收；如果取之於擁有者的不超
過其所增加的價值，而少於構築成本，那便是把特殊利益授予
個人而犧牲了一般的納稅人，由這些納稅人來償付公共改良的
成本。

其結果，管制特種稽徵的準則就是：稅捐的攤派應與給付
能力成正比，而與服務能力成反比。給付能力因受益地點的價
值增高而加強；服務能力則因擁有者或其祖先增益共有財富的
改良而加強。

汽車所要求的公路大系統建設並未採納特種稽徵的課稅準
則，只有少數的例外。在這方面，全國或全州的沒特別受惠一
般納稅人與汽油的買主給付了特殊利益的成本，而此等特殊利

---

[182] 檔號Wend.（N. Y.）452，454（1830年）。羅斯瓦特在其前述著作中
曾予引述，第97、98頁。

益卻是爲地點的擁有者所吸收。其所以未能採納特種稽徵原則的理由之一可以在我們的分析裡很清晰的見到。在極少數試行此項原則的案例之中，其實施的結果對於農人們極不公允，所以在他們的抗議之下很快就廢除了。其不公允是在於把農人們的肥沃度作爲土地價值看待，照我們對李嘉圖的分析，這就是使農人們所分攤並給付的特種稽徵相當於都市土地擁有者的兩倍。所以，這種稽徵並沒有擴延到所有的受益財產，包括都市土地的價值在內，而僅及於毗鄰的土地擁有者，其中大部分皆爲農人。

　　李嘉圖在地點價值與肥沃度價值之間所作區別，美國的特種稽徵法實際上始終未能將其分清。這種原則其所以爲**市財政**廣泛採納的原因即在於此，市財政毋須估計肥沃度的價值，農業方面只是爲了灌溉與下水道計畫所以才要採納這種原則，在此等計畫裡，公共改良很明顯的創造了肥沃度。在特種稽徵法中雖是很恰當的認爲建設性改良不應該吸收公共改良對私人財產所增加的價值，所以豁免其特種稽徵也是很恰當的措施，然而農人們的土地價值之中卻被認爲包括農人所保持的肥沃度與這土地的地點價值在內，而都市土地價值之中則僅是地點價值。因公共改良而受益的只是地點價值，而不是建設性或肥沃度價值（灌溉與下水道是例外），因爲競爭足以壓低建設性構築與肥沃度價值，使其相當於再生產成本，而地點價值則是單獨的取決於社會對有限地點的需要，毋須計及再生產成本。特種稽徵既是僅能施之於受益的地點價值，而不能施之於未受益的肥沃度價值，那麼農人所分攤的道路與高速公路特種稽徵自應低於都市土地擁有者現時所分攤的數額。對受益與未受益財

產所作此項較爲精確的經濟分析或可排除主要的反抗，而使其接受特種稽徵的課稅準則。這會把美國法院所定的準則更確切的付之實施，在特種稽徵方面使稅捐的攤派與給付能力成正比，而與提供於共有財富的服務成反比。

樹木總不能長得像天高，遇到強風這些樹木就要摧毀；單獨一項眞理，例如單一稅，在和別種利益關係所支持的其他眞理發生抵觸時也要自行摧折而歸於終止。牛肉有遞減的效用，眞理也有遞減的效力。同一類的眞理如果太多，不但是索然無味，並且也會變爲不眞實。眞理必須互相勻稱，然後才能成爲適度的眞理，而可以運行於這個充滿衝突的世界。政府必需有數額日見增高的歲入，並不是由於腐敗與缺乏效率，腐敗與缺乏效率是可以挽救的，而是由於社會對教育、倫理、道德、藝術、平等、自由、保護弱者、高速公路、衛生、休閒的需要，在日漸改進的文明中，比私人對食物、奢侈品、虛榮的需要成長得更快。課稅的權力實際上就是摧毀的權力；這就是充分的理由，因爲，課稅準則雖是不如數學的準確，但卻如同法院的理性法則一樣，能使給付能力與對共有財富的服務之間有適當的比重。

然而，在仔細的調研之下，此項原則也可以應用於日漸改進文明所需的其他歲入來源。假如所要考量的僅是給付能力，如同所得稅的稽徵一樣，則對個人收益、資本收益與地點價值收益似乎該課以同等的累進稅率。不過，假如同時還要考量到服務能力，則凡是歸因於個人能力的收益必須課以最低累進稅率，歸因於資本改良的收益課以中等累進稅率，而歸因於土地地點價值的收益則課以最高累進稅率。

　　聯邦所得稅考量到此等區別之中的兩項。國會所組設的國內歲收課稅委員會曾經加以週詳的調研，由該會主席派克（L. H. Parker）為之指導。[183]這個委員會是站在納稅人一律平等與提供增進共有財富具生產性因素的誘因這個立場上來研討此項問題。兩者確實密不可分。

　　這個委員會的調研人員把勤勞所得、投資所得與資本利得劃分開來，這些用詞都是**聯邦**所得稅所使用的。「勤勞」所得，毋寧稱之為個人收益，是「得之於勞動的利得，例如：薪金、工資、專業酬勞以及納稅者個人努力的利得，這和由資本運用得來的利潤有別」。「投資收益」是「由資本得來的利得，例如：利息、股利、租金以及由持有不足兩年的資產出售或轉換得來的利得」。「資本利得」的定義是：「由營業上除存貨外持有兩年以上的資產出售或轉換得來的收益；例如持有達所需年期以上的股票、債券、專利權，不動產等出售得來的利得」。[184]後述兩種我們可以不問，而把「投資」收益區分為資本收益與地點價值收益看待。

　　「勤勞所得」這個用詞相當於我們的「個人收益」。委員

---

183 參閱《勤勞所得初步報告，國內歲收與課稅聯合委員會報告》（*Preliminary Report on Earned Income, Report of Joint Committee on Internal Revenue and Taxation*，1928年），第一卷，第三編；及《聯合委員會向眾議院歲入調查委員會提出的報告》（*Report of Joint Committee to the Committee on Ways and Means of the House of Representatives*，1931年）。

184 同前《初步報告》（1931年）第6頁。

會的調研人員所引述的論證偏向於較低稅率，個人所得稅率低於投資所得稅率約12%到25%，其主要的理由有幾項。

「投資收益的具生產性動因就是資本，這受到現行法律的嚴密防護，使其因折舊、折耗、報廢與使用價值喪失而扣除的數額得以豁免稅捐的負擔。所以，勤勞所得的是生產性動因就是個人，也應該同樣的扣除其收益能力已經耗用的部分，而加以保護」。此項論證又繼續引述**國家課稅協會**的主張說，「一個醫師的技巧、一個律師的智力、一個行政官的精力都不是固定不減而能永久產生收益的。然而他們所產生的收益卻受到與資本同等的課稅。資本被允許藉折舊、報廢、折耗而挪用收益來填補其損失，但人類在取得薪金、工資與其他類似報酬時所損失的活力、健康與精力卻不能作為折舊、報廢或折耗而由辛勤者的收益中予以同樣的扣抵」。[185]

由平等得來的格言和由公共利益得來的格言相應。個人是具生產性的動因，他經由增加他自己的財富，同時也增加了共有財富。不過，他也是一個有生有死的人，他會生病、遭遇意外、年老與失業。所以，無論是為求平等起見，抑或是在他20歲到50歲這一段具生產性時期以內給予他較大的活動誘因起見，在他較有能力賺取更多收益時任何合理的平等或刺激生產下，他的所得稅都應比資本投資得來的收益所課稅率減

---

185 同前。

低約25%。後者雖也是具生產性（**聯邦**法律認其並非「不勞而獲」），然而在資本擁有者生病，不能生產、老邁或死亡時，這筆資本仍然能繼續產生收益。

我們說課稅應與服務能力成反比而按給付能力的比例累進，即是指此而言。較大的個人能力，其給付能力亦較大，不過，個人能力所提供給國家財富生產的卻較多於資本投放，資本投資之所以能產生效用只是由於個人能力的發明、管控與運用。因此，個人能力應課以較低但累進的稅率。

但是，投資卻可以分為兩種：一種是生產資本的投資，另一種是土地地點價值的投資，上述委員會並未能將其分清。假如我們的發明與管理能力足以創造$20,000,000工廠設備的需要與機會，則為一個州或全國的利益著想，我們對於這種能力以及這種投資必須提供誘因。不過，我們卻不可把誘因提供給地點價值的擁有者，這種價值是社會需求的增加，而個人能力的運用或新投資所造成的新建設並未隨之俱增。

由於工業與農業方面的新發明以及技術改進，所以今日的新建設比從前更加重要得多。此等建設必須迅速予以折舊，尤其是必須迅速予以報廢。據估計，此等新建設在平均10年或12年內就要因折舊而耗竭，因報廢而歸於無用，所以平均每隔8年或10年必須全部重建。近年以來有人建議，資本投資的所得稅應允許每年扣除10%的折舊與報廢。觀於現代資本主義企業之中折舊與報廢的大量增加，足見此項建議並非不公正的扣低。這樣的扣低對資本建設提供一種誘因，不宜超過恢復折舊、折耗與報廢所導致的價值迅速低落。

但是，按照官方現行的定義，投資之中包括空地的地點價

值在內，我們不能斷定整個地點價值是否比其他可以課稅的價值增加得更快；不過，毫無可疑的，這種價值的確已由農村與小社區轉到都市的商業、製造與金融地區。這種趨勢並非由於擁有者的努力生產、並非由於他們的個人能力、也並非由於新投資所資助的新建設，而只是由於需求的日益增加，這種需求的增加則是起因於人口增多，起因於工業與金融日益集中在偏好的地點。事實是如此，一個社區不能把誘因提供給地點價值的擁有者，來增加生產。此等純地租的收益，嚴格說來，就是李嘉圖的不勞而獲；個人能力與投資於建築物改良、機器、物料以及保持土壤肥沃度的收益則是勤勞所得，因為這許多皆有助於國家財富的增加。

我們毋須談到管理方面的繁瑣細節，[186]或可下結論說，站在藉由增加個人財富以增進共有財富的誘因這個立場上看來，累進稅的合理分類應該將其劃分為：對個人收益課以最低但累進的稅率；對投資收益課以中庸而累進的稅率，而對大宗持有的地點價值課以最高也是累進的稅率。

(四) 靜態與循環

毫無疑義的，這是一種悖論，認為課稅政策應以增加國家財富的誘因為基礎，古典派經濟學者們在反對重商主義時便是採行了這種政策，但在今日所需的卻是由於普遍的生產普遍過剩而要的限制產出。實際上，這也就是資本主義文明的悖論。不過，我們卻認為這是兩種政策的混淆：一種是穩定價格，其

---

[186] 上文所述《聯合委員會報告》對此等細節曾作詳盡的考量。

目的在於阻止週期性的普遍生產過剩，或預防衰退；另一種是攤派稅捐，其目的在於增加生產。這是現代集體行動之中兩個互相重疊的問題，面對狹窄而波動的利潤差價。

　　這種進退維谷的窘境必須把課稅的效果作更進一步的分類，這要看我們所處理的究竟是價格、生產與就業的靜態運動抑或是循環的運動而定。上文的分析與假設的靜止狀態有關，這是得之於古典派的傳統，假設每一項因素在與其他因素相均衡的情況之下皆已獲得全部運用，而所有的參與者皆有理想的選擇自由。然而，實際上的歷史情況卻並非如此。在價格與繁榮高漲的時期，每一項因素所產生的作用和在停滯時期或繁榮與價格低落的時期不同。擴張與限制互相交替，如同波浪一樣，靜態的分析因循環而隱沒不見。

　　納稅人要想避免稅捐的負擔顯然有四種方法：逃稅、遷徙、轉嫁與抑制出售。這些方法因循環而異，逃稅是把應該課稅的財產或收益隱藏起來或低估其價值；遷徙是把財產或個人從稅率高的地區轉移到稅率低的地區。逃稅與遷徙迫使其他納稅人的負擔加重，方能取得政府所需的貨幣總額。不過，這些負擔也和政府或財政腐敗的負擔相仿，在普遍繁榮的時期是沒有人加以注意的。

　　轉嫁是把稅捐的負擔用較高價格向前轉給買主與消費者，或是用較低價格或工資回向轉給賣主和生產者；抑制出售是把課稅的產品數量減低。轉嫁與抑制出售之間通常難以區別，其差別猶如價格與數量的互異。兩者並非平行的，既可能有毫無抑制出售的轉嫁，也可能有毫無轉嫁的抑制出售。不過，在普遍繁榮的時期，這些稅捐所產生的效果，頗少引起太

多的注意。

　　轉嫁與抑制出售比逃稅與遷徙更爲狡猾。後者能被人察
覺，昔日對無形或隱形財產所課徵的稅捐到此刻已經廢止或是
減低其數額，其原因是由於逃稅，或轉變爲所得稅。在實物財
產上所課的稅往往可能因低估其價值而避免。所得稅也可能因
遷徙而逃避。凡此皆屬行政管理方面的問題。但是轉嫁與抑制
出售卻需要加以經濟分析。

　　無論如何，這四種避免方法皆因普遍繁榮與衰退的變動
而大有不同，課稅政策的本身也得要加以變更，以便適應這種
變異性，在價格上升的時期，如我們上文可徵稅差價圖解所
示，[187]要想轉嫁稅捐極爲簡易，因爲每個人單是把他的價格
「標高」，甚至比他的稅捐數額更高就行了。這種稅捐可以說
是「金字塔式」或「滾雪球式」，由終極消費者予以給付。然
而這個終極消費者在一開始時也並不抱怨。他有給付能力，因
爲他充分就業，或是他以一個生產者的身分在普遍標高價格的
期間內，也能把他的產品價格標高。倘使如同我們的圖解所
示，銷售總額的曲線上升，則顯而易見的，稅捐的效果很難或
不能抑制生產的數量。不過，在價格下跌的相反時期，銷售額
與就業人數俱已減低，稅捐所吞食的更多於利潤差價，因爲這
時縱然把價格「標高」，也是毫無效用的姿勢，要想避免稅捐
只有出之於抑制生產與就業一途。

　　所以，把稅捐的轉嫁與抑制這兩種效果作靜態分析必須能

---

[187] 參閱本書前文，第九章，第七節，〔伍〕，(4)。

和價格普遍上升與下跌的循環相調合。在某一個時期轉嫁很容易辦到。這不是負擔，也毋須抑制，「沒有人給付稅捐」——在一個樂觀的、利益和諧當中，公共政策是無關輕重的。但是在另一個時期，轉嫁幾乎成為不可能。稅捐的負擔令人難以忍受，生產與就業皆已受到抑制，「每個人都必須給付稅捐」——由於強迫把稅捐轉嫁給別個階級的民眾，所以公共政策也被摧毀了。

這種概括的論斷必須因我們所調研的稅捐種類不同而酌加修正，我們可以用兩種趨於極端的情事作為例證：一種是保護關稅，另一種是地點價值的課稅。保護關稅的目的在於保持國內價格高出於世界價格之上，以誘發受保護的產業在國內擴展。地點價值稅的目的在於「獎勵商業與改良，及透過減低房屋稅並增高未改良土地稅，以阻止土地投機」。[188]每一種稅都具有保護性——關稅是阻止進口的商業，並獎勵國內製造業的商業；地點價值稅是阻止標高地點價值的商業，而獎勵製造工廠、辦公房屋、公寓與住宅的建設。在每一種情況之下總是阻止某一方面，而獎勵另一方面。前者可以稱之為積極保護，因為這是提高受保護商業的價格以增進其利潤；後者可以稱之為消極保護，因為這是減低受保護活動經常費用的課稅以增進

---

[188] 參閱威廉士（Williams, Percy R.）（匹茲堡稽徵局職員）所撰「匹茲堡全面實施的分等稅」（Pittsburgh's Graded Tax in Full Operation）一文載於《全國市政評論》（*National Municipal Review*），第XIV期（1925年），第726頁。其所記述的「匹茲堡計畫」與地點價值稅相合。

其利潤。在這兩種情況之下，另一項另類選擇的活動受到了限止或抑制，而在普遍不景氣的時期，這種抑制最爲人所怨恨，因爲這時利潤差價早已消失了。

在關稅方面，受保護的商業預計可能用較高價格把稅捐轉移於購買者，不過，到最後，價格將因效率增進而減低。這種稅捐，如前所述是被人接受的，在價格普遍上升的繁榮時期可以轉嫁於買主們而不會發生難以負擔的結果，因爲他們也可以用金字塔式的成本提高他們的售價。但在價格普遍下跌的衰退時期，受保護的產業卻不能單憑標高價格而轉嫁這種稅捐，因爲顧客們無法標高他們自己的產品價格來應付增高的生產成本，所以在想像中所要保護的這種產業並得不到保護。[189]

在價格持續上升的時期，自由貿易政策必居優勢，並且通常可以減低關稅，其原因即在於此；但在價格普遍下跌的時期，民眾要求更高的關稅是壓倒性的，各個國家也都增高關稅的壁壘，以抵抗其他國家價格下滑的進口品。國內成群的生產者必然要盡可能的更進一步組織卡特爾以抗拒削價者並限制產量。在美國與其他各國的歷史上，大多數的保護關稅都是出現於價格下跌的時期，或是緊接在這種時期之後。近年以來，各國的專家們雖有互不相同的意見，甚至在外交上產生國際商譽協定，然而高關稅卻成爲整個民眾對價格下跌的一致抗議。使議會與國會都要拒絕派駐國際聯盟的卓越經濟學者與專家們所

---

[189] 根據伊利諾州自由港羅利基金（Raulaigh Foundaton, Freeport, Ill）的農業與製造業關稅調查。

建議的低關稅。

所以，課徵關稅的公共政策雖是通常受到靜態分析的指
謫，認其把關稅成本金字塔或集中在終極消費者身上，但卻並
不盡然。這種政策實在是隨著全世界物價的波動而上下。在價
格有上升趨勢時，例如1897年到1914年的情形，我們可以聽
到所有的消費者都抱怨生活費用的增高，他們導致了關稅的減
低（1913年的**威爾遜關稅**），不過，在價格下跌的時期，所
聽到的抱怨卻是出於生產者之口，他們導致了保護關稅的一再
增高（1920年與1930年），要想知道這種時常變動的政策對
於轉嫁究竟及何時是有效或無效，對於抑制究竟及何時是有益
或有損，就必須調研其與價格上下綜合波動的相關性。

把稅捐轉移於地點價值，而對建築物的改良與物料的加工
予以免稅亦復如是。在預計之中，這種改良到最後足以增多供
給量，並因之而對這種改良物的使用不再收取利息與利潤等費
用。不過，因為此等改良所需資金通常總是由長期新債券的發
行為之融通，所以，課稅政策的效果常為繁榮與衰退的交替所
掩蔽。新的建設依賴長期預測，一般說來，衰退時期的長期利
率較低，新建設必然增多，而在繁榮時期的長期利率較高，新
建設必然減少。無論如何，新建設的增加量受價格循環與趨勢
的管控多於受免稅的管控。[190]

所以，在實際上課稅政策的效果，無論其為逃稅、遷

---

190 參閱海格（Haig, R. G.）所著《改良物的免稅在加拿大與美國》（*The
Exem ption of Inprovements in Canada and the United States*，1915
年），對於引進並維持免稅的幾項困難有所論述。

徙、轉嫁或抑制出售，總是被投機的盛衰所隱蔽、混淆或甚至
逆轉，這種投機使經濟這一門科學由靜態變為循環。不過，縱
然如此。這種循環卻加強了退回到李嘉圖在地點價值的地租和
合併的利潤、利息與工資之間所作區別之必要，這也就是地主
主義與資本主義之間的區別。近年以來，有一個資本主義的
大組織，就是**列格公司**（Liggett Company），經營著555間藥
店，寫了一封信給555個地主，說：

> 「本公司業已……竭盡所能的減低損失……除了地租之
> 外，每一項費用都削減到見骨。雇員們遭受到三次嚴重減薪，
> 但是他們仍然忠誠的努力工作。……對雇員們絕不能再請求
> 更進一步的犧牲，而更進一步的削減營運開支亦為事實上所不
> 可能。……未經清算而使其接近於現時價值的唯一成本項目就
> 是……本公司各個店鋪所占空間的成本」。[191]

這種情況極相近似於法國革命以後的一段時期，極相近似
於李嘉圖發展其利益衝突理論時物價變動趨向極端的情況。不
過，此刻的資本主卻是列格公司，而地主則是555個都市土地
擁有者。照我們上文所述金氏的計算方法，[192]地主們於1925
年所收的地租僅及美國民眾金錢收益總額的9%，但這個事例
之中固定費用的地租，在一個衰退時期卻吸收了效率增進及工

---

[191] 1932年9月27日見於《紐約時報》。

[192] 參閱本書前文，第九章，第七節，壹、**利潤分配**。

資與就業人數減低以後，所餘利潤差價的100%以上，使這家
規模宏大而富有效率的公司面對不可避免的破產。雖是有資本
主義的商業循環，但卻不應把李嘉圖資本主義的意義與地主主
義的意義相混淆。按照李嘉圖地點價值的意義來說，地主主義
是由共有財富之中抽取了私人財富而並未提供相等的服務，但
照李嘉圖的意義來說，資本主義卻是藉由增加私人財富的誘因
而增加了共有財富。與給付能力等比例的累進，而與爲共有財
富服務能力成反比的這種課稅準則，和李嘉圖在地主主義與資
本主義之間所作的區別大略相同。

　　不過，把經濟分析由靜態轉爲循環實際上就是由李嘉圖以
生產的靜態勞動成本作爲價值衡量，轉爲以對未來金錢收益投
機的循環作爲價值衡量。所有資本主義的估價都是投機，而土
地價值的投機也和商品、股票與債券的投機相同。因此，李嘉
圖在地租與利潤之間所作的區別又混淆不清了。

　　此種混淆顯現於金氏的論證之中，[193]那是說，不但土地
的擁有者，就連產品的擁有者也都不是按照生產成本，而是按
照價值超出生產成本之上的投機，來取得其利潤。這種價值的
增高全部都是「投機或機會利得」；如果其中有一項是「不勞
而獲」，則另一項亦必爲「不勞而獲」。因此，對土地的地點
課稅而對改良及產品免稅實在是一種不公平的差別待遇。

　　站在營利企業的私人立場上看來，這種論證是健全的。但

---

193 參閱金氏的「勤勞所得與不勞而獲的所得」（Earned and Unearned
　　Income），載於《美國政治與社會學院年刊》（1921年），第93-99
　　卷。第251頁。

是如果站在地點投機對產業與農業的影響這個立場上看來，這種論證卻未能認清其所必需的區別。實際上，所有的利潤都是在或多或少的狹隘差額上投機的利得；所有的損失也都是投機的損失，一部分要看命運與機會而定。這就是資本主義文明之中所以會有利潤的理由。由土地的地點價值所生利得固然是如此，由製造業與農業所生利得也未嘗是如此。實際上，由於循環與計算的錯誤，產業或農業的投機所能產生的固然可能是損失而不是利益，土地的投機亦復如是。我們的標準僅在於個別業務團體管理上的優劣，在於其運氣的好壞，誠如金氏所言，「在土地價值的利得與為圖利或投機而持有的債券或商品價值增高之間所作的區別並無切合邏輯的理由。如果前者是不勞而獲的增益，則後者也必同為不勞而獲的增益。」

　　不過，假如我們也可以把對國家財富投機的經濟效果作為一項準則，那麼，在產業或農業裡，股票、債券以及房屋、機器、肥沃度等價值波動所生的損益，與地點價值波動所生的損益兩者之間就有了差別，因為地點價值是由社會而並非由個人按照經濟循環所創造或減低。這個問題既不可能由單一稅論者用個人主義的自然權利教條來解答，也不可能由個人主義的反對單一稅論者用買、賣或使用的自然權利理論來解答——對共有財富作投機性的買、賣與使用所產生的效果不在計議之列。按照普通法，一個人對他在過去合法取得的每件事物享有權利，然而這並非說，不可以在合理範圍之內用員警權或課稅權來決定這個人行事的方向，如果這方向有利於公眾，他就可能獲得他的投機利潤，如果不利於公眾，他就要負擔某種義務才能獲得此項利潤。在產業與農業方面，一個人因增加食物、衣

服與住處供給量的活動而獲得利潤或遭受損失，此等事物的供給皆有益於「共有財富」。但在地點價值方面，他是因投機而獲得利潤或遭受損失，這並不是共有財富的增加。

凡是投機，無論其對象為股票、債券、土地價值或商品，莫不皆然。為謀求公共利益起見，必須設計其他方法，例如穩定價格，防止在價格上升的市場上作過度的投機，這種投機必將使債務增多，並因而使價格下降的市場上所有的利潤差價歸於消失。此等補救方法皆為員警權的其他運用，比方說，限制股票市場上的投機，其所防止的並非有利於共有財富的投機，而是有害於共有財富的過度投機。

所以，靜態分析是使我們能把繁複的課稅因素化解為基本元素，並制定其具可變性效果的一般規則，而繁榮與衰退的分析則是使我們得知課稅的公共政策與其對個人行動的變動效果在歷史上的實際變遷。

陸、意外與失業 —— 保險與防止

我的一個同事 —— 莫頓教授，[194]對威斯康辛州的失業補償條例加以犀利的批評，他的批評與本書所闡發的基本原則有關。這使我有機會把本書讀者們必認為有高度抽象且往往矛盾及混淆之處作更具個人並適合實際的解釋。此外，這也提供了

---

194 參閱莫頓（Morton, W. A.）的「失業保險之目的，特別是有關威斯康辛州所頒的條例」（The Aims of Unemployment Insurance, with Especial Reference to the Wisconsin Act）載於《美國經濟評論》。第XXIII期（1933年），第295-412頁。

一個例證，可以說明要想把任何一項促進公眾福利而與私人利益有抵觸的計畫付之實施，這是多麼困難的一件事。

莫頓教授所作批評差不多全部都被威斯康辛州製造業者協會的代表們在過去十年間連續向立法機關的聽證會提出。此項計畫最先是由我所建議，而第一個法案[195]則是由州參議員休伯（Henry A. Huber）於1921年所提出。[196]雇主們的責難是高度切合實際的，所以也必須用切合實際的方式予以答覆。這個法案經過連續幾次的擬訂，而最後才於1932年在州議會議員古樂夫（Harold M. Groves）的倡導之下制定為法律。這修正**製造業者協會**的建議，雖是反對原建議，但到最後卻被認為較優於其他建議的法案而予以接受，威斯康辛州的**勞工聯合會**也採取同一態度而將其制定為法律。

失業保險的建議者，其本身就分成兩個陣營，各自提出互相矛盾的法案。其中的一派是建議設置一筆「州基金」，由州政府的官員加以管理，所以，這是傾向於莫頓教授所倡導的「社會責任」理論。另一派則是建議設置「設立基金」，由設

---

195 這是與傅世褒（A. B. Forsberg）合作所草擬，後來他成為《失業保險論文選集》（*Selected Articles on Unemployment Insurance*）的編輯人。

196 參閱康芒斯的「失業──補償與防止」（Unemployment-Compensation and Prevention），載於1921年10月1日的《觀察》（*The Survey*），第5-9頁；關於**休伯**法案的討論可以參閱另一篇標題為「失業課稅」（Taxing Unemployment）的論文。載於1921年3月19日的《觀察》，第880頁。

立各機構分別加以管理，而統歸雇主組織、勞工組織與**州產業委員會**的集體監督，所以，這是傾向於參議員休伯與州議會議員古樂夫所倡導的「雇主責任」理論。

當然，在這些聽證會與辯論會以及全州的公眾集會之中，所有發言人的言論和他們的基本社會哲學皆未能形成爲抽象的通則，如同莫頓教授對經濟學者們演講時所做到的那樣。哲學上與理論上的爭議依然存在，莫頓曾經從提案人的宣言之中將其抽取出來。雙方辯論者所處理的都是這種最緊急的經濟惡行，不但他們，就連整個民眾對於這種惡行也都有所認識，不過，在此刻卻又帶來一個實際問題：這種惡行應該由誰負責，誰能予以救濟或加以防止？事實上我是由於獲得十年之間互相討論的助力，及親身參與，所以到最後才能求得這種較爲抽象的「制度經濟學」理論並加以公式化，到此刻我才知道應該將其定義爲：集體行動管控、解放與擴大個人行動。[197]

莫頓所作批評進入我的經濟責任理論之基礎，因爲威斯康辛州的條例差不多是單獨基於這種理論，認爲每一個雇主對於失業都應該負起他的個人責任，而莫頓則是主張雇主的個人責任並不大於其他的人。他認爲這是一種「社會責任」。

我認爲這就是「個人主義」與「社會主義」基本上的衝突。莫頓對於個人主義的地位所作批評是說，把救濟金付給失業者的負擔應該按照「三方當事人的計畫」予以攤派——雇

---

197 最初的公式化是在一篇標題爲「制度經濟學」的論文裡，載於《美國經濟評論》，第XXXI期（1931年），第648-657頁。

主、工資勞動者與州政府——而不是按個別雇主所資助多重的
「一方當事人計畫」。

他指出這個條例的設計是要使每一個雇主對*他自己*的雇員
們負責，而毋須對其他雇主的失業雇員負責。因此，這個條例
之中沒有「社會保險」，甚至沒有「產業保險」的哲學，使這
個條例所規定的準備金由各個機構儲存，而與其他機構的捐獻
不相合併。這是把雇主的個人責任觀念伸展到最遠的極限。

這和這個條例的理論不可分離，這個條例的理論是作為
一項「防止」計畫，誘導雇主*防止*失業，而不只是一項*救濟*計
畫，把失業救濟金付給那些非因自身過失而失業的人們。不
過，保險費率卻異常之低，僅及應發薪餉的2%，如果將其作
為一項*救濟*計畫，這個條例便是全然的不適當，如果將其作為
一項*防止*計畫，這個條例便是整個的無效率。

在這裡，莫頓所根據的社會哲學是說，整個私有財產的資
本主義制度都應該負責；處於這種制度之下，失業是無可避免
的；所以，在資本主義存續的期間，立法機關的唯一目標就是
救濟，而不是*防止*。

他說：「失業是我們所施經濟制度有缺點的結果，只有承
認失業的責任應屬於社會而不屬於個人、公司或產業，才能把
稽徵方法加以擴大而提供充分的救濟。只有經濟制度的整體，
才能承當其所產生的負擔」。[198]

---

198 見於莫頓的前述著作。

　　接下去，莫頓又把社會責任哲學和這個條例的建議者論證之中所根據的個人責任哲學作為對比。他說：

　　「於是威斯康辛州就訴之於粗暴的個人主義精神。歐洲各國的制度受到了責難，因為這些制度是把一種凶災歸因於社會而向社會課徵，認為這種凶災是無可避免的卻不設法予以防止。斯賓塞（Herbert Spenser）的*社會靜力學*又復活了。大家都要問，『為什麼要使一個雇主因別個雇主所造成的失業而受處罰呢？』這使雇主們都覺得此種課徵並非不可避免的稅捐。這並不是州政府干涉他們的業務，而是表示對那競爭的制度有信心。他們確信他們毋須被迫而支助別人工廠或別處地方的失業者。多數的雇主們都認為歐洲各國所實施的計畫中包含有害的「失業津貼」（dole），所以據他們說，古樂夫的法案在基本上迥不相同。前者是要緩和失業；而古樂夫的法案則是要予以防止」。[199]

　　然而在這方面我們必須注意，斯賓塞的哲學不但是亞當・史密斯、邊沁與李嘉圖的不干涉主義*政治哲學*，並且也是他們反對各式各樣私人*集體行動*以及國家行動所根據的哲學。個人主義的經濟學者們斷言，私人的集體行動總是壟斷，總是與共同的福利背道而馳。

　　但是，這個條例的建議者所用到的個人主義哲學，卻並

---

[199] 同前。

非這種反對一切集體行動的歷史*不干涉主義*（laissez-faire）意義。他們的訴之於個人主義，其方向恰正相反，這就是說，私人與公眾的集體行動皆必須視為個別雇主應對失業負責的手段。他們是訴之於業已存在的**製造業者協會**、現有的**州勞工聯合會**以及**納稅人**所組成的**州立法機構**。這並不是訴之於*毫無*集體行動的個人主義。這是*經由*集體行動而訴之於個人主義。此項訴願預期產生其作用的方式在我們解釋這個條例的*行政*方面時可以看得出，而不是嚴格的在於*立法*方面，莫頓所注意的則是僅限於立法方面。

我同意莫頓的說法，我們的資本主義制度是建立在*個人責任*的理論上。不過，這些制度同時也是建立在*個人創制*（individual initiative）的理論上。沒有自由創制也就不會有個人責任。

不但如此，美國民眾的心理向來是，並且現在仍然是如此固執的個人主義，至社會責任，雖屬*有效的*存在，但其發生卻是片斷的。

我的有效社會責任是指*給付稅捐*的自願性與能力，並堅決主張一個勝任的*文官服務*制度，足以保持與執行「社會服務」。這些所需的社會服務異常之多，不可勝數，例如：義務教育、健康保障、童工的防止、各個機構集體行動的自由等皆是，而在此刻又包括一種新的失業救濟，毋須仁慈的刺激，以及一種新的失業防止，由可能使其負責的人們加以防止。

在過去，凡是此等新建議的社會服務之中的任何一項，在剛提出來時，總得要發生艱苦的鬥爭。有一次 —— 國家要保障自由及奴隸的公民權 —— 衝突的結果成為四年革命的南北戰

爭。引起衝突的並不是黑奴與白人平等的社會哲學。實際上，這一種社會哲學在過去和現時皆爲大多數美國民眾所排斥。這一次衝突的目的是要推翻奴隸的擁有者管控全國政府立法、行政與司法各部門的政治優勢，而代之以一個基於資本主義原則所建立的政府。奴隸自由的個人主義原則只是作爲一種戰爭策略而附帶發生，到後來變成了一個無效的行政問題。

　　我曾經爲白人與有色勞工的這種政治鬥爭做過廣泛的歷史研討。[200]我主要的是根據此項調研和我在集體行動中所獲得的經驗來批評一些人的天眞理論，在過去一百年之間，這些人總是假設著他們的所謂「社會」，在發現巨大社會惡行時就要立即負責予以緩和或防止。我在歷史探討和我的熟人之中見到許多具有公共精神而犧牲自我的領袖人物與宣傳家，從奧文（Robert Owen）開始，直至目前這一代止，但終歸於幻滅。他們也許是由於他們的品格與環境而成爲強有力的支持者，擁護最保守、最反動的資本主義；他們也許轉爲沮喪的悲觀論者，覺得「無能爲力」；再不然，他們也許轉爲自然神論或唯物論的信奉者，認爲可以信賴統治著一切的「神」或具有偉大先天力量的自然法則，把他們過去所致力的改革（無論其爲個人主義、共產主義、社會主義、單一稅制或其他種種的改革）予以完成。在研討此等轉變時，我曾經用冷靜的「科學」方法。追本窮源，而發現他們的心智之中早就構成了一個理想的

---

200 參閱康芒斯及其同事合著，《公文書記載美國工業社會史》（共10
　　卷，1910年）；及《美國勞動史》（共2卷，1918年）。

社會、一個理想的工人、一個理想的資本主或一個理想的政治
家，與現實的迴不相同，因為此等人物皆是由他們自己的人道
主義想像所創造。他們把*如何*與*何以故*的細節略去了。這些都
是實際問題，有關大幅增加稅捐負擔、實際的政治家與饑餓的
求職者所主宰的文官服務，以及管控政治家而將其組織成為一
部政治機器的幕後協商。[201]

　　在這一類的情況之下，我總要問：你的「社會」究竟是何
所指？[202] 你是如同社會主義者以及十九世紀中葉與其相似的
異端學派一樣，[203] 指一個抽象的實體嗎？抑或是指你在各種
形態的集體行動之中所實際體驗的「行動社會」呢？假如你是
指後者而言，則你所說的便是納稅人聯盟、僱主組織、勞工組
織、公司、運營中業務團體、政黨等在其利益協調與衝突中所
做的行為。行動中的社會就是風俗、政治、公司，簡而言之，
就是各種形態的集體行動在當時對個人行動所作多多少少的有
效管控。

　　不過，倘使在多年衝突之後，這種「社會責任」終於建
立，例如義務教育就是最初為「社會主義」所擁護，而在一百
年前為其反對者所譴責，[204] 到了最後，美國民眾雖是對於過

---

201 參閱康芒斯的「格里列與共和黨勞工階級的起源」，載於《政治科學
　　季刊》，第XXIV期（1909年），第468-488頁；及所著《比例代議
　　制》，第4、28、33、37、84、142、173、198等頁，論《機器》。
202 參閱本書前文，第九章，第九節社會。
203 參閱本書前文，第八章，第六節，〔參〕，(4)，分工與勞工聯合。
204 參閱康芒斯與其同事合著的《美國勞動史》。第一卷第182-184，

去的鬥爭毫無所知，也可能甘願課徵很重的稅捐來支助。並且也和他們在教育方面所做的一樣，他們又可能建立一種文官服務制度來甄選教師，儘量使其與政黨政治及私下徇私隔離。反對免費與強迫教育的論證就是個人主義的論證，認為這是剝奪了一個為人父母者對子女的管控權；但在實際上這卻是強迫執行父母教育其子女的社會責任，雖然如此，在目前這個經濟衰退時期，大家都知道州政府與私人「社會機構」所作「社會服務」正受到無能為力之苦，因為雖屬甘願，但卻無力給付稅捐、維持志願奉獻或排除「政治」於文官服務之外。

這始終是歷史上個人責任與社會責任之間的衝突。不過，這卻並非基於「社會對個人」的哲學或學術爭議，而與經濟、政治、行政管理以及個人主義的障礙無關，這是基於一個極其實際的問題，這是要想在一群過度個人主義的、政治上極其分歧的、行政管理上極不勝任的民眾之中，有效承認並予以實施一種新的社會責任。

所以，我在歷史研討期間以及五十年來參與不同管控個人行動的集體行動期間，我覺得我是回到馬爾薩斯的推理方法，而不是回到亞當密斯、邊沁、李嘉圖、馬克思、普魯東、斯賓塞或任何一個「邏輯」經濟學者的推理方法。這些學派屬於**十八世紀理性時代**的居多，而馬爾薩斯則是毅然決然的宣告了

322、229-230等頁；及第二卷，第228-229、323-324等頁。又《公文書記載美國工業社會史》，第五卷第27-29、115-118、107-114、161等頁。

激情與愚蠢的時代。[205]不過，我是稱之為**習俗**，而不是稱之為激情與愚蠢，為的是要避免招人怨恨的反應，而讓不愉快經驗所挑起的理性得以緩緩滲入。

然而，邏輯經濟學者們在各式各樣促進公共福利的集體行動之中所「面對」的，卻正是馬爾薩斯這類激情的、愚蠢的、個人主義的、甚至無政府主義的動物。資本主義也和獨裁制度與黨派政治一樣，都是在人類愚蠢的基礎上滋長的。所以，為求心安起見，與其等到最後感覺沮喪、無望、反動革命或是僅以「自然法則」為滿足而不求一個更好組織的集體行動，那麼，能在事前就先承認資本主義的這個基礎豈不更好嗎？

然則，如何才能使馬爾薩斯的這類人自願而有效地參與立法、行政或其他種種集體行動，給付稅捐、消除黨派政治並選舉稱職的行政人員把新型式的社會責任加在他本人及其個人主義者同伴之身呢？

雖是有比較少數的社會主義分子集中於密耳瓦基（Milwaukee），但威斯康辛州的民眾卻大都是明顯的個人主義者或崇信宗教的人們。據莫頓說，對這些民眾提出了兩項訴求，一項是訴諸他們的個人主義社會哲學，另一項是訴諸他們防止意外的經驗。莫頓把後者的訴求認為是一種「可疑的類比」而將其刪除。他說：

「這個法案可以和工人意外補償條例相比校。這種立法是

---

205 參閱本書前文，第七章，**馬爾薩斯**。

按照發生意外的比例而對雇主們處罰，以便誘使他們採取安全措施，其結果是產業上的意外顯著減少，所以，失業罰金也可能提供一種誘因，以期穩定就業。這樣的類比是否平行雖屬可疑，但卻是威斯康辛州的條例之根據……處罰個別的雇主足以誘導他施行有效率的勞工管理來避免失業」。[206]

　　接下去他又詳述這個條例的細節，其目的在於創造雇主的責任與機構準備，而並非在於建立社會的責任與一筆由州政府管理的共同基金。

　　我並非把訴之於經驗視爲「可疑的平行」。假如用演繹的方法，這也許是的。不過，在實際上這卻是一項有效訴求，足以制定爲詳細及並不完備的現行法律。莫頓所用的是邏輯經濟學者們的推理方法，對於過去經驗所產生的習俗未曾計及。在這個事例之中，所謂經驗就是有組織而利益衝突的領導者聯合參與意外防止法的處理。對威斯康辛州的民眾以及對這一州有組織的雇主與有組織的雇員們，這是最好的一種推理。雖不一定合乎邏輯，並且有些地方甚至高度不一致，然而這種推理卻表示他們的經驗與實際知識使他們在處理這種建議的失業法時其所預期的究爲何物。這些互相激烈衝突而有組織的雇主與有組織的雇員們皆各自有其慣性假定，這是他們和**州工業委員會**合作所得來的慣性假定。他們不僅能夠在事先斷定這個委員會將如何召集他們來協助處理這個條例，實際上，更重要的是他

---

[206] 參閱莫頓的前述著作。

們也能夠事先斷定這個委員會將任命誰為**威斯康辛州製造業者協會**的代表、誰為**州勞工聯合會**的會長代表勞工，以及誰為**工業委員會**的個人代表，擔任處理這個條例的調停人。

這三號人物在一起工作已達10年或15年之久，共同處理意外防止條例。實際上也可以推想他們必然要在一起工作，共同處理就業準備與失業防止法。這種推想在條例之中雖無明文規定，但在事實上卻是正確的。所以，他們的經驗在他們自己看來並不是「可疑的類比」；這是實事求是的人們在衝突與懷疑之中所作的現實推理。這些話，就其性質而論，絕不可能寫入法律條文。但是假如這些話不是過去20年來威斯康辛州處理勞工問題的「不成文法」，那就不可能制定為法律。差不多在草擬新法的每一點上都不是僅憑一個科學家的可疑類比，而是按照一個實事求是者親身的認識來決定這種新法的條款。

所以，莫頓的批評所反對的這種失業法規，其本身有一部分是*權能附與法*（enabling act），只有最少限度的標準，各個當事人所期盼的是州**委員會**、州**製造業者協會**與州**勞工聯合會聯合處理**這個條例。這就是一個實事求是者的推理方法。他對於法規絕不作抽象的推理。在他看來，法規僅是一些難以理解的文字。他的推理所根據的是如何詮釋法規的「不成文法」以及應由誰來處理。在他看來，處理就是「行動中的立法」。[207]他的現時行為是基於*預期行動*，而並非基於邏輯與

---

207 參閱康芒斯與安德魯斯合著的《勞工立法原理》（論述管理的一章，1916、1923、1927年版）。

文字。

事實上果然不出所料。**工業委員會**任命了一群「諮詢委員」，在威斯康辛州公認其爲主要的管理權威，一切的法令規章皆由其擬訂，並由其將法律既長且繁的條款向雇主與雇員們詮釋，甚至對全州的雇主們廣事宣傳，使他們自願處於這種法律的管轄之下。實際上，工業委員會的本身只是一個核准機關，使諮詢委員的「建議」具有合法性而已。

不但如此，在有了20年集體防止意外的經驗之後，大家都知道這些代表「資本主」與「勞工」的諮詢委員並非由州**委員會**用官僚或文官考試的方式予以甄選，而是由那群有組織的利益關係人自行推選。這些代表們的薪金也並非由州政府發給，而是由他們的組織自行給付。大家也都知道，意外防止法的這一項規定足以消除州**委員會**的「黨派政治」，不僅在遴選雇主與雇員「代表」時，就連在選任州委員會本身代表、統計員與稽察員以便和有組織的雇主與有組織的雇員們共同工作時也都消除了這種政治。實際上已經有一種新的文官服務併入了勞工法規的處理之中。這群州政府的官吏們是由「資本」與「勞工」這兩個相互衝突的組織聯合行動所任命，所以，他們可能獲得勞資雙方的信任。因其如是，這群州政府官吏們的行動並非如同州政府這個上級機關委派下來的強迫「仲裁人」，而是如同一些志願的「調停人」，他們的任務是根據雙方所共知的事實把互相對立的利益關係人集合在一起，並協助其擬訂「工作規則」，使其各自以個人的身分分別遵行。因爲此等規則是可以根據更進一步的調研與經驗而隨時變更的，所以這是一種持續和解的制度，沒有獨裁，而能使持續衝突中的利益關

係人得以和解。

在應用於失業準備與失業防止方面時所獲得的成果可以從兩本公報中看到，這兩本公報是經由州**委員會**的審定而後公布的，但其實際的擬稿人則是那群諮詢委員及其助理人員。這些公報列示了最近各項法令規章的詮釋，凡是一個經濟學者如果要想得知這種法律的施行實況，他總應求之於這一類的公報，而不可求之於權能附與法。最近的一本公報出版於1933年8月1日，[208]其中列有諮詢委員的名單，由此可知制定法規的這個團體裡面利益相衝突的「職業代表」們實際上究竟是何等樣人：

「*雇主代表*：克勞森（Fred H. Clausen），威斯康辛州好利康市**范伯倫脫製造公司**（Van Brunt Manufacturing Company）總經理；庫爾（George F. Kull），威斯康辛州麥迪生市**威州製造業者協會**總幹事；梅崙（Horace J. Mellum），威斯康辛州刻諾沙市**納煦汽車公司**（Nash Motors Company）祕書。

「*勞工代表*：費勒德立（J. E. Friedrick），威斯康辛州密耳瓦基市**威州勞工聯合會**執行委員；格斯特羅（Pred

---

208 參閱《威斯廉辛州失業補償條例及核定志願參與失業救濟金或就業保證計畫訂正手冊》（*Revised Handbook on the Wisconsin Unemployment Compensation Act and Approved Voluntory Plans for Unemployment Benefits or Guaranteed Employment*）威斯康辛州工業**委員會**於1933年八月發行。

E. Gastrow），威斯康辛州麥迪生市**土木公會會長**；俄爾
（Henry Ohl, Jr.），威斯康辛州密耳瓦基市**威州勞工聯合會**
會長。

　　「*主持主席*：埃梅歐（Arthur J. Altmeyer），威斯康辛州
麥迪生市**威州工業委員會**祕書」[209]。

　　由此可知，在本書所討論的多種集體行動之中，這是近似
於**集體議價**的一類，其所同意的工作規則就被稱爲**貿易協定**。
諮詢委員會雖是由七個委員所組成，但其中的兩個，克勞森與
俄爾，在十年以內連續法案聽證期間卻顯然是立法遊說的主要
反對人物。直到最後，立法條例既經草擬完成時，在這些會議
裡把此項立法通過了。實際上，雇主方面的「遊說者」與雇員
方面的「遊說者」皆轉爲集體議價貿易協定的商談者，而由立
法機構把他們所不能相互同意的各點加以決定。雇主們雖是反
對這種法律，但在既經制定之後卻能忠誠地予以支持。

　　但是，集體議價所做到的尚不止此，這還澄清了莫頓隨口
所說「1933年威斯康辛州立法機關展延施行日期」這句話裡
的錯誤含義。一部分的施行日期並未展延，這個條例是按照原
定時日實施的，只是作了必要的調配而已。1933年的所謂展
延亦非由立法機關所致，這是在經過內部的多次討論，把第二
個法案在利益對立的聯合諮詢委員會裡以議價方式獲得同意，
再由立法機關一致認可之後所作的展延。

---

[209] 同前，第2頁。

　　1932年的條例規定了三個連續的日期，使這種法律的各個不同階段次第生效。關於聯合管理機構的創立，關於法令規章的採納，關於志願設立計畫的准駁以及關於法律條款的公布周知，這些條款都是在1932年通過之後立即生效。這一部分的法律並未展延，而在現時仍然有效。

　　收取保險費以籌集設立基金的這一項規定原本是定於1933年七月一日生效。這一部分的法律展延了日期，但實際上並非由立法機關，而是由雇主與雇員的代表們聯合建議而使其展延。立法機關只是把此項建議視作例行公事，無異議且未經辯論即予以核准。繳納捐獻款的開始時日現由委員會的統計人員確定，直至在同州就業人數增加20%時，或是在薪餉總額超出1932年12月的水準50%時再行開始。

　　此項展期自動的延緩了法律施行的第三個階段，意即，失業救濟金的給付，這是要等到開始收取失業準備保險費的一年以後才能開始。

　　之所以要展期的理由在這個條例裡面也有所說明。這個條例的原稿有一段是這樣說：[210]

　　「本州最大的雇主組織業已宣稱，其會員志願設立失業基金制度，故立法機關的意圖是要讓雇主們有公平機會達成本條例的目的，而不加以法律強迫」。

---

[210] 同前，第83頁。

展期的條例經過修正，插入了下列一段：

「為使本條例有機會避免採取普遍及強迫方法起見，必須展延到威斯康辛州的商業情況好轉之後」。[211]這就是說，要等到這個條例所指定的就業人數或薪餉總額實際出現時。

不但如此，威斯康辛州的製造業者們還堅持著一種觀念，認為志願的個人應有創制權與責任感，所以這個條例原先的規定是，如果有175,000個雇員的雇主們採納了核定的志願計畫，則本法的強迫部分根本毋須再生效。在此項條款之下，並由於**諮詢委員們**的建議，這個委員會甚至任命製造業者的代表克勞森為「兼職」人員，其薪金由州政府給付。照手冊裡的說明，其所以要如此做的理由是為了便於「把這個條例向威斯康辛州的雇主們解釋。而促使他們採納核定的志願計畫」。到後來，1933年的條例順從**諮詢委員**的建議，把雇員人數由175,000減為139,000。如果在開始強迫捐獻的期日以前志願計畫已經達到後述的雇員人數，則立法機關的強迫便不再生效。

此項展延顯然頗有識見，並且符合這法律的原定政策，意即，基金必須在較為繁榮的時期籌集，而主要的是在衰退的時期給付。所困難的是這個立法機關把恢復繁榮的時期估測錯誤，而選定了1933年的7月。不過，收取保險費的日期要由管理機構根據未來「事實上所發現的」統計數字來決定，這完

---

211 同前，第83頁。

全合乎立法精神。1933年9月的統計數字顯示就業人數比基期1932年12月增加了35%，而薪餉總額也超出了基期50%。按照這種增加比例，倘使沒有1934年7月以前不得開始的進一步規定，則志願計畫既經達到了139,000個雇員人數時，法律的強迫部分就應該不再生效。

所以，這個立法機關的法律有一部分是權能附與法，建立了一種集體議價的管理制度，並附帶最低與最高的極限。這種制度不應僅視爲由官僚所設委員會管理而可以上訴於法院的律令。這和我們的立憲政府所能容許的志願集體議價制度頗相近似，要想了解這種制度，目前爲止僅可理解爲志願的私人協會所作協力行動。在制定爲法律以前，早經有少數製造業廠商先行採納了法規所容許的各種設計，而志願的超出了這個條例所規定2%的最低限度。

莫頓的批評其焦點集中於這個2%的最低比例，特別是認其爲不足以供救濟之用，而將其作爲防止失業的誘因也*缺乏效率*，這樣的批評實際上的確給與州政府對個人關係的基本理論。假如莫頓區分爲「政治經濟」而與「經濟問題」對照的法律之中有一種基本理論，則此種理論必然是說，強迫的立法對於公共福利所能做到的，相較於私人努力與私人合作的自願性與創制如在州政府適當指引下爭逐利潤所能做到的要少。這就必須把全部事實作極相反的詮釋，對於這些曖昧不明的事實我同意莫頓，也同意雇主們原先所作批評。

經此細說可知製造業者與勞工的代表們距離強迫「社會責任」的觀念是多麼遙遠，而和*規定*但卻是*志願*個人責任的觀念是多麼接近。

　　在一個不熟悉「勞工心理學」的人士看來，這似乎是一件不可思議的事，勞工遊說團在1932年竟然放棄了一部分對「救濟金」的堅持，轉而擁護個人主義的「防止」措施。實際上，勞工遊說團於1931年也曾支持強迫救濟措施，其形態為一筆「州政府基金」，交由州政府所設委員會管理，這和個人的「設立基金」適得其反，而與莫頓所擁護的社會責任原則相同。他們認為「州政府基金」也可提供防止的誘因。不過，到後來他們成為勞工組織與社會主義黨派的兩方代表，他們的心智又因兩種互相衝突的「勞工心理學」而分歧，一種是政治黨派的「社會主義心理學」，另一種是志願集體議價的「工會心理學」，這時，他們放棄了他們的州政府基金法案，而致力於古樂夫的設立基金與集體議價法案。

　　他們的集體議價觀念是五十年前龔帕斯（Samuel Gompers）與社會主義者分裂時所倡導，這種觀念是工會的「志願」組織與雇主的志願組織所訂立的貿易協定，完全脫離了政治或司法的干預。他們也和龔帕斯一樣，認為一筆**州政府基金**必然要受黨派政治家與不友好法院管理的管控，但集體議價法案卻能使他們獲得與雇主同等的聲量，盡可能擺脫州政府的干預與強迫性的仲裁，並規範雇主們的志願計畫，所以他們在兩者之中選取了後者。他們有20年的經驗和雇主們共同處理意外防止法以及州政府輔導就業的業務，尤其是後者的業務在密耳瓦基，使他們深信，在集體議價中取得與雇主平等地位的此項工會政策，在現時情況之下實屬較優於他們，在本州的政治裡面做為一個少數派政黨的社會主義政策。

　　莫頓教授的論文又講到雇主「心理學」之中也有與此相似

的衝突。他說得很正確，「假如要在古樂夫法案（亦即過去的休伯法案）與其他可以另類選擇的保險計畫之間做選擇，則製造業者是偏好古樂夫法案」，並且他又在註腳裡接下去說：

「前任**製造業者協會**會長而在此刻協助威斯康辛州**工業委員會**推行新法的克勞斯君在最近向該州製造業者們演講時，促請他們遵從威斯康辛條例中志願計畫的規定。他警告他們，除非是這種法律能夠生效，他們在未來的某一時日必將遭遇到俄亥俄州的計畫，他說他認為那種計畫便是社會主義」。

「俄亥俄州計畫」是該州立法機關所提出的一個法案，建議設置一個特種審查委員會，其所側重的在於救濟，而不在於防止。此一法案的擬訂是遵循莫頓所鼓吹的「三方當事人」這條路線，而與「工會」心理學對比之下，實質上是基於「社會主義」心理學。

正因為有在社會主義原則與工會原則之間兩者取其一的抉擇，所以勞工代表與製造業者代表們採納了威斯康辛州志願集體議價的工會原則，而由州政府加以認可。

我不知道有什麼比歷史方法更好的方法可以了解這種「另類事物的選擇」在創造有效社會責任方面的重大意義。歷史方法就是經驗方法。製造業者或任何其他階級的個人們從來就沒有*有效的*接受社會責任，除非他們面對一種另類選擇，在他們看來，似乎比他們所「甘願」接受的一種更壞。歷史方法是一部另類事物的選擇史。在當前事例之中，這就是失業準備與個人設立責任的建議者所訴求的歷史「平行」，換言之，這

就是1917年的**工人補償**與**意外防止**法。

1932年的失業防止法雖屬較爲繁複，但卻顯然是完全脫胎於1911年的意外防止法。因爲我曾經參與過這種法律的鼓動與制訂，並且在最初的兩年也曾從事於意外補償與安全法的行政管理，而在芝加哥**服裝**市場失業志願準備與防止的貿易協定方面又有過相仿的經驗，所以我能根據我的親身經驗說明這種集體運動實際運作的方式。

在1911年威斯康辛州的意外補償法之前幾年，還有一個法案，由立法機構中的社會主義代表們連續提出。這個法案是提供一筆州政府保險基金，使「社會」對意外事件負責，而強迫雇主們捐獻這筆基金。

另有一種理論，認爲「社會」應該給付各項費用，這就是古典派生產成本的經濟理論，但是我卻要稱之爲**議價能力**。照這種理論的說法，假如對雇主們的課稅完全一致，使與成本最高的「邊際」雇主平等負擔，則所有的雇主們會把他們的產品價格提高，相當於稅捐數額，而到最後，由於「經濟定律」的正常作用，這種稅捐自必要轉嫁給消費者。

紐約州的立法機關制定了一項法律，但卻被該州的最高法院宣判爲違反憲法，認其缺乏「合法的正當程序」，因爲這是沒收雇主們的財產，而他們並無過失或疏忽。[212]沒收的方法是設定一筆保險基金，使每一個雇主都要對別個雇主們店鋪裡

---

212 參閱埃芙斯對南水牛鐵道公司訟案（Ives v. South Buffalo Railway Company），檔號124 N. Y. S. 920, 924（1910年）。

發生的意外事件負責。按照普通法，他們只須對他們自身的疏忽所引起的意外事件負責。但是紐約州的此項法律卻要使他們對受傷雇員本人的及同伴雇員的疏忽或是這種產業的自然危險所引起的意外事件負責。最後的這種意外，如果按照古典派與普通法的理論講，應該視爲這個雇員在簽訂勞動合約時所「理應」承擔的，在他收取的較高工資之中已經把他所預期的危險加以考量而一併計入。[213]換句話說，紐約州的此項法律其所以被宣判爲違憲，就是基於古典派經濟學與普通法的個人責任理論，以及與其相關的「無過失即無責任」這句話。

因此之故，當威斯康辛州立法機關所設委員會於1909以後草擬意外保險法案時，他們就決計避免違憲，而建議一個「志願」的法案，只有向這**委員會**登記接受新法的雇主們才被視爲「在這種法律的管轄之下」。並且這些雇主們還享有任意取捨之權，可以註銷他們的接受，只須按照規定程序通知該**委員會**就行。不過，因爲要把一種不違憲的經濟「威逼」施之於雇主們之身，而誘使他們「甘願」來到新法的管轄之下，所以這個立法機關又取消了普通法上雇主們在損害賠償之訴中的防禦權。此項取消對於未曾來到新法管轄之下的每一個雇主發生相反的作用。

爲誘導雇主們「志願」來到新法的管轄之下起見，設定了兩種另類選擇，使每個雇主在兩者之中選取其一──一種是舊有的雇主責任法，在損害賠償之訴中應對疏忽負責，但卻有某

---

213 參閱本書前文，第五章亞當・史密斯。

些普通法上的防禦權被取消了，另一種是新的工人補償法，對於一切意外都要負責，而不問這些意外是否起因於疏忽、品行不端或產業危險，這個雇主可以任意選擇現行普通法之下的*個人責任*與新法之下的*社會責任*。

這種法律獲得了**該州最高法院**的支持。不過，這僅是按照幽默的說法才可能稱之為*法律*，因雇主們對於要不要遵從這種法律享有任意選擇之權。這是以社會責任為犧牲才能避免違憲。這種「合憲性」的笑談在施行意外補償法的頭兩年是很明顯的。志願「選擇」來到新法管轄之下的雇主人數僅及全州有選舉權的雇員總人數約計10%。

這項雇主們所不願意以及可能違憲的法定強迫到後來卻成為一項利益，而並非不利。此項利益迫令州**委員會**不得不發動一次戰役，以誘導雇主們甘願來到新法的管轄之下。1911年的**工業委員會法**把意外補償法之施行以及防止意外的安全規則之擬訂與實施統納於一個委員會的職權範圍之內。這個委員會的精力轉向於「意外的防止」，而不是「意外的補償」。在從前，工廠督察員們的「威力」（bigstick）是企圖用刑事訴訟來實施那行不通的安全法，而到此刻，他們已經轉為「安全專家」，勸導雇主們如何減少意外。州境以內的雇主、領班與工廠監工們組織了地方的、區域的協議會與一個全州的協議會。大家都很熱忱的參加會議；連州境以外私人公司的專家們也被延請；驟然之間發展了一種顯著的「安全精神」。雇主們表示，他們志願防止意外所做到的遠比州政府用強迫方法所能防止的為多。並且，到後來在世界大戰爆發期間，意外事件的發生率雖是增高，然而這些協議會及其防止意外的努力直至今日

依舊和往常一樣的活躍。

在「安全精神」的創造方面是把**美國鋼鐵公司**這個偉大的先驅者作爲楷模。**工業委員會法**的擬訂實際上也就是以此爲範式。這家公司早在1907年即已開始有了安全組織。[214]這個**委員會**的廣泛調查似乎足以顯示所有的意外事件之中只有三分之一可以用安全設計予以防止，而其餘的三分之二則是起因於雇員與雇主們的疏忽。要想防止這三分之二，甚至要想設置安全設計及付諸實施，只有一種方法，那就是，必須把「安全精神」不但建立在雇主與雇員們的心念之中，並且也要建立在一般民眾的心智之中。

爲促進「安全精神」的創造起見，最要緊的是組織小規模的安全委員會，其中包括雇主與雇員，而由**州委員會**指派代表爲各該會祕書，擬訂規章，使其具有法律效力，**由州委員會**下達「命令」。這種命令可以替代立法機關所陸續制定而爲遊說團所爭執的許多繁複瑣細法律條文，此等遊說團之中包括利益相衝突的雙方代表。「命令」有下列幾項優點：此種命令是由雇主與雇員的聯合行動所擬定，而並非由不懂產業技術的律師與立法人員所擬定。此種命令可由原先擬定的委員會根據進一步的經驗加以變更。尤其重要的是，此種命令皆是事實上行得

---

214 參閱伊士特曼（Eastman, Crystal）的《工作意外與法律》（*Work-Accidents and the Law*）賽奇基金會（Russell Sage Foundation）於1910年所刊行，作爲《匹茲堡調查報告》的一卷。這是1907-1908年所作調查（**慈善事業出版委員會**〔Charities Publication Committee〕）。

通並為雇主與雇員雙方所能接受的。

　　所以，這些命令可以保持在法律上合理性教條的範圍之內，並避免憲法所禁止的未經合法程序而奪取雇主們的財產，在該事例之中，這就是，未經他們的允諾而擅行奪取。經常有數百頁的公報按期發表，其中包括這些具有法律效力的命令，和上述威斯康辛州失業補償條例手冊頗相似。

　　歷時兩年的安全運動使雇主們得知，如果來到這種新法的管轄之下，他們可能獲得比維持在舊個人責任法的管轄下*更多利潤*，只要是他們同時防止了意外而進入安全精神的範圍之內就行。不但如此，事實上並且顯示，假使防止了意外，則任何人都毋須負擔意外補償法上所規定給付工人救濟金的義務，即便是消費者，也可以毋須給付較高的價格。換句話說，這就是訴之於新的「效率」，藉由防止意外的效率，生產成本因而減低，其結果使價格也沒有提高的必要。

　　因此之故，在這兩年運動終了時，由於聯合委員會與工業**委員會**的建議，立法機關修訂了補償法，把*任意取捨權*取消。不是可以選擇來到這種法律的管轄之下，而是除非事先有不受管轄的登記，就*推定*其為在這種法律的管轄之下。這種取捨權的消除使90%的工人都受到法律的管轄。到最後，在1931年強制法的合憲性既經獲得其他各州與**美國最高法院**的支持之後，立法機關就都用強制法來替代選擇法。

　　所以，威斯康辛州的立法也是經過了二十年才由舊制過渡到新制。在這個期間內，不但是發展安全精神的行政制度與防止意外的教育制度，就連利益對立的組織其代表人之間的聯合議價制度配合州政府做為調停人也一併建立起來。

由此可知，凡是一種成文法總不能自動地產生立法機關所企圖的效果，莫頓似乎只是就這種成文法條文的措辭加以分析，所以他才認其為預期的效果。要使一種成文法能夠生效，必須繼之以有組織的利益關係人聯合起來作積極的集體行動，其目的在於創造「安全精神」或「就業精神」。倘使缺乏這種自願合作的「集體精神」，則任何法律皆不能生效。令人驚訝的是，其所必需的立法強迫竟是如此之少——在意外補償方面僅需生產成本1%的一半——只須把利益衝突的相關當事人及其行政管理組織起來而積極創造其志願集體的精神就行了。

在失業補償與防止法的實施方面，這一點已經做到。利用對於失業的普遍恐懼心理——一般群眾或經濟學者們從來沒有如此嚴肅的加以考量——威斯康辛的法律企圖把此項災禍深印入雇主們心目之中，在最初時原本可以使他們對此項災禍負責。這種法律是企圖用行政管理方法來創造「就業精神」。

此處所用「精神」這個用詞為古典派、享樂派、共產主義或其他學派的經濟學者們所不能容許，因為他們的理論大都是得之於機制、有機體或機器的類比。然而「安全精神」這個實際用詞則是在那些參與有意識集體行動以防止意外的群眾之中自然產生。只有調研集體行動的人們才會用到「精神」這個用詞。這似乎可以類比為宗教的復興。實際上，我時常注意到集體的經濟壓力其影響力之大更甚於宗教的復興，這種力量可能使個人由激情與愚蠢轉為「合理性」。這是一把科學的鑰匙，可以用來了解眾所熟悉的「商業倫理」、「職業倫理」、「工會倫理」以及各式各樣與此類似的集體經濟學。

這種方法的目的與效果和其他形態的社會壓力相似，所

以也可以歸入禁忌、*禁書目錄*（index-expergatoribus）、公眾意見、款式、習俗、杯葛、**全國復興條例**（N. R. A.）的一類。倘使此等道德的與經濟的威逼由於受到反抗而不能完全達到所期的效果，則須稍加一些法律的強迫，只有在極少數令人無法容忍的事例之中才要用到刑事訴訟，以激發反對者和數以千計及以百萬計毋須加以威逼的人們志願負起社會責任的精神。

雇主們自身所提出的論證與莫頓的批評有關，認為每一項建置作為「一個運營中業務團體」，其本身已具備更強有力的誘因，以保持其持續營運，強於失業補償這種微不足道的「成本」。他們有特別重的經常費用，並且必須保持顧客的親善，假如他們停止營業，則將失去此項親善。毫無疑義的這是實情，不過，請再看看其如何運轉。三十年來我所知道的一家大廠商，在全日營業的時期有10,000個雇員，但是到了不景氣時期，他們解僱了8,000工人，而僅保留一個2,000人的組織架構。威斯康辛州的法律，其目的是要注意於那8,000工人，而不是僅注意於保持這個業務團體持續營運的這2,000人。

在威斯康辛州的宣傳之中還有一個頗具影響力的提示，那就是，紐約州擁有的一家廠商在1919年膨脹繁榮的時期，從全國各地召來了5,000個工人，然後在1921年萎縮時期又把這5,000個工人全數解僱，使這工廠所在地的一個小小城市與州郡民眾來支助他們的生活。要想使紐約市的銀行業者們感覺到他們對威斯康辛州民眾的責任，除了用立法來打擊不在地（absentee）股東的利潤之外，又有什麼辦法呢？社會責任必須指向實際上首先應該負責的人們才能積極的建立起來，而這

些人在我們現代大規模「運營中業務團體」裡就是那些距離遙遠而看不見的股東。他們覺得不用對失業負責，所以他們把這種責任遺留下來，讓當地民眾負擔，這些民眾實際見到了失業者，而不得不親自用餽贈或稅捐予以照顧。一個極其低微的保險費率可能擴大得驚人，因為我們知道如果其影響力直接觸及到利潤差價。

站在經濟與法律理論的觀點上來看，威斯康辛州的意外和失業法是把有組織利益關係人的*志願*代表併入了統治權的理論中。這和往昔個人主義的理論成為顯明的對照，個人主義的理論是把君主描述為替消費者發言的一個霸主，與無組織的生產者相隔絕，但卻為他們制定了法律。這種古老的理論，無論其為「多數的法則」，抑或僅是有組織少數的法則，總成為獨裁。

不過，有組織利益關係人在集體議價時的*志願*代表們各自推選其本身的領導者，每一方都必須認識足以激發對方的動機。在當前的事例之中，這就是必須認識公司主宰集體行動的利潤動機，而這種動機的*運用*又必須能促進整個社會的福利。

誠如我在別處所指出，[215]這就是十七世紀前半期普通法的教條，指向於法律的與經濟的教條，藉由增加個人自己的財富，以便增進英國的共有財富。實際上，這就是亞當·史密斯的理論，不過，亞當·史密斯是主張個人自利足以促進共有財富或國家財富，這是神聖上帝與自然法則予以指導的結

---

215 參閱康芒斯的《資本主義之法律基礎》（1924年），第225-232頁。

果。[216]威斯康辛州的法律所具體表現的理論是使核准的志願協定具有統治權力，以集體行動管控個人行動，來促進共有財富。這種聯合的集體行動便是法律，其實施是使雇主的個人行動必須遵從工作規則，這種工作規則是雇主與雇員和**州委員會**合作所產生。

　　站在集體的立場上來看，合理性就是理想主義切於實際的最高極限。[217]所以，為確定何者是合理起見，我總是要把「最好」的工會或「最好」的協會作為例證，這些工會或協會必須能保持其為運營中業務團體。然後，我又用某種政治或私人形態的集體行動把其他的集會也盡量提高到他們的水準。

　　有一點必須承認，這種辦法並不能永遠和法院判決之中所用「合理」這個字詞的*慣常*意義相符合。法院一般假定凡是「日常」就屬「合理」。法院看來，「慣常」並*非最切合實際*，這似乎是在明顯無效率或愚拙與異常有能力及有效率兩者之間的一個*中數*。照我再度觀察之後的揣測，只有10%到25%的雇主或工會會員能夠超出把習俗的意義解釋為「日常」以上，而其餘的75%到90%都在這個水準以下。也就是說，只有10%到25%的雇主或工會會員可能期望其為別人的福利而志願多做一些，多於對任何一種州政府或私人集體行動的強迫所能期望其做到最好的。

　　這種推論在「安全」的定義之中表現了出來，由於我的

---

216 參閱本書前文，第五章亞當・史密斯。

217 參閱前文，本章第六節，肆、**倫理的理想典型**。

學生[218]和別人的協助，這個定義已經編入1911年的**工業委員會法**。在那裡，「安全」的定義包括「生命、健康、平安、舒適、端莊以及道德福利」的保障。工業委員會法又進一步把一種義務或「社會責任」加在每一個雇主身上，使其所提供的就業、就業地點以及安全的設計、防護、方法與程序到足以保障雇員們的生命、健康、平安、舒適、端莊與道德福利，以這種就業的性質或其地點在「*合理*範圍之內所能容許」的為度。[219]

在這裡，僅是合理性的意義變更，這個州的成文法與普通法亦皆隨之變更。這已經不再是詮釋為最高與最低之間一個*中數*的「日常」安全、而是最高程度防止意外的「合理」安全，各個最優良廠商實際上所施行的就是這種安全。這也不再是三十年來所產生而不切實際的許多成文法，安全的意義已擴大，以致各工廠的本身必須自行調查，在那些最「具社會心智」的建置中為保障生命、健康、平安、舒適、端莊與道德福利而已經實施成功的最高可行極限為何。所以，他們不會提出違憲問題來反抗**委員會**在這方面所發布的命令，因為此等命令皆可能證明其為「合理」，都是由雇主、雇員與專家組成的委

---

218 特別是弗朗西斯・伯德（Francis H. Bird），現任辛辛那提大學經濟學教授。

219 載於《威斯康辛州法令彙編》（*Wisconsin Statutes*），第101章，第101.01-101.06篇。「」號內的字樣是我添上的。並參閱康芒斯與安德魯斯合著的《勞工立法原理》（1920年再版）第356頁以次及第422頁以次。

員會所擬定，而他們也都已經熟悉各種切合實際的最佳方法與
設計。並且，「合理性」也不再是主觀的與個人主義的，而是
已經成爲客觀的與集體實施的。也許這不是「理想主義」的，
但在當時那個自利、激情與愚蠢階段，這卻是一種合理的理
想。不但如此，假如人類的天性有所改進，這還可能達到更高
的理想。

　　一般說來，如果按照利益衝突而自發組織起來的志願協定
這個意義解釋，凡是可以指稱爲「合理」的，則**最高法院**或早
或晚終必承認其爲「合於憲法」。**最高法院**也和歐洲的那班獨
裁者一樣，並不太重視現代的立法機關，但對於志願集體行動
卻是與日俱增的加以尊重。

　　我對失業防止與失業補償的想法亦復如是。沒有一種成
文法能單憑其文字而生效。每一種法律總必須按照當時情況以
及其能符合與受到遵從的限度而加以詮釋、管理並將其應用於
個別的建置。假如對何者爲*行得通*的最善辦法獲得了意見的一
致，則與事實最接近的人們將斷定其爲理想主義的最高極限。
實際上，這個極限也無非是在利益衝突的關係人觀念之中與**最
高法院**對美國憲法的可變詮釋下認爲合理的而已。

　　意外補償與安全法的另一特徵亦爲失業補償與防止法所複
製。意外法規定三種形態的「保險」：向股份公司投保；州境
以內雇主們「相互」保險；與個別建置的所謂「自身保險」，
這可顯示其財務上的償付能力與給付補償金能力。

　　州委員會在意外補償法訂頒以後的幾年之內，所蒐集的
統計數字，似乎表示意外的防止與法律所容許的意外保險形態
之間有著相關性。防止的最優記錄是來自那些號稱爲「自身保

險者」。這是一些廠商，為數約計200家，他們都是「自行保險」，所以，這並不是保險，而是和「設立基金」或「意外準備」相類似。防止的成效列在其次的是相互保險所聯繫起來的一些廠商，而最低的則是那些向全國性股份公司投保的廠商。

1932年的失業準備法仿效了「自身保險」或「設立基金」與「相互保險」這兩種形態的保險，但卻沒有仿效股份公司保險。其目的在於消除股份公司私人營利的動機，故而選取在防止意外方面有最佳記錄的兩種保險。依照相互保險的規定，假如雇主們自願把他們的基金合併成為一筆共同基金而對相互之間的失業負責，他們是獲得容許的。

處理意外補償的中心人物是一位醫師。他可以決定傷害的程度與不能工作的終止期，進而決定其每星期補償金的數額與終止。同樣的，失業補償的中心人物是一位**公眾就業長官**（public employmet officer）。凡是失業與復業都應當報告主管其事的這位長官，而由他轉告**州委員會**。他在失業補償方面做著審判法庭的任務，他可以決定補償金的數額、等待期間與開始發放期。

威斯康辛州在州**委員會**之下又建立一種有效率的制度，設置了約計十所的就業局。特別是在密耳瓦基的一所就業局裡，當地有組織的雇主與雇員們已經完成其聯合管控制度。當然，就業局的當地聯合行政管理制可以解讀為失業法預期的施行。實際上，也和聘用醫師一樣，可以期盼雇主們設立職業介紹所，並躬親其事，為他們自己的失業雇員向其他雇主找尋工作。失業的期間愈短，則失業補償金的數額亦愈少。雇主們變成他們自身的就業長官，甚至更為有效，因為這是訴諸他們自

身的利潤動機，尤甚於州政府的就業官吏，這些官吏所拿的是薪金，而與損益不相關涉。並且，為防止浮濫起見，與工會聯合行政管理的集體議價制度能使雇主與雇員們雙方都感到滿意。

由於這種事實的證明與協力行動的習慣，所以威斯康辛州於1932年所頒失業補償法獲得一般人士的接受。該法律絕不是由正統派經濟理論或美國憲法立法理論得來的一種按照邏輯加以演繹的法律。因此，並且因為要想構築一部行政管理機器而在雇主之中建立「就業精神」總必須花費相當時間，所以這種法律首先是設置這部機器，然後再把保險費的收取、準備金的籌集以及救濟金的給付分別延期舉辦，和意外補償與防止的辦法相同。

上文所說調研集體行動的這種歷史方法使我在1921年構成了我的失業*防止*法原則，這和失業*保險*有別。到了1924年，我隨後發現此項原則頗能符合美國人的商業心理學，當時我被聘任為聯合失業保險計畫的主席，這個計畫是在芝加哥市男士服裝工業的集體議價中早已同意的。我並不曉得參與此項協定的七十多家廠商對我在1921年的建議有何等的認識或了解。不過，他們本於他們競爭，利潤與自利的傳統想法自動抗拒，工會所提出的要求，那是要求全*體*雇主們捐獻一筆「市場基金」，而由單一中央委員會將其分配給*所有*失業的工會會員。這些雇主們推論這筆合併起來的基金是強迫那繁榮的、有效率的、因此能使就業成為固定的各家廠商捐獻救濟金來供那些較不繁榮、較無效率的競爭廠商救濟其失業者之用。

實際上這就是所有歐州立法機構對這個主題的「保險」

觀念，並且芝加哥市工會在要求一筆共同基金時必然也是抱持
這種觀念。當時達成了和解，分別設置約計七十筆「設立基
金」，而不是一筆「市場基金」。這就需要建立七十個不同的
委員會來收取保險費與給付救濟金，而我竟然以一身而兼任
七十個不同委員會的「七十個主席」。

　　由於2.5%的保險費率是全市場一致的，所以捐獻出來的
這許多筆基金數額大不相同，各自與每一家廠商的薪餉總額成
比例。因此，*失業人數最多的廠商其給付失業救濟金的能力
也最小，而失業人數最少的廠商卻能給付最大數額的救濟金*。
到最後，有一家廠商能保持固定的就業（每年固定為47個星
期），設置了一筆準備金，相當於未來一年的保險費，而毋須
作保險費或救濟金的給付。所以這種制度的正確名稱應該是
「失業準備」，而不是「失業保險」。準備是由每個機構所設
置，而保險則是要把各個機構的準備合併在一起，成為一筆共
同基金。

　　顯而易見的，「勞工心理學」絕不能滿意於這種殘缺不
全與差別待遇的救濟金分配。於是勞工們，尤其是工會的勞工
們，都覺得他們自身應該互相負責。任何一個失業勞工不但引
發仍在就業者們的同情，並且引起後者對這種威脅的畏懼。這
種勞工心理學的顯著證明在於工會的會員們都甘願接受部分時
間的工作，來「分擔」失業的重負，使短時間的就業普及於全
體。

　　不過，「商業心理學」卻難得會有這種情感，這種情感
是要各個營業廠商在業務呆滯而衰退的季節與其競爭者共同
分擔已減退的產量。實際上，這些廠商可能要藉助於卡特爾

（cartel），其目的在於保持產量與價格，但在缺乏補救之法下，競爭者的破產與消失正是繁榮與有效率廠商的利得，倒閉的競爭廠商所有顧客與雇員必將移轉過來。這可稱之為「利潤心理學」，而有組織的勞工們則是更接近於「團結心理學」。勞工們甚至不能了解那些繁榮而有效率的雇主們何以不應把他們的繁榮與效率分一部分給缺乏效率及「邊際」的競爭廠商裡所有的失業者。照我的觀察，一般勞工行列所需要的是*救濟*，而對*效率*或*防止*並不感興趣。他們的領導者也還是直到最近才學到強調防止尤重於救濟。

　　古典派與正統派的理論抓不到「勞工」與「商業」心理學的要點。這些理論都是由小製造業者的時代傳流下來的，在這種情況之下，一個熟練工很可能有一天變成雇用熟練工身兼業主的工人，或是第二天又變成一個熟練工，受雇於另一個身兼業主的工人。所以，在亞當・史密斯的一般分析之中並沒有把利潤和工資分清。每一項都應用相同的競爭原則，而使利潤在實質上相等於工資。[220]誠如前文所觀察到，在小規模血汗店鋪的制度之下，一個小承包商或製造業者的「利潤」實際上往往不及其所雇熟練工的工資。

　　不過，在正統派與制度派的理論之間還另有一項區別。一個現代的雇主並不是個人，「他」是一個「制度」——是企業者、銀行業者、股東與投資者的協力行動，這些人結合起來成為一家「廠商」或「公司」，如果正在「運行」之中，我們

---

220 參閱本書前文，第五章亞當・史密斯。

就稱之爲運營中業務團體。現代的個人主義實在是公司個人主義。在這裡所應用的並非古典派理論，而是尚未併入標準個人主義之內的「公司理財」理論。[221] 標準理論的關鍵在於「生產成本」，照莫頓的正確估計，威斯康辛州的法律所規定薪餉額2%的保險費僅是生產總成本1%的一半（0.5）。他辯稱，這樣一個微乎其微的項目要想成爲雇主們防止失業的動機絕不會產生任何效果。

但「公司理財」的關鍵卻是在於「利潤差價」。在這方面負擔風險的企業者（股東）是「按照淨資產做生意」（trading on the equity）。「淨資產」就是「利潤差價」或莫頓的「淨利潤」。企業者是聯合在一起的股東們。爲了利息、地租與工資，他們聯合成爲其餘參與者的債務人，他們的利潤差價就是他們的*銷售收益總額*與他們的*當時負債總額*兩者之間的差額，後者通常被稱爲營運的與經常的總費用。

對於利潤差價的數值迄未有能令人滿意的調查，不過，我在上文[222]曾經估計，在1919年的最高平均差額與1921及1924等年的平均*損失*之間，爲數約計60,000家製造業公司，其利潤差價的中數略相等於銷售收益總額的2.5%或3%。

假設其爲3%，則生產成本就是銷售收益的97%。若如此，則平均*生產成本*1%的一半便是略相等於平均「*利潤差*

---

[221] 此等理論皆是商業學院裡按照純實驗方式所發展，始終與經濟學各「部門」相隔離。參閱李昂（Lyon）與蓋斯登保等有關公司理財的著作。

[222] 參閱本書前文，第九章，第七節**利潤差價**。

價」（淨利潤）的15%。各個不同的公司可能較此為高或低，
而同一公司在不同的時期其差額也可能有高有低。

*誘因*即在於此。資產的銀行接受度，提供銀行業者與放款
人的保障，以及作為一個運營中業務團體的營業組織整個持續
性。其關鍵皆在於這種狹窄的利潤差價，而薪餉總額的2%在
取之於利潤差價時，其數值已經擴大了好多倍。

否則的話，雇主們又何必如同在威斯康辛州那樣，對於他
們薪餉總額課徵2%或3%這麼微不足道的稅捐要加以激烈抗拒
呢？這種稅捐之所以對他們變為重大，只是因為他們在「認真
關照」他們實際經營的事業之下，當然他們很快發現他們的經
濟、先見、效率、議價與其他保持償付能力的一切努力所聚焦
的點，皆在於這種較為狹窄的利潤差價。

我時常感到詫異，商人們在反對失業保險的論證之中講到
成本這個要點時何以如此明顯的不一致。有時候他們說，總成
本1%的一半為數極少，不足以成為防止意外或失業的有效誘
因。有時候他們又說，如果把這種額外成本加在他們之身，使
他們和毋須負擔此項成本的其他機構競爭時，而結束營業。當
然，他們並非缺乏理性，但卻不一致。

顯而易見的，他們之所以不一致其關鍵在於兩種不同的
價值理論。一種是古典派的生產成本理論，另一種是商人選擇
另類事物以維持利潤差價的交易理論。莫頓把這兩種理論作對
比，他決定偏好古典派的理論。他說：

「要想表明失業稅所可能產生的負擔與效果，應該採用何
種比較方法呢？……如果和成本相比，則薪餉總額的2%是個

小數額，平均約計0.6%；如果和利潤相比，則其數值大小不一，在「正常」情況之下高達25%。那些估計稅捐可能有的效果而將其與利潤相比的人們認爲這種稅捐有強勁的穩定力。但在將其與成本相比的人們看來，其效果卻是微不足道。著者本人認爲與利潤相比，足以產生謬誤觀點，所以他是將其與生產成本及風險相比」。

接下去他又說明古典派的成本與風險理論。我反對這種理論而建立了一種他所排斥的利潤差價理論。我推定商人們皆有理性，他們的不一致並非眞實如此，所以我就開始調研他們所以在外表上看來不一致的理由。我發現此項理由在於凱蕾、博姆-巴維克與達文波特等輩有關另類事物之選擇的理論，這一類的理論在本書前文已有詳盡說明；在於公司理財的利潤差價理論；並在於策略與例行交易的理論，這種理論是基於「意志」而由經濟學者們有關限制與補充因素的*客觀*理論得來。

由交易公式[223]可以推知凱蕾與達文波特的理論之中所含意義。我們認爲這就是商人的**價值**理論，和法院的得之於商人的經濟理論。在商談一筆交易時，如果將其與其他交易分開，則商人們最先想到的並不是生產成本，[224]而是他們在爭取利潤的奮鬥中所「面臨」的直接另類選擇。所以，他們的**價值**理論絕非古典派經濟學者的「成本」理論，而是他們對當前直接

---

223 參閱本書前文，第二章，第二節，〔貳〕，(1)**議價交易公式**。

224 所謂「生產成本」就是買主與賣主約定的價格，我在這個公式裡稱之爲「議價能力」。

現成的另類事物加以「選擇」的理論。假如為僅有的另類事物
所迫，他們甚至寧願做這交易而遭受損失，也不願完全停止交
易。

　　莫頓在用到運營中業務團體這個概念時的確是強調另類事
物的選擇以及甘冒損失而從事交易。商人們寧願漠視成本、寧
願在成本以下經營，而不願停止營業。最主要的並非成本，而
是另類選擇。商人們通常把此等另類選擇稱之為供需定律，而
使其與古典派的「生產成本」相反。他們說：「我們知道我們
並非按照成本做生意，我們是按照需求「做生意」。我們在上
文已經講過，所謂需求與供給只是另類選擇的稀少性而已。一
個商人在說到他的交易是取決於需求或供給而並非取決於成本
時，轉成經濟理論用語，他的真實命意即是指此而言。把這種
商業慣例化約為價值與成本理論的首先是凱蕾與巴斯夏，其後
是博姆-巴維克、格林與達文波特。我們已經將此兩者區別為
負機會價值與機會成本。這是一種機會主義的理論，起因於商
人們在身為買主與賣主的兩種交易之中另類選擇的富饒或稀少
性。[225]

　　不過，一個商人的交易既不受成本的管控，則加以管控的
是不是預期的利潤與損失呢？利潤與損失是他「按照淨資產做
生意」的結果，股東們成為其他參與者的債務人，這些參與者
可能是工資勞動者、放款人、銀行業者、債券持有人、優先股
東或物料供應商。他們的利潤差價在於由產出物收取的價格與

---

[225] 參閱本書前文。第八章，第六節**能力與機會**。

負欠其他參與者的債務兩者之間的差價。我們估計這種差額的平均數約為銷售價格的3%。以生產總成本1%的一半作為防止意外的誘因，如果是要由利潤差價之中予以減除，則其數值平均約增大30倍。

不過，在這裡又湧進第三個因素，我們稱之為策略的與例行的交易。古典派的成本理論可能是一種靜態理論，或成本的長期趨勢理論。前者我們是說把*所有的交易當做發生於同一時點*看待；後者我們是說把所有交易的算術結果加總起來以求得*一段時期以內的總成本*。

但交易理論則是指*交易本身*而言。每一筆交易或多或少得占有一個簡短的時點，這時，實際進行程序中的商談終成一筆交易。這是一種行為主義的理論，其所研討的是一個商人在*連續的時點之中*和極不相同的工資勞動者、物料供應商、放款人以及其他人等共同處理各式各樣交易的方式。在他看來，每一筆交易在商談時都是當前的一項*策略*因素，他必須集中全部注意力，考量當時在這一筆交易之中他所面臨的實際另類選擇。凡是未來或過去的其他交易在當時都是補充因素，這些交易構成了例行的環境，而當時的策略交易也就是在這種環境裡商談著。到後來又發生另一筆在當時認為未來的與輔助的交易，但在此時卻變成策略交易，而先前的一筆策略交易到此刻在連續的時點之中又已成一個例行事務，毋須立即加以處理。

朝著過去的一方面看，凡是一筆策略交易既經完成之後，假如再繼續的重複，這就成為「例行」事務，所以我們要用「策略與例行交易」來替代「策略的」與「輔助的」這兩個用詞。

上文所說古典派在利潤差價和策略與例行方法的靜態或長期看法兩者之間的差別可能見之於莫頓所舉的例證之一。他說：

「稅捐、保險、會計成本，每一項都可能是淨利潤（利潤差價）之中的大部分，但卻是成本之中的極小部分。假如說每一個項目占去了淨利潤的25%、50%或100%，這可能使人對其重要性與影響範圍發生錯誤的觀點。由於這樣的推理。所以產生了現時流行的一種看法，認爲稅捐毀減了全部的利潤，並進而毀減了生產的誘因。對於任何一項費用皆可作與此類似的論證。此等項目皆爲成本之一部，而爲生產者所必須轉嫁」。

站在古典派經濟學者的靜態或長期立場上看來，這種推理毫無疑問是正確的。這使一種觀念變成爲荒誕無稽，意即，*所有各個成本項目*——稅捐、保險、工資、物料等，都可以加總起來計算單筆交易之中的利潤差價。我們在討論利潤差價時也曾注意及此。實際上，我們的所謂損益差價[226]是一年期間所有交易的總和，但卻必須略去個別的單筆交易而不計，因爲這僅是總和之中的一個極小部分。

我們把「財務差價」作爲納稅*以後*的利息差價；而把可徵稅差價作爲付息*以後*的稅捐差價；兩者之間的區別亦復如是，凡是當時所未計及的其他差價皆可依此類推，例如工資差價就

---

226 參閱本書前文，第九章，第七節，〔伍〕，**(3)損益差價**。

是把其他各項費用皆作為例行開支看待以後的利潤。

　　顯而易見的，這許多不同差價並不是在任何單筆交易之中累加起來。每一筆交易皆各有其本身的另類選擇。最為首要或是策略性的交易在於某一項因素的商談。只要這一項因素能影響到利潤差價，在當時*已經*把所有例行或輔助的交易排除於考量之外。倘使把某一期間一連串的交易整個加總起來──比方說，有關**損益差價**的一年──這僅是作為此一期間的統計結果，而並非這些交易的本身。假如這是一筆策略性的交易，則必須在其實際發生時作為單獨一次協商看待。

　　這是統計學上人所共知的一種幻覺。在統計的總數之中個別業已消失。[227]然而個別交易則是實際的行為。一個人在抗拒稅捐時，他也許要說，此等稅捐雖僅是生產成本的1%或2%，但卻是他所有債務皆已清償以後淨利潤的40%或50%。到了他抗拒失業或意外保險時，他又可能要說，並且實際上也確是這樣說，保險費率雖僅是他生產成本的1%，但卻是他利潤差價的30%。他在協商工資議價、利息議價或地租議價時，也作此類似的論證。在他協商時，他總是要把每種議價作為策略性看待。這種協商既經完畢之後，則其重複便成為例行的或輔助的交易，而毋須在當時再行計及。

　　站在他本能的加以排斥的靜態經濟學這個立場上看來。他的邏輯確屬荒謬。不過，站在連續交易所需動態*時間*因素的這個立場上看來，則在他連續協商的連續時間以內，他並不

227 參閱本書前文，第八章，第三節**平均數**。

荒謬。他和任何一個有限生物一樣的有理性，這個生物絕不能同時做每一件事，他必須運用他的有限能力專心致志於他當時所認為策略的或限制的因素，縱然他可能犯錯，他也必須這樣做。他在這一筆策略交易裡不得不考量他所「面臨」的另類選擇，他必然要本能地拒斥「學術性」的理論，這種理論實際上是把他作為一個無限生物看待，能在同一瞬間從事於他所有的交易。[228]

　　這似乎和近年來所強調的「成本會計」不相一致。成本會計是統計師與會計師替一個商人所建立，用以指導他的交易，或是作為他在協商時的「談話要點」。不過，他也知道他在他的個別交易之中絕不受這種會計的束縛。這時，他知道他要受到另類選擇機會、另類選擇負機會以及當時議價能力的約束。三者之間的關係在我們的交易公式裡已經加以描述。

　　我們應該這樣處理「風險」問題。莫頓也和古典派經濟學者一樣，很正確的把商業風險與生產成本聯繫起來。但我卻比往昔的理論更認為風險要重要得多。假如利潤差價的平均數字僅是約為銷售額的3%，再假如生產成本為銷售額的97%，那麼，風險對利潤差價的影響較其對生產成本就要重要到33倍。不過，這種差價在眾多不同交易之中卻是高度的變異。每一筆交易皆各有其本身的風險。而此等風險皆必須在這筆特別交易所協商的價格與數量中加以換算。[229]

---

228 參閱本書前文，第八章，第六節，〔參〕，**(3)難以接近的選擇**。

229 參閱本書前文，第九章，第一節，玖、**貼現與利潤**；及第七節，〔肆〕，**(2)商業供需定律**。

　　在一段時期以內所有各不相同的風險絕不可能在每一筆交易之中累加起來。這些風險在協商時叢集於一筆策略的交易，而在這筆交易之中的風險可能很大，使所有的例行交易皆因之而擱置，則營業必將停頓直至這筆交易協商完成。倘使風險極大，例如在借款與放款的商談中往往因預期價格的下跌而變成如此之大，則必須能看到比風險微細時，較高的利潤差價。

　　所以，風險已經成為整個「有信心」或「無信心」的問題，在和利潤差價相比時較之和生產成本相比要重要好幾倍。

　　因此，這一點必須承認，並且實際上在論證與答辯中也必須加以考量，就是說，薪餉2%的保險費率在不同的時間，不同的交易與不同的機構裡，對於意外或失業的防止，其壓力迥不相同。在極端繁榮、利潤差價趨高的時期，以及在極端衰退、利潤差價趨低的時期，保險費率的效果總比「正常」時期為小。在這些極端的時期以內，其他因素具有更多的策略性，而意外或失業防止的策略性則較少。然而，2%的保險費率，無論其為策略的或例行的，總是始終不變。所以，在這個法案之中以及其他透過在未來的行政管理議價之中，必得照顧此等可變的風險作許多讓步與調節。

　　必須注意的是這個法案當然僅限於威斯康辛州。該州的納稅人卻不能防止失業，因為他們本身並沒管控個別機構。當時提出的論證也和莫頓在此刻所復述的一樣，認為整個國家，甚至整個世界。都應該對失業負責，尤甚於個別的雇主們。如此說來，救濟之責自應由國家負擔。

　　在聽證時對此項論證的答覆是說，如果有足夠的州政府採納與此相同的立法，會產生一種政治的影響力，足以勸誘

國會負責，如同負擔其他各種社會責任一樣，[230]使其補助
各州與各州在該州境以內所給付的救濟金額相當。特別是在
衰退時期，國家所補助的金額可能極為巨大，**聯邦救濟金管
理局**（Federal Relief Administration）及**全國產業復興條例**
（National Industrial Recovery Acts，簡稱N. R. A.）可作此
項論證的具體證明。除此以外，還有一種論證則是說，全國政
府對失業所能承擔的責任僅以其貨幣與信用政策對失業所應負
的責任為限。其負擔此項責任的方法必然是全國或全世界的物
價穩定化。[231]

　　有關雇員們對設立基金的捐獻也提出一種與此平行的論
證，這是莫頓所倡導的。此項論證是主張雇員們也和納稅人一
樣，不能防止失業。他們只能對救濟金有所捐獻。所以這個
條例並未確切講到雇員的捐獻。這可能推定為「公開工廠」的
雇主們可以要求無組織的雇員捐獻，因為在協商勞動契約時，
這是他們按照普通法所應享權利的一部分。並且這也可能推定
為，在有組織的「工會」工廠裡，工會可以要求其會員們捐
獻，例如芝加哥的現行制度便是如此。他們的捐獻可以用來擴
充工資勞動者所強調的*救濟*。

　　所以，莫頓是要求三方當事人的捐獻，以實施「社會責
任」，此項要求在制定這個條例的協商之中已全部加以考量。
但社會責任的確定則仍有待於雇員與聯邦政府未來的志願條例

---

230 例如：教育、職業訓練、高速公路等。

231 參閱本書前文，第九章，第八節「**世界給付的社會**」。

（按照志願的法律意義講），其所根據的在於自發性集體行動所預期效果的預測。

最後我們看到課稅權與員警權的混淆，兩者之間的相互關係我們在上文已考量過。[232]莫頓持續辯稱，保險費是對雇主們的一項*稅捐*。果眞如此，這就違反亞當·史密斯的格言，如他所爭論的稅捐應該按照「給付能力」來攤派。他認爲歐洲的失業保險制度便是採納了這句格言。在這種制度之下，雇主們所給付的保險費和一年以內僱用勞工的週數成正比。很明顯的，這是和雇主的繁榮與給付能力成正比。例如有一個雇主。他的業務極其繁榮而穩定，所以他能提供52週的就業，他所給付的稅捐必然是兩倍於他的一個競爭者（其雇員人數相等），這個競爭者僅能提供26週的就業。作爲一項*稅捐*看待，此等給付確是與給付能力成正比，由這所工廠的持續運轉可予證明。

但是如果按照威斯康辛州的法律，則給付數額的多寡恰與給付能力的大小成*反比*。提供52週就業的雇主根本毋須給付保險費或救濟金，而僅能提供26週就業的雇主卻要按照薪餉總額給付26週的保險費。當然，這是一種「累退稅」，稅捐隨著給付能力的減低而增高。

不過，假如我們把這問題深入檢視一下，這卻是「員警權」在美國現行制度中產生其作用的一種特性，和課稅權的本身截然不同。員警權是把最重的壓力施之於*最不具社會心智*的

人們，而那群*最具*社會心智的人們卻接觸不到這種壓力，因爲
他們是志願爲公共福利做事，而別人要受到逼迫才去做，再不
然就停止營業。此處「具社會心智」就是指全年提供穩定就業
的能力與自願性而言。實際上，課稅權可能用以達成這種員警
權的效果，例如：關稅、奢侈稅或我們所建議的把一項負擔加
在*不勞而獲*者之身，而對那些透過自身致富使別人致富的人們
則准其免稅。

所以，如果把威斯康辛州的法律稱之爲一項課稅措施，則
「課稅權」這個用詞並非用來支持政府，而是要誘導一些缺乏
社會意識與本身能力的人們，使其接受有關失業的社會責任，
和那群自覺對失業的救濟與防止負有社會責任，否則就得要停
止營業的人們看齊。按照這個用詞在美國憲法上的用法，此項
措施所使用的是員警權，而不是課稅權。這並非基於給付能力
以支持政府，這是基於穩定就業的誘導。[233]

---

233 關於這個主題的進一步討論，可以參閱傅士褒的《失業保險論文選
集》（*Selected Articles on Unemployment Insurance*，1926年）；斯
圖亞（Stewart, Bryce）的《失業救濟金在美國》（*Unemployment
Benefits in the United States*）（1930年「工業關係評議會」出版）；
我在《失業在美國》（*Unemployment in the United States*）裡所提出
的證詞，這是**參議院教育勞動委員會**（Senate Committee on Education
and Labor）的聽證報告（編號（S. Res. 219）（1929年）；道格拉斯
的《失業保險標準》（*Standards of Unemployment Insurance*，1933年
芝加哥大學印行）。

柒、個性與集體行動[234]

合理價值理論在實際應用時可以歸納爲集體行動管控、解放與擴大個性的一種社會進步理論。這不是個人主義，而是制度化的個性。其默示的或慣性的假設是資本主義制度基於私有財產與利潤而繼續存在。這和馬爾薩斯的人類天性概念相符合，其出發點爲激情、愚蠢與無知，人類的所作所爲有違理性與理智的規定，其終止點則是對一個進取、堅毅、冒險與對別人負責任而升到領袖地位的人物加以讚揚。

無節制的謀求利潤可能使一個有良心的人降到最沒良心的水準；然而也有相當的少數人卻能始終保持在水準之上，無論這個水準被集體行動抬得多麼高，這可以證明進步的可能性。

所以，問題僅在於調研集體行動的工作規則，這可以使不情願的個人升高到合理的但卻不是不可能的理想，因爲這種理想已經由進步的少數人在現時的情況之下證明爲辦得到的。

在美國，過去一百年間各種志願與政治運動並未把自利的動機消除。這些運動足以顯示自利的限度，自利的這個動機一直存在。據估計，意外補償法所還給工資勞動者們的尚不及他們所失去的工資30%。此等法律把一種繁重的責任加在工資勞動者身上，法律僅只增加銷售價值1%的一半。並且這還能轉嫁給消費者，或是爲增進管理效率所吸收。工會把一小部分工資勞動者提升到其餘大部分的水準以上，但卻因減輕其畏懼而

---

234 參閱卡倫（Kallen, Horace M.）的《個人主義，美國人的生活方式》（*Individualism an American Way of Life*，1933年）。

創造了較高的個性。農人們的合作社只是在小區域、小國家裡成功，並且只有小部分的農業階級身受其益，但卻提高了成員們相互之間的責任感。貨幣、經濟與物價穩定化運動在這個戰爭與經濟衝突的世界裡雖是令人失望，但是此等運動卻能使個人對防止衝突的責任感增高。

　　之所以要有集體行動為之限制的理由在歷史上是很明顯的：互相衝突的社會階級所作的反抗；內政、黨派、猜忌以及各業務團體內部的缺乏領導；群眾的傳統與習慣往往偏好在實驗的不確定性中所常發生的邪惡；以及在短暫的成功之後所產生的反動。

　　在經濟學的範圍以內，假如可以把利潤動機列入社會福利計畫之中，則其所列入的是一種動態因素，比任何其他因素更具建設性。這是訴請一個商人先使別人致富而後自己致富，假如這個商人不加理睬，則訴之於集體行動。

　　我們由此而把三項偉大實驗做個比較——**共產主義、法西斯主義與資本主義**——自從最近的這一次世界大戰以來，此等實驗引起了世人的注目，不但是注目於經濟學者們始終相互衝突的種種理論，並且注目於擴大或抑制個體性的全國性各項不同運動。

第十一章

共產主義、法西斯主義、資本主義[1]

---

1 本章所述有一部分已經見於1925年8月我在《大西洋月刊》（*Atlantic Monthly*）上發表的「今日的馬克思，資本主義與社會主義」（Marx Today, Capitalism and Socialism），並參閱我的另一篇論文，載於《社會科學百科全書》，標題爲**勞工運動**（The Labor Movement）。納粹主義爲時較晚，未能包括在內。這是德國**法西斯主義**。有一位經濟學者基於革命期間的情況把**納粹主義**分析得極好，請參閱胡佛的《德國進入第三帝國階段》（*Germany Enters the Third Reich*，1933年）。

　　自從世界大戰以來，出現了三種政治經濟制度：俄國的**共產主義**、義大利與德國的**法西斯主義**和美國的**銀行業者資本主義**。這三種制度可以站在三個立場上來加以比較：經濟理論、社會哲學與世界歷史。經濟理論就是需求與供給、生產成本、邊際生產力以及想望的滿足。社會哲學就是人類天性及其所企盼的終極目標。世界歷史就是實際上的變遷，由法國革命歷時二十五年的世界大戰轉爲我們今日身歷其境四十個國家革命的世界大戰。這三個觀點是分隔不開的，而**制度經濟學**的意圖也正是要將其合併。

　　起點是在於亞當・史密斯的個人主義與**法國的革命**。亞當・史密斯提倡，**法國革命**將其付諸實施。這些教條都是反對公司與行會、反對地主、反對政府授與的特權而加以抨擊。**法國革命**廢除了公司，瓜分了地主的財產，並宣告個人的平等、自由與私有財產不受國家或國家授權的行會與公司之管控。

　　亞當・史密斯把供給與需求的經濟定律和財產、平等與自由的政治法則拿來替代重商主義。對個人所必須的唯一管控就是消費者的想望。一百多年來的正統派經濟學者們都是追隨亞當・史密斯，首先做爲古典派經濟學者他們的理論是建立在生產的勞動成本之上；後來做爲心理派經濟學者們的理論則是建立在消費者的想望之上。這兩派皆可稱之爲自動均衡論的經濟學者，他們的演繹法所依據的是由自然科學得來的類比，認爲在自由、平等、分子與易變的個人之間，其供給與需求將趨於均衡。不過，經濟理論的基礎實際上並非僅在於均衡，而必須兼在於歷史。

　　在自動均衡的背後還隱藏著人類天性的哲學。亞當・史

密斯的哲學是屬於神學一類。人是一種有智力的生物，受神聖理性的指導。神聖理性是一位仁慈的**上帝**，祂把富饒帶給全世界，只要人不可用政治與公司的集體行動對個人們加以限制與威逼。法國革命廢除了公司與地主，並推崇理性這位女神。

但在不久之後這個幻夢就覺醒了。馬爾薩斯在革命尚未完成時即已預示其必然。人並不是一種有理性的生物──人是一種激情與愚蠢的生物，他和他的理性教導他去做的往往背道而馳。所以，絕不能讓他自由，而必須由政府加以威逼。

滑鐵盧一戰之後，預示的覺醒果然來臨。全世界的貿易衰退了三十年，附帶貧窮與失業，直到1848年再革命爲止。馬克思以其**共產黨宣言**問世。他修正了李嘉圖的勞動價值理論，而將其唯物論哲學擴大爲階級鬥爭。倘使果如李嘉圖理論所主張屬實，只有勞動才能創造價值，則勞動就應該享得全部產出，但卻並非以個別的勞動者，而是以由無產階級的獨裁所形成的社會勞動力的身分。供給與需求「定律」以及財產、平等與自由「定律」完全被廢除，代之而起的是階級戰爭和資本與勞動之間無可遏止的衝突。這種哲學以**俄國革命**爲終點，其後便成爲馬克思所信仰的沒有階級社會。

這時，亞當・史密斯的個人主義轉了方向──趨向於無政府主義。這種哲學終於產生義大利的**法西斯革命**。1793年，第一位無政府主義者，戈德溫，要想把亞當・史密斯的理論和**法國革命**作更進一步的擴展，不僅廢除公司與地主，並且還要廢除**國家**的本身，認其爲對個人實施威逼的來源。馬爾薩斯爲的是答覆戈德溫，所以才提出他的激情與愚蠢哲學。

其後到了1840這個不幸的年代，戈德溫的後繼者普魯東

在和馬克思爭辯時，又設定了個人對其私有財產的絕對權利，不但可以對抗國家，並且可以對抗所有的集體財產。個人們可以志願結社，不過，這時公司卻不能取得個人的財產，個人在任何時刻都可以攜帶他的財產而離去，絕不會因違犯契約而受罰。

普魯東所憧憬的志願結社在不久之後也表現爲不可能。現代的股份公司於1850年代開始誕生，形成爲一種合法的實體，基於強制實施的契約擁有生產工具取代個人擁有者的地位，而終於在單獨一個業務團體裡僱用數以千計的、毫無財產的勞動者。所以，革命的無政府主義到了第二階段便成爲革命的工團主義，持著這種主義的一位哲學家就是二十世紀初期法國的索萊爾（Georges Sorel）。

索萊爾採取了馬克思階級戰爭的教條與資本主義無可避免的崩潰，不過，他並非用獨裁政治來占領國家，而是將其改爲用工會與總罷工來占領工廠。這就是世界大戰以後發生於義大利的情事。勞工們開始占領工廠，農民們也開始占領地產。總罷工使整個城市以及鐵道與電信癱瘓。工團主義變成有組織的無政府主義與無組織的共產主義。到後來，這種主義終於夭折，之所以夭折是由於無法向資本主取得原物料，無法向銀行業者取得信用，而最重要的是由於有組織打擊罷工的**法西斯黨**（Fascisti）之興起。

這是馬克思的唯物史觀哲學疏漏之處。他曾經很正確的預言自由競爭無可避免的趨勢，認爲在長期衰退中必將把資本的擁有權合併在少數人之手，而摧毀個別的生產者，使過去的獨立個人淪爲工資勞動者而爲這些少數人所僱用。不過，他又推

定這時資本主義必將因其自身能力之不足而崩潰，認為工資勞
動者的群眾單憑其人數的眾多也就會取而代之。

　　他忽視了這些工資勞動者的本身還可能分成兩個階級，
一個是智力的，而另一個是體力的；一個是白領，而另一個是
工廠工人；一個是薪金勞動者，而另一個是工資勞動者，他
忽視了在資本主義凋敝時期爭取管控的實際上就是這兩個階級
之間的鬥爭，每一個階級所需要的麵包與牛油還得要仰賴於那
群缺乏能力的資本主。他把小財產擁有者無可避免的毀滅估計
得太過分，其中主要的是農人，也就是他的所謂*小資產階級*
（petite bourgeoisie），到後來，這群人卻表現出強大而有組
織的協助能力。

　　這是在俄國和義大利發生的情事。關鍵並非僅在於人數眾
多，真正的關鍵是在於組織起能戰鬥的少數人之能力和政治領
袖。其領導者為列寧與墨索里尼。戰鬥的組織便是**紅軍**（red
army）與**黑衫軍**（black shirts）。兩者所用的方法都是暴力
組織——不成功便是謀殺，成功了便是**國家**。

　　列寧的成功是由於他的口號「一切權力歸於蘇維埃」，
墨索里尼的成功是由於他的口號「一切權力歸於法西斯黨」。
蘇維埃就是我們所知道的中央勞動工會，或是各大城市的勞工
聯盟，代表著當地工資勞動者的各個工會。在俄國，他們都是
退伍的武裝工人。至於智力的這一階級則是被摒除於蘇維埃之
外。

　　法西斯黨在最初也都是些退伍軍人，如同美國的**軍團**
（legion）一樣，都是失業的求職者。到後來參加他們行列的
有好多高等院校的教授與學生；再到後來陸續參加的有辦公室

的白領階級；有來自各村鎮與城市的小商人；有來自各種不同專業的知識分子；有資本主與地主的子孫，又有軍隊裡的退役軍官。到最後，所有各大學的教授們也都被迫而宣誓擁護**法西斯**政權。墨索里尼最早得到製造業者、銀行業者和地主所捐獻基金的資助。最後這些人成爲**法西斯主義**隱身統治者。

在德國也出現了與此相似的陣容。該國的**法西斯黨**是辦公室裡的工作人員、來自學校與大學的青年、小商人，以及過去的財產擁有者，他們的積蓄因通貨膨脹與己身失業而喪失，不得不像體力勞動者一樣的謀求工作。希特勒也曾受過銀行業者、製造業者與地主們的資助，他把舊政權的失業軍官任命爲他在當地的各單位首長。即便是在英國，我們也可能看到**法西斯黨**的濫觴。實際上，**法西斯黨**與**蘇維埃**都是現代資本主義之下薪金工作者與工資工作者的兩個階級，相互仇視著，但卻同是依賴資本主以求得工作。

在局勢漸趨於平定時，我們可以看到俄國與義大利的兩位獨裁者，史達林與墨索里尼，他們之所以能管控政府全靠這兩個對立階級之一的少數鬥士對他們的忠誠。在俄國，體力勞動者的地位至高無上，他們可以享受較佳的食物、居所、衣著、醫院與戲院座位。教授、工程師、科學家、技士、專家、藝術家、演員、律師、辦公室工作人員以及從前的資本主都成爲下屬，其地位最低劣，甚至根本沒有地位，逐漸餓死、流亡或被殺害。

義大利的情形與此相反。**法西斯黨**的忠誠，其所以能保持是由於政治職業的優惠，由於公眾就業局裡面私人職業的優惠，凡是桀驁不馴的其他人等則皆加以壓抑、殺害或送到外島

監獄之中。在俄國與義大利，沒有貴族陪審團的審判，沒有獨立的司法或立法。每一項刑罰都是由行政程序配發，完全聽命於科層階級的官吏，法官的任免也是由政府的行政首長任意為之。當然，絕不會有其他政黨——所有的政黨只是一個，或是**共產黨**，或是**法西斯黨**，其人數僅占總人口的一個分數，但卻擁有棍棒、左輪槍與其他暴力工具為之武裝。甚至連這種政黨裡的頭目也得要由獨裁者予以任免。

　　馬克思用唯物論詮釋歷史，認為自由競爭與個人自由終必歸於消滅，這是對的，不過，他對階級戰爭的詮釋卻是錯誤。並不是只有一個或兩個階級，而是有眾多的階級，其結果究竟是成為共產主義、法西斯主義或資本主義，這要看組成少數戰鬥的這個黨，其品格、領導與能力為何而後定。

　　馬克思的學說與其施用於俄國或義大利，還不如施用於美國，更接近於確切。這些國家還停滯在農業階段，尚未達到資本主義的工業與銀行業階段，以極少數的資本主而能僱用數以百萬計的工資勞動者。在俄國，那些驚人的**五年計畫**強烈的企圖把一個小農國家轉成工資勞動者國家，要想在五年或十年以內完成馬克思假想中自由競爭必須在無限的未來時日或一百年以內才能完成的功業。

　　對美國來講，他的預言較為接近於正確。一百年前，美國人口的90%是農人與其家屬。但在今日，農人還不足20%，其餘的80%已經遷徙到城市與村鎮裡，在這些地方，他們變成了工資勞動者或薪金工作者，主要是受雇於公司或小法西斯商人。照目前的估計，假如農業都採用人所熟知的最佳機器與化學，則農場上只需要總人口的十分之一，即足以供應整個人口

的衣食，特別是在世界大戰之後，農人的數字已經很快的縮減
到這個十分之一。農耕機器、化學與集中於較肥土壤對農業的
貢獻，較之機械力對工業及製造業的貢獻並無遜色——農場已
經轉爲資本主義組織，由僱用得來的勞動者加以經營，或是以
一種按年計件的工作制度出租給小農。連鎖商店與連鎖銀行之
於小商人正好相同，這些小商人業已轉爲白領工資勞動者而受
雇於大公司。自從1929年保險公司取消抵押品回贖權以後，
已經可能看到一種與此類似的連鎖農場制度，由一個中央組織
來經營散在各地的農場。全國製造業十分之九皆已落入公司
之手。[2]一百年前人口的90%是小業主，及美國個人主義的堡
壘，但到此刻，一部分是自動的，而另一部分是受到自由競爭
的力量，皆已變爲工資勞動者與薪金工作者，成爲**共產主義**或
法西斯主義的基石。個人主義變成公司主義。私人財產變成公
司財產。其餘的一小部分農人變成革命主義者，反抗法院與警
長取消抵押品回贖權的企圖。

美國仍然堅守著殖民地時期個人主義的傳統，但其經濟基
礎則已逐漸消失。在創立共和的最初五十年內很少見到公司，
縱然有，也只是一些由立法條例取得特許狀的公司。所有的公
司在當時皆被視爲壟斷。當時的反壟斷運動就是反公司運動。
實際上，這些公司確是合法的壟斷，因爲每一家公司都是由立
法的特種條例所創立。商人們要想取得設立公司的特許狀，就
必須和政治家連在一起。在**獨立黨**（共和黨）當權的時期，只

2　參閱本書前文，第九章，第七節**利潤差價**。

有**獨立黨**的遊說派才能獲得特許。在**民主黨**當權的時期，也只有**民主黨**的遊說派才能獲得特許。政治首領以中間人的姿態出現，代資本主管控這兩個黨。

到後來，於1848年由紐約州開始，並非因為偏向資本主義，而是要想剗除貪腐政治，經立法機關制定了一般公司法，根據這種法律的規定，任何一家公司都可以獲得允准，只須把章程向國務卿提出就行。立法者令公司普遍化而不是取消公司。公司已經不再是壟斷——而是競爭者。公司建立了商人們的一項新權利——結社權。這一項新權利便是現代資本主義的濫觴。資本主義並非創始於亞當‧史密斯，而是創始於運營中的業務團體。

反壟斷的立法轉了方向，其最高潮就是四十年前的反托拉斯法。凡是要想限制貿易的任何一種合併，無論其為公司或個人的合併，皆不合法。

其後在三十年前，又有了新發現，控股公司，這是公司的律師因逃避反托拉斯法而發明，由新澤西州（New Jersy）的立法機構首先將其制定為法律。其實，此項發明也並不完全新奇，因為公司原本可以擁有其他公司的股票與債券。之所以新奇是由於創立這種公司的唯一或主要目的在於擁有其他公司的股票與投票權。於是其餘的各州也紛紛來和新澤西州在這種有利可圖的業務方面互相競爭。

控股公司所取得的權利幾乎毫無限制，只要是這些公司在本州境內所享有的特權雖在其他各州也都可能享有。在目前，其所受到的唯一限制就是**美國最高法院**。二十年前，這個法院解散了兩家控股公司——一家是**標準石油公司**，另一家是**菸草**

公司。不過，十五年前在**製鞋機器**與**解散鋼鐵**公司的兩件訟案裡，**最高法院**卻又按照合理貿易限制的新規定支持了控股公司——這就是說，法院裡有多數人認為這種限制是合理的。這些控股公司形成為銀行業者資本主義的巔峰，「在此刻，其權力比政府的本身還更強大」。[3]

隨著**司法統治檔**的此項發展，公司已經使馬克思的唯物史觀成為合法化。然而這卻不是由於廢除司法權以建立**共產主義**或**法西斯主義**的獨裁政治，而是由於司法權已凌駕各州與聯邦的一切立法與行政機構之上。在此刻給財產下定義的實際上是**美國最高法院**，而**憲法**的天真讀者們還是按照字面認為財產的可以聽任各州政府去下定義。**共產主義**與**法西斯主義**是要廢除立法機構與法院而代之以政府行政部門的命令，但美國的現行制度則是把行政與立法機構隸屬於**美國最高法院**的命令之下。**聯邦法院**已經成為美國品牌的獨裁。

這就是美國的**資本主義**——不是世界大戰革命以後**共產主義**與**法西斯主義**的**行政統治權**；也不是1689年以後英國的立法統治權；而是1900年以後**最高法院**的**司法統治權**。其執行工具並非一個獨裁者的命令，而是一個法院的指令。

美國與歐洲的制度還可能作其他對比。我們不十分清楚在俄國與義大利實際進行的情況，因為反對立場的報紙受到抑制；私人的結社受到禁止；而大學裡也不許自由調研與傳授；

---

3 參閱蓬布拉脫與米音斯（Bonbright, J. C. & Means, G. C.）合著的《控股公司》（*The Holding Company*，1932年），第339頁。

並且官方的統計數字又支吾其辭。不過，我們能作一些廣泛的
比較。

　　「集團（工團）主義」（syndicalism）這個字詞是由法
文得來，其意義就是「工會主義」。雇主或銀行業者的聯合就
是雇主集團或銀行業者集團。一個行業工會就是勞工集團。然
而歷史上卻把集團這個字詞的意義變更了。在美國，這是指索
萊爾的革命工團主義而言，傾向於推翻私有財產與政府。在義
大利，這卻是指愛國工團主義而言，由政府所組織，以便支持
私有財產與獨裁者的優越。

　　在義大利有四種主要類別的集團：資本主集團、農業集
團、勞工集團與專業集團。為經營事業或謀求工作起見，每
一個人都不得不加入他的集團成為會員，或是至少要繳納會
費。此等集團擬訂了種種規章與守則，決定工資甚至產出，
不但約束團員，並且約束非團員。他們的組織是地方性的、
區域性的與全國性的。他們的職員與命令必須取得獨裁者的
認可。在目前全國性集團被稱為**全國法西斯聯盟**（National
Fascist Federation），晚近年來，這是用公司的名義所重組，
其中包括**雇主與雇員**兩個對立**聯盟**，此外還有一個**組合政府**
（corporate state）而究其實，這無非是獨裁政治的一種粉飾
而已。

　　這些強迫性的公司取代了議會的地位。其中有政治的，
也有經濟的。這就猶如一個美國總統，把所有選舉、立法機關
與政黨全部廢除，藉由管控**法西斯黨**，永遠保持他的職位，這
個黨也並不是真正的黨，而只是政府的**警察武力**；然後再把**商
務部長**與**勞工部長**廢除掉，而使其自身成為此等公司的唯一部

長；禁止一切罷工與閉廠，而代之以強迫的仲裁；召集此等公司，共同商訂法律，以管制工業、農業與勞工；但卻並非將其作為成文法而統屬於一個司法部，而是將其作為政府行政長官的命令而予以發布，**由法西斯黨**的執行程序強制實施。

這樣的轉變並非不可思議，而且在美國的政府制度之下亦已為人所熟悉。根據**憲法**，戰爭的宣告能把美國政府在一夜之間轉為獨裁政治。行政方面發出了中止*人身保護令*（habeas corpus）即足以撤消司法權。**戰時工業局、穀物公司、航運局或戰時財務公司**的設置等於是**獨裁者**任命了一位統轄**各公司**的**部長**。所有的公司與聯盟在這個部面前就如同一個個專供諮詢的團體，其所代表的並非個人，而是經濟利益。國會暫時棄權，我們**南北戰爭**以後的這段重建時期足以顯示**總統**如何管控選舉；三**K黨**（Ku Klux Klan）、公司獨裁、以及製造業者與商人協會也說明當地與全州的選舉如何受到管控。我們已經有了**法西斯主義**的技巧，墨索里尼只是加以擴大，設立一個永久性的戰爭政府，以便統一義大利來抗衡其他各國。在統治的利益關係人心智之中，這種轉移無非是要把一國以內的階級鬥爭轉為世界各國之間的鬥爭而已。

俄國也是廢除了國內的階級鬥爭。奇怪的是，這就是**共產主義**的社會哲學。據說無產階級獨裁僅是一個過渡時期，其存續的久暫以民眾的心智之中消除利潤心理學為度。他們的哲學是認為，在所有的人們皆成為工資勞動者，而沒有一個人能希望單靠利息、地租或利潤維持生活時，這種心理學就消除了。**五年計畫**是一種壯麗的冒險，不僅是要藉助外國工程師把俄國的技術水準提高到與美國相等，並且還要同時變更民眾的心理

學，由利潤、地租與利息的心理學轉爲工資心理學。在此項目的一旦達成之後。則獨裁政治即將消滅，而成爲一種崇高的工人合作共和政治。

不過，一則是由於環境的力量，再則是由於其他各國**資本主義**與**法西斯主義**的抗拒，所以馬克思與列寧早年間所期盼的國際無產階級鬥爭這種哲學被人拋棄了，而俄國在此刻所企求的只是全世界的和平與創造其本國共和的機會。**共產主義**已經變成**國家主義**。

在義大利和俄國。過去的志願工會與合作社皆已受到壓抑，壓抑的方法很簡單，只須任命其職員並強迫其實施**法西斯黨**或**共產黨**的命令就行了。在義大利，這些工會與合作社變爲**全國法西斯公司**的一部分。在俄國，工會是工人們所組成的委員會，可以對工廠經理發布命令，而合作社則是政府的買賣代理人。

切莫以爲義大利的**法西斯獨裁**是一種大商業獨裁。這種獨裁可能和派里圖所謂「煽惑的財閥政治」（demagogic plutocracy）相符，因爲其所需資金是由大銀行業者、製造業者與地主所供應。法西斯獨裁顯然是小商業、小財產擁有者以及小薪金工作者與專職業工作者的獨裁。在美國可能與此相比擬的是在**全國製造業者協會**和如**標準石油、美國鋼鐵、通用電力、通用汽車、蔡司國家銀行**（Chase National Bank）等這類大公司之間的差別。美國約有60,000家製造業公司，產出了90%的製造品，但據估計，其中僅有200家是我們的所謂大商業。其餘的59,800家都是相對小的製造業者。一家3,000萬金元的公司在此刻只是一個小商業，而其唯一的競爭者則是一家

30,000萬金元的控股公司。販賣業與銀行業方面的情形亦復如是。大規模的販賣業與銀行業公司比較少，例如西爾斯·羅巴克（Sears-Roebuck）連鎖商店或蔡司國家銀行及其附屬銀行即屬此類。其餘的絕大多數皆是小批發商、商人與銀行業者，散布於數以千計的村鎮與城市。他們所做的商業只是相當小的一部分。

在義大利似乎就是由這些小商人管控法西斯協會，因爲墨索里尼是要把大商業之中像我們洛克菲洛（Rockefellers）、摩根（Morgans）以及坤羅（Kuhn Loebs）一類的大領導者遣送到外島監獄，如同我們對待威廉格林（William Greens），馬休沃斯（Mathew Wolls）與諾曼托馬斯（Norman Thomases）等輩一般。我們把辛克力（Sinclair）下入牢獄90天，因爲他藐視法庭，然而在出獄時他卻享有比入獄時更大的威望與他同事們的更大信心，純粹因爲他拒絕了作不利於他們的證詞。**法西斯主義**則是建議要把他無限期監禁。

在美國，農人與農場勞工之間的差別也可以與此相比擬。**法西斯**是一個包括農場擁有者在內的政黨。這就猶如**農人工會**（Farmers' Union）、猶如**農務局的聯盟**（Farm Bureau Federations），所有美國的農民合作社皆得要成爲**全國農業法西斯聯盟**，和全國製造業者與銀行業者的**全國法西斯聯盟**並駕齊驅。簡而言之，**法西斯主義**就是商人、製造業者與農場擁有者們的獨裁。

至於各國的小商人與農人們。他們是處身於現代技術與商業衰退的上下兩片磨石之間。一方面是大商業吸收著或管控著他們的市場。另一方面則是工資勞動者需索著較高的工資與較

短的工作時間。大商業有能力給付高昂工資，他們是否削減工
資抑或保持其高度只是一個政策問題。他們似乎一如既往是站
在一個沒有競爭的水準上。然而小商業與農人們在衰退時期卻
不得不削減工資，否則就要眼看著他們的更多財產被大商業所
吸收，透過取消抵押品回贖權或削價傾銷的方法吸收了去。此
種衝突是無法遏止的。觀察美國正在努力籌組一個進步黨或第
三黨可為明證。小商人、農人與工資勞動者的組織都曾經支持
過此項運動，但是到了成為工資與勞動時數或其他勞工立法的
問題時，農人們又加以抗拒，而這個政黨亦終於分裂。義大利
的法西斯黨其解決此一問題的方法是透過商人與地主的獨裁、
禁止罷工與閉廠、強迫規定工資與勞動時數以及獨裁者的命
令。

　　不過，歐洲與美國的制度，其基本上的顯著對比則是在
於貧窮與富裕的對比，在於低生活標準與高生活標準的對比。
由於後者，出現了美國的**銀行業者資本主義**。正因為有這樣
的差別，所以失業在歐洲成為革命的恫嚇，而在美國則僅成為
生產過剩的恫嚇。像德國或英國這樣一個工資勞動者的國家，
縱然是在完全就業時期，也已經到了饑餓的邊緣，而在失業的
時期就不得不依賴課稅以維持無事可做的工人生活，否則，就
得要發生內戰而終於成為**共產主義**或**法西斯主義**。歐洲各國已
陷入這種悲慘境地。法國、瑞士以及斯堪地那維亞諸國至少
也有此種危險。法國仍能保持其為一個小農國家，這些小農
雖是貧窮，但卻並未失業。在工業崩潰時期，他們的農場養
活著他們。在美國，從前的工資勞動者能取得自由土地（free
land），到了資本主義工業崩潰時期，他們可以回到農場上與

家屬團聚。但是到了此刻，由於資本主義農業的來臨，由於農人們自身的窮困，農場也愈來愈不能成爲失業者的避難所。農人對農民太多的恐懼等於資本主們對生產過剩的恐懼。一個國家到了有九成的人民皆爲工資勞動者與薪金工作者，而其農民反抗警長時，則失業與危難勢將成爲大於生產過剩的恫嚇。

義大利的工團主義很英勇的起來應付此項恫嚇。獨裁者直率的宣告減低全國工資與薪金12%，以使商業可能獲得利潤差價，並使失業者獲得就業。俄國的獨裁政治應付此項恫嚇所採取的方向不同，但卻更爲激烈。俄國政府占有了全部製造業、販賣業與銀行業的機構，在小農與合作社成爲賣主時，政府付給他們低廉的價格，而在同樣這些小農與工人成爲買主時，政府卻要向他們索取高昂的價格，由於兩者之間的差額，創造了資本基金而毋須借款，可以用來僱用工資勞動者，並建造碩大無比的實物資本。儲蓄是強迫的儲蓄，一方面壓低原物料價格，而另一方面提高零售財貨的價格。他們並沒有失業，其有的是貧窮。

資本主義的美國原本沒有失業保險或失業救濟金，在過去只是等待著饑荒驅使勞工們接受低微工資，然後再創辦工業，使失業者得以受僱。生活標準毫無疑義的降低了，但是，由於志願的失業救濟，這種標準仍能維持在歐洲的貧窮水準以上。只是在過去的這一年才建立了**全國振興管理局**，設法提高工資。

基於較高生活標準，美國的資本主義駁倒了馬克思所倡言的凋謝。一部分是由於自力更生，而另一部分是由於強制復興，資本主義達到了完成時期，這種制度顯然的比從前加強。

馬克思很正確的預言資本必將集中，這就是我們的所謂大商
業。但是他卻未能預料藉由公司與高生活標準可使資本的擁
有權分散。一般有關結社的法律雖是促進了資本的集中，但卻
也分散了資本的擁有權。大的公司看到擁有權分散的重要性，
在政治方面足以影響選舉，而在經濟方面又可能使資本增大。
這些公司有意識的把股票與債券分派於數以千計的投資者之
手，並且有意識的設法穩定股利，在往昔，那些「局內人」往
往利用公司這種新技倆以剝削投資者，如同剝削勞工一樣。近
年來，根據**美國商會**會長的估計，共有5,500萬個儲蓄帳戶、
6,500萬張保險單與500萬個股東皆是公司擁有。有一家公司，
就是**美國電信電話公司**，其收費率是由本應代表著消費者的一
個委員會所規定，報稱現有股東在700,000人以上。

　　擁有權的擴展也可以說就是**投資者的親善**之擴展，這使數
以百萬計的美國人對維持大**資本主義**感到興趣，他們不得不收
斂起他們自恃的小資本主義。

　　不過，要想達到資本主義的這種目的，必須有相當的立
法。公司執照就是立法機關的一項法命，頒授了統一、永存
不滅與有限責任的特權。由於各州施行的立法，例如公用事
業法、規範股票與債券之發行與銷售的「藍天法」（blue sky
laws）以及其他類似的法律，使善意的資本主在資本主義的
主要保衛之下、在數以百萬計的投資者信心之下，獲得了保
護。不過，有一句話必得要說明，自從1929年以後，投資者
的親善受到損傷，因而制定了聯邦藍天法。這一種立法是被迫
振興，其主旨在於協助自力更生。

　　強迫振興的另一使用是在勞工立法方面。勞工立法的開始

生效還只是過去三十年間的事，在這個時期以內，美國最高法院容許了此項立法的擴展與強迫實施。這個法院由於受到商業與農民社會哲學的影響，故而在一些重要的訟案裡比較落後；但是大商業則因為沒有投票權，所以在實際上較為敏感。出人意料之外的是，把勞工立法與公眾意見實施於大商業反而比實施於小商業更為容易。**美國鋼鐵公司**擊潰了八小時工作的罷工，但到後來又因政治家的恐懼請願，而宣告建立每日工作八小時制。小商業卻不能如此之敏感，因為這一類的商業雖有投票權卻沒有利潤。**通用電力公司**並沒有等到立法的威逼就建立起失業保險。其他公司有的是超前，也有的是追隨**通用電力**之後，到最後，大商業也許可能在擠迫小商業與農人的過程之中贏得勞工們的親善。

　　資本主義的另一種被迫振興是工會主義。美國的工會會員僅為工資勞動者的15%，而歐洲的工會會員則為工資勞動者的60%-70%。然而美國的工會主義卻比歐洲的更為堅強。美國工會把會員們的工資提高到無組織勞工工資的兩倍或三倍，甚至比小農們的收入還要多，而在歐洲，有組織與無組織的勞工工資之間卻並無多大差別。一方面，小商業與農人們受到競爭的壓迫而無力給付工資，但另一方面，大商業卻知道阻止工會主義的最簡便方法就是所謂「搶在他們前頭」（beat them to it）。他們漸漸知道他們替雇員所做的事必須能相當於或更多於工會所做得到的。他們組織起他們的僱用部，如同他們從前組織他們的生產、稽核、法律與財務部一樣。他們有擅長於勞工心理學的人事專家，並且他們甚至模仿著工會而設置公司工會。不過，就連這樣的自我振興也都被1929年的衰退所擊

破，而首當其衝的便是這群人事專家。

更重要的是，他們也漸漸知道不可使用禁止令，但小的競爭商業還是極力的保留其禁止令，以排拒工會於他們的店鋪之外。所謂禁止令只是一種司法命令，發源於美國的司法統治制度，可以和墨索里尼的行政命令相類比，用這種命令來解散工會，而由獨裁者直接的管制勞工。大資本主義毋須用到這種命令，這是在美國與義大利法西斯主義相平行的一種事物。假如各個法院能夠遵從取締禁止令法，這些法院會擺脫政治，並使勞工協會在法律之前與雇主協會處於平等地位。

美國資本主義的另一種力量是職位等級的晉升。皮爾曼教授（Professor Salig Perlman）曾經（在談話之中）將其比擬為**天主教會**。一個按日計工的最低級勞動者，來自最窮苦家庭，他有可能成為工頭、督察員、總經理，然後再成為執行長。我們的大公司裡有數以千計的這種實例。在昔日個人主義的制度之下，一個人必須創建他自己的事業才能致富，而到了他的兒子與女婿手裡，這個事業又可能碎裂。但在此刻，他卻可以創立一家公司，到他去世以後這家公司仍然生存，他的後繼者並非他的親戚（他們大都仍然是債券持有人），而是一些貧苦的孩子，他們皆是由於真正的才能方晉升到經理級的高薪。

歐洲還沒有學會這種升遷的把戲，階級感把體力勞動者保留在低下的階級裡，較為高尚的行政人員都是來自特權的、受過教育的家庭。但是，美國的行政首長們如果能指出他們是源於按日計工的低微勞動者，他們就會覺到自傲。我曾經在無意之間碰見過一個好戰的社會主義者或工會主義者，由於他在美

國法人主義的科層中憑這類擢升成為一個資本主義的熱心宣傳家。把一筆$100,000的年薪付給一個行政人員，在一家每年做十億金元買賣的公司看來並非一件了不起的大事，這些買賣都是仰賴他的日常決策。不過，在小商業與民主政府的想像之中如此年薪卻是太過難以置信。一家十億金元的公司擁有50萬個股東，其執行長本身雖不是股票擁有者，但卻能向傀儡一般的董事會發號施令，而他們也只能恭聽與服從。他和這些董事們的地位都是得之於銀行業者。

藉由此等選拔、升遷與高薪，所以公司比個人更是博學多能。公司可以僱用特殊的專家從事於每一方面的工作。公司可以僱用遊說者與政治家，以管控立法機構並號召投票人。公司可以僱用律師來擬訂法律並贏得法院的裁決。公司的本身是一個製造業股票與債券擁有者協會，由其銷售部門來提高價格，並且也是一個雇主協會，由其勞工部門來維持勞動成本低落。公司還有公關部門，利用報社能手說服民眾。由於在經理人才選拔方面的多方徵才，所以大資本主義能使其自身安定，足以抵抗小資本主、農人、工資勞動者，甚至足以抵抗政府。在這些後者的情況之下，沒有升遷的功績制度，對於有效率的個人沒有終身職的保障，且對於抱負不凡的人員也沒有高昂的薪金給付。

資本主義的主要力量在於銀行制度。大公司都把總部設在紐約，其董事會必須是銀行業者所能滿意的，再不然就是由這董事會來管控銀行。兩者在過去三十年間之所以有如此聯繫的唯一理由只是因為投資者的親善有加以保持之必要。銀行能使公司的證券得以流動，並為公司安排商業信用。這些銀行都

知道，要想保持其本身在購買證券的投資者之間的信譽，絕不能聽任公司為其局內人所操縱。因此，這些銀行必須能管控其融通資金的公司。銀行業者也組成其集團而共同工作，他們所組成的是一種國際性集團，各自把外國政府與外國產業的證券出售給本國的投資者。所以，美國的資本主義是**銀行業者資本主義**，而不是過去的**商人資本主義**或**雇主資本主義**。不過，縱然如此，每逢遇到通貨膨脹與不景氣的時期，他們還是剝削了數以百萬計的投資者，且失去了他們的商譽。所以，保護投資者的「藍天法」實際上也是**資本主義**的另一種被迫振興。然而這種法律竟被一群不了解何為投資者親善的人們盲目的加以反對。

到後來，為維護公共的利益起見、為供應有彈性的通貨起見，不得不把分散的黃金儲備作經濟運用，所以，**國會**就結合大多數的銀行成為一個偉大的**聯邦儲備制度**，近似於整個世界的中央銀行。這個制度擬訂了本身的規章以管控與管理其會員銀行與借款人，如同工會一般。全世界的銀行制度已經成為現代國內與國際經濟政府制度的神經中樞，不但是因為每一家銀行皆各自求取其本身的擴展，並且是因為適應公眾的迫切需要，必須有統一的運轉，以替代往日個人主義的競爭。代表大產業公司的董事會實際上在十二家儲備銀行的董事會都有代表，銀行業與產業之間的聯盟是完整而無缺的。

到後來，政府又委派一個薪金微薄而任期無定的**聯邦儲備局**，以監督銀行業者自身創造的這個龐大政府機構，這個機構裡的一群人薪金高得令人難以置信，而才智又最為敏銳，他們是現代資本主義為建立其至高無上的優越而徵召得來的。

在這方面，當我們研討銀行制度時，世界大戰以後的全世界經濟學者們又構成了新的行列，我們可以將其劃分為**議價派與管理派**的經濟學者。這兩派都是由相同的原因，週期性的生產過剩與失業而產生。但是他們對未來及其挽救方法所求得的結論卻各不相同。管理派在求得其結論時所企盼的是一個偉大的**經濟計畫會議**，以分派來防止生產過剩與失業。議價派所期望的則是一種協力的國際貨幣與銀行政策，類似國際支付銀行這種機構及管控世界黃金和白銀的銀行儲備，透過穩定綜合物價水平，以阻止生產過剩與失業的再度出現。這兩派的終極差別為：議價派企圖在新環境之下保留昔日議價交易的平等與自由原則以決定價格，而管理派則是依賴管理與分派交易更為古老的上級與下級原則以決定產出與效率。一派是傾向於**議價能力**的均等，而另一派是傾向於**生產能力**的分派。一派是傾向於**合理的資本主義**，而另一派是傾向於**共產主義**或**法西斯主義**。

管理派在目前居於優勢，其所以然的原因是由於過去三十年間科學管理的驚人成就，以及採用革命性的能量驅動機器與大量生產。工程師取得了卓越地位而成為一個國家的總經理，睥睨著熟悉群眾心理學的政治家。每個人的目光所見到的都是工程師的勝利，但議價派卻不能令人同等的信服，因為世界物價機制是瞧不見的，並且也沒有一家巨大的國際銀行具有多年的成功史堪以指出來作展示。然而各大公司因馬克思的技術效率而成長的，也許不如其因銀行業者資本主義的盛衰而成長的多。

昔日亞當‧史密斯與李嘉圖的個人主義派經濟學者們所提出的論證總是說，世界上絕不會有*普遍*生產過剩這回事。在

某些產業或機構裡也許可能發生*特殊的*生產過剩，使其價格與工資下跌。不過，這一類產業的資本與勞動可以自由移動到價格或工資未曾下跌的產業裡，所以這樣的生產過剩將會自行糾正。其結果是使生產過剩的產業生產減低而生產不足的產業生產增高，自動傾向於均衡的趨勢會在各種不同產業之間繼續不斷的進行，此等產業將按照其比較的生產成本而趨於均等。一種產品的供給量增高勢必要使所有各種產品的需求量隨以增高，因此，絕不會同時在各種產業裡發生普遍的生產過剩與普遍的失業。

不過，之所以作如此推論是由於他們在理論上已經把貨幣消除，並且是由於他們不知道現代的大規模協力議價。反之，議價派的論證則是由特種商品的供需轉到供所有商品之用的貨幣與信用的供需。一切業務團體的價格假如普遍的上升，無論其原因何在，總可能使所有產業的銷售其利潤差價倍增。這就足以誘導所有的雇主們在同一時間相互競爭，而使生產普遍過剩。到後來，由於銀行信用的普遍緊縮，由於中央銀行的黃金壟斷，或是由於負債過多的忍痛銷售，減低了各種產業的利潤差價，則物價必將普遍下跌。所有產業，無論大小，勢必至一併停頓而解僱工人，因為這時沒有從生產過剩的產業轉移到生產不足的產業之可能。一切產業都是在同一時間生產過剩。自從1927年以來，法國與美國的中央銀行把全世界供貨幣之用的黃金扣押了三分之二。大多數重要國家皆被迫而不得不放棄其金本位制，因為各種商品的黃金價格都已經下跌。

現代資本主義的產業證明了有普遍生產過剩與失業的可能。每一種產業與每一個國家都在同一時間為此而訴苦。這種

證明就是價格的普遍下跌。煤、油、運輸、製造、販賣或農業在同一時間，在所有的資本主義國家裡都是生產過剩。在往昔個人供需的分子理論之下，這種生產過剩是不可能的。

各個工會首先認識了這一點，而在八十年前組織起來加以抵抗。其次是鐵道公司，為時在六十年前；再其次是製造業公司，為時在四十年前。到了此刻，作為個人主義最後避難所的農業也加入了行列，為關閉邊際農場並限制其生產擬訂了分配計畫。

管理派經濟學者有鑑於普遍的生產過剩與失業，他們的哲學經歷三個階段。第一個是個別機構的**科學管理**階段；第二個是整個產業界的**規則化**階段；第三個是全國各種產業的**全國計畫會議**階段。

合理化這個字詞在歐洲的用法，包括這裡所說的**規則化**與**全國計畫**在內。其創始者為二十年前100家公司的一位德國偉大商人和董事長，拉特瑙（Walter Rathenau）但在四十年前，工程師泰勒就已經在美國倡導科學管理。世界大戰逼迫著所有的國家在當時都信奉拉特瑙，但俄國與義大利則是在和平時期就信奉了泰勒與拉特瑙。

管理派經濟學者的科學管理與規則化這兩個階段顯然是完全對立。在科學管理階段的哲學是要消除工廠的浪費而使勞動與機器具有更高效率以**增進產出**。但在規則化階段，其目的並不在於消除工廠裡生產的浪費，而是在於消除市場上生產過剩的浪費。在此刻，管理派的哲學已經轉為**限制產出**以便使生產與消費相平衡，適應實際需求而不失管控價格。十九世紀經濟學者們的自動平衡已經成為管理派經濟學者們的調節平衡。

　　管理派經濟學者的第一、第二兩個階段都是科學的，因為兩者的基礎皆在於衡量，但其衡量單位卻已變更。第一個階段所用的單位是工時；第二個階段所用的單位卻是金元。由於工廠的效率增高，所以每一工時的產出增多。由於限制產出在市場上銷售，所以金元的收益增加。

　　較為天真的管理派學者們把這兩種結果一併視為效率增進。於是**效率**這個字詞取得了雙重意義，既是**產出的增多**，又是**收益的增加**。前者是工程師的科學管理階段，而後者則是商人的規則化階段。工程師所用的單位是工時，而商人所用的單位則是金元，管理派的經濟學者們由工時過渡到金元。

　　在管理派的規則化階段，金元成為衡量單位，同時議價派也由個人主義轉為集體穩定世界物價。不過，到了此刻，管理派的內部又分為三種不同的規則化方法，我們可以稱之為**市集貿易資本主義**、**集團資本主義**與**銀行業者資本主義**。這三種方法可能是互相交錯著，並且有越界的實例。一般說來，市集貿易資本主義是小競爭者的聯合，同意於一種**倫理的信條**，對會員們只有道德的並無法律的約束力，違犯了這種信條也不會受到法律上的懲罰。

　　集團資本主義更進一步採取工會的原則，對會員們因其觸犯而加以處罰。集團資本主義在德國是認為合法的，有一模稜兩可名稱，叫做**卡特爾**，[4]但在美國，這一直是不合法。所以

4　在某些場合，這也僅是一種市集貿易資本主義 —— 德文為
　　"Konditionenkartellen"。

美國的資本主義只是市集貿易資本主義，再不然就是銀行業者資本主義。銀行業者資本主義的方法漸漸被人稱爲追隨領袖法（follow-your-leader method），所謂領袖是指一家最居優勢的公司而言。

按照集團的方法，整個一種產業被納入一個組織，包括大大小小的製造業者在內，而不問其有無效率。然後由這個集團研究一下其所希望保持的市場與價格，而任意訂定這種產業在未來一年以內或如此之類的總產出。總產出既經訂定之後，集團就把每一個機構在總產配之中所分攤的配額按照其能力或過去的銷售額分派給這個機構。每個機構都不准超過其配額。在美國也有幾個這樣的事例，最顯著的是無煙煤業；最近引人注意的是天然石油業，務農業者也受到了勸告而複製著做。

然而直到目前爲止，美國**最高法院**始終是把這些集團視爲不合理的貿易限制而加以禁止。所以，在過去三十年間出現了美國的**銀行業者資本主義**制度，附帶控股公司與追隨領袖的方法。

按照美國人的自由哲學，假如一個人不願意生產、出售或競爭，你絕不能用法律強迫他這樣做。他有一種自然的權利，可以*扣住*生產，正如他有*擴*大生產的自然權利一樣。在一個人獲得銀行業者融通資金而成爲一家控股公司時，這家公司當然也和這個人一樣的享有此項權利。剝奪這家公司扣住生產的權利就是剝奪其自由，在**第十四修正案的憲法**之下是絕不可能的。所以，美國的方法並不是強迫扣住生產的集團法——而是志願追隨領袖法，有如下述：

美國的資本主義毋需把所有的競爭者合併成爲單獨一家

控股公司。所需的只是把最強大的公司與策略性的公司合併起
來。其中包括擁有天然資源的公司、從事中間製造與運輸的
公司、享有商標、商譽、與專利權而能招徠顧客的公司以及融
通公司所需資金的大銀行業者。這是**整合的資本主義**或**銀行業
者資本主義**，因為只有獲得銀行業者的資金融通然後才能成為
整合。**美國鋼鐵公司**是由一個銀行業者集團所建立，也就是由
銀行業者予以支持，其某些製造部門控管著相近於全國產出的
一半。不過，倘使有一個小競爭者由於遭受艱難時期與缺乏訂
單的困擾，毅然削減價格以爭取顧客，則僅須這家鋼鐵公司的
首腦發出一項通知，說這家公司決計「應付競爭」，就可能迫
使這個圖謀不軌的小競爭者退回到這家優勢公司原先訂定的價
格。各個汽油站雖有眾多的競爭者，這項業務雖是過分擁擠，
但其所收取的價格卻是完全一致，並且也是在同一時日變更其
價格。

　　這就是美國的**資本主義**。這是銀行業者所組成的經濟政
府，其權力之強大尤勝於一個政治政府。其認可並非憑藉國家
的物質力量 —— 而是憑藉信用、利潤與損失等更為強勁的力
量。表面上看來。這種制度似乎是昔日的供需「定律」，似乎
是經濟學者們的邊際效用原則。競爭仍然可以自由，但其認可
已經由經濟學者的滿足想望轉成商人的畏懼破產。小資本主在
義大利或德國是**法西斯主義**的通俗補充兵，但在美國卻是**銀行
業者資本主義**的有紀律追隨者。

　　按照克萊頓條例的規定，公司有權「應付競爭」，由此
可以說明**美國資本主義**遊說力量所獲得的勝利。克拉克（J. B.
Clark）具有敏銳識見，他在1901年曾經表示，假如一家公司

在*某一處地方*削減價格，其目的是要殲滅一個僅有當地市場的小競爭者，則法律上必須命令這家公司在*所有*的市場上作同樣的削價，使這家公司不能把其他市場上所獲利潤用來補償其在削價市場上所受損失。大公司必須使其與最小的競爭者具有同等議價能力。不過，克拉克教授的這種卓見雖獲得國會議員們的支援而制定爲法律（1913年），但各大公司的遊說者卻能在法律條文之中插入了「誠意的應付競爭除外」等字詞。倘使沒有插入此項例外，則理想的自由競爭必可在大小商業之間保持其近似於平等。既經插入了此項例外之後，則通常只需有「應付競爭」的虛聲恫嚇，即足以強迫小資本主回復原先的價格，而使美國的資本主義明顯成爲追隨領袖的資本主義。

法律上既有此項例外，然則**銀行業者資本主義**何以又讓這群小資本主繼續殘存呢？因爲他們並不一直渺小，也不一直無效率。他們甚至可能比他們的強大競爭者還更有效率。只要是他們不生產太多、只要是他們不削價把顧客搶走，就可以讓他們繼續的殘存下去。這便是經濟上的理由。

此外還有政治上的理由。一個整合的資本主並不希望別人稱之爲壟斷者。假如這個資本主能夠把大眾同情的目標指向小競爭者，他自身就可以避免政治的攻擊。小資本主成了他的政治保護傘。

實際上，美國所用的這種志願追隨領袖資本主義方法，其力量、彈性與效率更大，遠甚於德國的卡特爾、義大利的**法西斯主義**或俄羅斯的**共產主義**所用的法律強迫方法。其力量之所以更爲強大是由於把較高薪金付給行政的才能；之所以更富於彈性，是由於開放了一條途徑，讓一個能增進效率的小資

本主也獲得巨額利潤。**美國鋼鐵公司**喪失了其業務之中的一個分支，那就是鋼管工業，因為一個較小的資本主，僅有約計2,000萬金元的資本，但卻能發展一種程序，比**鋼鐵公司**的舊程序效率更高。這家公司的補救方法是，把這個小資本主收買下來。美國的這種制度逼著資本主義，建立龐大的科學研究部。也許**最高法院**有充分理由可以拒絕**集團資本主義**，而逼美國走向**銀行業者資本主義**。

　　然而在價格下跌到極點時，無論是**集團資本主義**，抑或是**銀行業者資本主義**，皆無法克服生產過剩與失業的威脅。實際上，大公司所遭遇生產過剩與失業的波動似乎更趨於極端，尤甚於小雇主們所遭遇的。而且，據說大工廠的業務集中，其所增高的銷售成本往往相等於其所減低的生產成本。

　　同等重要的是，巨額投資與設備的經常成本以及熟練機匠與管理人員的經常成本，縱然一家工廠無工可做而其餘的勞動者皆被解僱，但這群機匠與管理人員卻必須予以保留。這家工廠與這群管理人員是專為從事於此種特殊產品而設，不可能如昔日經濟學者們所聲稱轉到其他產品。因此，雖在生產過剩時，利潤差價因價格下跌而消失，如果只有經常成本要應付，最好還是繼續保持生產。否則的話，就得要建立一個利潤襯墊，用來給付股利，而毋須僱用勞工與生產可供銷售的產品。所以，銀行業者資本主義足以招致更多的失業，尤甚於小資本主義。小資本主義是近鄰的資本主義。而**銀行業者資本主義**則是世界的資本主義。

　　此種情勢迫使管理派經濟學者們不得不轉入他們哲學的第三階段──**全國經濟計畫會議**。競爭不再是同一產業的個人

們之間削減價格的競爭。無論其為市集貿易、集團或銀行業
者資本主義，整個產業總是以一個單位來採取行動。競爭已經
變為各種產業之間的競爭，各自爭取消費者的金元。減低價格
的舊觀念已經變為高壓推銷而無須減價的新觀念。所以，這個
計畫會議必須能召集所有各種產業的資本主們，而把資本與勞
動按照適當的比例分配，不僅是用**規則化**的方法分配給每一種
產業內部的競爭者，而且要用所有產業共同會議的方法分配給
全國的各種產業。在管理派經濟學者們看來，這並非夢想。
他們指出兩種展示：一種是蘇俄的**最高經濟會議**（Supreme
Economic Council），另一種是法西斯義大利的新**法人政府**
（Corporate State）。

　　然而這兩種展示已經不是志願的資本主義，這些都是獨
裁。一個**經濟計畫會議**，無論其為規則化或全國計畫，假如沒
有國家的實質強迫，絕不能強制實施其計畫。因為這是配額及
分派的制度。這種計畫並非所有的個人、公司或產業悉皆志願
服從。倘使按照其所提出的價格或工資他們可能獲得利潤，那
就不能期望他們在分給他們的配額之內扣住生產。這個會議必
須獲得國家的助力，以防止生產過剩。我們看到德克薩斯與奧
克拉荷馬兩州法律已經開始禁止鑽探油井或擴大產出，除非是
能獲得政府某一行政部門的允准。如果把這種事例推展到所有
各種產業裡，我們就可以知道**全國經濟計畫會議**的管理目標是
以國家的行政獨裁為後盾。

　　這使我們聯想到一個公共政策與實際政治的終極問題。
民主制與代議制的政府有能力管理這些世界性的金融政府嗎？
共產主義與**法西斯主義**已經提出了答案。這兩種主義皆已坦率

而公開廢除民眾普遍選舉、代議制的政府、言論自由與結社自由，且要在規定的協會裡代之以獨裁與強迫會員制。

不過，俄國與義大利都是小資本主、小農業、低生活標準的國家，對普遍投票權幾乎毫無經驗。但美國的資本主義卻有高昂的薪金、行政能力的升遷、高標準的生活、投資分布於數以百萬計的選民、普遍的投票權以及一個**最高法院**。

假如要和俄國及義大利相比，則美國的問題是雙重的：既是經濟問題，又是政治問題。對於未來，有兩件事我們可以認其為確定而必然。在經濟方面是銀行業者資本主義的擴散，在政治方面是**最高法院**的統治權。所不能確定及不必然的是立法機構的未來以及勞動者、農人、小商人與政治黨派的志願私人結社的未來。在俄國與義大利，立法機構與志願結社皆已廢止。但在美國，我們也可以明白看出這兩者也是愈來愈弱。

商人們所恐懼的是立法機構與國會的召開。墨索里尼的**黑衫軍**向羅馬進軍，使無效率的議會歸於終止；同樣的，共產黨人也憎恨普遍投票權；**列寧的紅軍**甚至阻止立憲會議的集合；**美國最高法院**宣告立法機關與國會所頒法令為違憲，而擅自判決公司與其慣例的適法性。

毫無疑問的，在現代這個普遍投票權與利益衝突的世界裡，民眾已經對立法機構失去信心。按照某一種意義說來，遊說團比立法機構更足以代表民意。遊說團代表經濟利益——立法者所代表的是各門各類的個人。義大利採納了比例代表制，按照其投票數的比例代表多數黨與少數黨。因此，初始小農們也能在議會裡按照人數比例取得代表權。不過，其結果只是增加了政治黨派的數目與相互間的糾葛，每一個黨派都是代表不

同的經濟利益，這提供墨索里尼最具說服力的論證，用來壓制立法機構。

相反的，普魯士在十年以上的時期內採行了**天主教徒、社會主義**者與**民主主義**者的比例代表制，治理頗見成效，但是到最後，被德國的軍事獨裁所廢除。

我們都知道，普遍投票權在南部各州以及我們的最大城市裡皆已失敗。這些地方的經商與專業階級都熱望有個商人政府，這便是我們的**法西斯主義**。墨索里尼原本是一個工團主義者，他贊成工人占有工廠；他研究過群眾暴力的心理學。當他獲得他們的信心與依賴他們財務上的支援，他適合做一個經商與專業階級的領袖。

他在把多數反對他的立法機關加以改組之前首先發布的法令是廢除繼承稅與增加消費稅。不久以後，他所施於反對者的暴力與壓迫在立法機構裡引起了對他的反抗。到最後，這種反抗完全離開了立法機構。這時，他組織所有的工資勞動者與小農以及雇主們，成為強迫性的集團。這些集團代表全國的一般經濟利益，其中的職員皆是由獨裁者所任命，取代了昔日立法制度的地位，昔日的制度是代表各地區多數的個別投票者。

當投票權只限於有產階級時，立法機構的區域選舉制度在英國產生了良好作用。這時，立法機構裡只可能有兩個黨派，一個是來自鄉間的地主，另一個是來自城市的資本主。但是自從普遍投票權來臨以後，實際上在美國是一百年前，而在英國還不到三十年前，立法機構早經分裂成為阻撓、僵持、互抬聲勢與爭辯不休的社團，代表著各種新的經濟利益。

不過，在墨索里尼廢止立法機構比例代表制時，他所廢止

的實際上卻是現代立法機構眞正能代表經濟利益的唯一方法。經濟利益已經不再限止於一個州的郡區、一個城市的選區或一個國家的州區。這種利益已經跨越了分區的界限。這種利益各自有其州境的與全國的組織。比例代表制所要應付的問題是，如何才能把這群領袖人物推選到立法機構裡去，並保持他們在這個機構裡的地位。他們的領袖者都是如同工會的龔帕斯、**鋼鐵公司**的蓋蕾（Gary）、農民組織的勞頓（Lowden）、社會主義者組織的伯格爾（Berger）或**蔡司國家銀行**的魏金斯（Wiggins）一類的人物。這些人都有太多的仇敵，他們絕不能在小地區內以過半數票或大多數票繼續當選。不過，他們卻能在較廣地區內以比例的或少數的代表制繼續當選。事實上，只是沒有仇敵的人才會被選舉出來，而美國的政治機器則是發現「黑馬」而予以推選的一種設計，大家都不知道這些黑馬是堪任代表的領袖者，因爲他們的仇敵最少，但到後來才發現這些黑馬爲局內人所熟知。

辛辛那提市（Cincinati）提供了一個實例，足以證明比例代表制有助於使立法團體成爲眞正而有效的代議制，並且在其他國家裡這種制度也逐漸伸展到州政府與全國的立法機構之中，只是在獨裁者執政時卻被廢止。如果期望立法機構具有充分的經驗與能力，以制衡美國**銀行業者資本主義**的高薪行政官吏與政治機器，那就必須使此等立法機構眞能代表經濟利益，由其本身自由選舉出來的領袖者爲之代表。

然而我們卻又面對著義大利這個例證。正因爲採行了比例代表制，所以才使義大利的國會成爲一個毫無效能爭辯不休的社團，時常發生阻撓與僵持。在美國也可能成爲如此景象。

一家大公司的董事會所要促進的只是一項經濟利益—— 就是利潤。而一個立法機構卻可能有一打以上相互衝突而重疊的利益。

但是美國的立法機構與國會正在企圖免其身陷現代衝突利益關係的複雜性在行政方面所必須的細節。於是創設了鐵道與公用事業委員會、課稅委員會、工業委員會、市場委員會以便分別處理鐵道與貨主之間、雇主與雇員之間，各個階級的納稅人之間、大小營業競爭者之間的衝突。此等委員會皆是半立法團體，其最有成效的總是把相互衝突的經濟利益代表者組成爲諮詢委員會，和墨索里尼的**法西斯公司**異常類似，所不同的是這些利益關係人都是志願的，各自推選其本身的代表，而墨索里尼的利益關係人則是強迫的，其代表也是由他一個人所選任。

既已擺脫了這些不勝負荷的細節之後，現代的立法機構便將其自身局限於雖代表相互衝突的利益而仍屬有效力的領域之內。其有效領域在於一般的法律，在於一般的施政標準。這些一般性的規則都是在相互衝突的利益之間如何妥協的問題，假如發生了僵持，只延續妥協的時日，而半立法的處理機構則仍能和往常一樣的從事於細節，並執行原定的政策。

之所以要改善並保留立法機構還有一個更重要得多的理由，就是因爲這些立法機構可給志願結社的保障。此項保障概括在1689年英國革命所留給我們的**民權法案**（Bill of Rights）之中。不過，每一代總得要更新這一代的民權法案。這不但是言論自由、出版自由、研究自由的權利，其最重要的還是結社自由的這項權利。在我們今日，這是指工會、農民合作社、商

業合作社、政治黨派而言。在俄國與義大利，其所廢止的正是此項權利，因為立法機構已被廢除。

雖是如此，這些志願結社也漸漸知道，他們必須把活動局限於自己所能產生效力的領域之內。在美國，我們經過了一些實驗。早年的勞動組織，其結果成為**勞工社團**（騎士）（knights of labor），企圖藉助志願結社把合作與自我僱用替代資本主義的僱用，把一人一票的民主原則拿來替代一股一票的資本主義原則。他們的組織之所以崩潰是由於群眾投票選舉理事的這個問題。再不然就是由於他們縱然成功，他們是拒納新會員，反以工資僱用非會員，以致到最後他們自身變成了普通的公司，走到資本主的這一邊。

農民合作社也有與此類似的經驗。在過去六十年間，他們是基於一人一票的民主原則而崩潰。小規模的合作社在表面上似乎運行良好，在這種合作社之中所有的農人們相互之間都很熟識，都有同樣的利益關係。不過，到了會員有變動時、到了政治、宗教、膚色、種族、語言、個性有差別時，又引起了派系之爭，由內部的政治來選舉理事，而置其辦事能力於不顧。

大公司都是將其自身限制於一項活動，就是利潤。過去四十年的美國工會和其他各國的工會不同，美國工會漸漸的知道要將其自身僅限於一種利益關係──工資、時數與工作規則。他們並沒有企圖管理商業──他們所企圖的僅是盡可能的取得商業產品之中最大的份額。

農人們還是滯留在四十年前的勞工組織階段。仍然要由政府來協助他們，融通他們合作社所需的資金，並提供給他們領袖人物。要想和大公司互相交往，他們還必須表現他們自身

有能力大規模選舉他們的領導者，其任期保障，其升遷皆由內部，並給予足夠薪金。所有對他們的勸告主要是應該選出優良的理事與給付優厚的薪金。不幸的是，一般說來，他們未能表現其自身具有此種能力。實際上也曾有過少數販賣合作社的事例，不過，無論我們從任何方面加以考量，我們總得要期盼立法機構能夠保障此種結社的權利，不是由上級把領袖人物提供給他們，而是要保護他們，抵抗外來的強勁競爭者所給予的差別待遇。

　　有一位從匈牙利獨裁政治之下流亡出來的聞人曾經告訴我，這裡所談的**民權法案**已報廢無用，他說，倘使再堅持著此項法案，我就得要成為最後一個**自由主義**的莫希干人（Mohican，譯者按：過去住在紐約州北部的印第安人）。照他和其餘歐洲人士的想法，這個世界目前正不可避免的向**共產主義**或**法西斯主義**推進，而自由則已被逐漸的、猛烈的排擠。實際上，這是一個值得注目的對比，美國憲法是基於**權利**，而俄國與義大利的憲法則是基於**義務**。義務成了獨裁政治的倫理。一百四十年來，已經由法國革命的人類權利變為俄國與義大利獨裁政治的人類義務。一個人的權利就是他的自由，而一個人的義務就是否定他的自由。不過，人類權利現在則是人類自由結社的權利。

　　現代經濟學所要研討的問題即在於此，這種經濟學被稱為**制度經濟學**。制度無非是用集體行動來管控、解放並擴大個人行動。這可能是**共產主義**、**法西斯主義**或**資本主義**。法國革命的經濟哲學是廢除集體行動。目前全世界的經濟哲學則是集體行動的哲學。剝奪民眾*經濟*自由的是失業與貧窮。這僅是一個

步驟，實際上這是一個必要步驟，足以防止革命、足以剝奪民眾的*政治*自由。民眾用集體行動來保持他們自身的自由，或是藉由志願結社，或是藉由政治黨派。

　　美國資本主義也許是在**經濟計畫會議**的偽裝之下趨向**法西斯主義**。其出發點在於撲滅**共產主義**與**集團主義**。然而，要想最後成為一個**法西斯**國家，則非等到立法機構失去民眾的信心而法官改由獨裁者任免之後不可。隨著共產主義與集團主義的撲滅，同時也撲滅了公民的自由，必須有這種自由，然後才能志願的結社成為工會、農民協會、商業合作社與政治黨派。現代的**自由主義**與**民主政治**，其所以能逃避**共產主義**、**法西斯主義**或**銀行業者資本主義**正是因為有這一類的結社來替代往昔個人自由行動的個人主義。

　　然而，在現代的情況之下是否能判定何者為較優的公共政策——俄國的**共產主義**、義大利的**法西斯主義**抑或是美國的**銀行業者資本主義**，這卻是個疑問。在這兩種歐洲制度以及複製這兩種制度的其他制度之下，自由受到了壓抑，而所有的知識分子，其中包括藝術家、發明家、科學家、工程師、編輯與教授等等，都被消除了，不僅是因為他們在身體上受到壓迫，並且是因為在一個恐懼的國家裡，個人的原創力與才智絕不會滋長。

　　不過，這群人只是人口之中的一個極小部分。壓倒性多數的人們都是在各類的製造業、農業、運輸業與銀行業裡從事於體力與書寫的工作者。在他們看來，現行制度之下的自由成為幻想，這種制度在物價上漲時使他們沮喪，在物價下跌時使他們貧困，並且因缺乏工作而受到威逼。假如**共產主義**或**法西斯**

主義能夠用低微的工資使他們獲得保障，他們也就不會覺到自由的喪失。

　　個人的節儉亦復如是，節儉成為小資本主義的基礎，代替了封建時代貴族們的浪費而博得杜爾哥與亞當・史密斯的稱頌。二十世紀銀行業者文明的膨脹與收縮抹去了個人所有權的精華，這種精華一向是誘導著個別工資勞動者與農人從事於儲蓄、節省、甘冒可能克服的風險，以維護美國的共和。節儉已經成為公司盈餘的制度化節儉、成為俄國或義大利配給的制度化節儉，那些在美國資本主義之下限制自身享受而為未來儲蓄與投資的人們已經成為另一群人所譏笑的對象，這另一群人把他們當時所賺得的全數享用掉，而在此刻所過的生活並不遜於那些限制自身享受其可擁有的人們。

　　假如把這些節儉的個人們透過成為工資與薪金勞動者的無產階級，由資本主義文明裡消除，那麼，在絕大多數的人們看來，共產黨人或法西斯黨人的獨裁也許是較優於美國的銀行業者資本主義。毫無疑義的，這必然要迅速的把學術自由與出版自由消除，但與此同時，經濟學家正在俄國、義大利與美國分別建立三個大規模實驗室的新裝備，把他們的古典派、享樂派與制度派理論拿來作粗暴的、混亂的檢測。

本章參考資料

(一) 共產主義部分

雷湛諾夫（Ryazanoff, D.），《馬克思與恩格爾共產主義宣言》（*The Communist Manifesto of Karl Marx and Friedrich Engels*，1930年）。原始與廣泛的側面資料譯本。

列寧（Lenin, N.），《國家與革命；馬克思主義者有關國家及無產階級在革命中所任工作之教導》（*The State and Revolution; Marxist Teaching on the State and the Task of the Proletariat in the Revolution*）（1917年由底特律「馬克思教育協會」翻印）。獨裁政治的過渡特性。

列寧（Lenin, N.），《列寧著作集》（*Collected Works of V. I. Lenin*），共四卷，1930年譯本。

胡佛（Hoover, C. B.），《蘇俄經濟生活》（*The Economic Life of Soviet Russia*）（1931年）。評價與批判。

辛度斯（Hindus, Maurice S.），《根絕人性》（*Humanity Uprooted*）（1929年；1930年三版）。俄國心理學。

韓森（Hansen, A. H.），《不平衡世界之經濟穩定》（*Economic Stabilization in an Unbalanced World*）（1932年），第324頁以次，《論資本主義與社會主義的趨合》（*The Convergence of Capitalism and Socialism*"）。

康芒斯（Commons, J. R.），《今日的馬克思：資本主義與社會主義》，載於《大西洋月刊》，1925年8月號。

《蘇維埃聯邦》（*The Soviet Union*）。蘇維埃代表所贊助的美國定期刊物，刊行於華盛頓市。

《莫斯科新聞》（*Moscow News*）。供英文讀者的蘇維埃刊物。

(二) 法西斯主義部分

埃士台（Estey, J. A.），《革命的工團主義》（*Revolutionary Syndicalism*）（1913年）。發源於法國。

維拉利（Villari, Luigi），《義大利》（*Italy*）（1929年）。法西斯主義的最有力辯護。

萊翁（Lion, Aline），《法西斯主義的世系，一篇有關西方政治哲學的通俗論文》（*The Pedigree of Fascism, a Popular Essay on the Western Philosophy of Polities*）（1927年）。哲學的辯解。

豪威德（Howard, Milford W.），《法西斯主義：對民主政治的挑戰》（*Fascism: A Challenge to Democracy*）（1928年）。南部各州的法西斯主義。

司透佐（Sturzo, Luigi），《義大利與法西斯主義》（*Italy and Fascisms*）（1926年譯本）。小農對法西斯主義的反抗。

玻利陀（Bolitho, Wm.），《在墨索里尼統治之下的義大利》（*Italy Under Mussolini*）（1926年）。批評。

墨索里尼（Mussolini, B.），《我的自傳》（*My Autobiography*）（1928年）。《我所深愛的生活》。美國大使序。

薩凡彌尼（Salvameni, Gaetano），《法西斯在義大利的獨裁》（*The Fascist Dictatorship in Italy*）（1927年）。一位傑出的流亡者所撰述。

舒尼德（Schneider, Herbert W.），《法西斯國家的構成》（*Making the Fascist State*）（1928年）。一個同情的美國觀察者。

海德（Haider, Carmen），《在法西斯主義之下的資本與勞動》（*Capital and Labor under Fascism*）（1930年）。現時的可信記述。

巴塔格里（Battaglia, Otto Forst de）編，《獨裁政治在考驗中》

（*Dictatorship on Its Trial*）（1930年）。歐洲的意見領袖擁護與反對各種歐洲獨裁政治所發表描述生動的論文。

福勒（Fowler, C. B.），「法西斯主義勞工特權與失業保險在義大利」（The Fascist Labor Charter and Unemploymem Insurance in Italy），載於《美國聯邦論者》（*American Federationist*），1933年2月號。

巴音斯（Barnes, Major J. S.），《法西斯主義》（*Fascism*）（1931年）。

以英文在羅馬出版的《公司部長》（*Minister of Corporations*）。

(三) 管理部分

《美國產業的科學管理》（*Scientific Management in American Industry*）。泰勒學社（1929年）。

麥太伊（Matthaei, L. E.），「耕作更機械化」（More Mechanization in Farming），載於《國際勞工評論》（*International Labour Review*）（1931年3月號），第324-368頁。

拉特瑙（Rathenau, W.），《未來時日》（*In Days to Come*）（1921年譯本）。理性化的鼻祖。

《德國國民經濟學的結構變動》（*Strukturwandlungen der Deutschen Volkswirtschaft*），哈姆斯（Harms, B.）編，共二卷（1929年第二版）。論述卡特爾（Kartelle）與事業（Konzerne）的幾章。

《全國產業會議局》發表的《德國產業之合理化》（*Rationalization of German Industry*）（1931年）；及《合併與法律》（*Mergers and the Law*）（1929年）。德國財團資本主義的缺乏效率。

米契爾撕（Michels, R. K.），《戰後德國的卡特爾、合併與托拉斯》（*Cartels, Combines and Trusts in Post-War Germany*）（哥倫比亞大學出版，1928年）。

美國商務部發表《國際卡特爾運動》（*The International Cartel Movement*）（貿易通訊公報第566號，1928年）。德國卡特爾簡述。

韓德勒（Handler, Milton），「產業合併與反托拉斯法」（Industrial Mergers and the Anti-Trust Laws），載於《哥倫比亞法律評論》（1932年），第179-271頁。

漢姆林（Hamlin, Scoville），《生產過剩之威脅》（*The Menace of Overproduction*）（1930年）。管理派經濟學者座談。

董漢（Donham, W. B.），《商業的漂泊》（*Business Adrift*）（1931年）。全國計畫會議。

騷爾（Soule, George），《計畫社會》（*A Planned Society*）（1932年）。

全國改進會議委員會，「長期計畫」，載於1932年1月13日《新共和》（*The New Republic*）。

泰猶盧（Taeusch, Carl F.），《商業政策與倫理》（*Policy and Ethics in Business*）（1931年）。1890年以來立法、司法與經濟的發展。

祕亞德（Beard, Charles A.）與威廉（William），《美國的利維坦：機器時代的共和》（*The American Leviathan: The Republic in the Machine Age*）（1930年）。民主政治的樂觀論者。

國立經濟研究局，《最近經濟變動》（*Recent Economic Changes*），共二卷（1929年）。美國鳥瞰。

威稽曼（Wagemann, Ernst F.），《經濟韻律：論商業循環》（*Economic Rhythm: A Theory of Business Cycles*）（1930年譯本）。一位統計學家的世界經濟學。

派特森（Patterson, Ernst Minor），《世界經濟的進退維谷》（*The World's Economic Dilemma*）（1930年）。

布魯金斯（Brookings, R. S.），《經濟民主；美國對社會主義與
　共產主義的答覆》（*Economic Democracy; America's Answer
　to Socialism and Communism*）（1929年）。

李夫曼（Liefman, Robert），《國際的卡特爾、合併與托拉斯》
　（*International, Cartels, Combines and Trusts*）（1927年）。
　德國的卡特爾權威。

(四) 議價部分

克拉克（Clark, J. B.），《托拉斯之管控》（*The Control of
　Trusts*）（1901，1912年）。潛伏的競爭。

費雪（Fisher, Irving），《貨幣之購買力；其測定及其對信用、
　利息與危機的關係》（*The Purchasing Power of Money; Its
　Determination and Relation to Credit, Interest and Crises*）
　（1911年）；《穩定金元；使普遍物價水準穩定而不使個別
　價格固定的方策》（*Stabilizing the Dollar; a Plan to stabilize
　the General Price Level without Fixing Individual Prices*）
　（1920年）；及《興盛與衰落的一些最主要原理》（*Some
　First Principles of Booms and Depressions*）（1932年）。

迦塞爾（Cassel, Gustav），《社會經濟理論》（*Theoretische
　Sozialökonomie*）（1921年）。價格、信用、黃金。

海特雷（Hawtrey, R. B.），《通貨與信用》（*Curreney and
　Credit*）（1919、1928年）。銀行業與黃金。

凱因斯（Keynes, J. M.），《貨幣論》（*A Treatise on
　Money*），共二卷（1930年）。《新韋克塞爾主義》（*New
　Wicksellism*）。

衆議院，銀行業與通貨委員會。眾議院對H. R. 7895與H. R. 11806
　兩案的聽證。穩定幣值的建議者與反對者。

羅傑斯（Rogers, James Harvey），《美國重視其所擁有的黃金》
　（1931年）。

康芒斯（Commons, J. R.），「議價能力」，見於《社會科學百科全書》（1930年），第二卷，第459-462頁。

彼爾曼（Perlman, Selig），《美國工會主義史；勞工運動的理論》（*History of Trade Unionism in the United States; a Theory of the Labor Movement*）（1928年）。

(五) 銀行業者資本主義部分

格斯滕柏格（Gersterberg, C. W.），《財務組織與商業管理》（*Financial Organization and Management of Business*）（1932年修正版）。

黎帕萊（Ridey, W. Z.），《梅因街與華爾街》（*Main Street and Wall Street*）（1927年）。

培爾（Berle, A. A.）與米音斯（Means, G. C.），《現代公司與私有財產》（*The Modern Corporation and Private Property*）（1932年）。

朋布拉脫與米音斯（Bonbright, J. C. and Means, G. C.），《控股公司；其對公眾的重要性與規範》（*The Holding Company, Its Public Significance and Regulation*）（1932年）。

克拉克（Clark, J. M.），《經常成本經濟學》（*The Economics of Overhead Costs*）（1923年）。

佛雷（Frey, John），「銀行業者的統治」（Banker's Domination），載於《美國聯邦論者》（1933年2月號）。

(六) 立法部分

康芒斯（Commons, J. R.），《比例代表制》（1896、1907年）。機器政治學。

荷格（Hoag, C. G.）與哈勒（Hallett, G. H.），《比例代表制》（*Proportional Representation*）（1926年）。「海雅制度」（The Hare system）。

約翰・羅傑斯・康芒斯年表
（John Rogers Commons, 1862-1945）

年　代	生　平　記　事
一八六二	10月13日出生於美國俄亥俄州霍蘭斯堡（Hollandsburg）。
一八八八	畢業於奧伯林學院（Oberlin College），獲得文學學士學位。
一八九〇	任教於衛理仁大學（Weleyan U.），擔任政治經濟講師。
一八九二	擔任奧伯林學院社會學、經濟學教授。
一八九三	任教於印第安那大學（Indiana U.）出版《財富的分配》。
一八九五	任教於希拉庫斯大學（Syracuse U.）。
一九〇一～一九〇二	在美國工業委員會擔任研究員。
一九〇四～一九三二	在威斯康辛大學擔任教授教勞工經濟學。期間積極參與州和聯邦政府的顧問工作，在產業關係、行政機構、公用事業管理、工人補償、失業保險等重大議題的立法有很大的貢獻。
一九〇五	出版《工會主義和勞工問題》並起草《威斯康辛州文官法》。
一九〇七	起草《公用事業法》。
一九一〇～一九一一	出版《美國產業社團公文史》共十冊。
一九一一～一九一三	任威斯康辛州工業委員，並出版《勞工與管理》。
一九一三～一九一五	任美國產業關係委員，並於奧柏林學院獲得法學博士學位。
一九一八～一九三五	出版《美國勞工史》共四冊。
一九一九～一九四五	任威斯康辛州最低工資局局長。
一九二〇～一九二八	擔任全國經濟研究局副局長、局長。
一九二三～一九二五	任芝加哥貿易失業保險局主席。
一九二四	出版《資本主義的法律基礎》。
一九三三	在威斯康辛大學退休。
一九三四	出版《制度經濟學》。
一九四五	5月11日於佛羅里達州羅德岱堡（Fort Laudeydale）逝世。

經典名著文庫 108

制度經濟學（下）
Institutional Economics

作　　　者 —— 約翰·羅傑斯·康芒斯（John Rogers Commons）
譯　　　者 —— 趙秋巖
審　　　定 —— 李華夏
發　行　人 —— 楊榮川
總　經　理 —— 楊士清
總　編　輯 —— 楊秀麗
文 庫 策 劃 —— 楊榮川
主　　　編 —— 侯家嵐
責 任 編 輯 —— 侯家嵐
特 約 編 輯 —— 張碧娟
封 面 設 計 —— 姚孝慈
著 者 繪 像 —— 莊河源
出　版　者 —— **五南圖書出版股份有限公司**
　　　　　　　地　　　址 —— 臺北市大安區 106 和平東路二段 339 號 4 樓
　　　　　　　電　　　話 —— 02-27055066（代表號）
　　　　　　　傳　　　眞 —— 02-27066100
　　　　　　　劃撥帳號 —— 01068953
　　　　　　　戶　　　名 —— 五南圖書出版股份有限公司
　　　　　　　網　　　址 —— https://www.wunan.com.tw
　　　　　　　電子郵件 —— wunan@wunan.com.tw
法 律 顧 問 —— 林勝安律師事務所　林勝安律師
出 版 日 期 —— 2021 年 10 月初版一刷
定　　　價 —— 750 元（如有缺頁、破損、倒裝請寄回更換）

國家圖書館出版品預行編目資料

制度經濟學 / 約翰·羅傑斯·康芒斯（John Rogers
　　Commons）著；趙秋巖譯 . -- 初版 . -- 臺北市：五南圖書
　　出版股份有限公司, 2021.10
　　　面；公分
　　譯自：Institutional Economics
　　ISBN 978-626-317-153-4（上冊：平裝）. --
　　ISBN 978-626-317-154-1（下冊：平裝）

　　1. 經濟學　2. 制度學派

550.1878　　　　　　　　　　　　　　　110014254